图书在版编目（CIP）数据

浙江财政年鉴. 2019 /《浙江财政年鉴》编辑委员会编. — 杭州 : 浙江人民出版社, 2019.12
ISBN 978-7-213-09605-1

Ⅰ. ①浙… Ⅱ. ①浙… Ⅲ. ①地方财政－浙江－2019－年鉴 Ⅳ. ①F812.755-54

中国版本图书馆CIP数据核字(2019)第278099号

浙江财政年鉴2019

《浙江财政年鉴》编辑委员会　编

出版发行　浙江人民出版社（杭州市体育场路347号　邮编　310006）
　　　　　市场部电话：（0571）85061682　85176516
责任编辑　王福群　盛滢婷　严　琦
责任校对　戴文英
责任印务　程　琳
封面设计　浙江新华图文制作有限公司
电脑制版　浙江新华图文制作有限公司
印　　刷　杭州富春印务有限公司
开　　本　889毫米×1194毫米　1/16
印　　张　24.5
字　　数　924千字
插　　页　47
版　　次　2019年12月第1版
印　　次　2019年12月第1次印刷
书　　号　ISBN 978-7-213-09605-1
定　　价　260.00元

《浙江财政年鉴》编辑委员会

《浙江财政年鉴》编辑部

《浙江财政年鉴》2019卷联络员

编辑说明

《浙江财政年鉴》是浙江省财政厅主办的省级财政专业年鉴，以文为主，辅以图表，图文并茂，全面、系统、真实反映浙江省财政工作各方面的基本情况，是资料性与史实性相结合的工具书，为财政工作者及专家、学者提供可靠信息资料。

《浙江财政年鉴》每年出版一卷，2019卷(总第19卷)以翔实的资料和图表，记载了2018年浙江省财政改革与发展情况。一年来，全省各级财政部门在省委、省政府的领导下，认真贯彻习近平新时代中国特色社会主义思想和党的十九大精神，紧紧围绕“‘八八战略’再深化，改革开放再出发”工作主线，强化“财为政服务”意识，弘扬“严谨、坚守、创新、奉献”的浙江财政职业精神，按照“划清边界、厘清事权、做好蛋糕、集中财力办大事”的理财思路和“保基本、守底线、促均衡、提质量”的理财要求，做好“生财、聚财、用财”各项工作，促进全省经济社会平稳健康发展，纵深推进“最多跑一次”改革和“上门服务至少一次”活动，积极构建集中财力办大事财政政策体系，助力打好“三大攻坚战”，在“富民强省十大行动计划”“四大”建设、数字经济“一号工程”和经济高质量发展、保障十方面民生实事等方面发挥支撑、引导、保障作用。

本卷年鉴主体结构继续保持以往年鉴整体架构的稳定性和内容的连续性，全卷分8篇和附录共9部分，约计100万字，依次为：财经文献、全省财政工作、市县(市、区)财政工作、财政统计资料、财政法规选编、财政文选、财政工作大事记、财政机构人员以及附录。本卷年鉴的有关编辑情况作如下说明：

一、本卷财政统计资料中涉及全省财政收支的增长率均为同口径增长率。

二、全卷中涉及国民经济和社会发展统计数据内容，均摘自各地国民经济和社会发展统计公报，数据解释权归各地统计部门所有。

三、鉴于机构改革，本卷中涉及以下调整：国税、地税机构合并，原“全省国税”和原“全省地税”相关内容不再分开体现，合并为“全省税务”；省财政厅承担的农业综合开发项目管理职责划转至省农业农村厅，故根据现有职责，原“农业综合开发”相关内容在本卷中调整为“农业综合开发项目审核”，已划出职责的相关内容不再体现。

四、为进一步推进年鉴数字化进程，创新阅读体验和检索方式，本卷年鉴不再附电子版年鉴光盘，改为通过扫描书后二维码实现手机客户端阅读与全文检索数据库查询相关资料。

本卷年鉴在年鉴编辑委员会的领导下，由浙江省财政厅各处室局、直属单位和11市及其所辖县(市、区)财政局提供文稿、图片及数据资料，经编审修改补充后成书。其间得到国家税务总局浙江省税务局的大力支持。在此谨向给予《浙江财政年鉴》编纂工作关心、支持和帮助的各级财税部门及所有单位和相关人员表示感谢。为进一步提高《浙江财政年鉴》的编纂水平，欢迎读者对本卷年鉴的不足之处给予批评指正。

《浙江财政年鉴》编辑委员会

2019年11月

浙江省公共财政收支规模

单位：亿元

浙江省公共财政收支增长速度

单位：%

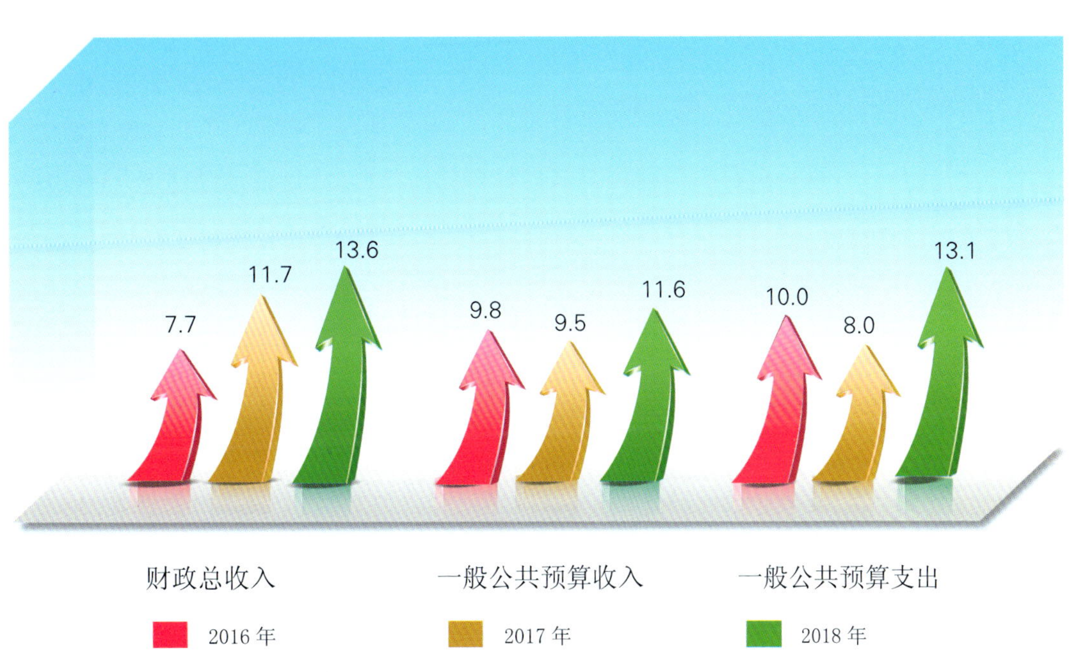

2018年浙江省一般公共预算收入组成

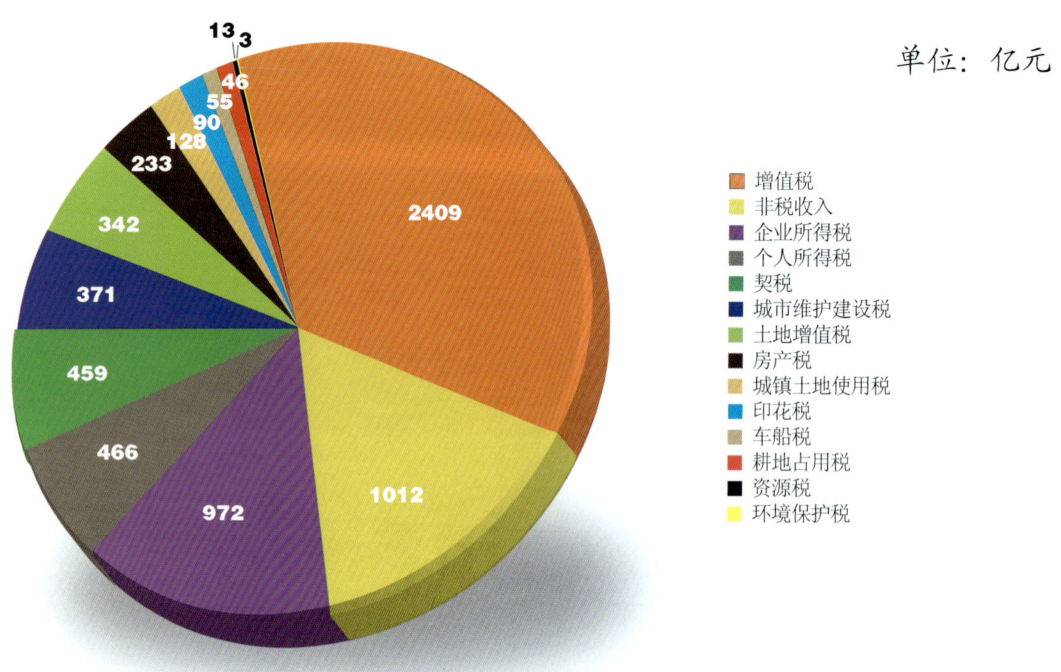

2018年浙江省一般公共预算支出组成

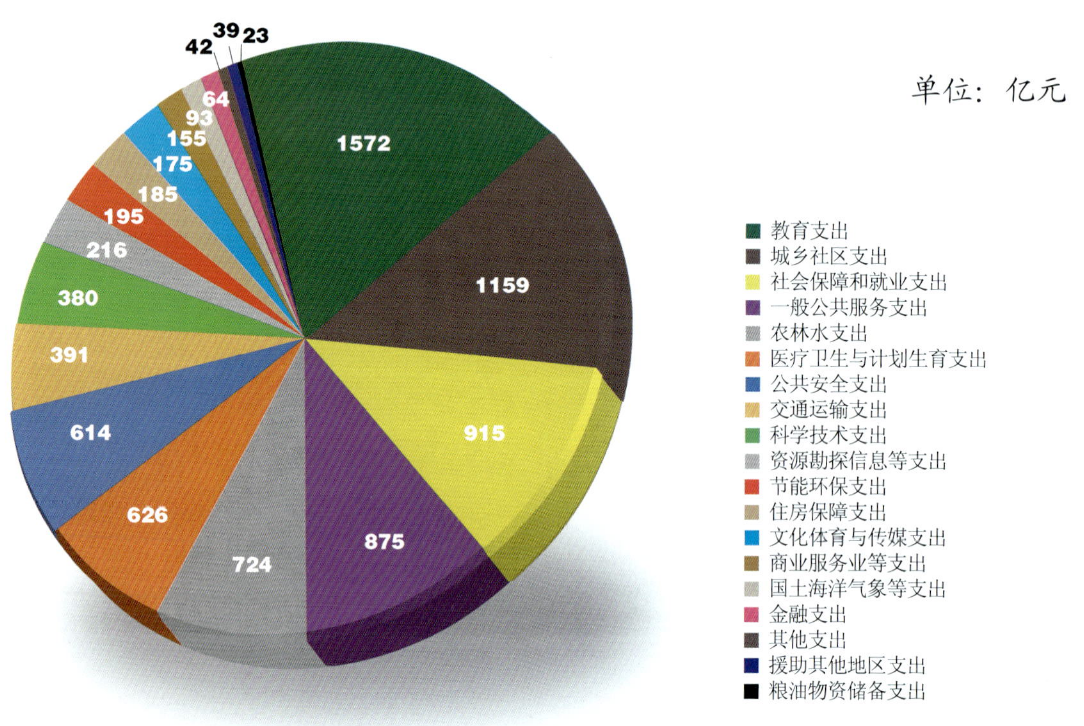

2019 年 1 月 8—9 日，全省财政工作会议在杭州召开。中共浙江省委书记车俊、省长袁家军、常务副省长冯飞作出重要批示，充分肯定了 2018 年全省财政工作，并对 2019 年财政工作提出明确要求。省财政厅党组书记、厅长徐宇宁作工作报告。

国际机构、省、部领导关心浙江财政

2018 年 5 月 2 日，省长袁家军赴政采云有限公司调研指导

2018 年 12 月 3—5 日，金砖国家新开发银行副行长兼首席运营官祝宪（左二）一行来浙江考察访问

2018年5月22日，省人大常委会副主任李学忠来省财政厅调研指导工作

党组书记、厅长徐宇宁赴湖州调研

党组书记、厅长徐宇宁赴安吉鲁家村调研

2018年10—11月，省财政厅组织由厅领导带队的10个调研组，分赴全省10个市及所属部分县（市、区）开展财政工作思路调研，通过深入企业、农村、社区，调研重点项目，召开座谈会，联系人大代表、政协委员等多种方式，广泛听取意见，了解基层情况和需求，督查各地贯彻省委、省政府决策部署及全省财政工作会议部署的重点任务。

党组成员、副厅长金慧群赴温州调研

党组成员、省金融控股有限公司总经理杜祖国赴丽水调研

党组成员、副厅长沈磊赴嘉兴调研

党组成员、驻厅纪检监察组组长徐首红赴舟山调研

党组成员、副厅长邢自霞赴绍兴调研

党组成员、副厅长章启诚赴衢州调研

2018 年，浙江省财政贯彻落实国家“一带一路”倡议，助推国际产能合作，引导企业合理布局境外经贸合作园区，为开拓国际市场提供资金支持。

泰中罗勇工业园园区办公楼

捷克站货运场

乌兹别克斯坦鹏盛工业园区大门

越南百隆境外合作园

龙江工业园鸟瞰图

2018年浙江“体彩杯”体彩送舞下乡文体惠民活动

2018年，浙江省财政强化彩票资金财务监管，确保彩票资金安全规范运行，做好彩票资金征缴、清算和彩票公益金分配等工作，全年筹集彩票公益金97.60亿元，推进社会公益事业发展和品牌文化建设。

春运期间开展“爱心小板凳，体彩送温暖”公益活动

在全省12个市中心设立“体彩驿站”

浙江“中国体育彩票杯”亲子足球赛

浙江省体彩希望小学的学生开展体育活动

浙江省体彩希望小学

2018年，浙江省财政安排农村文化礼堂建设资金3亿元，比上年新增2亿元；全省新建农村文化礼堂3143个，累计建成农村文化礼堂11059个。发挥农村文化礼堂思想道德建设、文体娱乐、知识普及等功能，丰富农民群众精神文化生活，提升农村文化建设的质量和水平。

丽水市缙云县岭口村文化礼堂“好家风”文艺汇演

湖州市吴兴区妙西镇石山村幸福礼堂开展重阳敬老活动

丽水市松阳县梧桐口村文化礼堂

农村文化礼堂“我们的村晚”活动演出现场之一

农村文化礼堂“我们的村晚”活动演出现场之二

丽水市缙云县笕川村民俗文化活动

宁波市北仑区小港街道红联村文化礼堂举行金婚庆典仪式

2018 年，浙江省财政投入奖补资金 26.42 亿元，撬动村集体及其他社会资本 13.17 亿元，实施一事一议财政奖补项目 4558 个。选择 15 个县开展一事一议财政奖补助推美丽乡村建设试点，重点支持连线成片创建美丽乡村示范村，推动升级版美丽乡村建设。

金华市浦江县白马镇江南酒乡虬树坪村

金华市浦江县大畈乡诗人小镇

金华市浦江县檀溪镇醉美檀溪

绍兴市柯桥区千亩花田推动乡村旅游

龙泉市源底美丽乡村建设

建德市省级田园综合体草莓大棚

衢州市柯城区省级田园综合体柑橘大棚

2018 年，浙江省财政对 7 个省级田园综合体试点项目实施方案全面把关、严格审核，确保项目规范有序地实施和财政资金合理有效地使用，以农业园区提质升档为抓手，助力全省大花园建设。

湖州市吴兴区省级田园综合体物联网水产产业园

嘉兴市秀洲区省级农业综合开发田园综合体潘家浜村

2018年，浙江省财政广泛学习宣传践行“严谨、坚守、创新、奉献”的财政职业精神，通过上主题党课、支部专题学习、征文、财政干部讲坛、邀请离退休干部座谈、采访等活动，组织开展财政职业精神大讨论。

赴绍兴市财政局宣讲财政职业精神

财政职业精神专题干部讲坛现场之一

团员青年与退休干部“聆听财政前辈故事 传承财政职业精神”座谈会

财政职业精神专题干部讲坛现场之二

财政职业精神专题党课

2018 年，浙江省财政创新干部教育培训模式，采用视频教学、现场辩论、省外专业培训、跨部门联合培训等方式，提高培训实效。全年共举办干部教育培训班 35 期，培训干部 11749 人次，为全省全面深化财税体制改革提供了有力的智力支持和人才保障。

组织实地调研

在上海财经大学举办全省财政监督人才库培训班

全省财政预算编制人才库研讨班采用辩论式培训方法

全省高级会计人员继续教育培训

2018 年，浙江省财政做好会计人才队伍选拔和素质提升工作，组织开展会计人员专业技术无纸化考试和线上线下继续教育，服务全省经济社会发展和财政中心工作。

会计资格考试现场巡视

组织开展全国会计资格无纸化考试

财经文献

●省十三届人大二次会议重要文件

●省委省政府重要财经文件

●全省财政工作会议重要文件

全省财政工作

●全省财税工作

全省财政

全省税务

●财政分项工作

财政预算管理

财政税政

预算执行

●学会协会活动

市县(市、区)财政工作

●杭州市财政工作

●嘉兴市财政工作

●金华市财政工作

●衢州市财政工作

●舟山市财政工作

●台州市财政工作

财政统计资料

财政法规选编

财政文选

●省领导论财政

●厅领导谈财政

●市县领导议财政

财政工作大事记

财政机构人员

附 录

●专题经验介绍

●调研报告精选

TABLE OF CONTENTS

财经文献

zhejiang caizheng nianjian

省十三届人大二次会议重要文件

浙江省政府工作报告(摘要)

——2019年1月27日在浙江省第十三届人民代表大会第二次会议上

浙江省人民政府省长　袁家军

一、2018年主要工作回顾

2018年是改革开放40周年、“八八战略”实施15周年,是新一届省政府的开局之年。一年来,面对错综复杂的外部环境和艰巨繁重的改革发展任务,在党中央、国务院和中共浙江省委的坚强领导下,省政府坚持以习近平新时代中国特色社会主义思想为指导,全面贯彻党的十九大和十九届二中、三中全会精神,认真落实习近平总书记对浙江工作的重要指示,深入贯彻省第十四次党代会精神,统筹推进“五位一体”总体布局,协调推进“四个全面”战略布局,围绕“八八战略”再深化、改革开放再出发,全面落实省委各项决策部署和省十三届人大一次会议确定的目标任务,聚焦聚力高质量、竞争力、现代化,圆满完成了年初确定的各项目标任务。全省生产总值增长7.1%;一般公共预算收入升至全国第4位,增长11.1%;城乡居民人均可支配收入分别增长8.4%和9.4%,高质量发展势头良好。“千村示范、万村整治”工程荣获联合国地球卫士奖,浙江的知名度和影响力进一步提升。

(一)着力抓改革促开放

“最多跑一次”等改革全面深化。100%的事项实现网上办理,63.6%的民生事项实现“一证通办”,“标准地”出让占省级以上平台新批工业用地的80.1%,常态化企业开办时间压缩至4个工作日,亩均增加值增长7.4%。

对外开放向纵深推进。宁波—舟山港货物吞吐量10.8亿吨、集装箱吞吐量2635万标箱。首架波音飞机完工交付。跨境电商进出口额增长35%。“义新欧”班列开行320列,“一带一路”捷克站开始运营。

(二)着力打好三大攻坚战

金融风险防控有力有效。全省不良贷款率为1.15%,下降0.49个百分点。全力化解民营企业债券兑付风险和上市公司股权质押平仓风险。严厉打击非法集资,加大P2P网络借贷风险处置力度。有序化解地方政府隐性债务风险。

精准脱贫有力有效。低保标准实现城乡同标,最低生活保障水平达到7200元。新落地山海协作项目315个,到位资金520亿元。高标准做好东西部扶贫协作、对口支援和对口合作工作。

污染防治有力有效。垃圾分类制度、河(湖)长制、湾(滩)长制全面建立。完成100个废气清洁排放改造项目,完成32个工业园区和210个生活小区“污水零直排区”建设。设区市PM2.5平均浓度下降到34微克。完成“三改”2.63亿平方米、拆违2.05亿平方米。

(三)着力强创新促转型

新动能明显增强。数字经济核心产业增加值增长13.1%。建成“无人车间”“无人工厂”66个,新增上云企业12万家。新增国家千人计划、浙江省千人计划人才320名。西湖大学正式设立。新增高新技术企业3187家、科技型小微企业10539家,研发经费支出占比达到2.52%。新增上市公司28家。H7N9禽流感防治研究成果荣获国家科技进步特等奖。

传统产业改造升级明显加快。新增“浙江制造”标准559个、“品字标”企业442家、小微企业园区222个;新增工业机器人1.6万台;创建省级产业创新服务综合体48家;淘汰企业落后产能1733家、处置僵尸企业393家。减轻企业负担1650亿元。

需求拉动平稳协调。交通投资、高新技术产业投资、民间投资分别增长25.8%、22.6%和17.8%,浙商回归到位资金5285亿元,实际利用外资186亿美元。培育发展放心消费示范单位1.54万家。出口增长9%,进口增长19%,消费增长9%。

乡村振兴势头良好。新建高标准农田257万亩,粮食生产功能区提标改造65万亩。消除集体经济薄弱村6171个。新增A级以上景区村庄2640个。新建和改造提升农村公路1万公里。新增147万农村人口喝上了达标饮用水。

(四)着力谋划推动“四大”建设

大湾区建设全面启动。湾区智慧交通体系、重大科创平台等标志性工程启动建设。杭州经济总量达到1.35万亿元、宁波突破万亿大关。

大花园建设开局良好。推动浙东唐诗之路、钱塘江唐诗之路、瓯江山水诗之路、大运河(浙江)文化产业带建设。全年接待游客6.9亿人次,旅游总收入1万亿元。

大通道建设明显加快。杭黄铁路开通运营,甬台温高速公路复线建成通车,钱塘江中上游航道全线通航。国际航空航线达到31条,浙江省率先成为拥有杭州、宁波、温州3家千万级客流量机场的省份。

大都市区能级提升。规划建设综合交通枢纽,加快集聚高端的人才、要素、产业,都市区辐射带动作用明显增强。

(五)着力提升文化软实力

精神文明建设深入开展。深化“最美浙江人”主题宣传,18个市县成为新一轮全国文明城市试点城市,居全国前列。

文化事业加快发展。开展文化惠民,创建国家级公共文化服务体系示范区。实施公共文化服务“十百千”工程,创建文化强镇30个、文化示范村(社区)89个。新建农村文化礼堂

3143 个。

文化产业提质增效。规划建设之江文化中心、之江文化产业带。组建省文化产业投资集团。浙报控股、浙江出版、华策影视、宋城演艺跻身“全国文化企业 30 强”，中国（浙江）影视产业国际合作实验区成为第一批国家文化出口基地。

（六）着力惠民生保平安

社会就业充分。城镇新增就业 125.3 万人，城镇调查失业率 4.1%，登记失业率 2.6%。做好重点群体就业工作，帮扶 15.98 万困难人员实现就业。

公共服务稳步提升。开展庆元县农村学前教育补短板改革试点，义务教育阶段学校消除大班额。70 个县（市、区）开展县域医共体建设。全省基本养老保险参保率达到 92%、基本医疗保险参保率达到 98.6%。棚改安置住房建成 33.7 万套。

平安建设成效明显。构建 6.8 万个网格组成的社会治理体系。强化消防、危化品、食品药品、交通等安全风险管控，生产安全事故起数下降 33%、死亡人数下降 28%。完成农村危房治理改造 12.2 万户，减少地质灾害隐患点 2426 处，完成重大隐患避让搬迁和工程治理项目 679 个。

（七）着力提高政府履职能力

树牢“四个意识”，坚定“四个自信”，坚决做到“两个维护”。围绕“八八战略”再深化、改革开放再出发，扎实开展“大学习大调研大抓落实”活动，制定实施富民强省十大行动计划，深入实施政府“两强三提高”行动计划，大兴调查研究之风，高质量制定实施一批事关长远的重大规划和政策举措，尽心尽力干大事、解难事、办实事，确保开好局、起好步，努力建设人民满意的服务型政府。

二、2019 年目标任务和重点工作

2019 年是新中国成立 70 周年，是高水平全面建成小康社会的关键之年。面对充满不确定性挑战的外部环境和我国经济长期向好的发展大势，今年工作的总体要求是：全面贯彻党的十九大和中央经济工作会议精神，高举习近平新时代中国特色社会主义思想伟大旗帜，统筹推进“五位一体”总体布局，协调推进“四个全面”战略布局，时刻牢记和践行习近平总书记赋予浙江的“干在实处永无止境，走在前列要谋新篇，勇立潮头方显担当”新期望，以“八八战略”再深化、改革开放再出发为主题，以实施富民强省十大行动计划为抓手，坚持稳中求进工作总基调，坚持新发展理念，坚持推进高质量发展，坚持供给侧结构性改革主线，坚持深化市场化改革、扩大高水平开放，突出稳企业、增动能、保平安，统筹推进稳增长、促改革、调结构、惠民生、防风险工作，提高人民群众获得感、幸福感、安全感，保持经济持续健康发展和社会大局稳定，为高水平全面建成小康社会收官打下决定性基础，以优异成绩庆祝中华人民共和国成立 70 周年。

根据省委经济工作会议精神，建议 2019 年全省经济社会发展主要预期目标为：全省生产总值增长 6.5%左右，争取更高质量、更好结果；研发经费支出占比达到 2.6%；一般公共预算收入、城乡居民收入增长与经济增长基本同步，全员劳动生产率稳步提高，节能减排降碳指标完成国家下达的目标任务。

具体工作中，着力把握两大取向：

第一，坚持底线思维，主动应对困难风险挑战。抓住并用好重要战略机遇期，坚持把应对风险挑战作为解决自身问题的机遇，倒逼推动改革创新，迎难而上不退缩、苦练内功不浮躁、爬坡过坎不松劲。保持战略定力，完善风险防控体系，提高风险管控能力，提前研判风险所在，准确把握风险走向，及时发现重大问题，果断作出科学决策，做实做细做好防范化解重大风险工作，把各类风险隐患管控在属地、消除在萌芽、处置在未发。要发扬斗争精神，提高斗争本领，坚决扛起防范化解各类风险的政治责任，牢牢守住政治安全、经济安全、生态安全、公共安全的底线。

第二，致力于高质量发展、竞争力提升、现代化建设。坚持以人民为中心的发展思想，全面实施数字新政、科技新政、人才新政、生态文明新政，全力打好高质量发展组合拳，充分激发市场、企业、大众的活力，不断推进浙江经济提质增效升级。坚持对标先进、奋勇争先，深化以“最多跑一次”改革为牵引的全面改革，扩大以“一带一路”为统领的全面开放，大力推进以科技创新为核心的全面创新，全方位提升区域、产业、企业、品牌的竞争力，打造新时代浙江“金名片”。坚持以人的现代化为核心，把人民对美好生活的向往作为奋斗目标，不断促进人的全面发展和社会全面进步，加快建设富强民主文明和谐美丽的社会主义现代化浙江。

做好今年工作，必须全面落实深化供给侧结构性改革“巩

城市书房

固、增强、提升、畅通”八字方针，坚定不移抓机遇、用机遇，想方设法破难题、克难关，以“三服务”的非常之功，全力做好“六稳”工作，以稳应变，以进固稳，一步一个脚印推进“两个高水平”建设。

(一)扎实做好稳企业稳增长工作

全力抓好支持民营经济高质量发展政策举措落地。全面实施“民营经济31条”。实行企业帮扶“白名单”制度，量化细化民营企业发债需求清单、上市公司股权质押纾困帮扶清单、困难企业帮扶清单。实施小微企业信贷增氧计划和金融服务滴灌工程。依法保护企业家人身财产安全。

大力推动减税降费。减轻企业社保缴费实际负担，降低工商业电价，坚决治理乱收费、乱罚款，全力抓好减税降费政策落地落细落实，力争为企业减负1500亿元以上。

积极扩大有效投资。全面实施投资新政，加大基础设施补短板力度，滚动实施省市县长项目工程。着力推进数字经济、生命健康、高端装备、文化旅游、能源环保等5个千亿投资工程，实施一批产业大项目，提升八大万亿产业竞争力。

促进外贸稳定增长。支持企业巩固传统市场，开拓“一带一路”新兴市场。加强浙非经贸合作。发展市场采购、外贸综合服务平台、跨境电商等新模式。推进口岸减证、降费、提速、增效，加快建设国内领先的国际贸易“单一窗口”。

大力推动消费升级。积极参与强大国内市场建设，培育消费热点，打造一批新零售标杆城市、新零售示范企业和高品位步行街，促进中高端消费集聚。完善无理由退货、明码实价、支付安全保障等制度。

(二)坚持创新引领制造业高质量发展

提升浙江制造品质。持续推进标准强省、质量强省、品牌强省建设，提升政府质量奖。开展块状特色经济质量提升三年行动。培育发展数字安防、新能源汽车、绿色石化、现代纺织等一批先进制造业集群，争创人工智能、生物医药、航空航天、集成电路、新材料等产业新优势。实施重大技术改造升级工程、百千万高技能领军人才培养工程。实施首台套、首批次产品和“浙江制造精品”首购制度。开展“互联网+”行动，构建工业互联网平台体系。打响“浙江服务”品牌，确保服务业平稳较快增长。

全面实施科技新政。打造“产学研用金、才政介美云”十联动创业创新生态圈，建设“互联网+”科技创新高地和生命健康科技创新高地。设立浙江科技大奖。加快建设杭州、宁波、温州国家自主创新示范区。实施“双倍增”计划。引导企业加大研发投入。

深入实施数字经济“一号工程”。全面实施数字经济五年倍增计划，深入推进云上浙江、数字强省建设。支持杭州打造全国数字经济第一城、乌镇创建国家互联网创新发展综合试验区。率先开展5G商用，推广应用城市大脑和电子发票，加快建设移动支付之省，争创国家数字经济示范省。

加快市场主体升级。深入实施“凤凰行动”，制定支持科创企业上市行动方案。实施“雄鹰行动”，支持一批本土跨国公司加快发展。实施“雏鹰行动”，引导企业走“专精特新”发展之路。培育壮大一批独角兽企业。

(三)深化市场化改革，扩大高水平开放

将“最多跑一次”改革进行到底。推广“领跑者”最佳实践，所有民生事项和企业事项开通网上办理。打造最佳营商环境。全面实施区域评估制度、“标准地”制度。深化企业投资项目审批制度改革，力争实现企业投资项目竣工验收前审批“最多90天”。实施国企国资改革六大攻坚，突出抓好混合所有制改革。打造信用浙江。

全面推进“亩均论英雄”改革。实施亩均效益领跑者行动，全面启动规模以上服务业企业、开发区(园区)、特色小镇、小微企业园的亩均效益评价。

中学生在科学实验室做实验

进一步扩大对外开放。全面实施打造“一带一路”枢纽行动计划，高质量建设十大标志性项目。深化eWTP试验区建设。高标准推进“一带一路”系列站、境外经贸合作区和国际合作产业园建设。做强“义新欧”班列品牌。打造义乌、青田等“世界超市”。

(四)坚定不移打好三大攻坚战

打好金融风险防控攻坚战。强化省市县协同、政银企联动，守住不发生区域性金融风险底线。落实民营企业债券融资支持计划，加强政策性融资担保体系建设。推进P2P网络借贷风险处置。有序化解地方政府隐性债务风险。

打好精准脱贫攻坚战。实施低收入农户高水平全面小康计划，确保低收入农户收入增长10%以上。扎实开展因病致贫家庭救助工作,发现一户、救助一户。决战决胜消除集体经济薄弱村。加快打造山海协作升级版。

打好污染防治攻坚战。高标准打好治气、治水、治土、治废四大硬仗。全省 PM2.5 平均浓度达到国家二级标准。深化"五水共治"。高标准推进千岛湖临湖地带综合整治。制定实施城镇污水治理三年行动。推进重点土壤污染地块和垃圾填埋场的生态修复。

(五)认真落实国家战略举措

加快落实长三角一体化发展国家战略。制定浙江推进长三角一体化发展行动纲要,共同打造长三角一体化发展示范区。加快嘉兴全面接轨上海,提升舟山群岛新区建设水平,共建 G60 科创走廊,牵头抓好数字长三角、世界级港口集群、油气贸易中心建设。

大力推进中国(浙江)自由贸易试验区创新发展。建设国际油品交易中心。舟山绿色石化基地一期项目建成投产。加快建设海事服务基地,健全国际船舶低硫燃料油供应体系。推进油气等大宗商品国际贸易使用人民币计价结算。

深化海洋经济发展示范区建设。推动甬台温临港产业带加快发展。做强做大宁波舟山港,带动沿海港口加快发展。推进舟山江海联运服务中心建设。发展海工装备、海岛旅游、远洋渔业等现代海洋产业,发展蓝色经济,建设海洋强省。

积极推进国际贸易和金融改革试点。实施义乌国际贸易综合改革试验区建设方案。加强杭州、宁波、义乌跨境电子商务综合试验区联动发展。打造新兴金融中心。

(六)全面开展"四大"建设年活动

扎实推进大湾区建设。打造杭州江东新区、宁波前湾新区、绍兴滨海新区、湖州南太湖新区等高能级平台。提升环杭州湾高新技术产业带。加快推进杭绍甬一体化示范区,谋划推进宁波舟山一体化、嘉兴湖州一体化建设,启动实施数字湾区、"万亩千亿"新产业平台、未来社区等标志性项目,提高杭州湾经济区能级。

扎实推进大花园建设。深入开展"人人成园丁、处处成花园"行动。加快建设十大名山公园、十大海岛公园。做实做好"百县千碗"工程。打造开化钱江源国家公园,争创丽水、仙居国家公园和浙皖闽赣国家生态旅游协作区,创建全域旅游示范省和全域长寿之乡,打造"诗画浙江、美好家园"。

扎实推进大通道建设。构建"三个 1 小时"交通圈,实现文成通高速,铁路杭州南站、杭州湾大桥北接线二期建成投用,加快推进补短板工程,开工建设沪苏湖、杭衢等铁路项目,加快构建现代综合交通体系。

扎实推进大都市区建设。加快推进四大都市区核心区建设。全面开工铁路杭州西站,改造扩建温州北站、金华站,提升宁波铁路通过能力,推动综合交通枢纽建设。高水平建设特色小镇。

实施有机更新行动。编制实施省市县国土空间总体规划,建立国土空间开发保护和多规合一制度。深化"三改一拆"和创建无违建县行动,推进老旧小区改造和棚户区改造。深化小城镇环境综合整治。

(七)深入实施乡村振兴战略

深化农村改革。健全城乡融合发展体制机制,推进科技进乡村、资金进乡村、青年回农村、乡贤回农村。完善"三权到人(户)、权跟人(户)走"机制,开展土地经营权入股发展农业产业化经营试点。

振兴乡村产业。深化农业供给侧结构性改革,调整优化农业结构,增加优质绿色农产品供给。加强粮食生产功能区、现代农业园区建设。实施农业"三名"工程,振兴历史经典农产品,发展乡愁产业,打造生态品牌,开展生态产品价值实现机制试点。创建"互联网+"三农先行区。

建设美丽乡村。打造"千万工程"升级版。实施"四美联创",建设"四好农村路"。加强历史文化(传统)村落保护。实施农村饮用水达标提标行动,确保到 2020 年全省农村居民喝上好水。

加强乡村治理。完善乡村治理体系,深入实施万村善治示范工程,大力弘扬新时代"枫桥经验",全面推广基层治理经验。

(八)大力推进文化浙江建设

繁荣发展文化事业。打造公共文化服务数字化平台。加快大运河(浙江)文化带规划建设,推进之江文化中心等重大文化设施建设,实现县级融媒体中心建设全覆盖。繁荣哲学社会科

杭州首家社区康复护理站

学，加强新型智库建设。传承地方戏曲，发展文艺事业。

推动文化产业高质量发展。实施文化产业发展“八大计划”，培育一批文化龙头企业，加快发展影视演艺、数字内容、文化创意、动漫、网络视听等新兴文化业态，提振历史经典产业。加快打造之江文化产业带，做大做强横店影视文化产业实验区。

开展社会文明提升行动。培育践行社会主义核心价值观，秉持红船精神、浙江精神和新时代浙商精神，弘扬科学精神、工匠精神、劳模精神，争当“最美浙江人”。推进学习型社会建设。

（九）扎实推进富民惠民安民

坚持就业增收富民。城镇新增就业80万人，城镇失业人员再就业30万人，城镇调查失业率、登记失业率分别控制在5%、3.5%以内。深入推进高校毕业生基层成长计划，加强就业困难人员帮扶，持续开展“浙江无欠薪”行动。

坚持公共服务惠民。加强3岁以下婴幼儿托育工作，加快农村幼儿园补短提升，扩大普惠性幼儿园覆盖范围，全面实施小学放学后托管服务，着力破解“托育难、入幼难、接送难”问题。完善高考综合改革。大力支持“双一流”高校提升发展，积极推动高水平大学在浙江办学。深化健康浙江建设，加快“互联网+医疗医保”平台建设，推进“六医”统筹。县县建成县域医共体。促进中医药振兴。提升大病保障精准度。推进参保扩面，加强困难家庭住房保障。加强失能失智老人照护和农村留守老人关爱服务。健全退役军人服务管理体系，完善“光荣之家”制度，让军人成为全社会尊崇的职业。

坚持平安建设安民。提高“雪亮工程”覆盖率，用好基层治理四平台，完善信访制度、人民调解制度和立体化治安防控体系。全面实施安全生产综合治理三年行动，深入推进百项千亿防洪排涝工程，加强防汛防台等自然灾害防治工作，构建重点风险隐患清单式防控治理体系。加强应急救援、物资储备和防灾减灾能力建设，坚决遏制重特大安全事故，确保事故起数、死亡人数持续下降。深入实施大搬快聚富民安居工程。深化扫黑除恶专项斗争。依法惩治盗抢骗、黄赌毒等违法犯罪活动，依法打击电信诈骗等网络犯罪行为。

按照群众提、大家定、政府办理念，认真办好“美丽河湖”创建、农村饮用水达标提标、清洁能源车、“互联网+义务教育”、综合供能服务站、生活垃圾分类、慢性病防治、居家养老中心、助残服务能力建设、“除险安居”等十方面民生实事，着力解决人民群众普遍关心的突出问题。

（十）全面提升政府治理能力

树牢“四个意识”，坚定“四个自信”，坚决做到“两个维护”。聚焦服务企业、服务群众、服务基层，深入开展“大学习大调研大抓落实”活动，全面实施政府“两强三提高”建设行动计划，更加关心爱护基层干部。着力推进政府数字化转型，建设数字政府；坚持政府过“紧日子”，建设节俭政府；坚持依法行政，加快建设法治政府；坚持说到做到，建设效能政府；落实全面从严治党主体责任，建设廉洁政府。

关于2018年全省和省级预算执行情况及2019年全省和省级预算草案的报告

——2019年1月31日在浙江省第十三届人民代表大会第二次会议上

浙江省财政厅

一、2018年预算执行情况

2018年，全省各地各部门以习近平新时代中国特色社会主义思想为指导，全面贯彻党的十九大、省第十四次党代会和省十三届人大一次会议决议精神，严格落实《预算法》和《浙江省预算审查监督条例》规定，围绕省委“八八战略”再深化、改革开放再出发主题，主动对标“两个高水平”“四个强省”建设的目标，聚焦聚力三大攻坚战、富民强省十大行动计划等重大决策部署，实施积极的财政政策，做好生财、聚财、用财等各项工作，全省和省级财政预算执行情况良好，促进了全省经济社会持续健康发展。

（一）着力建机制强保障，助力打好三大攻坚战

一是实施防范化解地方政府隐性债务风险专项行动。按照“底数清、结构清、风险清、责任清”的总体要求，以及“查核总数、科学分类、开好前门、堵死后门、党政同责、逐步化解”的工作方法，坚持“一市、县（市、区）一方案”，以法治化、市场化为导向，编制防范化解地方政府隐性债务风险专项行动实施方案，创新提出融资平台公司转型“四个标准”，注资50亿元构建全省国有融资担保体系，完善考核问责机制，与省委组织部联合下发了政府债务及隐性债务工作考核办法，全面完成2018年度地方政府隐性债务化解任务，得到财政部和省委肯定，为打好攻坚战赢得先机。绍兴市开展土地储备出让预算管理制度改革全国试点，取得阶段性成果，为拓展专项债券空间提供基础性支撑。

二是强化精准脱贫资金保障。全面落实中央对口支援和东西部扶贫协作的决策部署，2018年，全省筹措对口支援资金24.61亿元，比上年增加2.47亿元；提高东西部扶贫标准，2018年筹措28.31亿元，比上年增加23.55亿元。研究建立东西部扶贫协作市县投入统计制度，不断完善援助资金督查机制。同时，为支持我省消除集体经济薄弱村，促进低收入农户改善生产生活条件、增强自我发展能力，省财政安排扶贫专项资金9.24亿元，争取中央财政扶贫专项资金2.74亿元，并加强扶贫资金监管，提高资金使用绩效。

三是支持生态文明示范创建。强化政策和资金保障，支持蓝天、碧水、净土、清废四大行动。2018年，省财政兑现绿色发展财政奖补政策资金120亿元。开展省内流域上下游横向生态补偿试点，在钱塘江流域干流、浦阳江流域上下游地区及金华市、台州市、丽水市部分市县建立了横向生态补偿机制。推动跨省

域横向生态补偿试点，签订新安江流域横向生态补偿第三轮试点协议。安排城镇生活垃圾和污水处理设施建设补助资金 8.72 亿元。成功入围全国山水林田湖草生态保护修复试点省份，获得中央财政 10 亿元基础奖补资金。

（二）着力强创新促转型，助推经济高质量发展

一是支持培育发展新功能。认真落实浙江省数字经济五年倍增计划，研究出台财政支持政策，推进数字经济“一号工程”深入实施。调整优化省工业与信息化发展财政专项资金使用重点，将资金聚焦到数字经济、制造强省建设、传统制造业改造提升等领域。安排 8 亿元支持之江实验室等重大科创平台建设；安排 4.50 亿元支持杭州城西科创大走廊建设；筹资 7 亿元支持西湖大学建设，其中 2018 年安排 2 亿元。

二是助推传统产业改造提升。落实减税降费政策，巩固省定涉企行政事业性收费项目“零收费”成果，继续实施临时性降低社会保险费率政策，全年新增为企业减轻税费负担 578 亿元。积极争取并完成中央下达的增值税留抵退税 84.28 亿元，有效缓解企业资金压力。筹措落实振兴实体经济（传统产业改造）财政专项激励资金 18 亿元。省财政继续给予市、县（市）地方部分增值税当年增收额 5%的奖励，支持市县传统产业改造提升。协同推进产业创新服务平台建设，省财政安排 3.23 亿元择优支持 11 个市、县（市、区）创建“1+X”产业创新服务综合体。落实首台套产品和“浙江制造精品”政府首购制度，中小微企业合同金额占全省采购规模的比重超过 80%。

三是发挥政府产业基金放大效应。全省政府产业基金规模达 1412 亿元，撬动社会资本 11166 亿元，实现了省政府提出的“力争通过 3 年努力，全省各级政府设立的产业基金规模达到 1000 亿元以上，通过与金融资本的结合，撬动社会资本 10000 亿元左右”的目标。认真研究打造政府产业基金 2.0 版，加强省市县联动，强化政策引导，健全沟通协作机制，组建若干主题基金和定向基金，加快推进全省政府产业基金投资运作，加大对重点领域、重点产业和重大项目的投资力度。

（三）着力强统筹促发展，支持推动“四大”建设

改革在杭金融企业财政管理体制，加快推进钱塘江金融港湾建设。安排海洋（湾区）经济发展专项资金 20 亿元，支持海洋经济和湾区经济发展。安排省山海协作产业园建设资金 3.45 亿元，较上年增加 1.25 亿元，支持首批 9 个省级山海协作产业园提升工程和 15 个山海协作生态旅游产业园建设，打造山海协作升级版，推动浙江省区域经济共同发展。支持“一带一路”和义甬舟开放大通道建设，完善万亿综合交通重大项目财政保障机制，落实中央和省补助资金 171.36 亿元，发行政府债券 115 亿元；发挥省基础设施投资（含 PPP）基金的引导作用，出资 15.94 亿元支持杭绍台铁路等重大项目实施；争取中央基建投资资金 43.54 亿元，支持公共基础设施建设。积极支持海绵城市建设试点和地下综合管廊建设试点。

（四）着力兜底线可持续，切实保障民生事业发展

一是支持教育事业发展。安排 26 亿元支持“双一流”高校建设，整合设立高校绩效奖补资金，引导高校高质量发展。设立引进名校合作办学省财政专项资金 50 亿元，鼓励市县政府和省内高校主动对接境内外高校来浙江省合作办学。进一步完善各类生均公用经费制度，从 2018 年开始，确定浙江省学前教育生均公用经费最低标准为 500 元/生 · 年，公办普通高中生均公用经费标准为 1200 元/生 · 年。制定公共财政扶持民办教育发展、民办学校财务管理、财务清算等办法，明确各级各类非营利民办学校支持政策。

二是支持就业和社会保障。从 2018 年 1 月 1 日起，将全省失业保险金标准统一提高到当地最低工资标准的 80%。调整提高城乡居民基本养老保险省定基础养老金最低标准，月人均增加 20 元。下达中央和省级城乡居民养老保险补助 51.20 亿元，加强职工养老保险目标责任考核，加大职工养老保险省级调剂制度。加大困难群众救助力度，启动困难群众基本生活价格补贴机制，下达中央和省级困难群众补助资金 21.86 亿元。推进实施困难残疾生活补贴和重度残疾人护理补贴制度，安排省级补助资金 9.74 亿元。

三是支持医疗卫生事业发展。将城乡居民基本医疗保险财政补助标准提高至年人均 510 元、城乡居民基本公共卫生服务财政补助标准提高至年人均 55 元、大病保险筹资标准提高至不低于每人每年 40 元。安排“双下沉、两提升”补助资金 2.90 亿元，探索医共体建设财政投入新政策。继续按 500 万元/个的标准支持 6 个重大疾病诊治技术研究中心建设，提升高精尖医疗技术

农村养老服务中心

能力。落实仿制药质量和疗效一致性评价奖补资金4200万元。

四是支持文化软实力提升。支持实施“十百千”工程,着力补齐公共文化区域短板。省财政安排3亿元,加快推进农村文化礼堂建设。保障浙江小百花艺术中心、浙江自然博物园顺利完工,推进之江文化中心、省全民健身中心等重大文化设施建设。

五是支持农业农村发展。完善财政支农政策体系,省财政安排75.07亿元支持实施“百项千亿防洪排涝工程”等水利项目建设,安排20.31亿元支持现代农业发展,安排11.50亿元支持美丽乡村建设,安排16.66亿元用于垦造耕地、永久基本农田保护、农村土地综合整治等。安排6.31亿元用于农村综合改革,重点支持国家级和省级田园综合体建设试点、农村综合性改革试点试验等,并获财政部考核奖励5000万元;安排1.88亿元支持地质灾害防治和地质灾害避让搬迁工作。

六是支持住房保障建设。争取土地储备和棚户区改造专项债券548.60亿元、中央补助资金34.53亿元,安排省级资金3.50亿元,支持全省城镇保障性安居工程建设等。省财政安排2.30亿元,支持1.25万户农村困难群众危房改造和26个加快发展县(市、区)及台州市黄岩区、金华市婺城区、兰溪市其他危房治理。

(五)着力强改革提绩效,加快建立现代财政制度

一是纵深推进“最多跑一次”改革。省财政安排18.28亿元,支持省级政府数字化转型建设。“政采云”平台和统一公共支付平台被列入政府数字化转型“8+13”重点项目。“政采云”平台在全省123个区划(含功能区)全部上线,交易金额达1066亿元,完成广西、重庆、青海、云南、新疆、江苏等6省市区以及税务、海关、边防等3个部门204个区划的推广应用,被评为2018年度省政府部门改革创新项目。升级完善统一公共支付平台,通过平台办理教育收费、城乡居民社保缴费及交通违法缴款等业务逾5845万笔,资金超过1586亿元,是上年的10倍。深入开展“上门服务至少一次”活动,全省各级财政部门共到部门(单位)上门服务58793次,到企业服务13496次,集中辅导2098次,服务人数达34.71万人次。

二是积极构建集中财力办大事财政政策体系。认真贯彻省委、省政府关于集中财力办大事、提高财政资金绩效的要求,紧紧围绕“两个高水平”建设的目标,聚焦聚力长三角一体化发展国家战略、三大攻坚战、富民强省十大行动计划、八大万亿产业等党中央、国务院和省委、省政府重大决策部署,对未来几年可用财力进行测算,对现有政策进行全面梳理、整合,保留政策49项,强化政策47项,整合47项政策后设立21项政策,新出台政策12项。同时,按照省市县联动、有为政府和有效市场相结合的原则,建立健全省市县联动机制和引导社会资本投入机制。

三是不断深化财税体制机制改革。出台推进省以下财政事权和支出责任划分改革实施意见。研究建立“全方位、全过程、全覆盖”的预算绩效管理体系,探索部门整体绩效预算改革试点,强化评价结果应用。建立健全涵盖基本支出与项目支出的财政支出标准体系。根据中央文件规定,按照“统一规制、分级分类”的原则,研究提出浙江省加强国有金融资本管理的措施。建立国有资产管理情况报告制度,综合报告和国有企业资产专项报告首次提交省人大常委会审议。开展划转部分国有资本充实社会保险基金试点,推进基本养老保险制度改革,防范养老保险基金风险。规范实施PPP项目,建立PPP财政承受能力监测预警机制。制定事业单位政府购买服务改革实施方案。加快债券发行和使用进度,有力地支持了稳投资、扩内需、补短板等各项工作。健全国库集中支付动态监控机制。强化财政监督,开展财政扶贫资金、省级部门“小金库”等多项财政专项检查工作。认真贯彻中央和省委关于厉行节约的规定,据初步汇总,2018年省级一般公共预算安排的“三公”经费支出预计执行数2.55亿元,比上年下降2.6%。其中:因公出国(境)费用0.81亿元,下降16.4%;公务接待费0.39亿元,下降9.3%;公务用车购置费0.46亿元,增长33.4%,主要是车辆按规定到期更新;公务用车运行维护费0.89亿元,增长1.8%,主要是车辆维修维护费用增加。

四是认真办理人大代表建议。在省十三届人大一次会议上,人大代表共提出与财政相关的建议230件(其中主办21件),根据会议决议精神,省财政厅严格落实办理责任,认真开展调查研究,主动、及时与代表沟通,按时办理完毕,满意率达100%。主办件中,所提问题及建议已经解决或列入计划逐步解决的占85.7%。如根据金15号提出的完善省内流域上下游生态保护补偿机制的建议,会同相关部门出台了《关于建立省内流域上下游横向生态保护补偿机制的实施意见》,明确了“权责对等、合理补偿”原则。根据台54号提出的关于破解中小型城商行参与财政存款招标的“玻璃门”的建议,进一步完善了财政资金竞争性存放准入条件、操作流程、指标设置、评价体系等事项;同时首次实行省级国库现金管理网上招标,营造更加公平公正的招标环境。

(六)2018年预算收支情况

1. 一般公共预算执行情况

(1)全省

2018年全省一般公共预算收入6598.08亿元,剔除按规定将部分政府性基金收入转列一般公共预算收入等因素,增长11.1%;全省税收收入5586.50亿元,增长11.6%,占一般公共预算收入的84.7%,收入质量位居全国前列。加上转移性收入3599.30亿元,收入合计10197.38亿元。全省一般公共预算支出8627.51亿元,完成调整后预算的109.3%,剔除新增地方政府债务安排的支出等因素,增长13.0%;加上转移性支出1569.87亿元,支出合计10197.38亿元。收支相抵,全省一般公共预算收支平衡。

(2)省级

2018年省级一般公共预算收入310.86亿元,剔除改革在杭金融企业财政管理体制和按规定将部分政府性基金收入转列一

般公共预算收入等因素，增长7.0%；加上转移性收入3172.97亿元，收入合计3483.83亿元。省级一般公共预算支出576.95亿元，剔除盘活存量安排省担保集团资本金等因素，完成调整后预算的100.0%，增长10.6%；加上转移性支出2906.88亿元，支出合计3483.83亿元。收支相抵，省级一般公共预算收支平衡。

2. 政府性基金预算执行情况

（1）全省

2018年全省政府性基金预算收入8736.56亿元，增长32.7%，增长较快，主要是国有土地使用权出让收入增长35.5%；加上转移性收入1227.17亿元，收入合计9963.73亿元。全省政府性基金预算支出9020.03亿元，完成调整后预算的172.5%，增长36.3%，增加较多，主要是国有土地使用权出让收入等土地类收入增加，支出相应增加；加上转移性支出943.70亿元，支出合计9963.73亿元。收支相抵，全省政府性基金预算收支平衡。

（2）省级

2018年省级政府性基金预算收入82.06亿元，增长28.4%，增长较快，主要是浙江传媒学院等高校土地出让价款一次性收入；加上转移性收入1015.72亿元，收入合计1097.78亿元。省级政府性基金预算支出95.03亿元，完成调整后预算的100.0%，下降6.4%；加上转移性支出1002.75亿元，支出合计1097.78亿元。收支相抵，省级政府性基金预算收支平衡。

3. 国有资本经营预算执行情况

（1）全省

2018年全省国有资本经营预算收入81.28亿元，增长24.1%，增长较快，主要是省交通投资集团有限公司利润收入增长较快，以及省海港投资运营集团有限公司补缴2017年度分红收入；加上转移性收入6.20亿元，收入合计87.48亿元。全省国有资本经营预算支出50.07亿元，完成预算的102.2%，增长35.0%；加上转移性支出37.41亿元，支出合计87.48亿元。收支相抵，全省国有资本经营预算收支平衡。

（2）省级

2018年省级国有资本经营预算收入36.48亿元，增长31.8%，增长较快，主要是省交通投资集团有限公司利润收入增长较快；加上转移性收入0.87亿元，收入合计37.35亿元。省级国有资本经营预算支出22.72亿元，完成预算的97.8%，增长86.2%，增加较多，主要是根据省委、省政府关于推进大交通建设的决策部署，加大对机场、铁路等基础设施建设投入；加上转移性支出14.63亿元，支出合计37.35亿元。收支相抵，省级国有资本经营预算收支平衡。

4. 社会保险基金预算执行情况

（1）全省

2018年全省社会保险基金预算收入4673.58亿元，增长1.7%；加上转移性收入136.60亿元（自2018年7月1日起，企业职工基本养老保险基金执行中央调剂制度），收入合计4810.18亿元。全省社会保险基金预算支出4405.48亿元，完成预算的103.0%，增长11.8%，增加较多，主要是企业职工基本养老保险基金待遇享受人数增加以及基本养老金水平提高；加上转移性支出190.90亿元，支出合计4596.38亿元。收支相抵，全省社会保险基金预算本年收支结余213.80亿元。

（2）省级

2018年省级社会保险基金预算收入209.93亿元，下降12.8%，剔除根据财政部政府收支分类科目规定，将下级补助收入和下级上解收入转列转移性收入因素，可比增长16.9%，增长较快，主要是省级机关事业单位缴费清算收入增加；加上转移性收入200.94亿元，收入合计410.87亿元。省级社会保险基金预算支出173.31亿元，完成预算的87.0%，增长21.3%，剔除根据财政部政府收支分类科目规定，将补助下级支出和上解上级支出转列转移性支出因素，完成预算的99.3%，增加较多，主要是省级机关事业单位基本养老保险基金支出增加；加上转移性支出215.41亿元，支出合计388.72亿元。收支相抵，省级社会保险基金预算本年收支结余22.15亿元。

5. 经批准举借债务的规模、结构、使用、偿还情况

（1）举借规模

①全省

2018年，全省地方政府债务限额11630.00亿元，比上年多争取新增地方政府债务限额1141.60亿元。在批准的限额内，发行地方政府债券2086.59亿元，其中：新增债券1141.60亿元，置换债券506.70亿元，再融资债券438.29亿元。

②省级

省级债务限额为370.23亿元，当年新增限额111.80亿元。

（2）结构

①全省

截至2018年末，全省地方政府债务余额为10794.40亿元，其中：一般债务5808.70亿元，占53.8%；专项债务4985.70亿元，占46.2%。

②省级

省级债务余额为370.23亿元，其中：一般债务206.33亿元，占55.7%；专项债务163.90亿元，占44.3%。

（3）使用

①全省

2018年，全省新增地方政府债券1141.60亿元，其中：用于交通运输193.27亿元，占16.9%；市政建设183.47亿元，占16.1%；土地储备417.60亿元，占36.6%；棚户区改造等保障性住房建设146.13亿元，占12.8%；生态建设和环境保护24.18亿元，占2.1%；农林水利建设36.48亿元，占3.2%；教育、科学、医疗等社会事业140.47亿元，占12.3%。

②省级

省级新增债券111.80亿元，其中：用于交通运输108.00亿元，教育等社会事业3.80亿元。

（4）偿还

①全省

2018 年，全省财政共安排还本支出 996.89 亿元，其中，一般债务还本支出 626.79 亿元，专项债务还本支出 370.10 亿元，均用于偿还存量政府债务。

②省级

省级无到期债务，因此，无还本支出。

这一年来取得的成绩，是习近平新时代中国特色社会主义思想指引的结果，是党中央、国务院和省委、省政府坚强领导的结果，是省人大、省政协及代表委员们监督指导的结果，是全省人民共同努力的结果。

同时，也要清醒地看到，在财政管理过程中还面临一些困难和挑战，如项目绩效目标不够细化，有的部门预算执行率比较低，部分单位公款竞争性存放制度执行不到位，部分专项资金实施期限不明确等。对此，财政部门要认真研究，积极采取有力措施切实加以解决。

二、2019 年预算草案

（一）2019 年财政经济形势

当前，浙江省经济运行总体平稳、稳中有进，继续呈现高质量发展态势，但稳中有变、变中有忧，外部环境复杂严峻，经济面临下行压力，财政运行也面临着一些不确定性不稳定性因素。中美经贸摩擦预期不明朗，房地产市场存在潜在风险，中央还将出台更大规模减税、更明显降费等政策，一方面存在减税降费翘尾影响，另一方面将进一步减少财政收入。同时，支持稳企业、增动能、保平安，做好稳增长、促改革、调结构、惠民生、防风险的保障工作，积极财政政策要加力提效，以及三大攻坚战、富民强省十大行动计划，对财政支出提出更高要求，资金保障压力加大。总体来说，财政收支紧平衡的特征更加明显。为此，各地各部门要进一步强化过“紧日子”的思想，严控和压减一般性支出，切实将财政资金用到保障经济社会发展的重大战略、重大改革和重点领域上，集中财力办大事，提高资金使用绩效。

（二）2019 年财政预算编制的指导思想

根据 2019 年度全省经济社会发展目标、国家宏观调控总体要求和跨年度预算平衡的需要，结合对 2019 年财政经济形势的分析和预测，并参考上年度执行情况，按照中央和省委对经济工作的总体部署以及财政改革总体要求，浙江省 2019 年财政预算编制的指导思想是：深入贯彻习近平新时代中国特色社会主义思想和党的十九大、省第十四次党代会精神，围绕省委“八八战略”再深化、改革开放再出发主题，提高政治站位，强化政治担当，致力于高质量发展、竞争力提升、现代化建设，强谋划、强执行，严格落实《预算法》和《浙江省预算审查监督条例》，按照“划清边界、厘清事权、做好蛋糕、集中财力办大事”的理财思路和“保基本、守底线、促均衡、提质量”的理财要求，坚持政府过“紧日子”，推动集中财力办大事财政政策体系落地实施，为浙江省“两个高水平”建设提供坚强的财力保障。

（三）2019 年重点财政收支政策

1. 支持稳企业稳增长工作

（1）促进民营经济高质量发展。落实好浙江省支持民营经济高质量发展的政策措施，优化民营经济发展环境，帮助民营企业渡过难关。一是大力推进减税降费。坚持放水养鱼、休养生息，认真落实国家和浙江省出台的更大规模减税降费政策，加强宣传辅导，确保各项政策及时落地见效，增强企业获得感。二是支持产业转型升级。由省金控公司出资参与组建之江新实业公司，通过直接投资实体经济、设立区域主题基金投资引领性产业和拓展金融服务等业务，助力全省产业转型发展。三是着力缓解企业融资难。加快省级融资担保公司运作，充分发挥政策性担保功能，支持民营企业融资。配合省地方金融监管局抓紧设立规模 100 亿元的金融稳定投资基金，加快组建首期规模 100 亿元的上市公司稳健发展支持基金，对优质民营企业进行市场化法治化救助。四是优化创业创新生态。省财政安排 9 亿元，支持建设融全产业链创新服务为一体的产业创新服务综合体；整合设立 5 亿元的省中小企业发展（竞争力提升工程）专项资金，其中安排 1.50 亿元择优选择 20 个县（市、区）开展首批小微企业园建设提升财政专项激励工作。

（2）精准撬动社会有效投资。一是推动政府产业基金 2.0 版实质性运作。整合组建省转型升级产业基金 251 亿元，通过省市县联动加快组建数字经济产业投资基金等 5 支主题基金并开展实质性运作，引导社会资本加大对省市县长工程等重大产业项目及创业创新领域的投资。2019 年，省级新增安排政府产业基金增资 20 亿元，坚持政策性、引导性的定位，抓好政府产业基金 2.0 版的落地实施。同时，联合相关省级部门和市县政府积极参股国家集成电路产业投资基金（二期）150 亿元和国家制造业转型升级基金 100 亿—150 亿元。二是积极争取中央新增地方政府债务限额，加快债券发行使用进度。按照全国人大常委会有关决定，提前下达 2019 年新增地方政府债务限额 694 亿元，支持重大战略实施和重点项目建设。

（3）支持外贸稳定发展和对外开放。省财政安排 6.90 亿元支持外经贸发展，重点促进“义新欧”班列常态化运行、境外外经贸服务体建设、电子商务创新发展等；省财政安排 2 亿元，加大对国际性展会、企业出口信用保险、企业法律救济等补助力度，推动外贸平稳增长。出台引进外资激励政策，吸引全球行业龙头企业在浙江投资。

2. 支持创新引领制造业高质量发展

（1）支持浙江制造品质提升。省财政继续安排 18 亿元实施振兴实体经济（传统产业改造）财政专项激励政策，在推进实体经济振兴的同时，加快传统产业数字化转型和智能化改造。安排工业与信息化发展财政专项资金 2.20 亿元，支持低效企业改造提升、有关重点产业培育发展、国家新型工业化示范基地等重点领域开展试点示范。实施“浙江制造”品牌建设专项政策，促进实施“浙江制造”品牌培育、标准创新、认证提升、人才培养、品牌宣传推广等。安排支持批发零售业改造提升政策资金 1.66 亿元，支持传统批发零售业改造提升。

（2）支持实施科技新政和人才新政。按照全面实施“一强三高十联动”科技新政的要求，安排11亿元支持之江实验室等重大科创平台建设，吸引阿里巴巴等民营企业和其他社会资本参与投入之江实验室的基础研究和科技成果转化。继续安排4.50亿元支持杭州城西科创大走廊建设发展。建立“引才、育才、用才”政策体系，安排“千人计划”“万人计划”“绩励计划”人才奖励资金4.92亿元。整合优化高层次人才引进培养支持政策，加大对海内外优秀博士、博士后和本土青年人才的引进培养支持力度。

（3）支持数字经济“一号工程”。实施数字经济财政专项激励政策，2019—2022年，省财政每年统筹安排10亿元，合计40亿元，重点支持集成电路、高端软件、云计算、大数据等核心产业发展，柔性电子、物联网、人工智能等未来前沿产业攻关，工业互联网平台（1+N）开发应用等。加大重大科技专项支持力度，在2018年安排7.50亿元基础上，省财政每年递增2.50亿元，着力破解制约全省数字经济等新兴产业发展的重大关键核心技术与应用示范问题。

3. 支持打好三大攻坚战

（1）切实防范化解地方政府隐性债务风险。按照“一减两严三规范”的要求，着力做好5项工作。一是扎实推进融资平台公司市场化实体化转型，构建政策性融资担保体系，多渠道筹措偿债资金，全面完成年度化债目标，确保防范化解隐性债务风险专项行动顺利实施。二是严格项目源头管控，对政府投资项目财政承受能力和资金来源落实情况、债务风险状况进行评估审查，实行“三个不得立项”，坚决遏制隐性债务增量。三是构建地方全口径债务监测体系，对行政事业单位、国有控股企业、融资平台公司等债务实行全口径监测、穿透性审查，切实防范隐性债务风险。四是严格追责问责，坚决执行中央和省委相关文件规定，对违反规定的实行“六必问责”。完善举报制度，对继续违法违规举债融资的，发现一起、查处一起、问责一起、曝光一起。五是扩大土地储备出让预算管理办法试点范围，积极争取并加快发行地方政府债券，切实发挥债券支持公益事业发展的积极作用。

（2）支持打好精准脱贫攻坚战。全省筹集资金50.52亿元用于对口支援和东西部扶贫协作工作，确保扶贫投入与扶贫攻坚目标相适应，做到投入实、资金实、到位实。落实消除集体经济薄弱村及财政扶贫专项资金10.18亿元，支持在2019年底前全面消除集体经济年收入不足10万元的薄弱村。

（3）支持打好污染防治攻坚战。大力支持实施生态文明新政，省财政安排绿色发展财政奖补资金122亿元，支持高质量建设美丽浙江。实施新能源汽车推广应用和充电基础设施建设奖补政策。安排环境保护专项等政策资金13.12亿元，比上年增加6.19亿元，支持打好污染防治攻坚战。全力推进钱塘江源头区域国家山水林田湖草生态保护修复工程试点，开展省级山水林田湖草生态保护修复试点，继续实施省内流域上下游横向生态补偿机制，争取到2019年底全省八大水系干流和一级支流流经县（市）全覆盖。

4. 支持长三角一体化发展等国家战略实施和“四大”建设

（1）支持长三角一体化发展等国家战略实施。深化长三角跨区域生态治理，落实新安江流域横向生态补偿第三轮试点方案，2018—2020年浙皖两省每年各出资2亿元，共同保护新安江和千岛湖水资源。借助长三角一体化发展上升为国家战略的机遇，积极推动长三角地区使用“政采云”平台，实现政府采购“区域一张网”。由省金控公司联合蚂蚁金服设立金蚂资本投资管理平台，面向包括长三角在内的大市场，投资布局一批引领性前瞻性成长性项目，抢占数字经济发展的市场先机。筹措资金参与推动长三角一体化发展投资基金组建运营，撬动更多社会资本投向跨区域重大基础设施互联互通、环境保护、创新体系共建、公共服务和信息系统共享、园区合作、科技创新产业等领域。深化海洋经济示范区建设，积极争取中国（浙江）自由贸易试验区绿色石化产业发展的税收支持政策，制定落实我省扶持飞机融资租赁企业的财税支持政策。加大绿色保险保费补贴力度，推动湖州、衢州绿色金融改革创新试验区建设。

（2）支持“四大”建设。继续安排省海洋（湾区）经济发展专项资金20亿元，推进海洋强省国际强港战略，落实扶持集装箱多式联运发展政策。安排诗画浙江建设资金5亿元，支持打造4条“诗路文化带”，推动沿线文化和旅游景点的保护和开发。安排3.85亿元重点支持9个省级山海协作产业园提升工程和16个山海协作生态旅游文化产业园建设。安排81.36亿元交通运输发展资金，支持加快构建省域、市域、城区三个“1小时交通圈”。增加省交通集团资本金30亿元，推进高速铁路建设。安排8亿元支持设区市区域统筹协调发展和基本公共服务均等化，推进大都市区建设。落实特色小镇财政支持政策。支持棚户区改造，促进城市、乡村、园区有机更新。

泰顺县牧歌云憩田园综合体

5. 支持实施乡村振兴战略

(1)支持乡村产业振兴。整合设立省乡村振兴投资基金100亿元,加快省乡村振兴投资基金实质性运作,加大对农业新型经营主体做大做强、现代农业产业园区建设、农业全产业链建设、支持生态产品价值实现机制试点和农业农村一二三产业融合发展等的支持力度。对省农业信贷担保有限公司增加资本金2亿元,积极发挥担保平台作用,着力解决农业融资难题。

(2)支持美丽乡村建设。2018—2022年,省财政安排乡村振兴绩效提升奖补资金100亿元,其中,2019年安排20.40亿元,建立财政资金投入与省委、省政府重点工作紧密结合的激励约束保障机制。安排"百项千亿防洪排涝工程"等水利基础设施建设资金74.60亿元,其中安排农村饮用水达标提标专项行动9.92亿元。安排小城镇环境综合整治行动2.70亿元,支持美丽城镇建设。完善农村基础交通设施,安排"四好农村路"建设奖补政策资金6亿元和农村公路小修保养政策资金2亿元。安排38.47亿元用于土地整治、基本农田保护、垦造耕地。

(3)支持加强乡村治理。省财政安排村主职干部基本报酬补助12.97亿元,比上年增加1.15亿元。新增安排村级组织活动场所(党群服务中心)建设资金1.49亿元。安排一事一议财政奖补政策资金5.56亿元,推动村级公益事业建设项目落地。安排村级组织运转补助资金2.60亿元。安排3亿元支持新建农村文化礼堂3000个。

6. 支持文化兴浙战略实施和富民惠民安民

(1)支持文化兴浙战略实施。安排之江文化中心建设资金2.25亿元,促进之江文化产业带建设;安排省文化产业投资集团资本金6.10亿元,支持文化产业投资集团发挥国有文化资本运营和文化产业投融资平台功能,推动全省文化产业发展。设立浙江艺术发展基金,安排1亿元,对优秀艺术作品创作进行扶持;安排文化产业发展专项资金2亿元,比上年增加1.10亿元。安排历史文化(传统)村落保护资金3.40亿元,支持村内的古建筑修复、古道修复与改造等;支持良渚遗址保护"申遗"等世界级文化遗产培育;安排基本公共文化服务专项资金3.69亿元,促进文化事业发展。

(2)支持就业和社会保障。加大企业失业保险返还和稳岗支持力度,促进更高质量和更充分就业。安排城乡居民基本养老保险资金28.52亿元,研究完善城乡居民基本养老保险待遇确定和基础养老金正常调整机制。安排职工基本养老保险目标考核奖励资金2.50亿元,强化各地政府对养老保险基金责任的考核,健全完善多渠道筹措机制,防范养老保险基金风险。安排城乡居民基本医疗保险财政补助40.89亿元,继续提高城乡居民基本医疗保险财政补助标准至年人均540元。安排困难群众生活救助14.88亿元,困难残疾人生活补贴和重度残疾人护理补贴补助9.90亿元,医疗救助补助4.76亿元,孤儿及困境儿童基本生活费补助1.22亿元,支持城镇保障性安居工程政策3.50亿元,完善社会救助、社会福利、公益慈善事业、优抚安置财政保障制度。

(3)支持卫生健康事业发展。省财政安排医疗卫生资源优化配置奖补资金4.49亿元,其中新增县域医共体建设奖补资金2.02亿元。安排加快发展县巡回医疗车补助6000万元,促进村级卫生服务全覆盖。安排现代养老服务体系建设4.25亿元,比上年增加1.95亿元,支持实施健康养老提升工程。安排基层医疗卫生机构提升试点资金4000万元,提升推进医养结合服务能力。安排基层医疗卫生机构综合改革补助5.10亿元,全面建立基层医疗卫生机构补偿新机制。继续提高基本公共卫生服务经费人均财政补助标准至年人均60元。

(4)支持教育发展。安排"双一流"高校建设资金30.87亿元,支持省重点高校和一流学科建设;安排西湖大学建设补助7500万元,支持西湖大学建设。安排民办教育发展资金3.41亿元,支持各级各类民办学校发展;推动学前教育质量提升,优化学前教育成本分担机制,进一步支持普惠性民办幼儿园发展;改善基础教育办学条件,重点支持以教育信息化带动义务教育优质均衡发展;安排义务教育保障经费13.40亿元,中小学扶困助学资金5.78亿元。全面推进普高生均制度建设,完善省财政中等职业教育补助方式。

7. 支持实施政府"两强三提高"建设行动计划

加大政府数字化转型建设投入,省财政安排20.70亿元,深化政府职能转变和"放管服"改革。持续优化政采云平台功能,开展国有企业和地方金融企业通过政采云平台采购试点。加快推广应用统一公共支付平台,加快实施电子票据改革。坚持政府过"紧日子",严格控制和压减一般性支出,除刚性和重点项目支出外,一律按不低于5%的幅度压减。省财政新增安排市县政府专项督查激励政策1亿元,对完成省政府督查激励事项先进市县进行奖励,推动各地更好地履职尽责,促进省委、省政府决策部署有效落实。

(四)2019年一般公共预算草案

1. 全省

(1)收入预算

2019年全省一般公共预算收入预期6925.00亿元,比上年调整后执行数(调整按照防范化解地方政府隐性债务风险专项行动实施方案的要求,各地采取暂停土地出让收入各项计提,以及按规定将部分政府性基金收入转列一般公共预算收入等因素)增长6.5%。主要科目收入情况:

2019年全省一般公共预算主要科目收入情况(单位:亿元)

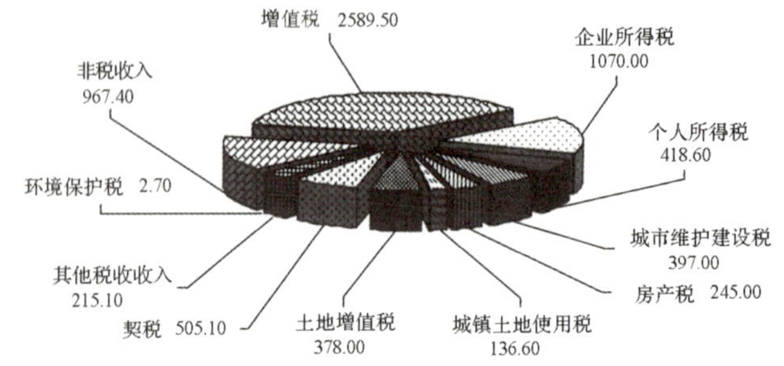

全省一般公共预算收入预期 6925.00 亿元,加上转移性收入 2587.88 亿元,收入合计 9512.88 亿元。

(2)支出预算

拟安排 2019 年全省一般公共预算支出 8735.00 亿元,剔除 2019 年提前下达新增地方政府一般债务安排的支出因素,比上年调整后执行数(调减 2018 年新增地方政府一般债务安排的支出,按照防范化解地方政府隐性债务风险专项行动实施方案的要求,各地采取暂停土地出让收入各项计提等因素)增长 8.0%。重点支出情况:

2019 年全省一般公共预算重点支出情况(单位:亿元)

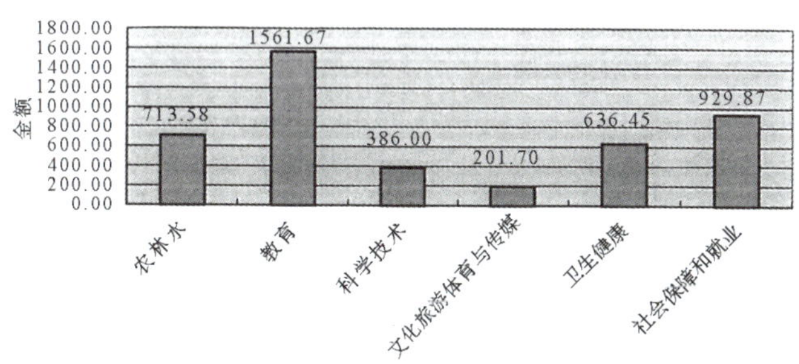

全省一般公共预算支出 8735.00 亿元,加上转移性支出 777.88 亿元,支出合计 9512.88 亿元。

收支相抵,全省一般公共预算收支平衡。

2. 省级

(1)收入预算

2019 年省级一般公共预算收入预期 342.70 亿元,比上年调整后执行数(调整按照防范化解地方政府隐性债务风险专项行动实施方案的要求,各地采取暂停土地出让收入各项计提,以及按规定将部分政府性基金收入转列一般公共预算收入等因素)增长 5.0%。主要科目收入情况:

2019 年省级一般公共预算主要科目收入情况(单位:亿元)

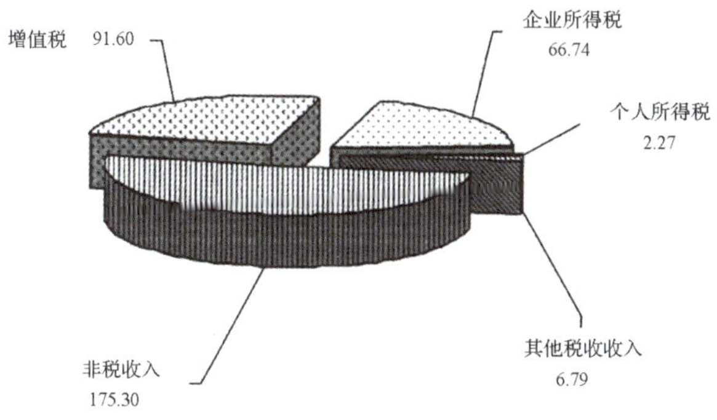

省级一般公共预算收入预期 342.70 亿元,加上转移性收入 3254.18 亿元,收入合计 3596.88 亿元。

(2)支出预算

拟安排 2019 年省级一般公共预算支出 640.60 亿元,剔除 2019 年提前下达新增地方政府一般债务安排的支出等因素,增长 5.0%。重点支出情况:

2019 年省级一般公共预算重点支出情况(单位:亿元)

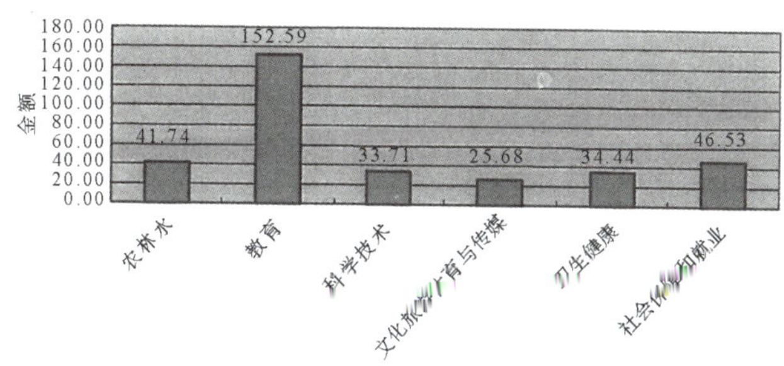

省级一般公共预算支出 640.60 亿元,加上转移性支出 2956.28 亿元,支出合计 3596.88 亿元。省对市县转移支付中,一般性转移支付 1116.29 亿元,专项转移支付 692.69 亿元,一般性转移支付比重达到 61.7%。

收支相抵,省级一般公共预算收支平衡。

(五)2019 年政府性基金预算草案

1. 全省

2019 年全省政府性基金预算收入预期 6912.00 亿元,比上年执行数下降 20.9%;加上转移性收入 896.56 亿元,收入合计 7808.56 亿元。全省政府性基金预算支出 7127.90 亿元,比上年调整后执行数(调减 2018 年新增地方政府专项债务因素)下降 13.3%。剔除 2019 年提前下达新增地方政府专项债务安排的支出因素,可比下降 18.8%。收支下降,主要是 2019 年土地出让市场行情具有不确定性,预计国有土地使用权出让收支下降;加上转移性支出 680.66 亿元,支出合计 7808.56 亿元。收支相抵,全省政府性基金预算收支平衡。

2. 省级

2019 年省级政府性基金预算收入预期 33.60 亿元,比上年执行数下降 59.1%,收入下降,主要是按规定将部分政府性基金收入转列一般公共预算收入;加上转移性收入 760.66 亿元,收入合计 794.26 亿元。省级政府性基金预算支出 20.12 亿元,比上年调整后执行数(调减 2018 年新增地方政府专项债务因素)增长 8.8%;加上转移性支出 774.14 亿元,支出合计 794.26 亿元。收支相抵,省级政府性基金预算收支平衡。

(六)2019 年国有资本经营预算草案

1. 全省

2019 年全省国有资本经营预算收入预期 86.25 亿元,增长 6.1%;加上转移性收入 5.21 亿元,收入合计 91.46 亿元。全省国有资本经营预算支出 65.18 亿元,增长 30.2%;加上转移性支出 26.28 亿元,支出合计 91.46 亿元。收支相抵,全省国有资本经营预算收支平衡。

2. 省级

2019 年省级国有资本经营预算收入预期 45.24 亿元,增长 24.0%,增长较快,主要是国有独资企业收益收取比例比上年提高,以及省能源集团有限公司、省交通投资集团有限公司等预计收入增加;加上转移性收入 3.90 亿元,收入合计 49.14 亿元。省级国有资本经营预算支出 35.86 亿元,增长 57.9%,增加较多,主要是根据省委、省政府关于推进大交通建设的决策部署，加大对机场、铁路等基础设施建设投入；加上转移性支出13.28亿元，支出合计49.14亿元。收支相抵，省级国有资本经营预算收支平衡。

（七）2019年社会保险基金预算草案

1. 全省

2019年全省社会保险基金预算收入预期4805.68亿元，增长2.8%；加上转移性收入273.20亿元，收入合计5078.88亿元。全省社会保险基金预算支出4850.48亿元，增长10.1%；加上转移性支出381.80亿元，支出合计5232.28亿元。全省社会保险基金本年预期赤字153.40亿元，赤字主要是企业职工基本养老保险基金净上解中央调剂金增加，以及待遇享受人数增速高于在职缴费人数增速。

2. 省级

2019年省级社会保险基金预算收入预期198.34亿元，下降5.5%，收入下降，主要是省级机关事业单位缴费清算收入减少；加上转移性收入362.49亿元，收入合计560.83亿元。省级社会保险基金预算支出171.48亿元，下降1.1%，支出下降，主要是省级机关事业单位清算支出减少；加上转移性支出459.33亿元，支出合计630.81亿元。省级社会保险基金本年预期赤字69.98亿元，赤字主要是企业职工基本养老保险基金按照浙江省办法上解中央调剂金由省级承担。

（八）2019年地方政府债务

2019年新增地方政府债务限额待全国人代会通过并经国务院下达后，依法编制调整预算（草案）并提交省人大常委会审议批准。目前，中央已提前下达浙江省2019年新增地方政府债务限额694亿元，2019年地方政府债务限额暂按2018年债务限额11630亿元加上提前下达的2019年新增地方政府债务限额694亿元，即12324亿元控制。根据地方政府债券到期情况，在一般公共预算支出中安排一般债务还本支出361.89亿元，在政府性基金预算支出中安排专项债务还本支出363.13亿元。

三、认真抓好2019年财政改革和管理工作

（一）完善收入协调机制，进一步提高财政收入质量

主动适应国地税合并后组织收入工作的新情况新变化，完善地方财税收入协调领导小组工作机制，加强与税务部门的沟通协调，合理把握组织收入力度、进度和节奏。坚持质量第一、效益优先，淡化总量型、速度型指标，进一步优化收入结构，坚决避免收过头税、冲时点、冲排名等现象，切实提高收入质量。同时，做好生财育财的文章，在促进现代化经济体系建设和高质量发展上持续发力，培育涵养可持续发展的优质财源。

（二）全面实施预算绩效管理，进一步提高财政支出绩效

树立“全省一盘棋”思想，指导各地加快构建集中财力办大事财政政策体系，形成政策合力、资金合力和工作合力。2019年，省财政安排用于三大攻坚战、富民强省十大行动计划资金964.42亿元，占省本级可用财力的60.5%。按照“早编预算、细编预算、确保执行、强化绩效、公开透明”的目标，一张蓝图绘到底，持续推进预算管理改革，加强预算执行管理和财政监督，完善专项资金管理办法，进一步推进预决算公开工作。贯彻《关于全面落实预算绩效管理的实施意见》，推进全省建立以绩效为核心的财政政策体系和资金管理机制，加快建立“全方位、全过程、全覆盖”的预算绩效管理体系。健全完善公开公平、透明规范的公款竞争性存放常态化机制，开发资金存放网上招标平台。配合省人大做好预算审查监督重点向支出预算和政策拓展工作。

省财政厅“上门服务至少一次”活动启动大会

（三）深化“上门服务至少一次”活动，进一步提高财政服务水平

在巩固前两年工作成效的基础上，持续深入开展“上门服务至少一次”活动，坚持结果导向，创新形式载体，注重活动实效，结合“大学习大调研大抓落实”和“三服务”活动，主动上门开展政策宣讲辅导，为企业、部门、单位送政策、送服务，更好地服务经济社会发展、更好地推进财政改革、更好地提升财政部门形象。大力推进财政数字化转型，借助云计算、大数据等先进技术，推动财政决策、管理、监督、服务创新。

浙江省第十三届人民代表大会财政经济委员会关于2018年全省和省级预算执行情况及2019年全省和省级预算草案的审查结果报告

（2019年1月30日浙江省第十三届人民代表大会第二次会议主席团第四次会议通过）

浙江省第十三届人民代表大会第二次会议审查了省人民政府提出的《关于2018年全省和省级预算执行情况及2019年全省和省级预算草案的报告》、2019年全省和省级预算草案。财政经济委员会在会前审查的基础上，根据代表们的审议意见，作了进一步审查。现将审查结果报告如下：

一、2018年，面对错综复杂的外部环境和艰巨繁重的改革发展任务，全省各级政府和财政部门坚持以习近平新时代中国特色社会主义思想为指导，全面贯彻党的十九大和省第十四次党代会精神，认真落实省十三届人大一次会议决议，严格执行预算法和省预算审查监督条例，聚焦聚力三大攻坚战、富民强省十大行动计划等重大决策部署，有效实施积极的财政政策，深化财政改革，加强财政监管，优化支出结构，提高支出绩效，有力促进了全省经济社会平稳健康发展。同时，在预算执行和财政管理中还存在一些问题：预算编制的精准性有待提高，预算执行刚性约束尚需增强，一些项目支出绩效不够明显，化解政府隐性债务的任务仍比较艰巨等。对此，必须高度重视，认真研究，采取切实有效的措施加以解决。

二、财政经济委员会认为，省人民政府提出的预算报告和预算草案，贯彻了中央和省委经济工作会议精神，体现了统筹兼顾、突出重点、厉行节约、注重绩效的要求，符合预算法和省预算审查监督条例的相关规定，预算草案总体合理可行。财政经济委员会建议，省十三届人大二次会议同意《关于2018年全省和省级预算执行情况及2019年全省和省级预算草案的报告》，批准2019年省级预算。

三、2019年是新中国成立70周年，是高水平全面建成小康社会的关键之年，做好今年的财政预算工作意义重大。财政经济委员会建议：

（一）坚持财为政服务，确保中央和省委重大决策部署的贯彻落实。继续实施积极的财政政策，紧紧围绕全年各项目标任务，突出稳企业、增动能、保平安，聚焦聚力高质量、竞争力、现代化，坚持集中财力办大事，着力在打好三大攻坚战，全面落实长三角一体化发展国家战略，深入实施富民强省十大行动计划，推进“四大”建设、数字经济“一号工程”、乡村振兴战略，保障社会事业和民生发展等方面加力提效。认真落实促进民营经济发展的政策举措，大力推进减税降费，打好支持民营经济和实体经济发展的财政组合拳，为促进经济高质量发展提供有力支撑。

（二）严格依法理财，切实增强预算的严肃性和约束力。增强预算法定意识，严格按照人代会批准的预算执行，切实强化预算刚性约束。牢固树立过“紧日子”的思想，厉行勤俭节约，严控和压减一般性支出。进一步加强预算执行监管，着力提高预算的执行率和均衡性。强化审计监督，推进审计查出问题的整改落实。进一步加强预决算信息公开，自觉接受人大代表和社会监督。

（三）强化绩效目标导向，全面实施预算绩效管理。进一步增强预算绩效管理理念，建立完善全方位、全过程、全覆盖的预算绩效管理体系。加强对重大支出政策、重大专项资金、重大政府投资项目的绩效评价，强化绩效评价结果运用。进一步规范运作、加强管理，更好发挥政府产业基金的引领带动作用。进一步厘清财政事权，明确支出责任，提升财政资金统筹能力。

（四）确保财政可持续，切实防范和化解财政运行风险。正确处理促发展和防风险的关系，坚持量入为出、量力而行，增强财政运行稳定性和风险防控有效性。加强政府债务预算管理和限额管理，依法依规抓紧做好政府债券发行使用工作，更好发挥政府债券资金对稳投资、扩内需、补短板的重要作用。坚持减少存量、严控增量，有序化解地方政府隐性债务风险。在进一步减轻企业社保缴费实际负担的同时，加强统筹谋划，拓宽筹资渠道，做好精算平衡，确保社保基金安全可持续运行。

美丽乡村晨景

省委省政府重要财经文件

关于推进省以下财政事权和支出责任划分改革的实施意见

（浙政发〔2018〕3号）

浙江省人民政府
于2018年1月28日印发

一、指导思想和基本原则

（一）指导思想。

坚持以习近平新时代中国特色社会主义思想为指导，全面落实党的十九大提出的建立权责清晰、财力协调、区域均衡的政府间财政关系的新要求，准确把握新时期新常态下"保基本、守底线、促均衡、提质量"理财治税的改革方向，科学合理划分省以下财政事权和支出责任，规范财政事权清单管理，明确省与市县支出责任，深化财政专项资金管理改革，逐步建立依法规范、权责匹配、运转高效的省以下财政事权和支出责任划分制度，促进我省各级政府更好履职尽责，推动落实基本公共服务提供和保障责任，为高水平谱写实现"两个一百年"奋斗目标的浙江篇章提供有力支撑。

（二）基本原则。

1. 正确处理政府与市场、社会的关系。合理确定政府提供基本公共服务的范围和方式，将应由市场或社会承担的事务，交由市场主体或社会力量承担，充分发挥市场在资源配置中的决定性作用；对应由政府提供的基本公共服务，明确承担财政事权和支出责任的相应政府层级，更好发挥政府作用。

2. 体现基本公共服务受益范围。在中央授权范围内，根据基本公共服务受益范围合理确定各级财政事权，使基本公共服务受益范围与政府管辖区域保持一致。其中，受益范围覆盖全省的基本公共服务由省级负责；省内跨区域的基本公共服务由省与市县共同负责；地区性基本公共服务由市县负责。

3. 兼顾政府职能和行政效率。综合考虑行政效率和成本，结合各级政府职能配置和机构设置，充分发挥市县政府组织能力强、贴近基层、获取信息便利的优势，将由基层管理更为方便有效，以及所需信息量大、信息复杂且获取困难的基本公共服务优先作为市县财政事权。在有利于提高行政效率的条件下，省级财政事权可按程序委托市县办理。

4. 激励市县政府主动作为。通过有效授权，合理确定市县财政事权，激励市县政府尽力做好辖区范围内的基本公共服务提供和保障，避免出现不作为或因追求局部利益而损害其他地区利益或整体利益的行为。

5. 实现支出责任与财政事权相适应。按照谁的财政事权谁承担支出责任的原则，确定各级政府支出责任。省级财政事权，原则上由省级承担支出责任；省与市县共同财政事权，根据基本公共服务的受益范围、影响程度，区分情况确定省与市县的支出责任以及承担方式；市县财政事权，原则上由市县承担支出责任。

二、改革的主要内容

（一）推进省与市县财政事权划分。

1. 制定省级财政事权清单。在中央授权的省以下财政事权范围内，制定省级财政事权清单，明确界定省级财政事权，适度加强省级保持经济社会稳定、促进区域协调发展、推进基本公共服务均等化等方面的财政事权。强化省级财政事权履行责任，省级财政事权原则上由省级直接行使，确需委托市县行使的，报经省委、省政府批准后，由省有关职能部门委托市县行使，并通过推动制定相应的地方性法规或出台政府规章予以明确。对省级委托市县行使的财政事权，受委托市县在委托范围内，以委托单位的名义行使职权，承担相应的法律责任，并接受委托单位的监督。

2. 制定省与市县共同财政事权清单。按照财政事权属性和划分原则，制定省与市县共同财政事权清单，逐步减少并规范省与市县共同财政事权，并根据基本公共服务的受益范围、影响程度，按事权构成要素、实施环节，分解细化省和市县政府承担的职责，避免由于职责不清造成互相推诿和交叉重叠。

逐步将义务教育、高等教育、科技研发、公共文化、基本养老保险、基本医疗和公共卫生、城乡居民基本医疗保险、就业、粮食安全、省内跨区域重大基础设施项目建设和环境保护与治理等体现省委、省政府战略意图，跨区域且具有地域管理信息优势的基本公共服务，确定为省与市县共同财政事权，并明确各承担主体的职责。

3. 明确市县财政事权。属于省以下财政事权，且未列入省级财政事权清单和省与市县共同财政事权清单的事项，明确为市县财政事权。其中，对直接面向基层、量大面广、与当地居民密切相关、由市县提供更为方便有效的基本公共服务，在中央、省有关政策和支出标准内，赋予市县政府充分自主权，依法保障其履行财政事权，调动和发挥市县政府的积极性，更好地满足市县基本公共服务需求。市县财政事权由市县行使，省级根据中央关于地方履行财政事权的有关规定，对市县财政事权履行提出规范性要求，并通过推动制定地方性法规或出台政府规章的形式予以明确。

逐步将社会治安、市政交通、农村公路、城乡社区事务等地域性强、外部性较弱、信息较为复杂且主要与当地居民密切相关的基本公共服务确定为市县财政事权。

4. 建立省以下财政事权划分动态调整机制。根据中央各领域改革进程及财政事权划分情况，围绕省委、省政府重点工作，动态调整财政事权划分相关内容。对因中央改革形成省以下财政事权发生变化的，按照中央规定及时调整；对因客观环境发生变化，造成现行省以下财政事权划分不适应经济社会发展要求的，结合实际调整完善；对新增及尚未明确划分的事项，要根据中央和省委、省政府改革部署、经济社会发展需求以及各级政府财力情况，做好统筹划分，应由市场或社会承担的事务交由市场主体或社会力量承担，应由政府提供的事项明确各级财政事权划分。

（二）完善省与市县支出责任划分。

1. 省级财政事权由省级承担支出责任。省级财政事权清单确定的财政事权，应当由省级财政安排经费，省级各职能部门和直属机构不得要求市县安排配套资金。省级财政事权如委托市县行使，要通过省级转移支付安排相应经费。

2. 省与市县共同财政事权区分情况划分支出责任。省与市县共同财政事权清单确定的财政事权，应当区分情况划分支出责任和分担比例。根据基本公共服务的属性，体现国民待遇和公民权利，涉及全省统一市场和要素自由流动的财政事权，如义务教育、基本养老保险、城乡居民基本医疗保险、基本公共卫生服务等，根据中央制定的统一标准，由省与市县按比例承担支出责任；对受益范围较广、信息相对复杂的财政事权，如省内跨区域重大基础设施项目建设、流域生态治理等，根据财政事权外溢程度，由省与市县按比例或省给予适当补助方式承担支出责任；对省和市县有各自机构承担相应职责的财政事权，省和市县各自承担相应支出责任；对省级承担监督管理、出台规划、制定标准等职责，市县承担具体执行等职责的财政事权，省与市县各自承担相应支出责任。上述省与市县按比例承担支出责任的事项，由省与市县按比例分别筹集相应资金；省给予适当补助方式承担支出责任的事项，由市县负责筹集资金，省级视财力以及市县工作绩效情况适当给予以奖代补资金。上述资金具体使用、拨付和管理均由市县负责。

3. 市县财政事权由市县承担支出责任。属于市县的财政事权，应当由市县通过自有财力安排经费。市县政府在履行财政事权、落实支出责任时，要做到量入为出、收支平衡，部分资本性支出可通过依法取得省政府发行的政府性债券等方式安排。市县的财政事权如委托省级机构行使，市县政府应负担相应经费。市县政府不得擅自调整省政府及有关部门出台的基本民生支出政策，确需调整的，市政府应统筹考虑所辖县（市）情况，报经省政府审批同意后执行，并承担相应的支出责任。

（三）深化财政专项资金管理改革。

根据省级财政专项资金支持财政事权情况，分类实施财政专项资金改革。市场能够有效发挥作用的事项，省级财政专项资金一律退出，过渡期间由政府产业基金通过市场化方式予以支持；属于委托市县行使省级财政事权的事项，可以安排省级财政专项资金予以支持；属于省与市县共同财政事权的事项，可以安排省级财政专项资金予以支持，并建立省与市县分担机制。对属于市县财政事权的事项，省级财政专项资金建立退出机制，其中：省委、省政府确定特定目标的财政专项（包括存量专项），要明确设定期限，原则上以 3 年为期；非省委、省政府按程序确定特定目标的财政专项，在 2020 年前一律退出。

三、职责分工和时间安排

财政事权和支出责任划分改革是建立科学规范政府间财政关系的核心内容，是完善国家治理结构的一项基础性、系统性工程。各地、各有关部门要切实履行职责，密切协调配合，坚决落实党中央、国务院和省委、省政府决策部署，通盘考虑、统筹推进省以下财政事权和支出责任划分改革。

（一）职责分工。

省级财政、机构编制等部门主要负责组织、协调、指导、督促推进省以下财政事权和支出责任划分改革工作。省级各职能部门要落实部门主体责任，根据本实施意见，在广泛征求有关部门和市县意见基础上，研究提出本部门所涉及的基本公共服务领域改革具体实施方案，按程序报请省委、省政府批准后实施。在改革实施过程中，省级有关部门要妥善处理省以下财政事权和支出责任划分带来的职能调整以及人员、资产划转等事项，积极配合推动制定或修改相关地方性法规、政府规章中关于财政事权和支出责任划分的规定。

市县政府要参照本实施意见的总体要求和基本原则，结合本地实际，按照财税体制改革要求和上级财政事权和支出责任划分改革的进程，制定设区市与所辖区之间、县（市）与所辖乡镇（街道）之间财政事权和支出责任划分改革方案，组织推动改革工作。

（二）时间安排。

1. 2018 年，根据基本公共服务领域中央与地方共同财政事权和支出责任划分改革方案，加快推进省以下财政事权和支出责任划分改革，优先推进我省教育、就业、医疗、文化和住房保障等基本公共服务领域划分改革。加快推进市县相关领域财政事权和支出责任划分改革。

2. 2019—2020 年，结合中央改革部署，基本完成主要领域改革，形成省以下财政事权和支出责任划分的清晰框架，制定省级财政事权清单和省与市县共同财政事权清单。督促市县完成主要领域改革，形成本地区财政事权和支出责任划分的清晰框架。

桐庐县湾茆线美丽公路

全省财政工作会议重要文件

在全省财政工作会议上的讲话(摘要)

浙江省财政厅党组书记、厅长　徐宇宁

2018年,全省各级财政部门认真贯彻习近平新时代中国特色社会主义思想和党的十九大精神,紧紧围绕"'八八战略'再深化,改革开放再出发"工作主线,谋新事、办大事、干难事,促进了全省经济社会平稳健康发展。

一是纵深推进"最多跑一次"改革。建立健全"最多跑一次"办事事项动态调整机制,实现全省财政系统"最多跑一次"全覆盖。积极推进财政数字化转型,全省123个区划(含功能区)上线"政采云",交易金额达1066亿元;升级完善统一公共支付平台,通过平台办理教育收费、城乡居民社保缴费及交通违章缴款等业务逾5845万笔,资金超过1585亿元。深入开展"上门服务至少一次"活动,各级财政部门共到部门(单位)上门服务52386次,到企业服务12565次,集中辅导1960次,服务人数达30.59万人次。

二是积极构建集中财力办大事财政政策体系。聚焦聚力三大攻坚战、富民强省十大行动计划等党中央、国务院和省委、省政府重大决策部署,对未来几年可用财力进行测算,对现有政策进行全面梳理、整合,积极构建集中财力办大事财政政策体系,共保留政策49项,强化政策47项,整合47项政策后设立21项政策,新出台政策12项。

三是大力支持实施数字经济"一号工程"。省财政安排8亿元支持之江实验室等重大科创平台建设、安排4.5亿元支持杭州城西科创大走廊建设、安排26亿元支持"双一流"高校建设。调整完善省工业与信息化发展财政专项资金使用重点,将资金聚焦到数字经济、制造强省建设、传统制造业改造提升等重点领域。

四是积极促进民营经济和实体经济持续健康发展。落实减税降费政策,巩固省定涉企行政事业性收费项目"零收费"成果,继续实施临时性降低社会保险费率政策,为企业减轻税费负担578亿元。积极争取并完成中央下达的增值税留抵退税84.28亿元,有效缓解企业资金压力。积极谋划应对中美经贸摩擦的政策储备和举措。实施产业创新服务综合体建设财政专项激励政策,支持11个市县区创建"1+X"产业创新服务综合体。

五是统筹支持大湾区大花园大通道大都市区建设。安排海洋(湾区)经济发展专项资金20亿元,支持海洋经济和湾区经济发展。统筹相关财政资金,支持"一带一路"和义甬舟开放大通道建设。落实绿色发展财政奖补机制,兑现奖补资金120亿元。开展省内流域上下游横向生态补偿试点。完善万亿综合交通重大项目财政保障机制,发挥省基础设施投资(含PPP)基金的引导作用,支持重大项目实施。

六是切实防范化解地方政府隐性债务风险。坚持"一市、县(市、区)一方案",组织实施防范化解地方政府隐性债务风险专项行动,创新提出融资平台公司转型"四个标准"、注资50亿元构建全省国有融资担保体系、规范棚改购买服务等举措,全面完成年度化债任务。加快债券发行和使用进度,共发行债券2086.59亿元,有力地支持了稳投资、扩内需、补短板等各项工作。

民营企业现代化茶叶生产线

七是较好完成政府产业基金三年目标任务。经过3年努力,全省政府产业基金总规模达1412亿元,撬动社会资本11166亿元,实现了省政府提出的三年工作目标。积极研究打造政府产业基金2.0版,加强省市县联动,强化政府资本与社会资本合作,组建若干主题基金和定向基金,加大对重点领域、重点产业和重大项目的投资力度。

八是不断深化财政及相关领域改革。推进省以下财政事权和支出责任划分改革,建立省级财政事权、省与市县共同财政事权"两张清单"。全面实施预算绩效管理,在6个部门、11个市县探索部门整体绩效预算改革试点。建立国有资产管理情况报告制度，综合报告和国有企业资产专项报告首次提交省人大常委会审议。开展划转部分国有资本充实社保基金试点。规范实施PPP项目，建立PPP财政承受能力监测预警机制。认真贯彻政府会计准则制度，制定行政事业单位会计工作意见，加强行政事业单位财务会计管理。

九是积极稳妥做好机构改革相关工作。出台机构改革经费保障和财务管理、国有资产管理、政府采购、预算执行等规定，加强涉改部门经费保障和财务管理，规范财务行为，严肃财经纪律。承担好省税务机构改革协调小组办公室工作职责，研究提出财政地税人员转隶和资产、经费划分划转建议，扎实做好财政地税人员转隶及税务部门经费保障工作，确保全省财政税务干部队伍及业务工作"双稳定"。

十是扎实推进清廉财政建设。制定《关于推进全省清廉财政建设的实施意见》，聚焦公共资金公共资产公共资源管理，提出28条具体措施，着力构建风清气正的政治生态体系、规范透明的公共财政资金管理体系、保障有力的财政源头治腐体系、权威高效的财政监督体系、崇廉倡廉的财政清廉文化体系，为清廉浙江建设提供财政制度保障。

总结2018年工作，主要有5点体会：一是坚持把党的政治建设摆在首位。牢固树立"四个意识"，坚定"四个自信"，坚决做到"两个维护"，将讲政治贯穿财政工作全过程，严格遵守政治纪律和政治规矩，始终在思想上政治上行动上同以习近平同志为核心的党中央保持高度一致。二是坚持财为政服务的鲜明导向。进一步提高政治站位，紧扣紧贴紧跟省委、省政府中心工作，主动谋划服务保障的新招实招，使财政供给侧与省委、省政府需求端相适应，资金流与决策流、业务流、信息流相协调。三是坚持高质量发展方向。按照"质量第一、效益优先"的要求，全面实施预算绩效管理，培育涵养优质财源，优化支出结构，将有限的财力用在"刀刃上"，集中财力办大事。四是坚持全省一盘棋。强化系统联动和部门互动，形成"拧成一股绳"的强大合力，共同推进财政改革发展各项工作。五是坚持党风廉政建设不动摇。始终绷紧党风廉政建设这根弦，深刻汲取钱巨炎等身边案件的沉痛教训，认真落实全面从严治党主体责任，扎紧扎牢制度篱笆，坚决不碰红线和高压线。

2019年是新中国成立70周年，是高水平全面建成小康社会的关键之年，做好财政工作意义重大。全省各级财政部门要以"八八战略"再深化、改革开放再出发为主题，紧紧围绕高质量、竞争力、现代化，强谋划、强执行，以财政新作为推动全省经济社会高质量发展。

一要聚焦聚力省委、省政府重大决策部署，优化制度供给，强化政策保障，努力在财为政服务上有更大作为。提高政治站位，强化政治担当，全面执行集中财力办大事财政政策体系，将已经明确的政策落实到预算上，确保"有钱办事"；将已经明确的资金落实到项目上，确保"有项目花钱"；将已经明确的部署落实到行动上，确保"措施能落地"。

二要在财政数字化转型上想新招出实招，争做政府数字化转型的先行者。强化"整体政府"理念，以实现"掌上办事""掌上办公"为目标，大力推进财政数字化转型，为政府数字化转型提供经验和示范。重点编好1个总体方案，抓好"政采云"、统一公共支付平台2个重点项目，推进财政决策支持、电子政务搜索引擎、乡镇公共财政服务平台、财务核算与资产管理云服务4项应用创新。

三要在强谋划强执行上有新担当新作为，谋在深处、干在实处，争做"两强三提高"的排头兵。围绕省委、省政府重大决策部署和经济社会发展热点难点，加强前瞻性研究和政策储备，变"被动买单"为"主动请客"，为省委、省政府当好参谋。不断完善抓落实的指标体系、工作体系、政策体系和评价体系，建立责任清单、任务清单和时间表，加强督查督导，体系化推进、系统化集成，确保各项工作落到实处、见到实效。特别要把握长三角一体化发展上升为国家战略的历史机遇，推动体制机制创新，加强政策研究，强化资金保障，助推浙江省高质量建设长三角"金南翼"。

2019年财政重点工作，主要有10方面：

1. 进一步加强财政收支管理。围绕收入高质量，淡化总量型、速度型指标，强化"三个比例"的考核应用，提高收入的均衡性、匹配性和可持续性。围绕支出高绩效，坚持政府过"紧日子"，勤俭办一切事业，严格控制、压减一般性支出。加快建立全方位、全过程、全覆盖的预算绩效管理体系。围绕服务高水平，结合"大学习大调研大抓落实"和"三服务"活动，持续深入开展"上门服务至少一次"活动，主动上门为企业、部门、单位送政策、送服务。

2. 持续推进数字经济"一号工程"实施。支持数字经济核心技术攻关，省财政筹措落实资金支持之江实验室等平台建设和"双一流"高校建设。实施数字经济财政专项激励政策，重点支持集成电路、高端软件、云计算、大数据等核心产业发展，制造业数字化改造提升以及工业互联网平台（1+N）开发应用等。加大重大科技专项支持力度，完善研发后补助政策，着力破解制约数字经济等新兴产业发展的重大关键核心技术与应用示范问题。

金华市九峰水库

3. 积极支持民营经济高质量发展。认真落实国家和浙江省出台的一系列减税降费政策，巩固省定涉企行政事业性收费项目“零收费”成果，进一步加大政策宣传辅导力度，确保各项政策落地见效。加快省融资担保公司运作，充分发挥政策性担保功能，支持民营企业融资。加快组建上市公司稳健发展支持基金，对优质民企进行市场化法治化救助。支持建设融全产业链创新服务为一体的产业创新服务综合体，择优选择 20 个市县区开展首批小微企业园建设提升财政专项激励工作。

4. 持续支持“四大”建设。强化政策和资金保障，支持开展“四大”建设年活动。继续安排省海洋（湾区）经济发展专项资金，推进海洋强省国际强港战略，落实扶持集装箱多式联运发展政策。安排绿色发展财政奖补资金，支持生态文明建设，提升绿色发展水平。全力推进钱塘江源头区域国家山水林田湖草生态保护修复工程试点。继续实施省内流域上下游横向生态补偿机制，争取到 2019 年底浙江省八大水系干流和一级支流流经县（市）全覆盖。支持加快构建“四港、三通道、四枢、三体系”大通道格局。支持设区市区域统筹协调发展和基本公共服务均等化，推进大都市区建设。

5. 统筹支持乡村振兴战略实施。深入推进涉农资金整合，支持政策性农业信贷担保体系建设，加快建立财政资金引导、多元化投入的乡村振兴战略财政保障机制。研究出台省级乡村振兴绩效提升奖补政策，建立健全分类分档的激励奖补机制。加快省乡村振兴投资基金实质性运作。在抓好国家级田园综合体试点的基础上，进一步推进省级田园综合体试点建设，加强对试点工作的指导，尽快形成可复制可推广的经验。

6. 持续保障改善民生。坚持“尽力而为、量力而行”，统筹财力支持民生事业发展，确保全省财政支出增量的三分之二以上用于民生。认真贯彻党中央、国务院和省委、省政府决策部署，扎实做好财政专项扶贫、对口支援和东西部扶贫协作的资金保障工作。坚持公办民办双轮驱动的学前教育发展理念，推动优化学前教育成本分担机制，支持普惠性民办幼儿园发展。做好资金保障，以教育信息化带动义务教育优质均衡发展。全面推进普高生均制度建设，完善省财政中职补助方式。研究完善城乡居民基本养老保险待遇确定和基础养老金正常调整机制。研究出台适应县域医共体建设的投入机制和补助办法，推动县域医疗卫生资源整合和医保支付方式创新。落实公立医院财政投入政策，促进公立医院综合改革。

7. 切实防范化解地方政府隐性债务风险。按照“一减两严三规范”的工作部署，减少隐性债务存量、严控隐性债务增量、严格整改违法违规举债行为、规范融资平台转型、规范棚改举债、规范市场化融资。严格项目源头管控，对政府投资项目财政承受能力和资金来源落实情况、债务风险状况进行评估审查，实行“三个不得立项”。构建全口径监测体系，对行政事业单位、国有控股企业、融资平台公司等债务实行全口径监测、穿透性审查，切实防范隐性债务风险。完善举报制度，对继续违法违规举债融资的，发现一起、查处一起、问责一起、曝光一起。

8. 推动政府产业基金 2.0 版实质性运作。聚焦三大攻坚战、富民强省十大行动计划等重大决策部署，整合组建若干主题基金，引导社会资本加大对重大产业项目及创业创新领域的投资。调整完善投资决策机制，健全激励约束机制和尽职免责机制。依托省金控公司现有投资管理系统，建立健全产业基金投资项目库、投资项目日常管理系统和投资统计信息系统，完善全省政府产业基金投资管理服务网络，全面提升产业基金管理服务能力。

9. 加快推广应用“政采云”平台和统一公共支付平台。继续完善“政采云”电子卖场采购模块，实现法定采购方式全流程电子化，将网上超市分散组织模式改变为全省一体化模式，推进“全省一张网”建设，实现“全省买货、货卖全省”。加大“政采云”平台向省外拓展力度，进一步打响品牌。推进公共支付数字化转型，在“一网通办”框架下构建深度融合的业务缴费协同模型和支付数据共享模型，以“掌上支付”保障“掌上办事”。健全统一公共支付平台运维体系，优化用户缴款体验，提升平台运行的稳定性。

老人们在农村文化礼堂参加树叶贴画活动

10. 以巡视整改为契机进一步夯实全面从严治党责任。认真贯彻《关于推进全省清廉财政建设的实施意见》，强化责任分解和落实，夯实“一级抓一级、层层抓落实”的工作机制。抓好巡视整改，对巡视发现的问题，建立整改清单，明确责任人、时间表，逐项整改、销号管理。认真落实容错免责、能上能下、正向激励等制度，大力弘扬“实、稳、优”财政核心价值理念和“严谨、坚守、创新、奉献”的财政职业精神，鼓励干部职工主动担当、主动作为，激发干事创业的激情。

全省财政工作

zhejiang caizheng nianjian

全省财税工作

全省财政

【概况】 2018年,浙江省实现生产总值56197亿元,比上年增长7.1%。第一产业增加值1967亿元,第二产业增加值23506亿元,第三产业增加值30724亿元,分别增长1.9%、6.7%和7.8%,其中第三产业对GDP增长的贡献率为56.2%。全省人均生产总值98643元,增长5.7%。三次产业结构比为3.5:41.8:54.7。全年固定资产投资增长7.1%;社会消费品零售总额25008亿元,增长9.0%。货物进出口总额28519亿元,增长11.4%。其中,出口21182亿元,增长9.0%,出口额占全国的12.9%;进口7337亿元,增长19.0%。商品零售价格指数为102.1,居民消费价格指数为102.3。全省居民人均可支配收入45840元,增长9.0%,其中城镇常住居民和农村常住居民人均可支配收入分别为55574和27302元,分别增长8.4%和9.4%;城乡居民收入差距为2.04:1。

2018年,浙江省实现财政总收入11705.95亿元,增长13.6%;一般公共预算收入6598.21亿元,增长11.1%,其中税收收入5586.63亿元,增长11.6%。全省一般公共预算支出8629.53亿元,增长13.1%。省级一般公共预算收入310.97亿元,增长7.1%;省级一般公共预算支出576.95亿元,增长10.6%。全省及省级一般公共预算收支平衡。省级财政安排的转移支付1728.49亿元,其中:一般性转移支付1073.64亿元,专项转移支付654.85亿元。

全省政府性基金预算收入8736.56亿元,增长32.7%;支出9020.03亿元,增长36.3%;省级政府性基金预算收入82.06亿元,增长28.4%;支出95.03亿元,下降6.4%。全省和省级政府性基金预算收支平衡。

全省国有资本经营预算收入81.27亿元,增长24.1%;支出50.07亿元,增长35.0%;省级国有资本经营预算收入36.48亿元,增长31.8%;支出22.72亿元,增长86.2%。全省和省级国有资本经营预算收支平衡。

全省社会保险基金预算收入4812.43亿元,增长4.7%;支出4388.16亿元,增长11.3%;省级社会保险基金预算收入210.66亿元,下降12.5%;支出171.65亿元,增长20.2%。收支相抵,全省和省级社会保险基金收支分别结余369.97亿元和28.29亿元。

【开源节流提质效】 提升财政收入质量。2018年全省税收收入占一般公共预算收入的比重为84.7%,收入质量较好。在确保全省财政收入稳步增长的基础上,争取中央财政政策和资金支持,扩大政府可用财力。

培育壮大财源税源。发挥集中财力办大事财政政策体系作用,打好财政收入可持续增长的基础。关注全省财政运行态势和税收征管体制改革带来的变化,做好收入分析、预测和监控。加快推进财政大数据建设,加强全省财政、税务数据信息共享。推动经济高质量发展,培育优质财源税源,应对全面落实减税降费政策带来的减收效应。

加强政府非税收入征管。推进自助缴款和财政票据按需自主取票改革试点,截至2018年底,全省各设区市均已完成自助缴款、自主取票项目试点任务。强化土地、住房、海域和彩票公益金等重点非税收入监管,推进财政电子票据改革试点。当年全省收缴政府非税收入9995.42亿元,其中纳入一般公共预算管理的非税收入1011.55亿元。

优化财政支出结构。增强"财为政服务"意识,聚力聚焦长三角一体化发展国家战略、三大攻坚战、四个强省、富民强省十大行动计划、八大万亿产业等重大决策部署,集中财力办大事。同时保障各项民生事业发展资金需要,确保全省财政支出增量的三分之二以上用于民生。贯彻落实中央和省委关于厉行节约的各项规定,调整会议费、培训费管理有关规定,实行住宿、伙食经费预算总量和单项的双重管控。出台《浙江省财政厅关于规范差旅伙食费收缴有关事项的通知》,制定更加细化、更具操作性的公务出差伙食费支付规定,规范差旅报销行为。省级一般公共预算安排的"三公"经费支出下降3.8%。

【"三大攻坚"谋突破】 打好"防范化解重大风险攻坚战",防范化解地方政府性债务风险。按照"底数清、结构清、风险清、责任清"的总体要求,以及"查核总数、科学分类、开好前门、堵死后门、党政同责、逐步化解"的工作方法,以"一市、县(市、区)一方案"为原则,编制防范化解地方政府隐性债务风险专项行动实施方案。创新提出融资平台公司转型"四个标准",注资50亿元构建省级国有融资担保体系。完善考核问责机制,实行"六必问责",稳妥有序化解债务风险。对政府投资项目实行"三个不得立项",从源头上管控风险。

打好"脱贫攻坚战",强化精准脱贫资金保障。2018年,全省筹措资金24.61亿元,推进对口支援新疆、西藏、青海海西州建设;落实中央对口支援的决策部署,筹措28.31亿元,提高东西部扶贫标准,较上年增资23.55亿元。建立东西部扶贫协作市县投入统计制度,完善援助资金督查机制。省财政安排专项扶贫资金7.95亿元,争取中央财政扶贫专项资金2.74亿元,精准施策,促进低收入农户改善生产生活条件,增强自我发展能力。实施消除集体经济薄弱村三年行动计划,安排省级扶持资金1.29亿元,支持"26+3"加快发展县壮大村级集体经济,2018年消除集体经济薄弱村1118个。

打好"污染防治攻坚战",支持生态文明建设。2018年,省财政兑现绿色发展财政奖补资金122.67亿元,支持蓝天、碧水、净土、清废四大行动。开展省内流域上下游横向生态补偿试点,在钱塘江流域干流、浦阳江流域上下游地区及金华市、台州市、丽水市部分市县建立横向生态补偿机制。推动跨省域横向生态补偿试点,签订新安江流域横向生态补偿第三轮试点协议。安排城镇生活垃圾和污水处理设施建设补助资金8.72亿元。入围全国山水林田湖草生态保护修复试点,获得中央财政基础奖补资金10亿元。

【扶持经济重质量】 支持培育发展新动能。落实浙江省数字经济五年倍增计划,优化财政政策体系,推进数字经济“一号工程”实施。安排省工业与信息化发展财政专项资金12.20亿元,聚焦数字经济、制造强省建设、传统制造业改造提升等领域。安排资金8亿元支持之江实验室等重大科创平台建设;安排资金4.50亿元支持杭州城西科创大走廊建设;安排资金2亿元支持西湖大学建设。

助推传统产业改造提升。落实减税降费政策,巩固省定涉企行政事业性收费项目日“零收费”成果,实施阶段性降低社会保险费率政策,全年新增为企业减轻税费负担578亿元。争取并落实中央下达的增值税留抵退税84.28亿元,缓解企业资金压力。筹措落实振兴实体经济(传统产业改造)财政专项激励资金18亿元。给予市、县(市)地方部分增值税当年增收额5%的奖励,支持市县传统产业改造提升。推进产业创新服务平台建设,安排财政资金3.23亿元,择优支持市、县(市、区)创建“1+X”产业创新服务综合体11个。落实首台套产品和“浙江制造精品”政府首购制度,中小微企业合同金额占全省采购规模的比重达84.3%。

发挥政府产业基金放大效应。研究打造政府产业基金2.0版,加强省市县联动,强化政策引导,健全沟通协作机制,组建主题基金和定向基金,加快推进全省政府产业基金投资运作,加大对重点领域、重点产业和重大项目的投资力度。截至2018年底,全省政府产业基金总规模1495.56亿元,撬动社会资本11767.06亿元,实现省政府确定的三年工作目标。

支持“四大”建设。支持“大湾区”建设。实施在杭金融企业财政管理体制改革,推进钱塘江金融港湾建设。安排海洋(湾区)经济发展专项资金20亿元,支持海洋经济和湾区经济发展。支持“大花园”建设。安排省山海协作产业园建设资金3.45亿元,较上年增加1.25亿元,支持首批9个省级山海协作产业园提升工程和15个山海协作生态旅游产业园建设,打造山海协作升级版,推动省内区域经济共同发展。支持“大通道”建设。支持“一带一路”和义甬舟开放大通道建设,安排“义新欧”班列常态化运行补助1亿元。完善万亿综合交通重大项目财政保障机制,落实中央和省补助资金171.36亿元,发行政府债券115亿元。发挥省基础设施投资(含PPP)基金引导作用,出资15.94亿元支持杭绍台铁路等重大项目实施。支持“大都市区”建设。争取中央基建投资资金43.54亿元,支持公共基础设施建设。支持海绵城市建设试点和地下综合管廊建设试点。

【集中财力惠民生】 支持教育事业发展。全省安排教育支出1572.47亿元,增长12.7%。完善各类生均公用经费制度,确定全省学前教育生均公用经费最低标准为500元/人·年,公办普通高中生均公用经费标准为1200元/人·年。安排“双一流”高校建设资金26亿元,包括第一和第二批省重点校建设、省一流学科建设、省重点暨优质高职院校建设等。整合现有同类型专项,设立“省高校绩效奖补资金”6.7亿元,出台《浙江省高校绩效奖补资金管理办法》,明确专项资金分配、使用和管理,引导高校高质量发展。设立引进名校合作办学省财政专项资金50亿元,鼓励市县政府和省内高校对接境内外高校开展合作办学。制定公共财政扶持民办教育发展、民办学校财务管理、财务清算等办法,明确各级各类非营利民办学校支持政策。

支持就业和社会保障。全省安排社会保障和就业支出914.93亿元,增长14.1%。从2018年1月1日起,将全省失业保险金标准统一提高到当地最低工资标准的80%。城乡居民基本养老保险省定基础养老金最低标准从135元/人·月增加至155元/人·月,其中省财政转移支付最高补助155元/人·月。落实中央和省级城乡居民养老保险补助51.94亿元,加强职工养老保险目标责任考核,完善职工养老保险省级调剂制度。加大困难群众救助力度,启动困难群众基本生活价格补贴机制,落实中央和省级困难群众补助资金21.86亿元。推进困难残疾人生活补贴和重度残疾人护理补贴制度实施,安排省级补助资金9.74亿元。

支持医疗卫生事业发展。全省安排医疗卫生与计划生育支出626.20亿元,增长10.0%。将城乡居民基本医疗保险财政补助标准提高至510元/人·年,其中省财政转移支付最高补助321元/人·年;城乡居民基本公共卫生服务财政补助标准提高至55元/人·年;省级大病保险筹资标准提高至不低于40元/人·年;合规医疗费用最低支付比例提高到不低于60%。安排“双下沉、两提升”补助资金2.90亿元,探索医共体建设财政投入新政策。按500万元/个的标准支持4个重大疾病诊治技术研究中心建设,提升高精尖医疗技术能力。落实仿制药质量和疗效一致性评价奖补资金4200万元。出台《关于加强基本医疗保险基金预算管理 发挥医疗保险基金控费作用的实施意见》,推动医保控费,提升医保基金使用效益。

支持文化软实力提升。全省安排文化体育与传媒支出174.59亿元,增长13.6%。支持实施公共文化服务重点县及薄弱乡村文化建设“十百千”工程,补助第二轮重点县建设4500万元,补齐公共文化区域短板。推进农村文化礼堂建设,安排农村文化礼堂建设资金3亿元,落实《关于推进农村文化礼堂长效机制建设的意见》要求,将农村文化礼堂建设长效机制情况作为补助资金分配的重要因素。保障浙江小百花艺术中心、浙江自然博物园核心馆区顺利完工,推进之江文化中心、省全民健身中心等重大文化设施建设。

支持农业农村发展。完善财政支农政策体系,安排资金75.07亿元支持“百项千亿防洪排涝工程”等水利项目建设,安排资金20.31亿元支持保障粮油高收生产、一二三产深度融合的现代农业园区建设。健全完善农业公共服务体系等，安排资金11.50亿元支持美丽乡村建设，安排资金16.66亿元用于垦造耕地、永久基本农田保护、农村土地综合整治等。安排资金6.31亿元用于农村综合改革，重点支持国家级和省级田园综合体建设试点、农村综合性改革试点试验等，获财政部考核奖励5000万元。安排资金1.88亿元支持地质灾害防治和地质灾害避让搬迁工作。开展一事一议财政奖补工作，各级财政投入奖补资金26.42亿元，带动村集体投入8.02亿元、村民筹资筹劳2.97亿元、社会力量捐资赞助2.18亿元，实施一事一议财政奖补项目4558个。选择15个县开展一事一议财政奖补助推美丽乡村建设试点，重点支持连线成片创建美丽乡村示范村，推动升级版美丽乡村建设。

支持住房保障建设。争取土地储备和棚户区改造专项债券548.60亿元、中央补助资金34.53亿元，安排省级资金3.50亿元，支持全省城镇保障性安居工程建设等。省财政安排2.30亿元，支持1.25万户农村困难群众危房改造和26个加快发展县(市、区)及台州市黄岩区、金华市婺城区、兰溪市其他危房治理。

【深化改革强保障】 构建集中财力办大事财政政策体系。贯彻省委、省政府关于集中财力办大事、提高财政资金绩效的要求，围绕“两个高水平”建设的目标，聚焦聚力三大攻坚战、富民强省十大行动计划等党中央、国务院和省委、省政府重大决策部署，对未来几年可用财力进行测算，对现有政策进行梳理、整合，保留政策49项，强化政策47项，整合47项政策后设立21项政策，新出台政策12项。按照省市县联动、有为政府和有效市场相结合的原则，建立健全省市县联动机制和引导社会资本投入机制，系统构建集中财力办大事财政政策体系。

推进“最多跑一次”改革。安排资金18.28亿元，支持省级政府数字化转型建设，其中“政采云”平台和统一公共支付平台被列入全省政府数字化转型“8+13”重点项目。“政采云”平台在全省123个区划(含功能区)全部上线，交易金额1066亿元，完成对广西、重庆、青海、云南、新疆、江苏等6省市区以及税务、海关、边防等3个部门204个区划的推广应用，被评为2018年度省政府部门改革创新项目。统一公共支付平台实现全省所有行政区划全覆盖全贯通，功能全上线。接入非税收入等项目200余项、介入执收单位10486家。平台接入代收机构31家(其中商业银行28家、支付机构3家)，代收商业银行实现全省柜面通缴。2018年，全省通过平台受理收缴业务超5845万人次，增长81.9%，收缴资金1585.60亿元，增长9.2倍。缴款人通过“浙里办”App等移动支付渠道办理缴款事项、实现“一次不用跑”的比例达94.7%。制定浙江政务服务网统一公共支付平台缴款票据，在各设区市行政服务中心依托统一公共支付平台开展自助缴款和自助取票工作试点。开展“上门服务至少一次”活动，全省各级财政部门共到部门(单位)上门服务58793次，到企业服务13496次，集中辅导2098次，服务人数达34.71万人次。

深化财税体制机制改革。出台推进省以下财政事权和支出责任划分改革实施意见，推进建立省级财政事权、省与市县共同财政事权“两张清单”。建立健全涵盖基本支出与项目支出的财政支出标准体系。根据中央文件规定，按照“统一规制、分级分类”的原则，提出全省加强国有金融资本管理的措施。建立国有资产管理情况报告制度，综合报告和国有企业资产专项报告首次提交省人大常委会审议。规范实施PPP项目，建立PPP财政承受能力监测预警机制。制定事业单位政府购买服务改革实施方案。开展省级国库现金管理7期，累计操作金额1290亿元，预计可实现利息收益10.58亿元。加快债券发行和使用进度，2018年共发行政府债券2086.59亿元，平均发行利率3.81%。

做好机构改革相关工作。出台机构改革经费保障和财务管理、国有资产管理、政府采购、预算执行等规定，加强涉改部门经费保障和财务管理，规范财务行为，严肃财经纪律。承担省税务机构改革协调小组办公室工作职责，研究提出财政地税人员转隶和资产、经费划分划转建议，做好财政地税人员转隶及税务部门经费保障工作，确保全省财政税务干部队伍及业务工作“双稳定”。

浙江省政府债券发行座谈会

【强化监管优绩效】 加强财政监督管理。全面实施预算绩效管理，研究建立“全方位、全过程、全覆盖”的预算绩效管理体系，在6个部门11个市县探索部门整体绩效预算改革试点，强化评价结果应用。提请省委、省政府印发《关于全面落实预算绩效管理的实施意见》，明确浙江省全面实施预算绩效管理的总体要求和具体举措。加强绩效目标审核，指导省级部门规范绩效目标申报。组织实施省级绩效自评及抽评工作，2018年实现省级部门所有项目绩效自评全覆盖。加强省级内控制度建设,配合制定财政专项资金管理风险内控办法,形成“1+9+X”内控制度体系。健全国库集中支付动态监控机制。强化财政监督,开展财政扶贫专项资金、省级部门“小金库”、会计师事务所执业质量、民生项目支出标准等多项财政专项检查(调查)工作。做好房屋建筑物购建类项目、大型修缮类项目、信息网络类项目及其他专业技术复杂类项目支出预算审核、省级政府投资项目竣工财务决算审核工作。完成各类财政项目审核任务[illegible]个,审核金额77.48亿元,净核减资金9.80亿元,平均核减率11.2%。

严控社保基金运行风险。制定《浙江省社会保障风险准备金管理办法》,规范风险准备金筹集与使用,提高社保抗风险能力。研究修订基于养老保险中央调剂制度的浙江省过渡性养老保险基金调剂办法,开展划转部分国有资本充实社会保险基金试点,推进基本养老保险制度改革,防范养老保险基金风险。建立浙江省工伤保险省级调剂制度,增强基金持续保障和抗风险能力。

【优化队伍强素质】 加强思想政治建设。把党的政治建设放在首位,将讲政治贯穿财政工作全过程,严守政治纪律和政治规矩。常态化传达学习中央和省委“三重”精神,组织处级干部参加省直机关工委学习贯彻党的十九大精神集中轮训,组织全省各级财政部门学习贯彻习近平总书记对浙江工作的重要指示精神。制定意识形态工作责任分工意见和年度工作要点,分析研判党员干部思想状况。落实全面从严治党要求,跟踪督促民主生活会查摆问题和省直机关工委反馈的作风建设专项行动民主评议活动意见建议整改。制定推进新时代机关党建实施办法18条,实施支部建设提升工程。

加强党风廉政建设。下发厅党组2018年全面从严治党主体责任重点工作责任分解方案,修订《浙江省财政厅党风廉政建设主体责任考核办法》。开展全厅范围内廉政风险梳理排查,共梳理出厅机关内设机构和下属单位廉政风险点137个,制订2018年防控措施324条。制定《关于推进全省清廉财政建设的实施意见》,聚焦公共资金公共资产公共资源管理,构建“五大体系”,提出具体措施28条,发挥财政职能作用,为清廉浙江建设提供财政制度保障。落实“一月一查”工作机制,紧盯元旦、春节、中秋、国庆等重要节点,开展节前廉政提醒,及时通报典型案例。强化日常监督执纪,充分发挥机关纪委委员和支部纪检委员的业务优势和就近就地监督的优势。开展“以案释纪明纪 严守纪律规矩”的主题警示教育活动,对厅本级发生的三起违纪违法案件进行剖析,做好以案促改的后半篇文章。

提升干部队伍素质。围绕财政中心工作,全年累计完成培训班35个,共41期,培训11749人。开发并启用“浙江省财政干部培训管理系统”,实现培训工作数字化,提升服务质量。大力弘扬“严谨、坚守、创新、奉献”的财政职业精神。在全省财政系统内,通过上主题党课、支部专题学习、征文、财政干部讲坛、邀请离退休干部座谈、采访等活动,组织开展财政职业精神大讨论。组织宣讲人员赴有关市财政局开展财政职业精神宣讲交流。

(省财政厅供稿 严 琦执笔)

全省税务

【概况】 2018年,国税地税征管体制改革在浙江平稳落地,实现国税地税从合作到合并,开启浙江税务事业新征程。全省税务部门(不含宁波,下同)组织各项税费收入11817.58亿元,增长13.0%。其中税收收入8418.60亿元,增长13.5%;非税收入3398.99亿元,增长11.8%。纳税人满意度连续第四年获全国税务系统第一名,绩效管理位列全国第一名,有关工作得到国家税务总局和省委、省政府领导批示肯定104次。

【收入征收】 主体税种增势良好。2018年入库增值税3777.73亿元,增长11.5%。其中,工业增值税增长4.2%,增速放缓,较上半年回落10.3个百分点;商业增值税保持较快增长势头,增长17.4%;“营改增”行业增值税增长18.9%,对全部增值税增长的贡献率62.2%。全年入库企业所得税1847.69亿元,增长18.8%。其中,工业企业所得税增长14.2%,与全省规模以上工业企业利润总额增速较为一致。全年入库个人所得税893.10亿元,增长13.7%,较前三季度回落3.3个百分点。其中,个人所得税基本费用扣除标准提高至5000元后,11—12月工资薪金所得个人所得税入库同比下降23%,减税效应明显。

中央级增长略快于地方级,各地税收大体平稳。中央级税收完成4044.3亿元,增长13.9%;地方级税收完成4374.3亿元,增长13.2%。地方级规模高于中央级,但受所得税和消费税快速增长推动,中央级增速更快。各地组织收入工作措施有力,实现全年税收平稳增长。

非税收入延续平稳增长势头。2018年,浙江省非税收入入库3398.99亿元,增长11.8%。各季度间走势均衡,保持平稳增长势头。其中社保费收入3119.97亿元,增长11.1%;教育费附加和地方教育附加均增长14.3%。

【服务发展】 减税降费红利有效释放。全面落实各项税收优惠政策和新出台的系列减税降费政策,开展宣传辅导,加大督查问效,做到应享尽享、用足用好。2018年,浙江省共办理各类税费减免2398.88亿元,增长11.5%;其中,鼓励高新技术发展减免税费563.67亿元,改善民生减免税费489.83亿元,促进小微企业减免税费182.14亿元,支持节能环保减免税费83.93亿元。贯彻落实深化增值税改革三项措施,累计减税退税214.23亿元。加快出口退税进度,优化出口退税服务,不断完善“互联网+便捷退税”试点,全年共办理出口退税1670.60亿元,增长5.3%;出口企业实际办理退税平均天数压缩到6.37个工作日。

服务经济高质量发展。支持民营经济高质量发展,开展大调研、大走访活动，出台措施20条。积极应对中美经贸摩擦影响，提出针对性的税收政策服务措施，帮扶企业渡过难关。对接中国(浙江)自贸区税收政策需求，完善跨境电子商务零售出口货物无票免税管理，服务中国(杭州)、中国(义乌)跨境综试区建设，完善义乌、海宁皮革城以及温州(鹿城)轻工产品交易中心的市场采购贸易出口货物免税管理，助推国际贸易"单一窗口"平台建设。参与"一带一路"枢纽建设，服务浙商"走出去"稳步发展。

推进税制改革。推进个人所得税改革征管配套、信息系统建设，加强政策宣传培训和舆情监控应对，先行先试新税制运行机制及专项附加扣除政策操作流程，为全国个人所得税改革实施提供"浙江样本"。

【优化营商环境】 "最多跑一次"改革引向深入。落实深化税务系统"放管服"改革若干意见，实现"最多跑一次"税务事项全覆盖，推进"一窗受理"、集成服务和"一证通办"、跨部门联办，"最多跑一次"实现率和满意率居全省前三。优化完善电子税务局，按照"云化、无纸化、智能化"的理念推进系统集成、功能迭代，"一云多端"全面覆盖，网上办税一体化服务平台进一步完善。

纳税信用管理提档扩围。基本实现纳税信用评价对生产经营纳税人的"全覆盖"，新增M级纳税信用级别，深化纳税信用社会应用，2018年为4.2万户小微企业提供"银税互动"信用贷款407.33亿元，缓解企业融资难融资贵。

便民办税行动提速增效。落实第二批优化税收营商环境试点工作，制定2018—2020年实施方案，推出办税便利化措施45条。实施5类24项"便民办税春风行动"服务措施，推进办税服务平台规范化建设，开发建设征纳沟通平台，强化12366服务热线管理，加强涉税专业服务监管，优化大企业税收遵从合作服务体系和跨区域政策协调，促进管理规范、系统稳定、办税便利和环境友好。在2018年度全国纳税人满意度调查中，浙江省实现"四连冠"。

【依法治税】 税收法治稳步推进。全面实行执法人员持证上岗和资格管理制度，开展行政执法公示、执法全过程记录、重大执法决定法制审核"三项制度"建设。促进"僵尸企业"市场出清，"充分发挥税收职能，依法助力破产处置"项目入选浙江省十大法制创新项目。加强税收规范性文件制定管理，清理涉及机构改革规范性文件1767件。开展税收执法督察，严格规范税收执法行为，强化税收执法责任制。

强化税费管理。扩大农产品核定扣除试点，推广增值税电子普通发票，开展增值税发票风险快速反应专项工作。加强成品油消费税征收管理，实现车购税网上申报全程无纸化。强化企业所得税汇算清缴管理，加大国际逃避税打击力度，加强千户集团数据管理和风险分析应对，规范影视行业税收秩序。推进土地增值税清算工作，实现城建税与主税种合并申报。完成信息资源优化整合，深化税收信息化建设和税收大数据应用。

打击各类涉税违法行为。推进打击虚开骗税两年专项行动，落实重点稽查对象随机抽查、开展行业专项整治等工作。深化税收违法"黑名单"工作机制，加强联合惩戒。2018年累计查补收入63.33亿元。

【全面从严治党】 突出政治建设。坚持把学习贯彻习近平新时代中国特色社会主义思想和党的十九大精神作为首要政治任务，推进"两学一做"学习教育常态化制度化，开展"大学习大调研大抓落实"活动，构建学习研讨、集中轮训、专题辅导、主题党日等多元化长效化平台，推动学懂弄通做实。2018年全省税务系统开展"两学一做"集中学习研讨1170次，举办专题培训275次，开展党的十九大精神学习活动2604次，处级以上干部集中轮训全覆盖。

完善党建机制。根据税务系统党组改设党委的新形势，落实新"纵合横通强党建"机制体系要求，建立健全党建工作领导机构，制定加强新形势下党的建设的实施办法，明确全面从严治党主体责任和监督责任，深化"下抓两级、抓深一层"工作机制，促进责任层层传导落实。深化运用监督执纪"四种形态"，制定关于运用"第一种形态""第二种形态"的实施办法，深化省税务局对市、县税务局两级党委的政治巡察。

打造实践品牌。开展"万名党员进万企，领导干部下基层"专项活动，2018年全省税务系统累计服务企业8.9万户，走访基层单位583个，解决纳税人和基层困难及问题2186个，推动以学促干、以做促学。

推进党风廉政建设。全面落实党风廉政建设责任制，开展专题廉政教育活动，召开警示教育大会。构建亲清新型税企关系，推进清廉税务建设。全面上线内控监督平台，形成全省统一适用的内控风险目录。开展中央八项规定及其实施细则精神贯彻落实情况专项检查，加强执纪问责，保持惩治腐败高压态势。

【队伍建设】 开展业务融合培训。聚焦原国税地税业务融合互补，开展"每月一讲"视频培训，参训人员近11万人次。利用中国税务网络大学开展在线培训，在"新机构、新职责、新业务、新作为"知识网络竞赛中，成绩远超全国平均水平。

推进绩效管理和数字人事。发挥绩效管理抓班子、数字人事管队伍的导向作用，树立"抓绩效管理就是抓工作落实"的理念，2018年省税务局组织绩效获全国税务系统第一名。浙江税务系统"数字人事"全面上线启动，为全国首批上线单位。

塑造提升新型税务文化。开展《中国税务之歌》传唱活动，讲好税收故事，提振干事创业精气神。深化群众性精神文明创建活动，2018年新增全国文明单位7家、全国工人先锋号2家、全国模范职工之家2家。承办第48届亚洲税收管理与研究组织(SGATAR)年会，获各方赞誉。

(省税务局供稿　黄通运执笔)

附表：2018年浙江省(不含宁波)税费收入情况统计

附表

2018年浙江省(不含宁波)税费收入情况统计

单位:万元

项目	累计入库	上年同期	同比增长%
一、税务部门组织的税费合计	[illegible]	[illegible]	13.00
(一)税务部门组织税收收入	84185977	74166724	13.51
1. 国内增值税	37777302	33869013	11.54
其中:直接收入	34121302	30279013	12.69
免抵调库	3656000	3590000	1.84
其中:营改增	15269485	12839592	18.93
2. 国内消费税	3102633	2410360	28.72
3. 营业税	90662	90291	0.41
4. 企业所得税	18476883	15547441	18.84
5. 个人所得税	8931010	7855025	13.70
6. 资源税	119445	109666	8.92
7. 城镇土地使用税	1006862	1012340	-0.54
8. 城市维护建设税	2762341	2465193	12.05
9. 印花税	708894	629758	12.57
10. 土地增值税	2803880	2407727	16.45
11. 房产税	1873265	1717603	9.06
12. 车船税	463910	434159	6.85
13. 车辆购置税	1781080	1912269	-6.86
14. 烟叶税	155	184	-15.76
15. 耕地占用税	398600	583805	-31.72
16. 契税	3866811	3121890	23.86
17. 环境保护税	22244	0	
(二)社会保险费收入	31199731	28078852	11.11
(三)非税收入合计	2790124	2333242	19.58
1. 教育费附加收入	1312910	1148202	14.34
2. 地方教育附加	875189	765620	14.31
3. 文化事业建设费收入	111722	99523	12.26
4. 残疾人就业保障金收入	469773	343265	36.85
二、海关代征进口税收	4781266	4167644	14.72
三、出口退税	-16706000	-15860001	
其中:直接退税	-13050000	-12270001	

财政分项工作

财政预算管理

【概况】 2018年，浙江省财政预算工作推进预算管理制度改革，发挥省以下财政体制作用，加强政府债务管理，构建具有浙江特色的现代财政制度。2018年，全省一般公共预算收入6598.21亿元，增长11.1%，其中，省级一般公共预算收入310.97亿元，增长7.1%；一般公共预算支出8629.53亿元，完成调整后预算的109.3%，增长13.1%，其中，省级一般公共预算支出576.95亿元，完成调整后预算的100.0%，增长10.6%。

【构建集中财力办大事财政政策体系】 贯彻省委、省政府关于集中财力办大事、提高财政资金绩效的要求，围绕"两个高水平"建设的目标，聚焦聚力长三角一体化发展国家战略、三大攻坚战、富民强省十大行动计划、八大万亿产业等党中央、国务院和省委、省政府重大决策部署，对未来几年可用财力进行测算，对现有财政政策进行全面梳理、整合，保留政策49项，强化政策47项，整合47项政策后设立政策21项，新出台政策12项。同时，按照省市县联动、有为政府和有效市场相结合的原则，建立健全省市县联动和引导工商资本、金融资本、社会资本共同投入机制。

【实施防范化解地方政府性债务风险专项行动】 按照"底数清、结构清、风险清、责任清"的总体要求，以及"查核总数、科学分类、开好前门、堵死后门、党政同责、逐步化解"的工作方法，坚持"一市、县(市、区)一方案"，以法治化、市场化为导向，编制防范化解地方政府性债务风险专项行动实施方案，创新提出融资平台公司转型"四个标准"，注资50亿元构建全省国有融资担保体系，完善考核问责机制，与省委组织部联合下发相关工作考核办法，全面完成2018年度地方政府性债务化解任务。

【推进省以下财政事权和支出责任划分】 结合浙江省实际，以深化财政专项资金管理改革为切入口，推动省以下财政事权和支出责任相适应。提请省政府出台《关于推进省以下财政事权和支出责任划分改革的实施意见》和《浙江省基本公共服务领域省与市县共同财政事权和支出责任划分改革实施方案》。厘清省与市县财政事权边界，完善省与市县支出责任划分，建立基本公共服务领域省与市县共同财政事权清单。

【优化完善体制政策】 统一财政体制分成政策，取消体制增收"二八"分成免(少)交政策，并建立过渡期政策。设立设区市区域统筹发展财政专项激励政策，引导设区市加大对所辖县(市)基本公共服务均等化的支持力度。

【制定省级财政专项资金内控管理办法】 牵头梳理专项资金管理各环节的风险点，提出具体防范措施，制定《浙江省财政厅专项资金管理风险内部控制办法(试行)》。按照专项资金的设立、预算编制和执行、监管等管理过程梳理风险点并提出防控措施，同时明确各相关处室局的职责、风险点、防范措施。

【强化预算绩效管理】 全面实施预算绩效管理，强化绩效目标管理，逐步将专项转移支付项目纳入绩效目标编制范围。探索部门整体绩效预算改革，将6个省级部门、单位和11市、县(市、区)财政纳入试点，建立与部门整体绩效挂钩的部门预算总额包干的预算管理模式。强化绩效评价结果应用，将其作为政策存续、资金安排的重要依据，对30个自评结果为"差"以及19个抽评结果为"一般"和"差"的项目，2019年不再安排预算。

【全面实施绿色发展财政奖补机制】 落实《浙江省政府办公厅关于建立健全绿色发展财政奖补机制的若干意见》精神，兑现首个年度绿色发展财政奖补资金120亿元，促进全省均衡协调发展、绿色发展。对绿色发展财政奖补机制开展全面分析，总结政策运行情况及实施成效，加强政策宣传解读。

【完善国有资本经营预算管理制度建设】 修订《浙江省省本级国有资本经营预算管理办法》，对省级国有资本经营预算全过程管理作出规范要求。继续提高省级国有独资企业收益收缴比例。2019年，基础性行业企业由25%提高到30%；竞争类行业企业由18.8%提高到22.5%，其中，事业单位出资企业由12.5%提高到15%；政策性和特殊行业企业仍实行免缴、暂缓上缴政策。

【深入开展"上门服务至少一次"活动】 出台"上门服务至少一次"活动指导方案，全省财政系统按照"一个导向"引领服务，"两张清单"精准服务，"三类标准"提升服务，"四种方式"丰富服务，"五项机制"落实服务的要求开展活动。2018年，全省各级财政部门共到部门(单位)上门服务58793次，到企业服务13496次，集中辅导2098次，服务人数34.71万人次。其中，省财政厅到省级部门(单位)服务1473次，到市县财政部门服务805次，到企业服务745次，集中辅导131次，服务人数42462人次。

【改革在杭金融企业财政管理体制】 贯彻落实省委、省政府对杭州市发展定位以及推进大湾区、大都市区建设等决策部署，研究完善在杭金融企业财政管理体制改革方案。经省委、省政府批准，会同税务、人民银行等部门联合下发《关于改革在杭金融企业财政管理体制的通知》。从2018年起，省级在杭州市(含萧山、余杭、富阳、临安四区)范围内的金融业地方财政收入以2016年决算数为基数下放杭州市，由杭州市固定上缴省级财政。

(省财政厅总预算局供稿　金　珂执笔)

财政税政

【深化增值税改革】 降低增值税税率，将制造业等行业增值税税率由17%降至16%，将交通运输、建筑、基础电信服务等行业及农产品等货物的增值税税率由11%降至10%。截至2018年12月底，税率调整涉及户数71.42万户（不含宁波，下同），减税150亿元。

扩大增值税小规模纳税人标准。将工业企业和商业企业小规模纳税人的年销售额标准由50万元和80万元统一上调至500万元，并在一定期限内允许已登记为一般纳税人的企业转登记为小规模纳税人，让更多小规模企业享受按较低征收率计税的优惠。截至2018年12月底，全省共有3.15万户纳税人申请办理一般纳税人转为小规模纳税人，累计实现减税3.83亿元。

【落实所得税改革新政】 提高研发费用加计扣除比例。将研发费用加计扣除比例提高到75%，扣除范围由科技型中小企业扩大到所有企业。全年增加税前加计扣除230亿元，减征企业所得税57.50亿元。

提高减半征收企业所得税优惠政策的小微企业年应纳税所得额上限。将小微企业年应纳税所得额上限由50万元提高到100万元，全年减征所得税14.85亿元。

将当年一次性税前扣除优惠的企业新购进研发仪器、设备单位价值上限由100万元提高到500万元。做好高新技术企业委托境外研发费用计入加计扣除等所得税新政落实工作。

【落实增值税期末留抵退税政策】 落实财政部、税务总局有关对装备制造等先进制造业、研发等现代服务业符合条件的企业和电网企业在一定时期内未抵扣完的进项税额予以一次性退还的工作部署。召集各市开座谈会，并组织开展实地调研。在充分征求市县意见基础上，研究制定既符合国家政策精神又结合浙江实际，体现轻重缓急有所区别、针对性和操作性强的实施方案，强调把对美贸易出口企业列入退税重点。及时下发《浙江省财政厅 国家税务总局浙江省税务局关于做好2018年增值税期末留抵退税工作的通知》。全省完成增值税期末留抵退税65.69亿元。

【做好环保税法的贯彻落实工作】 做好环保税新税制的贯彻实施工作。协同省税务局和省环保厅，开展宣传培训，并及时明确配套政策，明确环保税实行“按月计算，按季征收”。截至2018年底，全省环保税申报户数9922户，其中排放大气污染物8238户，水污染物2038户，固体废物613户，噪声801户。申报应纳税额为3.97亿元，减免9595万元。

做好畜禽养殖场环保税征收范围界定工作。省财政税务部门组织联合调研组上门听取省农业厅、环保厅和有关部门意见，呈请省政府批准浙江省环境保护税所涉规模化畜禽养殖场认定标准，及时下达执行。

【做好税收政策的争取工作】 做好浙江自贸区税收支持政策争取工作。做好省自贸办财税专题组组长单位的牵头工作；做好浙江自贸试验区一周年建设成效评估和总结，围绕推进油品全产业链发展、大飞机融资租赁等浙江自贸区发展特点和重点，深入研究税收支持政策和措施，争取国家政策落地；与厅政研室、中国财科院合力完成《促进中国（浙江）自贸试验区油品全产业链发展的税收政策研究》课题，提出政策建议；与厅总预算局研究出台大飞机融资租赁企业财税扶持政策；参与浙江自贸区改革扩权方案的研究制定，提出自贸区下一步发展财税支持政策建议；推动国家出台有利于浙江自贸区发展的税收政策，配合海关、税务、商务等部门落实好保税燃料油混兑、原油期货、中资“方便旗”船、企业境外所得抵免等税收优惠政策，推动浙江自贸试验区发展。

做好龙泉宝剑和增白剂产品出口退税率的争取工作。多次向财政部汇报龙泉宝剑和传化集团增白剂出口退税情况，提出改进建议。财政部于2018年9月下发文件提高出口退税率，龙泉宝剑和增白剂产品出口退税率由0%提高到13%，促进两项产品提高国际竞争力，增加出口，促进地方经济发展。

做好杭州亚运会税收支持政策方案制定工作。做好2022年第19届亚运会筹办工作，引导社会力量参与支持亚运会，向国家争取有关税收优惠政策，做好《2022年第19届亚运会税收优惠政策》的征求意见工作，及时呈报省政府审定上报。会同亚组委赴京向财政部税政司汇报亚运会税收政策诉求，按财政部指导意见做好亚运会税收政策报批工作。

【全面改革公益性捐赠税前扣除资格认定程序】 主动牵头原省国税局、原省地税局、省民政厅有关处室推进公益性捐赠税前扣除资格认定程序改革。于2018年初，对上年已在省民政厅登记的社团组织，结合社团组织年度登记注册、公益活动情况，一次性将符合条件的社团组织直接确认获得当年公益性捐赠税前扣除资格，向社会进行公告，改过去的事后确认为现在的事前告知。省财政厅联合原省国税局、原省地税局、省民政厅发布《关于2018年度公益性捐赠税前扣除资格名单的公告》，明确全省563家社会团体和组织获得2018年度公益性捐赠税前扣除资格，助推公益捐赠和慈善事业的发展。

【组织开展税政调查研究工作】 做好税收立法调研工作。做好省级参与的税收立法和税法修订工作。做好个人所得税法的修订调研，及时召开人大代表座谈、部分市县财政和税务人员座谈会，反映个税专项扣除的诉求建议；做好资源税立法调研，针对执行中存在的问题，提出浙江省立法建议；做好水资源费改税试点扩围准备工作，联合原省地税局赴省水利厅进行专题调研，厘清全省水资源费和征收情况，为水资源费改税做好准备；开展房地产立法调研，反映房地产新税制的意见建议。

做好重点企业税源调查快报工作。按照财政部确定的原则、比例选择样本企业373家，组织软件系统培训，督促样本企业和市县财政部门做好调查工作，按时完成2018年第一季度、上半年、第三季度和第四季度重点企业税源调查快报。

做好税式支出的统计分析工作。2017年度浙江省税式支出统计测算项目共283项，占全部税式支出统计测算项目的92.2%，因实施税式支出而放弃的税收收入共1472.75亿元，占当年税收收入的15.6%。

【做好税政管理工作】 提出完善抗癌药品降税政策的建议。深入药品生产企业、批发流通企业、销售终端药店调研，取得一手资料，分析问题原因，提出《完善抗癌药降税后新政联动机制的政策建议》，分析材料获省政府办公厅肯定并报送国务院办公厅。

研究跨境电商进口税收政策。就“网购保税、线下提货”模式创新和跨境电商零售税收优惠限额等问题向财政部提出政策建议，陪同财政部关税司实地赴企业调研、座谈，完善税收政策，促进跨境电商发展。

做好高新技术企业认定服务工作。组织专门力量赴高新技术重点企业调研，按照主动上门服务要求，联系省科技厅赴义乌调研，有针对性地帮助企业研究解决问题。2018年，全省新认定高新技术企业4455户，享受所得税优惠168亿元。

做好个人收入和财产信息系统建设工作。组织开展省级部门涉及个人信息项的政务信息系统调查，为下一步全国系统建设打好基础。

（省财政厅税政处供稿　张丽萍执笔）

全省规范公款存放管理视频会议

预算执行

【发挥参谋助手作用】 针对财政经济运行中出现的新情况、新特点，有针对性地加大专题研究力度，丰富分析维度，拓展分析深度，及时提出相关意见和建议，完成多篇高质量调研报告，供领导决策参考。为适应税务机构改革带来的变化，在全国率先建立“浙江省地方财税收入协调领导小组”，将收入目标任务分解落实到各市县，提升全省财政收入的平稳性、均衡性、匹配性和可持续性。浙江省预算执行分析工作连续12年获全国一等奖。

【深化数据共享平台建设】 推进财税库银横向联网，对原省国地税局、省统计局共享数据进行清洗和规整，实现涉企数据、分行业数据、主要经济指标等查询功能，并实现“特色小镇”标签化查询。与宁波市的数据共享取得实质性进展，推动全省逐步实现税收数据大集中。

【完成地方政府债券发行兑付工作】 加快发行进度，完成1661.95亿元（不含宁波，下同）发行任务，与原存量政府债务平均利率8%相比，年节约融资成本69.40亿元。浙江省地方债发行总体呈现投标倍数高、券商积极性高、发行效率高和发行利率低的“三高一低”特点。全年公开发行平均投标倍数10.18，单期债券最高投标倍数34.98；券商承销额为90.71亿元，高出上年承销额90.11亿元；发行前准备周期压缩10天，提前1个月完成1011亿元新增债券发行任务；2018年各期债券加权平均利率为3.82%，处于全国较低水平。提前落实并及时足额拨付还本付息资金624.02亿元，切实维护政府信誉。

【持续规范单位公款存放管理】 出台《关于进一步规范省级行政事业单位公款竞争性存放管理的通知》。开展公款存放整改专项行动，制定整改方案，建立任务清单、问题清单、责任清单、整改清单，明确时间进度和责任分工，召开专题会议部署，开展重点约谈和专项检查。提请省政府成立“浙江省规范公款存放管理领导小组”，建立财政、审计、国资委、人民银行、银监等多部门协作机制，形成监管合力。研究开发公款竞争性存放网上招标平台，优化招标流程，提高工作效率，实现银行招标“零跑路”。

【加强财政专户及资金存放管理】 出台《浙江省省级财政专户资金竞争性存放管

理操作规程》。开展省级财政专户招标,对省级5个社保财政专户和3个一般财政专户实行公开招标,对省级财政专户资金定期存款开展竞争性存放,实现“招标为常态,不招标为例外”,彻底打破利益藩篱,完善了廉政风险防控机制,各方反响良好。开展省级财政专户资金定期存款竞争性存放招标,2018年共开展省级财政资金定期存款竞争性存放2期,累计操作金额163.89亿元,预计可实现利息收益6.20亿元。

【实现省级国库现金管理常态化滚动操作】 2018年共开展省级国库现金管理7期,累计操作金额1290亿元,增长25.24%;预计可实现利息收益10.58亿元,与存放国库相比,预计可增加收益8.50亿元。其中,12月25日第7期省级国库现金管理首次通过“公款竞争性存放招标系统”实行全流程网上招投标,在全国开创了地方国库现金管理电子化招标的先河。

【深化国库集中支付和公务卡改革】 将驻省外和宁波14家省级单位纳入规范的国库集中支付,实现省级单位国库集中支付全覆盖。将统发工资调整为单位授权支付发放,夯实单位主体责任,提升工作效率。因地制宜完善乡镇国库集中支付,升级支付管理系统,并在永嘉县试运行。实现网上办理以前年度财政支出退回业务。2018年,全省财政累计支出(一般公共预算、政府性基金预算、国有资本经营预算)15127.25亿元,其中:当年累计改革资金量8956.58亿元,改革资金占财政支出的59.2%。全省公务卡累计办卡91万张,刷卡支出25.50亿元,增长10.4%。

【推进国库集中支付电子化改革】 升级2.0版电子凭证库,提升运行速度、安全性、稳定性。2017年试点的26个市县已全部上线实拨、清算和直接支付电子化业务,其中23个市县的预算单位已全部上线授权支付电子化业务;2018年试点的40个市县均已上线实拨、清算和支付业务。

【加强国库集中支付动态监控管理】 组织全省扶贫资金动态监控视频培训,配合做好相关后续工作。2018年,全省转移支付扶贫资金指标分配进度为98.2%,居全国前列。健全动态监控机制建设,出台《浙江省省级国库集中支付动态监控管理工作基本规程(试行)》,及时维护预警规则,配合做好省本级内控管理系统上线衔接,加强对市县督导。2018年,全省累计监控资金量为7506.93亿元,违规73.81亿元,违规率1.0%;纠正73.05亿元,纠正率99.0%。全省94个行政区划均已实施动态监控,880个乡镇(街道)已完成动态监控机制建设,占比76.7%。

【推进政府综合财务报告编制】 全面编制省、市、县三级政府综合财务报告,推进乡镇合并报告试点,加强重点难点问题研究,探索乡镇政府综合财务报告编制方式。2018年,7140个部门完成部门财务报告编制,307个财政部门完成2017年度本级政府综合财务报告编制,绍兴市、湖州市完成全辖合并政府综合财务报告编制。

【完成决算各项工作】 完成全省总决算、部门决算和全省所有市县经济分类决算编审,科学设计决算报表体系,改进和优化编审流程,提升决算编审水平和数据质量。实现省本级部门决算公开全覆盖,除涉密信息外,省本级102个部门决算均向社会公开。完成2017年度财政统计资料编制,加强决算数据分析利用,建立健全预决算相互反映、相互促进机制。

【优化预算执行业务流程】 对标“优化预算执行流程,提高财政管理效能”目标,以“两强三提高”为抓手,加强研究和部署,梳理整合各方意见建议,在收入管理、支出管理、动态监控、账户管理四方面设计分阶段分任务的优化方案,并在2018—2019年内逐步落实。

【探索构建全省财务核算云服务平台】 针对财务核算系统与财政业务系统联通不强、系统间重复录入、实施新制度系统升级贵等问题,探索构建全省行政事业单位财务核算云服务平台。确定省级200多家行政事业单位及14个市、县于2019年上线试点。

【完善预算单位银行账户管理系统】 重新梳理账户审批、备案流程,完成账户系统开发,制定测试方案。开展数字档案建设,对2003—2017年省级预算单位银行账户历史档案进行整理和数字化加工。

【深入开展“上门服务至少一次”活动】 2018年,累计现场服务市县及部门161个,组织集中培训14次,配合支出业务处室服务108次,现场服务3096人次,线上服务61814人次,业务手册发放53190人次。

【做好各项会计基础工作】 印发《财政总预算会计指导手册》,加强总会计业务指导。规范资金拨付和清算流程,加强印鉴、票据使用管理,完善对账制度,准确编制各类报表,加强代理银行业务监管。完善库款管理机制,加强库款运行监测和日常督导,建立库款余额异动定期报告机制,浙江省库款管理工作连续两年在国务院对落实有关重大政策措施真抓实干成效明显地方予以督查激励的通报中受到表扬。印发《关于加强财政暂存暂付性款项管理的通知》,建立暂存暂付性款项情况日常报送和通报机制。

(省财政厅预算执行局供稿　沈　维执笔)

财政综合

【概况】 2018年,浙江财政综合工作坚持强化政府非税收入管理,聚焦聚力“最多跑一次”改革,完善统一公共支付平台改革,清理规范收费基金政策,深化政府购买服务改革工作,强化土地、住房、海域和彩票资金监管,推进财政电子票据改革试点。全年全省收缴各项政府非税收入 9989.94 亿元,同比增长 30.4%。

【完善统一公共支付平台改革】 聚焦聚力“最多跑一次”部署,完善统一公共支付平台改革。2018 年受理收缴业务 5845 万人次,增长 70.7%;收缴资金 1585.60 亿元,比上年增长 9.2 倍。推进自助缴款和财政票据按需自主取票改革试点,截至 2018 年底,各设区市均已完成自助缴款、自主取票项目试点任务。推进各地委托代收政府非税收入商业银行柜面支付接入公共支付平台,截至 2018 年底,全省 31 家代收机构接入统一公共支付平台。推进道路违法处罚、自学考试以及高校等公办学校教育收费等项目接入统一公共支付平台。制定市县财政统一公共支付平台推进工作绩效考核指标,完善对市县的考核。配合厅数字中心做好统一公共支付平台列入政府数字化转型重大示范项目推进工作。

【监督落实各项收费基金政策】 监督落实停征地方水利建设基金和省立行政事业性收费“涉企零收费”等政策,巩固和扩大清费减负成效,降低残疾人就业保障金征收上限,落实部分行政事业性收费减负政策,每年可减轻企业和社会负担 230 亿元以上。完善全省行政事业性收费清单公开机制及“一张网”管理,建立健全乱收费投诉处理机制。设立和规范艺术系列高级专业技术资格考试费收费,处理好淳安和舟山等水源地和取水地关于水资源费分成结算的矛盾,解决诉讼费重复分成等问题。加大政策宣传辅导力度,组织杭州地区“百名处长下基层宣讲政策”活动。

“体彩杯”体彩送舞下乡文体惠民活动

【深化政府购买服务改革】 督促各地各部门推动公益一类、二类事业单位政府购买服务改革,促进事业单位分类改革和转型发展,为推进事业单位厘清职能、分类施策创造政策环境。强化政府购买服务预算管理,对省级部门 2019 年政府购买服务预算进行合规性审核。完善政府购买服务信息统计报送机制,2018 年全省政府购买服务预算项目金额 192.03 亿元(不含宁波)。按照全面实施绩效管理要求,督促各地各部门做好政府购买服务绩效评价工作,拟定浙江省深化政府购买服务第三方绩效评价工作试点实施方案,规范和推进第三方绩效评价工作。配合财政部做好建德市、平湖市两个全国联系点的政府购买服务改革调研和推进工作。推动浙江省政府购买服务平台建设工作。

【加强资源、资产和彩票等各项资金监管】 2018 年,全省共征收土地出让收入 7756.43 亿元(不含上缴中央农田水利建设资金,下同),计提地方农田水利建设资金 68.84 亿元,教育资金 85.57 亿元。会同省住建厅开展浙江省住房公积金行政专项监督检查。落实从土地出让收入和住房公积金增值收益中计提保障性安居工程建设资金的政策。全年全省筹集保障性安居工程建设资金 230.61 亿元。加强海域使用金和无居民海岛使用金的征收管理。贯彻落实国家海洋督查的各项工作要求,做好废止温台沿海产业带滩涂围垦项目缓缴海域使用金文件、催缴缓缴资金等相关整改工作。全年全省共征收海域使用金 18.61 亿元,审批免缴海域使用金 1.31 亿元。贯彻落实三部委关于取消矿山地质环境治理恢复保证金建立矿山地质环境治理恢复基金工作,会同省国土资源厅制定《浙江省矿业权出让收益市场基准价》,为全省矿业权出让提供依据。落实国家对擅自利用互联网销售彩票就地查处工作,与公安、网信等部门及财政专员办沟通协调,监控甄别违法违规行为。强化彩票资金财务监管,确保彩票资金安全规范运行。做好彩票资金征缴、清算和彩票公益金公告等工作。全年全省共销售彩票 374.03 亿元,增长 27.4%,其中福利彩票 167.79 亿元,增长 7.3%;体育彩票 206.24 亿元,增长 50.5%。筹集彩票公益金 97.60 亿元,其中地方可留用 49.50 亿元,推进社会公益事业发展。

【深化财政电子票据改革试点】 印发全面推进医疗收费电子票据管理改革指导方案,并出台《浙江省医疗收费电子票据管理办法》。按照专项检查和双随机检查相结合的检查工作机制,对部分省级单位和杭州市、宁波市、湖州市、金华市本级及所属县(市、区)的 184 个执收单位的政府非税收入和财政票据管理开展专项检查。启用财政票据大数据管理系统部分功能,完善旧版财政票据管理信息系统,参与非税收入征管系统和统一公共支付平台工作，做好票据管理领用日常核销。2018年，全省共发放省级单位票据5424万份、市县5319万份。省本级2018年核销票据2708万份，结报上缴资金397.54亿元。办理国有资产收入开票上缴财政金额12.46亿元。

（省财政厅综合处供稿　赵菲菲执笔）

会计管理

【加强行政事业单位会计工作】　印发《浙江省财政厅关于加强行政事业单位会计工作的意见》（简称《意见》）。《中国会计报》《浙江日报》等媒体作相关报道。浙江省从行政事业单位层面出台加强会计工作《意见》的行政规范性文件，走在全国前列，获财政部会计司肯定，并作为地方工作经验予以刊载。

【推进会计中介机构审批"最多跑一次"改革】　结合财政部对其他专业资格人员担任特殊普通合伙会计师事务所合伙人的具体规定，及时调整浙江政务服务网办事指南、申请材料等事项。对会计师事务所及分支机构设立审批及代理记账业务审批全面优化准入服务，自2018年11月10日起，会计师事务所（分所）执业许可法定审批时限从法定的30个工作日压缩至15个工作日，代理记账执业许可法定审批时限从法定的20个工作日压缩至5个工作日。编制全省统一的会计代理记账机构执业资格审批以及年度报备无差别全科受理人员工作教材，深化"一窗受理、集成服务"改革，提升行政服务中心窗口人员业务能力。完成浙江政务服务网与财政会计行业管理系统单点登录接口开发工作，用户通过浙江政务服务网办理会计师事务所变更备案与年度报备工作时，实现"单点登录"。

对全省346家会计师事务所、50家分所的基本信息进行报备。2018年度全省注册会计师行业保持稳定的发展态势，有注册会计师6301人，非注册会计师从业人员10666人，业务收入合计50.67亿元。有5家事务所进入中注协"业务收入前100家会计师事务所"行列。规范管理境外会计师事务所入境执行审计业务，并将相关信息及时上报财政部。完成2018年全省1754家代理记账机构年度报备工作。截至2018年底，全省会计师事务所414所，其中：有限责任公司事务所176家，普通合伙事务所183家，特殊普通事务所3家；会计师事务所分所52家，其中：省外事务所在浙设立的分所35家，本省事务所设立的分所17家。

【贯彻政府会计准则制度】　加强宣传培训，助推财务人员掌握职业技能。利用微信、微博公众号和各类媒体，为新制度的贯彻实施营造良好的社会氛围。编印《政府会计准则制度汇编》，按照"横向到边，纵向到底"的方式开展政府会计准则制度的培训，参训人员达3800多人。配合构建财务核算云，确保会计核算软件符合新制度要求。搭建咨询平台，确保新制度实施有处可询。组建省政府会计准则制度咨询专家组，协同各级财政部门协调推进全省政府会计准则制度贯彻实施。选取部分省级单位开展政府会计准则制度模拟运行，以点带面推进实施。

【推进行政事业单位内控制度建设】　根据财政部的要求，布置、审核和汇总上报《2017年度浙江省行政事业单位内部控制报告》。全省15368家单位上报了内部控制报告，其中：处于内部控制建立阶段5907家，内部控制实施阶段5861家，信息化阶段3600家。开展风险评估单位9541家，建立内部控制手册的单位10336家，开展内部控制自我评价的省级主管部门57家。

研究制订内部控制检查评价方案和评价指标，选择5家省级单位组织专家开展现场督导评价，并对评价情况逐一进行反馈和通报。

【推进管理会计应用】　形成浙江省管理会计专家咨询委员会分组方案，组织专家指导企事业单位开展管理会计应用，提供咨询、培训等专业服务。组织开展全省管理会计应用试点项目，跟踪进展情况，制定评审方案，组织申报管理会计应用项目案例报告26个。

会同省总会计师协会举办2018年度浙江省高端管理会计人才研修班，专题培训企事业单位会计人员110名。

【开展浙江省先进会计工作者评选】　经浙江省评比达标表彰工

浙江省国际化会计高端人才（跨境并购类）培训班

作协调小组同意，制定评选工作方案，重点面向基层和工作一线，开展浙江省先进会计工作者评选工作。各市财政局初评推荐候选人120名，省评选领导小组办公室组织领导小组成员和评选专家进行独立打分，组织专家对部分申报对象材料进行复核，分析提出3个入选方案。

【培养高端会计人才】 为响应"一带一路"倡议，助推企业转型升级发展，服务浙江省企业"走出国门"发展需要，省财政厅与相关部门联合开展浙江省国际化会计高端人才（跨境并购类）培养。按照培养与使用相结合、以学促用的要求，为学员提供实践和提升平台。经考核，57名学员于2018年11月完成全部学业，正式毕业。毕业后有35名学员参与并购类业务64项，其中跨境并购类业务37项，与开班时相比，学历提升有3人，职称提升有5人，职务提升有7人。

印发《浙江省会计领军人才培养使用管理办法》，规范全省各级会计领军人才选拔、培训管理、后续管理、培养使用。开发浙江省会计领军人才管理系统，全省会计领军人才的选拔和评价全面实行信息化管理。做好第五期会计领军（后备）人才（行政事业类）培养工作，加强考核管理，边培养边使用。

根据省职称改革要求，改进完善高级会计专业技术资格评价方法，完善高级会计专业技术资格申报评审系统，首次全面实行网络化申报、网络化评审，增强评审工作公正性、公平性，提升评审效率。经评审，通过正高级会计师17人，高级会计师720人。

【开展"上门服务至少一次"活动】 以需求为导向，开展为期2个月的会计师事务所（分所）换发新版执业证书与服务监督并举的"上门服务至少一次"活动，变"事务所跑"为"财政跑"。通过"集体约谈""集体学法"、为每家事务所开设"专家门诊"，达到督促整改目的。通过现场服务、线上服务、集中培训等方式，累计服务411人次。

增强服务意识，主动对接基层，分3个服务小组，对10个设区市及部分县（市、区）财政局、行政事业单位和企业开展"上门服务至少一次"活动，累计服务362人次；开展集中培训3次，累计服务3948人次；坚持"线上线下"服务相结合，累计线上解答问题548人次；为配合活动的深入开展，累计发放工作手册1000余册。

召开会计管理与改革经验交流座谈会，6个单位进行典型发言，总结交流各地好做法、好经验。

【指导会计学会协会工作】 为发挥会计学会协会的独特作用，经商省民政厅，在省会计学会下设浙江省会计领军人才工作委员会，为会计领军人才服务经济社会发展，服务财政中心工作和服务企业转型升级提供重要平台。

制定省总会计师协会脱钩实施方案，成立脱钩工作组，组织清产核资，办理各项脱钩事项，完成省总会计师协会脱钩工作。厘清行政机关与行业协会的职能边界，做到"五分离、五规范"。

协助省珠心算协会组织举办"浙江心算王大奖赛""浙江财经类学生珠算技术比赛""浙江国际珠心算大奖赛"等各类赛事，为全省珠心算幼儿、师生提供互相学习、交流的平台，以赛事促普及，有效保护和传承珠算这一人类非物质文化遗产。组织召开省珠心算协会第七届理事会第四次会议和第七届会员代表大会，通过协会终止决议，向省科协提出注销申请，为省珠算心算协会整合至省会计学会做好前期准备工作。

（省财政厅会计处供稿　朱卫品执笔）

行政政法财政财务管理

【推进公务支出制度领域改革】 调整会议费、培训费管理有关规定，实行住宿、伙食经费预算总量和单项的双重管控。完善省级单位干部职工子女幼儿园保教费报销规定，实行分类分档、按比例和限额从低报销。出台《浙江省财政厅关于规范差旅伙食费收缴有关事项的通知》，制定更加细化、可操作的公务出差伙食费支付规定，规范差旅报销行为。

【支持"平安浙江"建设】 2018年，全省安排平安浙江建设经费52.26亿元，增长18.1%。安排政法奖励性资金23.37亿元，支持全省政法部门办案业务开展和装备建设；会同省公安厅出台《浙江省黑恶违法犯罪举报奖励办法》，支持全省扫黑除恶专项工作开展；落实反恐怖工作经费，将反恐怖工作必需的经费纳入各级财政部门预算；安排中央禁毒专项经费，支持全省禁毒2018"两打两控"专项行动工作开展；做好世界地理信息大会、世界互联网大会、"枫桥经验"55周年大会等重大活动安保的经费保障工作；落实专项资金支持"枫桥经验"55周年纪念活动开展；联合省公安厅、省人社厅出台《关于全省合同制消防战斗员工资标准的指导意见》，推动全省合同制消防队伍的职业化和专业化进程；加大消防投入，打好全省消防"三年翻身仗"，支持组建国家地震救援队浙江大队。分类分批支持政法数字化协同工程建设，推动全省政法信息资源"六个一体化"，促进全省政法信息化建设共建共享；完成湖州监狱上划省属管理。

【支持"清廉浙江"建设】 指导市县做好监察体制改革中经费、资产划转事宜，保证涉改人员平稳过渡。制定《浙江省纪检监察专项资金管理办法》，安排纪检监察转移支付专项资金，支持全省纪检监察机关查处贪污贿赂、失职渎职以及预防职务犯罪工作，落实省委巡视工作经费，推进廉政教育中心内务保障社会化。开展省属监狱戒毒单位2019—2020年大米、大豆油新一轮协议供货采购入围供应商招标，并借鉴高校招生的志愿填报思路，创新二次选择供货商方式，解决潜在廉政风险。做好公共交通意外险5家定点服务机构服务期限延长一年工作。举办全省行政政法财政财务培训班，宣讲厉行节约反对浪费制度文件，上红船精神党课。

【支持"法治浙江"建设】 加强刑事诉讼涉案财物集中管理,会同省法院、省检察院、省公安厅印发《浙江省刑事诉讼涉案财物跨部门管理和处置工作机制建设的指导意见》;研究省公安厅机关及直属单位警辅人员员额核定和支出保障政策;制订出台《浙江省司法行政机关财务管理实施办法》《政府购买人民调解服务的指导意见》,开展《浙江省人民调解补助经费管理暂行办法》规范性文件评估工作,拟定《浙江省人民调解补助经费管理暂行办法政策评估报告》。

【支持"人才强省"建设】 实施人才投资优先保证政策,筹措落实"千人计划"3亿元、"万人计划"4680万元人才奖励资金;优化高层次人才服务保障,联合省委组织部出台《关于在浙高层次人才购车上牌补贴有关问题的通知》;研究制订人才资金绩效评价办法,完善人才资金二次追加投入、依绩淘汰的有进有出机制;支持全省开展面向全国"双一流"高校择优选调应届毕业生工作,推进高校毕业生到村任职培养计划以及"三支一扶"计划,鼓励大学生扎根基层创新创业。按照"富民强省十大行动计划"分工任务,对全省现有各类人才支持项目进行统计、梳理,将支持方向、扶持对象和用途相同或相近的人才项目予以归并、整合,提出完善引才、育才、用才计划。

【支持"质量强省"战略】 对标省委、省政府质量提升行动计划,加强"三强一制造"资金保障。2018年,省财政厅安排"浙江制造"品牌培育建设经费4800万元,加强"浙江制造"标准研制、品牌培育、标准创新、品牌保护宣传推广等,打响标准提档、质量升级和品牌增效推动供给升级组合拳,提升浙江省制造业的制造能力、品牌优势和质量水平。计划到2022年,全省制定实施"浙江制造"标准3000个,培育"品字标"品牌企业2000家。推动标准化战略发展,2018年省级财政累计安排专项资金3900万元,重点支持浙江省标准研制、重点产业领域标准化研究、国家标准化综合改革试点工作,设立"浙江省标准创新贡献奖",对经济社会发展产生重大影响的标准化项目进行奖励。

【做好机构改革相关工作】 配套出台《浙江省财政厅关于做好省级党政机关机构改革经费保障和管理工作的通知》,确保省级党政机关机构改革工作开展,规范机构改革过程中的财务行为,加强经费保障和财务管理。推进港航公安管理体制改革。会同相关部门拟定《关于深化宁波港航公安机关管理体制改革实施方案》,推进浙江省港航公安管理体制改革。

【加强全省行政单位财务制度人才库队伍建设】 组织部分市县行政单位财务制度人才库成员参与全省行政政法工作会议,研究学习行政单位财务制度热点问题。集中组织具有高级会计师资格的人才库成员参加高级会计师培训。

(省财政厅行政政法处供稿 何小康执笔)

注:

*"两打两控":打击制毒犯罪、打击贩毒犯罪和管控制毒物品、管控吸毒人员。

科教财政财务管理

【概况】 2018年,浙江省科教财政财务工作按照全省教育和科技创新"十三五"规划确定的基本思路,支持科教事业改革发展,对科教领域民生实事给予保障,完善财政资金支持方式方向。省级教育支出133.34亿元,增长13.2%;科学技术支出28.42亿元,增长14.7%。

【分析梳理事业单位财务短板】 贯彻省委、省政府"最多跑一次"和厅"上门服务至少一次"的要求,实地走访调研省属事业单位开展36家,整理省属事业单位和省级部门服务事业单位的"短板"问题11大类、42小点。在此基础上,对相关问题进行逐条分解,研究提出消除或解决事业单位政策执行短板的措施、方案,完善相关政策制度。

【出台学前教育生均公用经费标准】 制定出台浙江省学前教育生均经费制度,从2018年开始确定全省学前教育生均公用经费最低标准为500元/生·年,同时对辖区内符合条件的普惠性民办幼儿园,要求给予与同等级公办幼儿园一致的生均公用经费补助,提高其办园水平。强化浙江省公民办"双轮驱动"的学前教育发展理念,将民办园在园人数、学前教育质量水平提升情况、非编教师待遇水平等作为省级资金分配的重点因素,对市县进行目标引导。

【出台系列政策推动民办教育事业】 制定公共财政扶持民办教育发展实施办法、民办学校财务管理办法、财务清算办法等一系列文件,公共财政今后主要对非营利性民办学校给予支持,同时推动各地逐步建立以"经费标准化"为主要内容,以政府补贴、政府购买服务、税费减免等为手段的公共财政扶持体系。分教育阶段对业务活动成本做出规定,通过规范管理,明确或掌握民办类学校的办学成本,为今后相关管理工作储备财务及数据基础。开展全省民办教育经费投入核查工作,聘请第三方事务所核查各民办学校举办者投入数和各市、县财政对民办学校补助数,省级财政按照上述两个投入情况的15%安排预算资金,通过转移支付方式支持市县各类民办教育发展。

【明确普通高中生均公用经费标准】 2018年,确定浙江省公办普通高中生均公用经费标准为1200元/生·年,并将其作为生均公用经费拨款标准。通过建立生均公用经费制度,保障经常性经费,赋予学校更多自主权,促进普通高中教育多样化发展。

【优化高等教育投入结构】 对接国家"双一流"建设的部署，安排"双一流"建设资金26亿元，包括第一、二批省重点校建设、省一流学科建设、省重点暨优质高职院校建设等。完善高校预算拨款制度，引导不同类型、不同层次的高校准确定位，整合现有同类型专项设立"省高校绩效奖补资金"，2018年总额为6.70亿元。出台《浙江省高校绩效奖补资金管理办法》，明确专项资金分配、使用和管理；确定浙江大学新一轮"双一流"建设省补助方案；确定温州肯恩大学的省财政补助方案；引进20所左右著名境内外高校在浙江开展合作办学，明确"起点要高，目标清晰；市县为主，省级引导；注重绩效，分类奖补"的财政支持政策。省财政安排专项资金50亿元，对市县合作办学给予建设资金支持。调整浙江省省属高校师范专业生均拨款的学科系数，加大对师范院校支持力度，提升师范教育保障水平。加强对省属高校自主开展科学研究的稳定支持，提升省属高校服务国家发展战略能力、自主创新能力和高层次人才培养能力，设立省属高校基本科研业务费，按200元/生·年标准予以支持。

【推进科创大平台建设】 省财政安排8亿元，支持人工智能和大数据为核心的之江实验室建设，打造平台型、开放型、枢纽型一体的科技创新平台，和"互联网+"全球产业科技创新高地，吸引阿里巴巴等民营企业和其他社会资本参与投入人工智能基础研究和科技成果转化。安排4.5亿元，支持杭州城西科创大走廊建设，打造创业创新生态体系，支持重大平台建设、创新载体引进、重大项目研发，以及对相应的科技小镇、众创空间、科技企业孵化器等建设与运行的绩效补助。

【支持重大技术攻关培养新经济增长点】 省财政安排7.2亿元，重点支持新一代信息网络技术、集成电路及高端芯片、人工智能、智慧交通、精准医疗等事关全省产业发展重大项目，推进解决制约全省新兴产业发展和公共领域的重大关键核心技术与应用示范问题。支持引进培育高层次人才创新创业团队，共补助奖励2.78亿元支持浙江省企业引进培育66个领军型团队，对引进具有国际顶尖水平的团队采取"一事一议"的方式，最高可获得1亿元的省级财政资助。

【引导鼓励企业加大研发投入】 完善企业研发后补助政策，落实省政府补齐科技创新短板政策，安排6000万元对全省规模以上工业企业的研发投入占主营业务收入比例排位前500名企业给予奖励，鼓励市县加强企业研发费用的财政奖励力度，省市县形成合力，奖补资金由企业自主用于科研开发，引导企业加大研发投入。加大对发明创造企业的支持力度，降低企业研发成本，安排近1亿元支持提高全省知识产权创造和运用水平，完善知识产权保护与管理体制机制，提升知识产权公共服务能力。

【支持实体经济新旧动能转换】 2018年，省财政安排3.23亿元，带动市县区财政3.23亿元，采取竞争性分配方式，发挥财政资金激励约束作用，支持滨江区、余杭区、乐清市等11个"1+X"产业创新服务综合体创新市县建设，通过集聚公共科技创新资源，推动浙江省块状经济转型升级，推动传统产业改造提升、新兴产业加快发展。

【健全创新创业投融资政策体系】 实施省级科技型中小企业扶持政策，每年安排3亿元对市县政府设立或投资的种子基金等进行配套支持和绩效奖励，撬动市县财政投入和引导社会资本投资，缓解中小微企业融资难问题。设立规模20亿元的省科技成果转化引导基金，投资种子期、初创期、成长期等创业早期的科技型中小微企业和高新技术企业。

【加快哲学社会科学繁荣发展】 支持哲学社会科学学术建设，出台《浙江省文化研究工程(第二期)资金管理办法》，安排1541万元支持第二期文化研究工程建设，设立重大研究选题，面向省内外招标，吸引全国优秀学者聚集研究。加大对哲学社会科学事业的投入，2018年新增1050万元规划课题补助经费，加大对单项课题的支持力度。建立与社科强省建设相匹配的资金管理机制，推进出台《浙江省哲学社会科学项目资金管理办法》。

【完善省级事业单位相关管理及政策】 做好经营类事业单位转企改制工作，完成省住房和城乡建设厅所属省城乡规划设计研究院等23家经营类事业单位转企改制方案中有关改制步骤、资产处置和费用提留等审核事项。参与《浙江省事业编制报备员额管理办法》等规范性文件的修改制订工作。研究起草省属高校和科研院所等事业单位"横向科研项目"劳务报酬计提范围的界定标准。

【整合财政信息系统减轻高校单位负担】 根据相关高校及相关单位的软件接口、整合需求，针对高校教学科研业务、财务核算的特殊性，配合厅数字中心做好浙江工业大学试点工作，于2018年上半年完成软件测试工作，并已上线运行，逐步实现高校财务系统与财政支付管理系统的无缝对接，解决高校及相关单位重复录入问题，提升工作效率。

（省财政厅科教处供稿　徐佳梦执笔）

文化财政财务管理

【概况】 2018年，文化财政财务工作落实"文化浙江"建设各项要求，以促进基本公共文化服务均等化为工作主线，以"上门服务至少一次"活动为抓手，加大投入力度，完善投入机制，突出投入重点，创新投入方式，促进基本公共文化服务均等化，推动全省文化事业的发展。2018年，省级预算安排文化体育与传媒支出21.11亿元，比上年增长11.0%。

【探索财政文化管理机制改革创新】 按照全面实施预算绩效管理的要求，开展省文化馆部门整体绩效预算编制改革试点，研究建立与单位整体绩效挂钩的绩效预算管理模式。加强基本公共文化服务绩效考核，总结推广市县探索公共文化服务领域管理体制机制改革创新典型经验，促进全省基本公共文化服务水平提升。支持实施文化精品战略，配合省委宣传部等部门筹建浙江艺术发展基金。

【保障宣传工作投入】 弘扬红船精神、浙江精神，提升公民文化素质，深化“最美浙江人”主题宣传活动。保障网络安全工作，加大对网络安全保障能力和网信人才队伍建设等项目的支持力度。

【推进现代公共文化服务体系建设】 支持实施公共文化服务重点县及薄弱乡村文化建设“十百千”工程*，补助第二轮重点县建设4500万元，补齐公共文化区域短板。推进农村文化礼堂建设，2018年起每年安排农村文化礼堂建设资金3亿元，落实《关于推进农村文化礼堂长效机制建设的意见》要求，将农村文化礼堂长效机制情况作为补助资金分配的重要因素。保障浙江小百花艺术中心、浙江自然博物园顺利完工，推进之江文化中心、省全民健身中心建设工程等重大文化设施建设，支持教工路、影业路文化单位及浙江京剧团地块改造合作，整合文化资产资源。

【支持中华优秀传统文化传承发展】 全年安排文化遗产保护专项1.26亿元，支持重点文物、非物质文化遗产等保护；支持实施世界级文化遗产培育申报、传统村落民居保护、非物质文化遗产展示体验、优秀传统文化研究阐释、优秀传统文化精品创作服务、特色传统文化重点提升六大工程，推进全省优秀传统文化保护事业发展。

【支持体育事业发展】 探索财政拨款制度改革，建立浙江体育职业技术学院预算定额和绩效挂钩机制，实行“基础定额+绩效考核”的拨款机制，赋予预算单位预算分配自主权和资金统筹安排权，促进单位工作绩效和财政资金绩效有机融合。支持小康体育村升级工程1100个，支持建设省级全民健身中心3个和乡镇（街道）全民健身中心、中心村全民健身广场30个，建设游泳池100个和足球场100个等。安排第十四届全运会备战经费1.5亿元，落实中国（浙江）国家游泳队建设及日常运行经费2529万元。

【支持旅游产业发展】 安排旅游发展专项1.74亿元，用于省级旅游宣传推广工作和支持市县旅游发展。鼓励引导社会资本重点投向乡村旅游、海洋旅游、旅游风情小镇等大板块，促进特色民宿、房车自驾车营地等新业态发展。支持旅游公共服务设施，助力全域旅游全产业链的延伸开发，深化旅游厕所革命，新建改建各类停车位，优化旅游环境和服务。

【加强国有文化企业管理】 落实补短板要求，完善国有文化资产管理制度体系，制订出台《省属文化企业重大事项管理实施细则》，修订完善省属文化企业绩效考核指标，规范省属文化企业公款竞争性存放管理，完善省属文化企业国有资产管理制度体系。贯彻“最多跑一次”改革理念，优化国资监管事项审批服务，简化服务流程，提高服务效率。支持并完成浙江出版联合集团股份制改造。完成省属文化企业2017年国有资本经营收益核定收缴工作。落实国有文化资产报告制度，梳理省属文化企业国有文化资产基本情况。

【促进文化产业健康发展】 改革省文化产业发展专项资金分配管理，修订出台《浙江省文化产业发展专项资金管理办法》，制订设区市开展竞争性评审的规则，实施省文化产业发展专项资金（2019—2021年）竞争性分配，完成2019年度专项资金预下达工作。完成2017年度中央文化产业发展专项资金绩效目标自评情况的报告。完成2018年度中央文化产业发展专项资金的项目申报和下达工作。组织开展2019年度文化产业发展省级项目补助资金申报评审工作。

（省财政厅文化处供稿　李慧辉执笔）

注：

*“十百千”工程：根据《中共浙江省委关于补短板的若干意见》精神，浙江省实施“十百千”工程，即完成10个公共文化服务重点县、100个公共文化重点乡镇（街道）、1000个公共文化服务

桐乡市新港村文化礼堂

重点村(社区)建设任务,大力推进公共服务重点县(市、区)及薄弱乡村建设,补齐公共文化服务短板,推动基本公共文化服务标准化均等化。

行政事业单位资产管理

【开展国有资产报告工作】 负责做好全省国有资产报告的布置、编制和报送等各项工作,成立了以厅长为组长、11个相关处室组成的国有资产报告工作领导小组,办公室设在资产处,统筹组织协调国有资产报告工作。代拟《中共浙江省委关于建立省人民政府向省人大常委会报告国有资产管理情况制度的意见》,制定《浙江省国有资产报告编报工作规程(省级)》和《2018年浙江省国有资产报告工作日程安排(省级)》,会同省国资委、省国土厅等职能部门组成报告编制工作小组,建立联络员制度和“横向协作、纵向联动”的工作机制。开展各类报表编报的布置、培训和汇审。试编并上报2016年度浙江省国有资产综合报告;完成上报2017年度浙江省行政事业单位国有资产专项报告、经营资产和自然资源国有资产专项报告以及国有资产综合报告。会同省国资委等部门,编制《浙江省人民政府关于2017年度全省国有资产管理情况的综合报告》(送审稿)和《浙江省人民政府关于2017年度全省企业国有资产管理情况的专项报告》(送审稿),经省政府批准,于2018年11月提交省人大常委会审议并通过。

截至2017年底,全省共有各级国有企业10862家,全省企业国有资产总额10.44万亿元,负债总额7.18万亿元,净资产3.26万亿元;全省行政事业性国有资产总额12718.00亿元,负债4112.00亿元,净资产8606.00亿元;全省国有土地面积2344万亩,国有林地506万亩,纳入统计矿产93种(其中查明资源储量矿产83种),水资源总量(含地表水和地下水)895亿立方米,领海和内水面积4.4万平方千米,海岛4350个。

【加强机构改革工作中的国有资产管理】 配合省属事业单位改革领导小组办公室,研究制定省属生产经营类事业单位改革改制相关政策,参与编写改革操作指南,做好相关政策的培训和解读。做好省属生产经营类事业单位转企改制过程中的资产清查、资产处置、国有股权设置等审核工作,确保国有资产安全。对50家省级经营类事业单位转企改制工作方案提出修改完善意见;对省交通规划设计院事转企后的公司国有股权设置方案作了批复。

加强行业协会商会脱钩改革中的国有资产管理,按照“五分离五规范”要求,以明晰产权关系为核心内容,对纳入脱钩试点的行业协会商会进行政策辅导,按职责分工做好资产核实、产权界定等审核审批工作,维护国有资产的安全完整,防止国有资产流失。截至12月31日,已完成43家纳入省级第三批脱钩试点范围的行业协会商会的资产核实工作,核实国有资产1.82亿元。

配合做好浙江省党政机关机构改革,会同省机关事务局联合制定《关于做好省级党政机关机构改革国有资产管理工作的通知》,明确工作程序,提出工作要求,强调工作纪律。按照浙江省党政机关机构改革批复方案,组织涉改单位开展资产清查,做好资产核实和划转等工作。

【行政事业单位资产日常监管】 加强资产配置管理。健全资产配置标准体系,会同厅政法处和省监狱管理局,研究制定监狱系统的资产配置标准。

加强资产使用管理。严格执行《省级行政事业单位房产出租管理实施办法》,对国有房产出租实行公开招租。规范公开招租平台,要求省级各单位的国有房产出租事项经审批后原则上要委托依法设立的产权交易机构或公共资源交易中心公开招租。

加强资产处置管理。出台《关于调整省级行政事业单位国有资产处置权限等有关事项的通知》,从2018年10月1日起,下放资产处置权限,简化处置流程,建立定点企业上门回收机制。

【推广应用“资产云”】 2018年1月1日,行政事业单位资产管理信息系统升级改造为政府资产管理云服务平台(以下简称“资产云”),并在浙江省政务专有云上正式部署,省级进入日常运行和持续优化迭代阶段。8月,省财政厅与杭州电子科技大学共同发起成立“资产云”开放协同创新中心,产学研相结合,优化资产云各项功能。10月,在全省推广应用“资产云”,基本完成地方财政部门及预算单位资产管理业务迁移工作。

【加强省级行政事业单位所属企业国有资产监管】 加强行政事业单位所属企业日常监管。按职责和规定程序强化对行政事业单位所属企业关系国有出资人权益变动重大事项的审核审批,依法维护国有资产权益。2018年,审核审批对外投资事项8批次,增加国有资本金1.67亿元;审核审批国有股权转让、划转事项37批次;审核审批企业改制事项15批次,涉及国有资产76.92亿元;审核审批公司清算事项9批次,清算后净资产3974万元。

组织行政事业单位所属企业开展国有控股混合所有制企业员工持股试点的申报工作,会同省国资委、浙江证监局对申报企业情况进行联合审查,确定第二批试点企业名单。根据试点政策要求,指导并督促纳入试点的省级部门所属企业制定完善试点方案,加强工作跟踪和评价监督。对浙江勿忘农种业股份有限公司开展混合所有制改制中的资产处置和股权设置方案作了批复。

推进经营性国有资产集中统一监管。通过体制调整、重组整合等方式,将钱塘江管理局等部分省级行政事业单位所办企业,划转省国资委或省属企业集团实行集中监管。对省级党政机关、事业单位所属企业纳入经营性国有资产集中统一监管工作提出贯彻实施意见。

【健全民办学校退出机制】 推进浙江省民办教育发展，健全和完善民办学校终止退出管理机制，会同省教育厅联合制定《浙江省民办学校财务清算办法》，明确民办学校终止清算的基本程序、清算组职责、清算基准日的确定、清算工作要求、相关各方合法权益保护、清算后剩余资产处理等内容，为全省民办学校终止清算工作提供制度保障。

【开展"上门服务至少一次"活动】 开展上门现场服务、集中培训辅导、实时上线服务等活动，加大政策宣传力度，提高政策制度的知晓率，推动相关制度的执行。2018 年，对省级部门累计上门服务 32 次，集中辅导培训近 1600 人次，实时线上服务 4200 多次；对市县财政部门累计上门服务 2 次，集中辅导培训 200 人次，线上服务近 1000 次。为预算单位辅导政策、传导理念、解疑释惑、解决问题。

【开展调查研究】 围绕资产管理的热点难点，开展调查研究活动，对创新资产管理工作提出对策建议。完成《学习贯彻十九大精神 不断提升资产管理工作水平》《完善资产编码体系，推动国有资产分类监管》《以信息技术为依托构建资产动态管理与量化绩效评价体系》等调研文章，其中《以信息技术为依托构建资产动态管理与量化绩效评价体系》调研课题获财政部组织的"行政事业单位资产管理理论及实务"征文活动二等奖。

（省财政厅资产处供稿 饶亚军执笔）

农业财政财务管理

【概况】 2018 年，浙江省农业财政财务管理工作围绕实施乡村振兴战略，按照产业兴旺、生态宜居、乡风文明、治理有效和生活富裕的总要求，加强调查研究，狠抓政策落实，加快结构调整，加速改革创新，推进农业供给侧结构性改革。

【完善财政支农政策体系】 制定出台《浙江省财政厅关于建立支持乡村振兴财政支农政策体系重点工作定期报送制度的通知》，督促省级有关部门和市县落实既定的工作计划。代拟《关于建立健全涉农资金统筹整合长效机制的意见》，提请省政府出台，并将涉农资金统筹整合作为财政领域深化"最多跑一次"改革和政府投资体制改革的重要内容，加强财政支农政策顶层设计，创新涉农资金使用管理机制，改善农业农村投融资体制，提高财政支持乡村振兴战略的政策绩效。

制定出台《关于推进全省农业信贷担保工作的实施意见》《浙江省农业信贷担保公司运营绩效考核暂行办法》《浙江省农业信贷担保公司薪酬管理暂行办法》等文件，支持政策性农业信贷担保业务模式创新和拓展。围绕乡村振兴战略，筹建财政、人民银行、银保监等单位为成员的省级财金合作协调机制，支持普惠金融发展，推进省级财政与金融、保险、担保行业全面对接。探索建立具有浙江特色的财、银、保、担"四位一体"的多元化立体型乡村振兴政策体系和合作机制，拓宽乡村振兴战略资金筹集渠道。

【加大农业基础设施投入】 下达水利建设与发展专项资金 75.70 亿元，并安排调度资金 5 亿元，重点支持"百项千亿防洪排涝工程"等防洪水、保供水工程建设，以及农田水利等面上水利建设项目和水利工程维修养护等管理类项目。

安排美丽乡村建设专项资金 11.50 亿元，支持农村生活污水治理、历史文化村落保护利用、农村垃圾减量化资源化处理扩大试点、农村生活污水治理提标改造，深化"千村示范、万村整治"工程。

安排造地改田专项资金 17.56 亿元，重点保障"812"土地整治工程和"611"耕地保护工程实施，推动低丘缓坡、滩涂、农村建设用地等资源的合理开发利用，继续落实耕地保护补偿机制，实现耕地占补平衡。

安排农业综合开发资金 11.59 亿元，继续深化 31066 行动计划，开展"3030"新农人行动计划和田园综合体建设项目试点工作，增强农业综合生产能力，保障粮食等主要农产品供给，改善农业生产条件，促进现代农业发展和农民增收。

【促进绿色生态农业发展】 安排中央财政耕地地力保护补贴资金 12.40 亿元，引导农民保护耕地资源、提高耕地质量；将省级规模种粮补贴标准提高至 100 元/亩，鼓励粮食生产经营主体走向联合，加快发展多种形式的适度规模经营，提高粮食生产综合效益。实施标准农田地力提升和沃土工程，推广应用商品有机肥，实施农业"两区"土壤污染防治三年行动计划，改善耕地质量。

安排海洋与渔业综合管理和产业发展专项资金 6.43 亿元，支持浙江渔场修复振兴暨"一打三整治"专项行动，加大渔业转

"3030"新农人运用电子加速器技术进行农副产品储藏保鲜、消毒灭菌

型升级、远洋渔业产业发展、海洋与渔业行政执法能力建设、渔业资源增殖放流、海洋生态环境保护、岸线生态修复及生态岛礁建设等支持力度。

安排林业发展和资源保护专项资金4.63亿元,加大林业投入,重点支持彩色健康林、木材战略储备林建设和古树名木保护。落实森林生态效益补偿资金,省级以上公益林最低补偿标准30元/亩,主要干流和重要支流源头县及国家级和省级自然保护区公益林的最低补偿标准40元/亩,完善森林生态效益补偿机制。

【推进农村三产融合发展】 安排省级补助资金0.84亿元,支持实施千万农民素质提升工程。以农业提质增效、农民增收为目标,支持农业新型经营主体做大做强,围绕特色产业,发展休闲农业、生态农业、观光农业等新产业形态,推进农业适度规模经营发展和全程社会化服务体系建设,促进农村三产融合深度发展。督促淳安等创新强省农业科技(循环有机农业)示范试点地区加快项目实施进度。

【加大精准扶贫财政投入】 安排省以上财政专项扶贫资金10.69亿元,支持实施低收入农户收入倍增计划、全面推进精准扶贫,促进加快发展县增强农民增收、民生水平提升的内生功能。安排“两山(一类)”建设财政专项激励奖补政策资金18亿元,支持各地加快培育农业农村发展新动能。

【加强支农专项资金管理】 成立省财政厅扶贫资金管理领导小组,建立财政系统上下联动、协同推进的财政扶贫工作协调机制,加强扶贫资金监管。制定《浙江省财政专项扶贫资金绩效评价办法》《浙江省“两山(一类)”建设财政专项激励政策绩效考核办法》《浙江省财政专项扶贫项目资金绩效管理办法》《浙江省农村一二三产业融合发展补助政策绩效评价实施方案》《浙江省中央财政水利发展资金绩效管理实施细则》,完善财政支农专项资金管理制度,细化明确考核要求。制定出台《浙江省动物防疫等补助经费管理实施细则》《浙江省农业绿色生产发展资金管理实施细则》《浙江省农业资源及生态保护补助资金管理实施细则》等文件,加强和规范财政资金管理。开展中央农村一二三产业融合发展补助政策实施情况、中央财政水利发展资金使用情况和浙江省农林渔业经营与管理体系建设专项资金使用情况绩效评价,建立健全激励和约束机制,提高政策扶持和资金使用效益。

【对接需求提升服务质量】 贯彻“上门服务至少一次”改革要求,组织省级农口部门的上门服务和集中服务,主动对接财政支农政策需求,宣传改革动态,解答预算问题。实现农口部门“上门服务至少一次”全覆盖,二级单位上门服务覆盖率超过90%。加强对市县创新集中财力办大事体制机制、全面实施绩效管理等方面辅导。

(省财政厅农业处供稿　吴　翔执笔)

注:

*“3030”新农人行动计划:即通过财政补助、基金投资等多种扶持方式,以农业综合开发项目为载体,培育出一批30岁左右,有志向、懂技术、会经营、敢闯敢干的农业创业创新领军人才,为现代农业提供中坚力量,引领农业可持续发展。项目实行一次规划、分年实施,连续扶持不超过3年,省财政每年度给予不超过500万元的支持,并鼓励市县财政投入。

基层财政管理

【概况】 2018年,浙江省基层财政管理工作,进一步提升乡镇财政管理水平,充分发挥乡镇财政职能作用;深化农村综改工作,推进一批国家级和省级试点项目,创新发展机制,助力乡村振兴。

【发挥乡镇财政职能作用】 研究出台《关于进一步加强乡镇财政管理工作的意见》,督促指导各地严格按照《预算法》的规定,完善乡镇财政管理体制,完善内控管理制度,明确乡镇财政管理职能,落实乡镇长管理财政的主体责任。持续实施乡财干部“五年轮训计划”,精心组织举办全省乡镇财政管理处(科)长、乡镇财政所长(总会计)培训班2期,农村综合改革信息系统应用培训班1期,提升全省乡镇财政干部队伍专业素质。

【深化乡镇公共财政服务平台建设】 实现全省所有县(市、区)乡镇公共财政服务平台数据纳入浙江政务服务网,助推“最多跑一次”改革。完成与国库集中支付系统一体化运行、与省政府大数据管理局人口比对、微信服务平台项目试点,做好平台信息系统升级改造,简化业务操作流程,完善平台管理功能。强化平台项目清单管理制度,督促各地将29项涉农补贴和民生补助资金纳入平台管理,增加平台信息量,提升平台运行效率。

【推进乡镇财政规范化建设】 修订出台《乡镇财政所规范化建设考评办法》,将规范化乡镇财政所创建内容纳入市县财政管理绩效考核中。推进全省规范化乡镇财政所创建,全省新增规范化乡镇财政所420家,乡镇财政机构达到省级规范化财政所创建标准累计746家,创建率73%,比上年提高41个百分点。

【加强乡镇财政就地就近资金监管】 采取“市县自行普查、省级重点抽查”的方式,开展全省乡镇财政资金监管工作专项核查。重点核查23个县45个乡镇的资金监管、一事一议财政奖补和村干部报酬专项资金落实情况,并将核查结果在全省范围进行通报。

【做好财政支持村级组织建设工作】 会同省级有关部门做好支持和促进社区建设工作,落实社区工作经费财政保障机制。做好村干部基本报酬、村级组织运转、社区党组织服务群众、村级便民服务中心、农村“三资”管理等财政资金保障。做好中央及省级农村土地承包经营权确权登记财政补助资金管理。中央及省级财政共安排各类涉村补助资金18.2亿元。

【推进田园综合体建设】 发挥财政资金的引导作用，推进安吉“田园鲁家”、柯桥“花香漓渚”2个国家级田园综合体建设。开展省级田园综合体创建试点工作，重点探索产业支撑机制、土地利用机制、多元投入机制、公共服务供给和乡村治理机制等创新，促进生产生活生态同步发展。制定《田园综合体建设考核办法》，强化试点项目管理，获得财政部、国务院综改办试点工作考核奖励5000万元。

【开展农村综改集成区建设试点】 出台《关于农村综合改革集成区试点工作的指导意见》，明确农村综合改革集成区试点的总体思路、基本原则和主要内容。经竞争立项选择6个县(市、区)开展试点。

【开展农村综合性改革试点试验】 2018年，浙江省成功列入财政部农村综合性改革试点省份，嘉善县、德清县成为全国农村综合性改革试点试验县，获中央财政连续3年每年5000万元资金补助。

【拓展一事一议财政奖补工作】 各级财政投入奖补资金26.42亿元，带动村集体投入8.02亿元，村民筹资筹劳2.97亿元，社会力量捐资赞助2.18亿元，实施一事一议财政奖补项目4558个。开展一事一议财政奖补助推美丽乡村建设试点，按高水平建设美丽乡村的要求，以生产生活生态融合发展、宜居宜业宜游有机统一为目标，选择15个县开展建设试点，重点支持连线成片创建美丽乡村示范村，推动升级版美丽乡村建设。启动提升农村人居环境示范试点，借鉴运用一事一议财政奖补机制，以村容村貌整治提升为重点，在绿色生态发展、环境卫生、风貌特色和管理机制等方面总结提升农村人居环境的有效途径和经验模式。

【推进扶持村级集体经济发展】 以培育农业农村发展新动能为主线，探索村级集体经济有效实现方式，鼓励村集体经济组织利用村内现有资源资产，形成自主发展能力和竞争优势，确定28个县、352个村列入扶持。实施消除集体经济薄弱村三年行动计划，安排省级扶持资金1.29亿元，支持“26+3”加快发展县通过盘活闲置资产、发展物业经济、拓展三产服务、飞地抱团*发展等形式，壮大村级集体经济，2018年消除集体经济薄弱村1118个。

【加强综改项目资金监管】 开展农村综合改革试点工作督查，督促指导试点地区明确工作目标任务、优化实施方案、扎实开展试点工作。修订完善《省级农村综合改革财政资金管理办法》等，出台并落实农村综合改革试点工作定期报告制度。在全省部署应用农村综合改革信息监管系统，对省级扶持的试点项目，实行项目申报、立项、实施、资金拨付、总结验收、绩效评价等环节全过程跟踪监管，所有综改试点项目全部纳入系统管理。

(省财政厅基层财政管理处供稿　戴逢辉执笔)

注：

*飞地抱团：跨村、跨乡、跨县、跨市的村集体之间，开展异地合作，一方负责资金和用地指标的落实，另一方负责土地资源的落实，双方合作建设经济发展项目，共同分享发展成果。

企业财政财务管理

【概况】 2018年，浙江省企业财政财务管理工作创新财政支持经济发展方式，调整完善财政支持企业发展的政策措施，筹措落

俄罗斯乌苏里境外合作园

实省财政支持产业发展和粮食安全等专项资金40.56亿元，争取中央财政资金15.27亿元，支持全省经济平稳增长和结构调整。

【规范政府产业基金运作管理】 总结近三年来全省政府产业基金的运作投资情况，针对浙江省政府产业基金工作中存在投资方向聚集不够、投资进度偏慢、管理制度不够健全、运作机制有待完善等问题，督促省金控公司和有关市县政府做好审计整改工作，大部分问题已整改落实到位。研究并制定政府产业基金2.0版，修订完善《浙江省转型升级基金管理办法》，加强省市县联动，强化政策引领，健全沟通协作机制，组建主题基金和定向基金。推进组建首期总规模14亿元的特色小镇产融联动子基金、总规模100亿元的金融稳定投资基金、总规模100亿~150亿元的数字经济产业投资基金，参与组建总规模150亿元的国家集成电路投资基金二期和总规模100亿~150亿元的国家制造业转型升级基金，加快推进全省政府产业基金投资运作。截至2018年12月底，全省政府产业基金总规模1495.56亿元，撬动社会资本11767.06亿元，实现省政府确定的三年工作目标。

【推动实体经济高质量发展】 会同省经信厅对18个专项激励市县2017年度政策落实情况及工作成效进行年度考评并予以通报，及时兑现考核奖励资金，督促指导有关市县加快落实目标任务。会同省经信厅修订出台《浙江省工业与信息化发展财政专项资金使用管理办法》，重点支持数字经济"一号工程"、制造强省建设、传统制造业改造提升等省委、省政府战略决策部署实施。会同省经信厅研究出台支持数字经济领域分区域（行业）财政专项激励，以及制造业创新中心、工业互联网平台建设等财政支持政策，2019—2022年每年从省工业与信息化发展财政专项资金中统筹安排6亿元，并新增安排预算4亿元，推动数字经济"一号工程"深入实施。

【支持中小微企业创新服务平台建设】 整合中小企业扶持资金，设立省级中小企业发展专项资金5亿元，会同省经信厅等有关部门研究出台专项资金管理办法，并组织开展2019年小微企业园建设提升财政专项激励工作，通过竞争性分配择优选择20个县（市、区）开展首批小微企业园建设提升专项激励，重点打造一批以生产制造类为主的升级版小微企业园。审核兑现2016年度特色小镇财政奖励资金0.66亿元。配合省发展改革委健全特色小镇创建考评机制，对部分拟创建特色小镇进行实地考察，并给予创建指导。

【推动内外贸协同发展】 积极参与"一带一路"倡议和义甬舟开放大通道建设，会同省商务厅研究出台支持包括"义新欧"班列在内的义乌国际贸易综合改革相关政策，制定"义新欧"班列常态化运行考核办法，并根据考核结果，统筹给予"义新欧"班列常态化运行补助1亿元。会同省商务厅研究应对中美经贸摩擦、利用外资增长等财政政策，配合制定《浙江省人民政府关于促进外资增长的若干意见》《浙江省人民政府办公厅关于应对贸易摩擦确保外贸稳定增长的实施意见》，支持应对经贸摩擦影响，稳定全省外贸外资形势。做好首届进出口博览会经费保障工作，并配合省商务厅做好境外外经贸服务体建设、批发零售业转型升级和电子商务创新发展试点综合评价工作。争取中央服务业专项资金8000万元，支持杭州现代供应链体系建设，推动供应链体系信息化、标准化建设。

【落实粮食安全责任制】 根据国家2017年度粮食安全省长责任制考核要求，做好自查自评工作，并按照省粮安办要求，赴宁波市和舟山市开展2017年度粮食安全市长责任制现场考核。会同省粮食局组织开展市县粮食仓储设施改造建设实施方案竞争性评审，研究确定补助方案，鼓励市县统筹推进当地粮食仓储设施优化布局和建设改造。推进省属舟山粮库建设，并会同省粮食局研究加快省级储备库信息化改造工作。会同省粮食局研究全省粮食产业发展政策，推动浙吉粮食对口合作，在省级储备订单收购中实施"优质优价，按质论价"，探索优质晚粳稻收储试点。参与编制浙江省《"优质粮食工程"三年实施方案》，入围国家"优质粮食工程"重点支持省份，2018年获得中央财政补助资金1.29亿元。

【开展国有资本划转社保基金试点工作】 牵头起草《浙江省划转部分国有资本充实社保基金试点实施方案》并报省政府印发。督促省级有关部门和相关市、县政府及时制定拟划转国有股权建议方案。确定划转范围和对象，形成《浙江省国有股权划转方案》报省政府批准。推进国有股权划转具体工作，2018年先行划转权属关系明确的国有企业41家，按照10%划转比例，涉及国有资本59.08亿元，国有资本及权益总额163.91亿元。

（省财政厅企业处供稿　罗　荆执笔）

金融财政财务管理

【国有金融资本管理取得积极进展】 首次开展全省金融企业国有资产报告编制工作，完成全省金融企业国有资产专项报告试编工作，全面反映国有金融企业运营、改革和风险防控情况。学习贯彻落实中央25号文件，向省委财经委作专门汇报，提出加强国有金融资本管理的建议，研究起草浙江省贯彻落实的实施意见，逐步理顺省国有金融资本管理体制。

【加强地方金融企业国有资产和财务监管】 开展地方金融企业国有资产产权登记、年检、资产评估、资产转让、金融企业快报、决算报表等基础工作，做好省属金融企业绩效评价、负责人薪酬考核等工作，履行地方金融企业国有资产监管职责。研究完善省级金融企业资产财务管理制度，加强以资本为纽带、产权为依托的国有金融资产管理。

【完善省属金融企业管理】 指导省金融控股有限公司、省担保集团修订公司章程，完善公司治理。做好5家省属金融企业公务用车改革，公车改革后，省属金融企业公务用车节支率平均达到24.4%。

【引导金融机构服务实体经济】 修订金融业发展专项资金管理办法，2018年通过因素法分配金融业发展专项资金1.35亿元，引导更多金融资源配置到小微企业和"三农"，优化小微企业融资服务环境。

【推广普惠金融体系建设】 鼓励农村金融基础设施建设，发挥普惠金融立足"三农"、面向"小微"的政策优势，引导普惠体系形成。2018年共争取中央普惠金融专项资金7263万元，向6家符合定向费用补贴条件的新型农村金融机构实施补贴。

【推动企业直接融资】 实施直接债务融资奖励，对为企业发行债务融资工具提供承销服务的金融机构，按其年度累计发行额的一定比例进行奖励。2018年，省财政安排奖励资金4000万元，撬动银行业金融机构为全省企业发行短期融资券、中期票据、中小企业集合票据1930.11亿元。

【完善担保体系建设】 2018年对省担保集团公司增资50亿元，组建注册资金50亿元的浙江省融资担保有限公司，为企业发债、贷款融资提供增信服务，支持企业融资，防范和化解企业债务风险。指导省担保集团与地方政府、地方政策性融资担保机构及地方银行金融机构开展再担保业务，提高小微企业、"三农"的增信能力。

【支持省股权交易平台改革发展】 制定财政奖补政策，采用差异化补贴方式，2018年省财政共计拨付资金1471万元，鼓励省股权交易中心为挂牌企业提供优质服务，提升服务小微企业的广度和深度。

【推进政策性农业保险工作和农村住房保险工作】 开展农业保险工作，增强农户再生产和扩大生产的能力。2018年争取政策性农业保险中央财政保费补贴2.50亿元，省级财政安排保费补贴2.27亿元，为农户提供风险保障超过366亿元。开展农村住房保险工作，2018年省财政安排农村住房保险保费资金3900万元，保障全省1000万户农户住房安全。

【鼓励省级特色农业保险创新扩面】 省财政通过以奖代补形式鼓励地方创新开展地方特色农业保险试点品种，引导农民参加特色农业保险，促进金融资源投向农业农村。2018年，省财政对全省22个特色农业保险品种给予保费补贴1134万元。

【支持绿色金融改革发展】 推进绿色金融改革试验区建设，对衢州、湖州两地承担的林业保险保费补贴与无害化处理联动的生猪保险保费补贴，省财政再承担一半，支持两地推进绿色金融改革试验区建设。

【加强金融风险防控措施】 2018年安排专项资金1000万元，用于地方金融风险防控"天罗地网"系统建设。参与处置、化解企业"两链"风险和债务风险，维护经济稳定。配合相关部门做好互联网金融风险、交易场所等专项整治工作，维护良好金融生态。

【规范PPP模式运用】 对全省纳入PPP综合信息平台项目管理库的项目进行全面梳理。2018年共清理项目34个。严格PPP项目管理库入库审核流程，制定《浙江省PPP项目入库指南(试行)》，明确项目入库审核流程和项目入库要求，每月组织专家对PPP项目进行入库集中评审。建立PPP项目财政支出责任台账制度，强化财政承受能力监测预警。对各地PPP项目财政支出责任进行及时统计监测，对接近10%"红线"的市县进行风险预警。

【开展政府外债新项目前期准备】 做好世行贷款千岛湖及新安江上游流域水资源和生态环境保护工程项目的前期准备及谈判、协议签署工作。配合新开发银行项目团队，完成新开发银行浙江绿色城镇发展项目的鉴别、预评估等前期准备工作。在全省范围内做好2018—2019年的国际金融组织和外国政府贷款新项目征集工作，择优开展项目申报准备工作。

【推进政府外债在建项目实施】 世行贷款项目浙江农村生活污水处理系统及饮水工程于2018年底完成了项目年度检查，获得"满意"评价。法国开发署贷款项目仙居县域生物多样性保护和发展利用示范工程贷款金额7500万欧元，截至2018年底累计完成提款420万欧元。全球环境基金赠款项目浙江省绿色物流平台协作示范工程，协议资金291万美元，截至2018年底，项目累计使用赠款158万美元。

【夯实政府外债基础工作】 做好外债项目的日常基础工作，按时还本付息，报送有关统计报表；及时做好财政部政府外债统计监测预警管理信息系统的录入、复核等工作。

【做好政府外债宣传工作】 世行贷款钱塘江流域小城镇环境综合治理项目2018年获得世行可持续发展领域"副行长奖"，省领导对此批示"可喜可贺，再接再厉"。利用省委办公厅《浙江信息》《浙江财税与会计》、财政部部内信息网、财政部国合司国际财金合作通讯等多种媒体、平台进行宣传，扩大政府外债影响。

【参与外事接待工作】 2018年12月，新开发银行副行长兼首席运营官祝宪一行赴浙江考察访问，与副省长高兴夫就新开发银行与浙江省的合作事宜进行会谈。承担相关外事接待任务，为考察提供服务保障。

【积极开展“上门服务至少一次”活动】 上门服务为用汇单位答疑解惑。增加中国银行杭州经济开发区支行为购汇指定银行，编制《浙江省省级预算内单位非贸易非经营性用汇操作手册》，方便用汇单位换汇用汇。

（省财政厅金融处供稿　陈燕燕执笔）

社会保障财政财务管理

【概况】 2018年，浙江省社会保障财政财务管理工作以保障和改善民生为目标，以服务发展为主线，牢固树立全局观念和可持续观念，推进社保制度公平有效。全年全省就业和社会保障支出、医疗卫生支出分别为914.93亿元和626.20亿元，比上年增长14.1%和7.2%，两项支出占财政支出比重为17.9%。社会保险基金总收入4949.03亿元，总支出4579.06亿元，滚存结余6276.72亿元。

【推进就业创业服务经济转型】 促进就业创业。参与制定省政府印发实施的促进和稳定就业意见，安排省级专项补助3.45亿元，统筹用于促进就业创业工作。大学生从事现代农业财政补助标准提高至每人每年1万元。落实社会保险补贴政策，激励员工制家政服务企业发展。

加大降费减负力度。实施阶段性降低社会保险缴费比例政策，允许符合条件的地区临时性降低职工基本医保单位缴费费率和工伤保险费率，延长全省失业保险单位缴费优惠费率的政策执行期，2018年为全省企业减负48亿元。

支持打造人才支撑高地。实施人才优先发展战略，提高财政资助标准，支持建设具有较强创新能力的博士后等青年人才队伍。安排省级资金1.07亿元用于高技能领军人才培养。

【构建民生保障长效机制】 完善制度增强防风险能力。制定《浙江省社会保障风险准备金管理办法》，规范风险准备金筹集与使用，提高社保抗风险能力。出台《关于加强基本医疗保险基金预算管理　发挥医疗保险基金控费作用的实施意见》，推动医保控费，提升医保基金使用效益。研究修订基于养老保险中央调剂制度的浙江省过渡性养老保险基金调剂办法。建立浙江省工伤保险省级调剂制度，增强基金持续保障和抗风险能力。

强化监管落实抗风险措施。健全基金预警机制，加大企业职工基本养老保险工作考核力度，考核结果与省级调剂金和省财政激励奖补挂钩。开展被征地农民转保未到位资金审计整改落实工作，集中约谈困难市县，督促应转保资金283.49亿元全额到位。

持续改善社保民生待遇。提高养老保险待遇水平，企业退休人员基本养老金提高5.7%、机关事业退休人员基本养老金提高4.0%，城乡居民基础养老金从月人均135元增加至155元，其中省财政转移支付最高补助每人每月155元。统一提高全省失业保险金标准至当地最低工资标准的80%。提高城乡居民基本医保财政补助标准从年人均470元提高至510元，其中，省财政转移支付最高补助每人每年321元。健全省级大病保险筹资机制，省级大病保险最低筹资标准提高到不低于每人每年40元，合规医疗费用最低支付比例提高到不低于60%。加大困难群众救助力度，落实省级补助资金27.22亿元；实施保障性扶贫，促进社会救助与扶贫政策有机衔接。制定《浙江省困难群众救助补助资金使用管理办法》，推进社会救助资源统筹整合，支持各地开展困难群众救助工作。制定《浙江省水库移民后期扶持项目资金使用管理办法》，加强资金统筹使用，加大对库区和移民安置区的扶持力度，解决移民安置突出问题。

助推社会福利事业发展。落实社会养老服务体系建设省级补助资金5.70亿元，支持提升居家养老服务照料中心服务功能和拓展服务内容，确保省政府为民办实事项目“推进示范型居家养老服务中心建设”实施。落实残疾人“两项补贴”（困难残疾人生活补贴和重度残疾人护理补贴）省级补助9.74亿元，支持26个加快发展地区实施困难残疾人慈善助残危旧房改造项目。加大对残疾儿童康复支持力度，实施残疾人社区精准康复服务试点工作。制定《浙江省用于社会福利事业彩票公益金使用管理办法》，规范福彩公益金使用管理，促进社会福利事业发展。

加强退役军人服务保障。支持开展退役军人社会化服务，出台退役军人就业创业扶持政策，推进为烈属、军属和退役军人家庭悬挂光荣牌工作，提高部分优抚对象抚恤和生活补助标准，维护退役军人的合法权益。

【推动医疗卫生事业“两强两高”】 推进基层医疗卫生机构补偿机制改革。改革被列入省委深改组2018年重点可复制可推广的改革项目清单，通过举办专题推进会和培训班、召开分片现场会、深入县区逐个指导、建立工作进展情况定期调查制度、开展实地督导、编撰《基层医疗卫生机构补偿机制改革政策问答》、协调相关部门制定实施基于补偿机制改革的全省统一的信息化及其考核系统等，指导督促先行改革的30个县（市、区）及时出台改革实施方案。省财政安排落实基层医疗卫生机构补偿机制改革配套信息化建设资金1.53亿元。

健全医联体建设财政扶持政策。制定《浙江省“双下沉、两提升”省级财政专项资金管理办法》，落实“双下沉、两提升”工作省级补助2.90亿元，实行考核结果与补助资金挂钩。加强对11个县域医共体试点跟踪指导工作，参与研究制定全面推进县域医共体建设的政策意见，明确医共体建设财政财务管理要求。

协同推进公立医院综合改革。开展省级公立医院运营目标责任制和市县公立医院综合改革目标考核，加大财政激励奖补力度。会同有关部门研究制定公立医院薪酬制度改革指导意见，实施定点公立医院基本医疗保险基金周转金预付制，落实省级公立医院药品采购新机制试点考核奖补资金4.17亿元。会同相关部门制定《浙江省省级医疗卫生计生单位综合派驻财务监管人员管理办法》，由现行委派财务人员方式转为派驻监管人员方式，配合做好新一轮派驻组织实施工作。

提升公共卫生等保障水平。将城乡居民基本公共卫生服务财政补助标准提高至年人均55元，下达省财政转移支付资金11.2亿元。安排1.3亿元专项资金支持省级保健基地医院十大专科保健中心建设。支持开展全省农村家宴放心厨房建设，对完成建设任务的地区给予适当奖补。制定《浙江省仿制药质量和疗效一致性评价省级奖补资金管理办法》，对2021年底前在全国前三位通过仿制药一致性评价的药品生产企业所在市、县（市、区）政府，按每个品种一次性补助300万元，2018年共下达14个品种的奖补资金4200万元。

【提升财政社保管理能力】 编制集中财力办大事——富民惠民安民行动计划的财政政策体系建议方案。深入开展"上门服务至少一次"活动，召开政策专题解答会，第一时间上门为新成立的部门提供财政服务，累计服务千余人次。开展重大疾病预防控制项目省与市县事权和财政支出责任划分研究，做好政策储备。

（省财政厅社保处供稿　全龙江执笔）

经济建设财政财务管理

【开展生态领域试点示范】 入围全国山水林田湖草生态保护修复试点。2018年，会同省自然资源厅和生态环境厅，谋划钱塘江源头区域山水林田湖草生态保护修复工程参与中央竞争性分配，并入围试点，成为长江三角洲三省一市中唯一入围的省份，获得中央财政10亿元专项补助支持。

推动新安江流域上下游横向生态补偿第三轮试点。根据《新安江流域上下游横向生态补偿绩效评价报告》，结合前两轮试点情况，浙皖两省财政、环保部门就第三轮试点协议和实施方案进行了多轮磋商，10月，浙皖两省省政府正式签订第三轮补偿协议，在资金补偿的基础上，探索多元化的补偿方式以及加强上下游区域间相互监管、联防联治。

实施省内流域上下游横向生态补偿试点。出台《浙江省财政厅等四部门关于建立省内流域上下游横向生态保护补偿机制的实施意见》，鼓励上下游地区因地制宜，签订横向生态补偿协议。安排奖励资金2.05亿元，鼓励更多市县尽早开展流域上下游横向生态保护补偿工作。截至年底，全省共有30个县（市、区）签订跨流域横向生态补偿协议29对，占全省八大水系干流和一级支流流经县（市）的66.7%。

【支持经济社会发展】 落实对口支援和东西部扶贫政策。筹措落实对口支援资金24.61亿元，拨付第一批对口援建新疆、西藏和青海资金22.35亿元，全省筹集并拨付东西部扶贫协作帮扶资金28.31亿元，比2017年增加23.55亿元，新增安排省派驻四川工作组工作经费140万元保障工作开展；完善帮扶资金监管，开展东西部扶贫协作和对口支援领域腐败和作风问题专项督查、全省东西部扶贫协作工作督查等工作；配合制定四川省26个贫困县三年行动实施方案，参与2018年度东西部扶贫协作四川省项目计划评审，完善对口支援和四川藏区"十三五"规划中期评估报告及调整优化方案，赴西藏那曲研究解决以前年度援建项目历史遗留问题。

出台"四好农村路"建设省级支持政策。为更好地保障乡村振兴战略实施，落实省政府《关于高水平建设"四好农村路"的实施意见》，加快推进全省"四好农村路"建设，研究出台专项补助和考核奖补相结合的"四好农村路"支持政策。新增"四好农村路"考核奖补资金18亿元，按照"量力而行、尽力而为、分年考核、三年清算、向加快发展地区倾斜"的原则进行分配，完成建设任务的地区最高可获得奖补资金5000万元。

统筹省级财力，支持"四大建设"（大湾区大花园大通道大都市区建设）。筹措省级财政资金153.01亿元，支持"4+1"重大项目建设计划*实施。安排交通运输发展专项资金77亿元，用于公路、水运、民航等交通基础设施建设和养护；出台国省道、国省骨干航道建设补助新标准、内河400总吨以下船舶生活污水防污染改造新政策；发行债券108亿元，支持普通国省道新改建项目和收费公路建设；组织开展杭绍台高铁、杭温高铁、杭衢铁路PPP物有所值和财政承受能力论证，做好资金来源落实和保障工作，参与项目合同谈判、实施方案和合作协议审核，合力推进大通道建设。安排生态环保资金29.24亿元，推进污染减排工作，保障"污染防治攻坚战"和"大花园"建设。拨付2018年省海洋经济发展专项资金10亿元，推进"大湾区"建设，支持海洋强省国际强港战略；研究出台扶持集装箱多式联运发展政策，扶持全省海河联运、海铁联运和江海联运，缓解港口周边道路拥堵，推动物流降本增效，发展绿色低碳交通。

争取中央资金，支持基础设施建设和民生保障。2018年，共争取中央各类补助资金269.73亿元，增长20.5%，其中，城镇保障性安居工程专项资金由上年18亿元提高到35亿元，增长94.4%；中央车辆购置税补助地方资金由上年40亿元提高到76亿元，增长90.0%，增加资金大部分用于支持列入全省年度重点建设任务的高速公路和国省道、国省骨干航道建设。在中央资金支持下，2018年前三季度全省公路建设累计完成投资1092亿元，完成年度计划的100.5%，增长11.1%，超额完成年度建设任务。

（省财政厅经建处供稿　杨　博执笔）

注：

*"4+1"重大项目建设计划：即实施交通建设、生态环境和公共设施、高新技术产业、民间资本参与政府和社会资本合作（PPP）项目推介四大工程包，实施省市县长项目工程，为全省"两个高水平"建设提供坚实保障。

财政监督

【概况】 2018年,浙江省财政监督工作服务财政改革大局,加大财政监督检查力度,全面实施预算绩效管理,持续推进财政内控内审,强化规范项目预算审核,补齐财政监督短板,严肃财经纪律,提高财政资金使用效益,规范财政权力运行。

【优化财政监督流程】 梳理整合预算监督工作流程,在征求相关处室局意见的基础上,对财政监督检查、绩效管理、内控内审以及项目审核相关流程进行完善和调整,提升财政监督工作管理效能。

【加强厅内控建设】 调整内控机构成员,组织召开厅内控委会议,部署全省内控工作。加强省级内控制度建设,配合制定财政专项资金管理风险内控办法,形成"1+9+X"内控制度体系。全面开展厅内控自查,对8个处室局和6家厅属单位开展内控抽查。加快省级内控数字化建设,初步建成厅内控监控平台并上线试运行。

【指导市县内控建设】 制订《关于持续深化全省财政系统内部控制建设的意见》,推动市县财政内控向纵深推进。印发《全省财政内控建设督查方案》,组织市县财政部门开展内控自查,采取交叉检查方式重点对10个设区市和25个县(市、区)开展内控建设督查,防范化解财政内部风险。

【开展内部审计工作】 按照《厅内部审计试行办法》要求开展内审工作,促进厅属各单位加强预算、财务、资产等方面的管理。制订《厅属单位2018年内部审计工作方案》,抽调人员组成2个审计小组,对6家厅属单位全面审计,并对6位事业单位法定代表人委托中介机构实施离任审计。

【提升监督检查工作实效】 2018年,全省财政监督检查行政、企事业单位、会计师事务所等6229户,检查发现违法、违规、违纪问题户数1813户,已落实整改处理户数1695户;查补财政收入498万元,纠正财政违法、违规、违纪金额38.97亿元。移送司法、纪检监察等部门处理人数56人,其中移送司法机关5人,移送纪检监察部门15人,移送其他部门36人。对省辖5家会计师事务所和23名注册会计师实施行政处罚。对4家会计师事务所和12名注册会计师下达《关注函》,联合省注协对12家会计师事务所及39名注册会计师进行约谈处理。

【加大专项监督检查力度】 重点聚焦财政扶贫等民生资金、会计师事务所监管及财经纪律执行情况等领域,依法组织实施财政扶贫专项资金、省级部门"小金库"、会计师事务所执业质量、民生项目支出标准等多项财政专项检查(调查)工作,保障各项重大财政政策落地。

【开展全省财政扶贫资金专项检查】 组织开展全省财政扶贫资金专项检查,检查范围包括2017年中央和省级财政专项扶贫资金,涉及资金10.17亿元,检查覆盖面100%,其中省本级重点监测年度扶贫专项资金安排较集中的29个县(市、区)271个乡镇(街道、国有贫困林场)的590个扶贫项目,实地走访察看扶贫项目397个。加大财政扶贫资金监管力度,保障扶贫资金使用安全有效。

【会计监督和会计师事务所行政监督检查】 做好年度会计监督检查工作,组织各级财政部门对扶贫资金、地方政府债务等重点行业、领域开展会计监督检查,深化会计师事务所行政监管,依法依规办理会计师事务所投诉举报事项,按照"双随机"制度要求,联合省注协对72家会计师事务所实施执业质量专项检查。加大检查情况通报及结果公开力度,会计师事务所行政处罚结果在浙江政务网、财政厅门户网站及财政部会计管理网公开。

【开展"小金库"专项检查工作】 组织省级各部门及下属单位开展"小金库"专项检查工作,检查共发现省级部门、单位小金库37个,涉及资金1787万元,其中已追回处理1116万元,占小金库资金总额的62.5%。结合"中央巡视十大整改问题"中涉及"小金库"的内容,组织开展调查整改,督促各部门将资金尽快处理到位。

【建立预决算公开度排行榜】 首次建立预决算公开度排行榜,报经省委、省政府批准,向各市、县(市、区)政府下发《浙江省财政厅关于2017年度全省预决算公开专项检查有关情况的通报》,并公开2017年度省级、设区市、各县(市、区)3个排行榜。

【省委第二轮巡视移交处置整改】 组织落实第二轮巡视移交处置整改任务,并及时将整改落实情况报省委巡视办。召开后续巩固推进工作会,将巡视反馈问题梳理成案例,通过各业务处室发放给所有省级部门单位,举一反三,杜绝同类问题再次发生。

【完善财政监督检查相关制度】 规范财政检查工作纪律,制定出台《浙江省财政监督检查工作纪律》,明确十个"不得",改进工作作风,提高检查工作效能。做好"双随机"抽查监管相关基础工作,推进省政府"推动监管执法信息化建设"工作进展,修改完善厅行政处罚权力清单和《浙江省财政系统随机抽查事项清单》,梳理优化财政监督检查业务流程。

【全面实施预算绩效管理】 代拟《中共浙江省委 浙江省人民政府关于贯彻落实全面实施预算绩效管理的若干意见》,以省委、省政府名义发文,明确浙江省全面实施预算绩效管理的总体要求和具体举措。

【强化绩效目标管理】 做好绩效目标规范性监审，指导省级部门规范绩效目标申报。全年审核项目4277个、绩效指标18902条，退回不规范的绩效目标895条。组织开展绩效目标集中审核工作，对2个重点上会部门的项目支出及2019年重大政府投资项目预算绩效目标开展集中审核，审核结果作为2019年度项目预算安排的重要参考依据。完善绩效指标框架体系，对环保、住建等23个省级部门个性项目进行预算绩效目标梳理，建立相对固化的个性指标库并编印成册。

【组织开展各项绩效评价】 组织实施省级绩效自评及抽评工作，2018年实现省级部门所有项目绩效自评全覆盖，抽评项目415个，涉及财政资金19.64亿元。组织开展省级专项资金绩效评价工作，对纳入省级部门专项资金清单管理的30项财政专项资金开展绩效评价，并对评价报告实施了质量考核。组织开展中央转移支付资金绩效目标自评工作和部分省级部门政府购买服务试点项目绩效评价工作。组织实施重点绩效评价工作，对浙江省旅游发展专项、市县产业发展类财政专项、社保与就业专项以及住房和城市建设专项开展重点绩效评价。做好扶贫项目绩效管理指导工作，选择云和县为扶贫项目绩效指标设置试点，对全省18个扶贫专项涉及的各类具体项目设置了绩效指标模板，并印发全省参考。

【推进绩效信息公开考核】 2018年，省级部门在部门决算公开中公开绩效自评报告2个，省财政厅在门户网站公开重点绩效评价报告3个。组织做好2018年省级部门财政管理绩效综合评价，并将预算绩效考核结果纳入政府绩效考核体系。

【开展“绩效服务年”活动】 根据厅党组“上门服务至少一次”活动要求，派员赴省级部门和市县财政部门开展财政监督、绩效管理及项目审核等各项政策解读和业务宣讲。2018年，全局牵头服务次数114次，服务人次5306人；配合处室开展上门培训活动9次。

【财政项目资金审核】 做好房屋建筑物购建类项目、大型修缮类项目、信息网络类项目及其他专业技术复杂类项目支出预算审核、省级政府投资项目竣工财务决算审核工作，审核完成各类财政项目审核任务497个，审核金额77.48亿元，净核减资金9.80亿元，平均核减率11.2%。

【规范审核业务开展】 加强制度建设，制定《涉密项目审核内部规定》《关于进一步加强委托评审业务考核工作的指导意见》，修改完善预算审核第三方机构考核办法，规范审核业务开展。参与定额标准建设，上下联动，组织市县制定《园林绿化项目建设费用指标》，参与《浙江省建筑工程预算定额》《水利工程维修养护定额》修编工作，将行业标准建设管理与预算编审管理有机融合。参与财政部预算评审中心牵头组织的项目支出标准建设工作，研究制定垃圾处理项目支出标准。制定完成项目审核信息系统接入预算编制信息系统的对接方案，提高审核效率。

【审计联络保障】 根据《专题研究审计类公文管理有关事宜会议纪要》精神，规范审计公文分办。初步制定厅审计联络工作办法，规范审计联络行为。重点完成省审计厅同级审计和审计署上海办事处、太原办事处等项目的联络保障。

（省财政厅监督局供稿　柳　颖执笔）

政府采购监督管理

【概况】 2018年，浙江省深化政府采购制度改革，加强政府采购监管。全年全省政府采购金额1483.57亿元，资金节约率为24.9%。采购规模占全省一般公共预算支出和GDP的比重分别为17.2%和2.6%。

【制度建设】 优化全省政府集中采购目录以及采购限额标准、公开招标数额标准，首次规定全省实行统一的政府采购品目分类目录。制定出台《浙江省政府采购电子卖场管理暂行办法》和《浙江省财政厅关于进一步加强政府采购信息发布标准化规范化有关事项的通知》。与省中小企业局联合印发《关于简化中小企业类别确认流程有关事项的通知》，研究拟定《积极运用政采云平台进一步贯彻落实政府采购政策的通知》，贯彻落实支持中小企业发展等各项政府采购政策。

【加强监管】 开展代理机构“双随机一公开”监督检查和业务考核，组织考核全省集中采购机构104家。健全分片区投诉、行政处罚案件分析和交流机制。加强质疑处理指导，投诉案件持续下降，2018年省级未发生行政诉讼案件。加强网上超市监管，累计处理违规供应商131家。抽查样本价格低于三大主流电商最低价平均值比例达79.6%。加强政府采购评审专家管理，暂停参加评审资格7人次，培训专家400余人。加强政府采购供应商信用记录查询使用，健全诚信联动奖惩机制。

【信息化建设】 完善浙江“政采云”平台功能，开发项目电子采购模块，初步实现在线报名、在线投标、在线评标、场地管理、询问质疑、电子归档等电子采购功能。搭建制造(精品)馆、医疗馆和教育馆等行业馆并投入使用。加快“政采云”平台推广应用工作，截至2018年10月中旬，全省125个区划(含市、县、区、开发区、功能区等)平台全部推广应用到位，初步形成“全省政府采购一张网”。委托新华社对“政采云”平台运用开展第三方独立评估工作，总体满意度89%。“政采云”平台推广运用项目被评为2018年省政府部门改革创新项目。2018年“政采云”平台全省交易金额 2507 亿元(含棚户区改造 1441 亿元)。同时向省外拓展业务,与重庆、广西、青海、新疆、云南、江苏等 6 个省市区以及国税、海关、边防等 3 个垂直管理部门开展合作并落地实施。

【公车管理】 研究制定《浙江省党政机关公务用车管理实施办法》,对公务用车的管理职能进行重新梳理,实行财政、机关事务管理部门分工协作,各地分级负责制订部分系统特种专业技术用车配备标准,在符合车改规定前提下缓解车改后基层部门用车困难,并组织有条件的系统实行全省集中采购。2018 年省法院系统集中采购特种执行车 91 辆,省市场监管系统集中采购特种专业技术用车 423 辆。配合省车改办推进事业单位公车改革,引导各地各部门加大对国产自主品牌汽车和新能源汽车的购置更新比率。

【协会工作】 浙江省政府采购联合会组建标准、法律和培训等 3 个专业委员会。建立质疑咨询和纠纷调解机制。组织开展对社会代理机构、采购专家的培训工作,培训 1600 余人次。

(省财政厅政府采购监管处供稿　冯　华执笔)

财政政策法规

【概况】 2018 年,浙江省财政政策法规工作推进财政法治建设,加大财政普法力度,规范财政执法行为,化解财政执法风险,提高财政法治化水平,服务财政改革发展。

【推动财政立法工作】 参与财政部立法课题,承担条法司政府采购法(修订)的立法研究课题项目,形成《政府采购法(修订)立法研究报告》上报财政部条法司。随同财政部先后赴部分市、县(市、区)就耕地占用税、行政事业性国有资产管理办法立法开展调研。

【管理行政规范性文件】 组织对省财政厅 57 件行政规范性文件公开征求意见、合法性审查,并按规定报省法制办统一登记、备案。组织开展规范性文件评估工作,组织有关主办处(局)选取厅行政规范性文件进行评估,对标有"试行""暂行"字样的、时效已在 5 年以上的规范性文件进行清理评估,并修改完善。组织各相关处室局对省人大、省政府有关涉财法规规章和规范性文件提出清理建议意见 20 件次。

【推进财政重大行政决策】 制定《省财政厅重大行政决策程序暂行办法》《浙江省财政厅关于全省财政系统贯彻重大行政决策程序规定的意见》,明确省财政厅重大行政决策的范围、程序,建立集体讨论机制、决策结果公开制度、决策失误问责机制等。指导全省各级财政部门重大行政决策工作的开展,推进财政重大行政决策科学化、民主化、法制化。

【规范合同审查工作】 完善合同合法性审查工作机制,依法履行合同合法性审查职责,2018 年审查合同 161 件、提出合法性审查意见 193 条。

【推进"双随机、一公开"工作】 推动厅监督局、企业处、采监处、综合处和农发办等业务处室建立检查对象库和检查人员库,举办全省财政系统双随机抽查监管系统操作视频培训,指导全省财政系统做好系统运用。对"双随机"抽查相关数据进行录入,推进"双随机"抽查管理系统的统一使用。

【加强行政执法监督】 2018 年,出具法律咨询建议意见 352 次件。依法办理行政复议应诉案件 21 件,复议案件获复议机关支持,诉讼案件 100%胜诉。坚持以案释法,组织编印《浙江省财政行政复议应诉参考案例》2000 册,供厅各室局和财政系统学习借鉴。制发《浙江省财政厅关于贯彻落实浙江省行政执法监督实施办法的通知》。组织开展 2018 年度行政执法案卷评查工作,提高办案质量。

【组织法制教育培训】 组织干部参加网络学院法律知识学习,组织干部参加 2018 年度公务员年度法律知识学习考试,全厅在编公务员全部参加考试,考试合格率 100%。组织开展全省财政法制骨干培训,系统学习法律风险内部控制办法、行政复议应诉工作实务。组织编印《浙江省财政厅学法手册》,全年编发 4 期计 12000 册。

【开展财政法制宣传】 组织做好全省财政"七五"普法工作,落实财政"七五"普法规划。落实普法责任制,印发《浙江省财政厅办公室关于落实"谁执法谁普法"普法责任制的通知》,推动财政大普法格局形成。细化实化普法责任制度,制定《浙江省财政厅普法责任清单》《浙江省财政厅普法责任清单(二)》。以条目形式列出 16 个内设处室局和直属机构的普法责任,共 54 项,提高普法责任的可对照性和可操作性。制定修改后的《宪法》学习方案,把学习宣传宪法纳入"七五"普法中。制定《浙江省财政厅宪法宣誓办法》,举行 9 位新任副处长以上领导干部宪法宣誓仪式。组织开展"法律六进"工作,印制《财政惠农政策宣传》张贴宣传画 2.8 万份,发放至全省每个行政村。组织全省财政系统参与"第十五届全国法治动漫微电影征集活动""2018 年我与宪法优秀微视频作品征集""书法,说宪法"主题书法展览征稿等活动,扩大财政普法宣传面与惠及范围。

(省财政厅法规处供稿　毛明辉执笔)

财政纪检监察

【强化政治监督】 强化对"两个维护"的监督,督促省财政厅党组贯彻落实好"三大攻坚战""富民强省十大行动计划"等中央和省委重要决策部署，提升财为政服务的意识和水平。强化国地税机构改革监督，驻厅纪检监察组会同原省地税局下发《关于强调机构改革期间严明个人纪律　压实领导责任的通知》，明确从严查处问责的“十五种突出情形”，并赴10个设区市以实地督察、明查暗访等形式开展督查，强化全程监督，确保市、县两级地税部门如期高质量完成改革任务。

【压实从严治党主体责任】　协助省财政厅党组落实主体责任清单制度，每半年由省财政厅党组成员听取分管处（室、局）查找廉政风险问题、“四风”问题、苗头性倾向性问题的汇报。按照“见人见事见物”要求，定期向省纪委报送政治生态建设情况。驻厅纪检监察组与党组书记就主体责任落实交换意见，针对派驻监督发现的问题，及时向党组提出意见建议26条，全部得到采纳。

【出台清廉财政建设意见】　结合财政工作实际，协助配合省财政厅党组制定出台《关于推进全省清廉财政建设的实施意见》。聚焦公共资金、公共资产、公共资源，构建“五大体系”，提出包含财政预算、执行、监督全过程，覆盖省、市、县三级财政部门的28项举措，形成清廉财政制度体系。

【以案促改，强化廉政建设】　深刻吸取钱巨炎案件教训，配合省财政厅党组落实省纪委领导“抓好以案促改，做好‘后半篇’文章”批示精神，开展以“以案释纪明纪、严守纪律规矩”为主题、以“六个一”为主要内容的“警示教育周”活动，党组书记上廉政党课，用身边事教育身边人，实现案件警示教育效应的最大化。强化以案促改，针对公款存放领域暴露的问题主动整改，强化流程管控和内部制衡，对原有省级社保专户进行重新招标，推进网上招投标平台建设，制定完善公款存放管理实施办法，从制度、技术层面切断利益输送链条。组织专项检查，全面摸排厅机关及下属事业单位453名干部近亲属金融机构从业情况，健全常态化工作机制。

【强化财政专项资金监督执纪】　驻厅纪检监察组加强对财政专项资金特别是扶贫资金的重点监督，督促省财政厅深化以“因素法”分配、竞争性分配改革及“两个一般不”为核心的专项资金管理改革。会同省财政厅对浙江省2017年度中央和省级财政专项扶贫资金安排较集中的29个县（市、区）启动年度财政扶贫资金专项检查，将发现的违纪违规问题线索汇总上报至省纪委通报曝光，由属地纪委查处问责。赴省援青指挥部开展东西部扶贫和对口支援工作专项检查，对莲都、庆元等8个县（市、区）扶贫领域腐败和作风问题进行专项督导。摸排全省防范化解地方政府债务风险情况，督促驻在部门开展省直机关“小金库”专项治理，清理领导干部违规兼职71个，清退违规取酬723万元，实现领导干部违规房产交易、违规借贷自查工作全覆盖。

【集中整治“四风”问题】　把作风建设摆在重要位置，配合省财政厅党组制定贯彻落实中央八项规定精神实施细则办法，按照服务群众、服务基层、服务部门要求，推进财政数字化转型，构建统一规范的办事事项和指南体系，实现全省财政系统办事事项“最多跑一次”全覆盖。深入推进“上门服务至少一次”活动，在落实中央八项规定精神方面树好标杆。对照形式主义、官僚主义“十种表现”，查摆自身存在的突出问题，制定问题、整改、制度“三张清单”，修订完善规章制度30项。2018年，在省直机关工委和机关纪委组织的历次检查中，均未发现违纪违规现象。

（省纪委派驻省财政厅纪检监察组　周梦园执笔）

人事·党建

【概况】　2018年，浙江省财政人事、党建工作贯彻落实新时代党的组织路线，围绕全省财政工作大局，加强组织机构建设和干部队伍建设，着力在基层党建、机构人员、干部管理、培养锻炼、廉政建设、离退休干部服务等方面进行探索和实践。

【思想政治建设】　把党的政治建设放在首位，坚持理论武装，保障厅党组理论学习中心组学习，深入推进“大学习大调研大抓落实”“新时代大学习·跟着总书记读好书”“读原著、强党性、促改革”“三访三创”等活动，常态化传达学习中央和省委“三重”精神，组织处级干部参加省直机关工委学习贯彻党的十九大精神集中轮训，组织全省各级财政部门学习贯彻习近平总书记对浙江工作的重要指示精神。按要求制定意识形态工作责任分工意见和年度工作要点，分析研判党员干部思想状况。落实全面从严治党要求，跟踪督促民主生活会查摆问题和省直机关工委反馈的作风建设专项行动民主评议活动意见建议整改，组织“以案释纪明纪，严守纪律规矩”主题案例警示教育，做好后半篇文章。强化“一切工作到支部”的鲜明导向，制定推进新时代机关党建实施办法18条，实施支部建设提升工程，突出“计划管理、痕迹管理、规范管理”。

【机构改革】　2018年10月24日，和省农业农村厅协商一致，确定与农业综合开发项目管理机构、职责划转相对应的6名转隶人员名单；10月25日，厅党组书记、厅长徐宇宁赴省农业综合开发办公室看望送别即将转隶新单位的农发干部并进行座谈；10月26日，经厅党组会议研究后，出具《浙江省财政厅关于机构改革转隶划出人员名单的函》送省农业农村厅，并报省深化机构改革协调小组办公室；11月1日，厅领导将6名转隶人员送至省农业农村厅；11月5日，6名转隶人员正式到省农业农村厅上班。

【事业单位改革】　成立承担行政职能事业单位改革工作专班，推进承担行政职能的事业单位改革。成立生产经营类事业单位改革领导小组，推进省财务开发公司转企改制，《省财务开发公司转企改制工作方案》获省事改办批复同意。根据财政改革发展需要，报经省委编办同意，从省级财政国库支付中心划转5名事业编制及人员到省财政项目预算审核中心。

【国税地税征管体制改革】 承担省税务机构改革协调小组办公室工作职能，提出市县财政地税人员编制等划分方案，报省税务机构改革协调小组。经与省税务局多轮协商，报省税务机构改革协调小组同意，与省税务局联合印发《关于财政地税人员转隶和有关划分划转工作的通知》。严格审核各市县转隶人员名单，就人员转隶过程中出现的问题提出解决方案，并将审核后的转隶人员名单报省税务机构改革协调小组审定后批复各市，保障浙江省国税地税征管体制改革工作顺利推进和全省财政税务干部队伍及业务工作“双稳定”。

【干部选拔任用】 修订印发《处级干部选拔任用工作办法》，强化厅党组和厅领导在选人用人上的领导和把关作用，规范选人用人程序，营造风清气正的用人环境。改进选拔方式，经过定向选拔和竞争性选拔，选拔处级干部17名，其中，厅机关调研员3名、副处级领导7名，厅属单位正处级领导2名、调研员1名、副处级领导1名、管理五级职员3名。

【干部培养锻炼】 根据省委精神，结合厅内干部队伍现状，提出大力发现培养选拔优秀年轻干部的贯彻意见。分期分批安排5名干部挂职锻炼，选派1名干部援青工作。修订完善《干部岗位交流工作办法》，对7名处级干部(含提拔交流2名)、4名科级干部进行轮岗交流。统筹培训办班，加强教育培训计划管理，筹划各类培训班，全年共举办培训班35个，培训学员11749人次。加强人才库建设，建立省债务管理人才库，对预算编制、财政监督、财税政策研究、基本建设财政财务管理人才库成员进行更新，并举办各类人才库研讨班。财政部部长刘昆对浙江省通过人才库建设培养财经专家人才的做法给予肯定。

【干部监督管理】 出台《关于进一步激励财政干部新时代新担当新作为推进财政改革发展的实施细则》，制定容错正面清单和不担当不作为负面清单，建立健全“能上能下、容错纠错、正向激励”三位一体的干部管理制度。开展干部兼职情况清理、干部违规房产交易和违规借贷专项治理、干部近亲属在银行从业情况调查摸底，严格领导干部个人有关事项报告，规范出国(境)管理。

【党风廉政建设】 下发《厅党组2018年全面从严治党主体责任重点工作责任分解》，修订完善《浙江省财政厅党风廉政建设主体责任考核办法》，建立“年初有部署、年中有汇报、年末有考核”的常态化工作机制。开展全厅范围内廉政风险梳理排查，共梳理出厅机关内设机构和下属单位廉政风险点137个，制订2018年防控措施324条。出台《关于推进全省清廉财政建设的实施意见》，聚焦公共资金、公共资产、公共资源，提出28条举措构建“五大体系”*，发挥财政职能作用，深化财政源头防腐治腐改革，为清廉浙江建设提供财政制度保障。开展“六个一”*为主要内容的警示教育周活动，党组书记为全体党员讲廉政党课。持之以恒推进作风建设，落实“一月一查”的工作机制，紧盯元旦、春节、五一、端午等重要节点，开展节前廉政提醒，及时通报典型案例。强化日常监督执纪，发挥机关纪委委员和支部纪检委员的业务优势和就近就地监督的优势。

【财政文化建设】 在全省财政系统广泛学习宣传践行“严谨、坚守、创新、奉献”的浙江财政职业精神，通过上主题党课、支部专题学习、征文、财政干部讲坛、邀请离退休干部座谈、采访等活动，组织开展财政职业精神大讨论。2018年9月，举办“我心中的财政职业精神”干部讲坛，厅党组书记、厅长徐宇宁参加活动并给予高度评价。组织宣讲人员赴有关市财政局开展财政职业精神宣讲交流。

【离退休干部服务】 做好老干部服务工作，落实老干部的“两项待遇”，组织老干部的学习、交流、参观活动，做好老干部走访慰问、日常服务保障和排忧解难工作。发挥离退休支部的战斗堡垒作用，通过支部做好老干部的思想政治工作，稳定老干部队伍。主动为老干部送服务上门，通过微信群、QQ群、专人分片服务等方式，为老干部提供更加细致周到的服务，让老干部办事“一次都不用跑”。

(省财政厅人事[离退休]处、机关党委供稿　姜伟荣执笔)

注：

*“五大体系”：即风清气正的政治生态体系、规范透明的公共财政资金管理体系、保障有力的财政源头治腐体系、权威高效的财政监督体系、崇廉倡廉的财政清廉文化体系。

*“六个一”：召开一次党员干部警示教育大会，党组书记讲一堂专题廉课，集中收看一次案例警示教育片，汇编一本系统违规违纪典型案例集，组织支部开展一次专题学习讨论，落实一次案件整改“回头看”。

办公室工作

【牵头推进“最多跑一次”改革】 深化“最多跑一次”改革，建立“最多跑一次”事项动态调整机制。按照“八统一”标准，优化完善办事事项和办事指南体系，印发全省财政系统省、市、县三级群众和企业到政府办事事项指导目录，实现全省财政系统办事事项“最多跑一次”全覆盖。梳理研究分析每个办事事项的申请材料、办理时间、办理环节，优化业务流程，压减办事时间。

【组织开展“大学习大调研大抓落实”活动】 开展蹲点调研，由厅领导带队赴各地开展蹲点调研，共形成调研报告11篇，多篇调研报告得到省领导批示肯定。开展工作思路调研，厅领导结合分管工作选择调研主题，赴22个市县开展深度调研，确定2019年财政工作思路。开展课题调研，全省财政系统共完成调研课题77篇，评出优秀课题37篇。

【加强信息宣传工作】 编报《浙江财政信息》《浙江财政专报》等各类信息100多期，上报省委、省政府和财政部信息1200多条，被国务院办公厅、省委、省政府和财政部录用信息209篇，其中国务院领导批示1条，省领导批示33条，获2017—2018年全省党委系统信息工作考核一等奖、2018年度省政府政务信息工作考核一等奖。构建微信微博等新媒体与传统媒体融合发展的公共财政宣传矩阵，在中央及省级媒体刊发各类新闻稿件80多篇，编辑推送微信255期。组织"浙江省创新生态文明建设财政政策及成效"新闻发布会。

【提升公文办理质量】 高质量高效率完成各种综合性材料起草工作，全年共完成全省财政地税工作会议、全省财政系统局长培训班、业务务虚会、处长会议、廉政建设会议材料、巡视汇报等综合材料100余篇。组建综合写作人才库，建立写作、研究、共享和学习机制，提升全厅公文写作水平。加强公文管理，2018年共收文3609件，发文2990件，办理交办件1221件；其中报送省委办公厅和省政府办公厅的公文340件，继续保持"零退文"。开展"好公文"评选，在全厅19个处室局选送的116篇公文中评选出获奖公文46篇，并编制《浙江省财政厅公文范本》，为处室公文写作提供参考。

【完善督查考核体系】 全年共办理政务督查36项，省领导批示944件。开展"补短板"工作，明确15项任务62项措施，按季度进行督查督办。全年承办建议提案463件，全国人大十三届一次会议建议6件，全部按期办结，做到沟通率、按期办结率、满意率100%。出台《浙江省财政管理绩效考核办法》，2018年起对市县开展财政管理绩效综合考核。修订《厅机关绩效管理考评办法》和《厅属单位绩效管理考评办法》。

【推进电子政务建设】 深化政务运转信息化建设，在综合办公平台上线督查督办和领导批示件、建议提案模块，实现"电子化"分办，"模板化"办理，"智能化"催办，进一步提高办公效率。开发浙政搜公文搜索平台（政务百度）并上线试运行，建设有权限的电子政务专用搜索引擎，构建跨年度、跨层级、跨部门快速检索的电子政务搜索引擎门户，推进部门内和部门间的文档共享，解决政府各部门文档分散难以管理的问题。

【深化政务公开工作】 制定并发布省财政厅2018年政务公开实施方案，依法依规推进政务公开工作。及时做好主动公开，在厅门户网站和浙江政务服务网上及时公开经人代会审查批准的全省及省级财政预决算报告、省本级"三公"经费预算汇总、省级政府重大投资项目资金安排、全省政府采购信息等重点事项。有效回应依申请公开，全年共受理申请62件，全部按时办结，答复率100%。积极应对因信息公开引发的行政诉讼，2018年共出庭应诉5次，全部胜诉。

【加强保密、档案与信访工作】 加强保密教育，通过以会代训、观看保密警示教育片等方式，提高干部职工保密意识；赴市县开展保密检查，对检查中发现的问题，及时整改并现场普及保密知识技能。加强档案管理，2018年归档各类档案6366件，并同步完成数字档案室电子归档工作。落实省档案局"最多跑一次"电子文件归档要求，制定《浙江省财政厅行政权力事项归档范围和保管期限表》，配合机构改革做好涉改的省农发办和监督局的资料处置方案，接收省农发办的文书档案、业务档案及财务档案。完善信访处理流程，印发《浙江省财政厅人民群众来信来访处理工作流程》，厘清信访与行政行为的职责边界，全年共处理各类信访件106件，接访19批29人次。

【健全财务资产管理制度】 修订《浙江省财政厅厅机关财务管理办法》《浙江省财政厅厅属事业单位财务管理暂行办法》《浙江省财政厅厅机关及厅属单位公款竞争性存放管理办法》，完善厅机关货币资金管理等相关规定，制定《浙江省财政厅机关食堂差旅伙食费管理实施细则》。编制《浙江省财政厅厅机关常用财务报销工作手册》，对常用支出标准和常用信息进行梳理，汇总差旅费、会议费、接待费等15项常用报销事项，为厅机关和厅属事业单位财务报销提供参考。完成省直机关专用房申购工作，共有97人参与申购，39人申购成功。

【创新服务保障】 落实"上门服务至少一次"工作，为全厅12个处室提供公文辅导，19个处室提供信息宣传写作辅导，5个处室提供财务辅导。机关食堂推行自助取餐，智慧食堂App推出"预留预售"模式，提供预订服务，方便广大干部职工。实现七楼视频会议室与十一楼多功能会议室音视频互通，解决大型会议必须外租场地的问题，提高会议室使用效率。后勤服务中心获2018年度浙江省财贸系统"工人先锋号"称号。

【丰富工会活动】 组织开展文化体育节系列活动，举办健步走、羽毛球、乒乓球、太极拳等活动18项，组织设区市财税文化展6期，丰富干部职工精神文化生活。组织干部职工参保省级大病医疗互助保险，2018年厅机关和厅属事业单位共有411人参保，提升干部职工医疗保障能力。

（省财政厅办公室供稿　王盛伟执笔）

直属单位概况

浙江省财务开发公司

【概况】 2018年,浙江省财务开发公司(以下简称省财务公司)推进金融资本投资与运营、政府基金运作与管理、金融科技创新与服务、社保基金划转承接和事业单位改制等主要工作任务,全年实现净利润25.6亿元。

【金融资本投资与运营】 服务实体经济发展。参与之江新实业公司的组建工作,引导产业资本、金融资本参与全省重大战略建设。对省担保集团增资50亿元,助力解决民营企业融资难融资贵问题。支持参控股企业做强做优。支持浙商银行增发H股7.59亿股,募集资金净额29.14亿元,充实核心一级资本,提高资本充足率。推进浙商银行A股上市进程,配合更新IPO申报材料。支持财通证券发行可转债,用于补充营运资金、发展主营业务。整合金融资源,省协作大厦股份全额划转至省财务公司后,连同省产业基金合计持有永安期货37.3%股份。支持万向信托股改并达成股份增持至5.5%的明确意向。

【政府基金运作与管理】 政府产业基金1.0版完成三年工作目标。截至2018年底,政府产业基金总规模1412亿元,撬动社会资本11166亿元,完成省政府提出的三年工作目标。政府产业基金2.0版开局良好。整合组建新的省转型升级产业基金、省乡村振兴投资基金,参股国家级重点产业投资基金。推进省上市公司稳健发展支持基金组建,用于化解股权质押风险。推进省市县长工程项目,以定向基金模式推进政府资本与社会资本合作,引进总投资108亿元的捷威动力20GWH三元动力锂电池项目落户嘉兴。推进数字经济产业投资基金组建,配合省经信委服务中电海康高端存储器研发及产业化项目落户临安。推进特色小镇基金组建,打造开放式特色小镇投资联盟,与银杏谷组建的子基金围绕云栖小镇建设,重点投资物联网、云计算产业;与天堂硅谷合作筹备组建子基金完成签约,重点投资生物医药产业。推进创新引领基金组建,参与基金架构设计和运作细则制定,与紫荆资本等10余家投资机构交流,储备子基金落地项目资源。推进乡村振兴投资基金组建,协助起草基金管理办法,举办筹备研讨会、开展实地调研、挖掘优质农业项目资源。

【金融科技创新与服务】 推动"政采云"平台建设。平台已在全省123个行政区划上线,全年交易金额2477亿元,完成广西、云南、重庆、青海、新疆、吉林、江苏无锡等六省一市以及税务、海关、边防等3个部门204个行政区划的推广应用。获全国政府采购云服务首选品牌、省政府部门改革创新项目和省服务小微企业十大优秀机构等荣誉称号和奖项。筹建数字经济投资平台。聚焦数字经济"一号工程",联合蚂蚁金服集团拟共同设立数字经济投资主体,投资布局一批引领性、前瞻性、成长性项目。建设多层次资本市场。与省股交中心合力打造"金控梦想版",为优秀科技创业项目和专业投资机构搭建桥梁,目前已有挂板企业51家。支持省股交中心重组改制为浙江股权服务集团,协助完成集团化架构调整,将区域性股权市场的职能从集团剥离下沉至全资设立的浙江省股权交易中心有限公司。根据省政府有关要求,配合做好金交中心风险防控和债转股工作,推进风险处置工作。

【履行社保划转承接主体职责】 根据省政府要求,制定划转部分国有股权充实社保基金承接工作实施方案,成立专项工作组,加强与省税务局、省工商局的沟通协调,完成首批划转国有企业股权承接工作。

【财务公司转企改制】 成立转制工作专班和资产清查组,协助省财政厅制定省财务公司改制工作方案,起草具体改制方案及人员安置方案,做好改制工作的宣传和解释。

(省财务开发公司供稿　金孔月执笔)

财税政策研究

【做好财政科研工作】 加强重点课题研究。围绕财政热点难点和厅领导关注重点,联合厅各有关处室,共同完成《省属金融企业运行情况、存在问题及政策建议》《浙江省民办教育发展情况、存在问题与政策建议》《发挥财政职能作用,促进两个"高水平"建设》《国地税合并背景下优化地方政府财政职能的思考》《互联网+政府采购的实践与思考》等重点课题调研报告,部分成果通过《财政专报》送省领导决策参考,其中关于地方金融和民办教育的两个报告获省领导批示肯定。

加强政策储备研究。自主完成《涉企财政补助政策研究》《市县财政支出合理规模探析》等课题,配合厅总预算局、科教处等完成《关于实行大都市区财政体制》《以信息化手段提升浙江省加快发展地区基础教育均衡发展的对策思考》等课题,做好政策储备。

借脑借力做好研究。与厅总预算局、数字中心共同启动"基于财税大数据平台的财政决策支持系统项目"研发工作,参与项目开发方案的拟定。委托上海财经大学完成"部门整体绩效预算改革"4个试点单位的绩效指标设计和管理制度,继续开展"基本民生标准化"研究。配合厅税政处委托中国财科院完成《浙江自贸区税收优惠政策研究》。

加强政研人才队伍建设。调整优化政研人才库,立足各自工作岗位做好相关课题研究，调研报告择优刊发在《浙江财税参阅》和“浙财政研资讯”公众号上，部分材料得到厅领导批示肯定，其中《霍尔果斯、东阳两地文化产业对比分析》通过《财政专报》呈省委、省政府主要领导参阅。委托上海财经大学举办政研人才库培训班，拓宽人才库成员的研究视野，并针对国地税合并改革对地方财政的影响，在培训期间组织访谈式圆桌论坛。

【做好财政宣传工作】 办好《浙江财税与会计》杂志。全年完成12期杂志的编审出版工作。宣传全省财政系统贯彻落实党的十九大精神、习近平总书记对浙江重要指示精神等有关情况，推动全省财政系统深刻领会中央和省委精神，贯彻落实好厅党组工作理念和工作思路。围绕推进高质量发展、“政采云”平台应用、深化统一公共支付平台改革、全面实施绩效管理等财政重点工作，开展约稿组稿，促进各项改革深入开展。开设“学习贯彻十九大精神”主题征文专栏，推动习近平新时代中国特色社会主义思想的学习宣传。开设“代表委员谈财政”栏目，选择部分民生重点问题采访省“两会”人大代表、政协委员，为财政改革推进和财政政策实施营造良好的社会环境。围绕个人所得税改革等社会各界关注并易引发舆情的问题，邀请专家撰文，从独立客观的第三方视角进行权威回应。开辟“财政职业精神”专栏，通过采访部分离退休老同志，弘扬“严谨、坚守、创新、奉献”的财政职业精神。及时宣传解读全省财税改革新政策，扩大政策知晓面，促进政策尽快落地见效。健全完善通讯员网络，赴市县开展调研采访，宣传基层财政改革经验。

办好“浙财政研资讯”微信公众号。及时发布政策研究成果、科研活动资讯，加强新媒体互动能力，扩大宣传的覆盖面，提升信息分享的时效性和影响力。全年累计编发微信161期，点击量超过3.4万人次。

【做好历史传承工作】 完成年鉴编纂任务。《浙江财政年鉴(2018卷)》(总第18卷)分9篇及附录共10部分，全卷101万字，印刷1100册，压制光盘1300张，向全省财政系统、乡镇财政机构、省内外高校图书馆、省人大、省政协及部分省市财政部门赠阅(交换)。开展全省年鉴编纂视频培训，特邀省志办专家进行专业辅导，提高整体编纂质量。调整版面，增加彩色插图版面空间，丰富图文内容，增强读者可视化阅读体验。加快编纂进度，较2017卷提早一个月印刷出版。在2018年省级部门项目支出绩效抽评中，《浙江财政年鉴》的产出和效益评价获得第三方机构96.40的高分。做好向《中国财政年鉴》和《浙江年鉴》的供稿工作，其中《中国财政年鉴》2017卷的“浙江财政”供稿获全国二等奖。

《财政志》通过省政府终审。《浙江通志·财政志》工作历经7年编纂，于2018年4月3日接受省政府的终审，得到与会专家和领导的充分肯定。终审会后，对全志稿进行了二轮审改，书稿在规定时间内提交省志办并做好与出版社的沟通与协调。

做好陈列室管护工作。及时更新厅陈列室有关全省财政数据，微调布展，接待各方同仁参观取经。

(省财税政策研究室供稿 盛滢婷执笔)

财政信息化建设

【概况】 2018年，浙江省财政信息化工作以政府数字化转型和“最多跑一次”改革为重点，推进数字财政建设和一体化软件升级改造，提高政务服务和信息资源共享能力，强化信息安全和运维管理。

【“最多跑一次”改革】 升级会计管理相关软件，实现会计师事务所设立等行政许可事项外部数据的共享。开发会计办理事项信息交换接口，对接省政府“一窗受理”平台。对会计代理记账机构管理系统进行移动端改造，成功接入省政府“浙里办”办事平台。开发完善会计管理外网平台和会计领军人才管理系统，实现会计人员和领军人才信息登记、信息变更、信息查询全流程网上“零见面”办理。软件系统支撑会计专业技术资格考试报名24.3万人次、会计人员继续教育23.7万人次、会计之家信息登记和变更人数17.8万人次。

【政府数字化转型】 按照省政府数字化转型的统一部署，梳理财政部门的核心业务，编写财政数字化转型建设总体方案。开发财政决策支持系统，着眼于财源建设、民生保障、财政运行状况评估、风险预警等问题，通过对数据进行分析利用，为领导决策提供依据、为政策制定提供建议、为政策实施提供动态监控。政府采购云平台和统一公共支付平台两个项目被列为省政府21个数字化转型重大项目。完善政府采购云平台，建设浙江教育装备和医疗设备等行业馆、浙江制造(精品)馆，上线运行公务用车审批管理系统，完成政府采购信息发布系统标准化、规范化升级改造，推进电子招投标系统的开发和应用；通过与天猫、京东等社会机构对接，利用数据共享与大数据分析技术，形成包含近30万种标准商品的数据库，实现商品数据透明可比；2018年平台省内入驻供应商7.19万家，上架商品278万件，累计成交68万笔，交易额1066亿元；平台推广至云南、广西、江苏、新疆、重庆等省市区和国税、海关、边防等部委应用。升级改造统一公共支付平台，完善公共支付子网站，优化资金缴库和分成资金结算体系，拓宽和融合线上线下支付方式；完成公安交通违法罚缴一体化和教育收费全面接入应用，开展财政票据按需自主取票试点建设；2018年完成资金收缴业务5845万笔，收缴资金1585亿元，通过该系统实现省内94.5%的政府缴款事项“零见面”。

【数字财政平台建设】 完善新版财政综合办公平台，整体升级公文交换和财政通系统，优化工作流程，提高公文管理效率，完成18个市县财政局办公平台的实施。移动办公平台在适应新版办公平台的同时，同浙政钉系统进行接入改造。完成乡镇公共财政服务平台省级管理系统同国库集中支付系统接口的开发。预算执行分析系统开发财政收入预测、财政资金支出分析、数字经济和特色小镇等模块。在"政务云"上构建服务全省行政事业单位的财务核算云平台，实现财务核算、报表自动生成、财务数据自动汇总等功能，为政府财务监管、数据分析利用打下基础。

【一体化软件升级完善和推广应用】 完善国库集中支付电子化和部门预算编制软件绩效管理功能。开发内部控制管理系统，实现国库集中支付动态监控、财政综合办公平台公文处理与内控系统的集成。按照一体化框架，升级改造预决算公开信息系统、省级转移支付项目库系统、项目全过程管理系统。部署财政部推广的应用支撑平台2.0、国库现金管理、财政部统一报表、地方债务管理、财政扶贫资金监控、社会保障资金管理等系统，并在全省全面应用。截至12月31日，一体化部门预算编制软件已推广至65个市县区财政局，67个市区县财政局实现支付电子化。

【数据共享和大数据平台建设】 根据省政府的统一部署，做好数据编目和归集共享工作，完成37个信息系统、757个信息资源的编目，归集60个信息目录项的数据，为全省"最多跑一次"改革重点事项和政府数字化转型提供财政数据资源，归集后的数据被省级其他部门调用23万次。推进浙江财税大数据平台建设，完成软件定制开发和数据仓建设工作，数据仓内现有脱敏数据108亿条。

【信息安全和运行维护】 完成省网信办和财政部部署的网络安全检查，全面排查整改全省财政部门网络和信息安全的薄弱环节和安全隐患，确保重要信息系统和门户网站的安全稳定运行。加强涉密信息安全管理，组织开展保密设备和保密网络的专项检查。整合互联网的统一出口和政务外网的互联互通。接入终端加装安全防护软件，实现政务外网终端的准入控制、病毒防护、补丁管理、集中管控等安全防护功能。整合全省财政纵向备份线路，完成财政系统政务外网的连通，全面对接省政府的政务外网。开发厅机关信息化项目清单管理功能，实现省财政厅信息化项目的全覆盖和透明化管理。开发全省数字财政运维平台，提升软件运维的效率和水平。

（省数字财政管理中心供稿　王洪俊执笔）

会计人员服务工作

【概况】 2018年，省会计人员服务中心组织实施全省会计专业技术资格考试和开展会计人员继续教育工作，为全省经济建设提供智力支持和人才保障。

【会计专业技术资格考试】 组织会计专业技术初级、中级、高级资格考试浙江省考务工作，其中，2018年度会计专业技术初级资格无纸化考试报名181569人，增长109%；实际参加考试116997人，实考率64.4%，合格率28.6%。会计专业技术中级资格无纸化考试：财务管理报名63294人，增长8.7%，实际参加考试24917人，实考率39.4%，合格率49.4%；经济法报名67551人，增长10.9%，实际参加考试28684人，实考率42.5%，合格率41.0%；中级会计实务报名67977人，增长6.3%，实际参加考试28783人，实考率42.3%，合格率40.3%。会计专业技术高级资格考试首次由纸笔考试变为无纸化考试，报名3116人，实际参加考试1730人，实考率55.5%，合格率74.6%。组织2019年度会计专业技术初级考试报名，累计报名189020人。首次采用购买服务形式委托山东财经大学代阅评全省会计专业技术高级资格考试试卷1730份；选定和组织97名专家和教师阅评全省会计专业技术中级资格考试试卷82384份。

【开展会计继续教育】 开展会计人员网络和面授继续教育。组织专家对北京东奥时代教育科技有限公司、北京东大正保科技公司和北京国家会计学院3家课件供应商进行绩效考核。截至2018年12月31日，一般会计人员网络继续教育报名495455人，其中，已缴费477343人，学习完成374930人；高级会计师报名1419人，其中，已缴费1286人，学习完成926人。与北京、上海、厦门国家会计学院合作面授办班8期；与中财国培教育科技有限公司合作分别在宁夏沙湖、浙江杭州直接面授办班6期，共培训高级会计人员5267人。10月12日在杭州举办首届浙江省高级会计人员继续教育创新发展研讨会，邀请有关专家和会计管理机构负责人参会。

（省会计人员服务中心供稿　童联新执笔）

农业综合开发项目审核

【概况】 2018年，浙江省农业综合开发项目审核工作牢固树立"促进发展、保障民生、科学理财、加强监管"的理念，按照高起点实施乡村振兴战略的要求，立足创新，夯实评审基础，强化监督管理，保障项目规范有序地实施和财政资金合理有效使用。

【审核项目实施方案】 2018年共审核土地治理项目实施方案32个，涉及省以上财政资金3.24亿元；审核现代农业园区项目2个，涉及省以上财政资金4500万元；特邀省农办和省农业厅的专家参与审核田园综合体建设试点项目实施方案7个，涉及省以上财政资金1.75亿元。

【开展"3030"新农人评审】 将2017年入围的首批"3030"新农人纳入原有评审专家库，共同参与遴选出2018年"3030"新农人10名，评审通过新农人项目13个，涉及省级财政资金5900万元。

现代农业科技种植基地

【强化项目监督检查】 受原省农业综合开发办公室委托，开展2018年农业综合开发土地治理竣工项目省级验收；完成2018年度高标准农田绩效评价工作，按照"双随机一公开"细则对随机抽取的常山县等7个开发县22个产业化发展项目现场检查。

【开展"上门服务至少一次"活动】 组成省农业综合开发"上门服务至少一次"团队，为市县农发办和省级有关单位讲解各类项目申报注意事项及相关政策。上门协助设区市开展项目实施方案审核，对项目审核要点进行指导、对项目实施方案提出修改意见。

【宣传农业综合开发成果】 策划《"3030"新农人引领现代农业变革之路》系列文章，刊登在《浙江财税与会计》2018年第4期"第一视窗"栏目，介绍浙江省首批"3030"新农人及其项目成果。其中，该系列文章之一《新农人走进农发新时代》刊登在《中国农业综合开发》2018年第5期。策划《乡村振兴正当时 农发助力产业兴》系列文章和图片，刊登在《浙江财税与会计》2018年第11期"乡村振兴"栏目，展现乡村振兴中的农业综合开发新作为。

【配合做好农业综合开发机构改革工作】 2018年10月，根据浙江省机构改革方案，省财政厅承担的农业综合开发项目管理职责和该项职责承担处室省农业综合开发办公室人员机构、编制、处级领导职数划转至省农业农村厅。省农业综合开发审核中心根据现有的职责，甄别筛选历年农业综合开发重要项目和文书档案，重新登记、归档入库。

（省农审中心供稿 钟昀陶执笔）

财政干部教育

【概况】 2018年，省财政干部教育中心、省中华会计函授学校围绕财政中心工作，全面开展全省财政系统干部教育培训和财政支农政策培训工作，为全省财政改革和发展提供智力支持和人才保障。

【财政干部培训】 落实《浙江省财政厅2018年干部教育培训计划》，围绕财政中心工作开展各类培训，全年累计完成培训班35个，共41期，培训11749人，其中，厅机关培训班27个，共32期，培训10601人次；事业单位培训班8个，共9期，培训1148人。创新培训模式，采用视频教学、现场辩论、省外专业培训、跨部门联合培训等方式，提高培训实效。通过更新扩充培训师资和培训场所做好基础保障，开发并启用"浙江省财政干部培训管理系统"，实现培训工作数字化，提升服务质量。

【财政支农政策培训】 全年全省财政支农政策培训25830人。修订出版《浙江省财政支农惠农政策解答》，印制财政支农政策宣传手册，制作全省财政支农政策培训优秀课件光盘，充实全省财政支农政策培训师资库，提高财政支农政策培训的实效。

（省财政干部教育中心供稿 潘敏华执笔）

道路交通事故社会救助基金管理

【概况】 2018年，浙江省道路交通事故社会救助基金管理中心围绕财政中心工作，负责道路交通事故社会救助基金（以下简称救助基金）筹集、拨付、特设专户管理和政策制定，指导各市、县（市、区）开展垫付、审核、追偿、核销等工作，推进救助基金管理工作有序开展。

【用好救助基金】 2018年，全省共筹集救助基金1.41亿元，其中按交强险固定比例提取的资金为1.07亿元，按规定拨付至符合条件的市县合计1.07亿元。全省救助基金垫付、其他支出合计6392万元，增长68.5%。其中垫付费用5721万元（抢救费用5717万元，丧葬费用4万元），增长85.6%；其他支出671万元，下降5.9%。追偿金额1944万元，增长154.4%。

【完善制度建设】 整理各地反馈的意见建议，配合出台《浙江省道路交通事故社会救助基金档案管理办法》，提升救助基金档案管理规范化水平；与高速交警总队联合出台《关于进一步加强高速公路交通事故应急救援和急救工作的通知》，推进救助基金在高速公路的使用。

【健全协调机制】 落实"上门服务至少一次"工作要求,上门走访浙江银保监局、省公安厅交管局、省高速交警总队、省卫生健康委、武警一一七医院等省级相关单位,健全与相关部门沟通协调机制,协同推进基金救助工作规范有序开展,共同督促、指导各地业务开展。

【加大宣传力度】 全省65个市县均建立救助基金管理机构,实现救助基金管理机构全覆盖。通过省财政厅官网,将救助基金管理机构信息、政策制度对外公示,并不定期在"浙江财政"微信公众号进行对外宣传,定期发放救助基金政策宣传手册,提升政策知晓度。

【借力管理系统】 加强日常指导,督促各地登录浙江省道路交通事故社会救助基金管理系统进行业务操作,提高相关部门文书流转、业务审批的工作效率。2018年,50个市、县(市、区)通过该管理系统开展业务,其中47个市、县(市、区)已通过该管理系统成功完成垫付业务,实现业务全流程管理。

【开展业务培训】 组织开展救助基金政策制度专题研究和学习,分期举办培训班2期,对《浙江省道路交通事故社会救助基金管理办法》和《浙江省道路交通事故社会救助基金档案管理办法》进行政策解读和理论培训,加强财务管理和季报填报的培训和指导;对业务开展滞后的市、县(市、区)定向组织管理系统操作培训2期,培训224人次。赴绍兴市、湖州市、台州市、衢州市等市对当地救助基金管理相关部门机构提供上门业务培训服务,累计培训100人次。

【推进机制创新】 鼓励市、县(市、区)通过政府购买服务,委托第三方专业机构开展救助基金日常管理工作,永康市、台州市率先通过政府购买服务的方式开展救助基金管理工作,并取得良好成效,垫付金额和追偿金额均在全省位居前列。2018年,武义市、海盐市、诸暨市等市县陆续完成政府购买服务的相关流程,救助基金管理工作逐渐步入正轨,全省救助基金业务开展更加高效便捷。

(省道路交通事故社会救助基金中心供稿 陆昉宇执笔)

农业信贷担保工作

【概况】 2018年,浙江省农业信贷担保有限公司围绕推进农业供给侧结构性改革、转变农业发展方式、促进多种形式农业适度规模经营开展担保业务。2018年新增担保项目4856个、新增担保贷款14.45亿元,降低农业融资成本超3500万元,农业信贷担保政策效用显现,助推乡村振兴。

【拓展担保业务】 围绕31066行动计划、"3030"新农人行动计划、田园综合体建设等财政支农政策,为项目建设提供担保服务。推广小额批量担保业务,在农业银行E农贷合作试点基础上,优化与邮储银行小额批量担保业务合作,开拓与省农信联社的农户贷款担保合作业务。

【创新业务模式】 挖掘农业产业链价值,开发"联农贷"产品,与惠多利公司合作落地首笔业务,为产业链下游新型农业经营主体提供融资担保。与农业银行省分行签署专项业务合作协议,在全省启动担保贷款业务,共同为全省农家乐主体提供服务。联合浙江庆渔堂公司开发"物联网+担保"业务模式,2018年12月28日,首批客户获得专项担保服务,实现业务落地。

【推进金融支农创新项目实施】 实施农业农村部"新型农业经营主体信用评价体系建设及应用"项目,研究制订年度项目建设计划,开展项目建设论证及招标工作,推进项目一期建设。与省农业农村厅、省大数据局对接,采集4万多户农业主体基础数据。

【建设农业信贷担保服务体系】 与省农民合作经济组织联合会开展合作,依托农合联"三位一体"平台,采用设立基层办事处、代办点的方式,与市、县(区)农合联共建基层农业信贷担保服务体系,截至2018年底,在全省(宁波除外)建设办事处4个、代办点42个,覆盖全省农业大县。联合省农合联集中开展全省农合联系统农业担保业务培训活动。采用联合担保的方式,与办事处共同为当地新型农业经营主体提供担保服务。

【建立协力支农机制】 运用"三农"财金合作机制,将农业信贷担保功能嵌入财政支农政策中,继续与省农发办系统合作推动财政支农担保业务。国家农业信贷担保再担保范围内的业务实现应保尽保,整合地方担保机构力量,共同推动业务发展。与农业产业协会合作,服务农业产业发展。联合金融机构开发担保产品,对合作银行开展业务培训,互相推荐优质客户。

【制定风险处置预案】 制定风险处置预案,确立风险处置原则,明确风险处置的职责分工,建立各阶段风险处置应对方案,并与合作机构合作设定5类预警指标,建立风险预警机制,监控潜在风险。

【加强业务风险管理】 梳理业务流程和评审要点,按季开展风险分析工作,完善业务模式和风险管理措施。开展浙江省茶业、食用菌、石斛、农家乐、生猪5个主导产业分析,开发苗木抵押、设备非标抵押2项新型反担保措施。公司全年累计解保4.25亿元、解保项目903个,代偿67万元,代偿率0.16%。

(浙江省农业信贷担保有限公司供稿 周 衍执笔)

学会协会活动

浙江省财政学会

【开展课题研究】 围绕财源涵养开展研究，完成“助推实体经济财税政策研究”。围绕创新驱动发展，完成“五省财政科技投入生产与产出绩效分析研究”。围绕社保专题开展跟踪研究，完成《关于建立我省基本养老保险待遇动态调整机制的思考》。完成全国财政上下协作课题浙江分报告《浙江省优化财政支持科普投入的现状及思考》。结题省社科联研究课题“整合背景下浙江省城乡居民基本医疗保险财政压力分析”。围绕完善预算制度，预算会计研究分会完成“地区间支出成本差异研究——基于浙江省分析”。

【开展协同研究工作】 组织市县围绕“财政扶持企业发展的财政政策”开展研究，完成协作课题9个，并召开专题研讨会进行交流探讨。组织市县开展课题研究，完成课题81个，组织专家评审，评出一等奖5篇、二等奖14篇、三等奖20篇。组织落实中国财科院“降成本”网络调查问卷，完成调研问卷量位居全国第一。

【组织学术交流活动】 组织乡村振兴案例分享会，选取典型案例进行交流分享。与浙江财经大学联合举办“财税改革四十周年浙江经验高端论坛”，邀请国内财政学界学者和实务专家共同探讨现代财政制度建设。邀请省内外高校和省委政研室、省政府政研室专家学者以及财政部门代表，围绕“加强地方政府财政能力建设”举办专题研讨会，为地方政府财政能力建设建言献策。

【推进科研成果转化】 将优秀课题汇编成册，公开出版发行《财政改革热点问题探索——2017年浙江省财政课题研究成果汇编》和《地方政府财源培育研究》。办好财政学会会刊《浙江财政研究》，全年出刊6期，宣传科研成果。

【开展科研培训】 组织召开全省财政科研工作会议并举办全省财政科研骨干培训班，共培训140余人次，提升科研骨干专业素养和科研水平。

（省财政学会供稿　陈炎飞执笔）

浙江省会计学会

【组织开展全省会计科研工作】 联合浙江省注册会计师协会、浙江省总会计师协会组织开展会计科研工作，做好2018年度全省会计科研课题和会计论文征集布置工作，2018年度课题和论文已经归集完毕。

经专家评审，2017年度全省有21项会计科研课题获准结题、37篇会计专业论文获奖；结题课题和获奖论文结集编辑，于2018年7月由中国财政经济出版社出版发行。

【全省高级会计专业技术资格评审送审论文相似性检测】 按照省财政厅正高级会计师、高级会计师资格评审工作的部署，按期完成全省1000多名申报人员、2100多篇送审论文的相似性检测工作，为全省高级会计专业技术资格评审工作提供参考依据。

【设立“浙江省会计学会会计领军人才工作委员会”】 根据省财政厅的会计工作部署，经省会计学会九届二次常务理事会审议通过，于2018年9月设立“浙江省会计学会会计领军人才工作委员会”。

【完成“浙华会计业余学校”注销登记审批程序】 根据《浙江省从事生产经营活动事业单位改革的实施意见》，按照省会计学会九届三次常务理事会的决议，完成“浙华会计业余学校”注销登记审批程序；于2018年11月1日、11月3日、11月5日，3次在《钱江晚报》发布《申请注销登记公告》，按规定公告发布90天以后，办理清算和注销登记手续。

【举办省级及以上会计领军人才后续教育培训班】 2018年11月7—9日，在龙游县举办省级及以上会计领军人才后续教育培训班，本省辖区内工作的省级及以上会计领军人才95人参加培训。

【全国会计科研课题通过结项鉴定】 2018年11月15日，浙江省会计学会承担、财政部立项的全国会计科研课题《基于“准则+制度模式”的政府会计体系研究》（项目批准号：2015KJB010），经专家评审，通过结项鉴定，准予结项。

【联合举办第二届中国财务云高峰论坛】 2018年12月8日，与中国电子信息行业联合委员会财务专业委员会、杭州电子科技大学（中国财务云服务研究院、浙江省管理会计应用创新研究中心、资产云开放协同创新中心）、浪潮集团联合举办以“万物互联　开放共享　交叉融合　协同创新”为主题的第二届中国财务云高峰论坛。工业和信息化部、浙江省财政厅、杭州电子科技大学等近30家单位以及《中国会计报》《财务与会计》《会计之友》等媒体共计400余人出席论坛，1万余名观众通过网络直播平台同步收看。

（省会计协会供稿　蒋振成执笔）

注册会计师、资产评估行业管理

【概况】 2018年，浙江省注册会计师协会、浙江省资产评估协会坚持“一二六”工作指导思想，深入围绕“三个重点、三个强化”开展工作。截至12月底，浙江省共有执业注册会计师6399名；执业资产评估师1795名，资产评估机构年收入总额9.63亿元。

【打响行业党建品牌】 2018年，设立浙江省注册会计师、资产评估行业联合党委。部署开展以“弘扬红船精神，深入推动红色引擎促发展”为主题的专题行动。创建全国首个以学习网站及手机App客户端为载体的行业党员网络教育平台。推动落实省财政厅领导与党外人士列名联系制度。

【推进服务小微企业】 2018年，实施陪伴小微企业成长“无微不至”行动计划。组织开展第二次注册会计师行业全面服务、对接小微企业“会计财务服务周”活动，共举办各类活动162场，服务小微企业10901家，吸引15276人次参加。修订服务小微企业奖励基金管理办法，兑现行业服务小微企业奖励基金207万元。

【优化年检质量】 围绕“推进改革、服务大局、提升形象”三大目标，改进年检工作流程，扩大上门覆盖面，采用贴花形式，缩减年检时间，提升年检办理的效率和质量。2018年，全省参加年检注册会计师6324名，通过年检6078人；参加年检资产评估师1657名，通过年检1653人。

【强化自律监管】 2018年，对75家会计师事务所、30家评估机构进行执业质量检查，2家会计师事务所进行专项检查，约谈11家存在执业质量问题的会计师事务所，对5家会计师事务所、2家资产评估公司及14名注册会计师、5名资产评估师给予行业惩戒。组建回访检查组上门开展技术帮扶。

【强化行业人才培养】 全年审核发放2017年度人才基金135万元。吸收32名人才进入第二批行业国际业务人才库。组织实施执业注册会计师面授培训27期、执业资产评估师面授培训12期、高端人才专项培训7期。组织选拔2018年注册会计师类（信息化方向）全国会计领军（后备）人才，浙江3人入选。组织700余名新注册、登记人员参加诚信宣誓活动暨专题教育培训活动。与浙江省会计人员服务中心联合开设“浙会大讲堂”，创新全省会计行业高端人才学习平台。2018年，全省共计75185人（204601科次）报考注册会计师专业阶段考试，1946人报考注册会计师综合阶段考试；2592人（7194科次）报考资产评估师。

新注册会计师诚信宣誓仪式暨专题教育培训

【提供技术支撑】 2018年，组建“高新技术企业认定专项审计业务专家委员会”和“并购重组业务专家委员会”，发布《高新技术企业认定专项审计报告编制指导性意见》。发布行业工时成本课题成果，引导事务所建立自身的成本控制体系，遏制行业内的不正当低价竞争行为。

【拓展新业务】 2018年，与浙江股权交易中心开展全面合作，引导行业推荐优质企业股改挂牌、加快企业上市培育工程、开展挂牌后续服务；与省科技厅开展合作研究，为浙江高新技术企业发展服务，助推浙江省科技企业“双倍增”计划实施；与地方金融监管部门建立协调合作机制，调动行业力量广泛参与并购重组、股份制改造、投融资、P2P清理等业务，充分发挥专业优势和特点，助推浙江企业上市和并购重组“凤凰行动”计划实施。

【完善行业内部治理】 2018年，对57家会计师事务所开展调研，研究事务所合伙人（股东）晋升、退出及梯队建设等行业战略性发展问题，形成《会计师事务所合伙人（股东）晋升、退出机制研究》课题成果，拟定出台会计师事务所建立完善合伙人（股东）晋升、退出机制的相关指导性意见。

【加大宣传力度】 2018年，在《浙江注册会计师》杂志开设“行业风采”专栏，系列连续报道近年来行业立足本职、爱岗敬业、乐于奉献的优秀青年典型事迹。在协会门户网站开设“学习贯彻十九大精神”专栏。持续推进行业各级“青年文明号”的创建工作。组织开展以“摄出精彩，影动生活”为主题的“红色引擎促发展”摄影大赛，举办第二届“诚信杯”行业羽毛球比赛。

【加大维权帮扶力度】 2018年，采取成立专项检查组、当面问询解释、聘请专家现场评议等方法，妥善处理投诉举报9起。与北京德恒律师事务所签订合作协议，聘请专业律师团队担任协会法律顾问，帮助做好行业维权帮扶工作。

（省注协供稿　蓝红伟执笔）

市县（市、区）财政工作

zhejiang caizheng nianjian

杭州市财政工作

杭州市

【概况】 2018年,杭州市实现地区生产总值13509亿元,按可比价计算,增长6.7%。其中:第一产业增加值306亿元,增长1.8%;第二产业增加值4572亿元,增长5.8%;第三产业增加值8632亿元,增长7.5%。三次产业结构比为2.3∶33.8∶63.9。全市按常住人口计算的人均GDP为140180元。全市居民人均可支配收入54348元,增长9.1%,扣除价格因素,实际增长6.6%。其中城镇常住居民人均可支配收入61172元,增长8.7%;农村常住居民人均可支配收入33193元,增长9.2%,扣除价格因素,实际分别增长6.3%和6.7%。全市财政总收入3457.5亿元,增长14.5%;其中全市一般公共预算收入1825.1亿元,增长12.5%;全市一般公共预算支出1717.08亿元,增长11.4%。市区财政总收入3319.87亿元,增长14.5%;其中市区一般公共预算收入1746.63亿元,增长12.5%;市区一般公共预算支出1557.33亿元,增长11.5%。市本级财政总收入606.38亿元,增长15.1%;其中市本级一般公共预算收入277.61亿元,增长4.3%;市本级一般公共预算支出355.08亿元,增长10.2%。全市各级财政收支平衡,预算执行情况良好。

【组织财政收入】 做好收入预测分析。针对机构改革后税收数据取数问题,加强财源结构特点和政策成效研究,确定全年收入预期增长目标,确保组织收入平稳增长。全市一般公共预算收入占GDP的13.5%,占财政总收入的52.8%;其中税收收入1651.21亿元,占一般公共预算收入的90.5%。加强非税收入征管。深化统一公共支付平台应用,降低政府非税收入征缴成本。全市全年通过公共支付平台网上缴款非税收入1601万人次,金额203.6亿元。全年全市非税收入3282.63亿元,增长40%,其中,纳入一般公共预算管理的非税收入173.85亿元,增长15.7%。

【保障民生发展】 加大民生投入。全市民生支出1333.15亿元,占一般公共预算支出的77.6%。市本级财政投入(下文口径一致)资金25.66亿元,落实市政府为民办十件实事,加强公共治安、食品药品安全、粮食收储等保障。发展教育事业。投入资金52.2亿元,推进各类教育优质均衡发展,助推教育国际化、信息化。建立市属学校教育经费生均保障制度,支持中小学"美好成长"计划。支持文化繁荣。投入资金17.38亿元,助力提升杭州文化竞争力、包容力和影响力。完善公共文化服务体系,推动文化产业加快发展。完善社保体系。投入资金72.16亿元,完善多层次社保体系。提高城乡居民低保和优抚补助标准,支持多层次职业技能培训,保障高校毕业生、农民工、退役军人、残疾人等重点群体就业,推动新一轮养老服务业财政支持政策。优化卫生服务。投入资金22.92亿元,完善市属公立医疗机构政府投入政策,推进"三医"联动改革。支持优质医疗资源"双下沉"。打造"智慧医疗"升级版。加强住房保障。投入资金5.05亿元,支持建立多主体供给、多渠道保障、租购并举的住房制度。推进保障性安居工程建设,加快棚户区改造和既有住宅加装电梯。健全市场租赁房、人才租赁房、公共租赁住房等租赁市场体系。强化对口支援。全市共筹措资金13.95亿元,助力对口帮扶地区贵州黔东南州、湖北恩施州脱贫攻坚,对口支援新疆西藏青海,深化杭衢山海协作,帮助补齐援助地区基础设施、产业和公共服务短板。

【聚焦拥江发展】 加快"大交通"体系建设。投入48.31亿元,织密城市快速路网,望秋立交、文一路地下通道、秋石快速路北延和东湖快速路北延建成通车;通过注资、直投、债券等方式,推进地铁、绕城高速西复线、杭黄高铁、运河二通道、铁路西站枢纽等重大项目建设;深化"公交优先"发展战略,推进萧山、余杭、富阳、临安公交一体化;支持新开国际航线,推进萧山机场空港国际化建设。优化创新发展环境。投入13.24亿元,优化金融、创新、人才环境。推进钱塘江金融港湾建设,落实"凤凰行动"计划,支持科技金融扶持计划。出台高新技术企业三年倍增计划、中小微企业研发补助等支持创新政策,推进科技型初创企业培育工程。推进杭州国家自主创新示范区和城西科创大走廊建设,实施"三名"工程,支持西湖大学成立,打造创新驱动发展的大载体、大平台。加大高层次人才、应届高学历毕业生和归国留学人员引进支持力度,资助大学生实训创业和高层次留学回国人员创新创业,助力建设人才生态最优城市。提升钱江流域生态。投入17.49亿元,推进钱塘江流域生态修复和沿江绿道、城市绿化建设;支持八堡排涝、青山湖综保、北支江综合整治等重点水利工程;完善流域生态补偿制度,推进上下游横向生态补偿。推进城乡基础设施建设。投入27.53亿元,支持沿江精品村整治提升、村庄生态环境修复、美丽田园综合体、景观长廊和"四好农村路"建设,推进小城镇环境综合整治和城中村改造,改善停车、生活污水设施、亮灯等城市基础配套设施。推进生态环境治理与保护。投入33.99亿元,做好"五气共治""五水共治"和"五废共治"工作。

【推进经济发展】 助力"三化融合"*。出台全面推进"三化融合"打造全国数字经济第一城、推动制造业高质量发展等财政政策,助力新旧动能加快转换。加大重点投入。安排产业发展专项资金28.68亿元,推进数字产业化和产业数字化的同时,推进传统制造业升级,支持先进装备制造、服务贸易、现代服务业、农业等产业提升。放大基金效能。完善政府产业基金管理构架,加快集成电路、生物医疗、健康医疗、生物产业等子基金设立,支持创业投资引导基金、天使引导基金等做大做强,吸引社会资本支持实体经济发展。截至2018年年末,市本级财政累计出资52亿元,设立子基金115家,协议规模325亿元,投资项目近1300个。降低企业成本。推动组建注册资本103亿元的融资担保公司、设立规模100亿元的上市公司稳健发展基金和首期规模100亿元的战略性新兴产业投资基金,支持战略性新兴产业发展,缓解企业融资难。落实清费政策,在全市范围内实行涉企公安交警证照费和不动产登记费"零收费",成为全国首个实现涉企证照类"零收费"的城市。创新融资支持。推进政府采购支持中小企业信用融资工作,合作银行9家,累计授信额超1.2亿元。与建设银行合作发布"银采贷"产品,实现从贷款申请到放贷全程线上办理、分秒级放款。

【深化财政改革】 推进财税体制改革。贯彻国家各项税制改革政策,确保环境保护税开征,落实个人所得税改革举措。开展市区财政事权和支出责任划分改革,完善富阳、临安市区财政体制。规范预算支出执行。健全支出标准动态调整机制,开展信息化运维费项目定额标准试点。滚动编制中期财政规划,加强年度预算与中期财政规划衔接。加快预算执行进度,加强结余结转资金管理,提高财政资金使用效益。加强政府投资预算管理。建立政府投资处、预算审核中心、PPP项目中心"三合一"管理模式,健全重大建设项目决策机制,做好政府投资预算管理的关口前移和源头把控。提升"阳光财政"透明度。推进政府预决算、部门预决算、"三公"经费预决算和预算执行情况等信息公开,加大检查力度。支持人大预算联网监督平台建设,实时共享预算、执行、决算等信息。推进权责发生制政府综合财务报告和部门财务报告编制,试编区域合并综合财务报告。首次向人大常委会报告国有资产管理情况。推进"数字财政"建设。以"财政数据仓库"为核心,加强财政大数据管理和分析应用。实现"政采云""资产云"平台上线,实现全市国库集中支付电子化改革全覆盖。

【强化财政监管】 组织财政监督检查。结合市委、市政府作风建设重点工作,将"四风"问题列入财政财务检查重点内容,对市级10家二级及基层预算单位决算数据真实性、资金管理使用合规性开展监督检查。健全绩效管理机制。按照"全方位、全过程、全覆盖"要求,推动构建以绩效为核心的财政政策和资金管理体系。全面推行部门预算绩效自评,对民生工程、重大项目等开展重点绩效评价。加强政府采购监管。创新监管服务体系,实行电子化审核审批备案,完成业务系统和业务流程的优化升级。连续7年获中国政府采购年度创新奖。严控行政运行支出。健全差旅费、公务用车等公务支出标准制度体系,从严控制一般性支出,全市一般公共预算"三公"经费下降3%。防范化解债务风险。制定地方政府性债务风险管控实施意见和地方政府性债务风险应急处置预案,健全全市政府性债务风险监测、预警、化解以及应急处置体系,推进政府债务风险管控计划落实和隐性债务风险化解。

【加强队伍建设】 深化机构改革,推进全市国地税改革工作,优化局内机构设置,做好财政地税人员转隶、资产和经费划分工作。开展党的十九大精神轮训和"不忘初心、牢记使命"主题活动,组织各基层党组织开展"党建微讲堂"活动。建立"5+2"*大党建考核体系,实施《杭州市财政系统基层党建工作规范》《杭州财政系统党建工作标准25条》。入选市委组织部行业党建示范点。获杭州市"百千万"活动"十佳基层样本"称号。推进"四提一争"*主题活动,实施处级干部"管理力提升"、科级干部"项目培养"、后备干部"蹲苗计划"、专业干部"定向培养"、年轻干部"135培养"。开展岗位练兵比武活动,提升干部能力素质。

(杭州市财政局供稿　刘　淮执笔)

注:

*"三化融合":实现数字产业化、产业数字化、城市数字化融合。

*"5+2":党建工作考核由实绩考核和党建评议两部分组成,涵盖政治建设、思想建设、组织建设、作风建设、纪律建设、制度建设、反腐败斗争7个方面。

*"四提一争":提高政治站位、提高专业素养、提高推进城市国际化能力、提高克难攻坚能力,争当新时代一流铁军排头兵。

上城区

【概况】 2018年,杭州市上城区实现地区生产总值1102.71亿元,增长5.3%。其中:第二产业增加值404.93亿元,增长1.3%;第三产业增加值697.78亿元,增长8.0%。一、二、三产业结构比为0∶36.7∶63.3。全区实现财政总收入160.16亿元,增长10.8%。其中,全区一般公共预算收入80.65亿元,增长10.2%。全年一般公共预算支出40.59亿元,增长1.3%,其中区本级一般公共预算支出37.00亿元,增长6.9%。全年财政收支平衡。

【组织财政收入】 强化收入分析。关注经济财政运行变化,深化财税协作及部门联动,强化收入分析和财源管理,对财政收入中苗头性、趋势性问题做好预研预判。优化收入结构。全区一般公共预算收入完成预算的102.0%,占财政总收入的50.4%,占地方生产总值的7.3%;税收收入76.81亿元,占一般公共预算收入的95.2%。规范非税征管。推进统一公共支付平台建设,扩大非税收入一体化收缴覆盖面,涉及政府缴费项目26项、缴费11万人次,手机移动端支付比例97.1%。公布2018年上城区行政事业性收费目录清单并动态更新。全年全区非税收入5.95亿元,增长25.7%,其中,纳入一般公共预算管理的非税收入 3.84 亿元,增长 18.9%,占一般公共预算收入的比重为 4.8%。

【支持经济发展】 升级惠企服务。出台政府采购支持中小企业信用融资政策。推进人才发展政策落地,全年发放硕博补贴 2062 万元,惠及 1020 人次。举办重点企业高级财务人员培训、"凤凰行动"财务高管能力提升培训、金融企业培训等专场活动,惠及企业 227 户次。实施"凤凰行动"计划,发挥财政资金扶持引导作用,全区共审核财政扶持项目 52 个,惠及企业 560 户次;落实财政资助项目 83 个、金额 4.18 亿元,惠及企业 778 户次。促进产业发展。做大做强上城区优势产业平台,五大主导产业实现一般公共预算收入 49.63 亿元,增长 6.5%,占全区一般公共预算收入的 64.6%。玉皇山南基金小镇企业累计投向实体经济项目 1418 个,资本金额 3800 亿元,实现税收 22.8 亿元,支持企业上市 112 家。

【改善民生事业】 加大民生投入。新增财力的三分之二以上投入民生领域,保障各项社会事业均衡发展,全年区本级民生支出 28.57 亿元,占一般公共预算支出的 77.2%。促进教育事业发展。教育支出 8.03 亿元,支持骨干教师队伍建设,开展校舍改造,推出学后托管政策,教育现代化发展水平指数排名全省第一。支持文化体育事业发展。文化体育与传媒支出 0.33 亿元,推进现代公共文化服务体系建设,实现社区图书室 Wi-Fi 安装全覆盖,支持南宋文化节、区第九届运动会等大型群众文体活动。促进医疗卫生事业发展。医疗卫生支出 1.80 亿元,改善基层就医环境,推进基层医疗卫生机构补偿机制改革,在全市率先将两癌筛查覆盖至流动人口。加快社会保障体系建设。社会保障和就业支出 8.37 亿元,推进社会养老服务体系建设,落实残疾人救助和帮扶、创业就业扶持等民生政策。提升城市精细化管理水平。投入城乡社区事务支出 4.81 亿元,加大垃圾分类、道路保洁、公厕保洁、城管保序、绿化养护、市政设施养护、社区管理等项目投入。加大对口帮扶力度。筹措雷山、鹤峰对口帮扶资金 6840 万元、援疆援藏及省内援助资金 3030 万元、城乡统筹 2000 万元、山海协作、联乡结村等其他扶贫资金 665 万元,保障对口帮扶工作开展。

【深化财政改革】 推进预算管理改革。修订部门预算编制及预算调整业务规范,强化预算硬约束,建立预算执行进度定期通报与函告制度,将项目预算执行率与预算编制及财政绩效考评挂钩,提升预算资金使用实效。加大存量资金统筹力度,收回存量资金 1.62 亿元,统筹用于社会发展急需资金支持领域。完善国库集中支付系统、"资产云""政采云"等信息化平台。推进财政信息化改革。"政采云"系统在全区上线启用,提高政府采购效率和透明度,平台全年交易金额 3.1 亿元。全面上线"资产云",提高行政事业单位资产管理水平。截至 2018 年年底,全区纳入"资产云"管理平台单位 160 家。深化国库集中支付改革,完善动态监控系统建设,实现全区财政性资金全方位监管。推动机构改革。加强与区级机构改革涉及单位沟通,按照预算执行序时进度及人员变动调整情况,确定各涉改部门的指标调整方案,确保部门人员经费"财随人走",部门专项经费"财随事走"。对各涉改部门经费划转、预算编制、资产移交、财经纪律等工作进行规范化管理。加强政府债务管理。制定防范化解政府隐性债务实施方案,完成年度化债任务。完善债务管理顶层设计,出台关于加强地方政府性债务风险管控的实施办法,分类甄别债务风险,推进地方全口径债务检测平台上线工作,将全区行政事业单位及国有企业纳入平台,实现全面动态监控债务数据。健全财政管理制度。建立行政事业单位资产配置管理办法及通用办公设备家具配置标准,修订区级机关培训费和行政事业单位国有资产处置管理规定。推进财政专项资金管理清单改革,制订旅游国际化、文化家园等多个专项资金使用办法。

【强化财政监管】 控制一般性支出。落实中央八项规定精神实施细则,厉行节约,降低公务活动成本。全年"三公"经费支出 1477 万元,下降 8.3%。加强建设资金监管。落实工程项目控制价审核工作,加强项目建设资金源头监管,完成工程项目招标控制价审核 96 项,送审金额 4.96 亿元,审定金额 4.23 亿元,净核减率 14.7%。加强资金绩效管理。开展预决算公开、政法经费等多个专项检查,对老旧小区物业补贴项目、促进就业项目、医养护一体化签约服务补助经费项目开展重点绩效评价。

【提升队伍素质】 推进党风廉政建设,建立健全长效管理机制,深化"堡垒指数"星级管理及考评管理,开展"'七个一'清单培育财政青年干部"特色党建创新项目,将党风廉政建设与推进财政工作紧密结合。推进法治建设"第一责任人"职责,组织开展多层次、多形式普法学法,提高财政系统干部政治、法律和业务素质,执法证持有率 100%,完成容错纠错机制案例上报,建立完善干部全覆盖谈心谈话制度。结合"两学一做"学习教育常态化制度化,专题组织业务培训和学习教育。

(杭州市上城区财政局供稿　黄怡雯执笔)

下城区

【概况】 2018 年,杭州市下城区实现地区生产总值 928.91 亿元,按可比价计算,增长 6.1%,其中:第二产业增加值 37.60 亿元,增长 10.7%;第三产业增加值 891.31 亿元,增长 5.8%。三次产业结构比例为 0∶4.0∶96.0。全年实现财政总收入 164.11 亿元,增长 8.5%;全区一般公共预算收入 89.40 亿元,增长 9.0%,占财政总收入的 54.5%,占地区生产总值的 9.6%;其中税收收入 84.42 亿元,占一般公共预算收入的 94.4%。全区一般公共预算支出 38.54 亿元,增长 9.6%。当年财政收支平衡。

【组织财政收入】 强化收入征管。做好收入结构分析、规模预测及数据统计,依托财税联席会议平台加强各部门协作,推进涉税信息共享和收入组织联动,超额完成区人民代表大会确定的增长目标。强化税源涵养。完善安商稳商工作信息联动平台运作流程与考核细则,健全企业注册、企业税收等信息即时共享和限时反馈机制,实现部门和街道条块联动。加大企业股权转让、资产重组、股息分红等税源信息的挖掘力度,全年完成一次性收入5.46亿元。加大产业园区和重点楼宇培育力度,创新中国产业园和人力资源服务产业园税收均突破2亿元,全口径税收超亿元楼宇达到54幢,其中超10亿元楼宇3幢。强化非税收入征管。坚持非税收入依法征管和应收尽收,全年征收非税收入6.03亿元,增长19.6%,其中纳入一般公共预算收入管理的非税收入4.98亿元。

【助力经济发展】 发挥政策效能。深化"亩均论英雄"改革,牵头制定并提请区政府出台围绕五大产业和高端中介服务业、科技创新创业、"513武林英才"、企业上市、跨贸、村级集体经济等方面的"1+7"经济扶持政策。优化营商环境。加大企业走访帮扶力度,累计兑现重点产业扶持政策、"一企一策"等各类政策性资金2.93亿元,打造服务企业"下城口碑"。举办重点税源企业座谈会和重点税源企业财务总监研修班两期,合计参与企业300余家;开办财政税收管理主体培训班,提升部门和街道业务水平。推进特色产业发展。投入资金1.62亿元,推动跨贸小镇建设;投入资金1295万元,打造电竞数娱特色小镇,配合区商务局出台"电竞16条"扶持政策。支持实施"高新技术企业三年倍增计划",新增国家高新技术企业25家。支持推进新一轮"小微企业三年成长计划",新增小微企业4782家。

【强化财政保障】 改善社会民生福祉。2018年全区民生事业投入30.87亿元,增长9.8%,民生事业支出占财政支出的80.0%。统筹安排民生实事专项资金3.31亿元,推动十件民生实事完成。推进区域环境建设。投入城建综合管理资金10.86亿元,加大危旧房整治和旧住宅区改造力度,支持城中村连片综合改造,加快下城北部区域城市基础配套设施建设,落实既有住宅加装电梯和高层住宅二次供水设施改造补助政策;开展河道长效化清淤、截污纳管和雨污综合整治,启动老旧小区400幢楼房雨污水管道"清肠行动";开展"小区管家"试点,实施6条背街小巷环境整治;推动垃圾分类市场化运作,实行餐厨垃圾收购资源化处理。增强社会保障兜底功能。投入社会保障和就业资金7.87亿元,推进机关事业单位养老保险制度改革社保扩面和资金清算,加大困难群体生活帮扶和重点人群就业扶持力度;支持养老服务业综合改革试点,推进社区硬件设施建设和社区治理服务创新,改造街道居家养老服务照料中心4家,打造省级残疾人无障碍示范社区2个;实施欠发达地区精准扶贫,累计安排各类扶贫资金1.08亿元,其中安排城乡统筹二区一市对口协作经费3000万元,安排对口帮扶援建专项资金7340万元(帮扶贵州、湖北),安排山海协作对口支援经费300万元(帮扶淳安、江山),安排衢州及桐庐扶贫经费135万元。深化平安下城体系建设。投入公共安全资金4.04亿元,建成"四个平台"区级综合指挥中心,完善"全科网格",加快"雪亮工程"向重点领域、重点行业覆盖;加大政法系统业务办案和执法装备经费保障,强化区域治安、反恐维稳等联动机制建设,推进消防智能远程监控和智慧式用电安全隐患监管服务系统建设。加大社会事业支持力度。投入教育发展资金9.43亿元,启动"4+1"校园建设开工计划;提高教师队伍绩效奖励和学生生均公用经费标准,调整街道办幼儿园管理体制,打造优质教育资源品牌;推进民办教育综合改革,拓展教育国际化交流平台,促进教育现代化。投入医疗卫生与计划生育发展资金1.32亿元,完善基层卫生服务网络,改造社区卫生服务中心4家,支持建设社区卫生服务站点5家;开展基层慢性病长效管理服务,加强专业消杀力量,提高重大疾病疫情应急处置能力;加大食品药品安全监管力度,推进医养护一体化签约服务和分级诊疗,提升医疗卫生与计划生育管理服务水平。投入公共文化资金0.80亿元,优化文化产业布局,开展"武林文化节"等精品文化活动。

【深化财政改革】 健全政府预算管理体系。加大政府性基金预算统筹调入一般公共预算力度,国有企业净利润上缴比例从10%提高至30%,社会保险基金预算实现扩面平衡。加强土地出让资金的合理调度、规范使用,全年出让地块项目6宗,土地出让金总额155.72亿元。将提前下达的上级补助以及上年结转的上级补助列入年度财政预算,减少财政预留资金规模,把预算细化到部门。实施政府经济分类科目改革。分设政府预算和部门预算两套经济分类科目,强化部门主体责任,提高预算透明度。规范预算支出执行。完善国库集中支付动态监控规则,加强重要领域和重点资金动态监控管理。开发银行账户和公款竞争性存放信息系统,提升信息化管理能力。推进国库集中支付代理银行扩面、预算单位公务卡(单位卡)改革和工资统发系统升级。加强财政库款管理,实施积极财政政策,提高财政保障能力。开展"上门服务至少一次"专题活动,在五大领域开展具体服务10项,累计现场服务部门和单位78家、提供上门服务120次、开展集中培训12次,现场服务1151人次、线上服务13626人次,发放解答汇编材料954册。推进财政机构改革。2019年3月8日,下城区财政局完成机构改革,杭州市下城区人民政府国有资产监督管理办公室完成挂牌。预算执行情况和其他财政收支情况的监督检查、区属国有企业领导干部经济责任审计和区属国有企业监事会等职责划转入区审计局。财政局内设机构完成调整,原综合科并入预算局,新设地方政府债务管理办公室;政府采购办公室更名为政府采购监管科,绩效评价科更名为绩效管理科。

【强化财政监管】 加强财政项目绩效管理。扩大项目前期专家评审选取范围,实施100万元以上项目绩效目标申报工作,开展前期专家评审论证，涉及信息化建设项目13个，维修改造项目9个，涉及预算资金0.55亿元。加强绩效评价与审计结果的应用，对绩效评价结果不合格的政策和项目予以取消或按一定比例压缩资金。*规范政府投资项目管理*。承接工程审价职能，上线运行审价业务系统，依托19家第三方协审中介机构实施政府投资项目审价控制。完成审价项目41个，送审项目金额2.70亿元，累计核减1072万元。*加强政府采购管理*。优化采购流程，将分散采购、公开招标限额标准分别调整至30万元、100万元，提高政府采购灵活性和采购单位自主性。全面上线"政采云"平台，全年政府采购交易金额2.59亿元。*开展财政监督检查*。对10家预算单位财政资金使用情况开展专项检查，发现问题8例并督促部门完成整改。对14家预算单位2018年度政府采购开展专项检查，规范采购行为。*优化绩效评价机制*。推进预算绩效目标申报审核，完成2018年度"智慧电子政务专项经费"等24个事关民生的重大预算项目绩效目标审核，实际安排预算金额较单位申报金额核减1221万元，核减11.4%。对"公园绿地养护""老旧小区雨水污水管道应急处置"及"残疾人家电统保"3个民生关联度强、公众关注度高的项目开展绩效评价，涉及预算执行总额944万元。完成2017年度全区招商引资工作绩效评价报告并提交人大审议。*加强政府债务管理*。编制《下城区防范化解地方政府性债务风险专项三年行动实施方案（2018—2020）》，设置化债总体目标、分年计划和工作举措。规范棚改政府购买服务运作，PPP项目纳入财政部项目库。

【加强队伍建设】 完善党建责任清单，推进"两学一做"学习教育常态化制度化，运用"智慧党建"平台开展党员日常管理和评定。坚持"党建+"发展思路，升级"财政服务进社区""安商稳商财政党员先锋队"等党建品牌。依托市财政"党建大讲堂"以及局本级"财政讲堂"党课阵地，举办高质量专题党课。组织开展主题党日学习交流活动。开展"进社区访民情解民忧"蹲点调研活动，党员累计入户460次，帮助社区破难解困26项。逐级签订党风廉政责任书，并通过专家讲、微信推、集中学等形式加强党纪党规教育。落实"三重一大"等议事规则，推进"1+8+X"财政内控制度建设。

（杭州市下城区财政局供稿　袁文彬执笔）

江干区

【概况】 2018年，杭州市江干区实现地区生产总值675.52亿元，按可比价格计算，增长4.1%。其中：第一产业增加值0.32亿元，下降38.0%；第二产业增加值131.29亿元，增长1.7%；第三产业增加值543.91亿元，增长4.7%。三次产业结构比为0.1∶19.4∶80.5。按常住人口计算，人均地区生产总值87051元，按可比价计算，增长1.4%。全年财政总收入173.92亿元，增长9.1%。其中一般公共预算收入95.09亿元，增长8.0%。全区一般公共预算支出62.39亿元，增长8.7%。全年预算执行情况良好，财政收支平衡。

【组织财政收入】 强化经济运行态势分析，加强与税务部门协同配合，平稳组织收入；修订财政收入考核办法，突出质量型、效益型指标，优化收入结构，提高收入质量。全区一般公共预算收入占财政总收入的54.7%，占GDP的14.1%；一般公共预算收入中税收收入92.29亿元，占比97.1%；配合税务机构改革，划转非税收入征管职能。公开2018年江干区行政事业收费目录清单，落实相关费用的收缴、暂停、缓征等工作；坚持应收尽收，督促非税收入及时上缴，全年征收非税收入6.62亿元，其中纳入一般预算收入管理的非税收入5.63亿元。

【支持经济发展】 *强化平台能级提升*。突出钱江新城金融港湾核心区、钱塘智慧城、丁兰智慧小镇三大主平台建设，全年投入1亿元扶持相关企业22家，区域内15个重点产业平台实现税收33.40亿元，增长12.1%。*强化重点项目引育*。深化招商安商稳商工作机制，做实企业引育，支持万物互联5G智慧产业总部、物产云商、阿里体育等项目签约落地，税收千万元以上企业165家，增加15家。*支持高端人才引进*。与相关部门联合制定"市场化引才"及"高新技术企业培育三年行动计划"等政策细则，投入资金3500余万元支持"百人计划"等人才项目，助力多领域、高精尖、高素质人才招引。*支持营商环境提升*。加大中小微企业扶持力度，累计投入2.70亿元，重点支持"凤凰行动"计划和国家高新技术企业发展；帮助232家次企业申报国家、省、市项目24个，争取项目扶持资金7710万元；完善"产业+部门+街道"综合服务机制。开展税费清缴、财务高管能力提升等培训10余场，1000余人次参加。

【聚焦民生事业】 全区民生支出50.39亿元（不含上级转移支付），占支出总额的80.8%。全年安排为民办实事项目预算资金12.91亿元，重点解决环境治理、住房保障、创新创业等民生问题。*促进教育事业均衡发展*。教育支出11.41亿元，重点支持义务教育优质均衡区创建、教师队伍建设和教育布局调整，推进学校建设48所，新校开办15所。*促进社会保障提质扩面*。社会保障和就业支出5.41亿元，落实社会养老服务、创业就业扶持、残疾人救助和帮扶等民生政策。启动新一轮经济相对薄弱村社帮扶，全年筹集帮扶资金1.20亿元用于援疆援藏、对口帮扶湖北恩施、贵州三穗。*深化医疗卫生改革*。医疗卫生与计划生育支出2.89亿元，重点支持健康江干建设、公共场所母婴室全覆盖、家庭医生签约服务改革等事项，推动医疗卫生可持续发展。*保障基层文化事业发展*。文化体育与传媒支出7807万元，重点支持九堡文体中心及海塘博物馆建设、亚运场馆改造，支持举办第二届钱塘江文化节、第十六届区运动会等大型文体活动，提升城区文化影响力。*推进城市精细化管理*。城乡社区事务支出3.40亿元，加大"智慧警务""智慧消防"投入，重点支持"五圈五防"*社会治理体系建设,增强社会协同治理能力,确保平安江干建设。

【保障城市基础设施建设】 健全投融资机制。拓展多元化融资渠道,建立城建资金动态平衡机制;推动区城建开发公司发行全市首例境外公募债券;引导社会资本参与城市建设,推进体育公园PPP项目通过财政部审核,确保全区首个PPP项目落地。推进基础设施建设。申报政府债券,多举措筹集资金146.52亿元,保障地铁三期站点征迁、沪杭高速抬升、皋塘及常青剩余区块整体征迁等重大建设项目推进。支持生态环境改善。全年投入3.32亿元,推进截污纳管、"五水共治"等工程建设;投入3.71亿元,保障道路保洁、垃圾分类和清运处置等城市长效管理资金需求。

【深化财政改革】 拓展"最多跑一次"改革。加大统一支付平台宣传推广,全年通过平台收缴非税收入和事业收入7.30亿元,移动支付率96.7%;推进网上支付大厅建设,实现预算单位财务结报网上无纸化审核,2018年网上结报919笔共2.14亿元。深化国库集中支付改革。完成钱塘智慧城管委会国库集中支付改革;实施经济分类科目和政府会计科目改革,组织财政部门及事业单位财务人员专题培训,保障新旧制度衔接,夯实新科目启用基础;完善动态监控系统建设,实现全区财政性资金全方位监管。严控行政支出。扎紧预算编制源头,加强行政支出过程把控,全年"五费"(因公出国费、公务接待费、公务用车运行费、会议费和培训费)下降1.0%,结余上缴资金5530万元,全部用于民生实事。推进政府采购改革。推广"政采云"平台应用,简化采购流程,提高采购效率,打造规范、透明、清廉和高效的政府采购,平台全年交易金额4.50亿元。

【强化财政监管】 制定区级部门(单位)预算绩效管理考核办法,将预算绩效管理纳入全区综合考评体系,在季度、半年度等节点进行考核通报,提高预算法律刚性。出台国有房产集中管理办法,建立所有权与使用权相分离的国有房产管理新体制,提高国有房产管理水平和利用效率。规范公款竞争性存放,成立区级领导小组,修订和完善管理办法。开展内控编报工作,完成全区199家行政事业单位内控报告编报。创建重点项目绩效目标库,涉及项目552个、资金26.35亿元;指导47家预算单位完成项目绩效自评,实施绩效评价、监督检查项目16个,抽取7家单位进行"双随机"票据使用和"五费"支出情况检查,检查报告通过浙江政务服务网公开。全面梳理政府债务存量,实施防范化解地方政府性债务风险专项行动。落实主体责任,化解隐性债务。编制政府性债务收支计划,完善动态平衡偿债保障机制,实现债务风险可控。落实预决算公开制度,细化公开内容,提升财政运行的公开性和透明度。

【加强队伍建设】 强化领导干部"一岗双责"责任意识,落实"三重一大"(重大事项决策、重要干部任免、重要项目安排、大额资金使用)决策程序,分解党风廉政建设和反腐工作组织领导和责任分工21项,层层落实责任。严把选人用人政治关、品行关、作风关、廉洁关,公开选拔正科级领导干部2名,副科级领导干部3名。弘扬"严谨、务实、创新、至善"的财政文化内涵,通过"江干财政"双微平台累计推送文章近2000篇,阅读量5万以上;开展学雷锋志愿者、结对帮扶等活动,打响江干财政文化品牌。连续10年获区政府综合考评优胜(满意)单位,3次获得区直单位综合考评第1名。

(杭州市江干区财政局供稿 鲍健宇执笔)

注:

*"五圈五防":"五圈"指公共场所防控圈、企事业单位防控圈、小区村防控圈、校园防控圈及互联网防控圈;"五防"指人防、物防、技防、心防和责任防。

拱墅区

【概况】 2018年,杭州市拱墅区实现地区生产总值581.81亿元,按可比价格计算,增长4.2%。其中:第二产业增加值108.04亿元,增长9.3%;第三产业增加值473.76亿元,增长3.0%。三次产业结构比为0∶18.6∶81.4。人均GDP为102431元,增长11.5%。全区财政总收入157.05亿元,一般公共预算收入84.40亿元,分别增长11.5%和8.0%,一般公共预算收入占GDP的14.5%,占财政总收入的53.7%。一般公共预算收入中,税收收入78.98亿元,增长7.7%,占比93.6%。一般公共预算支出37.57亿元,增长8.0%。全年财政收支平衡。

【组织财政收入】 开展收入月度分析,加强与税务、发改、街道及相关企业的横向联系,掌握宏观经济和重点行业运行走向,开展重点税源企业调研,摸清财源收入主要增减变动原因,加强收入分析预测。审核非税收入征收计划,开展非税收入年度征缴情况分析,推进政府非税收入收缴电子化管理改革,全年实现政府非税收入7.21亿元,其中纳入一般公共预算收入管理的非税收入5.42亿元。

【支持经济发展】 落实产业扶持政策。落实"大树、小巨人"*、科技创新、文化创意等新政策,加快扶持资金兑现,全年累计落实企业扶持政策资金3.90亿元。加强民营企业融资服务。推出支持民企发展组合拳,成立拱墅区民营企业融资服务专员队伍,举办民营企业集中授信大会,推进街道风险池基金建设,发挥政策性担保作用,依托政银企合作机制,118家企业获得银行授信共计15.33亿元。加快产业基金运作。推进"产业平台+子基金"运作模式,组建运河汽车互联网产业基金,出资5000万元成立区运河天使投资引导基金,加快对接子基金项目。加大引才聚才力度。投入资金4533万元,支持"运河英才"高层次人才、外国专家"115"、专技人才培育等计划实施,提供高层次人才住房补助，落实应届高学历大学生生活补贴，推进博士后工作站建设，支持“中澳南”海外高层次人才创业创新大赛。

【保障民生事业】 全区一般公共预算用于民生支出31.71亿元，占比84.4%，确保新增财力的86.9%用于民生。支持教育事业发展。教育支出11.53亿元，支持教育发展系列新政和新一轮“北部教育提振三年计划”实施，保障教师福利待遇、名优教师队伍建设、学后托管“晚风行动”等，推进学校基础设施改造。推进公共文化服务均等化。文化体育与传媒支出4346万元，推动大运河文化研究院建设，保障文化场地Wi-Fi、“文化智慧一点通”等数字文化建设，支持非遗专家论坛、大运河文化节等特色品牌活动举办。健全社会保障体系。社会保障和就业支出4.50亿元，支持“阳光老人家”社区居家养老站点建设，落实高龄老人生活津贴和社会化企业退休人员慰问帮扶等政策，加大低收入群众生活保障力度和优抚对象、困难群众救助力度，保障公益性岗位综合补贴制度实施，加快职业技能人才队伍建设。保障医疗卫生事业发展。医疗卫生与计划生育支出2.12亿元，支持“健康拱墅”体系建设，推进医疗养护签约服务分级诊疗，加大特殊家庭政策帮扶力度，支持拱墅区大运河青春健康教育基地建设，保障“国免”* 和“两癌筛查”惠民工程实施。支持环境提升和城市管理。城乡社区事务支出4.81亿元，保障垃圾清洁直运、道路公厕保洁、绿化建管、市政养护等城市综合管理，支持半山国家森林公园改善、“三改一拆”旧住宅区改造、既有住宅加装电梯、公厕新建和改造等工程，推动沿河生态廊道建设、塘河夜跑生态示范区创建、河道片区生态治理、劣五类河道消除项目建设。

【深化财政改革】 落实“钱随事走”管理机制。落实“钱随事走、清单管理、细编预算”的预算管理要求，全区2277个预算项目和工作清单深度融合。推进人大预算联网监督系统上线，强化预算执行约束。加强预决算公开，细化政府采购、绩效目标设置及国有资产占用等公开内容。规范国有建设单位管理。开展债务核查，上报债务化解方案，争取合规融资。出台《拱墅区城建指挥部财经管理办法》《关于融资平台公司市场化转型后规范运行的意见》，规范指挥部及下属企业管理。推动11家融资平台公司市场化转型，合计增加资本金45.85亿元。

【落实“最多跑一次”改革】 开展公共支付自助机试点建设，推出“公共支付自助缴款和按需自主取票”服务，实现公共支付自助机街道全覆盖，将便民服务“最多跑一次”升级为“就近跑一次”。推进“政采云”平台全面上线，实现政府采购“最多跑一次”，全年区内各单位在“政采云”平台的交易金额1.42亿元。开展“百千万”集中蹲点调研和“上门服务至少一次”活动，全年累计走访社区居民630余户、企业200余家、部门150余次。

【加强财政监管】 深化预算绩效管理。突出预算绩效目标导向，全区纳入绩效目标管理项目422个，涉及财政资金17.83亿元。扩大绩效评价项目范围数量，把涉及民生实事、政府投资、保障性住房等22个项目纳入重点绩效管理，涉及资金9.34亿元。完成重点项目的绩效目标批复53个，累计批复金额3.54亿元。严控公务支出。修订因公临时出国、培训费会议费等管理规定，规范公务支出标准。加强“三公”经费动态监管，全年“三公”经费支出1129万元，比预算控制数节约32%。规范PPP模式应用。出台《关于规范推进政府和社会资本合作(PPP)模式的实施意见》，完善制度体系及工作协调机制，指导项目实施主体规范开展PPP运作。强化国有房产管理。出台《关于进一步强化拱墅区行政事业单位房产管理的通知》，开展全区国有房产核查统计工作，建立房产档案。搭建房产信息系统，将区本级、街道、指挥部、国企所属房产纳入系统，实现房产分级分类监控。完成杭州拱墅投资发展有限公司组建，将全区7.3万方房产划拨至公司统一管理，加强经营性资产管理和运营。

【推进机构改革】 区财政局增挂杭州市拱墅区人民政府国有资产监督管理办公室牌子。将预算执行情况和其他财政收支情况的监督检查职责、区属国有企业领导干部经济责任审计、区属国有企业监事会职责划转至区审计局。区财政局内设机构由14个调整为11个。原有行政编制30名、后勤服务人员编制1名，现调整为行政编制24名、后勤服务人员编制1名。

【推进队伍建设】 开展“党建初心大讨论”“纪念改革开放40周年”等主题活动，推进“两学一做”学习教育制度化常态化。开展形式主义、官僚主义自查自纠“回头看”和“兴五风破三慢”专项行动*，推行“三张清单”工作“月评、季晒、年考”，加强工作督查通报力度。出台清廉财政建设的实施意见，打造清廉财政。深化财政大讲堂、岗位练兵大比武、后备人才库等培养机制，选拔培养优秀年轻业务骨干。开展“最满意工作”创建、“比学赶超、争当标兵”等系列活动，提升干部担当力和执行力。

（杭州市拱墅区财政局供稿 龙扬洋执笔）

注：

*“大树、小巨人”：大树企业是指发展前景好、对区域贡献大的优秀企业，小巨人企业是指体量达到一定规模、成长迅速的优秀企业。

*“国免”：国家免费孕前优生健康检查。

*“兴五风破三慢”专项行动：集中整治“面对上级部署反应慢、面对工作任务节奏慢、面对群众呼声处理慢”的“三慢”问题，大力弘扬雷厉风行、调查研究、改革创新、团结协作、勤政廉政五种好作风。

西湖区

【概况】 2018年，杭州市西湖区实现地区生产总值1202.26亿元，增长6.0%。其中：第一产业增加值3.51亿元，下降11.3%；

第二产业增加值 110.08 亿元,增长 1.7%;第三产业增加值 1088.67 亿元,增长 6.5%。三次产业结构比为 0.3∶9.2∶90.5。按户籍人口计算,人均生产总值 166982 元。全区完成财政总收入 270.05 亿元,增长 10.1%;一般公共预算收入 139.41 亿元,增长 10.7%;全区一般公共预算支出 79.24 亿元,增长 6.9%。全区财政收支平衡,预算执行情况良好。

【组织财政收入】 收入结构优化升级。一般公共预算收入中第三产业税收收入完成 125.22 亿元,贡献率 89.82%,较上年提高 1.2 个百分点。提升收入质量。2018 年全区一般公共预算收入占 GDP 的 11.6%;一般公共预算收入占财政总收入的 51.6%,较上年提高 0.25 个百分点;税收收入 131.11 亿元,增长 9.9%,占一般公共预算收入的 94.1%,高于全市平均 3.6 个百分点。加强非税收入征管。根据审计要求调整原国资账户销户结余款 7985 万元缴入国有资本经营预算收入(一次性因素),克服部分行政事业收入在 12 月底前缴库的时间差影响,落实全省平均工资上涨和缴纳政策变化带来的残保金增收。全年非税收入完成 10.34 亿元,增长 33.3%;其中纳入一般公共预算管理的非税收入 8.3 亿元,增长 25.2%。

【支持经济发展】 优化产业平台建设。投入近 35 亿元,加快之江新城建设,打造文化带核心引擎。投入近 10 亿元,助推紫金港科技城提升改造项目,建设集生态、城市、经济、科技、人才等五大功能于一体的现代化科技新城。推进云栖小镇、艺创小镇重点项目落地。加快白沙泉并购金融街区建设,吸引注册企业 336 家,注册资金超 170 亿元,基金管理规模超 1200 亿元。加大为企服务力度。全年累计为企代办服务 8493 家次,走楼访企 10368 家次,收集企业意见建议 2718 件,实现转入异地纳税企业 949 家,新增税源入库税收 12.38 亿元,打造税收亿元楼 20 幢、千万元楼 100 幢,完成区内税收 125 亿元,增长 19%。突出产业扶持导向。投入近 7 亿元重点打造数字经济、文化创意、金融科技和生物科技等重大产业链,鼓励优势传统产业向高端、智能、数字化方向发展。投入 1.27 亿元对企业研发投入、新认定高新企业予以补助奖励,加快高端创新要素集聚。投入 2800 万元支持企业利用资本市场融资,新增上市企业 4 家,累计拥有上市企业 21 家。实施招才引智战略。投入 1.2 亿元保障西湖大学云栖校区项目建设。投入 7968 万元支持"高精尖缺"人才引进,实施海内外人才"325"计划,引进海外优质项目和团队 226 个,海外人才创办企业 180 家。撬动社会资本投资。扩大科技风险池资金放贷规模至 3 亿元,为 23 家小微企业提供贷款 1.05 亿元。通过政府引导基金募集社会资本 3.28 亿元,累计投资初创型企业发展项目 29 个。设立总规模为 50 亿元的政府产业基金,开展政府采购支持小微企业合同融资。

【保障民生事业】 全区民生支出 65.38 亿元,占一般公共预算支出的 82.5%。支持教育发展。筹集各类资金 22.97 亿元,全年竣工中小学校 6 所、青少年宫 2 所,并投入使用,开工建设新建项目 5 个,提高在职教师待遇保障水平,设立教育人才奖励专项资金,引进和培育高层次教育人才。保障医疗卫生。全年支出 5.27 亿元,其中投入 5200 万元开展医疗战略合作体系建设,引进省市级三甲医院联合办医,中西医结合医院新院区投入使用;投入 1618 万元保障各社区卫生服务中心基本建设及设备购置;落实医养护一体化全科医生签约服务资金 2000 万元;投入建设资金 3000 万元确保中西医结合医院和区第二人民医院投入使用。促进文化建设。全年支出 9890 万元,构建区、镇(街)、村社联同发展的层级式公共文化设施格局,做实"送戏下乡"和"文化走亲"工程;以茶文化为主线,结合地域文化与旅游产业,助力推广龙坞茶镇·九街茶主题文化产业园、打造龙坞山地自行车公开赛。做好民生托底。全年支出 8.23 亿元,保障城乡低保、残疾人"两补"、特困人员供养、拥军优抚等特殊群体生活保障政策落实到位。打造"互联网+"老年助餐升级版,新建成镇街级综合型居家养老服务中心 3 家。加大就业扶持力度,鼓励高学历技术型人才在区内就业,为就业困难人群提供专场招聘会。落实对外援助。全年支出 1.85 亿元,支持援藏援疆、与淳安区县协作及东西部地区扶贫工作。

【支持城乡建设】 支持城乡基础设施一体化建设。以"全域美丽"为目标,对全区 11 个镇街同步开展综合整治。完成 15 个城中村整村搬迁,腾挪发展空间。完成全区 13 个美丽乡村建设。完成 13 个小城镇环境综合整治项目,龙坞小城镇入选省级示范样板,留下小城镇年底通过验收。落实城乡一体化养护政策机制,牵头组建西湖环境集团,保障养护经费 2000 万元,推动城中村、美丽乡村由"建"向"管"转型。探索社会资本合作模式。做好 PPP 项目筛选识别,鼓励社会资本通过特许经营等方式参与基础设施建设及公用事业建设。推进西湖大学、龙坞茶镇、保亭安置房、社会福利中心二期等 PPP 项目落地。加强政府投资项目监管。统一安置房、美丽乡村、市政道路等重点项目的建设规模、档次,优化项目建设方案,提高资金使用绩效。介入重点项目的立项估算和招标预算的审核,将财政审核结果作为项目立项和招标的投资控制依据,保障建设资金管理的规范性和合理性。全年审核各类项目估算、预算、合同共 825 项,核减不合理费用 44.29 亿元。

【加强财政管理】 强化预算管理。修订会议费、培训费、保育费等支出标准以及预备费、预算调剂管理办法,强化预算法定和刚性。规范国库库款管理,重点保障八项支出、民生支出,合理控制库款规模。推行国库集中支付动态监控机制,对违规支付行为进行事前阻断,加强库款拨付的监督制约。深化预算绩效管理。深化部门预算绩效管理改革,规范绩效目标填报审核,加强对部门预算新增 50 万元以上项目的绩效评价管理。组织 2017 年度全区部门 32 个项目支出绩效自评,资金规模 3909 万元,自评单位覆盖率 41%。推进政府采购电子化进程。2018 年 7 月 1

日起,全区所有预算单位、所有项目上线"政采云"平台,提升采购效率。打击政府采购领域不法行为,加大对供应商恶意串标、提供虚假材料谋取中标等政府采购违法案件的处罚力度。强化会计行业基础管理。开展行政事业单位会计机构及人员信息调查工作,探索会计领军人才培养工程。加强预算单位财务人员培训,推进行政事业单位内控建设。加强政府债务管理。2018年全区争取到省代发地方政府债券8.47亿元(专项债券)用于置换当年到期债券,安排债务还本支出3亿元(一般债券)。综合运用一般债务率、专项债务率等指标评估债务风险。执行政府债务分类纳入全口径预算管理规定,制定5年内完成全部隐性债务的化解工作计划,化解隐性债务风险。

【助力"最多跑一次"改革】 上线全省首个统一公共支付平台。截至2018年12月底,西湖区纳入非税收入管理的151家执收单位已全部纳入统一公共支付平台,电子支付累计14.50亿元,缴纳笔数61.06万笔。改进惠民资金发放模式。惠民资金的发放由之前的指定2家银行发放转变为多家银行发放,落实"群众收款不办卡、老龄老人不用跑"的便民举措。推行财政网上支付。提高网上结报标准化作业水平,实现财政资金支付"零上门",集中支付资金25.37万笔,共计224.82亿元。实施建设项目网上审核。"政府投资项目预算审核管理平台"投入使用,实现从项目申报、委托协审,到完成财政审核整个流程的网上操作,将资料流转次数减少二分之一。全面实施会计事项网上审批。会计初级考试、中高级考评和代理记账审批及年度报备均实行网上申报评审和审批,涉及会计人员和法人的事项实现"网上申请、在线服务、快递送达"。

【加强队伍建设】 每月组织党委理论中心组学习活动,全局干部学习培训活动覆盖全年,创新微党课新载体,在局微信公众号上开展《习近平谈治国理政》读经典学原文微朗诵活动。开展"百千万"蹲点调研活动,全局干部走访社区居民家庭800余户,宣传党的十九大精神和习近平新时代中国特色社会主义思想,倾听居民意见,解决困难20余个。服务沿江板桥村拆违整治,确保拆违工作开展。落实蓬架桥港河道单位责任,坚持巡河不松懈。围绕"不忘初心、牢记使命"主题活动,开展"七一"纪念活动。启动"联企结对争双强"党建共建活动,整合资源优势,实现业务、党建工作"双促进"。

(杭州市西湖区财政局供稿　章　琤执笔)

高新技术产业开发区(滨江)

【概况】 2018年,杭州高新技术产业开发区(滨江)实现地区生产总值1350.70亿元,按可比价格计算,增长11.0%。其中:第一产业增加值0.70亿元,下降26.3%;第二产业增加值672.30亿元,增长16.7%;第三产业增加值677.70亿元,增长5.7%。三次产业结构比为0.1∶49.7∶50.2。人均生产总值36万元。全区财政总收入322.81亿元,增长12.4%;一般公共预算收入164.86亿元,增长15.4%;一般公共预算支出106.72亿元,下降6.0%。全区财政收支平衡,并有结余,财政运行情况良好。

【组织财政收入】 优化收入结构。全年一般公共预算收入占财政总收入的51.1%,占GDP的12.2%,一般公共预算收入中税收收入155.95亿元,占一般公共预算收入的94.6%。加强收入调控。协调税务部门,落实财政税务联席会议制度,分析月度财政运行情况,关注财税改革动向,加强分析预判,调节收入进度。加强非税征管。盘活土地资源,加大土地出让和处置力度。推行非税收入电子缴库,实现非税收入实时入库。全年征收非税收入131.57亿元,其中纳入一般公共预算收入管理的非税收入8.91亿元,土地出让金收入122.55亿元。

【支持经济发展】 加大政策扶持力度。全年投入产业扶持资金30.87亿元,其中区级资金24.63亿元,用于支持创新创业、人才引进、产业化及研发资助、科技金融创新、商贸服务和文创产业发展等。优化对企服务。依托财政会计学会平台,建立企业高管常态化联系机制,通过宣传产业政策,扩大政策知晓度,帮助企业用好用活政策。优化财政扶持方式。建立转贷过桥资金,充实企业转贷基金,加强政银合作,防范企业资金链风险,缓解企业融资难融资贵等问题。新增阶段参股子基金6支,基金规模24.74亿元,帮助科技型初创企业股权融资7.50亿元。新设立短期帮扶周转资金2.00亿元;区担保公司在保企业23家,担保余额1.16亿元。

【改善民生事业】 全年全区民生支出83.89亿元,增长15.1%,占一般公共预算支出的86.2%。支持发展教育医疗事业。投入17.90亿元,保障滨江实验小学、春晖小学、浙大教育学院附属学校、中兴单元小学及幼儿园等学校建成投用和开工建设,落实各项教育补助政策,引进和培养教师。投入3.15亿元,完善城乡居民基本医疗保险制度和大病保险制度,研究制定基层医疗机构补偿机制方案,推动社区卫生服务中心与名医名院合作。提升社会保障水平。投入11.62亿元,推进养老服务业改革,加快保障房建设,落实拆迁户家庭就业帮扶政策。安排欠薪应急周转金500万元,调整政府性投资项目工程进度款支付比例,优化工资性工程款资金支付流程,支持"无欠薪区"建设。加强帮扶协作。投入1.83亿元,落实东西部扶贫协作、援藏援疆、山海协作、区域协作资金,支持对口帮扶地区打赢脱贫攻坚战。深化平安滨江建设。投入3.67亿元,落实社会综合治理、维稳安保、安全生产等经费,保障"雪亮工程""基层治理四平台"建设。

【保障城市建设资金需求】 保障重大项目和基础设施建设资金需求。投入36.18亿元,支持推进江虹路跨铁立交、江南大道快速路以及地铁5号、6号、7号线等重点工程施工,推进萧闻路、浦沿路、闻涛路、冠山路、天马路等重点道路建设，支持奥体博览城主体育馆和网球中心建设。保障中国动漫博物馆、最葵园、北航杭州研究生院、杭州国际学校、物联网产业孵化器、遗址公园、创新中心等重点项目基本完工或开工建设。支持推进“三改一拆”工作。投入49.54亿元，支持浦沿街道征迁攻坚和西兴、长河街道征迁清零工作，签约2554户，拆除1788户，交地2966亩，支持“无违建区”创建，拆除违法建筑3071处，面积39万平方米。支持推进“五水共治”。投入3.14亿元，支持流域小环境综合整治和“污水零直排区”创建，保障截污纳管、河道清淤、排污口整治、生态修复等工程施工。支持改善城市环境。投入7.42亿元，实施小城镇环境综合整治项目，推动垃圾分类处置，保障完善城市亮灯工程，支持建好城市公园，提升城市绿化和洁化水平，推进“花城滨江”建设。

【深化财政改革】 深化预算管理改革。推进全口径政府预算管理，强化“四本预算”统筹衔接。试编2018—2020年财政中期规划，重点研究规划期内影响较大的政策。完善预决算信息公开，扩大公开范围，细化公开内容。深化国库集中支付改革。推行所有预算单位(专户除外)授权支付改革，取消过渡户清算模式，实现国库与代理银行之间直接清算，将一般公共预算安排的实拨资金纳入国库集中支付，提高国库集中支付比率。组织实施国库集中支付电子化管理改革，完成实拨资金电子化业务上线。实施新政府会计制度，完善会计核算系统并上线运行。编制政府综合财务和部门财务报告。规范政府债务管理。制定5年化债实施方案，统筹各类资金，分年度化债。化解部分债务风险，规范举债行为。

【强化财政监管】 构建财政预算联网监督系统。实现对一般公共预算、政府性基金预算、国有资本经营预算及政府投资项目等编制、执行、调整及决算的全过程监督，强化部门预算执行中项目预算的监督。加强街道财政管理。出台《关于加强拆迁补偿款延期支付管理的指导意见》，规范街道拆迁补偿款管理，防范财务风险。出台《关于加强街道及社区政府采购货物和服务管理的通知》，规范采购程序，提高社区采购的透明度。加强资金安全管理。开展行政事业单位协定存款专项检查。清理财政定期存款专户和往来款。制定财政专户资金竞争性存放办法，完成拆迁资金(延后支付)竞争性资金存放10.00亿元。加强内部控制制度建设。出台14个方面的内控操作规程，加强对财政预决算、国库集中支付、国有资产管理、政府集中采购等重大改革事项的风险防控。

【全面从严治党】 加强思想建设。学习贯彻党的十九大精神，组织党组中心组理论学习，坚持“三会一课”每周学习制度，落实党员春训冬训，开展“四问”*大讨论活动。加强队伍建设。开展“四提一争”*主题活动，实施干部培训计划，选派年轻干部到基层部门挂职锻炼，借调干部到组织部锻炼。加强作风建设。开展“百名干部联千企”活动，走访企业29家，社区2个，居民416户，收集问题建议120条，并帮助协调解决。开展“上门服务至少一次”活动。深化“在职党员进社区”结对帮困等志愿活动。加强纪律建设。执行中央八项规定精神，落实党风廉政建设责任制、重大事项报告制度和“一岗双责”制，落实领导干部兼职、违规购房、违规借贷行为自查，开展党性党纪党风教育。

(杭州市高新技术产业开发区[滨江]财政局供稿　周贵勇执笔)

注：

*“雪亮工程”：指以基层综治中心为指挥平台，以综治信息化为支撑，以网格化管理为基础，以公共安全视频监控联网应用为重点的“群众性治安防控工程”，真正实现治安防控“全覆盖、无死角”。因“群众的眼睛是雪亮的”得名。

*“基层治理四平台”：指对街道和部门派驻机构承担的职能相近、职责交叉和协作密切的日常管理服务事务进行归类，完善相关机制，整合工作力量，形成综治工作、市场监管、综合执法、便民服务四个功能性工作平台。

*“四问”：解放思想够不够、干在实处实不实、走在前列能不能、勇立潮头敢不敢。

*“四提一争”：指提高政治站位、提高专业素养、提高推进城市国际化能力、提高克难攻坚能力，争当新时代一流铁军排头兵。

萧山区

【概况】 2018年，杭州市萧山区(不含大江东，下同)实现地区生产总值1802.08亿元，增长5.7%。其中：第一产业增加值53.52亿元，增长1.2%；第二产业增加值726.64亿元，增长2.6%；第三产业增加值1021.92亿元，增长8.5%。三次产业结构比为3.0∶40.3∶56.7。按户籍人口计算，人均地区生产总值156308元。全区财政总收入393.79亿元，一般公共预算收入230.01亿元，分别增长23.8%和22.3%。一般公共预算收入中，税收收入198.88亿元，占比86.5%。一般公共预算收入占财政总收入的比重为58.4%，占GDP的比重为12.8%。一般公共预算支出231.21亿元，增长12.1%。全年财政收支平衡。

【组织财政收入】 强化收入调控。加强与税务部门沟通，做好收入分析和月度收入预测，统筹协调税务部门加强收入调控。优化收入结构。税收收入中二产收入稳定增长，三产收入受城市化快速发展带动大幅增加，全年增长39.2%，收入集聚度不断提高。组织非税收入。全年累计征收非税收入770.45亿元，增收315.82亿元，增长69.5%；其中纳入一般公共预算收入管理的非税收入31.13亿元。

【支持经济发展】 兑现财政扶持政策。全年兑现资金36.13亿元。其中安排各类科技创新资金18.49亿元,提升经济转型升级的软实力。实现产业基金实体化运作。参股设立子基金项目2个、拟签项目1个、完成尽调项目2个。子基金到位253.65亿元,其中区级产业基金出资15.30亿元,撬动社会资本238.35亿元,主要投向数字经济、高端装备制造、生物医药健康、消费升级、企业上市、并购重组等全区重点发展和支持的产业和领域。落实减税降负政策。累计落实各类税收政策优惠125.01亿元。降低、停征行政事业性收费3项。

【保障民生支出】 全年完成民生支出189.08亿元,增长18.3%,占一般公共预算支出的81.8%。支持教育事业。安排教育支出49.18亿元,增长25.0%,修订扶持民办教育补助管理办法,加快学前教育软硬件建设,红垦学校、世纪实验小学、市心幼儿园等项目投入使用。支持医疗卫生事业。安排医疗卫生支出14.66亿元,保障"健康萧山"战略实施,深化医药卫生体制综合改革,加强分级诊疗制度建设。推进社区智慧医疗自助服务功能建设。完善社会保障体系。安排社保就业支出16.87亿元,推进全覆盖、可持续的多层次社会保障体系建设,加强城乡统筹,巩固与主城区一体化成果。加强参保扩面精准化,保障社会保险参保人数平稳增长。支持生态环境改善。全年支出17.00亿元,用于支持小城镇整治、美丽乡村建设、浦阳江治理、林道建设、治水治气治地等项目。支持人才、文化、平安建设。全年支出3.30亿元,保障高层次人才引进、现代公共文化体系构筑和"平安萧山"创建工作。

【保障项目建设资金需求】 争取政府债券。用好用足政策,全年落实新增债券30.00亿元,再融资债券21.80亿元,置换债券7.40亿元,保障地铁工程资金需求,缓解债务还本压力。保障各类建设项目推进资金需求。全年拨付建设资金96.00亿元、棚改政府购买服务资金49.60亿元,确保亚运场馆建设、地铁等交通设施项目、"22688"交通工程建设*、城中村改造等项目按计划推进。

【深化财政改革】 推进机构改革。出台萧山区机构改革经费保障和财务管理工作办法,加强涉改部门经费保障和财务管理。在税务系统机构改革中,提出财政地税人员、资产、经费划分划转建议,确保财政工作及队伍建设"双稳定"。加强各项支出改革。出台实施意见,支持完善卫生院绩效工资和公立医院薪酬制度改革。完善干部培训、党员教育、工会疗休养、物业管理等支出制度。制定国有企业车改方案和事业单位车改报销办法。改革项目建设模式,探索全过程代建、政府购买服务方式的创新。推进财政信息化改革。"政采云"系统在全区上线启用,提高政府采购效率和透明度,已采购4096单,交易额5.50亿元。全面上线"资产云",提高行政事业单位资产管理水平。推进国库集中支付电子化改革,区级预算单位已全部上线,确保财政资金安全和高效运行。推进统一公共支付平台建设,全区所有执收项目均接入平台,16项执收项目纳入自助服务机,当年收缴110万笔,涉及资金22.00亿元。深化"最多跑一次"改革。清单事项以内全部实现"最多跑一次",会计人员信息管理、会计职称考试,高级会计师评审实现"零上门"。开展"上门服务至少一次"活动,走访预算单位587家次,开展支农政策、会计服务、绩效管理等培训6704人次,线上答疑9876人次。

【规范财政监督管理】 加强政府债务管理。规范举债方式,防范债务风险,摸清底数,制定并实施全区隐性债务八年化解计划和重大风险整改方案,累计调度财政资金48.00亿元,超额完成全年化债任务。推进预算绩效管理。重点绩效评价项目13个,涉及金额50.00亿元。推进区级财政资金竞争性存放,共招标存放财政专户资金90.00亿元,增加收益5268万元,转存及提前转存专户资金125.00亿元,增加收益5717万元。深化预算执行动态监控。启用新的预算执行预警规则,确认违规403笔,涉及违规资金1793万元,违规纠正率100%。运用国库集中支付动态监控系统,启用"三公"经费管理"三色"预警机制,确认违规94笔,涉及金额53万元,全部予以阻断并纠正,相关做法被省纪委网站报道推广。加强政府投资项目资金审核。全年核减各类不合理资金88.70亿元,核减率16.3%,节约政府建设资金。

【加强队伍建设】 开展以"不忘初心、牢记使命"为主题的"两学一做"学习教育活动,学习贯彻党的十九大精神和习近平新时代中国特色社会主义思想,加强政治建设。开展解放思想大讨论活动,破除思想障碍,提升财政服务保障能力。开展"民情双访"活动,走访农户187户,企业18户,收集各类意见建议计22项。实施中层干部竞岗工作,完善中层干部选拔任用实施办法,确保选拔过程公开、透明和公正,全年选拔任用正科级领导干部7名,副科级领导干部14名。开展"岗位练兵、技能比武"业务竞赛,完善"师徒结对"活动。制定实施党风廉政建设"两个责任"工作方案,明确每个党员责任。制定党风廉政建设工作要点,推进党风廉政建设。加强内控制度建设,梳理各个岗位、各项业务的廉政风险点,并将相关制度落实到每个责任人。

(杭州市萧山区财政局供稿　徐丹萍执笔)

注:

*"22688"交通工程建设:"2"是两大交通枢纽即萧山国际机场三期扩建工程、高铁枢纽即铁路杭州南站;"2"是两个城市环线即杭州都市经济圈高速公路环线、杭州城市组团环线;"6"是六条轨道线路;"8"是八条城市快速路;"8"是八条框架性主干路。

余杭区

【概况】 2018年,杭州市余杭区实现地区生产总值(GDP)2312.44亿元,按可比价计算,增长11.2%。其中:第一产业增加值 50.46 亿元,增长 1.7%;第二产业增加值 629.68 亿元,增长 5.9%;第三产业增加值 1632.30 亿元,增长 13.6%。全区第三产业增加值占比首次超七成,达到 70.6%,对 GDP 增长贡献率达到 85.0%,其中信息经济(智慧经济)实现增加值 1340.87 亿元,增长 20.3%。三次产业结构比为 2.2∶27.2∶70.6。按户籍人口计算,全区人均生产总值为 216208 元,增长 5.3%。全区财政总收入 623.86 亿元,增长 23.8%;一般公共预算收入 336.38 亿元,增长 20.1%,占 GDP 的 14.5%,占财政总收入的 53.9%,其中税收收入 314.17 亿元,占一般公共预算收入的 93.4%。全区一般公共预算支出 342.54 亿元,增长 26.7%,其中区本级财政支出 303.19 亿元,增长 27.1%。全年预算收支情况良好,财政收支平衡。

【组织财政收入】 加强财政与税务部门合作,掌握收入变化情况;完善落实新的税源经济政策,培植优质税源;统筹政府性基金管理,强化预算管理;把握土地出让节奏,提高土地利用收益,全年收入增幅控制在较合理水平。加强非税收入征管,全年完成非税收入 531.58 亿元,一般公共预算中非税收入额 22.21 亿元,增长 13.2%。政府性基金收入 509.29 亿元,其中:国有土地使用权出让收入 474.57 亿元,增长 92.6%;其他政府性基金收入 4.02 亿元,下降 17.2%。

【服务实体经济发展】 完善扶持政策。在"6+3"产业政策体系*的基础上,梳理完善各类优惠政策,形成"1+N10"政策体系*。加快兑现速度。加快对大企业大集团、企业培育财政扶持项目的政策兑现,加强中小企业担保政策扶持,全年兑现各项政策资金 75.19 亿元,增长 33.4%。发展产业基金。成立规模 20.00 亿元的上市公司稳健发展基金(凤凰基金),余杭区政府产业基金总规模 63.50 亿元,已到位资金 44.30 亿元。与社会资本合作设立子基金 26 支,子基金规模 249.81 亿元。助推产业化落地。利用阿里、浙大资源,发挥阿里云平台等云计算资源,深化"互联网+"建设。加大镇街招商引资比例,协调物理空间,支持建设阿里达摩院、浙大国家大学科技园、浙大校友企业总部园等创新平台,助推"高精尖"新经济项目产业落地余杭。

【保障民生项目支出】 保障民生支出。全年安排公共财政民生支出达 251.00 亿元,增长 26.16%,占一般公共预算支出的 73.3%。其中,医疗支出 26.62 亿元、教育支出 58.79 亿元、社会保障和就业支出 23.02 亿元。重点民生项目包括:临平老城区有机更新投入 23.61 亿元,良渚高级中学、塘栖中学迁建等学校建设投入 10.58 亿元,良渚医院整体迁建、第五人民医院改扩建等医院建设投入 9.34 亿元。推进重点项目建设。按照"保续建、控新建"的要求,统筹调配资金,投入 159.74 亿元推进运河二通道、地铁、良渚"申遗"、三路一环等省市区重点项目;投入 235.04 亿元实施"全域美丽"建设,推进一事一议财政奖补试点项目 15 个。

【推进体制机制创新】 实施镇街财政体制改革。理顺区与镇街的财政分配关系,财力向镇街倾斜,发挥镇街积极性,新体制实施第一年镇街可用财力增加 15.00 亿元。打造节约型政府。出台《节约型政府建设工作改革实施方案》《区直单位节约型政府建设工作考核实施办法》,对区直单位进行综合考评,加强政府投资项目管理,控制政府投资项目造价,2018 年累计核减各项资金 19.15 亿元。落实公款竞争性存放。出台《余杭区财政专户资金存放管理实施办法》,建立健全财政专户资金存放机制,实施财政资金竞争性存放两期共计 98.00 亿元。推进 PPP 模式应用。鼓励社会资本参与城市基础设施和公共服务项目投资运营,促进 PPP 等模式的推广使用,2018 年完成 PPP 项目社会资本合作对象签约 3 个,总投资 134.00 亿元。截至 12 月底,共落地 PPP 项目 4 个,项目总投资 145.85 亿元,均纳入财政部 PPP 项目库。

【防范系统性风险】 化解隐性债务。从盘活资产、推进平台公司转型、提取土地出让金、整改不规范协议、规范政府购买行为等方面开展化解工作,全年化解政府隐性债务 523.52 亿元(其中银行贷款 236.90 亿元、政府支出责任 286.62 亿元),完成化债任务。拓宽融资渠道。引导各国有融资平台拓宽融资方式,通过一级市场发行企业债、公司债、中票、PPN 等模式直接融资,2018 年新增各类市场化融资 151.00 亿元,累计达 318.90 亿元。

【加强干部队伍建设】 开展主题教育活动。落实"一村一社区一机关"结对共建、"百千万干部蹲点"、联乡结村和"平安三率"等系列志愿服务活动,开展"三会一课"、组织生活会、固定主题党日、周三夜学夜访等活动。深化财政文化建设。团委、妇委会等团体组织干部开展系列活动。加强内部考核管理。建立党员干部廉政档案,开展基层党风廉洁巡查,对违规房产交易、违规资金借贷、违规迁户安置等行为加强管理,出台《关于进一步严格执行请假制度的通知》《余杭区财政(地税)局内部绩效管理考核办法》等,做好干部日常管理和绩效管理考核。推进机构改革。加强组织领导,保障改革经费,划转相关资产。开展谈心谈话,做好转隶人员思想工作,保证税务机构改革顺利推进。

(杭州市余杭区财政局供稿　沈润锴执笔)

注:

*"6+3"产业政策体系:包括众创空间政策、工业与科技统筹发展政策、开放型经济政策、现代服务业政策、人才政策、金融政策 6 个综合性政策,以及电子商务、生物医药、家纺恒阳产业 3 个行业性政策。

*"1+N10"政策体系:以《关于进一步优化提升营商环境全面打造国际一流创新创业高地的若干意见》为总纲,"人才新政十条""上市新政十条""时尚十条""冠军十条""外资十条""电商十条""科创十条""智能制造十条"等 N 个 10 条为补充的政策体系。

富阳区

【概况】 2018年,杭州市富阳区实现地区生产总值764.60亿元,增长5.7%。其中:第一产业增加值45.30亿元,增长2.5%;第二产业增加值332.90亿元,增长3.9%;第三产业增加值386.40亿元,增长8.0%。三次产业结构比为5.9∶43.5∶50.6。按户籍人口计算,人均生产总值112388元。全区实现财政总收入123.18亿元,增长13.3%;一般公共预算收入72.70亿元,增长12.5%。一般公共预算支出73.00亿元,增长10.1%。全年预算收支情况良好,财政收支平衡。

【组织财政收入】 强化收入分析。制定组织收入预案,实施动态调整,开展经济税源调研分析,把握组织收入主动权。研究经济走势、征管体制改革对财政收入的影响,提升收入分析质量。优化收入结构。当年一般公共预算收入占财政总收入的59.0%,占GDP的9.5%。其中,税收收入66.01亿元,占一般公共预算收入的90.8%,高于上年1个百分点。完善非税收入管理。出台《杭州市富阳区国有土地使用权出让收支管理办法的通知》,规范国有土地使用权出让收支管理,健全收缴核算体系。征缴政府非税收入193.65亿元,增长97.8%,其中,土地出让收入179.44亿元,增长116.7%;纳入一般公共预算收入管理的非税收入6.69亿元,增长3.8%。

【支持经济转型升级】 落实税费减免优惠政策。全区累计减免企业各类税费48.80亿元,增加14.71亿元,增长43.2%。搭建政府采购电商平台,入围本地供应商51家。在政府采购领域支持中小企业信用融资,累计发放"政采贷"* 5笔,涉及金额约1400万元。以消除薄弱村为重点,实施帮扶村级集体经济发展项目35个,奖补资金5250万元,增加村集体经济收入,全区288个村(社)完成"消薄"任务。出台高新工业强区、现代服务业、开放型经济、人才新政等九大类产业扶持政策,投入财政资金10.50亿元。通过盘活存量、统筹专项、压减支出等方法,累计筹集资金8亿元设立政府产业基金。招引社会资本和金融资本进驻本区,设立总规模4亿元科技投资引导基金。

【保障重点民生支出】 全年民生支出57.40亿元,占一般公共预算支出的78.6%。落实各项民生工程,办好十件民生实事、社保提标等工作。支持教育事业发展。全年教育支出20.04亿元,增长7.7%。推进"三名"(名校、名师、名校长)工程,与浙师大、杭师大等名校合作办学,实施小学学后托管服务。支持医疗卫生事业发展。全年投入医疗卫生支出5.67亿元,增长2.2%。健全"15公里急救半径"网络,新建、提升医疗急救点10个,推进3家区级医院与省市级医院托管合作或共建医联体。支持社会保障事业发展。全年社会保障和就业支出3.60亿元,与上年持平。城乡居民养老、医保综合参保率分别达95.0%、99.0%以上,低保标准上调至955元/人·月。支持科学技术事业发展。全年科学技术支出3.87亿元,增长11.2%。加大科技创新投入,对科技孵化、研发费用投入、产学研项目、创新券、贷款贴息等投入扶持资金,惠及企业500余家。

【深化财政改革】 "最多跑一次"破题投融资改革。作为浙江省四个化债试点单位之一,首创"一化责任、二消债务"* 两步走的化债方法。全年共化解隐性债务236.90亿元,完成年度化债计划的110.6%,平均融资成本控制在6.8%。推行部门整体绩效预算改革。部门整体绩效预算纳入全省试点。出台《杭州市富阳区区级部门(单位)财政管理绩效考核办法》,对部门预算管理涉及的基础工作、预算管理、预算执行、财政监督和创新创优五大方面17项工作进行考核,将考核结果运用于部门整体绩效预算改革,与部门预算安排及考核奖励挂钩。出台《杭州市富阳区财政局关于开展部门预算包干总额核定工作的通知》,对预算包干总额核定的范围、内容、要求、分工及实施等进行明确。推进财税体制改革平稳过渡。在机构改革工作中,与税务系统对接沟通,完成资产、资金的盘查、移交,完成转隶在职干部145人。

【强化财政管理】 完善国库集中支付管理。出台《富阳区国库集中支付电子化管理实施方案》,在区级预算单位中全面实现国库集中支付电子化管理。梳理政府投资项目管理职责,在18个区级部门的政府投资项目中全面推行国库集中支付。完善公款存放管理,开展社保资金竞争性存放1期,涉及资金8亿元。加强财政审核管理。出台《富阳区政府性投资项目财政审核管理办法》,规范审核流程、专业备案、考核考评、费用结算、档案管理等各环节,全年政府性投资项目(不含PPP项目)概预算财政审核累计送审项目1420个,送审造价124.20亿元,净核减6.70亿元,核减率5.4%。强化财政监督检查。以39个政府专项及政府投资项目为重点,对24个乡镇(街道)开展本级财政支出项目绩效自评。探索"巡察监督与财政监督联动"机制。通过"巡财联动"发现的问题数约占总问题数的60%,移交问题线索45件,占总问题线索数的56%。

【加强队伍建设】 加强廉政建设。落实主体责任,推行党风廉政建设目标责任制度,落实"两个责任",专题开展廉政警示教育,订制《关于机构改革期间严禁出现的十五种突出情形》提示卡,发送个性化短信提醒。提升干部能力。学习贯彻党的十九大精神和习近平新时代中国特色社会主义思想,实行"两学一做"常态化制度化。开展"师带徒结对"活动,做好职业道德、财政价值观、专业技能的"传帮带"。在市财政岗位业务技能比武中,连续第四年获得"年度岗位业务技能比武优胜单位"。发挥先锋模范作用。开展社区文明共建、交通文明劝导、巾帼文明岗建设,参与平安建设等活动,机关第一支部获区级"最强支部",一支部书记获新时代"浙江省万名好党员"称号。加强作风效能检查。对劳动纪律、行为规范、服务态度、作风行风和“庸、懒、散、奢”等方面开展各类督查17次,重点针对“四风”等问题进行提醒约谈。

(杭州市富阳区财政局供稿　成　洁执笔)

注:

*“政采贷”:政府采购信用融资,指银行业金融机构以政府采购诚信考核和信用审查为基础,凭借政府采购合同,按优于一般中小企业的贷款利率直接向申请贷款的供应商发放贷款的一种融资方式。

*“一化责任、二消债务”:一化责任,通过国企改革和财政扶持政策,政府平台实现了性质和职能的转变,同时通过把一定数额的资金、资产、资源注入国有企业,实现了政府隐性债务向企业经营性债务的转化,也就化解了政府原来应该承担的连带责任。二消债务,以强化国企市场化运营为主要内容,逐年消化企业经营性债务,降低资产负债率。

临安区

【概况】　2018年,杭州市临安区实现地区生产总值539.64亿元,按可比价计算,增长7.2%。其中:第一产业增加值42.91亿元,增长2.4%;第二产业增加值238.58亿元,增长4.8%;第三产业增加值258.15亿元,增长11.3%。三次产业结构比为8.0∶44.2∶47.8。按户籍人口计算,全区人均GDP为100607元,按可比价计算,增长6.6%。全区财政总收入88.48亿元,增长18.1%,其中一般公共预算收入53.17亿元,增长22.8%,占GDP的9.9%,占财政总收入的60.1%。税收收入46.20亿元,占一般公共预算收入的86.9%。一般公共预算支出74.22亿元,增长14.6%。全年财政收支平衡。

【组织财政收入】　强化收入分析。研判财政经济形势,强化收入结构分析、规模预测及数据统计,推进财税部门涉税信息共享和收入组织联动。加强非税收入管理。出台票据管理和非税收入征收规范性文件,开展财政票据“双随机”抽查,实现政府非税收入166.44亿元,增长45.7%,其中纳入一般公共预算收入管理的非税收入6.96亿元。

【支持经济发展】　优化营商环境。支持实施“1+3”产业政策体系*,区本级共计兑现财政扶持资金4.21亿元。落实税费优惠减免政策,全年共计减免各类税费28.78亿元。创新发展方式。出资成立政府产业基金公司,推进政府产业引导基金运作。组建中小企业融资担保风险基金,落实企业财政应急周转金工作机制,共为6家企业办理周转12次,周转资金1.67亿元。

【优化支出结构】　全年民生保障支出60.30亿元,增长16.5%,占一般公共预算支出的81.2%。支持教育事业发展。全年教育支出15.23亿元,增长7.9%。推进城北小学、锦北中心幼儿园等项目建设,实现与主城区优质普通高中双向定额招生。支持社会保障事业发展。全年社会保障和就业支出7.49亿元,增长2.9%。新增城镇就业9358人,实现失业人员再就业3821人,实施城镇公租房保障454户、农村困难家庭住房救助468户。支持医疗卫生事业发展。全年医疗卫生和计划生育支出6.12亿元,增长5.8%。支持杭州医学院建成投用,实现临安与浙江农林大学区校合作全面深化。支持科技事业发展。全年科学技术支出4.40亿元,增长14.8%。引进“千人计划”人才14人,培育市级以上科技孵化器4家,新增国家高新技术企业47家。支持文化事业发展。全年文化体育与传媒支出1.20亿元,增长6.2%。新建和改建农村文化礼堂100个,承办第九届世界杯武术散打比赛,举办临安首届半程马拉松等重大赛事。

【推进融杭步伐】　助力民生融杭。推进民生融杭“同城同待遇”,明确民生融杭红利50项,全年增支7.61亿元,城乡居民基础养老、基本公共卫生服务等11项政策率先接轨。落实被征地农民衔接转入企业职工基本养老保险政府资金,获省级调剂金奖励3000万元。助力交通融杭。争取融杭资金1亿元,用于新增和优化公交线路23条等融杭交通建设。财政保障资金4000万元,以政府购买服务方式实现杭徽高速杭州西至临安段小客车免费通行。加大财政保障力度,加快杭临城际铁路等项目建设,文一路西延至科技大道等融杭道路纳入杭州路网布局,启动临金高速临安段征迁。助力城市建设融杭。强化资金统筹,保障城中村改造、城市基础设施建设等政府重点项目建设。规范推广PPP模式,引导社会资本投入,推进实施双溪口水库、青山湖环湖绿道三期等项目建设。

【深化财政改革】　推进“最多跑一次”改革。深化统一公共支付平台建设,办理电子缴款69万笔,金额8.56亿元。优化政府投资项目审批,在全省率先实现财政项目审核中心入驻行政审批服务中心。开展“上门服务至少一次”活动,走访预算部门130家,开展集中培训20次,发放解答汇编1000余册。推进机构改革。加强与税务部门的合作,保障财政与税务机构改革的平稳推进和全区收入可持续增长。从经费划转、预算编制、资产移交、财经纪律等多方面对区级机构改革涉及单位进行规范化管理。强化政府债务管理。执行政府债务限额管理,建立地方政府性债务风险应急处置机制。强化全口径债务管理,编制五年化债计划,截至2018年年底,全区政府债务余额93.56亿元,在省确定的风险控制范围内。

【加强财政监管】　实施预算绩效管理。推出部门预算管理和镇街财政管理绩效考核模式,对预算编制执行、专项资金管理、国库集中支付等业务进行规范要求,规范化财政所创建覆盖率94.4%,在杭州地区排名第一。加强支出监管力度。从严控制行政经费和一般性支出,“三公”经费支出4469万元,减少4.4%。办理部门预算支出业务8.6万笔,金额43.38亿元。实施国库集中支付动态监控,阻止不合理支出560笔,涉及金额761万元。实施财政专项检查。开展财政大督查,提升财政资金使用绩效,检查项目32个,发现问题82个,全部督促整改到位。规范财政项目审核。推行项目概算自审、预算抽审工作机制,实施EPC项目审核机制,审核概、预算项目212个,核减金额10.58亿元,核减率6.4%。推行绩效目标评审。以重点项目和部门支出管理为突破口,组织专家、"两代表一委员"参与预算项目评审,审核项目10个,核减金额3738万元。强化政府采购监管。制定集中采购目录,构建政府采购云平台,落实定点招标,完成预算采购5.40亿元,资金节约率9.2%。

【加强队伍建设】 学习贯彻党的十九大精神和习近平新时代中国特色社会主义思想,开展"进村入户大走访"系列活动,打造临安财政官方微信"先锋电台"党建特色品牌。配合区委巡察组巡察工作,开展"思想大解放 行动大担当"大讨论活动,推进清廉财政机关建设。组织全员干部职工脱产培训,开展"财政大讲台""干部夜学"等活动,针对原从事地税工作的事业编制人员组建财政业务学习研究班。加强内部控制管理,形成"1+8+X"的内控制度体系*。改进公文流转模式,完善办文办会系统,公文流转实现5日内办结反馈,流转过程实现微信公众号和钉钉掌上OA实时查询。

(杭州市临安区财政局供稿 孙力优执笔)

注:

*"1+3"产业政策体系:"1"指政府引导产业发展基金管理办法,"3"指推进工信经济加快转型升级、乡村振兴发展扶持、强化创新驱动推进现代服务业发展三个政策文件。

*"1+8+X"内控制度体系:包括1个内部控制基本制度、8个专项风险管理办法和18个内部控制操作规程。

建德市

【概况】 2018年,建德市实现地区生产总值367.90亿元,按可比价格计算,增长7.6%。其中:第一产业增加值33.65亿元,增长2.2%;第二产业增加值165.50亿元,增长5.3%;第三产业增加值168.75亿元,增长12.1%。三次产业结构比为9.1∶45.0∶45.9。按户籍人口计算,人均生产总值71995元。全市财政总收入50.46亿元,增长18.1%,其中一般公共预算收入28.27亿元,增长15.9%,占GDP的7.7%,占财政总收入的56.0%;税收收入24.93亿元,占一般公共预算收入的88.2%。全市一般公共预算支出47.71亿元,增长6.1%。全年财政收支平衡。

【组织财政收入】 培育优质税源。落实国务院六项减税政策,为高新技术、上市挂牌企业等提供专业服务,帮助企业规避涉税风险,建立可持续的收入结构和增长模式,稳固税源根基。组织非税收入。加大政府非税收入尤其是土地出让金征管力度,推进政府非税收入线上线下一体化收缴运行体系建设,全年征收非税收入38.64亿元,其中纳入一般公共预算收入管理的非税收入3.34亿元。

【支持经济发展】 促进实体经济发展。研究改造提升传统制造业振兴实体经济实施方案,以"亩产税收"为导向,统筹安排1亿元实施传统产业改造财政奖励政策,支持以"机器换人"为核心的工业企业技术改造。促进中小微企业提升发展。统筹安排财政资金,在全市范围内推广小微企业创新券,出台《关于小微企业创业园建设的若干政策意见》,支持小微企业园建设,入选全省2019年度小微企业园建设提升试点市(县)。扶持信息经济产业发展。统筹安排5000万元设立数字经济发展专项资金,加大对数字经济重点平台、重大项目以及各类试点示范的扶持力度。降低企业融资成本。完善《建德市中小企业转贷专项资金管理办法》,从简化流程、降低成本、扩大覆盖面等方面进行优化,减轻中小企业转贷负担超3000万元。

【优化支出结构】 全市民生支出37.12亿元,占一般公共预算支出的77.8%,增长6.1%。保障办好十件民生实事,全年安排十件民生实事财政资金1.45亿元。支持教育事业发展。全年教育支出9.00亿元,推进教育综合改革,完善实施小规模学校资金补助政策,建立义务教育学校生均公用经费逐年提高机制,推进城乡教育均衡发展,促进教育现代化。支持科技事业发展。全年科学技术支出2.03亿元,支持全市产业转型、"机器换人"、科技创新、高素质人才引进等,新增入孵企业15家、杭州市级以上高新技术企业28家、杭州市级以上高新技术研发中心11家。支持社会保障事业发展。全年社会保障和就业支出5.69亿元,提高城乡居民低保和优抚补助标准,加强特困人员保障,支持多层次职业技能培训,统筹推进高校毕业生、退役军人、残疾人等重点群体就业。支持医疗卫生事业发展。全年医疗卫生和计划生育支出3.72亿元,促进医疗卫生服务质量提升,推进医共体建设,深化公立医院综合改革。支持平安建德建设。全年公共安全支出2.73亿元,保障扫黑除恶专项斗争和"平安建德"建设,完善基层治理"四个平台",优化"全科网格"764个。助推乡村振兴。统筹安排美丽乡村、美丽经济、"五水共治"等项目资金4亿元,保障"八美"建设,打造全域大花园。推进省级田园综合体试点项目建设,加大一事一议村级公益事业财政奖补项目扶持力度,推进一事一议财政奖补助推美丽乡村建设。

【深化财政改革】 提升财政管理水平。深化全口径预算管理,增强财政统筹能力,强化政府投资管理,提高项目资金绩效。健全公款存放机制,规范公款存放后续管理,累计完成165个(次)银行账户和定期存款户竞争性招标,涉及资金39.65亿元。上线国库集中支付电子化系统,完成政府采购"政采云"系统建设和应用。健全乡镇财政管理考评体系,构建市乡一体的财政管理信息网络。防范政府债务风险。完善政府性债务风险防控机制,制定防范化解地方政府性债务风险专项行动方案,编制政府性债务风险五年专项行动方案,落实隐性债务风险化解,完成2018年化债任务。推进PPP规范发展。已纳入财政部PPP综合信息平台系统项目18个,涉及医疗、养老、教育、交通、环境及园区开发等行业,总投资270.02亿元,其中落地项目15个,落地项目总投资266.03亿元,落地率83.3%。深化"最多跑一次"改革。做好非税收入电子化收缴改革,深化统一公共支付平台应用,共有92家非税收入执收单位通过统一公共支付平台收缴31万笔,执收非税收入4.12亿元。开展"上门服务至少一次"活动,线上线下服务3480人次,上门服务部门和乡镇的覆盖面均达100%。

【加强财政监管】 强化财政监督。构建市委巡察财政监督联动机制,实现财政财务人才资源共享和监督成果共享。实施绩效管理,开展多层次绩效评价,提高财政资金使用绩效。加强国有资产管理。开展国有资产年度清查及报告机制落实情况检查,助推全市438家国有单位建立国资管理内控制度。推进国有单位资产权证办理,完成414处房产土地权证补办。严控行政运行支出。完善培训费、差旅费、通讯补助费等开支管理办法,加强部门支出管理,打造节约型政府。2018年全市"三公"经费支出3013万元,下降3.1%。

【加强队伍建设】 推进机构改革。推进国地税机构改革,开展全局资产清查和往来款核查清理,做好财政地税人员转隶、资产划转和经费划分工作,确保干部队伍及业务工作"双稳定"。推进"两学一做"学习教育常态化制度化,学习贯彻党的十九大精神和习近平新时代中国特色社会主义思想,开展新党章、新宪法学习和党纪党规学习教育,开展组团包干乡村振兴大走访大调研,利用"三会一课"、主题党日举办"我的初心故事"演讲、文艺汇演、知识竞赛等活动。制定作风效能交叉检查方案,开展作风效能每月一内检和每季交叉查。执行领导干部谈话制度,把谈话细化为工作谈话、警示谈话和诫勉谈话。利用冬训春训学习、领导上廉政党课、观看正反面典型案例等方式,增强廉洁自律意识。深化"新安夜学"教育培训机制,组织夜学活动13次,培训1600余人次。开展岗位技能大比武2次。以溪头社区网格为阵地,组织入户宣传、环境整治等社区志愿服务活动60次,参加人员达2000人次。

(建德市财政局供稿 李 蕾执笔)

桐庐县

【概况】 2018年,桐庐县实现地区生产总值391.99亿元,按可比价格计算,增长5.5%。其中:第一产业增加值23.53亿元,增长1.9%;第二产业增加值195.56亿元,增长5.4%;第三产业增加值172.90亿元,增长6.1%。三次产业结构比为6.0∶49.9∶44.1。按户籍人口计算,人均生产总值94221元,增长4.8%。全县财政总收入52.76亿元,增长13.2%。其中一般公共预算收入30.67亿元,增长10.2%,占GDP的7.8%,占财政总收入的58.1%;税收收入27.23亿元,占一般公共预算收入的88.8%。全县一般公共预算支出44.87亿元,增长7.7%。全年财政收支平衡。

【组织财政收入】 关注宏观经济变化形势,加强财政与税务等部门沟通协调,强化经济运行分析,掌握收入变化趋势,提高财政收入预测的准确性。推进非税收入电子化收缴改革,实现49项非税收入项目接入浙江政务服务网统一公共支付平台。加快国有土地出让进度,全年土地出让金收入36.61亿元。全年组织非税收入42.53亿元,其中纳入一般公共预算管理的非税收入3.03亿元。

【支持经济发展】 加大扶持企业力度。发挥中小企业转贷基金作用,减轻企业融资压力,提供转贷资金15.99亿元,涉及中小微企业494户,节约融资成本1500万元。整合民营经济扶持政策,优化企业发展营商环境。完善产业扶持政策。修订六大产业政策,新增传统产业和创业创新扶持政策,加快传统产业转型升级,优化县域产业发展结构。落实财政扶持资金2.35亿元,支持产业政策兑现。提升产业发展质量。规范运作政府产业引导基金,投资2100万元参与院士新药研发项目,参与设立的子基金所投项目完成上市。完善工业用地亩均税收三年倍增计划,推动企业提升用土效益。支持引进人才。围绕"产业强县"战略,支持人才工作三年行动计划,明确新引进高学历人才生活和住房补贴发放标准,落实"国千""省千"产业项目专项资助等引才措施,强化科技人才支撑。

【保障民生事业】 全年民生保障和社会事业支出36.46亿元,占一般公共预算支出的81.3%。支持教育卫生事业发展。安排教育支出11.26亿元,促进名校合作办学,保障经济开发区学校等14所学校建设。安排医疗卫生支出4.86亿元,推进"健康桐庐"建设,开展县域医共体改革,深化全省综合医改试点,推行"健康树"综合签约服务。支持社会保障事业发展。安排社会保障和就业支出5.74亿元,开展长期护理保险试点工作,城乡低保发放标准提高至每人764元/月。支持文化文明提升。安排文化体育支出1.38亿元,加快新时代文明实践中心"建设,创建"中国诗歌之乡",新建农村文化礼堂13家,支持全民健身活动和品牌体育赛事举办。支持生态环境改善。安排生态环保支出6231万元,支持"垃圾革命""厕所革命",开展污染防治"八清零""行动,推动县城建筑垃圾规范化处置。支持"平安桐庐"建设。落实2.81亿元保障智慧消防建设、扫黑除恶专项斗争等"平安桐庐"建设,创成浙江省食品安全县。

【深化财政改革】 推进"最多跑一次"改革。三项财政办事服务类项目全部进驻县行政服务中心,实现一窗受理和电子化服务。

桐庐县健康绿道

安排首席代表入驻县投资项目“一站式”服务中心,受理办理投资项目审批事项127个,单个事项办理提速90%以上。完成县乡财政体制调整。制定《关于印发桐庐县乡镇(街道)财政管理体制调整等方案的通知》,完善乡镇(街道)平台财政管理体制,调整县乡财政事权和收入分成办法,提高乡镇财政管理水平。深化投融资体制改革。发挥产业引导基金、财政专项资金的撬动作用,建立信贷、担保、创投等协同联动机制,鼓励社会资本投入科技创新领域和社会事业建设。推进PPP项目规范运作。首个公共基础设施工程项目入围财政部政府和社会资本合作中心项目库,总投资2.99亿元。推进机构改革工作,落实财政地税人员转隶、资产划转及税务部门经费保障工作,确保全县财政税务干部队伍及业务工作“双稳定”。

【强化财政绩效管理】 规范财政预算管理。加大“四本预算”统筹使用力度,盘活部门结余资金及连续两年未用完的结转资金2.11亿元,提升资金使用绩效。建立人大预算联网监督平台,推进预算公开透明。加强财政资金监管。出台《桐庐县财政专户资金存放管理实施办法》,规范公款存放管理,提高资金存放效益。强化预算支出管理。明确差旅费、公务出行经费支出标准,出台全县机关事业单位会议费培训费新标准,规范费用开支标准。全年一般性支出压减5.9%,“三公”经费下降1.2%。提升财政服务质效。强化政府采购管理,全面运行“政采云”平台,政府采购交易金额3.92亿元,节资率11.0%。推进国库集中支付改革,扩大授权支付覆盖面,财政资金支付时间从1—2个工作日压减至最快2分钟。

【防范政府债务风险】 强化债务管理机制。成立全县政府性债务管理工作领导小组、政府隐性债务化债专班,开展债务风险评估和统计监测,制定《防范化解地方政府隐性债务风险专项行动实施方案》,形成政府性债务专人、专事、专管的工作机制。规范融资举债行为。遵照《预算法》《担保法》和中央有关政策的规定,清理整改不规范的融资担保和政府购买服务行为,制止违规举债行为。严控政府投资项目。贯彻省委“三个不得立项”要求,按照严控数量、提升质量的原则,压缩政府项目投资计划近30%,总计约24亿元。拓宽增收偿债渠道。完善国有土地使用权出让收支管理,明确土地出让金收益中20%用于偿债。全年化解隐性债务18.47亿元,完成全年化债任务。

【加强干部队伍建设】 落实“三会一课”“固定主题党日”“两学一做”等常态化学习制度,学习贯彻党的十九大精神和习近平新时代中国特色社会主义思想,组织党员春训、“不忘初心、红船依旧”主题教育活动。开展“联村走企访户”深化基层走亲活动,落实在职党员进社区“双报到、双服务”工作要求,推动党组织共建。出台《桐庐县财政局党委关于推进清廉桐庐财政建设的实施意见》,推进清廉桐庐财政建设。出台“三重一大”事项集体决策制度,县纪委派驻纪检组参与“三重一大”决策常态化监督,强化廉政风险防控。实施“2+N”双督查*模式,开展效能检查16次,发现问题25个,专项纪律约谈223人次。

(桐庐县财政局供稿 王 琪执笔)

注:

*新时代文明实践中心:中央全面深化改革委员会于2018年7月6日审议通过《关于建设新时代文明实践中心试点工作的指导意见》,首次提出在全国县一级建设新时代文明实践中心,打通宣传群众、教育群众、关心群众、服务群众的“最后一公里”。桐庐为全国首批试点县之一。

*污染防治“八清零”:指全面推进国Ⅲ柴油货车和燃油公交车、区域性恶臭异味污染、建设工地扬尘、县域污水直排、集中式饮用水源风险、农业农村污染增量、固废处置设施欠账、用地土壤环境风险等“八清零”工作。

*“2+N”双督查:是指以党风廉政建设、工作作风效能督查为双核心,结合各类专项督查与日常业务,使党风廉政建设由务虚转向务实,效能督查由行政业务层次提高到党建高度的复合型双督查。

淳安县

【概况】 2018年,淳安县实现地区生产总值243.19亿元,按可比价格计算,增长4.2%。其中,第一产业增加值35.99亿元,增长3.4%;第二产业增加值67.82亿元,下降2.2%;第三产业增加值139.38亿元,增长8.8%;三次产业结构比为14.8∶27.9∶57.3。按户籍人口计算,人均生产总值52837元,增长4.3%。全县财政总收入34.37亿元,增长11.2%;一般公共预算收入19.50亿元,增长12.9%,占GDP的8.0%,占财政总收入的56.7%;其中,税收收入18.11亿元,占一般公共预算收入的92.9%。全县一般公共预算支出67.19亿元,增长17.1%。全年预算收支情况良好,财政收支平衡。

【组织财政收入】 发挥财税联席会议平台功能,深化涉税信息共享和组织联动。落实税源企业税收收入预测报表制度,实施按月常规分析、按季重点分析和按年全面分析,提高收入预测准确度,把握收入主动性。加强税收风险防控,全年累计推送风险纳税人1006户,纳税评估入库税款3032万元。监控重点税源企业361户,入库税收11.39亿元。规范非税收入监管,全年完成非税收入24.85亿元,其中纳入一般公共预算管理的非税收入1.39亿元,国有土地使用权出让金收入16.89亿元。

【服务经济发展】 支持科技发展,优化创业环境,投入资金800万元,扶持电子商务平台建设,加大企业研发和企业科技项目配套奖励资金投入。扶持企业发展,审核新一轮产业扶持政策补助资金,全年兑现补助资金1.48亿元。服务中小企业融资,全年提供中小企业转贷服务101户次,累计使用转贷基金5.55亿元。注重消薄增收,筹措资金5.23亿元专项扶持经济薄弱村,帮助千岛湖镇金家村成立"淳安县千岛湖镇金家村股份经济合作社",签订果蔬收购协议,引导开发油茶基地100亩。支持康美产业发展,立足"百源经济",投入6269万元用于10条源第一批70个子项目建设。培育实体经济,出台创投企业和总部经济补充意见,实现招商引资与税源经济有机结合,招引总部经济企业964家,实现税收1.03亿元。

【保障民生支出】 全年民生保障和社会事业支出48.58亿元,占一般公共预算支出的72.3%。保障重点支出。办好县政府为民办实事项目,投入3.36亿元,解决农村饮用水、公路大中修、农村生活环境改善、老年人健康体检等问题;推进临湖地带综合整治,统筹投入财政、国企资金25.26亿元;投入扶贫资金1.03亿元,用于下山异地搬迁、农村基础设施、扶贫小额贷款贴息和低收入农户增收。支持教育事业发展。教育支出7.95亿元,完善教学基础设施,实现教育"三名工程"建设。支持文化体育事业发展。文化体育与传媒支出1.13亿元,保障国际铁人三项赛、国际公路自行车赛、千岛湖马拉松等体育赛事活动开展。促进医疗卫生事业发展。医疗卫生支出5.84亿元,主要用于城乡居民医疗保险补助、医疗救助和县级医疗机构人员和床位运行补助。开展基本医疗保险基金预算和控费管理考核自评,推进"政保合作"。加快社会保障体系建设。社会保障和就业支出7.69亿元,健全社会福利体系,保障残疾人事业发展。核实遗属补助、精减退职补助、优抚补助对象,核减不符合条件人员229人,月节约财政资金19万元;核实全县低保补助对象,清退不符合条件人员6051人,节约财政资金1800万元。

【推进财政改革】 助力"最多跑一次"改革。实现统一公共支付平台再扩面,全县接入公共支付平台单位140家,涉及事项44个,移动支付占比94.2%,交易金额2.51亿元。深化预算管理。落实部门预决算信息公开制度,实现所有部门预算全公开;梳理政策性项目支出预算标准150余项,制定编外用工人员、社区共建和扶贫结对三项支出标准。盘活财政存量资金。加大省市指标统筹力度,完成2年以上省市指标清理,挖掘"沉睡"资金。实施公款竞争性存放。组织10家单位开展公款竞争性存放,共招标13次,定期存放金额3.54亿元。深化投融资改革。完成投融资领导和组织协调机制框架体系构建,创新平台、机制和方式,以政府资金撬动社会资本。防范债务风险。完善政府债务管理制度,核实隐性债务,政府债务规模控制在规定限额内。推进财税机构改革。加强与税务部门合作,落实各项工作部署,保障税务机构改革的推进,完成资产、资金的盘查、移交,转隶在职干部86人,其中公务员85人,事业编制人员1人。

【强化财政监管】 强化部门资金监管。收缴部门实有账户资金1.2亿元,统筹用于部门预算调整或临时性支出,提高资金使用绩效。加强政府投资项目监管。制订《淳安县无信息价材料预算审核指导价》,解决政府投资项目预算审核中无信息价材料的统一定价问题。全年完成政府投资项目预算审核770个,涉及资金24.48亿元,核减不合理资金1.35亿元。开展资金绩效评价。全年组织开展绩效评价项目65个,涉及金额11亿元,重点组织垃圾打捞、智慧监管、居家养老、电商扶持政策及中心镇城乡统筹等项目绩效评价,仅垃圾打捞项目节约资金1100万元。加强政府采购监管。首次将财政资金全面绩效管理理念融入采购审批管理环节,全年组织采购活动457次,节约采购资金4700万元,节约率8.5%。加强预算单位财务监管。强化预算单位财务核算审核管理,累计纠正或退回不符合规定支出2218万元。

【规范乡镇财政管理】 全县23个乡镇财政总收入6.59亿元,占全县财政总收入的19.2%;其中一般公共预算收入3.23亿元,增长38%,占全县一般公共预算收入的16.6%;一般公共预算支出20.1亿元,增长10%;乡镇财政滚存结余3411万元。乡镇公共财政系统接轨浙江政务服务网,利用"一卡通"对40余项民生补助资金基本实现就近监管。

【加强队伍建设】 落实"两个责任"和领导干部"一岗双责",完善制度14条,强化制度执行刚性。强化基层组织建设,抓实支部"1234"基本规范,将党风廉政建设和党建工作目标责任纳入绩效管理,党建品牌"党建+能手+绩效"被县直机关工委授予全县第一批机关党建示范品牌。制定《青年干部培养激励方案》,拓展青年干部社团活动平台,选派青年干部驻村任第一书记。挖掘财税核心文化,设立宣传栏、文化窗,营造开拓创新、朝气蓬勃的文化氛围。2018年,县局获县级机关部门综合考评优胜(满意)单位。

(淳安县财政局供稿　唐　华执笔)

宁波市财政工作

宁波市

【概况】 2018年,宁波市实现地区生产总值10746亿元,按可比价格计算,增长7.0%。其中:第一产业增加值306亿元,增长2.2%;第二产业增加值5508亿元,增长6.2%;第三产业增加值4932亿元,增长8.1%。三次产业结构比为2.8∶51.3∶45.9。按常住人口计算,全市人均地区生产总值为132603元(按年平均汇率折合20038美元)。全社会固定资产投资5190亿元,增长3.6%。口岸进出口总额16016.5亿元,增长15.8%。外贸自营进出口总额8576.3亿元,增长12.9%,其中出口5550.6亿元,增长11.4%;进口3025.6亿元,增长15.7%。外贸出口占全国总量的3.38%,比上年提高0.13个百分点。宁波—舟山港货物吞吐量10.8亿吨,比上年增长7.4%,连续10年位居世界第一,其中宁波港域完成吞吐量5.8亿吨,增长4.5%。宁波—舟山港集装箱吞吐量2635万标箱,增长7.1%,超越深圳港,居全球第三,其中宁波港域完成集装箱吞吐量2509.5万标箱,增长6.5%。全市居民人均可支配收入52402元,增长8.6%。其中,城镇居民人均可支配收入60134元,增长8.0%,扣除价格因素影响,实际增长5.7%;农村居民人均可支配收入33633元,增长8.9%,扣除价格因素影响,实际增长6.6%。城乡居民人均收入倍差为1.79。全市实现财政总收入2655.3亿元,增长9.9%。一般公共预算收入1379.66亿元,增长10.8%,占GDP的12.8%,占财政总收入的52.0%。税收收入1178.7亿元,增长12.9%,占一般公共预算收入的85.4%。一般公共预算支出1592.1亿元,增长12.9%。全市一般公共预算保持平衡。全年征收非税收入1231.38亿元,增长26.6%,其中纳入一般公共预算管理的非税收入201亿元。

【聚焦“六争攻坚”】 项目争速。整合各类财政资金、资源,完善财政金融互动政策,运用PPP、产业基金、贷款贴息、以奖代补等形式,推进财政、金融和社会资本结合,扩大财政资金乘数效应,推进宁波绿色石化片区产城融合生态综合开发项目、杭州湾吉利汽车等项目建设,推动上下游石化产业链项目落地,扩大有效投资,打好新增财力基础。产业争先。支持先进制造业发展,安排33亿元推进“中国制造2025”试点示范城市建设,培育经济发展新动能。积极应对中美经贸摩擦,安排4.3亿元推动外贸企业转型升级及外向型经济发展。支持实施乡村振兴战略,支出4.4亿元用于推进“16+3”*区域村庄整治和发展村级集体经济,改善农村人居环境。推进农业提质增效,支出3.1亿元用于落实惠农政策、高标准农田建设及土地综合整治。安排资金2.9亿元用于大气污染整治、“五水共治”、节能环保等领域,支持生态文明建设。安排资金4.8亿元,加大对口帮扶财政投入力度,助力打好脱贫扶贫攻坚战。科技争投。实施创新驱动发展战略,2018—2020年整合安排150亿元用于支持“创新宁波‘一转六大’*三年行动计划”。加大人才引进扶持力度,安排9.3亿元,实施“3315计划”和“泛3315计划”。推进重大平台建设,支出4亿元支持引进科研院所,补齐重大科技创新资源不足短板。支持基础研究和技术开发,支出2.9亿元用于开展关键核心技术攻关,着力破解技术瓶颈。城乡争优。支出18.2亿元用于推进轨道交通、宁波至奉化城际铁路、甬金铁路和宁波机场三期建设。支出36.1亿元用于推进机场快速路南延、环城南路西延等快速路联网工程。支出27.8亿元用于推进环城北路、薛家路等主干道建设,加快世纪大道、中山西路等道路综合整治。支出5亿元支持卫星城市、中心镇和特色小镇建设。服务争效。实施积极财政政策,贯彻落实各项减税降费政策,全年为企业减免税费452.8亿元,比上年增加57.8亿元。推进浙江政务服务网统一公共支付平台应用,开展财政电子票据管理改革试点,推进“最多跑一次”改革。开展“上门服务至少一次”,加强对预算单位指导,全年累计上门服务预算单位1443家,集中辅导145次,服务15069人次。

【增进民生福祉】 支持教育事业发展。加快高水平大学建设,支出13.5亿元支持宁波大学加快建设“双一流”高校,推进国科大宁波材料工程学院等项目建设。提升职业教育质量,支出14.7亿元开展“一带一路”国家职业教育合作发展三年行动计划。推动高中教育多样化发展,支出9.8亿元支持特色办学。促进基础教育均衡发展,支出4.8亿元支持义务教育学校提高生均公用经费标准,推进薄弱学校改造提升。保障医疗卫生事业。支持公立医院改革,支出9.2亿元用于完善公立医院补偿机制,加大对公立医院大型医疗设备购置和人才培养等方面的投入。推进基本公共卫生服务均等化,支出3.2亿元开展特色服务项目,基本公共卫生服务经费人均财政补助标准提高至65元/人·年。完善医疗保险制度,提高参保人员大病医疗保障水平,实施医保领域精准扶贫工程。支持就业创业。落实就业创业各项扶持政策,支出3亿元用于促进就业困难人员、高校毕业生、退役军人等重点人群就业,落实各类人才购房补贴。完善社会保障。提高企业退休人员基本养老金和被征地人员养老金,市区城乡居民基本养老保险基础养老金月人均提高10元。完善各项社会救助制度,支出3.9亿元支持提高孤儿、困境儿童生活保障标准。支持文化体育事业。完善公共文化服务体系,支出4.1亿元支持开展文化惠民活动。推进体育事业发展,支出1.7亿元支持开展群众体育健身活动、举办体育产业博览会。落实中央、省、市厉行节约有关要求,从严控制“三公”经费和一般性支出,全市“三公”经费支出下降5.3%。

【强化改革创新】 深化预算管理制度改革。改进预算分配方式,按照"保运转、保民生、保续建、保化债、保重点"的顺序,编制年度支出预算,保障财政平稳运行。编制中长期财政规划,研究跨年度预算平衡机制。推进财政事权和支出责任划分改革,完善财政管理体制。制定政府投资预算管理机制,加强政府投资项目资金来源审查,强化预算执行和竣工决算管理。规范产业基金和 PPP 模式投资运营。完善基金政策制度,加快产融基金实质运作,加强产业基金绩效管理,发挥产业基金引导作用。截至 2018 年末,市、县两级产业基金总规模 186.4 亿元,投资项目 400 个,投资额 196.8 亿元。规范政府与社会资本合作,严控支出责任风险,完善 PPP 制度建设,市、县两级累计实现入库项目 48 个,PPP 项目落地率 85.4%。夯实财政管理基础。首次向市人大常委会提交国有资产管理情况综合报告和金融企业国有资产专项报告。完善资产管理制度体系,开展资产家底调查。推进"政采云"平台应用,全市所有单位实现上线。加快管理会计推广应用,推动行政事业单位内控建设,提升部门财务管理水平。推进国有金融资本管理,做好金融资本管理基础工作。完善存量资金定期清理制度,全年全市清理市级部门存量资金 213 亿元。规范国库现金操作,提高国库资金投资效益,全年实现利息收入 2.5 亿元。

【防范化解风险】 利用限额空间,推动全市 184 亿元或有债务转化为政府债务。实施防范化解隐性债务专项行动,组织开展公益性项目债务与隐性债务及风险核查,分年度制订和落实隐性债务消化计划,防范和化解财政风险。制定融资平台公司转型工作方案和市本级偿债资金使用管理办法,推进化解债务风险专项工作。规范发行地方政府债券,2018 年发行地方政府债券 424.64 亿元,其中:新增债券 90 亿元,置换债券 218 亿元,再融资债券 116.64 亿元。其中首批债券发行利率全国最低,最高认购倍数 34.3 倍。

【强化财政绩效】 全面实施预算绩效管理。制定全面实施预算绩效管理落实方案,确保市级层面到 2020 年、区县(市)层面到 2022 年基本建成政府预算、部门和单位预算、政策和项目预算"三位一体"的预算绩效管理体系,形成以绩效为核心的财政政策体系和资金管理机制。建立新增政策和新建项目事前绩效评估机制,重点加强基本建设项目和招商引资政策的绩效评估论证。强化预算绩效目标管理,将绩效目标设置作为预算安排的前提。开展绩效目标实现程度和预算执行进度"双监控",完善重大政策和重点项目绩效评价机制,试点开展部门整体支出绩效评价和对下级政府财政运行综合绩效评价。推进绩效目标和绩效评价结果公开,将资金使用效果与预算安排和政策调整挂钩。梳理预算绩效管理流程,完善预算绩效管理制度和办法,建立健全预算绩效指标和标准体系,推进专家库和第三方机构库等智库建设,依托大数据和信息化提高预算绩效管理水平。完善内部控制制度。健全财政内部控制体系,细化防控措施,明确责任流程,加强监督检查,完善考核机制,提高内控制度执行力。对重大财政政策及资金分配政策制度、重大项目资金分配等重点业务问题,加大内部公开力度,提升决策层次,防范重大风险发生。强化国库现金管理。加强库款监测督导,合理管控库款规模。核定地方财政资金留用比例,均衡调度财政资金。完善国库现金管理操作机制,向财政部争取扩大操作限额,提高库款资金效益。按照中央、省巡视整改工作要求,做好公款竞争性存放规范管理工作。

【推进机构改革】 强化干部思想理论武装,深化学习理解习近平总书记理财治税重要经济思想,贯彻落实习近平总书记对财政改革作出的一系列重要指示批示精神,推进税务征管体制改革,做好财税分设、机构合并的基础性工作。根据《国税地税体制改革方案》和宁波市政府第 29 次常务会议精神,原宁波市财政局(地方税务局)划转 1221 人至国家税务总局宁波市税务局,其中机关人员划转 73 人,原各区大地税局(分局)、原市财政局(地税局)稽查局、直属分局、规费管理局和契税中心(纳服中心)在岗在编人员成建制划转 1030 人,新招录人员划转 58 人。在机构改革期间,充分体现政治素养和责任担当,保持业务和队伍"双稳定",推动年初制定的各项工作任务实现。

(宁波市财政局供稿 翁公羽执笔)

注:

*"16+3":《关于推进相对欠发达地区跨越式发展的若干意见》中对"十二五"期间重点扶持的相对欠发达地区的一个简称。包含余姚市大岚镇、鹿亭乡、四明山镇、梁弄镇、黄洪片(梨洲街道、陆埠镇),奉化市溪口镇(原董村、哗驻、班溪等 7 个区块)、大堰镇,宁海县胡陈乡、茶院乡、桑洲镇、前童镇、岔路镇、深刚镇、水车片(跃龙街道)、双峰片(黄坛镇),象山县高塘岛乡、鹤浦镇、新桥镇、泗洲头镇共 16 个乡镇 3 个片。简称"16+3"区域。

*"一转六大":"一转"即科技成果转移转化;"六大"即"大平台、大项目、大产业、大团队、大投入、大协同"六大创新行动。

鄞州区

【概况】 2018 年,宁波市鄞州区(含高新区、东钱湖,下同)实现地区生产总值 1820.12 亿元,按可比价格计算,增长 5.0%。其中:第一产业增加值 25.14 亿元,增长 0.8%;第二产业增加值 622.60 亿元,增长 4.1%;第三产业增加值 1172.38 亿元,增长 5.6%。三次产业结构比为 1.4∶34.2∶64.4。按常住人口计算,人均 GDP 为 13.54 万元(按年平均汇率折算为 20458 美元),增长 1.7%。全区财政总收入 435.91 亿元,增长 6.1%。其中一般公共预算收入 252.99 亿元,增长 4.7%,占财政总收入的 58.0%,占 GDP 的 13.9%;上缴中央财政收入 182.91 亿元,增长 8.1%。税收收入 221.64 亿元,增长 87.6%,占一般公共预算收入的 87.6%。一般公共预算支出(以下支出数据均不含高新区、东钱湖)156.13亿元,增长3.8%。全年财政收支平衡。

【组织财政收入】 关注经济形势及宏观政策变化,研究解决财政运行新情况新问题,突出重点区域、重点行业和重点企业收入运行动态监控分析,保障全区一般公共预算收入、财政总收入增长。加强非税收入征管,鄞州本区全年征收非税收入97.82亿元,其中纳入一般公共预算管理的非税收入20.57亿元。

【支持经济发展】 出台积极的财政扶持政策,加大产业转型扶持力度,落实减税降费政策,全年为企业减负逾50亿元,共计兑现区财政资金15.4亿元,涉及补助企业11210户次。保障污水零直排、轻轨建设、小城镇综合环境整治、棚户区改造等重点项目资金需求,保障重点项目17个、鄞州本区重点实施类项目100个。

【保障民生支出】 全年民生支出121.50亿元,占一般公共预算支出的77.8%。其中:教育支出23.10亿元,重点用于校舍维修扩建、普惠性学前教育发展;医疗卫生支出13.21亿元,重点用于城乡居民基本医疗保险补助、医疗改革补助;社会保障和就业支出19.73亿元,重点用于企业退休人员和被征地人员养老金,高校毕业生、失业人员、退役士兵及残障人士就业补助;公共文化支出2.89亿元,重点用于文化惠民、群众体育发展。

【深化财政改革】 深化预算改革。按照《预算法》《区人大预算审查监督办法》等要求,规范预算编制与调整程序。完善基本支出标准体系,推进项目支出定额标准体系建设,发挥基本支出标准和项目支出定额标准对预算编制的支撑作用。加强专项资金管理,出台、完善专项资金管理办法88个。加大资金统筹力度,清理盘活存量资金,收回财政结余资金14.50亿元,统筹用于重大项目、民生保障等领域。深化涉农资金整合。将15个部门56个项目按性质划分为美丽乡村创建平台和现代农业产业发展平台,跨部门统筹财政资金约4.87亿元,集中财力办大事。优化镇街财政管理。合理划分收支范围,提升镇、街道积极性,保障镇街政权建设和经济社会发展。完善政府采购管理。全年鄞州本区完成政府采购4.56亿元,节约资金7989万元,资金节约率17.5%。优化会计管理服务。组织21000余人次参加管理会计、内控规范、政府会计准则等培训,完成新一轮会计新证发放、会计继续教育等工作。深化国企改革。对68家国有企业进行注销、合并、划转,组建鄞城、鄞通、鄞工、鄞建4大集团公司,按照集团化管理模式,通过收购、参股、新设等形式做大做强企业规模,统筹全区交通类、工业类、棚改类重大项目,助推平台公司转型升级和市场化运作。盘活存量资产。加强行政事业单位资产管理,通过注入平台公司、公开出售变现、统一移交经济发展公司,盘活存量资产。报经区政府批准后公开处置鄞州本区及下属行政事业单位房产83处、共计面积9542平方米,全年拍卖处置行政事业单位房产2056平方米。将权证齐全、规模较大的11处资产(面积7.1万平方米)逐步注入鄞城集团和鄞通集团,增强公司融资能力,改善企业的资产结构;将权证不全及部分难以处置的房产163处(面积12.8万平方米)移交鄞州区国有资产经营发展有限公司统一运营。

【加强财政监管】 加强绩效目标管理。将预算500万元以上的项目纳入预算绩效目标全过程管理并提交人代会审议,共计78个项目25.24亿元资金,涉及20个部门。对上报项目采取"中介审核+财政审核"的"双把关"模式。扩大绩效评价范围,提高绩效评价标准,强化项目运行监督,推进评价结果运用,提升资金使用效益。加强债务管理。贯彻落实中央对政府性债务管理的精神,做好隐性债务化解工作,探索与国家开发银行合作开展隐性债务重组,解决隐性债务化解和到期还款计划之间的期限错配问题。做好债券新增、置换工作,全年新增债券2亿元、置换债券9.15亿元。

【保障机构改革】 结合机构改革统一部署,做好机构改革相关工作,出台机构改革经费保障和财务管理、国有资产管理等规定,加强涉改部门经费保障和财务管理,规范财务行为,严肃财经纪律,确保机构改革平稳有序推进。

【加强队伍建设】 学习党的十九大精神和习近平新时代中国特色社会主义思想,推进"两学一做"常态化制度化学习教育,按照"集中+小组"形式开展各类学习教育活动。严格落实党风廉政建设主体责任和"一岗双责",开展岗位廉政风险点排查。依托"周二夜学""三进三服务"*等活动,以座谈会、政策宣讲、解读等形式主动服务,收集群众建议。提升干部专业能力,开展"以师带徒"结对活动,组织分批培训。

(宁波市鄞州区财政局供稿 李文渊执笔)

注:

*"三进三服务":即"进企业、进社区、进农村"活动,旨在服务企业、服务群众、服务基层,是鄞州区委、区政府推动"'二次创业'再出发、'两高四好'勇攀高"的统一部署。

海曙区

【概况】 2018年,宁波市海曙区实现地区生产总值(GDP)1252.40亿元,按可比价计算,增长6.9%。其中:第一产业增加值15.20亿元,增长2.3%;第二产业增加值455.04亿元,增长5.2%;第三产业增加值782.16亿元,增长8.1%,对经济增长的贡献率分别为0.5%、29.4%和70.1%;三次产业结构比为1.2∶36.3∶62.5。按常住人口计算,人均GDP13.63万元(按年平均汇率折算为20594美元),增长5.5%。批发和零售业实现商品销售额3264.55亿元,增长11.6%。全体居民人均可支配收入56752元,增长8.5%。其中,城镇居民人均可支配收入63636

元,同比增长7.9%;农村居民人均可支配收入33997元,增长9.0%。全年完成财政总收入175.88亿元,增长7.3%。其中,一般公共预算收入104.63亿元,增长12.5%。一般公共预算支出85.19亿元,增长14.8%。全年财政收支平衡。

【组织财政收入】 创新扶持政策,优化发展环境,通过落实财政扶持政策、税收优惠政策,降低企业成本,稳定重点企业,保证重点产业企业落地,厚植财源。发挥财政职能作用,协调组织收入,统筹预算安排,推进区内经济发展方式转变和结构调整。完善镇(乡)、街道财政管理体制,调动基层精准服务、引资增效的积极性、时效性。严格预算收入分类核算,完善财政收入结构,一般公共预算收入占财政总收入的59.5%,占GDP的8.4%;税收收入89.69亿元,占一般公共预算收入的85.7%。规范非税收入收缴,创新收缴模式,推进浙江政务服务网统一公共支付平台建设,全年组织非税收入15.46亿元,增长116.9%,其中纳入一般公共预算管理的非税收入14.94亿元,增长124.6%。

【保障重点支出】 全年民生支出61.72亿元,增长9.2%,占全区一般公共预算支出的72.4%。全年教育支出15.4亿元,加强教师工资、师训经费等保障水平,促进教育事业可持续发展。医疗卫生支出7.11亿元,加强基层医疗卫生机构建设,推动城乡医疗均衡发展。社会保障支出7.83亿元,切实保障就业、救助、抚恤等领域支出,持续增进民生福祉。完善农业农村发展政策,搭建“村银”桥梁,解决旧村改造新村建设启动资金难问题。保障政府重点投资项目推进。通过财政支持、多方筹资等方式重点保障棚户区、城中村改造和保障房项目建设,推进区块开发,落实老旧小区改造、农村公厕革命、桥头跳车专项整治、美丽经济交通走廊建设、城区污水零直排等项目。投入资金0.79亿元,加强脱贫攻坚财政扶持力度。投入资金1.37亿元,支持重点水利工程建设,推进“五水共治”,打好治水治气治土治废污染等防治攻坚战。

【深化财政管理改革】 深化部门预算改革,压缩一般性支出,集中财力办大事。完善科学支出标准体系,加强预算审核。调整两级政府利益分配,理顺新一轮镇乡(街道)财政管理体制。推进国库集中支付电子化管理改革,加强资金监管的及时性和规范性。出台土地出让金收支管理办法,划转行政事业单位各类公务用车。推行政府会计制度改革。规范政府采购行为,强化政府采购监管,推进“政采云”平台全面运行。建成“最多跑一次”统一公共支付平台,推进镇(乡)国库集中支付动态监控全覆盖,规范单位银行账户和公款竞争性存放管理。推进国企集团化改革,推进国资国企市场化转型改革。促进重大区块开发建设,加快产城融合,组建开投、国投两大集团,推进集团公司资产、债务、股权、人员机构等整合工作。强化国企监管力度,建立机构编制用工管理办法、国资监管清单等制度,改进和优化国企绩效考核办法,构建产权清晰、监管有效、管理科学的现代公司治理机制。

【加强财政监管】 全面实施绩效管理,从一般项目、重点项目、重点评价项目3个层面开展绩效管理工作,其中一般项目要求各项目绩效情况与本单位预决算报告一并向社会公开;重点项目由财政部门组织预算绩效目标申报、跟踪管理、重点评价等相关工作。开展部门整体绩效评价,选取海曙区电商园作为“试点”,邀请宁波大学团队对电商园整体绩效、政策设置、工作创新等进行综合评价。加强政府债务管理,利用限额空间,争取地方政府债券额度,加快债券发行和使用进度,兼顾存量隐性债务风险可控和重点项目资金保障可持续,推进债券资金发挥作用,为全区资金保障“腾挪空间”。做好新增债券和政府债券置换工作,加快自平衡专项债券发行和使用进度。加强债务动态管理,做好隐性债务监测,利用信息化手段逐月分析地方债务及风险状况。实施五年化债计划,明确年度化债任务,逐步化解债务。

【推进机构改革】 领会中央、省、市、区深化机构改革重大部署,推进相关职能合并、划转。联系实际,分析区财政局在机构职能、机构设置、人员安排等方面与改革不适应问题,遵循协同统筹要求,对标对表、细化落实,同步完成预算调整、资产划转、职能衔接等工作。以机构改革为新起点,推进干部队伍、工作作风建设,优化职能配置、人员安排等,树立良好工作氛围,优化作风面貌,推动财政职能更好发挥。

【加强队伍建设】 学习贯彻习近平新时代中国特色社会主义思想和党的十九大精神,推进“两学一做”学习教育常态化制度化,引领党员干部增强“四个意识”,严明政治纪律和政治规矩。落实党风廉政建设主体责任和“一岗双责”,组织“正风肃纪”效能督查,深化科级干部廉政档案、定期报告等制度,提高党员干部廉政意识。破除形式主义、官僚主义,严肃查处应景造势、只喊口号、敷衍塞责、出工不出力等问题。深入贯彻“六争攻坚、三年攀高”和“三大主题年”行动,围绕区委、区政府“高质量建设国内一流强区”的战略部署,做好保障工作,推进全区经济社会平稳运行。

(宁波市海曙区财政局供稿　陆吉旸执笔)

江北区

【概况】 2018年,宁波市江北区实现地区生产总值520.6亿元,增长9.7%。第一、二、三产业增加值分别为7.9亿元、179.5亿元、333.2亿元,分别增长-3.2%、8.8%、10.6%。三次产业结构比为1.5∶34.5∶64.0。全区财政总收入126.6亿元,增幅17.2%。其中一般公共预算收入72.9亿元,增长12.1%,占GDP的14.0%,占财政总收入的57.6%;中央财政收入完成53.7亿元,增长24.9%。税收收入65.7亿元,增长17.2%,占一般公共预算收入的 90.2%。一般公共预算支出 70.42 亿元,增长 17.0%。全年财政收支平衡。

【组织财政收入】 加强目标管理,分解目标任务,落实目标责任,完善财税及基层部门协作机制,调整细化收入目标考核激励机制,调动征收部门与街道(镇)等各方积极性。强化税源和收入分析监控,跟踪增值税改革等税制改革动向,加强重点税源和重点行业监控力度,实施建筑业税收征管方案,提高组织收入的科学性与针对性。巩固存量税源,发挥基层财政职能,提高街道(镇)收入占比,其中工业区和 4 个涉农街道、镇财政总收入占全区财政总收入的 69.6%,上升 0.9 个百分点。开展财源型招商工作,根据区委、区政府招商引资"一把手"工程的工作要求,做好税源性招商牵头工作,完善财税联席会议制度,促进招商信息共享,全年共引入各类财源项目 30 余项,累计产生税收 3.5 亿元以上。加强非税收入征管,全年组织非税收入 85.95 亿元,增长 29.9%,其中纳入一般公共预算管理的非税收入 7.16 亿元。

【支持经济发展】 完善经济政策体系,注重企业绩效评价,调整"1+X"政策,形成区级面上政策、两大平台政策、数字经济以及金融创新保险港等专项政策构成的政策体系。推进"三港"建设,启动数字经济"一号工程",带动区域经济增长向"高质量"转变,加快建设核心企业群。支持电商创新经济发展,金融服务等传统行业创新转型,整合楼宇经济资源,促进传统商圈转型升级。推进农旅融合、乡村振兴,发展休闲旅游品牌。出台支持民营经济发展"十六条",政策支持向民营经济发展倾斜。2018 年全区兑现各级扶持资金 12.3 亿元,其中区级支持民营经济发展相关资金约 3.7 亿元,惠及企业逾 1000 家。加速"人才强区"战略落地,打响"北岸智谷"品牌,利用北岸智谷—海邦人才基金,新增各类人才 1.7 万人,包括海内外院士、"千人计划""万人计划"等特优领军人才、"3315 计划"人才(团队)。加大科技研究投入力度,一般公共预算科技支出 2.8 亿元,推动创新高地能级提升。规模以上企业科技创新活动覆盖率达 81.5%,推进国内重点院所设立科研(孵化)基地、华工赛百等数字赋能企业落户。

【改善民生福祉】 全年民生支出 51.1 亿元,增长 18.0%,占一般公共预算支出的 72.6%。优化财政支出结构,资金重点向保障和改善民生等领域倾斜。完善城乡发展一体化财政保障制度,服务两江开发和棚户区改造,提升城乡形象,推进国家生态文明建设示范区创建。支持"五水共治""三改一拆"等重大行动,打造海绵城市,加大小城镇环境综合整治力度,居民小区和保留村基本实现垃圾分类全覆盖。支持乡村振兴战略实施,提高"森林江北"及"美丽乡村"建设投入,开展生态旅游与新农村融合建设工作,转变农村农业发展经营模式,促进农民增收。加强生态环保综合治理。发展区内教育现代化,全年教育支出 8.75 亿元,落实各项教育经费,加快 5 所学校建设,在全市率先实现学前教育等级园全覆盖。支持医疗卫生事业发展,全年医疗卫生支出 2.81 亿元,推进"健康江北"建设,保障区全民健身中心和滨江体育公园建设,成立区域康复医疗联盟。支持文化事业发展,全年文化支出 1.41 亿元,支持宁波音乐港申报"国家音乐产业基地",吸引多个国字号团队入驻,举办"中华慈孝节""尼斯嘉年华"等活动,宁波文创港纳入甬江科创大走廊范畴。支持社会保障体系建设,全年社保支出 5.12 亿元,实施新一轮城乡统筹就业扶持和失业保险政策,工伤保险、社会保障卡全覆盖,完成社保精准扶贫任务。落实住房保障工程,改善人民居住条件。

【统筹消债工作】 防范化解债务风险,摸清债务底数,编制《江北区防范化解地方政府性债务风险专项行动工作方案》,确定化债目标和化债主体,落实化债任务和时间节点。按照化债行动方案开展化债工作。落实"五个 10%"*要求,推进"零基预算"改革,压缩一般性支出,强化政府各类预算收支统筹。盘活财政存量资金,清理行政事业单位部门实有账户资金,收回闲置资金,专项用于还债。推进投融资改革,做好全区重点区块、重大项目资金保障。争取置换和新增债券,支持重大项目建设。探索市场化融资渠道,加强与银行等金融机构的合作对接,扩大融资途径。推进"三资"盘活,建立区重大国有资产综合管理平台,制定全区土地出让计划和闲置安置房处置计划,推进全区土地出让和资产处置,加快资金回流,支持全区重点建设。

【推进财政管理】 深化财政体制机制改革,提高财政支出执行率,明确责任和考核内容,加大资金盘活力度。汇编公务活动相关制度,规范公务经费。执行财经纪律检查,制定检查计划并开展绩效评价工作,反馈绩效评价意见,促进项目完善。加强单位财务内控制度建设和业务培训指导,提高财务规范意识。助推"最多跑一次"改革。实现全程网上办理,缩短服务时间,优化服务流程,提高服务效率,推进统一公共支付平台建设,全年平台执收项目收取 8992 万元。开展全区国有资产专项排查摸底,督促落实部门国有资产管理法定代表人负责制,明确指定分管领导和具体负责部门,理顺管理关系。加强信息化建设,实现国有资产地图化管理,对国有房产实行全过程信息化管理,做到"责任到人、程序到位、管理留痕"。制定公款存放实施方案,覆盖全部财政资金 27 亿元,优化评分规则,提高资金效益,预防廉政风险。推进财政监督机制建设,创新思路、健全机制,提升财政监督科学化水平。提高政府性投资项目管理水平,强化项目事前分析评价。

【加强队伍建设】 增强干部作风建设,进行多种形式督促检查,遵守公务接待、办公用房等相关标准,推进"岗位对责、绩效对账"工作,加强上下班时间工作纪律、会场纪律监督检查,切实提升干部的效能作风。出台"1+1+1"*育人塑才青年干部培养联系方案,以"传、帮、带"等形式增强交流,提高青年干部工作能力。2018 年,青年干部跟随育人老师和塑才导师奔赴招商一线、上门服务、走访基层、参与各类培训讲座会议等,培养良好的职业素养和工作作风。

(宁波市江北区财政局供稿　宗　理执笔)

注:

*“五个10%”:一般公共预算支出的10%以上、政府性基金收入的10%以上、国有资本经营预算收入的10%以上、政府性产业基金年收益的10%以上、存量资金(一般公共预算、政府性基金预算、国有资本经营预算结转结余及预算稳定调节基金等)每年压减10%以上。

*“1+1+1”:一个导师+一个老师+一个学生。

镇海区

【概况】　2018年,宁波市镇海区实现地区生产总值(GDP)989.2亿元,按可比价格计算,增长3.1%,人均生产总值410497元。其中:第一产业增加值6.5亿元,第二产业增加值729.0亿元,第三产业增加值253.7亿元,分别增长1.8%、0.8%和8.6%。三次产业结构比为0.7∶73.7∶25.6。城镇居民人均可支配收入、农村居民人均纯收入分别为62031元和34461元,分别增长7.9%和9.1%。全社会固定资产投资194.62亿元,增长18.5%。财政总收入实现126.24亿元,增长10.3%,其中一般公共预算收入78.58亿元,增长11.5%,占财政总收入的62.2%,占生产总值(GDP)的7.9%。非税收入47.81亿元,其中纳入一般公共预算收入中非税收入12.82亿元,增长-13.9%。税收收入65.77亿元,增长18.3%,占一般公共预算收入的83.7%。一般公共预算支出80.78亿元,增长10.8%。全年财政收支平衡。

【培植优质财源】　围绕市委、市政府“双底线”考核管理目标,强化与税务、各镇(街道、园区)的联席分析,加强收入动态管理,落实稳增长政策,做实收入预案,强化横向部门共担、纵向层级分解的组织收入协调联动机制。完善“由月到季、由季到年”的收入预测机制,预判税收政策变化,及时把握好组织收入的力度和节奏,提高对组织收入工作的掌控能力。落实各项结构性减税政策,公布“涉企行政事业性收费目录清单”、落实先进制造业和现代服务业退还增值税留抵税额等减税政策,累计减免各项税费22.4亿元,增长27.3%。完善经济发展政策,参与制定一企一策规范化方案及32号文件资金管理办法范本,拟定孵化器平台、产业化平台监督管理办法;调研政策资金申报系统修整方案,形成相对成熟的信息系统变更方案,适应新经济政策,严格按照政策限制条款执行,方便企业个人申报,确保数据可延续性。发挥财政服务作用,完成项目申报145个,涉及企业(个人)4823家/次,联合审计局开展“一企一策”项目排查,参加“工业制造2025”项目市数字化车间、市重点技改项目、循环经济等现场考核;制定《跨境电子商务资金管理办法》《两化融合项目资金管理办法》。

【统筹财政支出】　全年民生保障类资金支出66亿元,增长15.9%,占一般公共预算支出的81.7%。加大民生领域保障,全年教育、医疗卫生、社保、文化支出分别为11.3亿元、5.16亿元、9.47亿元、1.66亿元。配合教育局做好教育系统生均公用经费标准、民办学校补助政策、教师绩效激励等相关保障工作,配合卫计局完成全国慢性病防治示范区复评和中医示范区复评工作,配合民政局完成城市社区和农村社区人口基数测算和补助经费下拨工作,做好各类城乡养老、残疾人生活补助等政策执行和资金保障,保障“雄镇大舞台”等文化品牌创建等文化项目。加大区重点工程保障力度,整合财力,投入24.5亿元,加大政府投资基本建设和绿色石化片区产城融合生态综合开发项目、土地收储整理和耕地占补平衡、政府债券还本付息、国有公司注册资本金、乡村振兴战略等区重点项目保障力度。支持“乡村振兴”战略,打造亲水河头、梦里水乡2条美丽乡村风景线,保障九龙湖汶溪(秦山)、澥浦十七房、庄市光明3个示范点建设,推进34个自然村的农村生活污水治理运维管理工作,关闭拆除规模畜禽养殖场25家,复耕复绿2.71万平方米,根据农民群众需求选择有引导和示范作用的项目13个,工程预算1653万元,安排财政补助900万元。

【深化财政改革】　推进预算管理制度改革,完善基本支出标准化管理、支出经济分类预算管理,强化全口径政府预算管理,出台《镇海区企业国有资本收益收取管理暂行办法》,出台新一轮

镇海区花田果事田园综合体

镇(街道、园区)财政体制,研究制定园区与属地财政体制合并事宜。推进财政投融资改革,完成《宁波绿色石化片区产城融合生态综合开发 PPP 项目实施方案》《物有所值专项评价报告》《财政承受能力论证报告》和《宁波绿色石化片区产城融合综合开发 PPP 项目可行性研究报告》。加快产业基金实体运作,出台促进融资担保的财政补助政策,完成联合担保公司增资事宜,出台《镇海区汇智天使投资基金组建方案》《镇海汇智天使投资基金管理办法》。推进政府采购改革,实现政府采购"一张网"的建设目标,8 月份"政采云"应用平台正式上线,首批设立行政事业单位试点 23 个,年底在区直属行政事业单位中全面推开。推进国资国企改革,开展前期调研走访工作,做好顶层设计,8 月底成立镇海区国有资产管理服务中心,区国有企业改革实施方案已获通过并正式实施。开展"最多跑一次"改革,发布财政政策信息、公告,累计为各类企业或个人开展网络和电话解答服务近 4200 人次。推进非税统一公共支付平台建设,实现交警罚没、教育收费等非税收入上线运行,处理各类缴费共计 1.8 万笔,涉及资金 1.2 亿元。践行"一线工作法",成立国资国企改革、绿色石化 PPP 项目、人才产业基金等多个工作小组。

【强化财政监管】 加强财政资金安全监管,开展行政事业单位银行账户和公款存放管理工作专项督查活动,开展暂存暂付清理,规范公务卡使用,完善公务卡现金报销办法。压减一般性支出,全年"三公"经费支出 2510 万元,下降 10%;配合区纪委开展"三公经费""八项规定"等专项检查,加强党政机关会议定点管理、因公出国管理、公务用车管理。推进内部控制制度,召开全区行政事业单位内部控制报告编制工作培训会,完善《镇海区财政局内部控制基本制度》,开展财政票据和非税收入"双随机"检查,组织 2 家中介事务所对 22 家单位开展检查,对 12 家被检查单位做出检查结论和处理决定。完善财政支出绩效评价,完成金融类政策支持资金、人才公寓货币补贴专项、城镇生活垃圾分类处理、教师专项培训等 12 个重点支出项目评价工作,制定《镇海区部门整体支出绩效评价指标体系》。防范化解债务风险,落实化债主体责任,向上级政府报送"防范化解地方政府性债务风险专项行动实施方案",制定逐年化解存量债务的工作目标;争取债券置换,全年置换存量政府债务 6.59 亿元、新增政府债券 5 亿元;强化动态监测分析,对全区债务结构、流动性风险及当前形势做出及时分析预测,为区委、区政府决策提供参考。

【加强队伍建设】 打造财政铁军队伍,深化学习型机关建设,开展财政业务"金点子"活动,收集各类意见建议 80 余条。提升业务学习能力,在优化预算管理体制改革、财政涉农资金整合、政府债务管理、PPP 模式探索与创新等方面开展课题研究并撰写调研论文。加强党风廉政建设,落实党风廉政建设责任制,落实廉政谈心谈话制度。完善"财苑先锋"机关党建品牌,开设"财苑先锋"专栏,开展"财苑先锋"志愿服务,开设大讲堂面对面授课。

(宁波市镇海区财政局供稿 杨愚锋执笔)

北仑区

【概况】 2018 年,宁波市北仑区(包括宁波保税区和大榭开发区,下同)实现地区生产总值(GDP)1618.39 亿元,按可比价计算,增长 7.1%。其中:第一产业增加值 8.07 亿元,增长 1.0%;第二产业增加值 972.75 亿元,增长 5.6%,其中工业增加值 919.21 亿元,增长 5.7%;第三产业增加值 637.57 亿元,增长 9.6%。三次产业结构比为 0.5∶60.1∶39.4。按户籍人口计算,人均地区生产总值 386302 元(按年平均汇率折算为 58377 美元)。全年实现财政总收入 576.6 亿元,增长 19.3%,一般公共预算收入 291.8 亿元,增长 18.4%。全区一般公共预算收入占财政总收入的 50.6%,占 GDP 的 18.0%;一般公共预算收入中税收收入 266.71 亿元,占比 91.4%。区本级和开发区财政总收入 350 亿元,增长 19.0%,保税区财政总收入 60.5 亿元,增长 23.2%,大榭开发区财政总收入 166 亿元,增长 18.6%;区本级和开发区一般公共预算收入 182.6 亿元,增长 15.6%,保税区一般公共预算收入 29.9 亿元,增长 27.2%,大榭开发区一般公共预算收入 79.4 亿元,增长 21.8%。全年一般公共预算支出 268.53 亿元,增长 19.7%。全年财政收支平衡,预算执行情况良好。(以下数据仅指北仑区本级和开发区)

【组织财政收入】 深化财政、税务合作联动,把握收入预期,提高收入执行的计划性、均衡性和稳定性。出台《2018 年度税源管理考核细则》,对各街道、招商部门、税务局等税源管理工作开展考核。执行《企业划分管理办法》,厘清企业归属关系,落实管理与服务的责任。升级税源管理系统,构建大数据交换平台。开展企业税源调查,畅通税源数据沟通渠道,做好支柱企业税收预测和统计分析工作,剖析企业的经营情况及税收走势。2018 年,全区各招商部门及街道新增企业 10844 家,其中三产企业 4046 家,新增三产税收 3.60 亿元。监控非税收入收缴情况,推广非税收入管理软件,提升非税收入监管水平,北仑区全区全年完成非税收入 120.46 亿元,增长 55.2%,其中纳入一般公共预算管理的非税收入 25.13 亿元,增长 24%。区本级和开发区全年完成非税收入 109.86 亿元,增长 42.6%,其中纳入一般公共预算管理的非税收入 17.13 亿元,增长 11.5%。

【支持经济发展】 加大各项政策落实力度,审核兑现促进产业结构调整专项资金,帮助企业转型升级。发挥财政政策导向作用,出台《北仑区(开发区)促进产业结构调整专项资金扶持政策》。出台新一轮工业企业"龙腾"工程实施意见,引导新业态发展。实施创新驱动战略,加大财政资金整合力度,促进科技与经济深度融合。增强融资能力,保障民生项目等基础设施建设,全年融资 150 亿元。完成北仑区经济建设投资有限公司主体信用等级评审工作。

【保障民生支出】 全年民生支出124.35亿元,占一般公共预算支出的68.9%。其中:教育支出17.71亿元,增长4.6%,提高教育经费保障力度,推进区域教育资源均衡配置改革;社会保障和就业支出14.25亿元,落实企业退休人员和城乡居民基本养老保险基础养老金提标政策,构建有特色、多层次的社会养老服务体系;医疗卫生与计划生育支出8.02亿元,增长10.9%,提升城乡居民医疗保障财政补助标准,优化基本医疗保障体系;城乡社区支出54.31亿元,保障城市管理及日常维护,支持轨道交通、生态环境等基础设施建设;文化体育与传媒支出2.85亿元,增长0.1%,优化创新资金投入方式,引导文化产业发展。

【创新财政管理】 优化财政管理体制机制,建立规范、公开、透明的现代预算制度。建立项目库管理新机制,开发基本信息库和项目库,对项目支出实行分类滚动管理,推动专项资金监管系统全覆盖。深化财政专项资金管理改革,根据《北仑区区级专项资金管理办法》,向社会公开专项资金40项,涉及部门22个,资金5.02亿元。扩大预决算信息公开范围,在财政预决算专栏公开2018年66家区一级预算单位(含下属单位)部门预算,实现区级部门决算信息全面公开。落实"最多跑一次"改革,区财政涉及的"最多跑一次"3项事项全部实现"最多跑一次",其中2项实现"零次跑"。助推新《政府会计制度》实施,组织新《政府会计制度》培训,推动政府管理工作的精细化、科学化,推进《政府会计制度》在各单位的切实执行。启用北仑区重大资产监管平台,实现了全方位、多层次监管。"政采云"平台上线运作,优化审批流程,取消纸质单据,实现全程网上审批,强化政府采购的政策功能,提升政府采购政策质量和政府治理能力。强化政府性债务管理,整合全区国有资源,探索投融资体制改革。推进地方政府债务置换,探索长远的资金保障机制和运作模式。

【强化"两整两提"】 成立"两整两提"* 专项攻坚行动领导小组,与区商务局、区经信局、区五水办、区住建局进行会商,测算市场综合整治、小微企业整治、河道水质提标、居住环境提升四个专项行动的资金需求。"两整两提"攻坚行动计划安排资金12.93亿元,其中2018年0.27亿元。

【推进机构改革】 印发《宁波市北仑区财政局关于做好区级党政机关机构改革经费保障和财务管理工作的通知》,以确保机构运转正常、坚持厉行节约、严格规范管理为原则,明确改革过程中预算单位经费保障、财务管理等工作要求。以"上门服务至少一次"为抓手,主动与预算单位进行业务对接。确保重点项目、基本民生领域、工资福利等资金及时拨付到位。

【加强队伍建设】 领会习近平总书记系列重要讲话精神,开展"大学习大调研大抓落实"活动,推进"八八战略"再深化。开展党风廉政建设教育,通过党组中心组、党小组、支部大会等形式,学习贯彻《准则》《条例》和新《党章》。组织开展党风廉政教育课、党内法规知识测试,参观警示教育基地。完善领导班子落实全面从严治党主体责任的全程记实管理与监督管理,形成全面的电子档案,让落实主体责任"有据可查""管理留痕"。探索建立"互联网+"主体责任落实的实时监督、常态管理、有效检查机制。履行党风廉政建设党组主体责任,践行监督执纪"四种形态"。

(宁波市北仑区财政局[宁波经济技术开发区财政局]供稿 张 怡执笔)

注:

*"两整两提":市场综合整治、小微企业整合;河道水质提标、居住环境提升。

奉化区

【概况】 2018年,宁波市奉化区实现地区生产总值602.36亿元,按可比价格计算,增长5.7%,其中区属地区生产总值增长7.6%。第一产业增加值30.01亿元,增长2.5%;第二产业增加值355.21亿元,增长4.6%;第三产业增加值217.14亿元,增长7.9%。三次产业结构比为5.0∶59.0∶36.0,第三产业占GDP比重同比提高0.2个百分点。按常住人口计算,人均地区生产总值11.74万元,增长5.1%,按年平均汇率折算为17744美元。城镇居民人均可支配收入52801元,增长8.0%;农村居民人均可支配收入30584元,增长9.2%。实现社会消费品零售总额175.79亿元,增长8.5%。完成固定资产投资额223.99亿元,增长25.1%。全区实现财政总收入78.61亿元,增长10.7%。其中:一般公共预算收入49.47亿元,增长15.22%,占财政总收入的62.9%,占GDP的8.2%;税收收入41.45亿元,增长18.7%,占一般公共预算收入的83.8%。一般公共预算支出71.88亿元,增长5.0%。全年财政收支平衡。

【组织财政收入】 做好收入目标管理。联合税务部门定期开展联席会议,研判经济、财政形势,做好收入预测。盘活存量资金。通过统筹上级一般性转移支付资金、控制结转规模、清理专户等方式,全年盘活存量资金3.71亿元。加强非税收入管理。推进统一公共支付平台建设,行政服务中心窗口非税收入、教育局直属学校收费、罚没收入等27家单位的61个项目实现线上支付,发生业务68264笔,合计金额4160万元。全年实现非税收入100.56亿元,增长44.6%,其中纳入一般公共预算管理的非税收入8.02亿元。

【服务经济社会发展】 支持重点领域攻坚行动,推动经济高质量转型发展,保障改革推进,其中乡村振兴支出1.87亿元,脱贫扶贫攻坚支出6772万元,污染防治支出4865万元,"最多跑一次"支出1162万元。做好政策资金兑付工作,服务企业做大做强,全年共兑付本地企业扶持资金1.4亿元,宁波企业扶持资金

3.3亿元，惠及企业1543户。做好涉农资金整合工作，出台相关的资金保障意见和实施意见，实现投向整合、项目整合和资金整合。

【保障民生支出】 全年教育、医疗、社保、科技等民生支出55.3亿元，占一般公共预算支出的76.9%。教育支出13.03亿元，增长0.39%，教师工资福利待遇与公务员同步提升。医疗卫生支出6.22亿元。社保就业支出11.33亿元，增长13.9%，其中，财政对企业职工基本养老补助支出增加1亿元，对机关事业养老补助增加5000万元，缓解社保资金缺口。科学技术支出3.3亿元，增长14.73%，主要用于支持宁波瑞凌节能环保创新与产业研究院。

【推进财政改革】 深化预算编制改革，预算编制从原来功能分类，扩展到经济分类同步编制；打破预算“盘子”和基数概念，按照政、财统筹谋划要求，确定专项预算安排；部门所有专项预算均设定绩效目标，进行事中执行管理和事后绩效评估，强化预算约束。做好财政信息化建设，优化“两库”* 系统建设，参考广东省标准化模式确定总体框架，结合地方实际管理需求，进行预算编制流程再造，提升资金和项目管理能力。

【政府性债务管理】 争取新增债券和债券置换额度。发行债券24.2亿元，全区政府债务限额提升至106亿元，比上年增加11亿元。做好政府债务限额管理。全年政府债务余额105亿元，其中：一般债务余额60.5亿元，专项债务余额44.5亿元，均控制在债务限额内。开展防范和化解隐性债务专项行动。摸清隐性债务和资产、资源、资金的底数，按照“三个不得立项”规定严控违规债务增量，制定五年化债计划并按计划消化存量隐性债务。全年消化隐性债务108.1亿元，完成区委、区政府及上级化债目标任务。

【强化财政监督】 开展财政监督检查。开展会计监督和质保金、福利费、财政专项资金“三公开”等3个专项检查，全年涉及单位4家。发现“小金库”7个，涉及资金89万元。将总投资6.5亿元的18个未决算公建项目按规定进行决算并统一纳入国资管理，防范1638万元应收账款的流失。全年办理大案要案3件，涉及直接责任人员11人。全面推进日常监督检查。对发现的各类操作不规范、执行不到位、资金浪费等问题进行监督整改。推进绩效管理。做好绩效目标申报工作，从源头增强项目资金可控性，2019年预算绩效目标申报项目数292个，合计金额26.2亿元，其中财政局试点所有项目均编制绩效目标。做好绩效评价工作，聚焦重要项目、重大资金、重点领域，引入第三方参与绩效评价。全年实施绩效评价项目5个，其中科技局科技扶持政策和锦屏街道农村环卫保洁2个绩效评价项目为人大督办项目。严格执行“八项规定”精神要求。做好出国经费审批工作，无出国经费预算的一律拒绝审核。做好五项经费管理，从严控制一般性支出，“三公”经费下降19.7%。

【推进机构改革】 深化财税体制改革，做好职能划转与强化。将农业综合开发项目管理职责划转至区农业农村局、预算执行情况和财政收支情况监督检查职责划转至区审计局。将行政事业资产管理职责和政府产业基金管理职责从区国资管理中心划入。强化防范化解地方政府债务风险职能。做好局内设科室变更工作。行政科室由12个增设为15个，增设区政府债务管理办公室、税政科、行政事业资产管理科；取消内设牌子5块；将“区债务管理办公室”由内设改为单设。

【加强队伍建设】 深入学习贯彻党的十九大，十九届一中、二中、三中全会精神，学习习近平新时代中国特色社会主义思想，邀请党校老师为全局干部解读十九大会议精神，提升全体干部的政治意识和思想认识。落实干部重要事项报告制度。开展思想大解放专项活动，出台《关于开展“深化作风大整治、推进思想大解放改革再出发”活动的实施方案》，逐级召开专题民主生活会，全局共查摆问题5条，撰写活动心得体会62篇。推进清廉财政建设，强化党委中心组理论学习，全年共开展专题党课6次，撰写理论文章10篇。开展“周四夜学”制度并形成常态化机制，全年共开展培训17次。财政财务会计培训，开展会计人才班培训、会计人员继续教育和《政府会计制度》培训，提升全区财会人才队伍能力。加强镇(街道)财务人员财政政策及基础业务水平培训，通过“结对”建立定向辅导交流机制，提升镇(街道)理财能力与业务水平。

（宁波市奉化区财政局供稿　褚立峰执笔）

注：

*“两库”：预算单位“基本信息库”和“项目库”。

余姚市

【概况】 2018年，余姚市实现地区生产总值1105.08亿元，按可比价格计算，增长8%。其中：第一产业增加值44.08亿元，增长2.6%；第二产业增加值642.43亿元，增长8.3%；第三产业增加值418.57亿元，增长8.1%。三次产业结构比为4.0：58.1：37.9。按户籍人口计算，人均生产总值为132057元。全市财政总收入169.37亿元，增长11.1%，其中一般公共预算收入100.63亿元，增长11.0%；一般公共预算支出115.37亿元，增长12.4%。全市财政收支平衡。

【组织财政收入】 加强收入分析预测，做好与税务等征收部门的沟通协调，实现财政收入稳中有进，2018年财政总收入、一般公共预算收入增幅分别高于上年2个、3.2个百分点。优化收入结构，全市一般公共预算收入占GDP的9.1%，占财政总收入的59.4%；税收收入87.55亿元，占一般公共预算收入的

87.0%。加强非税收入管理,2018年全市非税收入完成111.91亿元,其中纳入一般公共预算管理的非税收入13.08亿元,增长5.7%。

【支持经济发展】 落实财政扶持企业各项政策措施,2018年拨付各级财政扶持企业政策资金及稳增促调专项资金7.98亿元。推进工信产业投资基金运作,首期1亿元工业与信息化产业投资基金出资完毕,投向14家小微企业共计0776万元。

【加大财政支农力度】 支持新农村建设,安排2600万元资金用于村级公益事业建设、幸福美丽乡村建设和村庄整体整治提升工程。加强饮用水保护,安排650万元资金用于市级四大饮用水源水库保护。支持生态文明建设,安排6793万元资金用于生态公益林建设、森林城镇及村庄建设、"一村万树"示范村建设和四明山区域生态发展。安排2500万元资金扶持现代农业项目,主要用于农业科技创新平台建设,传统产业品质提升项目,农产品宣传推介补助,农民专业合作社和家庭农场扶持,乡土专家评选及奖励等。安排1000万元资金用于水环境整治,安排2155万元支持打通"断头河"、河道清污(淤)、山塘治理、小流域治理、泵站改造等建设。

【支持民生事业发展】 全年民生支出88.74亿元,增长12.2%,占一般公共预算支出的76.9%。教育支出22.77亿元,增长7.9%,用于教师绩效工资、生均公用经费、校舍新建改造、"智慧校园建设"、免课本费、免职高和义务段学校学费、幼儿基础教育、困难学生助学金、爱心营养餐等。社会保障和就业支出21.45亿元,增长53.3%,用于城乡老年居民生活补贴、高龄老人补贴、精简退职人员生活困难补助、城乡医疗救助、城乡低保对象等困难群体基本生活保障、残疾人共享小康工程、困难残疾人生活补贴和重度残疾人护理补贴、城乡职工就业等。医疗卫生与计划生育支出9.62亿元,增长47.3%,用于城乡基本药物制度、市级公立医院改革、妇女健康工程、计划生育奖励、基本公共卫生等。农林水支出12.98亿元,增长1.9%,用于"五水共治"、美丽乡村建设、农业综合开发、区域扶贫、农田水利、农机购置补贴、四明山区域统筹发展、山塘治理等。

【推进财政改革】 推进税务征管体制改革,做好人员、资产划转及稳定等工作。推进"最多跑一次"改革,实现群众办事事项"最多跑一次"全覆盖、政务网上全公开。开展"上门服务至少一次"活动,2018年累计上门服务一级、二级单位213个、968次;服务企业136家、177次;开展集中培训12次、2450人次,线上解答2530人次,发放解答汇编1801人次。启动国库支付电子化改革,选定试点单位4家。推进统一公共支付平台应用,截至2018年年底,接入平台的单位34家、项目64个。加大预算信息公开力度,明确公开职责、公开时限和公开范围,做到公开格式、公开时间、公开形式"三统一"。完善预算编制,2018年增设一套政府预算支出经济分类。

【强化财政监管】 加强财政监督,对4家单位进行会计监督检查和资产评估机构检查,开展"保工资、保运转、保民生"自查,推进行政事业单位财务管理内部控制建设。实施财政票据"双随机"检查,通过信息平台检查对象名录库随机抽取被检查单位24家,并从检查人员名录库中随机抽取检查人员组成财政票据监督检查组。规范公务支出管理,"三公"经费逐年下降。开展绩效评价,2018年对11个项目进行重点评价,对3个政府采购项目开展专项绩效评价。加强债务管理,实施控债化险专项行动。举办全市行政事业单位会计制度培训班4期,参训人数700人。

【加强队伍建设】 利用网络课堂、现场教育、撰写心得、专家讲课等形式,开展习近平新时代中国特色社会主义思想和党的十九大精神学习。加强干部教育培训,开展财政干部业务测试。加强党建工作,开展"领导带头上党课""我们的节日"、文明礼仪宣传教育、"慈善一日捐""爱心十元捐"、谈心谈话等活动。加强党风廉政建设,建立全面从严治党主体责任清单,开展党员干部违纪违法案例警示教育、党风廉政现场教育、"一名机关干部至少阅读一册廉政读本"、预防职务违纪违法专题讲座等活动。强化执纪监督,做好廉政提醒和作风效能检查,做好机构改革期间纪律监督检查。

(余姚市财政局供稿　陈立军执笔)

慈溪市

【概况】 2018年,慈溪市实现地区生产总值1737.03亿元,按可比价格计算,增长9.8%。其中第一、二、三产业增加值分别为52.24亿元、1052.59亿元、632.20亿元,增幅分别为2.2%、9.6%、11.0%,三次产业结构比为3.3∶61.0∶35.7。按户籍人口计算,人均生产总值164700元。社会消费品零售总额625.78亿元,增长7.5%。外贸自营进出口总额851.85亿元,增长12.7%。全市居民人均可支配收入52104元,增长8.5%;其中城镇常住居民人均可支配收入59264元,增长8.0%;农村常住居民人均可支配收入34927元,增长8.8%。全市实现财政总收入331.77亿元,增长14.4%,其中一般公共预算收入180.0亿元,增长14.4%。全市一般公共预算支出188.56亿元,增长24.5%。全市财政收支平衡。(因体制调整,以下支出分析相关数据均不包括杭州湾新区)

【组织财政收入】 加强财源培育。开展"政企同心、你我同行"服务企业专项活动,优化营商环境,提升市场信心,夯实收入增长基础。注重收入结构"三个比重"。全市一般公共预算收入占GDP的10.4%,占财政总收入的54.2%;税收收入为155.43亿元,占一般公共预算收入的86.4%。加强非税收入管理。出台非税收入征收考核奖励办法;加强土地出让金征收执行和监管;深化非税收入收缴电子化改革,推广浙江政务服务网统一公共支付平台应用,全年完成公共支付交易17.73万笔,金额21.08亿元,实现让数据"多跑路",让群众"少跑腿";全年全市组织非税收入219.78亿元,其中纳入一般公共预算管理的非税收入24.57亿元,增长9.1%。

【支持实体经济振兴】 以供给侧结构性改革为主线,推进财政资金统筹使用,优化政策供给和资金供给。加快产业政策体系完善。配合出台《关于优化产业政策促进制造业高质量发展的若干政策依据》等一揽子政策,加快制造业优化升级、科技创新进步、现代服务业发展和农业产业结构调整。强化政策扶持。优化财政资金扶持方式,产业扶持资金压减50%,并转化为产业基金;完善拨付流程,全年共兑现产业扶持资金7.72亿元;落实人才新政,全年投入7217万元。落实减税降费。贯彻落实各类减税降费政策,完善政府收费目录清单,实现省级以下行政事业性涉企"零收费",全年减免各类税费35.15亿元,办理出口退(免)税81.19亿元。

【打好三大攻坚战】 防范化解债务风险。实施防范化解地方政府性债务风险专项行动,落实政府性债务管理责任,规范政府举债融资行为;依法开展政府存量债务置换,置换存量债务8.29亿元,争取新增债券5.00亿元。加大扶贫解困力度。支持实施乡村振兴战略,投入4375万元用于扶持经济相对薄弱村;提高兜底保障水平,投入1.72亿元用于最低生活保障等社会救助;投入4050万元用于支持贵州安龙、兴仁、衢州常山实施精准扶贫,助力受援地区打赢脱贫攻坚战。支持污染防治。统筹安排16.8亿元,支持大气、水、土壤污染防治和城乡环境综合整治。

【保障改善民生】 支持新一轮优化基本公共服务体系三年行动计划,全年一般公共预算支出用于教育科学、文化体育、社保就业、医疗卫生等民生方面支出91.33亿元,增长5.3%,占一般公共预算支出的79.1%。社保就业支出10.45亿元,完善社会保障体系,促进创业带动就业;教育支出30.18亿元,增长19.4%,支持教育现代化和各类教育优质均衡发展;文化体育支出2.43亿元,增长3.6%,保障文化惠民工程,推进基本公共文化服务均等化;医疗卫生支出12.34亿元,助力打造"健康慈溪",实施市人民医院改扩建等重大项目建设。

【推进财政改革】 深化体制机制改革。完成税务征管体制改革;调整财政科室职能,探索"一竿子插到底"管理模式;加大镇级财政保障力度,实施新一轮镇级财政体制。推进预算管理改革。深化市级部门预算编制改革,推进基本支出标准体系建设,系统梳理政策性专项资金;推进政府与社会资本合作,推进完成PPP项目采购3个;加强行政事业单位国有资产管理,推进人大政府资产特定问题调查整改,完成18处非经营性资产注入,处置住宅和商铺100处;推进财政数字化转型,在全宁波率先运行"政采云"平台,实现政府采购全程电子化管理。

【强化财政监管】 加强预算执行管理。加快预算支出进度,加大存量资金盘活力度;规范财政专户和预算单位资金管理,完善资金竞争性存放办法;重申"三公""两费"开支标准,压缩行政运行经费,市级一般性支出压减5.0%,一般公共预算"三公"经费下降7.4%。深化预算绩效管理。强化财政资金使用绩效导向,完善绩效管理体系,全年实施绩效目标评审、绩效自评、重点评价和跟踪管理项目121个,试点实施预算与绩效"双监控",探索建立绩效评价结果与预算安排和政策调整挂钩机制。提高财政预决算信息公开力度。细化公开内容,按时按规做好政府预决算、部门预决算、"三公"经费预决算和专项资金全过程管理信息公开;拓宽公开渠道,首次借助《慈溪财税》微信公众号发布《图说预算报告》。

【加强队伍建设】 推进全面从严治党,学习习近平新时代中国特色社会主义思想;加强党组织建设,严肃党内生活,试行党员积分制管理。落实"一岗双责",推进系统党风廉政建设责任制;丰富廉政教育形式,开展过集体政治生日、局党委书记上党课、党的十九大精神宣讲、入职廉政教育等活动;发挥驻局纪检监察组力量,加强个人有关事项报告、个人因私出国(境)等干部日常管理。加强政治教育,试点"干部说事"制度,畅通思想交流渠道,确保机构改革期间队伍和业务"双稳定",完成人员转隶和资产财务划分划转;加强业务培训,编印《行政事业单位有关财务制度文件选编》,开展全市行政事业单位财务培训;加强理论培训,组织党务干部专题培训,组织230余名党员参加党的十九大精神和党纪党规知识测试等。依托党工团妇组织开展各类活动,丰富财政文化内涵;组织开展"不忘初心 牢记使命"主题教育活动,完成纪念建党97周年党员大会、摄影展、书画展、征文比赛等活动。

(慈溪市财政局供稿 沈 蓓执笔)

宁海县

【概况】 2018年,宁海县实现地区生产总值603.64亿元,按可比价格计算,增长7.7%。其中:第一产业增加值43.40亿元,增长2.5%;第二产业增加值315.97亿元,增长7.6%;第三产业增加值244.27亿元,增长8.9%。三次产业结构比为7.2∶52.3∶40.5。固定资产投资增长15.0%,完成社会消费品零售总额228.23亿元,增长9.2%。城镇居民人均可支配收入56186元,增长8.5%,人均消费性支出35544元,增长9.4%。农村居民人均可支配收入31069元,增长9.4%,人均生活消费支出22691元,增长2.0%。城乡居民收入比为1.81∶1。全县财政总收入

100.07 亿元,增长 11.1%,其中,一般公共预算收入 61.63 亿元,增长 11.1%,占 GDP 的 10.2%,占财政总收入的 61.5%;一般公共预算收入中税收收入 46.05 亿元,占比 74.7%。一般公共预算支出 82.77 亿元,增长 3.4%。全年财政收支平衡。

【组织财政收入】 坚持依法征收、应收尽收,加强财税部门合作联动,把握组织收入的力度和方向,实施收入目标动态管理,提高收入执行的稳定性,做好县域文章,挖掘体制潜力,落实乡镇及园区财政体制调整,调动各乡镇、园区发展经济、涵养财源、增收节支的积极性,确保收入可持续增长。深化政府非税收入收缴管理改革,推进统一公共支付平台应用推广,全年组织非税收入 58.1 亿元,增长 26.7%,其中纳入一般公共预算管理的非税收入 15.58 亿元,增长 2.6%。

【支持经济发展】 发挥财政政策引导和税费减免的扶持作用,支持经济转型升级。开展新一轮产业政策整合,统筹各类财政资金,重点推进"中国制造 2025"试点示范城市等国家级平台建设,培育经济发展新动能。落实各类政府性基金、行政事业性收费减负减免和优惠政策,清理各类涉企收费,加快增值税改革三项措施、七项减税政策等税收优惠政策落地,鼓励高新技术发展,促进小微企业壮大,支持金融资本市场,确保企业享受税收优惠。2018 年减免税费 16.7 亿元,增长 26.0%。开展"五问五帮"企业专项服务活动,帮助企业破题解难。

【保障民生事业】 全年民生支出 60.6 亿元,增长 11%,占一般公共预算支出的 73.2%。推进各类教育协调发展,扩大普惠性学前教育资源,缩小教育资源配置的城乡、校际差距,促进学前教育、普通教育、职业教育均衡发展,全年教育支出 17.0 亿元。全力保障城乡居民基本医疗保险补助,推进医供体建设及公立医院"双下沉、两提升",推进社区卫生服务机构建设及乡村卫生服务一体化管理,增强基层医疗卫生机构门诊医疗、健康管理等综合服务能力,全年医疗卫生支出 7.7 亿元。建立覆盖多层次社会保障体系,统筹社会救助体系建设,探索多元化养老服务模式,完善养老服务补贴制度和居家养老服务试点,引导居家养老服务良性发展,全年社会保障支出 13.6 亿元,增长 13.7%。支持农村环境保护,推进"厕所革命"、生态县建设、"五水共治"、城镇污水处理设施建设等,淘汰落后产能,全面消除劣Ⅴ类水体,全年节能环保支出 1.3 亿元,增长 39.4%。加大小城镇环境综合整治力度,支持"三改一拆无违建"创建,保障市政设施日常养护、园林绿化养护、"智慧城管"平台建设、拆除违章建筑等城区环境整治工作,全年支出 4.4 亿元,增长 12.8%。

【推进财政管理改革】 落实机构改革,开展财政地税人员及财产划分,在宁波市率先完成财政、税务机构分设改革任务。加快预算管理改革,深化全口径预算管理,推进支出标准化体系建设、政府预算经济科目改革,加快健全预算支出进度约束机制,试编政府财务报告。建立覆盖财政运行全过程的监督机制,对 57 个项目 8.1 亿元实施全过程绩效预算管理,共计核减项目资金 1.5 亿元;深化涉农资金整合改革,全年整合县级财政涉农资金 5.3 亿元,提升财政支农效益。规范投融资管理改革,对接政策性银行、国有银行、商业银行等金融机构,做好项目筛选,保障已有 5 个 PPP 项目运行实施。上线运行"政采云"平台,联网上线行政事业单位和团体组织 428 家,注册入库供应商 194 家,上架商品 1642 种,已审批采购计划 472 项,采购金额 3.02 亿元。

【提升资金监管水平】 强化政府债务管控,试行"4+X"运行机制,出台《宁海县防范化解地方政府性债务风险专项行动实施方案》,清查政府债务投资项目资产,开展公益性项目违法违规举债治理,编制全县五年化债计划,加大债务监管力度。推进债券置换、转贷,累计置换债券资金 126.4 亿元,政府债务融资成本降至 3.8%,减轻政府偿债压力。落实部门结转结余资金和存量资金正常收回机制,全年共收回一般公共预算结余资金 4.12 亿元,收回政府性基金预算结余资金 2.45 亿元,收回部门存量资金 0.08 亿元,统筹用于教育、医疗卫生、社保等重点民生项目建设。修订公款存放制度,规范预算单位公款存放管理,开展财政资金、产业基金托管账户竞争性存放招投标,推进国库现金管理。强化项目审核和中介机构考核管理,完善指标库建设,做好政府投资项目源头管控工作。全年政府性投资项目审价中心审核概预算 261 个,涉及资金 23.5 亿元,核减 1.52 亿元,核减率 6.5%。深化国有资产摸底清查,整合资产,壮大国有资产规模。按照"保运转、保民生、保化债、保续建、保重点"的要求,安排年度支出预算,从严控制行政经费和一般性支出,"三公"经费支出下降 5%。

【加强干部队伍建设】 从严落实党建主体责任,优化支部结构,实行痕迹化管理,建立健全主体责任相关制度。把学习贯彻习近平总书记系列讲话精神与贯彻落实县委、县政府重大决策部署结合起来。参加全县微型党课比赛、"我最喜爱的习总书记一句话"等党课宣讲等活动,连续 4 年获全县微型党课比赛第一名。在 2017 年县委、县政府满意工程考评中,局机关列经济管理服务部门第 2 名,7 个科室获评"满意科室"。

(宁海县财政局供稿　葛晨晓执笔)

象山县

【概况】 2018 年,象山县实现地区生产总值 531.65 亿元,按可比价格计算,增长 7.0%。其中:第一产业增加值 73.42 亿元,增长 2.9%;第二产业增加值 225.59 亿元,增长 4.9%;第三产业增加值 232.64 亿元,增长 10.5%。三次产业结构比为 13.8∶42.4∶43.8。按户籍人口计算,人均生产总值 96748 元,比上年增加9860元。全县完成固定资产投资189.8亿元,增长25.4%;社会消费品零售总额211.87亿元,增长11.2%;完成货物进出口总额29.18亿美元,增长3%。城镇居民人均可支配收入45644元,农村居民人均可支配收入30822元,分别增长8.6%和8.8%。全县实现财政总收入71.28亿元,增长6.1%,其中一般公共预算收入40.99亿元,增长4.4%,占财政总收入的57.5%,占GDP的7.7%。地方税收收入36.01亿元,占一般公共预算收入的87.9%。一般公共预算支出68.66亿元,下降2.3%。全县财政收支基本平衡。

【依法组织收入】 强化部门协作。建立与税务、发改等相关部门定期信息联络制度,开展主要税种、行业和非税收入征管分析,确保财政收入均衡稳定增长。2018年税收收入66.31亿元,增长10.1%。加强非税收入管理。加强非税收入预测、分析和管理,规范非税收入收缴程序,发挥财政票据"以票控费,以票促收"作用,依法依规收缴非税收入。全年组织非税收入39.97亿元,其中纳入一般公共预算收入管理的非税收入4.97亿元,下降28.6%。

【推动县域经济稳定发展】 加大产业扶持力度。围绕"六争攻坚、三年攀高"专项行动要求,全年安排"智慧制造"专项资金2亿元,推进"6+1"产业体系构建。落实各项扶持政策,完善专项资金管理办法,2018年审核兑现各类产业奖励扶持资金3.35亿元,惠及企业3880户次。支持科技创新创业。实施创新驱动战略,落实技术改造专项资金4000万元、工业信息化建设专项资金1000万元,支持企业科技创新。对春华汽配等22家科技型"小巨人"企业出台科技金融、技改补助、研发费补助等专项政策,提升企业技术创新和核心竞争力。联合县科技局制定出台科技新八条补充意见,重点支持科技人才和团队引进,为企业转型和产业发展提供支撑。落实降本减负政策。加大清费减负政策贯彻落实情况监督检查,落实收费清单制度,遏制乱收费行为,取消、暂停行政事业性收费2项,减征403万元。

【推进社会事业协调发展】 全年民生支出48.72亿元,占一般公共预算支出的70.9%。提高社会保障水平。安排社会保障支出10.13亿元,保证各项社会养老、医疗保险基金正常运行。加快发展教育事业。教育发展投入10.91亿元,扩大义务教育和学前教育资源,发展中等职业教育,提高并调整部分地区农村任教津贴,推进教育事业快速发展。推进卫生事业健康发展。推进医疗制度改革,全县123家社区服务中心、卫生室基层医疗机构落实象山县基本药物制度改革,实施基本药品"零差率"销售,减轻群众基本用药负担。安排资金1.15亿元保障基层卫生机构正常性工作经费。开展乡村振兴行动。分类实施示范村庄创建,安排财政补助资金5065万元,启动5个示范村、15个县级特色村和1个示范乡镇的培育创建工作,打造东海仙子湾、七彩果乡大塘港和斑斓海岸3条市级风景线,改善乡村面貌。推进重点工程建设。多渠道筹集资金,重点支持全国文明城市建设,平安象山,垃圾分类,厕所革命,环保、海洋和国土督查整改,美丽乡村建设等专项行动开展,提升基本公共服务水平。

【推进财政改革】 推进机构改革。根据税务征管体制改革工作方案,加强与税务部门商议人员、资产划转事宜,做好固定资产、财务清查和经费划分,确保机构改革顺利推进。加强政府债务管控。编制债务化解专项行动实施方案,建立项目源头控制机制、争取新增债券、建立风险池,防止债务风险。试点实施"乡财县管"财政管理模式,通过严控不合理支出、自行转贷锁定存量债务等方式,打造"经费审核补偿、支出界定管控、债务锁定追责"三位一体财政管理模式。推进国库集中支付改革。推广乡镇国库集中支付制度改革和动态监控系统,将改革资金覆盖至所有财政性资金,推动实现"双覆盖"。深化"最多跑一次"改革。开展"上门服务至少一次"活动,累计走访预算单位84户次、企业252户次,集中开展培训17次,累计服务人次3356人。推进浙江政务服务网统一公共支付平台,县本级10所公立学校教育收费实现电子缴费。规范政府采购行为。推广"政采云"平台上线运行,实现政府采购项目电子化流程交易,提高政府采购规范性和透明度,节约政府采购资金1.21亿元,节约率11.6%。

【加强财政监管】 完善内控制度建设。推进行政事业单位内控制度建设,完成2017年度行政事业单位内控报告编报工作,委托第三方开展内控试点建设。强化预算绩效管理。针对城乡社区公共卫生服务项目等6个项目开展绩效评价,对4家行政事业单位进行财务收支情况检查,2家企业进行会计监督检查,共查处违纪违规和管理不规范资金1535万元。严把基建资金拨付关。改革项目立项审批流程,完成工程结算审查158个,核减投资1.52亿元,核减率8.6%。开展财务检查。发挥委派会计(财务总监)作用,加大项目资金监管,共阻止并纠正违规违纪资金1.41亿元。

【提升队伍素质】 开展"六争攻坚、三年攀高"抓落实专项行动,对形式主义、官僚主义突出问题开展自查自纠。严格执行"三会一课"、民主评议党员和组织生活日等制度,联合县国资局开展"红船精神"微型党课巡回宣讲及"八八战略"学习会。制定局干部职工教育培训计划表,全年共组织培训10次,受训人数500余人。开展"师徒携手共跨越"结对活动,鼓励报考与岗位相关的专业技术职称、参与各类业务竞赛,提升年轻干部业务能力。开展"延伸式""机动式""回头看"监督检查,全年开展纪律检查22次,对去向牌人岗不一致、出门不打招呼等问题进行提醒批评。落实"婚丧"事宜办理"双报告一公示"制度。

(象山县财政局供稿 刘丹丹执笔)

温州市财政工作

温州市

【概况】 2018年,温州市实现地区生产总值6006.16亿元,增长7.8%。其中:第一产业增加值141.75亿元,增长2.0%;第二产业增加值2379.53亿元,增长7.6%;第三产业增加值3484.88亿元,增长8.2%。三次产业结构比为2.4∶39.6∶58.0。按常住人口计算,人均地区生产总值65055元,增长7.3%,按年平均汇率折算,达到9831美元。城镇居民人均可支配收入56097元,农村居民人均纯收入27478元,分别增长8.2%和9.2%。全年社会固定资产增长8.1%。社会消费品零售总额3337.11亿元,增长9.0%。全年实现外贸进出口总额1507.15亿元,增长13.6%,其中进口总额204.72亿元,增长20.9%;出口总额1302.43亿元,增长12.5%。全市财政总收入895.00亿元,增长15.2%,其中一般公共预算收入547.58亿元,增长17.7%,占财政总收入比重为61.2%(若剔除一次性因素,财政总收入和一般公共预算收入增速分别为10.8%和10.6%);全市一般公共预算收入中税收收入438.14亿元,增长12.0%,占一般公共预算收入的80.0%。市本级财政总收入185.30亿元,增长9.0%,其中一般公共预算收入109.27亿元,增长8.0%。全市一般公共预算支出874.13亿元,增长14.8%;市本级一般公共预算支出108.02亿元,增长8.8%。全年财政运行状况良好,全市及市本级财政收支平衡。

【组织财政收入】 强化收入质量管理。加大与各县(市、区)和有关部门的协调力度,做好组织收入、分析预测等工作,牵头开展温州嘉兴财税经济对比专题研究,加强与税务部门的统筹协调,加强财政收支运行和省对市各项考核指标的动态监控、分析预测。推进非税收入征管工作。完善非税收入结算户管理,开展内控安全自查工作,与所有非税代理银行重新签署协定存款合同;推进统一支付平台建设,实现全市执收单位电子支付平台缴款971家,统一公共支付平台缴费1506万笔,缴款笔数位列全省第二。全年全市非税收入924.31亿元,下降9.0%,其中纳入一般公共预算收入管理的非税收入109.43亿元,增长47.5%。

【支持经济转型升级】 兑现产业政策。整合产业政策178个,出台人才、工业、农业、现代服务业、开放型经济等五类产业新政,兑现市、区两级财政部门产业政策奖励资金14.61亿元,惠及企业12418户次。帮扶企业转型升级。市级安排科技和经信专项资金2.80亿元,推进产业升级,全年新增"隐形冠军"培育企业55家、"专精特新"培育企业2898家、"小升规"企业616家、高新技术企业391家;设立政策性融资担保公司,首期到位20.00亿元;增资2.00亿元,扩大信保基金担保规模;恢复设立市级企业应急转贷资金2.00亿元;组建上市公司稳健发展基金10.00亿元,化解民营企业"两链"风险。助推企业上市。垫付上市风险共担基金5000万元,助推4家企业上市。

【保障民生支出】 全年全市民生支出670.47亿元,增长12.4%,占一般公共预算支出的76.7%。助推教育发展。全年全市教育支出188.99亿元,增长5.5%。拨付民办学校政府购买服务经费1.14亿元,深化民办教育综合改革;做好14所上划普高学校财政教育经费测算,推进市区教育体制改革。支持社会保障事业。拨付资金2.10亿元,完善居家和社区养老服务体系,全市已建成社区居家养老服务照料中心3792个、老年食堂2530个,享受政府购买居家养老服务补贴的老年人5.1万人次。推进文化体育事业建设。安排资金5800万元,建设文化礼堂;投入2420万元,扶持《温州三家人》《好人兰小草》等文艺精品创作;拨付市民卡健身消费补贴资金521万元,带动体育新增消费5000余万元。助推粮食安全建设。市级兑现农贸市场改造奖补资金3100万元,支持放心菜场建设;安排储备粮油预算7039万元,保障"米袋子"安全。

【保障城乡建设】 推进"大建大美"建设。安排资金10.00亿元,完成瓯江路道路及景观改造提升工程;投入资金7.30亿元,完成金温铁路温州站以东段资产置换;筹措资金70.00亿元,打造宜商、宜居的金融CBD。推进市重大交通项目建设。投入资金15.30亿元,对15条道路开展全元素整治。投入资金29.14亿元,完成龙湾国际机场T2航站楼及配套工程建设。拨付公交补贴3.70亿元,建成BRT(快速公交)3号线、4号线。推进乡村振兴建设。整合资金2.50亿元,保障西部生态休闲产业带建设;统筹资金9.20亿元,支持农业新动能发展;在全省率先创新为堤防灾害风险防控"上保险"机制,全年为全市1324千米的三至五级堤防构筑"三道防线",按照保险赔偿标准,每次事故赔偿上限为每县年保费(1000万元)的20倍(2.00亿元)。推进生态建设。拨付市级生态环保、地质灾害防治及避让搬迁资金4160万元,改善生态环境;以BOT+EPC*模式推进污水处理厂迁建工程建设,解决污水直排瓯江问题;投入资金5.99亿元,建成西向生态填埋场一期填埋库容68.65万立方米。

【深化财政改革】 深化预算编制改革。推进部门预算改革,出台2019年部门预算编制方案,完善编外人员经费和物业管理费;做好机构改革单位的预算编制,推动部门整体绩效预算改革试点。推进预算管理改革。推进市区财政事权与支出责任划分改革,探索建立绿色发展激励奖补机制,深化专项资金管理改革,落实支出经济分类科目改革。推进财政简政放权。政府采购简政放权 7 个事项，惠及项目 1462 个，涉及资金 12.37 亿元。推进基层服务建设。开通银行网点柜面缴款渠道 760 家，联合市大数据中心部署政务服务智能终端机“瓯 E 办”1000 台。开展“营商环境提升年”活动。创新政策奖励兑现方式，采用全流程网上申办模式；举办会计公益培训 6 场，为企业财务人员提供分类咨询 2800 人次。

【强化财政监管】 加强监督检查。首次推出财政日常监督检查项目和专项资金管理使用督查项目，检查项目 133 个，查处违规资金 1.59 亿元。加强采购监管。对“政采云”网上超市商品进行价格监测，专项整治违规价高供应商 171 家。推进绩效管理改革。推进绩效关口前移和事后评价，实现 150.00 亿元资金项目目标全覆盖，完成部门评价项目 2800 个，涉及资金 113.00 亿元，财政评价项目 319 个，涉及资金 11.00 亿元。推进“大数据”监管。完善“政采云”“资产云”等平台，挖掘财税大数据，建立“财政大数据决策平台”“数字财政辅助平台”“人大预算报告辅助平台”等系统。加强内控机制。完善内控制度体系和执行体系，探索行政事业单位内控督导机制，开展机构改革单位资产财务内控检查试点；开展以点带面的试点工作，将市农业局列为内控建设试点单位；全年全市完成内控编报工作行政事业单位 1913 家。

【加强队伍建设】 推进财税分设改革，于 2018 年 7 月 5 日和 7 月 20 日分别实现市、县（市）税务局集中挂牌。加大系统法治队伍建设，健全执法公示、法制审核和全过程记录三大机制，坚持精准普法，提升依法行政水平。召开党风廉政专题例会 11 次，党组理论中心组学习 10 次，涉及全面从严治党主体责任议题 25 个、改革热点经济发展专题 48 个。开展作风巡察，查处 8 大类 23 个问题；组织主题警示教育活动，剖析全省财政系统典型腐败案件。落实“三会一课”、主题党日活动，打造“书香财政”、道德讲堂、业务沙龙平台；“温暖财税 · 巾帼建功”品牌被评为省级女职工特色工作品牌，市财政局连续第五年获市委、市政府考绩优秀单位。

（温州市财政局供稿　李　侠执笔）

注：

＊BOT+EPC：即政府向某一企业（或机构）颁布特许，允许其在一定时间内进行公共基础建设和运营，而企业（或机构）在公共基础建设过程中采用总承包施工模式施工，当特许期结束后，企业（或机构）将该设施向政府移交。

鹿城区

【概况】 2018 年，温州市鹿城区实现地区生产总值 1024.31 亿元，按可比价计算，增长 6.8%。其中：第一产业增加值 1.77 亿元，增长 2.9%；第二产业增加值 254.29 亿元，增长 8.7%；第三产业增加值 768.25 亿元，增长 6.1%。国民经济三次产业结构比为0.2∶24.8∶75.0。按户籍人口计算，人均生产总值 132690 元，增长 5.5%。全年外贸进出口总额 249.22 亿元，增长 6.8%，其中：出口总额 236.07 亿元，增长 8.3%；进口总额 13.15 亿元，下降 15.4%。全区固定资产投资增长 5%。全年财政总收入 53.04 亿元，增长 10.4%。其中，一般公共预算收入 31.46 亿元，增长 7.1%，占财政总收入的 59.3%。区级一般公共预算收入 30.21 亿元，增长 6.7%。全区一般公共预算支出 51.39 亿元，增长 15.7%。区级一般公共预算支出 50.80 亿元，增长 15.6%。全年财政运行情况良好，财政收支平衡。

【组织财政收入】 加强收入全程管控。加强财税合作，定期分析财政收入形势，掌握重点税源动态，全年税收收入完成 25.97 亿元，占一般公共预算收入的 82.6%。深化税收社会化征管服务，加强零散税源管理，全年税收社会化征收实现税收入库 7359 万元，增长 145.4%。规范非税收入征管行为。完善并公开非税收入目录清单，推广统一公共支付平台应用，推进政府非税收入线上线下一体化收缴，全年非税收入完成 111.65 亿元，增长 64.0%，其中一般公共预算收入中的非税收入 5.49 亿元，下降 0.2%。

【支持经济发展】 实行企业清费减负。落实减税降费政策，精减涉企行政事业性收费项目，向社会公布涉企收费目录清单，落实小微企业等税收优惠政策，全年为企业减轻税费负担 10.00 亿元。激励经济新动能培育。聚焦中小微企业发展、促进创业创新、总部企业入驻、高成长型工业企业培育等重点，推进“工业经济高质量发展 30 条”等助企惠企政策落地，全年安排企业扶持专项资金 1.87 亿元。加强科技和人才工作保障。安排科技经费 1.56 亿元，助力企业提升自主创新能力，支持全区创新驱动发展战略实施。安排人才专项经费 500 万元，支持鹿城区高层次人才引进、海外智力项目引进、高技能人才领军培养工程，保障招才引智和重大人才项目落地。助力国家级市场采购贸易方式试点落户鹿城。安排资金 6866 万元，支持温州（鹿城）轻工产品交易中心开展相关试点工作。

【保障民生支出】 全年民生十大类支出 41.04 亿元，增长 15.2%。其中：安排资金 2.13 亿元支持农业农村发展，重点保障农村精准扶贫、全国农村集体产权制度改革试点和乡村振兴示范带建设；安排资金 10.61 亿元支持教育事业发展，助力民办教育综合改革试点、省教育基本现代化区创建等；安排资金 4.65 亿元支持医疗卫生事业发展，主要用于“双下沉、两提升”工程和打造区域医疗健康服务核心区等；安排资金 3.92 亿元支持社会保障事业发展，助力城乡大病医疗救助体系完善，确保社保群体待遇、各类优抚对象生活补助等落实到位，保障退伍军人、伤残军人等优抚安置；安排资金 5542 万元支持文化事业发展，助力新建 5 家城市书房以及非遗创艺坊项目实施、“村村响”农村应急广播体系常态化运作和温州市首部原创大型音乐剧《夕阳山外山》

的推出。筹集资金 2.24 亿元,确保食品放心工程、山福镇中心片区自来水管网应急工程、地质灾害综合治理等民生实事项目实施。

【推进财政改革】 完善预算管理制度,将政府投资预算纳入部门预算统一编制管理,实现全区部门预算编制全覆盖。推进预算绩效管理改革,首次实现绩效自评和预算绩效目标全覆盖。健全资金管理机制,开展公款竞争性存放摸底大清查,新增 3.00 亿元财政性资金实施竞争性存放招投标。清理财政暂付暂存款项,盘活财政存量资金 1.13 亿元。推进国库集中支付电子化管理改革,全面实施“政府预算支出经济分类”和“部门预算支出经济分类”并行机制。

【加强财政监管】 推进政府预决算公开,除涉密单位外,2018 年实现政府预算和经人大审查的 65 个区级部门预算及“三公”经费预算全部公开。防范化解地方重大风险,严控总体债务规模,制定化债方案,执行新《预算法》以及相关债务管理规定,强化债务限额管理和预算管理。加强行政事业单位资产管理信息建设,推广应用“政采云”平台电子卖场。完善扶贫资金动态监控系统,加强扶贫资金监控。严控“三公”经费支出,完成区属事业单位公务用车制度改革,加强全区行政事业机关工作人员差旅费、教育培训经费管理,对全区财务人员开展新政府会计制度专题培训。

【加强队伍建设】 配合相关部门做好机构改革工作,重点做好机构改革职责划转等工作。落实全面从严治党主体责任,成立兼职纪检联络员队伍,完善局内部管理制度,实行党员干部廉政谈话制度常态化。开展“营商环境提升年”暨“为官不正、为官不为、为官乱为”专项整治深化年活动,办公区域设置警示牌,参与全区“营商专员(代办员)”制度落实工作,推行“首问负责制”服务。深化“最多跑一次”改革,开展“上门服务至少一次”活动,主动服务预算单位 291 家、在线服务 5394 人次。

(温州市鹿城区财政局供稿　李冬冬执笔)

瓯海区

【概况】 2018 年,温州市瓯海区实现地区生产总值 584.91 亿元,增长 7.8%。其中,第一产业增加值 6.40 亿元,增长 2.6%;第二产业增加值 282.97 亿元,增长 6.2%;第三产业增加值 295.54 亿元,增长 9.6%。三次产业结构比为 1.1∶48.4∶50.5,当年第三产业比重首次突破 50.0%。按户籍人口计算,人均生产总值 129667 元,增长 5.7%。城镇居民人均可支配收入 57945 元,农村居民人均可支配收入 33435 元,分别增长 8.2% 和 9.1%。全区完成社会消费品零售总额 313.66 亿元,增长 10.5%。全年实现外贸进出口总额 155.76 亿元,增长 8.1%,其中:进口总额 8.35 亿元,下降 34.9%;出口总额 147.40 亿元,增长 12.4%。全年实现财政总收入 64.87 亿元,增长 9.7%,其中一般公共预算收入 36.85 亿元,增长 9.8%,占 GDP 的 6.3%,占财政总收入的 56.8%;税收收入 31.69 亿元,占一般公共预算收入的 86.0%。一般公共预算支出 52.57 亿元,增长 17.8%。全年财政运行状况良好,全区财政收支平衡。

【组织财政收入】 做好收入分析。按月更新财政收入综合分析系统数据,掌握辖内企业实际经营状况,了解每月新增企业和新进库数据。采取按月排名法,提高各镇街抓税源、引税源的积极性。强化税源涵养。联合税务部门开展税收社会化征管服务工作,加强对房地产和建筑业的税收征管,加强对全区 29 个商场、综合体等市场的税收征管。支持税收含金量高的实体经济发展,实现全区百强企业税收收入 41.40 亿元,增长 19.8%。完善非税收入管理。开通非税收款银行线下缴款渠道,核查执收单位非税票据使用份数、填开收款金额,提高非税收入征管水平。全年完成非税收入 5.31 亿元,其中一般公共预算中的非税收入 3.67 亿元。

温州市瓯海区外国语学校

【支持经济发展】 优化营商环境。制订产业发展资金管理办法,明确专项资金申报、审核以及拨付流程。组织调研专班、人才大走访小组、营商专员实地开展服务,收集并解决企业现存问题。支持科技创新。全年安排科学技术支出 1.04 亿元,发放科技项目、众创空间租金、发明专利等企业补助资金101万元,惠及企业、单位128家。扶持企业发展。支持助推"两个健康"先行区建设、优化营商环境等中心工作,取消、停征行政事业性收费9项,为企业及群众减轻负担3326万元。强化涉企政策的精准辅导与刚性兑现,提供企业全生命周期内的政策扶持,兑付企业补助扶持资金3.70亿元。筹措建设资金。支持小城镇环境综合整治、"大建大美"、综合交通、美丽乡村及保障性安居工程等建设,全年安排政府投资建设项目资金50.80亿元,落实城中村改造资金107.79亿元,其中权益回购资金79.14亿元,发放过渡费5.27亿元,征迁等其他费用23.38亿元。

【保障民生支出】 全年民生支出40.30亿元,增长19.2%,占一般公共预算支出的76.7%。促进教育事业发展。全年教育支出12.14亿元,安排2.00亿元用于新建的13所公办幼儿园办学,扶持学前教育发展。安排义务教育学生公用经费3815万元,职业学校学生免学费补助、公用经费等1776万元,人均标准达每学期1800元。加强社会保障支出。落实城乡居民医疗保险经费1.9亿元,年人均补助达900元,高出全国标准580元。安排城乡基本公共卫生服务专项资金3478万元,人均标准提高至50元。安排农村独生子女家庭养老保险经费4220万元,最低生活保障费2222万元,医疗救助经费690万元,养老服务体系建设经费1020万元。落实残疾人"两项补贴"经费1246万元。加大支农投入。整合支农专项资金2060万元扶持村级集体经济项目发展,入股瓯海强村实业发展有限公司,对103个经济薄弱村进行股金贷款置换。落实各项惠农富农强农政策,垫付6个街道19个村二、三产返回安置用地土地出让金1.52亿元,结算返还2个街道4个村级三产留地指标出让收益15.89亿元。全年区级安排一事一议财政奖补项目补助资金1200万元,争取省级补助资金1180万元,安排年度一事一议财政奖补资金25项,项目总投资2455万元。

【深化财政改革】 完善预算管理。加大结余资金清理力度,收回结余资金1658万元,调整支出进度偏慢的预算单位项目指标3277万元。完善财政资金竞争存放机制,完成1亿元区级财政资金竞争性存放招投标工作,与4家银行签订中标协议。开展上门服务。推行"上门服务至少一次"活动,现场服务预算单位115家,线上解答服务19000人次,涵盖预算编制、预算执行、政府采购、预决算公开、资产管理、会计管理、公共财政支出政策等范围。汇编最新行政事业单位财政财务管理资料,涉及财政法律法规、支出管理、财政管理等,分发各行政事业单位130册。深化预算公开。公开全区所有区级部门预算信息。公开13个镇街、开发区预算和"三公"经费情况,实现区街预算和"三公"经费公开全覆盖。对支出预算中功能分类公开到项级科目、支出经济分类公开到款级科目;对出国(境)经费、公务接待费以及公务用车购置和运行费单项支出进行说明。

【强化财政监管】 强化日常监管。开展地方融资平台公司债务情况、地方政府置换债券资金使用情况、全区津补贴发放、全区行政事业单位土地房产、镇街往来款清理、美丽乡村补助资金使用等专项检查。加强"三公"支出管控,核查各单位每月上报支出情况,实现源头控制、透明消费、网络管理、全程留痕。注重绩效评价。推进预算绩效管理,对2017年全区项目支出实施绩效自评,对2018年预算项目绩效运行跟踪监控全覆盖。首创绩效评价结果与预算分配、年终考绩奖相挂钩,强化评价结果应用。加强结算评审。全年审核工程结算项目491个,送审造价3.37亿元,审定造价3.10亿元,净核减2745万元,净核减率8.1%;审核工程预算31个,总造价7.95亿元,修正不合理金额3038万元。

【提升队伍素质】 配合相关部门做好机构改革工作,加强干部思想教育,收集改革意见,做好机构改革中的职责划转和档案交接工作。推进全区基层"清廉站所"建设,实现财政所负责人日常监管常态化。出台开展"铁腕纠'四风'、重拳治怠政"作风建设活动、优化营商环境的实施方案,列出五大专项行动。制定关于"向微腐败开刀,让老百姓微笑"专项整治实施方案,查找系统存在的问题,明确整改内容、责任科室和整改期限。在高校开展全区行政事业单位会计人员财务管理培训和国有企业管理人员培训,培训人数180人。抽调全局骨干参与攻坚和挂职交流,其中参与城中村改造、营商专员和机构改革等攻坚任务5人,与其他部门挂职交流4人,配合区纪委及巡察办检查工作共计40人次。

(温州市瓯海区财政局供稿　张文惠执笔)

龙湾区

【概况】 2018年,温州市龙湾区(不含温州市经济技术开发区)实现地区生产总值451.85亿元,增长7.0%。其中:第一产业增加值2.36亿元,增长1.3%;第二产业增加值228.71亿元,增长5.6%;第三产业增加值220.78亿元,增长9.0%。三次产业结构比为0.5:50.6:48.9。按户籍人口计算,人均生产总值193035元,增长6.0%。城镇常住居民人均可支配收入56366元,增长8.0%;农村常住居民人均可支配收入34279元,增长9.3%。全年财政总收入47.89亿元,增长12.4%。一般公共预算收入28.41亿元,增长10.0%,占财政总收入的59.3%。一般公共预算支出33.36亿元,增长21.4%。全年财政运行状况良好,全区财政收支平衡。

【组织财政收入】 优化收入结构。全年一般公共预算收入中的税收收入24.92亿元,占一般公共预算收入的87.7%。政府性基金收入40.12亿元。建立街道协税护税机制。完善区对街道财政体制,明确企业按街道属地化管理的原则,建立税收考核机制及税源动态管理制度,掌握街道税收及招商引资情况。加强非税收入征管。全年实现非税收入43.60亿元,其中一般公共预算收入中的非税收入3.49亿元,其中非税与市财政结算区级土地出让金分成收入37.77亿元。

改造后的龙湾区瑶溪街道社区卫生服务中心

【支持经济发展】 扶持实体经济发展。全年落实企业奖补资金5.28亿元,其中区本级财政安排4.13亿元,上级财政补助1.15亿元,用于中小企业"机器换人"、节能降耗、互联网新型经济等专项资金补助。落实国家清费减负政策,公布全区行政事业性收费25项和政府性基金目录清单6项。设立政府产业基金5.00亿元,引导金融资本和社会资本投入实体经济,推动全区创业创新和产业转型升级。深化政府与社会资本合作。全区录入财政部PPP项目库工程项目2个,涉及金额32.75亿元。实施人才强区战略。加大人才引进力度助推创新驱动发展,全年兑现人才工作经费1000万元。帮促企业融资。增强融资担保能力,为中小企业解决应急转贷资金158笔,累计转贷金额10.34亿元。推进农村基础设施和水利工程建设,筹集各级财政资金2.12亿元支持开展"五水共治"、小型农田水利设施等项目建设,改善农业农村生产条件和生活环境。安排惠农资金2381万元,加快村级公益事业建设,推进全区农业综合开发产业化发展,落实粮食补贴和传统捕捞渔民补助政策。

【保障民生支出】 2018年全区民生支出26.59亿元,占一般公共预算支出的79.7%,增长13.4%。支持教育发展。全年教育支出7.61亿元,推进城乡教育一体化、义务教育补短板和提升教育信息化水平等基础教育现代化工作。保障医疗社保就业体系建设。社保就业支出2.24亿元,支持实施全民参保计划,加大基本养老保险精准扩面力度;医疗卫生支出3.07亿元,深化医药卫生体制改革,提高基本公共卫生服务经费人均补助标准,完善重大疾病保障机制。支持民生项目实施。安排建设项目资金14.77亿元,保障全区299个民生工程项目支出。支持精准扶贫。落实财政扶贫资金5442万元,涉及项目18个。全年处置多余安置房45套,合计4683万元,其中借助淘宝拍卖平台处置7套,金额1230万元,所拍金额用于扶贫项目。

【推进财政改革】 推进统一公共支付平台扩面工作,全区72家单位42个执收项目全部纳入统一公共支付平台,执收项目应用率100%。推动项目评审信息管理系统上线运用,提高项目评审工作效率与服务质量。推进国库集中支付电子化改革,上线财政直接支付、实拨资金、专户拨付、资金清算、授权支付、授权额度等电子化业务,实现预算单位、财政、代理银行、人民银行全方位、全业务流程的电子化管理。深化预算公开,所有区级部门预算公开到位,扩大公开范围,细化公开内容,统一公开时间和公开格式。深化"最多跑一次"改革,开展"上门服务至少一次"活动,覆盖部门和企业203个,服务1559人次。

【强化财政监管】 强化专项资金管理。出台区级专项资金管理办法,形成立项科学、管理规范、注重绩效的资金管理机制。强化存量资金审查甄别。统筹盘活全区存量资金7.28亿元,其中收回部门历年结余结转资金1.68亿元。强化预算绩效管理。实现绩效目标申报、绩效自评全覆盖,绩效评价结果首次公开,全年开展绩效评价74个,评价金额1.52亿元。加强财政项目审核。全年审结项目601个,送审金额31.09亿元,审定金额29.84亿元,核减金额1.25亿元,核减率4.0%。强化政府采购监管。应用"政采云"平台管理系统,实现政府采购由事前审批转为全过程监管,全年政府采购预算金额4.19亿元,实际采购支出3.93亿元,节约资金2604万元,节约率6.2%。强化政府债务风险防控。组织实施防范化解地方政府性债务风险专项行动,出台龙湾区政府性债务管理办法,制定实施政府性债务风险应急处置预案,争取政府债券资金29.17亿元,年均节约利息1.02亿元。

【加强队伍建设】 配合相关部门做好机构改革工作,关注干部思想动态,收集意见建议,做好机构改革中的职责划转和档案交接工作。以绩效为导向,以考核为抓手,制定局机关全员绩效考核办法,推动局重点工作落实和提质增效。开展以预算编制、政府财务报告编报、新政府会计制度、财务分管领导能力提升等为主题的培训讲座。统筹工青妇等群团组织,开展财政志愿者、结对帮扶、"七五"普法等系列活动。2018年获区考绩优秀单位、全省财政总决算先进单位、全市财政总决算先进单位一等奖等荣誉称号。 (温州市龙湾区财政局供稿 项丽丽执笔)

洞头区

【概况】 2018年,温州市洞头区实现地区生产总值84.92亿元,增长8.2%。其中:第一产业增加值4.70亿元,下降3.8%;第二产业增加值28.93亿元,增长10.1%;第三产业增加值51.29亿元,增长8.4%。三次产业结构比为5.5∶34.1∶60.4。按户籍人口计算,人均生产总值64576元,增长8.0%。全社会固定资产投资增长7.4%。城镇居民人均可支配收入45407元,增长8.4%;农村居民人均可支配收入27130元,增长9.2%。全区财政总收入12.50亿元,增长2.3%。一般公共预算收入8.18亿元,增长15.1%,占财政总收入的65.4%。其中税收收入6.17亿元,增长35.5%,占一般公共预算收入的75.4%。一般公共预算支出27.97亿元,增长25.4%。全年财政运行状况良好,财政收支平衡。

【组织财政收入】 完善收入分析机制。建立财政、税务部门定期联席会议制度,分析研判财政税收经济运行形势,针对重点行业、重点税源及招商引资项目,组织分析政策效益、运行状况等情况,确定重点税源项目28个,建立重点税源管理多部门协调机制,共同制定涵养税源举措。强化非税收入征管。全年组织非税收入4.49亿元,下降78.1%,其中纳入一般公共预算收入管理的非税收入2.01亿元。

【支持经济发展】 助推产业转型升级。全年拨付各项财政扶持资金1.74亿元。完成区本级产业政策专项清理,提高政策针对性和效益性。实施工业、港口物流业(海运业)、建筑业(房地产)、海水养殖业、休闲旅游业等五大产业培育提升扶持政策,落实招商引资、油价补贴等优惠政策。加强金融帮扶力度。发放应急转贷金1907万元,办理"创业担保贷"1505万元;鼓励和引导企业上市,垫付首笔企业上市风险共担基金1000万元。助力乡村振兴。统筹资金3.00亿元保障花园洞头、一事一议村级公益项目、农村生活污水治理等建设。投资4020万元打造半屏沿线新渔村改造提升项目。设立首期规模2.00亿元的海岛振兴引导基金,发挥政银合作效应,撬动金融和社会资本投向现代旅游业和渔农业等新业态产业项目,累计授信民宿项目6000万元。

【保障民生支出】 全年民生支出20.97亿元,增长33.7%,占一般公共预算支出的74.9%。支持教育事业发展。全年教育支出4.21亿元,增长10.6%。加大优质教育资源供给,正式启用温州医科大学滨海校区,支持创办首家民办中学,建成霓屿义校、新海霞中学等校舍,实现街道(乡镇)公办幼儿园全覆盖。完善社保医疗体系建设。全年社会保障和就业支出2.65亿元,增长107.2%;医疗卫生与计划生育支出2.68亿元,推进医共体改革,支持区人民医院创成省级健康促进医院,基本建成区中医院等一批医疗卫生建设项目。低保标准实现城乡一体化,基本养老、医疗保险参保率分别为95.0%和99.0%,老年助餐服务村居覆盖率51.0%。

【深化财政改革】 推进预算管理改革。推进预决算公开,所有部门预决算统一在政务网公开。加大历年预算结余资金统筹力度,收回区本级2017年结转结余资金7768万元。开展行政事业单位公款存放专项检查,组织社保资金竞争性存放,涉及财政性资金3.50亿元。实施财政国库集中支付电子化改革,实现预算执行动态监控全覆盖,纠正违规资金68笔277万元,纠正率100%。创新投融资体制。全年完成筹融资38.71亿元,政府投资项目支出33.52亿元。通过存量贷款继贷、调剂财政资金支持、上级补助提前使用等方式,加大筹融资力度。加强PPP项目管理,区本级因2017年推广政府和社会资本合作(PPP)工作有力、社会资本参与度较高,2018年受到国务院表彰,为浙江省唯一获表彰地区。防范化解地方债务风险。组织实施防范化解地方政府性债务风险专项行动,建立债务管理动态监测平台,规范资金使用管理,全年完成化债年度计划的157.7%。深化"最多跑一次"改革。开展"上门服务至少一次"活动,累计集中培训10次,发放汇编手册400人次,线上服务3250人次。将会计代理记账机构审批、会计职称申报等行政事项全部纳入政务服务网,撤销原有政务服务中心财政窗口,实现全区会计管理一次都不用跑。完成财税体制及机构改革。贯彻落实国地税征管体制改革决策部署,稳妥推进机构挂牌、职能划转、人员转隶等工作,做好"人财物"划分。

【强化财政监管】 强化绩效评价。开展重点领域专项资金绩效评价,涉及31个部门33个专项共3170万元财政资金。前置绩效管理,在预算编制阶段抽取20家单位开展2019年度预算项目绩效目标重点审查工作。完善政府购买服务机制。全年节约采购资金750万元,资金节约率4.0%。推进"政采云"计算服务平台全覆盖,全区所有预算单位入驻平台。强化财政建设项目审价。完成预算审核11个,涉及金额4.94亿元,初审节约资金3864万元;完成工程结算审价项目383个,核减财政资金2454万元,核减率5.9%。

【加强队伍建设】 推进"两学一做"学习教育常态化制度化,具体包括党组理论中心组学习、支部"三会一课"、"红船精神"微党课、"清廉洞头 你我同行"主题教育、"追忆历史丰碑,重温红色经典"现场党性教育等活动。实施科室负责人主体责任纪实报告制度,开展纠"四风"、治怠政、破难题、抓落实、优环境五大行动。完善内控管理制度,开展岗位风险大排查,实施岗位廉政风险动态管理。实施全面从严治党履行情况季度督查,编发督查通报6期,集中整治形式主义、官僚主义。开展谈心谈话120人次。全面开展巡察整改工作,建立健全长效机制4个,梳理问题11个,书面检查1人,教育提醒40人次。制定《全程积分考核办法》,完善干部日常考核。做好公职人员兼职取酬的规范清理工作,落实领导干部个人重大事项报备制度以及出入境审批管理制度。 (温州市洞头区财政局供稿 朱玲爱执笔)

瑞安市

【概况】 2018年,瑞安市实现地区生产总值948.02亿元,增长8.0%,其中第一、二、三产业增加值分别为23.64亿元、385.37亿元、539.01亿元,分别增长2.9%、7.1%、9.0%。三次产业结构比为2.5∶40.6∶56.9。按常住人口计算,人均生产总值66295元,增长7.5%。社会消费品零售总额452.68亿元,增长9.3%。外贸进出口总额277.25亿元,增长9.1%。城镇常住居民人均可支配收入59507元,农村常住居民人均可支配收入30455元,分别增长7.9%和9.1%。全市财政总收入117.72亿元,增长12.1%,其中一般公共预算收入71.09亿元,增长12.0%,占GDP的7.5%,占财政总收入的60.4%。全市一般公共预算支出109.13亿元,增长11.1%。全年财政收支平衡。

【组织财政收入】 提高财政收入质量。坚持财政部门牵头,强化财税协调,把握收入节奏,优化收入结构,税收收入64.42亿元,占一般公共预算收入的90.6%。完善统筹抓收入机制。健全部门、乡镇(街道)、功能区齐抓收入的激励机制,制定以基本保障、固定补助、增量分成、专项奖励为主要内容的新一轮财政体制,激发乡镇(街道)发展税源经济的积极性。加强非税收入管理。推进统一公共支付平台应用,实现非税收入电子化缴费全覆盖,全年政府非税收入合计161.90亿元,下降9.9%,其中国有土地出让收入133.55亿元,下降16.7%;纳入一般公共预算收入管理的非税收入6.67亿元,增长15.3%。

【拓展财力渠道】 争取浙江省政府债券31.28亿元,新增债券额度居全省各县市之首。推进PPP运作,新增PPP项目3个,吸引社会资本3.80亿元。各业务部门依据政策向上级争取各类补助资金22.78亿元,并争取到省级人居环境整治提升、一事一议助推美丽乡村建设等试点。盘活国有存量资产6.24亿元。推动国有企业获批发行公司债及停车场专项债43.50亿元。

【支持经济发展】 加大财税政策扶持力度。出台"两个健康"*、新动能培育、科技创新、人才新政等财政扶持政策,落实增值税改革、失业保险费率下调、免征部分行政事业性收费等减税降费政策,为企业和社会减负15.20亿元。强化涉企政策刚性兑现。清理整合产业扶持政策,实行无纸化审批流程,全年兑付奖补资金4.57亿元,增长16.0%。推进产业基金实质化运作。建立瓯瑞、和瑞2支子基金,政府产业基金参股子基金实际投资到位资金2.10亿元,瓯瑞基金完成投资1.08亿元。保障基础设施建设资金需要。投入丁山二期围垦区、经济开发区等基础设施建设资金17.30亿元,加快新增债券资金执行进度。实施乡村振兴战略。投入乡村振兴及农林水资金16.83亿元,整合涉农资金用于曹村全域景观化建设,支持瑞枫公路沿线2.5万亩清洁田园建设。

【保障民生支出】 全年民生支出88.86亿元,增长11.5%,占一般公共预算支出的81.4%。投入教育经费27.51亿元,支持教育基建项目和标准化学校等建设,一批现代化中学及学校联盟投入运行,助力瑞安市通过省级教育基本现代化市评估。落实医疗卫生经费5.98亿元,出台基层医疗卫生机构补偿实施办法,省级医共体建设试点实现公立医疗机构全覆盖。安排文化体育经费1.66亿元,支持建成城市书房、百姓书屋、农村文化礼堂等138个,完成公园路历史文化街区二期改造工程。投入截污纳管和污水处理厂建设等治污水资金6.10亿元,落实棚户区改造、小城镇环境综合整治、"一把扫帚"*、公厕改造、垃圾分类等经费16.66亿元。

【深化财政改革】 出台《关于全面深化财政管理方式改革的实施意见》和配套文本10个,推进财政管理方式改革。建立预算项目库,实行动态调整机制,择优遴选项目支出;出台《瑞安市市级预算调剂和资金分配管理办法》,实行分级审批机制,下放部分经济科目调整审批权限。出台《瑞安市政府投资项目预算管理办法》及限额以下政府投资项目、工程总承包预算管理规定,从项目立项决策到财务决算进行全流程规范。将国库集中支付授权支付限额从20万元提高到50万元,实行全天候受理。推广应用"政采云",全年导入平台采购预算金额19.13亿元,实际采购金额节约7.3%。

【强化财政监管】 防范化解政府债务风险。建立隐性债务排查机制,组织开展违规举债专项自查,制订五年化债计划,化存量控增量,全年完成年度化债计划的107.2%。防控社保基金运行风险。调整被征地转保政策,补充社保风险准备金,强化社保风险准备金计提,降低社保基金缺口风险,全年被征地农民转保人数比上年减少15317人。加强财政预算绩效管理。推行部门整体支出绩效评价试点等工作,实现对项目支出绩效目标管理的全覆盖,实行对所有预算项目的绩效运行监控,推进单位自评、财政抽评、重点评价3个层面的绩效评价。强化政府投资项目审价。上线项目预算审核管理系统,建立预警机制,累计审核项目579个,核减金额3.42亿元。

【加强队伍建设】 统筹推进税务机构改革,成立市税务机构改革协调小组,制定机构改革实施方案,实行领导包干责任制,通过印发手册、全面谈话、落实值班、强化督查等措施严肃机构改革纪律,完成人员转隶、资产划转、经费保障等工作。开展"上门服务至少一次"活动,共走访预算单位206家,服务2269人次。创建"党建3+"*品牌,打造党群服务中心、文化走廊等党建阵地,首次实现党支部书记对党员谈心谈话的全覆盖,全年开展各类谈话 1240 人次。以“营商环境提升年”活动为契机,加大执纪问责力度,共查办案件 2 起,政务处分 1 人,通报批评 2 人。

(瑞安市财政局供稿　黄其庆执笔)

注:

*“两个健康”:非公有制经济健康发展和非公有制经济人士健康成长。

*“一把扫帚”:统一由一家公司负责全市所有保洁任务。

*“党建 3+”:党建+团队、党建+改革、党建+服务。

乐清市

【概况】　2018 年,乐清市实现地区生产总值 1078.52 亿元,按可比价格计算,增长 9.2%。其中:第一产业增加值 20.00 亿元,增长 2.9%;第二产业增加值 456.62 亿元,增长 8.6%;第三产业增加值 601.90 亿元,增长 10.0%。三次产业结构比为 1.9∶42.3∶55.8。社会消费品零售总额 461.42 亿元,增长 10.3%。外贸进出口总额 160.60 亿元,增长 15.9%,其中,出口总额 155.18 亿元,增长 15.5%。全市人均可支配收入 49739 元,增长 8.8%,其中:城镇居民人均可支配收入 59063 元,增长 8.4%;农村居民人均可支配收入 32158 元,增长 9.3%。全市实现财政总收入 160.31 亿元,增长 14.5%,其中,一般公共预算收入 94.30 亿元,增长 18.8%,占财政总收入和 GDP 的百分比分别为 58.8%和 8.7%。一般公共预算支出 115.93 亿元,增长 21.8%。全年财政运行情况良好,财政收支平衡。

【组织财政收入】　适应税务机构改革后组织收入工作的新情况新变化,加强收入分析预测,加大与税务部门的协调力度,完善税收征管机制。全年税收收入 78.46 亿元,增长 9.4%,占一般公共预算收入的 83.2%。实行非税收入考评办法,促进应收尽收,协调各部门单位加强罚没款、海域使用金等非税收入,深入执收单位调研非税征管,寻找新的收入增长点。全年非税收入 100.19 亿元,增长 28.0%;一般公共预算中非税收入 15.84 亿元,增长 106.2%。

【支持民营经济发展】　加大技改投入力度。推动《进一步支持企业技术改造的若干意见》《高新技术企业研发后补助资金管理办法》等政策文件出台,加快奖补资金拨付进度,由过去一年、半年拨付一次改为按季、按次拨付,全年兑现资金计 1.20 亿元。激发社会资本投资积极性。推动政府产业基金实质性运作,设立浙民投乐泰物联网产业基金,首期认缴资本到位 1.80 亿元,全年投入资金 7200 万元,带动社会资本 3.95 亿元。规范政府和社会资本合作项目,推进翁垟污水处理厂、乐柳虹平原排涝一期工程、228 国道乐成至黄华段 3 个项目的建设工作。引导金融机构增加信贷投放。通过融资担保公司运作,引导银行扩大对小微企业信贷规模,帮助企业缓解融资难问题,全年农信融资担保有限公司为小微企业融资担保金额 2577 万元。出资 3000 万元与浙江省担保集团有限公司、农业银行乐清支行合作设立风险基金,推出人才科技贷,支持高新技术企业、高端智能装备企业等发展,为 82 户企业发放贷款 2.19 亿元。

【保障民生支出】　全市民生支出 91.47 亿元,增长 16.8%,占一般公共预算支出的 78.9%。支持教育事业发展。一般公共预算教育投入 26.81 亿元,增长 8.2%。安排学校建设经费 5.20 亿元,增长 85.7%,全年投入使用学校 15 所。安排教育教学质量考核奖励 6500 万元,安排中小学校长、教师、学科骨干等培训专项资金 2929 万元,促进教学质量提升。加快基础设施建设。安排财政资金 28.45 亿元用于市本级基建工程建设,228 国道乐成至黄华段开工建设,104 国道虹桥至乐清段改建,三环路延伸及城西大道一期、五环路二期等道路竣工并投入使用;安排资本金 11.00 亿元支持温州市级的重大交通项目建设,实现温州绕北二期、甬台温高速复线南塘至黄华段等道路通车。完成城乡公交一体化改造。参与全市城乡客运线路的国有化改造工作,推进私人挂靠的客运线路客车实行国有化城乡公交模式改造。开通低票价线路 73 条,新增新能源公交车 170 辆,建成智能公交廊点 103 座,实现 25 个乡镇(街道)城乡公交全覆盖。全市财政补贴经营亏损 8290 万元,全年共回收线路 68 条。完善大病医疗救助体系。将低保对象的医疗补助比例由 80%提高到 100%。全年按全市户籍人口人均 15 元标准,统筹安排大病医疗救助专项资金 1935 万元。新增自负医疗救助政策,探索精准扶贫新办法,对部分对象发生的自负、自理医疗费用,根据金额给予 30%~50%的补助。

【推进财政管理改革】　丰富和拓展“最多跑一次”改革。财政“最多跑一次”业务实现全覆盖,开展“上门服务至少一次”活动,累计上门服务预算单位 80 批次。加快推进全口径预算体系建设,精编细编“四本预算”,上年结余及一般转移支付纳入财政预算。全面推进公车改革,出台行政事业单位国有资产处置、配置、使用管理办法,全市一般性支出压减 5%,一般公共预算安排的“三公”经费支出下降 5.7%。推进政府非税收入收缴电子化改革,完善政务服务网统一公共支付平台,累计通过平台缴费金额 9.55 亿元。全市政府采购预算金额 1.70 亿元,“政采云”计算服务平台入驻注册供应商 314 家,实现政府采购网上交易、监管和服务一体化运作。

【加强财政监管】　全市 85 个部门公开部门预算和“三公”经费预算。完成对市本级 85 个部门预算草案的市人大审查。完成年度政府债务化债任务的 130.5%。加强社保基金运行情况的分析研究,严格基金征缴和支出管理。推进财政专户资金存放科学化、精细化管理,修订市级财政资金竞争性存放实施细则,全年通过招标方式投放财政激励存款 10.00 亿元。从预算单位中选取 93 个项目开展绩效自评复核、重点绩效评价和绩效目标评审等工作。加强财政投资项目预结算评审,全年完成结算评审项目362项,送审金额13.00亿元,审定金额11.49亿元,核减额1.52亿元,核减率为11.7%。

【加强队伍建设】 加强基层党建工作,组织“不忘初心、牢记使命”专题党课。推进机构改革,做好财政地税人员转隶及资产划分工作。召开党风廉政建设工作会议,签订党风廉政建设责任书,加大对廉政风险提醒。组织全局干部参加全市学法用法三年轮训,举办财政业务骨干培训班。建设财政文化品牌,开展读书晚会,丰富干部文化生活。

(乐清市财政局供稿　王子平执笔)

永嘉县

【概况】 2018年,永嘉县实现地区生产总值414.46亿元,按可比价格计算,增长8.6%。其中:第一产业增加值14.61亿元,增长4.1%;第二产业增加值177.40亿元,增长8.4%;第三产业增加值222.45亿元,增长9.1%。三次产业结构比为3.5∶42.8∶53.7。按户籍人口计算,全县人均生产总值35604元,增长9.0%。城镇居民人均可支配收入45293元,增长8.5%;农村居民人均纯收入22190元,增长9.5%。全社会消费品零售总额186.13亿元,增长10.6%;外贸出口总额52.93亿元,增长17%。全县财政总收入56.30亿元,增长11.6%;其中一般公共预算收入35.07亿元,增长11.0%,占财政总收入的62.3%。政府性基金收入38.57亿元。全县一般公共预算支出81.53亿元,增长10.2%。全县财政收支平衡,预算执行情况良好。

【组织财政收入】 全年完成税收收入28.19亿元,增长11.9%,占一般公共预算收入的80.4%。非税收入总额为8.05亿元,增长6.9%,其中一般公共预算中非税收入6.88亿元,增长7.6%。强化税源管理。引进企业8家,入库税款6291万元。开展亩均税收万元以下企业整顿行动,破除土地要素低效供给,筛选企业298户,其中自用土地166户,租用土地132户,完成风险应对119户,入库税款107万元。盘活沉淀资金。针对全县重点工作资金紧张、各部门预算资金尚有沉淀的情况,对全县资金使用情况大起底,清理盘活资金7436万元。

【支持经济转型升级】 推进工贸企业转型升级。落实各类企业奖补1.58亿元。办理应急转贷资金41笔,累计转贷金额5.36亿元,助推企业平稳发展。优化项目审核模式,推出“上门审核”服务,惠及企业321家、项目586个,补助资金3055万元。发展绿色经济。楠溪源头田园综合体项目列入省级“田园综合体”创建试点范围,全年争取上级补助资金3750万元;列入2019年度扶持村级集体经济发展试点县,争取上级补助资金1550万元。

【保障重点支出】 全年民生支出65.48亿元,增长11.1%,占一般公共预算支出的80.3%。落实教育支出20.19亿元,占一般公共预算支出的24.8%,健全教育经费保障,推进全县教育现代化建设进程。社会保障与就业支出8.81亿元,完成年初预算的109.1%。安排扶贫资金417万元用于低收入农户的大病医疗补充保险,拨付居家养老服务中心运行补助资金1129万元。累计建成养老机构36个,老年活动中心(室)886家,村居老年学校285所。推进城乡现代化建设,支出12.21亿元,增长131.2%,提升城乡生活水平。落实农村一事一议财政奖补项目45个,财政奖补3080万元,带动社会投资1553万元,涉及行政村45个,惠及人口42508人。安排医疗卫生支出8.95亿元,增长14.3%。实施基本药物“零差价”政策,通过政府买单方式缓解看病贵问题;推进责任医生签约服务工作,全年落实补助591万元。完成中心镇卫生院医疗服务能力提升项目4个,共计拨款1200余万元。全年共争取上级调度款16亿元,上级专项资金补助1.53亿元,省代发地方政府债券10.81亿元,为全县保工资、保运行、保民生提供保障。

【深化财政改革】 建立部门联席制度,对企业开展“一对一”服务;开展“上门服务至少一次”活动,走访全县行政事业、企业单位87家,累计服务部门事项353次,服务企业92家,累计服务事项102次,累计服务955人次。完成项目造价从事前审核到事后监管的转变。将直接办理工程项目预、结算,转型为事后监督抽

永嘉县古村落集群

查,体现建设单位主体责任和政府部门监管责任。改革乡镇财政体制,建立科学规范的财政转移支付制度,并针对不同乡镇经济发展水平采用不同的分成方式,提高乡镇财力的自我保障水平。深度开发乡镇国库集中支付系统,在省财政厅标准版上进行二次开发,实现县、乡两级财政在一套系统中运行,被省财政厅列入全省试点县。统一使用"政采云"系统平台实现无纸化操作,使用率95.5%,实现采购总金额2.77亿元,增加13.7%。

【加强财政监管】 强化项目审核。全年审核基本建设资金拨款1371件,送审金额15.67亿元,审定金额14.63亿元,核减金额1.04亿元,核减率6.6%。加强财政预算编制管理,增加预算刚性,规范资金拨付流程。强化PPP监管。对PPP项目实施完全覆盖监管,搭建项目管理库,实现PPP动态管理,涉及PPP项目16个,工程总投资额180亿元。强化债务风险防控。完善《防范化解地方政府性债务风险专项行动实施方案》,制订5年化债计划,细化化债具体措施。上线债务监测平台,完善全县300多家行政事业单位及国有企业基础资料、资产及债务情况,实时关注隐性债务数据变化。强化资金存放管理。全年实现财政资金竞争性存放四期,资金合计30亿元,利率平均上浮27%,利息增收1550万元。提高流动性财政非税收入资金存放收益,以协定存款利息结算,全年利息增收300万元。强化行政事业单位资产管理。出台《永嘉县行政事业单位国有资产管理暂行办法》,分析比对全县318家行政事业单位资产统计报表和决算报表,推进资产编报工作。

【加强队伍建设】 承接财税体制改革任务,建立机构改革领导小组,统筹原国税、地税体制改革,国家税务总局永嘉县税务局于2018年7月20日正式挂牌,完成财政地税人员的转隶。开展纠"四风"自查工作,"向微腐败开刀,让老百姓微笑"整治等9项作风治理工作,累计查纠个人问题21个,单位问题9个,制定整改措施5条,出台制度5项。全年作风建设监督检查19次,查纠问题5个。

(永嘉县财政局供稿　葛明阳执笔)

平阳县

【概况】 2018年,平阳县实现地区生产总值460.17亿元,增长9.2%。其中:第一产业增加值16.92亿元,增长1.7%;第二产业增加值179.25亿元,增长8.6%;第三产业增加值263.99亿元,增长10.3%。按户籍人口计算,人均生产总值为57611元,增长8.0%。三次产业结构比为3.7∶38.9∶57.4。固定资产投资增长10.7%。社会消费品零售总额204.77亿元,增长10.6%。外贸进出口总额69.13亿元,增长9.1%。城镇常住居民人均可支配收入47021元,农村常住居民人均可支配收入22730元,分别增长8.6%和9.7%。剔除环保督查海洋罚没收入6.78亿元因素,全年全县财政总收入52.12亿元,增长10.2%,其中一般公共预算收入32.78亿元,增长10.0%;一般公共预算支出71.59亿元,同比增长18.8%。财政收支平衡,预算执行情况良好。

【组织财政收入】 优化收入结构。全县一般公共预算收入占财政总收入的62.9%,其中税收收入27.68亿元,增长10.8%,占一般公共预算收入的84.4%。落实收入协作机制。建立收入督导机制,完善地方财税收入协调领导小组工作机制,定期召开联合预测分析会议,制定收入预案。强化非税收入征管。构筑财政与执收单位、代收机构、代理银行之间的多方联络机制,建立健全多位一体的非税征管体系,全年实现政府非税收入64.30亿元,增长41.4%;其中纳入一般公共预算收入管理的非税收入5.10亿元,增长5.8%。

【支持经济转型升级】 助力实施机械机电、塑编塑包、皮革皮件、时尚轻工、文化创意"五大百亿"产业培育计划,推动工业强县系列配套政策落地生效,全年支出工业强县奖补2.75亿元,增长51.1%。制订《回归引进项目乡镇财政奖励办法》,兑现总部经济税收奖励专项项目12个,奖补2608万元。新增省外回归到位资金22.00亿元,新增总部回归企业43家,实缴税收3.90亿元。参与组建企业上市风险共担基金,总规模1亿元,引导县辖企业上市。建成投用南麂基金岛客厅,累计注资实体经济超30亿元,实现税收1.30亿元。实行政府性基金、行政事业性收费目录清单动态管理,减轻全县缴款对象负担5000万元。

平阳县生态农业园

【保障重点支出】 全年民生支出54.86亿元,增长19.2%,占一般公共预算支出的76.6%。教育支出14.84亿元,增长8.0%,开工建设新城小学等项目15个,建成投用水头三小一期等6所学校,完成改造提升薄弱学校18所。社会保障与就业支出7.87亿元,增长36.5%,用于提高基本养老保障水平和社会弱势群体救助水平。农林水投入6.11亿元,支持重大水利建设、美丽乡村建设、农村保洁、农村生活污水治理等项目。整合涉农资金8900万元,统筹支持粮食功能区建设、标田提升、畜牧业发展。争取到省级扶持村级集体经济发展试点,总投资5937万元,涉及13个项目,惠及8个乡镇15个村。全年落实国家和省市各类补助和转移支付资金27.05亿元,为南湖分洪工程、小城镇综合整治、美丽乡村等重点建设项目提供资金保障。推广运用政府和社会资本合作模式,228国道平阳榆垟至鳌江段公路工程等10个PPP项目入选财政部管理库,投资金额71.50亿元。

【深化财政改革】 推进"最多跑一次"改革,依托"政采云"计算服务平台,简化政府采购流程,网上超市订单数12169笔,位列全省县(市、区)交易排名第8位。全年计划采购金额52.80亿元,实际采购金额49.62亿元,节约3.18亿元,节约率6.0%。推进公共支付平台线上线下一体化建设,拓展电子缴款项目,全年电子缴款单位48家,收费项目共计32个大项67个小项,累计缴款40.31亿元、超80万笔。开展"上门服务至少一次"活动,全年累计服务部门118次,服务企业206次,现场服务预算部门93个(单位覆盖率94.0%)。深化预算绩效管理改革,推进项目指标框架体系构建,完善部门预算绩效目标集中审核机制,做到有预算安排,有绩效指标。

【强化财政监督管理】 加强财政性资金监管,出台《关于进一步规范平阳县财务管理工作的补充通知》等文件,健全财政性资金运行制度。健全财政资金存放长效机制,完善公款竞争性存放细则,竞争性存放资金12.80亿元。首次全面实施绩效全过程管理,实现县级预算单位绩效自评全覆盖、项目全覆盖,复核评价项目55个,开展农村生活垃圾集中处理等4个项目的绩效重点评价工作以及县民族宗教局的整体绩效评价工作,落实评价结果运用。以财政资金的安全管理为重点,成立3个专项检查小组,开展"清廉春节,安全财政"专项检查,完成137家单位自查以及16家单位全面重点检查,并督促整改。强化政府投资项目审核,全年审核各类项目投资估算143个,总送审金额151.85亿元,审定金额149.87亿元,核减1.98亿元。加强对工程价款结算和财务决算的管理,审核工程结算133个,送审金额2.93亿元,审定金额2.66亿元,核减2668万元。防范化解地方政府隐性债务风险,成立全县债务化解工作领导小组,出台《平阳县防范化解地方政府隐性债务专项行动实施意见》《平阳县国有企业投资管理试行办法》等系列文件,建立2个整改核查小组,实时对接债务主体,建立"一企一档",逐笔分析化解,通过摸清底数、制订化解计划、盘活闲置资产、争取债券置换以及整改违规担保等举措做好化债工作。

【加强干部队伍建设】 配合推进税务机构改革,实行24小时值班制和"零报告"制度,按期完成向县委和县政府主要负责人汇报、组织干部谈话谈心、收集意见建议、整理基础数据工作,按时完成145人的人事税务转隶、财政与原地税的资产划分以及收入征管主体统一。邀请县委讲师团成员开设党的十九大报告专题讲座,组织开展理论中心组学习以及"八八战略"专题理论学习会,辅导学习《浙江日报》理论文章。研究制订《2018年干部教育培训计划》,以兄弟县(市、区)联合组织等多种形式开展培训。制订《财政国资系统2018年绩效管理办法》,推进全系统绩效考核体系落实,严格执行工作人员日常考核制度。加大监督执纪问责力度,开展"纠'四风'治怠政、提效能优环境"专项整治、"向微腐败开刀、让老百姓微笑"专项整治、领导干部违规借贷专项治理以及县管领导干部违规房产交易专项治理等工作。

(平阳县财政局供稿 施奇凡执笔)

苍南县

【概况】 2018年,苍南县实现地区生产总值560.59亿元,按可比价格计算,增长7.2%。其中:第一产业增加值33.02亿元,增长1.5%;第二产业增加值201.23亿元,增长3.9%;第三产业增加值326.34亿元,增长10.3%。三次产业结构比为5.9∶35.9∶58.2。人均地区生产总值44975元。全社会固定资产投资额增长6.9%。社会消费品零售总额385.63亿元,增长10.0%。全年城镇居民人均可支配收入47051元,增长8.3%;农村居民人均可支配收入22166元,增长9.3%。全县财政总收入81.24亿元,增长45.4%(剔除中央环保督查海洋罚没收入19.14亿元后的全县财政总收入为62.10亿元,增长11.1%);一般公共预算收入56.86亿元,增长68.6%(剔除中央环保督查海洋罚没收入19.14亿元后的一般公共预算收入为37.72亿元,增长11.9%),占GDP的10.1%,占财政总收入的70.0%。全县一般公共预算支出105.37亿元,增长30.7%(剔除耕地占补平衡补助13.72亿元、小城镇基础设施建设5.50亿元后的全县一般公共预算支出为86.15亿元,增长6.9%)。全县财政收支平衡,预算执行情况良好。

【组织财政收入】 加强税收收入管理。落实财税收入分析联席会议制度,强化部门信息传递与共享,制定组织收入预案。加强对制造、房地产和建筑等重点企业和行业的税源管理,全县纳税百强企业缴纳税收35.49亿元,增长20.6%。全年实现税收收入32.10亿元,增长9.9%,占一般公共预算收入(剔除中央环保督查海洋罚没收入)的85.1%。完善非税收入管理。关注重点执收单位的征收动态,加快国有土地出让进度。开展统一公共支付平台扩面工作,推出柜面支付、网银、支付宝等多种公共缴费渠道,县本级执收项目全部实现网上缴款。全县非税收入98.37亿元,增长28.1%(剔除中央环保督查海洋罚没收入19.14亿元后的非税收入79.23亿元,增长3.2%),其中纳入一般公共预算管理的非税收入24.76亿元(剔除中央环保督查海洋罚没收入19.14亿元后为5.62亿元)。

【支持经济发展】 加大扶优扶强。出台新动能培育、招商引资、人才新政18条等系列政策措施,兑现企业技术创新、"小升规"、股改、挂牌上市等扶持资金4.71亿元。制定企业上市"H+A"奖励政策,设立5000万元上市风险共担基金,培育拟上市、挂牌企业梯队25家,实现上市企业零的突破。强化科技支撑。安排科技支出1.03亿元,增长15.1%,新增高新技术企业26家。运用科技创新券、创业种子资金等政策工具,支持打造"双创"升级版,县科技企业孵化器通过省级孵化器认定,多个项目入选国家级创新工程示范项目。减轻企业负担。清理规范行政事业性收费、政府性基金和涉企经营服务性收费,延长阶段性降低失业保险费率下调政策,减收810万元。试点推广小额贷款保证保险,降低小微企业、创业者融资成本。

【保障改善民生】 全年民生支出68.83亿元,增长5.2%,占一般公共预算支出的79.9%。安排教育支出23.91亿元,各级各类学校生均公用经费标准提高100元/生·年,建成标准化足球场29个,全县省义务教育标准化学校占比达100%,总投资9.90亿元的教育PPP项目落地。安排医疗卫生支出6.84亿元,支持实施"健康苍南"战略。基本公共卫生服务人均财政补助标准提高至55元/人·年,巩固实施建立居民健康档案等14类项目。完善提升县、镇、村三级医疗机构基础设施,支持区域医疗康养中心和县域医共体建设。安排社会保障与就业支出13.58亿元,提高孤困儿童、特困人员和"三老"人员等困难群众补助标准,城乡居民最低生活保障标准提高至每人每月664元。推进养老服务社会化,新增养老机构床位2005张,养老补贴惠及老人6068名。安排文化体育与传媒支出1.29亿元,推进城市文化客厅、文化驿站、百姓书屋等文化设施建设,新增体育场地面积21.66万平方米。支持社会力量办体育改革,引进全国性品牌体育赛事11场。安排农林水事务支出12.35亿元,开展财政扶贫资金"折股量化"* 试点,建成"232省道沿线"与"桥莒线"两条乡村振兴示范带,带动沿线美丽乡村精品村建设15个、综合整治村建设27个。

【深化财政改革】 完善预算管理改革。加强专项资金清单管理,将51个财政专项纳入清单,涉及金额26.69亿元。通过清理回收结余结转资金、开展对外借款和预算单位账户清理,盘活各类资金13.00亿元。完善乡镇财政管理体制,细化乡镇分类分档,对重大项目实行单独管理、一事一议。深化国库集中支付改革。推进国库集中支付电子化改革,建立财政、人行电子印章库及电子凭证库,完成15家预算单位试点工作。加强县级预算单位动态监控,核实不合理支付资金15.20亿元。推进政府采购管理改革。深化"政采云"平台应用,增设"医疗馆""政企区"版块,全县综合性医院、中心卫生院和国有企业采购实现线上交易、服务和监管,全年平台交易额为9.58亿元。推进财政投入方式改革。推广运用PPP模式,6个项目纳入财政部项目库,其中228国道苍南段、学校迁(改、建)工程等3个PPP项目落地,涉及总投资74.79亿元。推动"上门服务至少一次"活动。累计服务预算单位110家、行政村112个,开展财政业务培训10次,服务对象2253人次。支持税务征管体制改革。实行24小时值班制和"零报告"制度,组织干部开展谈心谈话,清查干部人事基础资料,完成税务人事转隶203人以及财政部门与原地税部门的资产划转等工作。

【强化财政监管】 加强财政监督管理。开展土地出让金分成、乡镇财政体制结算、企业扶持资金拨付等事前审核监督,共审核129批次30.51亿元。实施涉农资金项目库管理,将43类竞争性涉农项目纳入信息平台动态监管。推动全县355家行政事业单位上线"资产云"管理系统。深化预算绩效管理。组织开展绩效自评项目290个,涉及金额38.30亿元,实施重点绩效评价10个,整体评价2个,对2019年预算绩效目标进行公开评审。首次推行绩效评价结果公开制度。加强政府债务管理。开展防范化解地方政府隐性债务风险专项行动,制定化债实施方案,通过规范政府购买服务、转化为市场化融资方式、逐年列入财政预算等措施,完成年度化债任务。争取新增债券资金10.00亿元,置换债券资金4.75亿元,支持保障地方重大公益性项目建设,全县存量或有债务实现清零。

【加强队伍建设】 出台《苍南县财政局深入推进新时代清廉财政建设实施方案》,制定具体措施22条。实施党支部提升工程,每月15日开展主题党日学习活动。实施"营商环境提升年"行动,联合派驻纪检组加强正风肃纪督查。运用好监督执纪"四种形态",开展廉政谈心谈话53人次,约谈2人,通报批评2人,免职1人。组织开展"文明礼让斑马线""移风易俗宣传""财税咏青春 奋斗正当时"等各类活动,提高队伍凝聚力。

(苍南县财政局供稿 吴高强执笔)

注:

*"折股量化":指在不改变支农资金用途的前提下,以支农资金投入项目所形成资产股权量化为载体,构建财政支农资金扶贫新模式,赋予低收入农户更多的财产权利。

文成县

【概况】 2018年,文成县实现地区生产总值97.47亿元,增长7.9%。其中:第一产业增加值8.88亿元,增长3%;第二产业增加值23.56亿元,增长8.7%;第三产业增加值65.03亿元,增长8.4%。三次产业结构比为9.1∶24.2∶66.7。全社会固定资产投资40.43亿元,增长8.2%。全社会消费品零售总额46.23亿元,增长 12.2%。全县城镇常住居民人均可支配收入 38687 元,农村常住居民人均可支配收入 17352 元,分别增长 8.3% 和 9.4%。2018 年,全县完成财政总收入 11.33 亿元,增长 2.7%。其中一般公共预算收入 8.26 亿元,增长 0.1%,占财政总收入的 72.9%,占 GDP 的 8.5%;一般公共预算支出 47.27 亿元,增长 4.0%。全县财政收支平衡,预算执行情况良好。

【组织财政收入】 加强税收征管。推进财政、税务精诚合作,做好税收预测分析,强化入税管理,加强支柱税源涵养,健全税收征管体制机制。全年税收收入 4.14 亿元,增长 18.7%,占一般公共预算收入的 50.1%,其中房地产业、建筑业等支柱产业税收收入占税收收入的 78.4%。规范非税收入管理。升级统一公共支付平台,完善非税收入电子化改革需求项目库,全年线下缴款渠道达到 10 个,完成电子支付 10.9 万笔,总金额 1.16 亿元。全年完成非税收入 7.00 亿元,其中一般公共预算收入中非税收入 4.11 亿元,国有资源(资产)有偿使用收入 2.98 亿元。争取上级资金。全年争取中央、省、市各类资金 36 亿元,其中"两山"建设专项激励基金 1.5 亿元、争取省财政厅地方政府债券额度 10 亿元。

【支持经济转型发展】 利用 PPP、政府购买服务、资产抵押等多种模式,保障重大交通项目、城中村改造项目、小环境综合整治等 54 个重点项目的资金需求。推动旅游产业基金实体化运作,投资 1200 万元参股影棚项目,全年累计完成旅游项目投资 4800 万元。出台新动能 29 条、建筑业发展若干政策等扶持政策,完善财政扶持产业发展政策体系,全年兑现各项扶持资金 2782 万元。支持电子商务、总部经济、建筑业等八大新兴业态发展,新引进总部企业 5 家,在册正常经营的总部经济企业达 35 家,累计入库 7216 万元。

【保障重点支出】 全年民生支出 35.37 亿元,占一般公共预算支出的 74.7%。全年医疗卫生与计划生育支出 4.52 亿元,其中,安排 318 万元补足 2.6 万名低保、低边、残疾人等群众的城乡医保个人缴费部分,城乡居民合作医疗基金规模 2.64 亿元,参保人数 32.3 万人。全年社会保障和就业支出 5.88 亿元,其中,安排 4234 万元支持建设避灾场所 138 个;落实被征地农民转保政策,全年新转保 1617 人;安排 6983 万元,推进城乡低保标准一体化,实现人均低保 664 元,覆盖全县低收入人员 12584 名。全年教育支出 7.67 亿元,促进教育协调均衡发展,其中 9444 万元用于校舍新建、加固、翻新等教育环境改善建设。落实各项惠农富农强农政策,累计投入涉农资金 10.3 亿元。推进农业综合开发,投入 1.82 亿元壮大农业经营主体、创建绿色生产基地、打造龙头农业品牌。

【深化财政改革】 完成财政税务机构改革,针对人员划分、资产划转等问题多次召开联席会议并达成一致意见,完成数据迁移、机构整改和"三定"方案上报等任务。以"最多跑一次"改革撬动财税体制改革和自身改革,深入开展"上门服务至少一次"活动,服务预算部门 68 个,二级单位 86 个,企业 55 个,服务人次达 5935 人次。深化预决算改革。在政务网预决算公开专栏上实现全县部门预算和"三公"经费预算"双公开",涵盖部门 68 个。深化县级国库集中支付改革。调整国库集中支付管理范围,将直接支付由单笔 5 万元(含)调整为 10 万元,大额直接支付审批由 30 万元提高到 50 万元,审核业务减少 45.4%;推行国库集中支付电子化改革,出台《文成县县级国库集中支付电子化管理实施方案》等 3 个实施办法。完善财政资金竞争性存放机制,修订《文成县县级财政资金竞争性存放管理办法》,全年完成公款竞争性存放 5.8 亿元。盘活存量资金。清理盘活工作涵盖全县 17 个乡镇、172 个县直部门单位和 5 个县财政专户,盘活财政存量资金 737 项共 2.09 亿元,全部投入社会建设领域。

【强化财政监管】 加强专项资金管理。出台《文成县旅游发展专项资金管理办法》《文成县农业产业发展资金竞争性分配实施方案》等管理办法;建立专项资金绩效导向机制,将所有部门单位的专项资金全部编报绩效目标,并纳入年度部门预算管理。提升支出绩效。压减"三公"经费开支,全年全县"三公"经费支出 1470 万元,下降 1.6%;开展政府投资项目审价,把握政府投资成本和规模,全年完成预算项目 386 个,核减金额 2244 万元,综合核减率 5.6%;完成概算项目 2000 万元以上 2 个,核增金额 475 万元,综合审增率 2.4%;完成结算项目 52 个,审减金额 349 万元,综合审减率 7.0%。夯实国资监管。启动文成县国资监管综合信息平台建设,推进行政事业单位产权清理确权,全年全县 737 宗公房已办 321 宗,办证率 43.6%。加强政府采购管理。出台《文成县 2018 年政府采购管理工作指导意见》,上线"政采云",建立"网上超市",全年通过"政采云"完成采购 1.81 亿元,平台运用率 94.5%。严防债务风险。出台《文成县防范化解地方政府性债务风险专项行动实施方案》,制订五年化债计划,全年超计划化解乡村振兴建设政府购买项目等隐性债务 2.67 亿元。

【优化队伍建设】 落实党委党风廉政建设主体责任,推行纪实手册,开展廉洁谈话,全年纪检组与班子成员累计谈心提醒 84 人次。鼓励干部提升学历、职称,2 人取得高级会计师职称。注重干部技能提升,开办财政干部读书班 3 期、财政干部培训 1 期,参训人员 85 人次。组织干部参加文成县第七届微型党课赛课、"不忘初心、牢记使命"主题教育、县篮球赛等一系列活动,展现财政干部风采。 (文成县财政局供稿 沈倩倩执笔)

泰顺县

【概况】 2018 年,泰顺县实现地区生产总值 98.97 亿元,增长 7.1%。其中:第一产业增加值 8.08 亿元,增长 4.2%;第二产业增加值26.03亿元，下降1.2%；第三产业增加值64.86亿元，增长11.4%。三次产业结构比为8.2∶26.3∶65.5。按户籍人口计算，人均生产总值26538元，增长6.8%。城镇居民人均可支配收入37143元，增长8.7%；农村居民人均可支配收入17018元，增长9.6%。全县财政总收入13.75亿元，同比增长20.3%。其中一般公共预算收入8.76亿元，增长10.7%。全县一般公共预算支出47.30亿元，增长4.6%。全县预算执行情况良好，财政收支平衡。

【组织财政收入】 完善向上争取资金考核机制，加强部门协作，争取省市财政转移支付补助资金29.76亿元，争取地方政府债券资金8.00亿元。优化收入结构，一般公共预算收入占GDP的8.9%，占财政总收入的63.7%，税收收入占一般公共预算收入的68.2%。推进政府主导、部门配合、社会参与的财政收入保障体系建设，建立财税部门联席会议制度，完善收入征管协调机制，实现地方税收收入5.97亿元，增长40.6%。完善乡镇财政管理体制，落实乡镇财政增收奖励资金2010万元。加强行政事业性收费和政府性基金等政府非税收入项目管理，组织政府非税收入10.19亿元，增长49.1%。其中纳入一般公共预算收入管理的非税收入2.79亿元，下降23.8%。

【支持经济发展】 围绕政府投资重点项目建设，筹措资金12.24亿元，支持交通网络提升工程、新城区市政配套工程、小城镇环境综合整治、乡镇生态搬迁等工程建设。落实财政奖补企业资金3493万元，落实建筑业骨干企业扶持政策资金8810万元，重点扶持建筑业、网络经济、泰顺石产业等发展。安排科学技术经费3036万元，推进科技创新平台建设。发放助保贷资金250万元，出借应急转贷资金5119万元，出资组建政策性融资担保公司，帮助中小微企业解决融资难、担保难问题。

【保障民生支出】 全年各项民生支出39.79亿元，占一般公共预算支出的84.1%。安排教育经费6.95亿元，保障小学生生均公用经费650元/生·年、初中生生均公用经费850元/生·年的标准，助推教育现代化县创建。安排文化体育和传媒经费7839万元，加大基层文化补助投入，保障县内文体活动开展。安排医疗卫生与计生经费4.97亿元，深化县级公立医院改革，完善基本药物制度，人均基本公共卫生服务经费标准提高至每年55元，人均城乡居民基本医疗保险政府补助标准提高至每年580元。安排社会保障和就业经费5.67亿元，保障城乡居民基本养老保险、被征地农民社会保险、双拥优抚安置、困难群众临时救助、残疾人基本生活等社会保障事务。

【助力乡村振兴】 落实支农、强农、惠农政策，共安排涉农资金7.64亿元，发挥财政支农资金导向作用，加强农村农业基础设施建设，帮助农民致富增收。安排资金4124万元，组织实施一事一议省级财政奖补项目84个，改善村庄发展环境，提升农村公共服务水平，受益人口11万人。统筹安排资金4600万元，支持物业经济、农贸市场、光伏发电等扶持村级集体经济发展试点项目建设，每年可为村集体增收3100万元。统筹整合财政资金3500万元用于民族乡村示范带、氡泉云岚乡村休闲示范带等2条乡村振兴示范带建设。

【推进财政改革】 制定《泰顺县财政支农项目库管理暂行办法》，强化项目储备，推进财政资金项目管理信息系统建设。推进国库集中支付电子化改革，完善电子印章和数据链接，完成各预算部门财政决算软件的升级改造，提高财政资金的安全性和使用效率。推进"最多跑一次"改革，政府采购云计算服务平台上线，全年完成交易额14.69亿元。升级统一公共支付平台，全年办理教育收费、社保缴费及违章缴款等业务14.4万笔，涉及资金4.16亿元。开展"上门服务至少一次"活动，全年累计上门服务部门（含二级预算单位）206家、服务重点企业31家2064人次，开展集中培训31场1994人次。在预决算编制、一事一议财政奖补项目筛选、资金规范使用及政府采购业务等方面提供面对面的指导与服务。

【强化财政监管】 强化地方政府性债务管理，新增债券资金8.00亿元用于民生工程、交通道路工程等公益性项目支出。编制地方政府隐性债务化解实施方案，实施防范化解地方政府性债务风险专项行动，完成年度隐性债务化解任务，年度化债计划完成率376.9%。加强财政资金管理，安排7.52亿元开展四期财政资金竞争性存放，修订公款竞争性存放实施细则，联合县纪委开展公款存放摸底排查工作。加强财政结余资金管理，清理盘活各部门各类存量资金2.61亿元，盘活财政专户资金2100万元，统筹用于民生重点领域。实施绩效运行跟踪项目364个、项目单位自评项目50个、财政部门重点评价项目4个，涉及财政资金9.25亿元。完成政府投资建设工程结算审核项目190个，审定金额2.15亿元，核减2441万元，核减率10.2%。规范政府采购行为，执行政府采购预算14.69亿元，实际采购13.46亿元，节约率8.4%。加强"三公"经费、会议费和培训费等公用经费管理，实行总量控制，全县"三公"经费支出下降0.8%。

【加强队伍建设】 支持国地税机构改革，了解一线干部思想动态，开展谈心谈话，实行24小时值班制和"零报告"制度，完成财政部门与原地税部门的人员转隶、资产划转、经费保障等工作。召开党风廉政专题会议7次，分解落实廉政责任，共发放班子分管责任告知函10份、科室告知书17份、建议书3份，收到整改报告3份。开展"铁腕纠四风、重拳治怠政"等作风建设活动，整治执行不力、担当不够等问题。推进清廉财政建设，强化内控管理，出台《泰顺县财政局内控执行自查反馈机制》《泰顺县财政局专项资金管理风险内部控制办法》，防范业务风险和廉政风险。全年县局党委书记上党课2次，开展周一夜学活动42次，营造财政廉政文化氛围。 （泰顺县财政局供稿 李 觉执笔）

嘉兴市财政工作

嘉兴市

【概况】 2018年，嘉兴市实现地区生产总值4871.98亿元，按可比价格计算，增长7.6%。其中：第一产业增加值115.03亿元，增长0.1%；第二产业增加值2624.49亿元，增长8.4%；第三产业增加值2132.46亿元，增长7.1%。三次产业结构比为2.3∶53.9∶43.8。按常住人口计算，人均生产总值103858元。全市社会消费品零售总额1938.59亿元，增长8.9%；外贸进出口总额2821.20亿元，增长14.2%。全市城镇居民人均可支配收入57437元，增长8.3%；农村居民人均可支配收入34279元，增长9.0%。全市财政总收入895.29亿元，增长16.4%；一般公共预算收入518.55亿元，增长16.8%，其中税收收入473.45亿元，增长14.9%。全市一般公共预算支出588.87亿元，增长19.0%。市本级财政总收入287.65亿元，增长13.8%，其中一般公共预算收入166.16亿元，增长16.1%。市本级一般公共预算支出209.34亿元，增长27.3%。当年全市及市本级财政收支平衡。

【组织财政收入】 提高财政收入质量。2018年，财政总收入占全市生产总值的18.4%，一般公共预算收入占财政总收入的57.9%，占全市生产总值的10.6%，一般公共预算收入中税收收入占比91.3%。强化收入分析预测。关注和跟踪经济形势变化，加强与税务、人行、发改、统计等部门的信息沟通，实现税收、投资、金融等经济指标联动分析，提高收入预测的准确性。规范非税收入征收管理。清理非税收入项目，规范财政票据管理，深化收支两条线改革，建立健全非税收入征管体系，推进收缴电子化改革，创新收缴手段，提高征管效率。全市非税收入891.24亿元，增长20.5%，其中纳入一般公共预算管理的非税收入45.11亿元，增长41.7%。

【促进经济转型升级】 降低实体经济成本。健全涉企收费清单公示制度，完善涉企行政事业性收费目录清单、政府性基金目录清单、政府定价的经营性服务收费目录清单，建立涉企保证金目录清单。落实减税降费政策，制定实施嘉兴企业减负政策12条，全市减免企业税费210.78亿元，增长10.1%。支持科技创新。修订《嘉兴市级人才发展专项资金管理办法》，加大对人才引育和科技创新的支持力度。推动重大科技创新平台建设，市、区两级安排6000万元支持清华柔性电子技术研究院落户嘉兴。助推重点产业发展。安排市级政府专项资金6.22亿元，增长41.0%，主要用于培育发展新动能、改造提升传统产业、打造“一带一路”倡议枢纽、传承发展浙江优秀传统文化等行动计划。打造政府产业基金2.0版。探索运用主题基金、定向基金等方式支持项目引进。10月，与复星集团合作设立全省首支定向基金，总规模17.50亿元，引进投资规模200.00亿元的捷威动力项目。全市各级政府产业基金规模94.93亿元，合作成立子基金44支，撬动社会资本投资1198.40亿元。

【推进城乡建设】 完善重大项目筹资机制。推动市政府出台《关于建立全市重大政府投资项目资金保障机制的意见》，支持大湾区大花园大通道大都市区建设。推进国有资本授权经营体制改革，构建财政、国资协同运作机制，提升国资融资能力，保障重大建设项目资金需求。推进基础设施建设。市级财政安排17.50亿元支持市区快速路建设，安排8.00亿元支持军民合用机场建设，安排6.00亿元支持杭州湾跨海大桥北接线二期建设，安排17.40亿元支持实施市域外引水工程。提升中心城市品质。累计安排市级及以上财政资金18.01亿元，完成海绵城市建设试点。市级财政安排5700万元推进老旧小区改造。支持城乡环境改善。全市安排涉水资金23.26亿元，巩固和提升剿灭劣Ⅴ类水成果，支持开展“污水零直排区”和“美丽河道”创建，市控断面Ⅲ类以上水质比例提高到41.0%。市级财政安排5000万元推进垃圾分类，安排1300万元支持市区垃圾应急中转场生态修复项目。市级财政安排2.00亿元支持开展小城镇环境综合整治行动，全市70个镇（街道）通过小城镇环境综合整治省级考核验收。支持实施乡村振兴战略。市级财政投入9204万元支持美丽乡村示范和美丽景区点建设。实施农业综合开发田园综合体项目，引进2.4亿元社会资本推进农村产业发展。全市安排村级公益事业一事一议财政奖补资金1.57亿元，支持建设项目180个。

【保障民生事业发展】 全市民生发展类支出464.96亿元，增长18.1%，占一般公共预算支出的79.0%。支持教育事业发展。全市教育支出120.20亿元，增长17.7%。出台支持学前教育发展政策，推进公益性幼儿园扩容。设立专项经费支持创建嘉兴大学。支持公共文体事业发展。全市文化体育与传媒支出13.69亿元，增长30.4%。支持巩固国家公共文化服务体系示范区创建成果，推进城乡一体化公共图书馆服务体系建设，助推农村文化礼堂和社区文化家园建设。市级财政安排3.09亿元支持市美术馆、马家浜文化博物馆等公共文化基础设施建设，安排1.82亿元支持浙江红船干部学院改建项目。支持医疗卫生事业发展。全市医疗卫生与计划生育支出35.86亿元，增长10.6%。深化医药卫生综合改革，探索建立公立医院院长年薪制，完善其他卫生事业单位绩效工资制度。市级财政落实2160万元支持实施沪嘉医疗“技术同城、服务同质、资源同享”计划。完善社会保障体系。全市社会保障和就业支出49.22亿元，增长18.5%。推进养老服务体系建设，出台《嘉兴市本级社会养老服务体系建设专项资金管理暂行办法》，助力全面实施长期护理保险制度，探索以

PPP 模式建设养老机构。建立全市统筹和统一的大病保险制度,降低大病保险的起付标准。完善医保基金结算方式和医保支付总额预算管理办法。整合就业创业政策,加大对创业贷款、创业平台的扶持力度,全市新增城镇就业 11 万人。构建综合救助保障体系,最低生活保障标准由 796 元/人・月提高到 810 元/人・月。支持"平安嘉兴"建设。支持实施交通安全大会战,推进食品安全市(县)创建,全市安全生产事故数、死亡人数分别下降 30.6%和 20.7%。完善财政政法经费管理,支持开展扫黑除恶专项行动。

【深化财政改革】 推进"最多跑一次"改革。全市各级行政服务中心窗口涉及的行政事业性收费项目全部接入统一公共支付平台,实现交通违法罚款市内银行网点通缴,公办学校教育收费全市通缴。全市平台执收单位 461 家,上线率 100%,全年执收 417 万笔、67.83 亿元。开展非税收入自助缴费和医疗电子票据自助取票改革。优化会计服务,会计代理记账机构行政许可全部实现网上办理。开展"上门服务至少一次"活动,全市各级财政部门到部门(单位)上门服务 3796 次,到企业服务 393 次,集中辅导 268 次,服务人数 4.06 万人次。深化政府购买服务改革。制定政府购买服务指导目录,推进公益二类事业单位实施政府购买服务改革,全市政府购买服务预算项目 1726 个,金额 21.47 亿元。推进国库集中支付电子化改革。厘清财政与预算单位间的支付审核职责,规范预算单位工资内税费、公积金托收资金支付行为,建立国库集中支付电子化运行管理制度体系。推进行政事业单位财务管理改革。政府综合财务报告编制试点由市级推广到市本级各区、乡镇。全市推广应用部门决算网络版,优化部门决算编制、审核程序。推广应用"政采云"平台。完善"政采云"平台配套管理制度,开展专项督导,提升平台采购预算执行率,扩大平台覆盖面,年内全市上线申报采购计划规模 147.75 亿元,平台交易额 82.74 亿元。邀请嘉兴本地企业入驻"政采云"平台网上超市,公开征集 14 大类 452 家政府采购供应商。

【强化财政监督管理】 加强行政事业单位资产管理。开展市属国有资产若干问题调查,核查 26 个市级部门所属 131 家国有企业资产。编制行政事业单位经管资产和自然资源国有资产报告。全市上线政府资产管理云服务平台。规范实施 PPP 项目。强化 PPP 项目库动态管理和信息发布,甄别入库项目,清理退库不符合管理要求的项目 2 个。加强政府债务管理。制定防范化解市级政府隐性债务风险方案,成立嘉兴市深化防范化解地方政府性债务风险领导小组,将政府债务率和隐性债务化解情况纳入 2018 年市对县(市、区)目标责任制考核范围。全市争取新增债务限额 97.29 亿元。推进清廉财政建设。印发《关于大力弘扬红船精神推进清廉财政建设的实施意见》,明确责任分工。规范资金存放管理,市、县两级定期存款全部实施公开竞争性存放,优化预算单位自主招标操作流程,全市财政专户存放金额 529.58 亿元,预算单位存放金额 246.32 亿元。规范乡镇财政管理,在省内率先实现全部涉农补贴和民生补助资金纳入浙江政务服务网,全市 61 个乡镇全部完成省级规范化财政所创建,达标率全省第一。开展医保基金监督检查,侦破骗取套取医保基金案。制定重大行政决策程序办法,推进法治财政建设。建立健全行政事业单位年度内部控制报告制度,加强财政内控体系建设。加强预算绩效管理。探索以"事权—活动—目标"为主线的部门整体支出绩效预算管理。首次聘请中介机构对 64 个部门自评项目实施绩效再评价,涉及预算资金 16.54 亿元。首次以 3E 模式开展产业发展类财政专项资金三年滚动绩效评价,涉及财政资金 14.64 亿元。加强政府投资项目管理。调整项目资金审核拨付流程,完善财政审核监管服务事项指南和项目结算审核机制,市级政府投资项目结算审核 392 个,审定金额 14.62 亿元,净核减 1.58 亿元。

【加强干部队伍建设】 加强思想政治建设。建立红船财政党校、红船财政讲师团,打造党建阵地建设样板。开展"七个一"* 红船组织生活。开展"社情民意大走访、'八八战略'大宣讲、思想观念大解放"活动,全局参加走访宣讲党员干部 112 人,走访群众 3393 户。创新党建服务品牌建设,以金水桥* 服务品牌为引领,全局建立品牌子项目 41 个,金水桥品牌被评为嘉兴市优秀机关服务品牌、全市首批示范性服务品牌。加强党风廉政建设。全系统 112 名科级领导干部申报廉洁自律情况,开展廉政谈话 800 余人次。开展机关作风效能建设专项检查、违规吃请和公款吃喝问题专项检查、集中整治形式主义和官僚主义行动。推进机构改革。完成财政与地税分设以及国税与地税合并,划转地税职能与人员,全市完成在职人员转隶 1128 名,实现各项业务平稳过渡。提升干部队伍素质。组织实施各类培训 22 批次,人均参训 6.9 次、135 学时。实施"选育优苗岗位成才"工程,开展"以学促做知行合一"活动,组织年轻干部集中培训、考试,开展年度履职评价,完善在工作中锻炼、培养年轻干部工作机制。2018 年,市财政局连续第 16 年被市委、市政府评为目标责任制暨"五型"机关考核一等奖。

(嘉兴市财政局供稿　徐力超执笔)

注:

* "七个一":看一次展览、听一次党课、学一次党章、观一次专题片、瞻仰一次红船、重温一次入党誓词、作出一次先锋承诺。

* 金水桥:根据《嘉兴市机关服务品牌创建管理办法》有关规定创建的财税服务品牌,指在财税部门与人民群众间架设起一座桥梁,了解社情民意、宣讲"八八战略",化解人民对美好生活需要和发展不平衡不充分之间的矛盾。

南湖区

【概况】 2018 年,嘉兴市南湖区实现地区生产总值 566.12 亿元,按可比价格计算,增长 8.0%。其中:第一产业增加值 11.93

亿元,下降2.6%;第二产业增加值249.61亿元,增长12.0%;第三产业增加值304.58亿元,增长5.4%。三次产业结构比为2.1∶44.1∶53.8。按户籍人口计算,人均生产总值为124504元。全年实现财政总收入72.57亿元,增长15.2%。全区一般公共预算收入29.43亿元,增长20.4%,占财政总收入的40.6%,占GDP的5.2%;其中税收收入25.46亿元,占一般公共预算收入的86.5%。全区一般公共预算支出32.60亿元,增长14.3%。当年财政收支平衡。

【组织财政收入】 加强收入分析预测。关注宏观经济走势,完善收入分析专题会议、税收分析联席会议等制度,实行月度、季度收入动态分析,把控收入节奏。加强财源建设。加大对都市经济产业园、东部新城、基金小镇等重点平台的培育力度,发挥平台聚集作用,建立重点税源库,加强重点税源监控。加强新兴产业园区和重点楼宇培育,税收超亿元以上楼宇达5幢。强化非税收入管理。健全非税收入征管体系,推进收缴电子化改革,公示行政事业性收费清单,受理缴费业务25万笔。全年实现政府非税收入56.53亿元,增长23.4%,其中,纳入一般公共预算管理的非税收入3.97亿元,增长36.9%。

【支持产业转型升级】 推动"凤凰行动""雏鹰助飞"企业计划实施,落实新一轮产业扶持政策,安排产业发展资金1.20亿元,打造"1341"*产业体系。落实增值税税率下调、小微企业标准提高、技术研发费税前加计扣除比例提高等减税降费政策,取消、停征行政事业性收费7项。出台《南湖区政府产业基金投资管理暂行办法》,全区政府产业基金总规模5.05亿元,合作设立子基金6支,撬动社会资本投资46.51亿元。

【保障民生事业发展】 全区全年民生发展类支出26.93亿元,增长15.9%,占一般公共预算支出的82.5%。加快教育事业发展。全年教育支出6.63亿元,增长5.4%,优化教育资源布局,引进清华中学附属中学嘉兴学校,建成投用幼儿园4所,重点保障教师工资待遇、中小学校公用经费、校舍维修改造等政策的落实。优化医疗卫生投入。城乡居民基本公共卫生服务补助标准由人均50元提高至55元,支持分级诊疗,推动家庭医生签约服务,推进各项医药卫生体制改革。完善社会保障体系。社会保障和就业支出3.25亿元,增长14.8%,统筹支持社会救助、养老、慈善、残疾人等各项事业发展。支持"三农"事业。农林水支出3.09亿元,增长39.2%。扶持村集体经济项目发展,支持重大水利建设、农村保洁、农村生活污水治理等项目。推进美丽乡村建设,全年完成美丽经济交通走廊建设70公里,创建"美丽河道"30条,湘家荡"嘉湘四季田园"和"烟雨江南·桃园新城"凤桥果园入围浙江"最美田园"。立项包含高标准农田建设、农业产业化贷款贴息在内的农业综合开发项目15个,争取上级补助资金3082万元。推进小城市培育试点建设。以小城市培育试点推进新型城镇化建设,加大财政投入力度,完善各镇功能布局,提升试点乡镇的生产、生活和生态质量。支持精准扶贫。全年落实东西扶贫、山海协作资金4499万元,开工建设"飞地"产业园区*2个。推进"平安南湖"建设。支持建成广场派出所,完成公共区域视频监控点高清化改造,全区安全生产事故发生数和死亡人数分别下降54.6%和50.0%。完善财政政法经费管理,支持开展扫黑除恶专项行动。

【深化财政改革】 推进基层财政改革。新增新丰、大桥2家乡镇财政所为省级规范化乡镇财政所,乡镇财政所规范化建设实现全覆盖。推进财政信息公开。2018年实现区本级除涉密单位外的39家预算单位预决算、"三公"经费等信息全部向社会公开。深化国有企业改革。出台《嘉兴市南湖区国有公司整合重组实施方案》,搭建"一个大平台、N个主平台"的运行新架构。动态监管71家国有企业的财务数据,出台重大事项报告核准、负责人薪酬管理与经营业绩考核、公务用车制度改革等多个制度。推进"最多跑一次"改革。开展"上门服务至少一次"活动,服务一级预算单位42家,实现全覆盖。梳理部门间"最多跑一次"办事事项7项,形成办事指南和流程图,提升财政办事效能。会计代理记账机构年度报备、非营利组织免税资格认定等事项实现网上办理。

【完善财政监督机制】 强化政府性债务管理。出台《南湖区防范化解地方政府性债务风险专项行动实施方案》,制订隐性债务五年化债计划。深化绩效评价工作。委托中介机构全程参与重点绩效评价项目14个,完成绩效自评项目272个,涉及金额6.47亿元,整改4个方面51个具体问题,绩效评价结果被列为下一年部门预算的考核指标。强化政府采购监管。全区各行政事业单位全部应用"政采云"平台,全年通过"政采云"平台完成政府采购交易金额3.47亿元。规范公款竞争性存放。出台财政部门和行政事业单位资金存放管理办法,截至2018年年底,通过区财政统一招标、单位自行组织招标等竞争性方式存放的定期存款余额10.27亿元,通过竞争性存放资金的平均年收益率比基准年利率上浮40.0%。强化专项监督检查。开展全区津补贴发放情况、政府购买服务情况、会计代理记账机构监督、地方预决算公开情况等专项检查,强化日常监管。加强内控制度建设。建立内控执行自查报告制度,防范财政风险和廉政风险。

【加强队伍建设】 推进"两学一做"学习教育常态化制度化,开展"不忘初心、牢记使命"主题教育活动。规范创建党员活动室,完成党建阵地建设,创立"千金诺"机关服务品牌。开展"社情民意大走访、'八八战略'大宣讲、思想观念大解放"活动。出台《机关工作人员平时考核办法》,制定《中层干部全员竞岗实施方案》,中层干部转岗8人次,提拔任用干部5人次,优化中层干部队伍梯队和人员年龄结构。2018年,南湖区财政局被评为区级机关部门、单位工作目标责任制考核先进单位。

(嘉兴市南湖区财政局供稿 谢云蕾执笔)

注：

*“1341”：首位“1”指以智能硬件为核心的新一代信息技术产业，“3”指高端装备、生命健康、新型材料三大战略性新兴产业，“4”指化工、特钢、化纤、包装四大传统产业，末位“1”指科技服务、现代金融等一批生产性服务业。

*“飞地”产业园区：打破原有行政区划限制，通过跨空间的行政管理和经济开发，实现两地资源互补、经济协调发展的一种区域经济合作。

秀洲区

【概况】 2018年，嘉兴市秀洲区实现地区生产总值392.63亿元，按可比价格计算，增长6.2%。其中：第一产业增加值12.62亿元，下降1.3%；第二产业增加值204.41亿元，增长6.5%；第三产业增加值175.60亿元，增长6.4%。三次产业结构比为3.2∶52.1∶44.7。按常住人口计算，人均生产总值为75529元，增长4.6%。全区财政总收入56.48亿元，增长16.4%，其中一般公共预算收入24.95亿元，增长18.1%；全区一般公共预算支出34.27亿元，增长22.8%。全年财政收支平衡。

【组织财政收入】 提升收入质量。全区一般公共预算收入占财政总收入的44.2%，占全区生产总值的6.0%，其中税收收入21.91亿元，占一般公共预算收入的87.8%。强化财税协同合作。与税务部门定期召开财政形势分析会，加强收入预测分析和预案，加强收入目标管理。强化非税收入管理。动态调整并公示行政事业性收费清单，规范政府性收费执收行为。加强与执收部门联系，确保非税收入应收尽收。全区非税收入70.82亿元，增长27.2%，其中，纳入一般公共预算管理的非税收入3.04亿元，增长24.2%。

【助推高质量发展】 落实增值税税率下调、小微企业标准提高、技术研发费税前扣除比例提高等减税降费政策，全年减免企业税费1.20亿元。落实《2018年度秀洲区推进经济转型升级加快高质量发展的若干政策意见》，支持实施工业经济、创新驱动、现代服务业、企业上市、人才和就业保障等，全年安排区本级涉企补助资金1.25亿元。推动产业园基金建设，新设嘉欣丝绸产业园基金；支持和服务重大项目落地，推动捷威电池、汽车零配件、阿特斯等定向基金组建。截至2018年12月底，全区政府产业子基金规模4.60亿元，撬动社会资本投资1.84亿元，直接投资6000万元。加大财政投入力度，探索多元化投入财政保障机制，全年投入乡村振兴资金26.60亿元，增长60.0%。出台金融资金扶持乡村振兴五年行动计划，每年安排10.00亿元助力乡村振兴。推进田园综合体建设，初步形成精品粮油全产业链，项目实施前后农民收入增长超过8.0%，推动“农发+股权”“农发+农旅”等发展模式。

【支持民生发展】 全区全年民生发展类支出16.72亿元，增长11.9%，占一般公共预算支出的79.7%。支持重点项目建设。集中财力保障重点项目建设资金需要，全年安排垃圾分类资金832万元，安排土地复垦资金1.14亿元，安排交通贴息资金6000万元，安排对口扶贫资金1800万元，安排小城镇环境综合整治资金3725万元，安排“退散进集”资金3530万元，安排农房确权资金1853万元，安排美丽乡村建设资金2300万元。支持社会事业发展。全年区本级一般公共预算用于教育支出6.98亿元，增长17.8%，保障教育基本现代化、学前教育、中小学教育。支持教育基础设施建设，通过省教育基本现代化区创建评估。社会保障和就业支出1.70亿元，增长10.9%，重点保障城乡合作医疗、落实各项优抚政策和就业保障。医疗卫生与计划生育支出1.14亿元，增长18.0%，重点用于对医疗机构基础设施、人才队伍经费投入和医疗设备更新。文化体育与传媒支出2091万元，增长2.2%，提高文化礼堂以奖代补标准，支持文体中心建设。推进平安建设。全年公共安全支出1.31亿元，增长11.6%。支持实施“三治融合”基层社会治理体系建设提升工程，支持“三合一”消防安全隐患整治，完成首届中国国际进口博览会及第五届世界互联网大会维稳安保任务。

【深化财政改革】 推进政府非税收入统一公共平台线上线下一体化收缴。支付渠道涵盖网页支付、移动支付、二维码扫码支付、银行柜面支付、POS支付、当面付、自助终端支付等，全年累计缴款22万笔，金额4.53亿元。深入开展“上门服务至少一次”活动。全年累计走访部门、二级单位和企业215个，现场提供服务284次。推进政府购买服务改革。出台2018年秀洲区向社会力量购买服务指导目录，内容包括二级目录47项，三级目录151项。全年实施政府购买服务项目123个，涉及金额5744万元。推广“政采云”平台网上超市应用，全年通过“政采云”平台采购计划数1479条，采购预算金额3.75亿元，实际执行金额3.57亿元。推进投融资体制改革。对接金融机构，协助主体和国资公司做好低成本直接融资，全年募集资金13.50亿元。推动秀源、秀禾公司合并，推进闻川城投、秀宏建设、梅里集团、秀湖集团等公司整合重组，做大做强做优国资公司，推进融资平台转型。推广应用PPP模式。区北部湖荡整治及河道连通工程进入执行阶段，王江泾运河实验学校、秀洲国家高新区基础设施文教类等项目进入采购阶段。

【强化财政监督】 完善绩效评价管理。探索绩效监控手段，补齐事中监督短板，全年完成绩效评价项目84个，涉及财政资金3.08亿元。加强公款竞争性存放管理。完善区级财政部门和行政事业单位资金竞争性存放管理办法和评分指标与评分规则，组织5.00亿元财政性资金竞争性存放。加强债务风险防范。开展实施防范化解地方政府债务风险专项行动，制定防范化解政府债务风险方案，对各主体债务进行台账式精细化管理，出台资金调剂相关办法，加强资金使用安全管理。加强财政扶贫资金管理。开展财政扶贫资金专项检查,上线财政扶贫资金动态监控平台。加强投资项目管理。全年完成项目竣工财务决算,批复17个,送审金额2.45亿元,审定2.48亿元,核增356万元;退审不符合决算条件的申报项目13个。启动政府投资项目资金来源合规性审查,全年审核项目22个,审核资金3.40亿元。加强内控建设。完善财政系统内部控制执行制度,开展执行情况自查。加强国资管理。推动国企负责人薪酬改革和国有企业车改,推进全区范围实施行政事业单位资产管理系统向"资产云"升级。

【加强队伍建设】 出台局党委所属支部基层党建积分制管理实施办法,落实党支部主体作用。执行"三会一课""六型"主题党日*制度,深入学习贯彻党的十九大、习近平总书记重要指示精神。开展"社情民意大走访、'八八战略'大宣讲、思想观念大解放"等活动,累计参加走访宣讲干部65人,入户走访900余户,收集问题诉求415个。出台《关于着力打造高素质专业化队伍推进风清气正政治生态建设的实施意见》,组织开展培训、"书海扬帆、文化兴财"读书活动、"以教促学、以学促用"活动、轮岗交流、上挂下派等。建立党支部党风廉政建设责任清单和定期报告制度,探索实施家庭助廉机制。2018年,秀洲区财政局连续第6年获秀洲区工作目标责任制考核一等奖。

(嘉兴市秀洲区财政局供稿　陈旭霞执笔)

注:

*"六型"主题党日:秀洲区为强化支部主题党日的政治功能,深化主题党日活动,提出开展忠诚型、奉献型、学习型、传承型、对标型和创新型主题党日。

海宁市

【概况】 2018年,海宁市实现地区生产总值948.74亿元,按可比价计算,增长6.1%。按户籍人口计算,全市人均生产总值136701元,增长4.9%。第一产业增加值17.63亿元,下降0.5%;第二产业增加值538.02亿元,增长7.0%;第三产业增加值393.09亿元,增长5.2%。三次产业结构比为1.9∶56.7∶41.4。全市财政总收入153.08亿元,增长12.9%,其中一般公共预算收入89.00亿元,增长14.5%,占GDP的9.4%;全市一般公共预算支出83.15亿元,增长1.5%。全年财政收支平衡。

【组织财政收入】 优化收入结构。全市一般公共预算收入占财政总收入的58.1%,提高0.8个百分点;税收收入83.56亿元,占一般公共预算收入的93.9%,提高0.5个百分点;财政总收入占全市生产总值的16.1%。加强收入分析预测。加强与税务部门沟通协调,把握组织收入力度和节奏,预判财政收入中苗头性、趋势性问题,加强收入进度管理,提高收入质量和预测准确性。规范非税收入管理。加强土地出让金收支管理,优化计提项目,强化数据分析。加强与执收部门联系,实现非税收入应收尽收。全市非税收入189.61亿元,增长52.6%,其中,纳入一般公共预算管理的非税收入5.44亿元,增长5.8%。

【支持经济发展】 落实清费减负政策。停征排污费等行政事业性收费2项,降低残保金收费标准,全年减免各类行政事业性收费8690万元、政府性基金2.27亿元。加快政府产业基金运作。全年新设立产业基金3个,母基金当年出资5.41亿元,撬动社会资本投资14.51亿元。完善企业扶持政策体系。制定新一轮企业扶持政策的实施细则及配套资金管理办法,出台支持"能效引领"、泛半导体产业等政策,全年兑付财政扶持奖励资金7.85亿元。助力科技人才新政实施。全年落实科技项目经费3500万元,筹措人才专项经费8058万元,拨付资金7348万元助力半导体技术研究院和IDM项目落户海宁。

【保障改善民生】 全年民生发展类支出65.79亿元,增长2.7%,占一般公共预算支出的79.1%。支持教育事业。逐步提高各教育阶段生均公用经费标准,小学、初中、中等职业学校生均公用经费分别由1613元、2317元、3030元提高至1933元、2685元、3454元。制定幼儿园基本建设定额标准体系,推进学前教育基础设施建设。设立普高教育质量提升专项经费3500万元。推进"健康海宁"建设。全年安排医疗改革及补助资金2.42亿元,支持构建大医疗体系。提升社会保障水平。推进为老助餐、老年人免费注射流感疫苗和长期护理保险等幸福养老工程。安排最低生活保障和医疗救助资金3829万元,提高困境儿童基本生活费和困难家庭医疗救助标准。保障民生实事项目建设。拨付资金5076万元,支持全民健身设施、文化礼堂等公共文化体育项目建设。推进公交"两元一票制"、危旧房治理改造、打通城市断头路等民生实事工程。落实精准帮扶政策。筹措对口帮扶资金1.23亿元,精准支持东西部扶贫和山海协作。改善城乡人居环境。拨付资金13.61亿元,助推小城市培育和美丽乡村建设。拨付资金4.02亿元,助力小城镇环境综合整治、垃圾分类处置、"五水共治""五气共治""五废共治"等中心工作开展。

【防控财政风险】 防范养老保险基金支付风险。推进养老保险基金征收扩面提标,建立社保缴费基数动态调整机制,落实多渠道筹措社会保障风险准备金政策,当年筹集社保风险准备金23.42亿元。强化地方政府债务管理。建立健全债务风险防控体系,开展防范和化解地方政府性债务风险专项行动,推进不规范融资的整改和隐性债务的消化工作,完成年度化债计划。加快国有企业投融资体制改革,全年完成市场化转型28家,资信等级AA及以上4家,新发企业债20.00亿元。向上争取新增地方政府债券10.00亿元,地方政府债券置换存量或有债务23.01亿元。加强内部风险控制。执行重大行政决策法定程序,强化规范性文件管理,预防化解行政争议,建立健全行政事业单位年度内部控制报告制度。

【深化财政改革】 推进"最多跑一次"改革。开展"上门服务至少一次"活动,走访服务预算单位53家。对高级会计人才推行参评"导师式"服务,通过集中专题培训、在线互动答疑、一对一个性化辅导等方式,优化会计服务。推进执收项目接入统一公共支付平台,68家执收单位接入平台,实现线上线下一体化收缴全覆盖,全年执收项目46项,收缴金额5.27亿元。深化预算管理改革。编制中期财政规划,推进预算精细化管理,及时公开预决算信息。深化国库集中支付改革。推进国库集中支付电子化改革,全市52个市级部门、247个集中支付单位平稳上线支付电子化业务。加强政府购买服务和政府采购管理。全年安排政府购买服务项目126项,购买服务支出4.73亿元。推进"政采云"应用全覆盖,全年通过"政采云"平台采购货物和服务7.84亿元。推进公务用车制度改革。收缴处置事业单位、国有企业公务车辆239辆。

【加强财政监管】 强化预算绩效管理。建立重大政策决策绩效评价机制,全年组织实施农村生活污水治理与运行维护专项资金、"机器换人"项目生产性设备专项资金等4个政策的绩效评价,涉及资金12.45亿元,收回违规资金74万元。加大监督检查力度。开展违规津贴补贴专项检查,对7个部门开展会计信息质量检查,发现和纠正违规金额23万元。出台政府投资项目相关资金管理办法,全年批复竣工财务决算55个。完善公款存放机制。实现公款竞争性存放全覆盖,全年组织公款竞争性招标存放92.64亿元。加强"三公"经费管理。全年一般公共预算支出中"三公"经费支出2913万元,下降4.9%。规范乡镇财政管理。优化基层财政预算监管流程,全市12个镇(街道)全部完成省级规范化财政所创建。

【加强队伍建设】 推进"两学一做"和"不忘初心、牢记使命"主题教育活动,开展"社情民意大走访、'八八战略'大宣讲、思想观念大解放"活动,组建走访服务队伍5支,入户走访1268户,征集意见建议145条,解决实际问题23件。落实全面从严治党主体责任,逐级签订党风廉政建设责任书,建立完善"三查三评"*制度,推进清廉财政建设,常态化开展监督执纪。完成财政与地税分设以及国税与地税合并挂牌,划转地税职能和人员,财政向税务转隶人员131名,实现各项业务平稳过渡。市委提拔副科级领导干部2名,推荐干部挂职2名,新提中层正职2名,交流干部21名。2018年,海宁市财政局获海宁市目标责任制考核优秀部门。

(海宁市财政局供稿　黄能能执笔)

注:

*"三查三评":"三查":即围绕上级党风廉政建设工作要求、系统党风廉政建设年度工作要点,单位党风廉政建设工作任务的落实情况,实施季度督查、半年考查、年度检查;"三评":即对各单位(科室)年终形成党风廉政建设工作报告,由局党委班子成员、中层干部、一般干部代表进行评议。"三查三评"考核结果纳入工作目标责任制考核。

平湖市

【概况】 2018年,平湖市实现地区生产总值693.92亿元,按可比价格计算,增长9.8%。按常住人口计算,人均生产总值100227元,增长9.1%。第一产业增加值11.91亿元,增长1.5%;第二产业增加值417.23亿元,增长10.4%,其中工业增加值398.30亿元,增长10.9%;第三产业增加值264.78亿元,增长9.5%。三次产业结构比为1.7∶60.1∶38.2。全年财政总收入135.70亿元,增长19.9%,其中一般公共预算收入81.88亿元,增长18.9%,占财政总收入的60.3%,占GDP的11.8%。税收收入72.95亿元,增长14.6%,占一般公共预算收入的89.1%。全市一般公共预算支出86.75亿元,增长17.9%。全市财政收支平衡。

【组织财政收入】 强化收入分析预测。加强与税务、统计等部门的沟通协调,共享主要经济、税收数据,加强重点行业、主要税种增减变化分析。采取渐进式财政收入预测方法,关注财政收入走势,建立财税收入季度分析、交流制度。优化非税收入管理。全面实施政府非税收入目录清单管理,建立目录清单动态调整机制,推广统一公共支付平台,推进非税收入收缴电子化改革。全年非税收入105.36亿元,下降0.7%,其中纳入一般公共预算管理的非税收入8.93亿元,增长71.2%。

【服务经济发展】 落实清费减负政策。全年减免行政事业性收费和政府性基金收费项目2项,为企业及社会减负4942万元。支持经济转型发展。全年安排各类涉企扶持资金2.61亿元,用于支持企业创业创新、产业转型升级和实体经济发展。保障创新平台建设。支持"接轨上海"战略,打造浙沪协同发展示范区,全年落实平台建设、特色小镇、张江长三角科技城和九龙山政策扶持资金1.50亿元。发挥政府产业基金引导作用。修订政府产业基金管理办法,全年设立子基金3支,子基金规模2.00亿元;投资项目5个,撬动社会资本1.25亿元。

【保障民生支出】 全年安排民生发展类支出70.37亿元,增长19.8%,占一般公共预算支出的81.1%。保障政府实事项目建设。全年拨付政府投资项目资金7.39亿元,保障市民健身中心、城市道路改造提升等重点工程项目建设。保障"三农"支出。全年安排"三农"支出52.98亿元,增长28.9%。推进农业供给侧结构性改革,落实财政支农政策和农业"三项补贴"政策。安排农业综合开发产业特色园项目资金2151万元、"飞地抱团"项目低收入家庭持股增收计划资金1150万元。支持教育事业发展。全年安排教育支出18.71亿元,增长14.1%。提升职业教育水平,安排中等职业学校免学费补助1957万元。鼓励发展民办教育,安排民办教育补助5798万元。支持社会保障事业发展。全年安排社保就业支出7.48亿元,增长13.7%。推进镇街道养老服务中心改造,实现3A级以上照料中心社会化管理全覆盖。支持医疗卫生事业发展。全年安排医疗卫生与计划生育支出5.81亿元,增长20.1%。推进院前医疗急救、责任医生签约服务和城乡妇女"两癌"免费检查等工作。安排医疗机构改革补助经费1.34亿元,深化公立医院和基层医疗机构改革,引导优质医疗资源向基层倾斜。

【推进政府购买服务全国联系点工作】 2018年3月,平湖市被财政部确定为全国12个政府购买服务改革工作联系点之一。全年市本级政府购买服务项目183项,金额2.70亿元。建立由市政府常务副市长为组长、20个部门为成员单位的政府购买服务工作联席会议制度,出台《平湖市政府购买服务三年(2018年—2020年)行动计划》。建立政府购买服务预算编制制度,所需资金从购买主体部门预算安排的日常公用经费或项目经费中安排。将两家公益二类事业单位列入试点,相关经费由"拨"改"买",并按购买合同支付价款。对服务项目的机构建设、项目管理、服务质量、社会效益等进行绩效评估,对于重点项目,引入第三方绩效评价和社会监督。

【深化财政改革】 深化预算管理改革。建立预算支出标准体系,保障基本支出,改革公用经费编制方法,细化项目预算编制,严肃预算执行纪律;完善项目支出管理制度,改进部门预算编制系统。加强资金管理。出台《平湖市财政专项资金管理办法》《平湖市财政专户资金存放管理暂行办法》,建立财政资金流量预测机制,提高定期存款比重,促进财政资金保值增值。推进国库集中支付改革。实现市级预算单位国库集中支付电子化全覆盖和镇(街道)一般公共预算、政府性基金国库集中支付全覆盖。出台《平湖市镇(街道)国库集中支付动态监控管理暂行办法》。推广运用PPP模式。推进平湖市生态能源项目、体育中心项目实施PPP模式。加强已落地项目管理,优化绩效考核和监管。深化投融资体制机制改革。在中国银行间交易商协会和上海证券交易所获批债券融资70.00亿元,全年发行债券两期各10.00亿元。储备信贷融资16.00亿元,划清政府债务边界。实施"最多跑一次"改革。财政国库集中支付业务实现"零上门"。代理记账机构审批、会计中介机构审批、非营利组织免税资格认定等业务纳入浙江政务服务网管理。开展"上门服务至少一次"活动,走访服务全市部门预算单位148家。

【强化财政监督】 规范地方政府债务管理。全年完成政府债券还本3.58亿元,政府债务余额123.19亿元。开展地方政府隐性债务化解工作,制定政府性债务风险应急处置预案,全年地方政府隐性债务化解54.6%。全面实施预算绩效管理。建立预算绩效指标体系,编制单位整体支出绩效目标和项目支出预算绩效目标。完成重点预算绩效评价工作,涉及评价项目6个,财政资金8981万元。开展市级部门绩效评价工作,收到部门整体绩效报告52份,涉及财政资金42.01亿元;部门自选重点绩效评价报告53份,涉及财政资金3.78亿元。强化内控机制建设。完成全市172家所属单位2017年度全市行政事业单位内部控制报告编报工作。将行政事业单位内部控制建设纳入2018年度"三公"经费检查范围。推进公款竞争性存放。全年开展公开招投标4次,竞争性存放财政资金83.70亿元,增长17.8%,中标平均年收益率2.1%,比基准利率提高0.6个百分点。完善政府采购监管。推广"政采云"平台,全年推送采购计划2718条,交易额16.74亿元。

【加强队伍建设】 推进"两学一做"学习教育常态化制度化,开展"不忘初心、牢记使命"主题教育,学习宣传贯彻十九大精神,组织学习习近平新时代中国特色社会主义思想、南湖重要讲话精神、红船精神、党章等,举办主题演讲比赛。全年举办"金平湖财政学堂"12期,参与学习人数1550人次。开展"社情民意大走访、'八八战略'大宣讲、思想观念大解放"活动,安排人员530人次,走访4565户,收集社情民意136条。完成财政与地税分设以及国地税合并挂牌,148名人员转隶至税务部门。2018年,平湖

平湖名人馆

市财政局连续第14年被市委、市政府评为工作目标绩效考核优秀部门。

（平湖市财政局供稿　马思源执笔）

桐乡市

【概况】 2018年，桐乡市实现地区生产总值893.51亿元，按可比价格计算，增长8.2%。其中：第一产业增加值21.76亿元，增长1.3%；第二产业增加值466.94亿元，增长9.5%；第三产业增加值404.81亿元，增长7.2%。三次产业结构比为2.4∶52.3∶45.3。按户籍人口计算，人均生产总值127744元，增长7.5%。全市财政总收入129.43亿元，增长19.5%，其中一般公共预算收入72.40亿元，增长17.4%，占GDP的8.1%，占财政总收入的55.9%。税收收入67.03亿元，占一般公共预算收入的92.6%。一般公共预算支出73.29亿元，增长10.2%。全年财政收支平衡。

【组织财政收入】 *强化税源监控*。加强与税务部门沟通协作，强化对制造业、房地产业等重点行业的税源监控，完成收入预测的旬报、月报、季报基础工作，掌握收入进度和增长态势，实现全年财政收入按月均衡平稳入库。*加强非税收入管理*。全市组织非税收入149.94亿元，增长22.2%，其中，纳入一般公共预算收入管理的非税收入5.37亿元，增长27.1%。

【服务经济发展】 *支持经济转型升级*。出台促进振兴实体经济（传统产业改造）扶持政策，加大对骨干企业、重大项目、重点平台支持力度。落实《关于促进经济转型升级创新发展若干政策意见》，拨付财政补贴奖励资金13.10亿元，涉及企业1963户次。*支持数字经济发展*。整合现行数字经济扶持政策，开展电子信息产业提升工程，加快产业数字化发展和“两化”深度融合，引进互联网项目296个，实施“两化”深度融合项目77个。*支持重点项目建设*。向上争取地方政府新增债券12.60亿元，落实城投公司借款和周转资金24.78亿元，用于图书馆迁建、乌镇互联网学院、小城镇环境综合整治等重点项目。*助企降费减负*。落实支持民营经济稳定健康发展意见，取消、停征或降低行政事业性收费项目和政府性基金12项，减免金额3845万元，减免各类税费71.76亿元。*助解融资难题*。动态调整中小微企业贷款支持计划名录，对名录内891户中小企业进行银行联合授信，授信总额度96.94亿元，贷款余额62.64亿元。放大政府产业基金功能，子基金总规模22.99亿元，撬动社会资本17.49亿元，投资项目43个。

【保障改善民生】 全市民生发展类支出62.06亿元，占一般公共预算支出的84.7%，增长8.5%。*支持农业农村发展*。全年安排“三农”支出42.03亿元，增长15.1%，其中农林水事务支出6.47亿元，增长10.4%。投入财政资金1.61亿元，加快美丽乡村建设，马鸣村、荣星村入选中国最美村镇，桃园村获评全国一村一品示范村。投入财政资金3902万元，加快农业现代化建设和生态循环农业建设，创建省现代生态循环农业整建制推进县（市、区）。投入财政资金2232万元，支持壮大村级集体经济，加强农村基层组织建设，首个市级抱团项目投入使用。*支持文化体育事业发展*。全年安排文化体育与传媒支出1.84亿元，增长8.5%。支持实施文化惠民工程，新建伯鸿城市书房5家，开展文化下乡惠民演出300余场。推进全民健身工程，实施小康体育村升级工程22个，开展各类体育健身活动160项次。*支持教育现代化发展*。全年安排教育支出18.56亿元，增长10.1%。实施学校建设项目16个，振东小学综合楼、桐乡高级中学选修大楼等投入使用。*支持医疗卫生事业发展*。全年安排医疗卫生与计划生育支出6.54亿元，增长10.9%。深化医共体省级试点建设，出台医共体薪酬制度改革实施方案、医疗集团财政保障管理办法。推进市一院急诊楼、市二院改扩建工程，乌镇人民医院迁建项目投入使用。

【深化财政改革】 推进预决算公开，市级63家部门预算单位完成部门预决算和“三公”经费预决算。出台新一轮镇街区财政管理体制意见，完善多样性超收分成办法。实行存量资金清理长效管理，全年盘活财政存量资金8705万元。加快国资国企改革。出台《关于深化市直属企业领导人员薪酬制度改革的实施意见》，建立差异化薪酬分配机制。推进国有企业公车改革，制定国有企业公务用车改革实施方案，涉及单位72家、车辆312辆。深化“最多跑一次”改革。开展“上门服务至少一次”活动，全年上门服务部门（单位）202次、服务企业35次、集中辅导13次，服务人数4445人次。推进国库集中支付电子化工作，完成预算单位电子凭证库上线179家。实现非税收入统一公共平台线上线下一体化收缴应用全覆盖，交通违法处罚、违章停车、普通高中学费等42个执收项目纳入公共支付平台电子收缴。

【强化财政监管】 *规范政府采购管理*。出台政府购买服务目录，政府购买服务项目由52项扩大至63项，预算金额1.84亿元。将镇（街道）纳入市级政府采购平台管理，“政采云”平台全年实现交易9.25亿元。*规范公款存放管理*。成立桐乡市规范公款存放管理领导小组，出台市级财政部门和行政事业单位资金存放管理实施办法，完成公款竞争性存放64.17亿元，利息增值8836万元。组织开展社保资金竞争性存放招投标，涉及资金42.04亿元，较同期定存增加收益6259万元。*加强绩效管理*。启用预算绩效管理系统，系统内完成42家预算单位226个预算项目绩效目标申报工作，涉及预算资金11.15亿元。组织开展省财政厅绩效评价联动项目2个、财政重点绩效评价项目3个和部门整体财政重点评价2个。*加强政府投资项目管理*。完成项目预（概）算审核30个，核减投资额1.92亿元，核减率 2.4%。完成项目结算审核 1407 个,净核减数 2.89 亿元,核减率 7.5%。落实项目竣工财务决算批复 28 个,收回财政资金 230 万元。加强政府债务管理。清查全口径债务,强化债务统计管理和监测。出台加强政府性债务及国有企业融资管理制度,制订五年政府隐性债务化债计划,明确分年度化债目标。

【加强队伍建设】 学习贯彻习近平新时代中国特色社会主义思想及党的十九大精神,开展“社情民意大走访、‘八八战略’大宣讲、思想观念大解放”活动。出台《关于推进清廉财政建设实施意见》,签订全面从严治党责任书 40 份,开展正风肃纪常态化检查 182 次,组织学习各类党内法规和国家法律 2000 余人次,对 6 名新提拔中层干部开展廉政谈话。推进税收征管体制改革,加强办公场所排摸,做好档案梳理工作,完成机构挂牌和人员转隶工作,向税务部门划转人员 195 名,确保改革平稳有序推进。实施“青苗培育”工程,开展“青春辉映夕阳红,四季关爱促成长”青年干部主题活动。举办“喜迎三八妇女节,携手美丽乡村行”“共植青年林,助力六场战役”等系列主题活动,组织参加“迈进新时代,争做文明人”接力赛、“网信在身边”演讲比赛,营造团结、向上的财政文化。2018 年,桐乡市财政局获评桐乡市目标责任制考核先进部门。

(桐乡市财政局供稿 周佳伟执笔)

嘉善县

【概况】 2018 年,嘉善县实现地区生产总值 582.60 亿元,增长 8.5%。按常住人口计算,人均生产总值 100163 元,增长 7.2%。第一产业增加值 22.40 亿元,增长 0.2%;第二产业增加值 320.50 亿元,增长 8.7%;第三产业增加值 239.70 亿元,增长 9.2%。三次产业结构比为 3.9 : 55.0 : 41.1。全县财政总收入 105.53 亿元,增长 19.4%。一般公共预算收入 61.60 亿元,增长 19.1%,其中税收收入 54.56 亿元,增长 15.1%。一般公共预算支出 75.16 亿元,增长 26.3%。全年财政收支平衡。

【加强收入管理】 提升收入质量。强化财税部门协同配合,保障全县财政平稳运行,加强收入分析预测。全县财政总收入占全县生产总值的 18.1%,一般公共预算收入占全县生产总值的 10.6%,占财政总收入的 58.4%,税收收入占一般公共预算收入的 88.6%。收入结构保持较优。强化非税收入管理。推进非税收入征管信息化建设,非税收入收缴电子化改革向乡镇延伸,健全财政票据管理的各项内部制度。全年实现非税收入 106.12 亿元,增长 0.4%,其中,纳入一般公共预算管理的非税收入 7.04 亿元,增长 63.6%。

【服务经济发展】 提振实体经济。支持传统产业改造提升,数字经济“一号工程”等政策实施,修订加快开放型经济发展、服务业发展和加强善台交流合作促进融合发展等扶持政策,拨付支持实体经济发展资金 5.88 亿元,在全省振兴实体经济(传统产业改造)财政专项激励政策考核中位列第二。支持科技升级。支持省产业创新服务综合体创建培育,全年科技支出 2.84 亿元,增长 9.9%。推动企业发明专利成果产业化项目实施,被省财政列入“1+X”* 产业创新服务综合体建设专项激励资金实施对象,获激励资金 2000 万元。落实企业减负政策。取消、暂停、降低行政事业性收费项目 19 项,减免涉企收费 1.36 亿元。全年减免各类税费 17.51 亿元,增长 21.7%。运作政府产业基金。新签政府产业基金 5 支,完成子基金投资 6020 万元。

【推进乡村振兴】 制订实施乡村振兴战略行动五年计划,全年“三农”支出 35.56 亿元,其中一般公共预算农林水支出 7.54 亿元。调整土地出让金分配办法,净收益部分提取 10.0%建立乡村振兴专项资金,筹集专项资金 1.70 亿元。建立乡村振兴产业基金,到位初始资金 3000 万元。加大农房集聚财政奖补力度,公寓房置换奖补从每户 7 万元提高至 10 万元。鼓励宅基地复垦建新区集约节地,全年兑现奖补资金 6985 万元。推进农村土地规模经营,兑现流转补助资金 780 万元。推动大云镇国家级农村综合性改革试点建设,试点期 3 年,确定项目 21 个,启动项目 15 个,累计完成投资 2.20 亿元,直接撬动社会资本 3.40 亿元。

【保障民生事业】 全县民生发展类支出 60.12 亿元,增长 33.8%,占一般公共预算支出的 80.0%。推进生态文明建设。全年安排生态文明建设资金 3.10 亿元,增长 12.9%。支持全国文明城市创建重点攻坚行动,建立生态文明(美丽嘉善)投入增长机制。支持社会事业发展。全年教育支出 16.45 亿元,增长 26.7%,通过省政府基本实现教育现代化县认定。推进学前教育“以县为主”教育管理体制调整,出台新一轮普惠性民办幼儿园扶持奖补资金管理办法。加大维稳投入力度,全年公共安全支出 5.39 亿元,增长 7.6%。支持文化强县建设,全年预算支出 1.46 亿元,增长 11.2%,文化产业发展专项资金规模增加到 1000 万元。推动基层医疗卫生机构财政补偿机制改革落地,实施卫生信息化项目,试点长期护理保险,全年医疗卫生支出 4.82 亿元,增长 11.8%。完善社会保障制度。全年社会保障和就业支出 5.07 亿元,增长 41.5%。动用社会保障风险准备金额度 6300 万元弥补城乡居民基本医疗保险基金年度亏损。获企业职工基本养老保险省级调剂金奖励 3000 万元。完成机关事业单位养老保险改革清算。

【推进财政改革】 完善预算管理体系。厘清一般公共预算、政府性基金预算、国有资本经营预算和社会保险基金预算功能定位,明确收支范围,收入和支出全部纳入预算管理。开展基建账户退回核算工作。推动投融资改革。规范 PPP 项目运作,确保项目财政承受指标不超过 10.0%上限,嘉善县现代产业园项目、保障性安居房工程及绿化公园项目入选财政部 PPP 项目管理库。推进"最多跑一次"改革。推进非税收入电子化试点改革，拓宽支付途径和电子化支付手段使用项目，上线执收单位 34 家，执收项目 17 项，全年执收 45.69 万笔，金额 4.48 亿元。拓展乡镇公共财政服务平台新功能，探索财政补助性资金通过社会保障市民卡发放，全年发放 11.13 万笔，受益 12.22 万人次，发放资金 8634 万元。开展"上门服务至少一次"活动，全年上门服务一级预算单位 74 个，二级预算单位 114 个，服务 1040 人次，集中培训 61 次，涉及 1819 人次。

【强化财政监管】 防范债务风险。摸清政府债务底数，制订完善防范化解债务专项行动实施方案和分年度防范化解隐性债务计划。加强债务风险监测预警管控，控制增量化解存量，压减债务率指标。全年完成化解隐性债务年度目标任务的 118.0%。加强绩效管理。修订完善县级部门（单位）财政管理绩效考核办法，试点开展县级 6 个部门整体绩效目标申报和整体支出绩效跟踪。完成重点项目绩效评价 16 个，对 53 个部门 316 个预算执行进度慢的项目进行绩效跟踪。被财政部评为全国财政管理工作绩效考核先进县。开展乡镇内控试点。在天凝镇试点建立全省首个镇级内部控制体系，建成经济活动全业务覆盖、全环节管控、全过程留痕内控信息系统，平台自动匹配资金使用，全流程网上留痕，系统运行各类经费申请单据 800 笔，累计运行资金 3.24 亿元。推进政府阳光采购。调整政府采购方式审批权，政府采购节约资金 2.78 亿元，节约率 14.0%。加强国资管理。调整县级国有公司结构和布局，实现县级国投公司实体化运作。理顺县公交公司管理体制，推动旅行社有限公司国有股权公开转让。推进全县国有、集体企业公务用车改革。推进高管薪酬改革，出台深化县管企业负责人薪酬制度改革实施意见，制定县属国有企业负责人薪酬管理与经营业绩考核暂行办法。

【加强队伍建设】 制订党风廉政建设和反腐败工作责任分工计划，落实加强"三公"经费管理、严肃财经纪律、加强扶贫资金监管、防止国有资产流失等 4 项专项任务。全年开展各类监督检查和正风肃纪专项行动 49 次。开展"社情民意大走访、'八八战略'大宣讲、思想观念大解放"活动，全年入户走访 343 户。打造"嘉财善政"机关服务品牌，入选嘉善县 2018 年度县级机关服务品牌。制定青年干部教育培养方案和师徒结对传学帮带管理办法，组建青年志愿者服务队、党员楼道长服务队和文明劝导服务队。开展"善文化道德讲堂"活动，参加人数 160 人次。组织中心组扩大学习 12 次，参加学习党员干部 1200 人次。成立机构改革协调小组及办公室，完成财政、地税分设，国税、地税合并挂牌，实现"改革平稳推进、机构平稳合并，人员平稳过渡、工作平稳衔接"。2018 年，嘉善县财政局被县委、县政府评为工作目标责任制考核优秀单位。

（嘉善县财政局供稿　徐　晓执笔）

注：

＊"1+X"："1"是指各市、县（市、区）政府建立产业创新服务综合体建设工作机制，统筹产业创新服务体建设的组织领导、顶层设计、统一规划、政策整合；"X"是指立足各地产业发展实际和资源禀赋，探索建立若干不同特色、不同模式的产业创新服务综合体。

海盐县

【概况】 2018 年，海盐县实现地区生产总值 503.27 亿元，按可比价格计算，增长 7.0%。按常住人口计算，人均生产总值 112639 元，增长 6.6%。第一产业增加值 16.67 亿元，增长 1.1%；第二产业增加值 293.85 亿元，增长 5.5%；第三产业增加值 192.75 亿元，增长 10.1%。三次产业结构比为 3.3∶58.4∶38.3。社会消费品零售总额 137.50 亿元，增长 10.6%；城镇居民人均可支配收入 59172 元，增长 8.3%；农村居民人均纯收入 34853 元，增长 8.3%。全县财政总收入 83.90 亿元，增长 17.9%。全县一般公共预算收入 47.52 亿元，增长 16.9%，其中税收收入 43.26 亿元，增长 14.4%；一般公共预算支出 61.18 亿元，增长 25.6%。全县财政收支平衡。

【组织财政收入】 强化收入分析预测。关注和跟踪经济形势变化，强化收入考核和计划目标管理，加强与税务部门数据对接和工作配合，超额完成收入任务。优化收入结构。财政总收入占地区生产总值的 16.7%。一般公共预算收入占财政总收入的 56.6%，占地区生产总值的 9.4%。税收收入占一般公共预算收入的 91.0%。收入结构保持较优。加强非税收入征管。开展财政票据和政府非税收入执收全面检查，全县组织非税收入 86.72 亿元，增长 39.9%。其中，纳入一般公共预算管理的非税收入 4.27 亿元，增长 51.1%。

【推进"最多跑一次"改革】 完善统一公共支付平台。拓展缴费渠道，简化收缴程序，累计实现网上缴费项目 45 个，全年办理业务 38.25 万笔，收缴金额 22.97 亿元。推进"政采云"运用。上线运行网上超市、网上服务市场、在线询价等六个模块，政府采购实现全流程网上办理，全年累计交易额 5.38 亿元。开展"上门服务至少一次"活动。到一级预算单位上门服务 355 次，到二级预算单位上门服务 650 次，到企业服务 113 次，集中辅导 139 次。扩容市民卡功能。与社保部门共享信息平台，将涉农惠农财政补助性资金纳入市民卡发放。会计相关事项实现"零上门"。会计代理记账机构执业资格审批、代理记账机构年度报备两项事项实施网上申请、办理。

【服务经济发展】 促进转型升级。优化财政支持企业发展政策，拨付工业发展专项扶持资金 1.43 亿元、三产发展专项扶持资金2122万元,重点支持县内特色行业、领军企业做大做强、传统产业改造提升。运作政府产业基金。政府产业基金出资7407万元,落地政府产业基金项目5个,撬动社会资本6011万元。减轻企业费负。落实各类清费减负政策,取消白蚁防治费1项、降低行政事业性收费2项,全年减免各类收费4955万元。支持科技创新。完善科技创新政策,支持科技和人才强县建设,全年科学技术支出2.37亿元,增长6.7%。

【改善社会民生】 全县民生发展类支出49.56亿元,增长25.9%,占一般公共预算支出的81.0%。支持教育事业发展。支持全国义务教育优质均衡发展县创建,推进教育现代化建设,支持构建"以县为主"的农村学前教育管理体系,全县教育支出15.55亿元,增长28.3%。支持文化事业发展。实施文化惠民工程,推进文化信息和体育设施资源共享,全县文化支出1.23亿元,增长3.5%。提高医疗保障水平。加大城乡居民合作医疗财政补贴力度,持续完善基层医疗卫生机构补偿机制和县级公立医院综合改革制度,全年医疗卫生与计划生育支出4.37亿元,增长15.8%。加强社会保障工作。提高养老保障待遇,城乡居民基本养老保险基础养老金标准由每人每月165元提高至185元,受惠参保人员5.08万。连续14年提高企业退休人员基本养老金待遇。全县社会保障和就业支出7.48亿元,增长13.7%。打好精准扶贫攻坚战。做好山海协作工程和东西部扶贫工作,兑现资金4343万元。构建社会"大救助"体系,全年发放各类救助、补助资金4092万元,增长14.6%。

【统筹城乡发展】 加大城市建设投入力度。支持"十大战役"*,支持全国垃圾分类示范县建设,加快城区有机更新,推进危旧房、老旧小区、城中村改造,拨付城市建设资金5.25亿元。支持城乡环境改善。全面推进垃圾减量分类、"美丽乡村"建设、城乡环境卫生"四位一体"长效保洁等工作,全年兑现各项资金4.90亿元。投入18.2亿元实施小城镇环境综合整治项目276个。支持乡村振兴战略实施。加大现代农业扶持力度,兑现农业产业发展资金1.22亿元。深化农村综合改革,被省财政厅列入2018年省农村综合改革扶持村级集体经济发展试点、2019年省一事一议财政奖补助推美丽乡村建设试点,获得补助资金4200万元。

【深化财政改革】 完善项目预算管理。推进项目库建设,项目支出预算实行分级分类管理,建立健全项目支出标准体系。深化国库集中支付制度改革。推进乡镇国库集中支付动态监控系统并建立配套制度。被省财政厅列入2018年市县国库集中支付电子化改革第一批试点地区,如期完成改革任务,上线国库集中支付电子化实拨业务。规范运作PPP项目。加强PPP项目动态监管,推进滨海国际度假区等PPP项目建设。浙江山水六旗国际度假区进入集中建设期,累计完成投资131.20亿元。推进融资平台公司转型。通过兼并重组等方式,实施县城投、水务、旅投、杭州湾集团等重点国有公司转型升级,剥离政府融资职能,转型为市场化运作的企业主体。

【强化财政监管】 规范政府债务管理。出台债务管理预警和问责办法,严格执行政府债务限额管理,向省财政厅争取2018年新增债券7.00亿元。落实化债举措,全年化解隐性债务16.77亿元。规范公款竞争性存放。完善公款竞争性存放操作,开展四期公款竞争性存放共计43.43亿元,其中财政资金36.96亿元,预算单位资金6.47亿元。推进全面实施预算绩效管理。建设全面预算绩效管理信息系统,将绩效管理融入预算编制、执行、监督全过程。对8家单位开展预算绩效目标跟踪试点,完成县级部门单位自评项目134个,涉及评价资金7.40亿元。运用大数据开展监督检查,发现违规资金3081万元。加强政府投资项目管理。制定《海盐县政府投资项目竣工财务决算审核办法》,完善竣工验收制度。推行政府投资概算限额管理,审定金额47.25亿元,净核减概算投资1.49亿元。推进内控机制建设。制订完成内部控制操作规程21个,建立覆盖各科室所有业务流程的内部控制体系。深化"双随机"抽查监管工作。开展"双随机"检查工作2次,建构检查对象库、执法人员库,确保财政检查客观、公正、透明。

【加强队伍建设】 印发《中共海盐县财政局党组关于推进清廉财政建设的实施意见》,构建政治生态、财政资金管理、财政源头治腐、财政监督、清廉财政文化体系"五大体系",明确工作举措24条。印发《2018年党风廉政建设工作要点》,针对重点财政工作开展党风廉政建设项目化管理,开展正风肃纪督查31次。开展"社情民意大走访、'八八战略'大宣讲、思想观念大解放"活动,走访农户1853户,企业213家。创建"金财助力团"机关服务品牌,组织党员干部参与全国文明城市和浙江省文明县创建等县内重点工作。完成财政与地税分设、国税与地税合并挂牌,划转地税职能与人员,完成人员转隶123人,实现各项业务平稳过渡。制定学习教育实施方案,开展集中学习、领导讲学、专家授课辅导等活动。开展教育培训、青年论坛、道德讲堂主题宣讲等活动,促进干部素质提升。2018年,海盐县财政局被评为"全国财政管理工作督查激励县""全省财政管理工作先进典型县",连续第12年被县委、县政府评为工作目标责任制考核优秀单位。

(海盐县财政局供稿　陆梦婷执笔)

注:

*"十大战役":精准招商攻坚战、企业培大育强攻坚战、重大项目推进攻坚战、文明城市创建(美丽县城建设)攻坚战、优化营商环境攻坚战、乡村振兴示范县创建攻坚战、南北湖未来城开发建设攻坚战、交通建设攻坚战、平安建设攻坚战、干部能力作风建设攻坚战等十大战役。

湖州市财政工作

湖州市

【概况】 2018年,湖州市实现地区生产总值2719.00亿元,按可比价计算,增长8.1%。其中:第一产业增加值127.70亿元,增长2.8%;第二产业增加值1273.60亿元,增长8.2%,其中工业增加值1152.50亿元,增长9.2%;第三产业增加值1317.70亿元,增长8.5%。三次产业结构比为4.7∶46.8∶48.5。按户籍人口计算,人均生产总值为101990元,增长7.6%。全年外贸进出口总额885.10亿元,增长14.6%,其中出口771.00亿元,增长13.1%。全年城镇居民人均可支配收入54393元,农村居民人均可支配收入31767元,未扣除价格因素,分别增长8.9%和9.5%。全市财政总收入490.71亿元,增长20.0%;一般公共预算收入287.10亿元,增长20.9%。全市一般公共预算支出397.54亿元,增长22.3%。市本级财政总收入207.19亿元,增长21.3%;一般公共预算收入121.66亿元,增长22.0%。市本级一般公共预算支出184.46亿元,增长24.0%。全市各级预算执行良好,财政收支平衡。

【组织财政收入】 加强统筹谋划,应对结构性减税、普遍性降费政策带来的减收效应,调整、细化、完善组织收入预案,挖潜增收。推进部门协作,健全完善与税务、国土等部门的联动机制,召开收入联席会议,加强收入动态管理。成立湖州市财税收入协调领导小组,形成工作合力,统筹推进高效统一的收入征管体系建设。收入结构持续优化,一般公共预算收入占GDP的10.6%,占财政总收入的58.5%,税收收入占一般公共预算收入的83.9%。加强政府非税收入管理,健全完善征收和监管机制。全市非税收入完成692.16亿元,增长64.7%,其中纳入一般公共预算管理的非税收入46.22亿元,增长32.1%。

【助推经济发展】 落实各项减税降费、优化营商环境的政策,为企业减负107.60亿元。出台《关于进一步支持企业上市挂牌的十条意见》,鼓励企业赴多层次资本市场上市挂牌,全市新增上市公司2家。出台《支持和鼓励开放型经济发展十条政策》,支持特色优势产业开拓海外市场,应对贸易摩擦。保障小微企业三年成长计划,落实发展专项资金,做好"扶小上规"、创业创新、转型升级等工作。设立5亿元科技和人才专项资金,推动科技创业创新平台及研发中心建设,鼓励科技成果转化与产学研合作,扶持重大科技项目以及高新技术产业、科技型初创企业;加大对来湖优秀人才在就业、创业、租房、购房等方面的补助补贴,打造高水平人才生态。加快政府产业引导基金市场化运作,全市累计设立母基金8支,总规模56.49亿元;设立子基金38支,总规模278.20亿元;新增投资项目19个,总投资49.50亿元。推进"投贷联动"试点,实现投贷结合的资金6亿元,缓解民营企业融资难。

【提升民生保障水平】 全市民生支出288.41亿元,占一般公共预算支出的72.5%。安排教育支出69.91亿元,增长9.8%。普惠性幼儿园覆盖率达到85.5%;小学生放学后托管服务启动实施。推进地校合作,安排地校合作专项6000万元支持湖州师范学院和湖州职业技术学院发展。安排医疗卫生与计划生育支出32.96亿元,增长17.1%。实施全民参保计划,健全基本医疗保险和大病保险政策;12种慢性病门诊报销额度每人每年提高500元;加快建设浙北医学中心、市第一医院改扩建等项目;实施"医后付"、影像"无胶片化"等创新举措。安排社会保障和就业支出38.37亿元,增长17.2%。城乡居民最低生活保障标准统一提高到每人每月810元;每千名老人拥有养老床位增加到41张;为65.3万名老人购买意外伤害保险;建成幸福邻里中心58个。推进保障性安居工程建设,加大公租房和廉租住房建设、农村危房改造等投入,竣工城镇保障性住房1.59万套,完成农村危房改造2299户。安排公共交通专项资金2.05亿元,推进公共交通"纯电动车全覆盖、城乡公交一票制全覆盖、公交移动支付全覆盖"。完成排涝系统智能化改造和生活垃圾分类处理,提升小城镇环境综合整治水平。

【实施乡村振兴战略】 完善以绿色生态为导向的财政支农政策,安排各类专项资金5.92亿元,推进美丽乡村、现代农业、绿色渔业等领域高质量发展。重点培育区域农业优势特色产业发展,打造农业优势特色产业带,促进农业增效、农民增收。深化农业"三项补贴"综合改革,加快实现粮食生产经营组织体系创新,推进农业金融支撑体系建设。争取省以上补助资金2.25亿元,支持安吉"田园鲁家"等农业综合开发创新类项目。规范乡镇财政公共服务平台运行,推动财政补助资金"一卡通"。湖州市连续第5年获评全省现代农业发展和美丽乡村建设考核优秀市。

【推进生态文明建设】 健全生态文明财政政策,完善全域环境质量奖惩政策,发挥导向和示范作用。安排各类专项资金10.90亿元,以生态环境保护重点工程、领域为着力点,推进湖州"两山"理念先行示范区和国家生态文明示范市建设。加大生态类城市基础设施建设投入,全年投入1.15亿元,完善老城区基础设施服务功能,优化老城区生态环境,提升居住环境质量;支持固体废弃物填埋场建设,解决全市危险固体废弃物无安全填埋处置场所和生活垃圾应急处置问题;倡导绿色生活方式和清洁能源的推广使用,支持"美丽湖州"建设。

【深化“最多跑一次”改革】 加强政务办事事项标准化管理,优化全市统一公共支付平台,推进“证照分离”改革突破性试点,布设公共支付自助机,创新电子化医疗票据。加大政务数据互联共享支撑力度,打造“线上、线下”一体式服务闭环,全部财政事项实现“最多跑一次”。全面开展“上门服务至少一次”活动,全年累计现场服务各级机关企事业单位3964户次,开展集中培训119次,通过互联网线上服务18188人次,线下发放各类政策汇编解答4064人次。

【加强财政管理与监督】 完善预算执行与预算编制挂钩机制,考核部门项目预算全年度执行率。落实财政预决算公开,统一公开政府预算和80个市级部门预算(涉密单位除外)。完善国库集中支付制度,加快推进国库支付电子化管理。强化财政预算绩效管理,完成1508个预算项目和13项政府专项资金的绩效自评,151个项目的绩效抽评和9个项目的重点评价。出台《湖州市市级政府性专项资金管理办法》,建立市级政府性专项资金平台管理系统,覆盖专项资金项目类别130个,涉及金额4.54亿元。加强部门结余结转资金管理,共收回2017年度结余资金1.15亿元。成立湖州市规范公款存放管理领导小组,强化公款竞争性存放。开展财政项目预算审核,共完成概算审核项目28个,核减3.42亿元;完成招标控制价审核项目45个,核减3.98亿元;完成结算项目59个,核减1.09亿元。强化财政监督管理,完善对各职能部门的财政监督检查工作机制。规范政府购买服务。推进“政采云”平台运用,实现政府采购全过程电子交易一体化,全市“政采云”平台累计交易量达到39.45亿元。编制《2017年度全市国有资产管理情况报告》,完善资产管理信息化建设,推动“资产云”实施。规范建设PPP项目库,推进重点项目建设。

【强化风险防控】 成立湖州市防范化解政府性债务风险工作领导小组,以市委名义出台两份关于化债防风险的实施意见。编制防范化解地方政府性债务风险专项行动实施方案,制订隐性债务五年(2018—2022年)消化计划。关紧乡镇举债“闸门”,推进国有企业市场化转型,加强统计监测和监督检查。对存在重大行政(法律)风险的债务安排资金提前偿还;对其他隐性债务按化债计划到期偿还。对区县500万元以上的政府投资项目年度立项计划进行部门联审,核减2018年度计划投资2.32亿元。规范开好举债融资“前门”,争取地方政府债券资金35.36亿元。全市完成当年隐性债务消化计划的121.9%,各主体政府债务率均控制在95%以下的绿色安全区内。

【落实机构改革】 落实上级关于税务征管体制改革工作的各项部署,严守改革期间15条禁令。按照先分后合的思路,完成财政与原地税部门的分离以及原地税部门与原国税部门的合并工作,确保各项改革工作平稳过渡。做好原地税职能和部分财政非税收入职能划转,涉改人员转隶,资产划分以及各类涉改档案的归集、移交工作。

【加强队伍建设】 培育财政“红心汇聚助发展”党建品牌。开展支部标准化建设,开展“新锋潮”党员志愿服务,深化联系服务基层群众工作机制,精准服务。加强作风建设,打造清廉财政。市财政局被评为全省“千万工程”和美丽浙江建设突出贡献集体,获得省委、省政府通报表彰。在2018年度湖州市市级部门考核中获得一等奖。

(湖州市财政局供稿　朱晨龙执笔)

吴兴区

【概况】 2018年,湖州市吴兴区实现地区生产总值547.26亿元,按可比价计算,增长8.3%。其中:第一产业增加值20.28亿元,增长2.9%;第二产业增加值214.54亿元,其中工业增加值183.59亿元,分别增长9.0%和11.2%;第三产业增加值312.44亿元,增长8.3%。三次产业结构比为3.7∶39.2∶57.1。社会消费品零售总额370.82亿元,增长10.1%。实际到账外资2.37亿美元,浙商回归省外到位资金94.45亿元。城镇居民人均可支配收入55996元,增长9.0%;农村居民人均可支配收入32693元,增长9.1%。实现财政总收入67.25亿元,增长22.2%,其中一般公共预算收入40.96亿元,增长21.9%,占财政总收入的60.9%;一般公共预算支出38.81亿元,增长12.7%。全区财政收支基本平衡。

【组织财政收入】 做好收入的预测和分析工作,加强与税务部门的合作,把握收入力度、进度和节奏。2018年,全区税收收入35.41亿元,增长22.9%,占一般公共预算收入的86.5%。加强政府非税收入管理,全年实现非税收入86.17亿元,增长138.5%,其中纳入一般公共预算管理的非税收入5.30亿元,增长77.3%。

【助推高质量发展】 加大重点改革财政支持力度,助推“中国制造2025”试点示范建设,累计投入2076万元支持国家绿色金融改革创新试验区建设。安排人才和科技专项资金1.3亿元,加大对外来优秀人才在吴兴区就业、创业、租房和购房等方面的补助和补贴,打造创新创业平台,推进创新成果转化应用。统筹各级资金3.60亿元支持美丽乡村建设,推进农业综合开发省级田园综合体试点项目建设,创建国家现代农业产业园;安排区级专项补助资金2300万元,落实消除集体经济薄弱村三年行动。围绕“治水、治违、治气、治土”等生态环境建设目标要求,加大生态文明建设的投入力度,全年安排资金2.21亿元,增长12.8%。

【支持民生事业发展】 2018年,公共财政支出38.81亿元,增长25.9%,占财政总支出的79.0%。公共安全支出3.48亿元,增长

169.7%。教育支出7.80亿元,增长10.3%(剔除土地出让金中提取的教育支出等不可比因素,按可比口径计算),其中安排7303万元保障义务教育免教科书、学生接送车、教育营养券、学前教育扶持和校园综合改造等各项政策的执行。社会保障和就业支出4.64亿元,增长23.2%,其中安排3203万元支持养老服务业发展,推动养老服务体系建设。医疗卫生支出4.22亿元,增长17.1%。农林水事务支出3.64亿元,增长15.3%。城乡社区支出3.62亿元,同比增长146.1%,其中安排3.4亿元用于城中村改造政府购买服务,扩大保障性安居工程群众受益面。科学技术支出1.39亿元,增长61.6%。技能环保支出1.10亿元,增长17.3%。文化体育与传媒支出0.62亿元,增长98.3%。

【防范化解债务风险】 印发《关于进一步做好防范化解政府性债务风险工作的实施意见》,落实乡镇"关闸门"工作,制定《乡镇"关闸门"工作方案实施细则》,"关闸"的乡镇债务余额较"关闸"日债务下降21.5%。实行政府投资项目联审制度,全面清理审核2018年在建和新建项目计划,共核减项目40个,压缩资金69.50亿元。加大盘活土地资源力度,多渠道筹措资金偿还到期债务,按土地出让收入的10%计提区偿债风险准备金。全面摸排处置有效资产,2018年处置资产3.52亿元,完成或有债务转化置换债券5.91亿元。梳理审核区城投集团的历史政府公益性项目,涉及重点建设项目62个,子项目2967个。

【推进财政改革】 开展"上门服务至少一次"活动,2018年全年上门服务乡镇、街道和区级部门40余家,专业辅导117次,服务230余人次。深化国有企业改革,成立区城投、产投两大集团,完善法人治理结构,加快市场化转型,推动国有企业股改工作,完成企业股改2家;完善国资管理制度建设,出台考核与薪酬管理办法。推进"政采云"平台运用,深化政务服务改革,加强政府采购业务培训,以政府采购"一次都不用跑"为目标,为采购单位提供高效服务。强化财政监督,推进"清廉采购",制定《政府采购内部控制管理制度》,指导全区60家预算单位建立政府采购内控制度,规范政府采购行为。

【加强队伍建设】 健全干部学习教育制度,开展党组中心组理论学习、南太湖幸福大讲堂、各类财政干部培训班。坚持开展"党纪一刻钟"教育、谈心谈话等,提高干部、职工政治敏感性和遵纪守法自觉性,推进"清廉吴兴"建设。推动"三服务"活动,结合驻村局长工作,组团深入群众,服务企业、服务基层,为企业和群众解决实际困难,提升财政队伍综合服务能力。

(湖州市吴兴区财政局供稿 沈 超执笔)

南浔区

【概况】 2018年,湖州市南浔区实现地区生产总值427.20亿元,按可比价格计算,增长7.7%。其中:第一产业增加值23.02亿元,增长2.7%;第二产业增加值234.51亿元,增长7.7%,第三产业增加值169.67亿元,增长8.3%。三次产业结构比为5.4∶54.9∶39.7。全区财政总收入60.60亿元,增长20.8%;其中:一般公共预算收入35.16亿元,增长20.6%,占财政总收入的58.0%;税收收入56.12亿元,增长19.3%,占一般公共预算收入的87.3%。一般公共预算支出40.20亿元,增长23.3%。全区财政预算执行情况良好。

【组织财政收入】 强化和相关部门的协作互动,实现涉税信息共享,动态监控分析税收数据,重点掌握建筑、交通运输、地板行业税收情况,实时分析研判税收收入形势,化解一次性增收等政策性因素带来的困难。完善非税收入票据和银行账户管理制度,确保政府非税收入及时足额入库,全年实现非税收入45.71亿元,减少8.6%,其中纳入一般公共预算管理的非税收入4.48亿元,增长42.1%。

南浔区湖浔大道

【服务经济转型升级】 落实各项减税降费政策。办理小微企业各类税收优惠1.47亿元,福利企业、资源综合利用企业退税1.5亿元,办理出口退税6.14亿元。转变财政扶持方式。财政扶持经济发展由直接投入向间接扶持、资金扶持向机制引导转变,助推产业转型升级。全年安排"中国制造2025"工业发展等经济补助1.33亿元,安排支持农业产业发展资金1

亿元,安排支持旅游产业发展资金1858万元。创新财政金融协同支农机制。依托农业"三项补贴"政策综合改革试点资金和农民合作基金授信农合联会员,撬动银行资金1.80亿元,解决农民创业贷款难问题。推动政府产业基金运作。设立南浔区产业整合投资基金和湖州市新兴产业投资基金。运作好PPP模式。南浔至临安公路等3个项目入围省级PPP项目库,总投资37.89亿元;完成PPP项目招标2个,涉及投资33.75亿元。

【民生保障持续改善】 全年用于民生事业支出24.48亿元,增长18.0%。加大教育保障投入,全年教育投入8.22亿元,增长10.0%。用于"美丽校园行动计划"、学生安全保障等支出。全年社保投入5.40亿元,增长28.5%。完善养老保险机制,安排城乡居民最低生活保障区级统筹资金5.40亿元。保障医保卫生投入,全年医疗卫生投入5.67亿元,增长21.5%。安排公立医院及基层医疗单位保障经费8617万元;城乡居民基本医保财政补助标准提高至每人每年940元,基本公共卫生服务经费筹资标准提高至每人每年55元。加强村级公益事业建设,全年实施农民综合服务用房建设、农村道路硬化工程等一事一议财政奖补项目35个,总投资2832万元。支持环境整治提升,安排城市环境卫生和绿化维护、"百村示范,千村整治"等建设资金3.94亿元,农村垃圾分类及智能化平台建设资金3133万元,小城镇环境综合整治资金1.20亿元。落实强农惠农补贴政策,配合部门采取"一折(卡)通"兑现方式,兑现各项农业补贴资金4102万元。

【深化财政改革】 完善部门综合预算,推进全口径预算和预算编制标准化体系建设,实现部门预算全程监督。除涉密部门外,全区43家预算单位的部门预算全部提交人代会审查。完善财政管理体制,根据各镇(开发区)经济发展水平等因素,调整区对镇(开发区)财政管理体制,调动增收积极性。深化国库集中支付改革,完善预算执行动态监控机制,实现区乡两级预算单位国库集中支付改革全覆盖。落实"最多跑一次"改革,推广"政采云"系统运用,将全区行政事业单位政府采购全部纳入平台。2018年通过"政采云"平台完成采购金额1.57亿元。完善国有资产监管体制,强化国有资产产权管理及出租监管;理顺国有企业管理机制,深化区国有企业负责人薪酬制度改革等。

【加强财政监管】 加强政府债务管控。强化融资平台公司、镇(开发区)债务管理,做好镇债务"关闸门"工作。完善融资审批机制,控制债务增量和融资成本。组织开展全区违法违规举债担保问题自查整改工作,规范融资平台公司举债融资行为。2018年政府债务率降至41.5%,控制在95%的绿色安全区域内。提升资金监管绩效水平。实行绩效跟踪监控,开展财政部门重点项目绩效评价。加强财政支出管理。利用动态监控软件,通过对预算单位支付业务设置事前、事后预警机制,实现实时监控。2018年审核退回不符合规定的支付业务224笔,减少82%,退回金额4812万元,下降34%;动态监控拦截纠错资金2573万元。推进预算公开。按照相关文件规定的公开范围及内容,在区级统一平台上集中公开部门预决算及"三公"经费预决算,实现公开范围全覆盖。"三公"经费支出2469万元,下降2.7%,其中,公务接待费下降2.5%。

【加强队伍建设】 执行《南浔区乡镇部门中层干部选拔任用工作操作规程(试行)》《党委(党组)讨论决定干部任免事项守则》和局人事管理内部控制操作规程等相关规定,坚持党组集体讨论决定,保证录用、选拔、任用工作质量。制定完善干部年度考核和绩效考核办法,将考核结果作为选拔干部、实施奖惩的重要依据。做好编外用工精简工作,推进管理科学化、规范化、制度化。落实机构改革工作,做好职能划转、涉改人员转隶、资产划分以及各类涉改档案的归集、移交工作,保障改革平稳推进。

(湖州市南浔区财政局供稿　马君君　许高峰执笔)

德清县

【概况】 2018年,德清县实现地区生产总值517.00亿元,按可比价计算,增长8.0%。其中:第一产业增加值22.39亿元,增长2.4%;第二产业增加值267.55亿元,增长8.8%;第三产业增加值227.06亿元,增长7.7%。三次产业结构比为4.3∶51.8∶43.9。外贸进出口总额169.99亿元,增长4.7%。按户籍人口计算,人均生产总值116994元,增长7.6%。城镇居民人均可支配收入54863元,增长8.7%;农村居民人均纯收入32723元,增长9.7%。全县完成财政总收入100.76亿元,增长20.4%,其中地方一般公共预算收入59.15亿元,增长21.5%。全县一般公共预算支出67.20亿元,增长31.4%。全年财政收支平衡。

【组织财政收入】 发挥财税收入协调领导小组的统筹指挥作用,加强对重点税源、行业、企业的税收收入质量和效益分析,把握组织收入力度和进度,完善收入考核机制,调动相关部门、高新区和镇(街道)组织收入的主动性和积极性,收入结构持续优化。地方一般公共预算收入占财政总收入的58.7%,占地区生产总值的11.4%,其中税收收入48.83亿元,增长17.0%,占一般公共预算收入的82.6%;完善向上争取资金考核机制,加强部门协作,争取上级财政转移支付补助资金19.68亿元,争取地方政府债券资金3亿元;完善行政事业性收费和政府性基金目录清单公示制度,规范政府性收费执收行为。全县非税收入完成120.89亿元,增长112.4%,其中纳入一般公共预算管理的非税收入10.32亿元,增长69.1%。

【支持经济发展】 落实各项税费优惠政策,全年办理出口退税17.59亿元,各类减免退税8.04亿元。争取省级以上补助资金9.97亿元,推动政府投资重点项目建设。加快新型城镇化建设,拨付“小城市”培育试点及中心镇建设资金5205万元，安排全县保障房专项资金1.23亿元。安排扶持企业发展政策资金5.23亿元，支持选商引资和“大好高”项目建设，签约“大好高”项目120个，兑现金融创新发展专项资金3497万元、外经外贸政策资金1942万元。助力地理信息小镇发展，出台《扶持地理信息产业专项资金管理办法》，每年专项扶持2000万元，培育以数字经济为引领的新技术、新业态，2018年地理信息小镇实现营业收入102.36亿元，税收收入8.01亿元。规范运作政府产业基金，设立子基金3支，完成投资5230万元，撬动社会资本1.37亿元。推进政府与社会资本合作，雷甸产业新城、乾元污水处理厂等5个PPP项目进入实质化运作，撬动社会资本181.59亿元。

【保障改善民生】 全年民生发展类支出48.02亿元，增长24.6%。教育支出11.68亿元，增长17.1%，以扩容城区教育资源、提升县域学校办学条件为重点，实施教育工程项目22个，组织逸夫小学等13所学校开展地校合作。农口支出10.31亿元，增长11.8%，开展农村综合改革试点，入围省级农村综合改革试点补助项目，入选财政部农村综合性改革试点，投入美丽田园和美丽乡村建设资金1.11亿元，拨付生猪整治和渔业养殖尾水治理资金4787万元。投入城乡一体化建设资金1.59亿元，城镇污水配套管网新建90公里，城乡生活垃圾分类实现全覆盖。社会保障和就业支出7.41亿元，增长25.9%，落实各类保障和救助对象政策待遇1.58亿元，城乡居民人均最低生活保障标准从每月681元提高到810元，通过全国第三批社区治理和服务创新实验区创建验收，幸福邻里中心实现县域全覆盖。医疗卫生与计划生育支出4.60亿元，增长17.2%，其中医联体建设和免费疫苗、免费用药投入1500万元，推进综合医改，组建武康、新市两大健康保健集团，成立全国县域首个医疗保障办公室，群众对医疗服务满意率达95.7%。

【深化财政改革】 出台机构改革经费保障和财务管理、国有资产管理规定，规范涉改部门财务行为，严肃财经纪律；落实《国税地税征管体制改革方案》，完成原地税职能划转、人员资产划分等工作，实现机构分离合并，确保机构改革平稳有序推进，各项工作衔接正常。深化预算管理制度改革，增设政府预算经济分类科目，规范政府和部门的支出行为，提升预算编制的科学化、精细化水平。启动“政采云”平台建设，完成“政采云”平台采购金额6.97亿元，增长132.0%，实现政府采购交易、管理和服务的电子化、一体化。出台《德清县财政局关于做好全面接入统一公共支付平台工作的通知》，推广运用统一公共支付平台，深化非税收入收缴电子化改革，简化非税收入收缴程序。推进国库集中支付改革，优化财政支付方式，将直接支付改为授权支付，加快预算执行进度。

【强化财政监督】 制定并公开县级财政专项资金管理清单，涉及项目18个，资金6.39亿元，对纳入清单管理的专项资金使用全过程公开。加大存量资金盘活力度，累计盘活存量资金8613万元。强化政府采购监管，完成政府采购预算7.58亿元，节约资金6076万元，综合节约率8.1%。强化公务支出管理，全县县级机关行政事业单位“三公”经费支出下降0.3%，其中公务接待费下降10.6%。加强政府投资建设工程结算审核，完成审核项目372项，核减金额5.88亿元，核减率7.1%。加大财政监督检查和支出绩效评价力度，全年完成财政监督检查和重点绩效评价项目17项。开展公款竞争性存放工作，促进财政资金保值增值。

【加强队伍建设】 执行领导干部实绩公示制，增强领导班子真抓实干、服务发展的能力。落实干部队伍培训制度，对系统内各级干部进行分层分类培训，提升业务骨干综合素质。选派年轻党员参与联合国地理信息大会、“最多跑一次”改革、全国文明城市创建督导、城西拆迁等县中心工作。开展“不忘初心跟党走，牢记使命建新功”主题演讲比赛、“读红色家书，传红色精神”迎七一朗读比赛、“我的家风故事”征文比赛等活动，推进“两学一做”学习教育常态化、制度化。

（德清县财政局供稿 沈宇真执笔）

长兴县

【概况】 2018年，长兴县实现地区生产总值609.78亿元，增长8.5%。其中：第一产业增加值33.39亿元，增长3.1%；第二产业增加值300.41亿元，增长8.6%；第三产业增加值275.97亿元，增长9.1%，三次产业结构比为5.47∶49.27∶45.26。社会消费品零售总额282.41亿元，增长10.1%。城镇和农村居民人均可支配收入分别为54985元、32114元，分别增长9.3%、9.4%。全县财政总收入102.68亿元，增长18.0%，占GDP比重16.8%。其中一般公共预算收入59.37亿元，增长19.9%。全县一般公共预算支出71.58亿元，增长13.5%。全年财政收支平衡。

【组织财政收入】 加强财政收入预测分析和运行调节，多部门合作，做好财源建设，强化收入征管，提前一个月完成财政总收入超百亿元的目标。全年完成税收收入93.43亿元，增长17.4%，其中一般公共预算税收收入50.12亿元，增长19.2%。提升财政收入质量，优化收入结构，一般公共预算收入占地区生产总值的9.7%，占财政总收入的57.8%，上升0.9个百分点，其中税收收入占一般公共预算收入的84.4%，实现财政收入总量和质量“双提升”。加强与上级财政等部门的业务联动，掌握财政政策变化动向，全县共争取上级专项和转移支付资金17.8亿元。全县非税收入80.53亿元，增长52.5%，其中，纳入一般公共预算管理的非税收入9.25亿元，增长24.3%。

【支持经济发展】 助力民营经济发展。开展“进民营企业大走访大调研”活动,向企业问需、问计、问难,帮助企业协调解决实际困难。出台《发挥财税职能全面振兴实体经济实施方案》,发挥财政资金对民营经济发展的保障支撑和引导带动作用,推进县内主导产业稳步壮大。落实税收优惠和清费减负政策。清理取消、停征涉企收费项目,全年减免税费16.20亿元。统筹优化“1+6”大工业政策,重点培育“50强”企业。支持化解过剩产能和淘汰落后产能,助推蓄电池、粉体、纺织、印染、工业炉、耐火、非织造布等多个行业转型升级。2018年兑现工业质量奖、开放型经济、电子商务发展、物流企业发展、科技与人才等各类政策资金6.40亿元。设立政府产业资金。探索政府产业基金“奖改投”模式,设立产业基金(母基金)6支,总规模7.40亿元,撬动社会资本支持企业发展,培育创新型企业和具有带动作用的新兴产业。提升要素保障水平。支持科技创新,安排科技创新政策资金、科技型企业孵化器专项扶持经费、科技创新创业大赛奖金等资金7000万元,受益企业430多家。服务人才引育,落实《长兴县人才新政二十条》、“南太湖精英计划”、人才开发政策资金和人才购房补助等资金2000万元。

【保障民生投入】 2018年全县民生支出52.9亿元,增长11.9%。安排教育支出13.9亿元,优化教育资源配置,促进学前、义务、职业等教育均衡发展。落实医疗卫生支出5.2亿元,支持“健康长兴”建设和“双下沉、两提升”“三医联动”等各项改革,缓解“看病难、看病贵”。安排社会保障和就业支出7.16亿元,增长27.4%。加大社会保障投入力度,统筹支持社会救助、养老、慈善、残疾人等各项事业发展,健全社会保障体系。安排农林水支出9.2亿元,支持农村基础设施、农业产业化、美丽田园建设,保障各项强农惠农富农政策的落实,推动农业农村发展。安排生态建设资金4.4亿元,用于矿山生态复绿、地质灾害防治、饮用水源地生态保护、土壤污染防治、水污染防治、农村生活污水治理、垃圾分类运输及处置等。

【深化国资国企改革】 把握“政企分开、政资分开”的改革方向,在组建县级四大集团、三大园区的基础上,出台相关政策,深化推进国资国企改革。将优质资产注入国企集团,提高资产质量。推进“4+3”国企集团通过入股、参股、跟投、合作等途径,强化投资和运营功能,突出规模效益和发展主业,推进国有企业市场化运行,增强国有企业综合实力和化债能力。加强国资监管,建立国有资产管理情况报告制度,国有企业资产报告提交县人大常委会审议。

【推进“最多跑一次”改革】 建立健全“最多跑一次”办事事项动态调整机制,实现全县财政系统“最多跑一次”全覆盖。推广应用统一公共支付平台,2018年实现便民支付52万笔。开展“上门服务至少一次”活动,主动上门服务22次,到企业服务31次,集中辅导42次,服务人数3098人次。开展精准帮扶工作,班子成员带头走访贫困户,落实政府扶贫政策,帮助更多的贫困农户获得生产发展资金,脱贫致富。

【防范和化解债务风险】 严格政府债务收支预算管理,按规及时做好政府债券预算管理工作。贯彻落实中央、省、市相关文件精神,按照“五坚持、五确保”要求,采取“控总量、降成本、拉年限、调结构、降债务”五步法加强债务管理,建章立制,规范融资平台融资行为,严防债务风险。

【提升资金管理绩效】 严格预算管理。推进预算编制精细化,注重“四本预算”统筹联动。建立部门预算项目支出年度执行率与部门预算项目安排挂钩机制,对预算执行率较低的部门在预算安排中实行分档压缩。出台《长兴县财政预算追加管理办法》,严控预算追加。拓展预决算公开内容和范围,完善公开方式方法,加强公开情况检查,提高预算透明度。规范资金使用。严格执行财经纪律,严格审核预算支出,及时纠正违规、超标等支出行为,2018年退回违规支付业务1797笔,涉及金额1.53亿元。强化政府采购监管,推进“政采云”系统上线,2018年“政采云”实施采购金额5.29亿元。加强行政事业单位财务会计管理,推进行政事业单位内控制度建设。强化财政监督。实施部门预算编制全程监督模式。对50万元以上县财政支出的项目资金,开展项目资金的绩效评价,涉及财政项目资金8.19亿元。完成政府管理竞争性存放招标工作,涉及金额9.00亿元,全年投放财政资金57.48亿元,收益1.82亿元,平均收益率3.2%。

【加强队伍建设】 坚持党建引领。巩固“两学一做”学习教育常态化制度化,推进党建工作深入开展。全年组织参与“双千万结对”180余人次、“垃圾分类主题党日”180余人次、“除雪减灾”“双禁值班巡逻”“集中义务献血”等活动70余人次。强化廉政建设。召开县财政(国资)党风廉政建设工作会议,层层签订责任书218份,构建起上下贯通、全域覆盖的责任体系。开展系统内干部职工廉政自查自纠行动,严肃工作纪律的相关工作要求。经常性开展谈心谈话。全年提醒谈话2人,通报批评1人。对班子成员和科室负责人等落实党风廉政建设责任主体开展“述职述廉”综合考评。完善《党委议事规则》《内部控制基本制度》等规章制度,开展对科室审批管理和制度执行情况监督检查,保障财政资金运行安全。推进国地税征管体制改革。根据时间节点,完成各项改革任务,做好本部门新“三定”方案的制定、财政地税人员转隶和资产经费划分划转等工作,确保干部队伍及业务工作“双稳定”。年末在编人员110人,其中领导班子成员5人、中层干部43人,编外人员24人。提升财政文化。举办“包饺子过大年”“七一”重温入党誓词、青年联谊等活动,成立排球、羽毛球、乒乓球、太极拳等兴趣小组,组织干部职工参加县财贸工会各项文体活动,打造财政特色的机关文化。规划建设荣誉室、活动室、健身房等功能性场地。

(长兴县财政局供稿　赵　莹执笔)

安吉县

【概况】 2018年，安吉县实现地区生产总值404.33亿元，增长8.3%。其中：第一产业增加值26.38亿元，增长2.9%；第二产业增加值178.30亿元，增长7.0%；第三产业增加值199.65亿元，增长10.4%。三次产业结构比为6.5∶44.1∶49.4。按户籍人口算，人均生产总值86099元，城镇和农村居民人均可支配收入分别达到52617元和30541元。全年财政总收入80.08亿元，增长19.0%，其中一般公共预算收入46.92亿元，增长18.7%。一般公共预算支出74.36亿元，增长19.9%。全年财政收支平衡，财政运行情况良好。

【组织财政收入】 成立以财政、税务、人行、国土等部门为成员单位的安吉县综合治税工作领导小组，定期召开联席会议，做好收入目标管理。根据时间节点，安排收入进度，确保收入均衡入库。关注“三个比重”，提升收入质量。全县一般公共预算收入占GDP的11.6%，占财政总收入的58.6%，其中税收收入74.33亿元，增长18.5%，占一般公共预算收入的87.7%。完善非税收入征缴管理机制，调动各执收单位工作积极性，明确目标任务，落实责任单位，按月汇总并进行考评通报。全县非税收入完成99.77亿元，增长128.7%，其中纳入一般公共预算管理的非税收入5.75亿元，增长26%。

【支持经济发展】 支持实体经济健康发展。完善扶持企业发展政策，整合财政专项奖金，支持企业开拓国内外市场和做大做强，全年累计拨付县级涉企奖励资金3.14亿元，其中兑现年度经济奖励1.31亿元；安排破解工业“双停”* 奖励资金3960万元，支持企业转型升级。修订完善《加快科技创新若干政策》，拨付科技专项奖励资金2060万元。鼓励企业赴多层次资本市场挂牌上市，培育县域优势产业，拨付股改、挂牌、上市奖励资金1550万元。争取中央和省级各类涉企扶持资金6000万元，支持地方特色产业的发展。落实减税降费政策，全年办理出口退税23亿元，税收优惠减免14.60亿元，优先退还重点领域企业增值税留抵税额3320万元，减征排污费203万元。2018年争取各类省以上农口资金4.30亿元，落实县级财政支农资金1.30亿元，推进农业经济向“高质量、高水平”的绿色生态高效农业转变，建设现代农业强县。

【保障民生支出】 全年民生支出54.42亿元，增长20.0%。推动城乡建设。争取棚户区改造、小城市培育和“两山”建设专项等省级以上资金2.22亿元；加强农村交通基础设施建设，完善农村公路安全保障措施，落实公共交通财政补贴资金1200万元；加大生态保护资金投入力度，拨付生态文明建设资金2.70亿元，支持美丽乡村建设、农村生活污水治理、生态文明示范创建、小城镇综合整治、生态县建设。完善社会保障体系。深化医药卫生体制改革，安排卫生事业发展专项资金3100万元，基本公共卫生资金2317万元，确保卫生事业均衡有序发展；健全社会救助和社会福利体系，安排医疗救助资金1380万元，最低生活保障资金4855万元，老龄事务专项资金958万元，残疾人“两项补贴”2347万元；安排社保风险金6.26亿元，防范社保基金风险。支持教育事业发展。教育经费投入14.84亿元，将义务段和幼教生均公用经费提高至930元/生·年，提高教师工资待遇。支持普高教育龙头引领，新设安吉高级中学发展经费和金牌教练经费，鼓励学科人才引进、名校合作。多渠道筹措资金支持三小迁建、城北小学新建等工程，加大中小学维修改造资金投入和教育装备经费投入，提升教育硬件，完善教育基础设施建设。

【推进全面绩效管理】 加快全面实施预算绩效管理工作，在县级部门中建立包括绩效目标申报、绩效监控、绩效自评、评价结果应用在内的绩效管理框架体系。做好项目预算绩效目标申报和绩效自评工作，2018年度绩效目标申报率100%，完成2017年度自评项目858个，涉及资金18.03亿元。加强扶贫资金绩效监管，将涉及4个部门18个项目全部录入扶贫资金动态监控平台。

【深化财政改革】 推进全口径预算管理，将全部收入、支出纳入部门预算编制，首次将全县108个预算单位的预算草案上人代会审查。完成国库集中支付电子化改革试点。完善财政竞争性存放制度，出台《安吉县财政资金竞争性存放招投标操作规程（修订版）》。完善公车制度改革，公务交通支出节约率达23.2%。规范政府采购工作，政府采购项目全部纳入“政采云”平台，实现申请、审批、采购“零跑腿”。加强国有资产管理，开展行政事业单位经管资产及自然资源国有资产全面摸底工作，并首次将全县行政事业单位国有资产管理情况向人大常委会专项报告。加强政府投资项目监管，完成概、预算审核项目98个，送审金额21.66亿元，审定金额21.07亿元，净核减率2.7%。开展“上门服务至少一次”主题活动，到部门（单位）上门服务282次，集中辅导7次，服务2068人次。

【加强队伍建设】 实施“553”工作法，配套出台《财政局立体化考核办法》《支部工作考核办法》《不合格党员认定办法》。围绕党的十九大精神组织开展主题讨论。签订三级廉政责任状；组织开展2018年岗位廉政风险及利益冲突“双排查”工作；经常性开展内部正风肃纪检查，印发《局廉政谈话实施办法》，开展谈心谈话、提醒谈话、警示谈话。提拔中层正职干部7人，中层副职干部8人。增加上挂外派锻炼机会。强化干部教育培训。稳妥做好国地税征管体制改革相关人员转隶工作，确保财政税务干部队伍及业务工作“双稳定”。

（安吉县财政局供稿　童琳匀执笔）

注：

*“双停”：停产工业企业、停建工业项目。

绍兴市财政工作

绍兴市

【概况】 2018年,绍兴市实现地区生产总值5416.90亿元,按可比价格计算,增长7.1%。其中:第一产业增加值196.12亿元,第二产业增加值2611.80亿元,第三产业增加值2608.98亿元,分别增长2.3%、6.9%、7.7%。三次产业结构比为3.6∶48.2∶48.2。全市外贸进出口总额2046.10亿元,增长10.5%。全市居民人均可支配收入49389元,增长9.0%,其中全市城镇常住居民人均可支配收入59049元,农村常住居民人均可支配收入33097元,分别增长8.5%、9.1%。2018年,全市完成财政总收入811.85亿元,增长15.1%,其中:一般公共预算收入501.34亿元,增长16.2%,占GDP的9.3%,占财政总收入的61.7%;其中税收收入412.67亿元,占一般公共预算收入的82.3%。市区一般公共预算收入326.60亿元,增长16.7%;市级一般公共预算收入51.83亿元,增长29.4%,占财政总收入的66.7%。全市一般公共预算支出556.65亿元,增长18.5%。其中:市区一般公共预算支出346.63亿元,增长23.8%;市级一般公共预算支出92.02亿元,增长38.6%。全市、市区及市级财政当年收支平衡并略有结余。

【组织财政收入】 加强税费政策管理。做好增值税"三项"政策出台后续政策落实工作,强化企业所得税汇算清缴,落实新个税、环保税征收各项工作。推进土地增值税清算,全年入库土地增值税38.41亿元。提升税收征管质效。推进国地税征管体制改革,促进涉税业务规范统一,税务资源整合升级,提升征管能力,降低征纳成本。加强税收风险管理,开展重点行业风险模型指标建设、增值税专用发票暴力虚开专项分析。优化营商环境。全面落实"放管服"改革,优化办税服务,制发网上办税体验区"两化"建设工作指引,引导纳税人应用电子税务局和手机App,办税服务厅纳税人年度平均等候时间比年初目标缩短30%。加强非税收入管理。统一非税收入支付平台,推进电子票据改革,实现公共支付自主缴款。全市实现非税收入577.96亿元,增长24.5%,其中纳入一般公共预算收入管理的非税收入88.67亿元,增长36.4%。

【促进经济发展】 扶持企业发展。实施积极的财政政策,配合出台《全力补齐科技创新短板若干政策实施细则(试行)》《进一步促进小微企业创新发展的实施意见》和鼓励支持开放型经济发展30条政策等扶持政策。落实减税降费。贯彻落实中央和省各项税收优惠政策,全市减免税费166.86亿元,增长7.6%;取消、降低各类行政性事业收费12.90亿元,增长13.6%。推进政府产业基金发展。加大财政资金投入,全市政府产业基金设立规模114.00亿元,到位资金77.10亿元,合作子基金53支,投资项目200个,项目总投资704.63亿元,通过设立子基金、直接投资和子基金投资项目,撬动858.90亿元社会资本投向数字经济、新能源汽车、生命健康、节能环保、高端装备等重点产业发展领域。推进PPP项目。保障市级530亿元政府性项目资金来源,确保杭绍台高铁工程、轨道交通1号线工程、越东路智慧快速路工程和二环北路智慧快速路工程等重大项目开建。全市PPP项目总投资额超1000亿元,PPP基金规模达到30亿元,争取省级基金13.67亿元。

【保障重点项目】 实施市级2018年政府投资项目资金计划,涉及资金163.94亿元,其中财政性资金44.78亿元,保障建设资金落实到位。加快推进工程结算,出台补充办法,加强协调审核和考核督查,办结项目94个,涉及资金17.12亿元。在全省率先开展历年竣工政府投资项目结决算工作,目前已完成2013年前竣工的326个项目财务决算工作,涉及总投资187.72亿元,收回结余资金2.24亿元。建立"政府性项目资源封闭运作"机制,通过盘活资产、资源、实施PPP等方式,落实市级2018—2022年95个项目总投资1000余亿元的资金来源。

【保障民生事业】 2018年,全市一般公共预算民生支出432.24亿元,占总支出的77.7%,增长17.0%。安排教育资金120.28亿元,增长20.8%,支持中小学教育、高等教育、职业教育和学前教育等发展。安排社会保障和就业资金69.09亿元,增长19.0%,支持就业补助、抚恤、社会福利、残疾人事业以及最低生活保障等工作。安排财政资金1.24亿元,支持全国居家和社区养老服务综合改革试点和乡镇居家养老中心建设。最低生活保障标准从每人每月720元增加到810元,城乡居民基础养老金从每人每月160元提高到180元。安排医疗卫生资金48.52亿元,增长12.0%,支持公立医院、基层医疗卫生机构建设和医疗救助事业。城乡居民医疗保险的财政补贴标准从每人每年700元提升到890元。安排科学技术资金31.57亿元,增长21.1%,制定《关于进一步完善市级财政科研项目资金管理等政策的实施办法》,促进科技成果转化。安排节能环保资金14.83亿元,支持打好污染防治攻坚战。安排文化体育与传媒资金10.85亿元,支持绍兴"水陆国际双马"、女排俱乐部世界锦标赛、国际摩托艇赛等重大赛事筹办和公祭大禹陵、中国兰亭书法节、阳明心学高峰论坛和中国越剧节等重要节会活动。

【支持乡村振兴】 优化财政支农扶持方向。整合各类涉农专项资金,设立"三农"发展专项资金,实行"大专项+任务清单"管理模式,助推乡村振兴、农业供给侧改革、绿色发展等,2018年市级公共预算农林水支出3.81亿元，增长30.8%。培育新型农业经营主体。出台《关于明确三区农业“三项补贴”融合标准的通知》，统一全市耕地地力保护补贴标准、规模种粮补贴标准，简化补贴发放流程。制定针对粮食生产专业合作社联合社、大学毕业生“农创客”等新型农业经营主体的扶持政策。开展一事一议财政奖补。扩大项目受益面，市本级落实项目14个，总投资1794万元，引导社会力量投入354万元。

【深化财税改革】 深化“最多跑一次”改革。创新推出“一门通办”服务，设立党员先锋岗，为部门、企业提供“一站式”服务。开展“十百千万”服务企业、部门活动，全市组织党员服务团队97支，上门服务企业、部门5000余家。全面实施预算绩效管理。构建全面实施绩效管理工作体系，制定《全面实施预算绩效管理改革实施方案》，建立“预算绩效一体化”工作框架。硬化预算约束，强化预算执行，完善预算执行率月考核机制，部门预算零执行项目较上年同期压缩95%。建立预算支出标准体系，制定基本支出标准65项和项目支出标准54项，应用于2019年预算编制中。开展政策绩效梳理，根据财政政策时效、绩效目标、执行效率，调整失效低效支出政策27项。

【强化债务管理】 在全省率先开展政府性债务风险防范化解专项行动，建立日督查机制，全市存量隐性债务行政法律风险基本消除。落实隐性债务化解计划，推进融资平台公司市场化转型，全市181家平台公司主动向社会公告转型。在全国率先开展土地储备出让预算管理试点，开好规范举债“前门”，实施全国首笔土地储备专项债券15.60亿元，占全省总额的83.9%。落实国务院和省政府防范化解金融风险决策部署，支持设立规模35亿元的上市公司稳健发展基金；绍兴市中小企业担保公司更名为绍兴市融资担保有限公司，注册资本由5亿元增至10亿元。

【加强财政监督】 强化财政监督职能。组织开展严肃财经纪律、严格执行中央八项规定精神专项整治工作，组织84个市级部门558家单位及13家市国资委监管国有企业进行自查自纠，重点检查部门单位22个，组织专项整治“回头看”，巩固整治成果；落实年度会计信息质量检查，对8个行政事业单位的财经制度执行情况、会计信息质量等进行监督检查；强化财政内控建设，规范内控操作规程，完善内部监督管理制度。开展政府资产大核查。牵头实施市级行政事业单位政府性资产大核查，将94个部门和国资委所属13个一级集团共829个单位的存量资产数据，与国土、建设、水利等部门系统中的招投标信息、房产土地信息、工程信息等第三方数据，进行全面分析比对，挖掘资产价值，统筹盘活资产，保障政府项目建设。建立健全资产管理制度。实施国有资产管理情况向人大报告制度，推进国有企业改革，提升国有资本运行效率，完善行政事业单位资产管理制度，夯实管理基础。加强政府采购监督管理。加强采监制度建设，规范政府采购行为，推广运用“政采云”平台，实现采购单位和采购业务全部“入云”备案，2018年全市共组织政府采购活动9870批次，采购预算173.02亿元，实际采购金额165.90亿元，节约资金7.12亿元，节资率4.1%。

【加强干部队伍建设】 推进税务征管体制改革。做好财政地税分设工作，完成212名地税人员转隶，推进国地税机构改革。深化财政内控体系建设。创新编制《个人岗位风险防控指引汇编》，对7大类1700余条岗位风险点实现全覆盖。对岗位风险实行定级，确定一般风险1200多条，重要风险495条，制定《绍兴市财政局岗位风险防控管理办法》，提出风险防控建议850条，对重要风险岗位实行轮岗制。推行中层干部贡献度考核。探索建立干部贡献度考核标准体系，构建包括“出勤”“出力”“出效”为核心的三大类26项指标，对全局中层干部的工作贡献实行量化评价，按月考核排名。推进干部强能提质工程。落实干部培训25班次，推行新进人员指导老师制度，举办财政讲坛12次，业务比武参加人数122名。

（绍兴市财政局供稿　吴　滟执笔）

越城区

【概况】 2018年，绍兴市越城区实现地区生产总值883.44亿元，按可比价计算，增长7.5%。其中：第一产业增加值11.61亿元，增长2.2%；第二产业增加值338.04亿元，增长6.7%；第三产业增加值533.79亿元，增长8.1%。三次产业结构比为1.3∶38.3∶60.4。社会消费品零售总额507.29亿元，增长11.3%。全区城镇常住居民人均可支配收入55164元，农村常住居民人均可支配收入33156元，分别增长8.4%和8.7%。全年实现财政总收入116.15亿元，其中：一般公共财政预算收入65.76亿元，增长16.0%，占GDP的7.4%，占财政总收入的56.6%；税收收入60.27亿元，占一般公共预算收入的91.7%。全区一般公共财政预算支出55.31亿元，增长41.8%。全年财政收支平衡。

【组织财政收入】 强化财政收入征管。配合推进国地税机构改革，加强收入分析研判，强化非税收入征管，推进非税收缴电子化改革，加强财政票据监管，确保非税收入应收尽收，实现非税收入8.31亿元，增长55.9%，其中纳入一般公共预算收入的非税收入5.49亿元，增长150.7%。争取上级补助。做好向上对接，加强项目筛选，全年共争取到中央、省、市级补助资金8亿元。加强土地出让收支管理。推进土地出让事权下放，理顺越城区与市本级土地出让管理体制，实现土地出让收入47.21亿元。

【助推经济发展】 落实产业扶持政策。落实市、区两级扶持企业发展相关政策，全年审核并兑现各类政策性奖补资金2.4亿元。推行政府和社会资本合作模式。实施政府和社会资本合作

(PPP)投融资模式,推动马山闸强排、文渊路南延二期基础设施等PPP项目实施。引导产业基金发展。设立越城区集成电路产业基金、绍兴市韦豪股权投资基金、越城区盈越科创股权投资基金、越城区盈实产业基金4支,加快产业转型升级步伐。

【保障民生支出】 全年安排民生支出43.46亿元,增长37.0%,占总支出的78.6%。落实财政惠农政策。出台越城区2018年粮食生产扶持政策,拨付粮食生产"三项补贴",深化农业"两区"建设,推进富盛抹茶特色园项目,落实"五水共治"资金保障,推进美丽乡村建设,全年农林水发展支出6.68亿元。落实教育惠民政策。支持越城教育资源优势品牌建设,强化义务教育经费保障,落实学前教育专项资金补助,改善基础教学条件,推动民办教育事业发展,全年教育经费支出13.75亿元。助推民生实事工程。推进文体事业发展,支出公共文化事业资金9776万元;加强民生实事工程资金保障,推进农产品快速检测全覆盖项目,落实配套资金5000万元;推进"四好农村路"建设,落实保障资金3650万元;加快保障性安居工程建设,落实保障性安居工程区级配套资金1.80亿元。健全社会保障体系。全年社会保障和就业支出10.13亿元,增长86.6%。落实社保事权下放,加大民政和残疾人事业经费保障。保障医疗卫生事业发展。全年医疗卫生与计划生育支出5.58亿元,增长9.8%。落实城乡居民医疗保险财政补助政策,按照大学生300元/人·年、其他城乡居民700元/人·年的标准,全年财政支出3.03亿元。

【深化财政改革】 规范预算管理。健全预算编制体系,加强预算执行管理,深化国库集中支付改革,全面推行财政授权支付改革。继续推行财政资金竞争性存放,加强国库集中支付动态监控,实现监控覆盖面100%。加强财政资金和银行账户管理。实施公款竞争性存放,指导区级预算单位开展财政性资金竞争性存放,开展区级财政资金和财政专户银行账户公开招投标工作。推进重点项目绩效评价。对"智慧城管"、区法院审判用房工程项目开展重点项目绩效评价,同区人大做好人大跟踪审计项目"智慧城管"的汇报工作。

【强化资金监管】 强化财政监督。执行中央八项规定,联合区级相关部门开展专项检查,规范差旅伙食费、福利费、会议培训费等支出管理。加强政府投资项目标底审核,审核项目16个,审核金额5.30亿元,核减金额3099万元。防范化解政府性债务风险。向上争取政府债券资金,2018年新增债券5.25亿元,支持棚户区改造等重点项目建设。建立健全债务管控、风险预警和应急处置机制,按照"底数清、结构清、风险清、责任清"的要求,防范化解地方政府性债务风险。实行国库集中支付动态监控。深化国库集中支付改革,推进国库集中支付授权支付工作,提高授权单位数量和支付额度。完善动态监控预警规则,建立健全预算执行动态监控机制,加强预警信息分析与处理。

【加强队伍建设】 加强党风廉政建设。落实党风廉政建设责任制,明确组织领导和责任分工,落实班子成员"一岗双责"。开展干部廉政承诺和岗位廉政风险自查,建立干部廉政档案。加强干部廉政教育,组织廉政党课和教育基地实地参观等。召开巡察动员会,配合区委第一巡察组开展政治巡察。推进"两学一做"学习教育常态化。规范党内政治生活制度,开展每月固定党日活动,完善党员干部学习、请假管理制度。强化党建阵地建设。开展中层干部选拔。通过竞争上岗提拔干部3名。推进国地税机构改革。合作制定改革实施方案,细化落实改革清单,明确改革相关任务、线路图和时间推进要求,确保新机构挂牌工作顺利进行。

(绍兴市越城区财政局供稿 吴超群执笔)

柯桥区

【概况】 2018年,绍兴市柯桥区实现地区生产总值1404.55亿元,按可比价计算,增长6.8%。其中:第一产业增加值35.12亿元,下降2.3%;第二产业增加值708.87亿元,增长6.3%,其中工业增加值609.68亿元,增长6.6%;第三产业增加值660.56亿元,增长7.6%。三次产业结构比为2.5∶50.5∶47.0。按户籍人口计算,人均生产总值207307元,增长5.2%。社会消费品零售总额305.49亿元,增长11.1%。自营出口749.34亿元,增长9.5%。城镇常住居民人均可支配收入63768元,农村常住居民人均可支配收入37345元,分别增长8.5%和8.8%。全区完成财政总收入198.58亿元,增长9.7%,其中一般公共预算收入126.36亿元,增长10.8%,占GDP的9.0%,占财政总收入的63.6%;税收收入106.54亿元,占一般公共预算收入的84.3%。全区一般公共预算支出112.89亿元,增长10.8%。当年财政收支平衡。

【组织财政收入】 加强精细化征管,依法征收、应收尽收,防止收取"过头税"以及采取"空转"方式虚增财政收入的行为。提高大数据运用分析能力,动态管理收入增长目标,提高收入的主动性。健全各部门涉税信息交互渠道,做好司法拍卖欠税追缴工作。组织全区工业小区专项清查和土地增值税专项检查,开展重点领域税收稽查和随机抽查,落实各项堵漏增收措施。加强非税收入管理,深化电子化收缴改革,拓展服务范围和缴费渠道,打造线上线下一体化收缴模式,提高缴费便捷性。全年电子化缴费超过82.5万笔,总金额31.77亿元(含土地出让金)。全区实现非税收入131.04亿元,增长44.7%,其中纳入一般公共预算收入管理的非税收入19.81亿元,增长14.9%。

【服务实体经济发展】 落实振兴实体经济财政专项激励资金,拨付2亿元支持传统产业改造升级和新兴产业培育壮大。实施"人才强区"战略,拨付3.4亿元支持聚才引才,推动大众创业、万众创新。通过给予财政性存款支持的方式，鼓励金融机构加强对印染集聚项目的金融支持。2018 年共落实印染集聚专项贷款 12.96 亿元，财政性存款存放匹配 3.31 亿元。

【精准撬动社会资本】 加强政府产业基金运作与管理，瞄准重点产业、关键领域，发挥基金的引导作用。2018 年各类基金新投资项目 11 个，累计投资项目 37 个，项目总规模 59 亿元，直接或间接带动社会股权投资 152 亿元。加快基金小镇建设，推进基金公司集聚，累计入驻各类私募金融机构 259 家，资产管理规模 1000 亿元。搭建产业与资本融合平台，全年共组织投资座谈会、资本对接会、项目路演等活动 35 次，接待各级政府、中外院士专家、企业等考察团队 40 余批次。探索 PPP 项目的设立和运行，完成福全产业新城 PPP 项目前期准备工作，进入实质性开发建设阶段；推进杭金衢高速至杭绍台高速联络线工程 PPP 项目“一案两评”工作。

【加大民生投入】 全区民生支出 93.11 亿元，增长 13.8%，占一般公共预算支出的 82.5%。提升社会保障水平。全年社会保障和就业支出 11.83 亿元，增长 2.8%。城乡居民最低生活保障标准从每月 693 元提高到每月 810 元。落实政府办医主体责任。全年医疗卫生和计划生育支出 9.77 亿元，增长 13.8%，其中落实 5.22 亿元支持医疗卫生体制改革和医共体建设试点等工作。支持教育发展。全年教育支出 27.38 亿元，增长 32.4%。完善中小学教师待遇保障机制。保障基础设施建设。筹措财政资金 36.95 亿元，保障杭绍城际铁路、浙江树人大学绍兴校区、老住宅小区改造、小城镇环境综合整治等民生实事项目建设。推进田园综合体建设。围绕千亩花市、千亩花苑、千亩花田项目，统筹中央以及省、市、区各级财政补助资金，整合美丽乡村、五星 3A、现代农业等六大类 21 项涉农资金，累计拨付财政资金 2.89 亿元，推进“花香漓渚”田园综合体试点工作。

【防范化解债务风险】 打好防范化解政府债务风险攻坚战，出台柯桥区专项行动实施方案，明确五年隐性债务化解计划，全年化解政府隐性债务 154.48 亿元，超额完成年度化债目标任务。启动土地储备出让预算管理试点，向上争取政府债券额度，全年共争取各类政府债券额度 23.59 亿元。实施《绍兴市柯桥区政府融资平台公司市场化运作改革的指导意见》，组织自查、督查和“回头看”，处置融资平台、国有企业不规范融资举债行为，推进融资平台公司市场化转型。截至 2018 年年底，柯桥区不规范融资举债行为全部整改到位，33 家区级融资平台均发布转型公告。

【深化财政改革创新】 推进国地税征管体制改革。按照上级部署要求，推进国地税征管体制改革，做好机构、人员、财务、档案、固定资产清查，税收数据清理，非税收入划转以及征管业务衔接等各项工作。加快预算管理改革。编制柯桥区《中期财政规划》，搭建规划期内跨年度平衡的预算收支框架；开展政府综合财务报告编制改革试点工作，推进政府清产核资、摸清“家底”；实施支出经济分类科目改革，明晰财政资金支出使用方向。深化“最多跑一次”改革。开展“上门服务至少一次”活动，提供财政宣讲、管理指导、热点答疑等服务，组织新《政府会计制度》、规范公务支出等培训会，共现场服务部门 89 个、二级单位 231 个。加快“数字财政”建设，上线“政采云”和“资产云”平台，推进财政精准监管和服务，全年“政采云”累计完成交易额 7.6 亿元。

【承办世界会计论坛】 2018 年 5 月 25—26 日承办首届世界会计论坛暨第十三届中国 CFO 大会，来自全球 29 个国家和地区、62 家世界 500 强企业、200 余家跨国公司、十大国际会计师组织、四大会计师事务所的全球会计领军人物出席论坛，新华社、人民网等上百家媒体共刊发新闻报道 500 余篇，直播平台观看人数突破 690 万人次，新媒体传播总覆盖量 5000 万人次。

【加强财政监督检查】 全面实施绩效管理。对预算安排 100 万元以上的 423 个项目进行预算绩效跟踪管理，并定期予以通报，督促进度绩效偏低项目落实整改；对关注度高的 8 个项目开展重点绩效评价和专项调查，涉及资金 5.97 亿元，发现各类问题 46 个。加大检查力度。开展“严肃财经纪律严格执行中央八项规定精神”专项整治行动，全面自查，并重点检查 13 家单位，发现问题 43 个，提出 7 方面的整改意见建议；组织落实中央八项规定精神“1+X”专项督查、会计监督检查、财政扶贫领域作风问题专项整治、预决算公开情况等专项检查，加强部门经费支出审核和动态监控，严肃财经纪律。突出制度建设。完善预算追加、支出管理、融资管理、存量资金等九方面制度，规范财政财务管理工作；修订行政事业单位公款和财政专户资金等存放管理意见，规范公款存放。加强财政审核。完善差旅费、会议费、培训费、因公出国(境)等公务支出标准，压减一般性支出，全年“三公”经费下降 8.3%；加强政府工程标底预算审核，严控“三超”工程，全年核减资金 1.73 亿元；做好投融资风险关注与提示，发挥国有企业财务总监派驻监管作用。

【强化干部队伍建设】 强化政治建设。学习贯彻落实党的十九大精神，推进“两学一做”学习教育常态化制度化，专题学习习近平总书记重要讲话、各全会以及新宪法修订等精神，开展“不忘初心，牢记使命”主题教育，组织“青春寄语十九大·策马扬鞭新征程”活动，安排十九大报告专题讲座，将政治建设融入干部日常工作、生活、学习之中。强化党风廉政建设。出台《关于推进清廉财政建设的实施方案》，推行主体责任清单管理，建立个人廉政档案；以一个季度一个主题的形式开展警示教育活动，组织党员代表参观嘉兴南湖革命纪念馆，宣讲新修订的《中国共产党纪律处分条例》，参加“微考学”等活动。完善干部培养机制。创新干部培养模式，联合兄弟市县举办培训班，共计 40 余名业务骨干赴高校参加知识更新培训；深化“青蓝结对”活动，共结成师徒对子 30 对，签订责任书，填写记录本，做好年轻干部培养记录，开

展文体活动,组织干部参加全区机关合唱、工间操等比赛,丰富干部业余生活。　(绍兴市柯桥区财政局供稿　王森剑执笔)

上虞区

【概况】 2018年,绍兴市上虞区实现地区生产总值916.52亿元,按可比价计算,增长7.4%。其中:第一产业增加值46.58亿元,增长2.4%;第二产业增加值471.77亿元,增长6.8%;第三产业增加值398.17亿元,增长8.8%。三次产业结构比为5.1∶51.5∶43.4,对GDP的贡献率分别为1.8%、50.1%和48.1%。按户籍人口计算,人均生产总值117380元,增长7.4%。2018年实现财政总收入141.25亿元,增长15.9%;一般公共预算收入82.65亿元,增长17.9%,占财政总收入的58.5%,占GDP的9.0%,一般公共预算收入中税收收入占比85.1%。一般公共预算支出86.42亿元(含上级专项补助),完成调整预算的97.8%,增长19.1%。全年实现财政收支平衡。

【组织财政收入】 加强财税经济形势研判,科学编制收入计划,增强组织收入工作的预应力,掌握组织收入的主动权,加强财政收支管理,把控收支进度,依法科学组织收入。全区财政总收入居绍兴市各县市区第二位,其中一般公共预算收入增幅居绍兴市各县市区第二位。全年实现政府性基金预算收入85.07亿元,完成预算的128.7%,增长98.1%;社会保险基金预算收入64.98亿元,完成预算的129.6%,增长11.7%;国有资本经营预算收入657万元,完成预算的128.8%,增长111.9%。全市非税收入106.13亿元,增长130.31%,其中,纳入一般公共预算管理的非税收入12.33亿元,增长52.4%。

【促进经济发展】 发挥积极财政政策效应,深化供给侧改革,强化政策和资金保障,引导要素优化配置,促进经济高质量发展。支持振兴实体经济发展。优化产业类财政专项资金使用方向,投入专项资金1.33亿元,落实成长型企业、隐形冠军、中小微企业发展等企业梯队培育政策。兑现产业集群政策资金8553万元,支持培育全区八大产业集群。投入5.07亿元,鼓励有效投入和传统产业转型,加快推进工业强区建设,促进实体经济发展。设立总规模30.50亿元的政府产业基金累计实现项目投资22个,带动社会投资40.23亿元。培育产业发展。支持创新驱动战略,投入科技自主创新资金9581万元,实施科技成果转化、专利发明、质量标准体系建设等奖励政策。支持打造科技创新驱动发展的大载体、大平台,安排2000万元支持科创大走廊建设,安排2250万元支持创建省级企业研究院和共建大学研究院,3年(2016—2018年)累计投入4.20亿元建设以数字文化产业为主导的e游小镇。支持打造人才生态最优区域,全年投入2.48亿元支持人才引进、培训、产业园等人才集聚政策。促进企业减负。实施积极的财政政策,加大减税降费力度,全年共减免各项税费17.50亿元。

【支持城乡建设】 创新融资思路,统筹安排资金资源,保障重点项目建设,推动城乡协调发展。向上争取政府专项债券资金额度9.00亿元和补助资金1.37亿元,保障棚户区改造和小城镇环境综合整治;安排4.90亿元用于支持城乡公交一体化、垃圾分类、生活污水处理等。健全国有建设项目管理制度,明确资金筹措办法,创新保障方式,多方筹措资金1.13亿元,运用PPP模式引入社会资本16.30亿元,用于壮大集体经济和美丽乡村建设项目。投入2.34亿元保障剿灭劣Ⅴ类水、山塘水库、河道整治等水利基础设施项目。安排7430万元用于农业综合开发土地整治、高标准农田提升、粮食功能区建设、整洁田园等农业产业化和美丽农业项目。投入3593万元用于村级公益事业一事一议财政奖补。

【保障民生事业】 全年用于民生支出67.26亿元,增长19.3%,占一般公共预算支出的77.8%。保障教育事业高质量发展。全年投入15.46亿元,保障义务教育、高中教育和职业教育等经费需求。安排教育发展专项经费9000万元,用于支持民办学校、智慧教育、教育质量提升奖励等项目。提升社会保障水平。全年社会保障和就业支出7.34亿元。其中,财政补助3.11亿元,用于提高城乡居民基础养老金至180元/人·月;安排资金2.75亿元,用于行政机关事业离退休支出、抚恤、退役安置;安排资金0.81亿元,用于社会福利、残疾人事业;安排资金0.63亿元,用于发放最低生活保障、临时救济、困境儿童、特困人员救助资金。支持基本医疗服务均等化。全年医疗卫生和计划生育支出6.00亿元。其中,安排1.11亿元加强基层医疗卫生服务能力建设;落

上虞区e游小镇

实经费补助7181万元,支持大型医疗设备仪器、院前急救设备购置和运行等;保障公共卫生经费1.06亿元,支持优生优育、艾滋病防治、精神病防治等项目,基本公共卫生人均经费达到55元。

【深化财政改革】 启动国库支付电子化改革试点,做好财政资金存放管理,出台本级财政专户资金竞争性存放实施办法和行政事业单位公款存放管理办法。推进供给侧结构性改革,提升财政支农管理的精细化水平,落实乡村振兴战略,入选省农村综合改革试点。开展防范化解地方政府隐性债务风险专项行动,落实五大类行政法律风险整改工作,推进平台公司实体化转型,防范财政金融风险,"四步法"* 推进债务化解和平台转型工作的信息经《浙江政务信息专报》刊发,得到省领导肯定。落实"最多跑一次"改革,优化财政有关审批事项流程。出台会计代理记账执业资格审批、管理办法,优化办事流程,压缩审批承诺期限,由10个工作日压缩至5个工作日;实现会计职称考试报名、会计代理记账机构审批、高级会计师评审等工作全流程线上登记、审核。贯彻"财税服务年"活动精神,推进"上门服务至少一次"活动。

【规范监管机制】 加快全方位、全过程、全覆盖的预算绩效管理体系建设,对全区101个国有建设项目和1711个部门预算项目实施事前绩效评审,核减资金25.66亿元;对98个项目开展事后绩效评价,涉及金额18.47亿元,加强绩效评价成果应用。牵头实施区级经济政策清理,对八大类、116个政策文件进行清理整合。针对社保基金三区统筹的现状,制定应对方案,降低地区金融行业的波动。推进公务支出标准体系建设,制订培训费、劳务费等经费管理办法5个。推广"政采云"平台运用,提升政府采购效率。制作法制宣传片,做好"七五"普法中期验收,加强涉及机构改革的规范性文件清理。推进区属国有企业负责人薪酬制度改革和国企车改工作。

【提升队伍素质】 完成国地税机构改革,做好人员转隶及资产划转。开展"队伍建设年"活动,加强队伍建设,开展各类干部教育培训,执行"周一夜学"制度,组织开展业务骨干"财政讲堂"、中青年干部财税业务知识对抗赛,营造浓厚的学习氛围。打造"理财先锋"党建服务品牌,组织开展"五星示范、双优引领"活动。开展"党员先锋岗"评比。做好党风廉政建设,打造"清廉财政",开展"四风"问题集中整饬,构建"一级抓一级、层层抓落实"的责任传导链条和网格体系。强化执纪问责,全年共开展提醒谈话25人次,印发督查通报8期,开展正风肃纪行动10次,发现并整改问题14条。在2018年全区各部门综合执法类行风评议中,区局取得第一名。 (绍兴市上虞区财政局供稿 吕 娅执笔)

注:

*"四步法":即上虞区以平台转型为抓手,推进地方政府性债务化解的四步走的方法,一是明确任务把脉络;二是制定机制开药方;三是资产注入强筋骨;四是整合培育提后劲。

诸暨市

【概况】 2018年,诸暨市实现地区生产总值1225.25亿元,按可比价计算,增长6.7%。其中:第一产业增加值45.18亿元,增长2.4%;第二产业增加值605.90亿元,增长7.6%;第三产业增加值574.17亿元,增长5.9%。三次产业结构比为3.7∶49.5∶46.8。按户籍人口计算,全市人均生产总值为112880元,增长6.5%。城镇和农村常住居民人均可支配收入分别为62623元和36053元,分别增长8.3%和9.0%。全年财政总收入137.80亿元,增长11.3%,其中一般公共预算收入87.37亿元,增长13.5%,占财政总收入的63.4%,占GDP的7.1%;税收收入73.58亿元,增长14.3%,占一般公共预算收入的84.2%。全年一般公共预算支出92.21亿元,其中住房保障、交通运输、社保、教育等民生相关支出分别增长71.4%、59.7%、9.3%和4.2%。预算执行情况基本良好,全年财政收支平衡。

【依法组织收入】 加强收入分析。加强与税务部门的沟通联系,建立"一月一分析,一季一研判"的联合工作制度,紧盯重点税源项目和重要产业动态,严控重大征收风险,深化"财税分工不分家"的收入体系。提高收入质量。强化"三个比重"考核应用,淡化总量型、速度型指标,突出可持续发展导向,挤出"水分"和"泡沫",夯实财政收入基础。强化非税收入管理。规范土地出让金收支管理,按规定计提各项成本、税费,加强与执收部门联系,严格执行非税收入收缴制度。全年非税收入完成84.59亿元,其中纳入一般公共预算管理的非税收入13.79亿元,增长9.0%。

【支持经济发展】 完善政策促进发展。坚持"工业强市"目标,推进供给侧结构性改革,培育龙头骨干产业、重点特色产业,构建以都市区经济为核心、科技型经济为引领的现代化经济体系。全年兑付财政奖补资金4.87亿元,人才专项资金9051万元,科技专项奖励4236万元。帮助企业解决融资难题,提供应急资金转贷836次,累计金额190.18亿元。撬动资本促进发展。推动创业创投改革试验区建设,搭建具有诸暨特色的创新服务集成平台,吸引有资质、有实力的机构和基金集聚发展。截至年末已入驻企业31家,注册企业191家,注册资本超过300亿元。产业基金母基金已参股设立子基金15支,直投项目2个,子基金总规模116.25亿元。投资信息经济、高端装备制造、医疗健康等浙江省"八大万亿产业"项目133个,累计投资金额21.72亿元,带动社会资本投资152.26亿元。

【保障重点支出】 全年实现民生支出72.34亿元,占一般公共预算支出的78.5%。完善社会保障体系。落实被征地农民参保、转保政策,一次性计提5年社保风险准备金5.25亿元,并获得省财政奖补3000万元。做好调标增发养老金拨付工作,惠及退休人员15万人,其中职工基本养老保险退休人员13.9万人,补发金额1.22亿元,调标后职工基本养老保险退休人员养老金标准达2327元/人·月。统筹城乡协调发展。实施乡村振兴战略,扶持农村三产融合发展,鼓励农发项目竞争申报,全年兑付资金2312万元;推广政策性农业保险,新增"香榧气象指数"和"农机具"2个地方特色险种;安排支出3.70亿元,打造"四好"农村公路,其中安排乡村道维修资金1.39亿元,涉及道路117条,合计里程253.41公里;优化农村生活生态环境,安排美丽乡村建设资金5.68亿元,水利项目建设4.50亿元。支持教育医疗事业。全年实现教育事业支出21.03亿元,增长4.2%;医疗卫生支出9.67亿元,增长1.1%。全面履行教育扶贫责任,全年资助学生23.91万人次,累计资助金额9158.91万元,包括中职学费减免20173人次,金额4285.45万元;义务教育教科书费减免217849人次,金额4259.77万元。深化完善基层医疗卫生机构补偿机制改革,加强对残疾人康复事业的保障,创新发展个性化超前康复医疗服务,成为绍兴市首例。保障重点项目建设。围绕都市化发展需求,保障政府性项目建设,重点保障农村"厕所革命"、老小区综合整治、120急救中心建设等民生实事,全年按工程进度累计拨付资金9108万元。加快枫桥古镇改造提升工程、绍人线整治提升工程、党风廉政教育基地等重大项目建设的审批节奏,提高工程整体推进效率。

第二届中国(诸暨)科技金融暨创业投资与产业数字化融合发展高峰论坛开幕启动仪式

【深化财政改革】 创新预算管理模式。推进全口径政府预算管理,强化"四本预算"统筹衔接,结合"上门服务至少一次",对全市所有一级预算单位开展调研,提高预算编制合理性。完善2018—2020年中期财政规划,通过预测未来三年财政收入、资金需求、土地交易、政府债务等情况,谋划财政收支政策和重大项目资金安排。推进国企转型重组。根据"1+7+2"国有企业管理体系思路,制定国有企业整合重组方案,推动融资平台公司转型为实体化、市场化运营的国有企业,揭牌成立国有企业9家。深化投融资体制改革。拓展多元化融资渠道,实施"融资走出去"战略,发行境外债5亿美元,推动债券市场境内外双向开放。全年新增融资153.47亿元,综合融资成本4.9%,其中,中长期贷款占比84.9%,直接融资占比45.7%。境外债完成认购3.11亿美元。

【强化财政监管】 防范化解债务风险。编制防范化解政府性债务风险实施方案,完善政府性债务风险防控机制,开展平台公司融资情况核查,完成整改工作,实现年度化债任务的125.6%。加强乡镇财政管理。组织专项调研组对全市27个乡镇(街道)财政运行情况和债务情况开展调研,针对增收节支、防范风险、理财管税等多项问题进行分析,制定乡镇(街道)财政体制调整方案,提出化解乡镇(街道)债务的建议。落实"乡镇财政总会计五年轮岗"相关工作。落实监督检查工作,控制一般行政支出,"三公"经费中业务招待费下降1.4%,考察费下降59.5%。推广应用"政采云"平台,加强政府采购管理,全年采购预算金额33.45亿元,中标金额17.69亿元,节约资金率4.8%。严格项目概算审核,完成项目审核413个,净审减金额3.43亿元,审减率6.1%。

【推进队伍建设】 全年组织中层干部竞争性选拔3次,新提任中层干部10名,轮岗交流干部32名。推进"两学一做"常态化教育。全年开展科室业务大讲堂活动10余次,红色教育、护水行动等党日活动12次,与南京财经大学合作开展综合培训4次,举办财税铁军特训营。分层级梳理全局廉洁防控风险点,化解重要等级风险点190个,一般等级风险点220个。做到日常教育提醒和关键节点提醒相结合,全年发送廉政短信1300余条,观看廉政短片400多人次,印发"十五种突出情形"宣传手册300余份。推进机构改革。整理完善干部人事档案300余人次,转隶正式在编在岗地税干部211名、离退休老干部10名和编外人员27名,做好国地税机构改革人员划转工作。

(诸暨市财政局供稿　阮晶晶执笔)

嵊州市

【概况】 2018年,嵊州市实现地区生产总值560.65亿元,增长8.0%。其中:第一产业增加值36.62亿元,增长2.3%;第二产业增加值272.16亿元,增长7.9%;第三产业增加值251.87亿元,增长9.1%。三次产业结构比为6.5∶48.6∶44.9。按户籍人口计算,全市人均生产总值77067元,增长8.3%。全市财政总收入69.32亿元,增长15.0%;一般公共预算收入45.49亿元,增长19.6%,其中税收收入37.08亿元,增长14.5%。全市一般公共预算支出 61.01 亿元,增长 14.7%。预算执行情况良好,全年财政收支平衡。

【组织财政收入】 做好收入分析。结合税收征管体制改革,加强与税务部门对接,增加与非税收入征管部门沟通,按月、按季、按年开展收入分析和监控,针对问题提出措施。提升收入质量。全市一般公共预算收入占 GDP 的 8.1%,占财政总收入的 65.6%,税收收入占一般公共预算收入的 81.5%。规范非税收入管理。应用"国有土地出让一体化信息管理系统",加快土地出让资金分配和拨付进度,办理土地出让资金结算分配 81 宗计 42.55 亿元。落实"最多跑一次"改革,推进非税收入电子化收缴改革,全市开展电子化收缴工作单位 194 家,新增 127 家,收缴资金 8.21 亿元。按月开展结余资金清理,盘活存量资金,清理结余资金 1.36 亿元。完成非税收入 57.66 亿元,增长 3.1%,其中纳入一般公共预算收入的非税收入 8.40 亿元,增长 49.4%。

【支持经济发展】 加速奖补资金兑现。优化扶持政策审核审批流程,提高资金兑现效率,累计兑现各类扶持资金 2.97 亿元,其中:投入 4990 万元支持 8 家总部型企业培育,投入 5100 万元激励工业有效投资,投入 3600 万元招商引税,投入 3160 万元推动外贸转型升级、促进现代服务业和电子商务发展。加快基金投资运作。推进政府产业基金运行,吸引更多社会金融资本参与新兴产业扶持和发展,截至 2018 年年底,10 个产业子基金总规模超 100 亿元。母基金完成对子基金投资 6.40 亿元,其中绍兴万丰越商产业并购基金通过政府产业基金 1 亿元撬动社会资本 9 亿元。加强政府投资项目管理。全年安排政府投资项目资金 6.41 亿元。联合发改、审计、公管办等部门开展项目初步设计评审、招标文件会审、工程变更联审,实现资金来源审批一天办结、招标文件网上联审三天办结。

【保障改善民生】 全年保障民生支出 48.15 亿元,增长 17.6%,占一般公共预算支出(剔除中央保障性住房资金)的 80.7%。支持教育优先发展。教育支出 12.44 亿元,安排提高教师年终绩效奖 9000 万元,学前教育专项经费从 650 万元增加到 1200 万元,义务教育小学、初中阶段生均公用经费标准分别由 650 元/人·年、850 元/人·年提高至 700 元/人·年、900 元/人·年。支持社保高质量发展。全年医疗卫生和计划生育支出 3.04 亿元,完善基层医疗卫生机构补偿机制改革,兑现改革资金 1.15 亿元。全年社保支出 24.50 亿元,城乡居民基本养老保险标准由 160 元/人·月调整为 180 元/人·月;最低生活保障标准由 720 元/人·月调整到 810 元/人·月;企业退休人员基本养老金由 2188 元/人·月提高至 2296 元/人·月。支持城乡统筹发展。推进乡村振兴战略和农业供给侧结构改革,安排一事一议及扶持村级集体经济发展 4400 万元。改善农村生态环境,安排环境综合整治示范村创建、"五星"达标"3A"争创资金 1.3 亿元,拨付农村环境卫生与河道保洁经费 3000 万元。安排 1.12 亿元用于构建公共文化服务体系、支持"浙东唐诗之路"、文化"三走进"等公共文化事业重点工作。

【深化财政改革】 推进税务征管体制改革。按照上级部署的税收征管体制改革时间节点和要求,完成财政地税人员转隶,资产、经费划分,非税收入划转,税收数据清理,财务、档案衔接等各项工作,确保税务干部队伍和业务工作"双稳定"。完善全口径预算编制,全市 67 个部门均按规定公开部门预算。严格预算追加程序,强化预算刚性。规范财政体制结算,21 个乡镇(街道)完成乡镇规范化财政所创建。规范公款竞争性存放管理,提高财政资金存放效益,开展财政资金竞争性存放竞标 3 期,累计存放资金 48.50 亿元。实施防范化解地方政府性债务风险专项行动,起草《实行政府性项目建设资源封闭运行方案》,保障政府性项目建设和地方债务风险化解。完善国库集中支付制度改革,上线电子化改革实拨业务和清算业务,选择 12 家预算单位开展线上支付业务。按照"视同县级预算单位"改革模式,选择 2 个乡镇开展乡镇国库集中支付试点,规范乡镇财政收支管理。组织开展部门决算编报工作,上线部门决算网络填报系统。编制全市 2017 年度政府综合财务报告,全面反映政府财务状况。开展"上门服务至少一次"活动。组建专业化服务团队 10 支,上门宣传,做好政策辅导,听取意见、帮助解决实际问题,累计上门服务 345 次,服务预算部门、二级单位 189 家,企业 46 家。

【强化财政监督】 加强财政资金监督管理。严控"三公"经费和会议费支出,全年"三公"经费和会议费支出 3256 万元,下降 1.1%。开展全市"三公"经费、会议费、培训费、差旅费、福利费等支出执行情况专项检查,现场检查乡镇街道 6 个、部门 14 个,并督促整改。会同市审计局和人力社保局对全市 21 个乡镇街道和 68 个一级预算部门及其部分下属单位,开展落实中央八项规定精神"1+X"专项督查和财政资金收支管理专项检查,责成相关单位对存在问题完成整改。加强政府采购监督管理。出台嵊州市政府采购电子卖场采购管理办法,规范"政采云"平台网上超市、协议供货、定点采购、在线询价、反向竞价交易行为。推广应用"政采云"平台,实现政府采购"零上门"服务,变事前审批为事中、事后监管。组建检查组对市公共资源交易中心、政府采购代理机构等开展专项检查考核。全市政府采购预算金额 14.38 亿元,其中政府投资项目实际采购 5.87 亿元,节支率 6.7%。

【加强队伍建设】 推进"两学一做"学习教育,开展"大学习大调研大抓落实"活动,全局党员撰写调研报告 35 篇。打造党建特色品牌,创建示范党支部活动室 2 个、党建图书角 1 个和清廉文化长廊。制定《2018 年党风廉政建设责任制责任分解和工作任务》,每季度召开一次廉情分析会议,支部书记为党员讲授党课、开展"以案说法"教育、半年度履职约谈,组织党员干部旁听职务犯罪案件庭审接受警示教育。贯彻中央八项规定,全年共开展各类检查巡查 10 余次,发现和整改问题 70 余个,责任追究

30余人次,制定完善各类规章制度20余项。

(嵊州市财政局供稿　黄小明执笔)

新昌县

【概况】 2018年,新昌县实现地区生产总值421.09亿元,增长7.4%。其中:第一产业增加值21.00亿元,增长1.9%;第二产业增加值200.08亿元,增长7.4%;第三产业增加值200.01亿元,增长7.9%。三次产业结构比为5.0∶47.5∶47.5。人均生产总值96729元。社会消费品零售总额186.36亿元,增长10.8%;出口总值154.13亿元,增长15.9%。全县财政总收入71.03亿元,增长17.7%。一般公共预算收入41.88亿元,增长15.2%。税收收入65.49亿元,增长20.8%。全县一般公共预算支出56.79亿元,增长25.1%。全年财政收支平衡。

【组织财政收入】 分析经济形势和政策影响,强化收支预测,科学组织收入,优化收入结构。2018年,全县一般公共预算收入占GDP的9.9%,占财政总收入的59.0%,税收收入占一般公共预算收入的82.6%。加大非税收入监控和征管力度,全年收缴非税收入完成30.46亿元,增长10.0%,其中纳入一般公共预算管理的非税收入7.28亿元,下降8.1%。

【助推经济发展】 完善财政激励奖补政策,参与修订全县工业、文化、旅游、商贸等产业政策。发挥财政政策导向作用,加大招商引资力度,2018年兑现各项财政奖励扶持资金3.96亿元,惠及企业2245户次。全年争取上级涉企资金1.88亿元。加强与省担保公司协作,完善企业贷款担保服务,缓解企业融资困难,全年提供融资担保业务57户次,担保金额2.03亿元,提供周转资金8.17亿元。推进政府产业基金运作,完善产业投资基金运作管理机制,加强基金监管,做好普华京新医疗健康产业基金增资、基金托管工作,与通策医疗加强基金沟通合作,助推通策资本合作项目落户新昌。

【优化民生支出】 全年一般公共服务、公共安全、教育、科学技术、社会保障和就业、医疗卫生和计划生育、节能环保、城乡社区8项支出41.50亿元,增长20.2%,占一般公共预算支出的73.1%。其中教育投入12.30亿元,增长11.4%,重点投向义务教育、打造唐诗之路精华地等领域;社会保障和就业支出5.09亿元,增长8.5%,重点保障困难群众救助补助、优抚等;医疗卫生与计划生育支出4.88亿元,增长7.2%,重点投向基层医疗卫生机构、医疗救助等领域。集中财力保障政府重大项目建设,全年拨付财政资金3.81亿元。实施乡村振兴战略。2018年安排农林水支出5.32亿元,支持省一事一议财政奖补助推美丽乡村建设试点、"三治一提升"、农村空倒房和"三线"整治等工作。打好精准扶贫攻坚战,安排援疆、援藏、援川等扶贫资金2227万元,增长41.9%。

【推进财政改革】 深化非税收缴电子化改革。印发新昌县政府非税项目目录,实行收费目录清单制度,建立健全平台推广项目库,加快统一公共支付平台应用,采取支付宝、网银、MSPOS、自助终端等线上缴款和线下柜面支付相结合方式,全年电子缴款金额9.97亿元,增长19倍,涉及执收单位42家,纳入平台缴费项目13个。落实预算单位支付电子化改革扩面工作。全县140家集中支付单位实现支付电子化,累计制作发放电子证书279份。加强PPP项目管理。规范项目筛选识别、入库、方案及合同评审、组织实施等环节,完成眉岱垃圾焚烧厂PPP项目入库。推进政府采购信息化建设。推广应用"政采云"平台,实现政府采购信息系统一体化,2018年"政采云"平台交易额3.35亿元。推进国税地税征管体制改革。2018年7月20日,国家税务总局新昌县税务局挂牌成立。12月25日完成转隶划转工作,共转隶人员103名,其中公务员91名,国地税机构改革实现平稳衔接、顺利过渡。推进国有企业整合转型。完成融资平台公司市场化、实体化转型,组建"一个核心,五大板块"*集团公司。

【强化财政监管】 开展防范化解政府性债务专项行动,全面完成2018年政府债务化解任务,争取新增债券7.10亿元。加大存量资金清理盘活力度,完善社保基金保值增值机制。落实财政资金竞争性存放工作制度,2018年通过公开招标竞争性存放财政资金63.70亿元。组建新昌县政府投资项目审价中心,审核项目16个,送审金额3.43亿元,净核减率11.1%。深化预算绩效管理改革,绩效自评项目64个,涉及财政资金12.74亿元,重点评价和全省联动评价项目9个,涉及财政资金4.77亿元。加大财政监督检查力度,对54家单位开展财政监督检查,发现违规42户,追缴资金95万元。联合纪检、审计、人社、国资、总工会开展"严肃财经纪律严格执行中央八项规定精神专项整治活动",在全县行政事业单位和国企自查基础上,重点检查15家单位,共整改5大类32个问题,收缴资金9万元。

【加强队伍建设】 以"三会一课"为基础,结合"两学一做"教育常态化制度化,开展"不忘初心、牢记使命"主题教育。完善干部教育培训机制,全年组织干部参加"年轻干部素质提升"培训、公务员学法用法轮训、领导干部更新知识培训等16期,参训人员220人次。出台新昌县清廉财政建设意见,构建清廉财政建设"五大体系"。加强党风廉政教育和警示教育,完善廉政风险防控机制,规范财政权力运行,推进行风效能建设。

(新昌县财政局供稿　俞美娜执笔)

注:

*"一个核心,五大板块":以浙江省新昌县投资发展集团有限公司为核心,出资成立城投集团、旅游集团、交投集团、高新园区集团、工业园区集团等五大板块集团为经营主体的具体投资经营体系。

金华市财政工作

金华市

【概况】 2018 年,金华市实现地区生产总值 4100.23 亿元,按可比价计算,增长 5.5%。其中:第一产业增加值 135.86 亿元,增长 1.2%;第二产业增加值 1745.46 亿元,增长 5.9%;第三产业增加值 2218.91 亿元,增长 5.4%。三次产业结构比为 3.3∶42.6∶54.1。全社会消费品零售总额 2253.00 亿元,增长 6.5%。外贸进出口总额 3769.04 亿元,增长 10.7%。全市城镇常住居民人均可支配收入 54883 元,增长 8.4%;农村常住居民人均可支配收入 26218 元,增长 9.6%。按户籍人口计算,人均生产总值 84152 元。全市财政总收入 661.74 亿元,增长 10.1%,其中一般公共预算收入 392.62 亿元,增长 9.8%;市区财政总收入 166.09 亿元,增长 13.5%,其中一般公共预算收入 93.58 亿元,增长 8.0%。全市一般公共预算收入占财政总收入的 59.3%,占 GDP 的 9.6%,一般公共预算收入中税收收入的比重为 87.9%;市区一般公共预算收入占财政总收入的 56.3%,一般公共预算收入中税收收入的比重为 86.0%。全市一般公共预算支出 574.00 亿元,增长 7.0%;市区一般公共预算支出 139.65 亿元,下降 3.9%。全市及市本级财政收支平衡。

【组织财政收入】 强化收入分析预测。分析经济形势及政策因素对收入的影响,指导各县(市、区)完成一般公共预算收入(税收收入)和"三项比重"年度任务。全年税收收入 345.01 亿元,增长 11.1%,其中市区税收收入 80.48 亿元,增长 9.3%。完善部门协调机制。推进税收征管体制改革,按月召开财税联席会议,保障财政收入可持续增长。加强非税收入管理。推进非税收入电子化改革,非税收入全部纳入统一公共支付平台收缴。全年通过统一公共支付平台缴纳各项收费 964.94 万笔,金额 133.47 亿元。全年全市实现非税收入 705.68 亿元,其中纳入一般公共预算收入管理的非税收入 47.61 亿元。

【助推经济发展】 助力企业降本减负。落实《金华市人民政府关于继续加大力度减轻企业负担的若干意见》政策,全年全市为企业减轻负担 142.91 亿元,增长 23.7%。其中为企业减轻税费负担 73.88 亿元,增长 30.56%。做好应急周转金转贷服务,全年为 2583 家企业办理 4570 笔转贷服务,涉及资金 305.89 亿元。推进政府产业基金运行。市本级设立子基金 23 支,总规模 85.48 亿元,政府产业基金出资 18.13 亿元,带动社会资本出资 67.36 亿元,实现子基金实体项目投资 110 个,撬动社会资本投资 330.71 亿元。完善产业扶持政策。参与制定、完善扶持实体经济发展、科技成果转化等实施意见和政策。2018 年,全市共兑现各类扶持企业发展的专项资金 62.52 亿元。全市科技支出 21.14 亿元,增长 13.4%,其中投入 9.7 亿元支持产学研协同创新。全市农林水事业支出 52.13 亿元,增长 10.0%,其中投入 15.69 亿元支持推动现代农业提质增效。

【保障民生事业】 全市民生支出 446.8 亿元,增长 7.1%,占一般公共预算支出的 77.8%。保重点项目。全市城乡社区支出 646.66 亿元,增长 62.3%。其中,投入 485.44 亿元支持金义中央大道、金义东轨道交通、金台铁路等项目建设,投入 120.21 亿元支持城中村改造和保障性安居工程建设。保重点领域。全市教育支出 114.45 亿元,增长 8.7%。其中,投入 87.11 亿元支持普及十五年基础教育,投入 16.47 亿元支持教育基础设施建设。全市医疗卫生与计划生育支出 51.14 亿元,增长 7.9%,其中投入 32.61 亿元支持医疗保障制度和食品药品安全监管制度建设。保重点群体。投入 39.43 亿元完善和落实社会保障制度,加大对基本养老保险基金的财政补助力度;投入 19.04 亿元支持"美丽乡村"建设和扶贫开发。

【深化预算管理改革】 深化"零基预算"改革。在 2019 年部门预算编制中深化"零基预算"改革,严格审核预算编制依据,共取消没有依据的上报项目 409 项,要求重新明确依据项目 164 项,压缩支出 6.86 亿元。同时,严格执行专项资金动态调整机制,全年收回财政资金 5.02 亿元。探索财政支出事中监管。选取"腾讯众创空间""彩票运营成本"等 4 个项目开展事中监管试点,涉及市级财政资金 2049 万元,在全省率先出台《财政资金事中监管工作制度》,得到省财政厅批示肯定。推进财政重大支出项目绩效管理。实行项目绩效自评全覆盖,筛选"中科金华科技园专项"等 11 个项目开展财政重大(重点)评价,涉及财政资金 1.36 亿元,向市委、市政府报告财政资金使用情况,并将评价结果作为 2019 年预算编制的重要依据。

【深化"最多跑一次"改革】 推进财政服务预算单位"最多跑一次"改革。通过金华日报等媒体公布"最多跑一次"财政管理事项清单 30 项,成为全省财政系统"最多跑一次"事项数量最多的设区市,得到省财政厅和金华市领导的批示肯定;编写《金华市财政局"最多跑一次"财政管理事项办事指南》供预算单位参考。开发应用财政运维咨询管理平台,解答财政业务咨询。深化国库集中支付业务"零上门"改革。印发《金华市财政局关于调整市本级国库集中支付直接支付范围的通知》,优化支付范围和审核流程,推进预算单位管理类型转换。开展"每月上门服务至少一次"活动。市财政全年累计现场服务部门 1193 个,开展集中培训 179 批,线上解答 41654 人次,发放政策汇编 9503 人次。

【加强队伍建设】 推进税收征管体制改革。根据省财政厅、省税务局关于税收征管体制改革的要求，在规定时间内完成职能划分、人员转隶和资产划转工作。强化党风廉政建设。组织开展警示教育，落实干部谈心谈话和廉政谈话制度，对 12 名新录用人员进行廉政谈话。罗列运用监督执纪“第一种形态”的情形 33 种，将处理结果与干部考核奖金挂钩。提升干部综合素质。开展针对性强的业务培训班，全年组织培训 14 次；组织业务骨干开展课题调研，共完成“建立财力与事权匹配的市对区财政体制”“政府债务风险”等调研课题 28 个。

(金华市财政局供稿　蔡　琹执笔)

婺城区

【概况】 2018 年，金华市婺城区实现地区生产总值 282.18 亿元，增长 3.5%。其中：第一产业增加值 12.56 亿元，下降 3.5%；第二产业增加值 60.49 亿元，增长 4.4%；第三产业增加值 209.13 亿元，增长 3.6%。三次产业结构比为 4.5 : 21.4 : 74.1。全区人均生产总值 72760 元，增长 3.0%。城镇居民人均可支配收入 53131 元，增长 9.5%；农村居民人均可支配收入 23134 元，增长 9.5%。全区财政总收入 45.77 亿元，增长 8.4%，地方一般公共预算收入 19.97 亿元，其中区级一般公共预算收入 10.41 亿元，增长 0.8%，占财政总收入的 22.7%。一般公共预算支出 23.03 亿元，增长 2.4%，其中区级一般公共预算支出 13.43 亿元，增长 3.3%。全年财政收支平衡。

【组织财政收入】 加强收入分析。做好全年收入分解落实，定期召开收入分析会，强化涉税信息共享，及时协调征管入库，把控收入进度，确保完成年度收入任务。健全税收预测机制。落实税收征收主体责任，克服结构性减税政策影响，科学分析行业趋势和主要增减收因素。优化收入结构。地方一般公共预算收入占 GDP 的 7.1%，占财政总收入的 43.6%，一般公共预算收入中税收收入 8.91 亿元，占比 89.9%。加强非税收入征管。完善统一公共支付平台，推进国库集中支付电子化改革，打造线上线下一体化非税支付体系。2018 年非税收入总额 20.56 亿元，其中纳入一般公共预算收入的非税收入 1.50 亿元。

【支持地方经济】 支持农业园区建设。加大对特色效益农业、民俗生态旅游、粮食生产功能区等的投入力度，筹措资金支持农业主体做大做强，全年拨付农口资金 11.85 亿元。扶持企业发展。落实减税降费政策，减免小微企业所得税 5332 万元。推进应急周转金制度，全年使用 58 笔，周转金额 2.29 亿元，惠及企业 26 家。完善财政支持科技创新方式，企业科技研发费加计扣除优惠税款 1.49 亿元，兑付科技类奖励资金 2242 万元。成立总部经济和楼宇经济工作领导小组，鼓励在外创业人员回乡创业。优化营商环境。积极对接招商项目，强化入户、纳税等服务工作，助力引入全区浙商回归项目 35 个，总投资 8.81 亿元，增长 110.6%，实现税收 1.50 亿元；助力引进内资项目 42 个，总投资 21.55 亿元，增长 102.6%，实现税收 3.86 亿元。推进基础设施建设。筹措资金支持交通、工业园区等重点项目建设。全年政府投资项目总额 55.57 亿元，拨付项目建设资金 12.88 亿元。

【优化支出结构】 全年民生支出 17.74 亿元，占一般公共预算支出的 77.0%。支持教育事业。全年教育支出 5.62 亿元，下降 3.1%。安排学前教育经费 1000 万元，民办教育发展资金 370 万元；争取省级资金 1400 万元建成实验中学实训大楼。加大惠农投入。落实强农惠农政策，加大农村基础设施建设、农田水利投入，扶持村集体经济发展，促进农民增产增收，全年农林水事务支出 2.65 亿元，下降 7.0%。支持社会保障事业。全区社会保障与就业支出 3.42 亿元，增长 3.9%。安排农村最低生活保障金 761 万元，义务兵优待金 770 万元、残疾人事业发展补助 798 万元，新增创建“浙江省食品安全区经费”162 万元。支持医疗卫生条件改善。推进公立医院改革，提高基层医疗卫生服务机构服务能力，促进基本公共卫生服务均等化，实现医疗卫生支出 1.54 亿元，增长 4.5%。支持文化事业发展。加大文化投入力度，推进基层文化、体育基础设施建设，支持山花节、中国·金华山水四项公开赛等活动，全年文化体育与传媒支出 1689 万元。

【统筹城乡发展】 推进涉农资金整合。制定统筹整合使用财政涉农资金实施方案，将属于统筹整合范围内的财政涉农资金，全部纳入整合清单使用。实施精准脱贫。形成以绿色生态为导向的财政支农政策体系，设立消除集体经济薄弱村专项资金 2300 万元，用于项目补助、贷款贴息及脱贫奖励。推进美丽乡村建设。落实农村危旧房改造、易地扶贫搬迁政策，全年安排新农村建设资金 6000 万元。推进扶持村集体经济发展试点项目。争取省级扶持村级集体经济发展试点资金 1800 万元，安排实施项目 10 个，总投资 2910 万元。组织开展一事一议财政奖补申报工作。安排补助项目 67 个，项目总投资 3811 万元，安排财政补助资金 1926 万元。

【推进财政改革】 深化预算管理改革。健全预算编制体系，细化预算编制内容，建立预算公开评审、部门预算零结转、零基预算等预算管理制度；推进预决算公开，扩大部门预决算公开范围。开展“最多跑一次”改革。全区首台公共支付自助机投入使用。全年通过平台收缴费用 3.25 亿元，行政事业性收费、政府性基金、罚没收入等电子缴款征缴率为 83.1%。深化国库集中支付改革。制定《金华市婺城区国库集中支付动态监控管理暂行办法》，规范监控流程、细化监控规则、扩大监控范围，建立“事前预警、集中拦截、事后跟踪”的全过程动态监控机制。加强政府采购管理。全面推广应用“政采云”平台，政府采购计划金额 4.61 亿元，实际采购金额 4.31 亿元，节约资金约 3000 万元，节约率 6.5%。盘活存量资金。健全动态管理和定期清理机制，全年盘活存量资金 1.43 亿元。

【强化财政监督】 强化政府债务管控。开展化解政府债务专项行动,制定化债方案,严控债务限额,清理甄别认定地方政府债务中非债券形式存量债务的置换需求,全年置换政府债务5.38亿元,累计偿还隐性债务23.47亿元,债务总量保持在可控范围。推进财政投资评审改革。完成预算审核项目286个,送审金额31.11亿元,净核减金额4.29亿元,净核减率13.8%;完成工程结算项目审核5个,送审金额4698万元,净核减金额804万元,净核减率17.1%。加强支出目标管理。通过部门预算管理系统上报绩效目标项目1131个,金额100.80亿元,追加支出绩效目标审核项目58个,金额2441万元。完善重点绩效评价工作。选取16家单位19个项目开展重点评价,涉及资金3.01亿元。强化资金监督检查。注重审计结果运用,做好财政监督检查,开展扶贫资金使用情况、财务管理及资金安全情况等检查,发现问题并落实整改。

【加强队伍建设】 开展"不忘初心、牢记使命,当好新时代婺城答卷人"大调研活动,实现问题整改率100%。制定考勤管理办法、财务管理办法、工作人员考核办法(试行)和办公室内部控制财政规程,健全日常工作体系。坚持"三会一课"制度,以"主题党日"为抓手规范党内政治生活,赴四明山革命抗日根据地组织开展"传承弘扬红色基因 开拓创新砥砺前行"红色教育活动。规范干部进出队伍、提拔任用等制度,招录参照公务员法管理人员4名,事业人员2名。婺城区财政局连续第7年获得区级岗位目标责任制考核先进单位称号。

(金华市婺城区财政局供稿 杨秀清执笔)

金东区

【概况】 2018年,金华市金东区实现地区生产总值201.47亿元,增长5.8%。其中:第一产业增加值12.95亿元,增长1.9%;第二产业增加值94.74亿元,增长4.9%;第三产业增加值93.78亿元,增长7.6%。三次产业结构比为6.4∶47.1∶46.5。按常住人口计算,区人均生产总值60084元,增长4.4%。城镇居民人均可支配收入45465元,增长8.9%;农村居民人均可支配收入25257元,增长9.6%。财政总收入33.49亿元,增长16.4%,一般公共预算收入20.39亿元,增长16.9%,占GDP的10.1%,占财政总收入的60.9%;一般公共预算收入中税收收入18.49亿元,增长14.3%,占一般公共预算收入的90.7%。财政总支出77.48亿元,增长79.6%,其中一般公共预算支出(包括区级预算指标和专项补助指标)29.12亿元,增长13.5%。全年财政收支平衡。

【促进收入增长】 加强收入分析。发挥协税护税联席会议制度作用,加强与税务等涉税部门的协作配合,联合促进收入增长。注重税源培育。支持大项目招商,促进半导体产业园、互联网信息服务平台、大健康产业园等高端优质产业项目落地,优化产业格局,为税收增长奠定基础。坚持管控结合,强化对重点企业和房地产项目的税源管控,组织乡镇街道开展区域内重点企业税源调查摸底,并做好企业经营所在地税务注册变更登记管理,确保税源落地。深化非税收入电子化征缴改革。检查执收单位非税电子化征缴落实情况,提高电子化征缴比例。开展统一公共支付平台自助机试点,2018年12月在行政服务中心安装缴款取票自助机,方便群众缴费业务办理。2018年实现非税收入23.70亿元,其中一般公共预算收入中的非税收入1.90亿元。

【支持经济发展】 落实清费减负各项政策,减停征收费1项,全年减轻税费17万元。完善企业应急周转金服务,为59家企业办理应急资金周转服务107笔、周转资金4.30亿元。加强财政政策引导,完善技术创新、人才引进等扶持政策,加快财政扶持资金兑现,全年兑现6702万元,重点支持企业技术改造和创新、高层次人才引进、品牌建设等。发挥政府产业基金引导作用,转变财政扶持产业发展模式,以财政资金杠杆效应带动社会资本投入,政府出资1.5亿元,撬动社会资本3.5亿元。加强与省市财政部门的协调沟通,争取新增政府专项债券3.00亿元,推动重点项目建设开展。

【保障和改善民生】 2018年全区一般公共预算用于民生支出21.41亿元,增长12.5%,占一般公共预算支出的73.5%。全年农林水支出4.46亿元,增长10.7%。支持和美乡村建设,推进一事一议财政奖补项目实施,共确定2018年度一事一议财政奖补区级项目50个、市级5个,总投资3049万元。扶持集体经济薄弱村发展,结合消除薄弱村确定多湖街道等11个试点项目,消除薄弱村9个,总投资2530万元,其中财政投资460万元,村级自筹2070万元。推进农村危旧房改造工作,累计投入财政资金4000余万元,完成危旧房改造3993户。全年社保支出3.44亿元,增长23.9%,实施居家养老服务提升工程,实现农村社区居家养老服务全覆盖。全年教育支出4.43亿元,下降2.7%,其中安排教育基建项目建设资金6600万元,推进实验幼儿园扩建、江东实验小学扩建、实验二小迁建。医疗卫生与计划生育支出2.45亿元,增长5.9%,其中安排资金2200万元,推进东孝、澧浦、曹宅卫生院医务楼改造。全年安排旅游发展专项资金4000万元,支持旅游景区基础设施建设、景区景点开发建设、旅游服务品牌提升及A级景区创建,推动全域旅游发展。筹措调度资金1.1亿元,支持田园综合体和小城镇环境综合整治项目建设。拨付专项资金1200万元,保障金东区全国文明城市创建工作稳步推进。

【深化财政改革】 推进预决算公开,除涉密部门外,45个部门均通过网站向社会公开预决算信息。推进项目库建设,出台《金东区项目支出预算管理办法》,规范项目支出预算管理。推进国库集中支付业务改革,通过电子影像传递支付单据,扩大财政授权支付范围,实现财政资金支付"一次不用跑"。推广应用"政采云”平台,开展全区政府采购业务培训,全年完成“政采云”平台交易金额1.22亿元。推进国企实体化运作,牵头形成城投集团、交投集团、旅游公司和社发公司等“2+2”区属国有企业组建方案,并起草国有企业负责人薪酬方案。

【加大财政监管力度】 加强对预算部门的监督,开展会计监督检查、区级财政支出绩效自评、财政重大支出项目绩效评价、“腾讯众创空间项目”执行及绩效情况调查等专项调查,强化财政监管力度,确保资金安全。联合区公积金办开展“住房公积金缴存基数”专项检查,规范金东区住房公积金扣缴工作,加强对公积金资金的监督管理。制定内控基本制度、专项办法和操作规程,出台内控执行和考核的相关办法,将防范业务风险和防控权力运行廉政风险有机结合起来,依托现有的“金财工程”应用支撑平台,建立资金审批预警机制。加强财政项目投资评审,全年审核项目预算120个,送审造价7.32亿元,核减造价0.62亿元。防范化解政府性债务风险,制定防范化解地方政府隐性债务风险实施方案,推动融资平台公司市场化转型,落实隐性债务化解资金,完成当年政府隐性债务化解计划。

【加强干部队伍建设】 开展“两学一做”制度化常态化建设,开展党风廉政及正风肃纪专题学习,开展“三清理一规范”和“不担当、不作为”专项整治行动。组织全局党员干部接受党课教育,赴源东金萧支队接受红色教育。加强廉政意识教育,每周末在财政微信群中发送廉政警句,为干部职工常敲警钟。

(金华市金东区财政局供稿 曹姗姗执笔)

兰溪市

【概况】 2018年,兰溪市实现地区生产总值375.13亿元,按可比价计算,增长7.1%。其中:第一产业增加值22.87亿元,增长2.9%;第二产业增加值196.94亿元,增长7.6%;第三产业增加值155.32亿元,增长7.2%。三次产业结构比为6.1∶52.5∶41.4。按常住人口计算,人均生产总值66207元,增长6.9%。社会消费品零售总额145.40亿元,增长9.2%。外贸进出口总额19.24亿美元,增长15.7%。城镇常住居民人均可支配收入41263元,增长7.9%;农村常住居民人均可支配收入19906元,增长9.1%。全市财政总收入45.30亿元,增长12.7%,其中一般公共预算收入26.60亿元,增长10.0%,占财政总收入的58.7%,占GDP的7.1%。全市一般公共预算支出31.60亿元,增长10.4%。全年财政收支平衡。

【组织财政收入】 加强收入分析。关注宏观经济发展态势和财政体制改革动态,联合税务部门召开收入形势分析会4次,总结征管工作成绩、研判财政收入形势、谋划增收举措。强化日常征管。统筹衔接国地税业务,提高税收集成征管水平。开展大调研和企业走访活动,监控全市60余家重点企业税收情况。深化税源培植。围绕五大产业推进招商引资,新增招引总部经济企业75家,全市入库总部税收4.83亿元,增长22.9%。全年实现税收收入22.80亿元,增长10.4%,占一般公共预算收入的85.7%。实施社保费三方联动结算。与人社、税务部门共同实施社保费联动结算征收机制,依法加大社保费征收力度,制定企业职工基本养老保险基金增收举措,组织基金收入12.90亿元。组织非税收入管理。应用“互联网+政务服务”模式,推进政府非税收入收缴电子化改革,通过统一公共支付平台收缴的非税收入累计352675笔,涉及资金4.11亿元,增长325%。全年组织非税收入30.73亿元,增长202%,其中一般公共预算中的非税收入4.0亿元。

【支持经济发展】 加大财政扶持力度。按照产业振兴示范区建设要求,落实市委、市政府出台的扶持政策,引导传统产业改造提升,淘汰落后产能企业。参与修订扶持企业发展等相关政策,促进实体经济高质量发展。全年兑现总部经济奖励、一企一策、股改上市、新能源汽车、服务业补助等各类政策性资金1.89亿元,增长7.2%。运用财政杠杆吸引人才回归及创新创业,落实人才发展专项资金7742万元。激活减税政策效应。落实国家减税降费政策,实施小微企业所得税减征、高新技术企业减免、社保缴费减免等各类政策,全年为企业降本减负9.84亿元,增长13.9%。加大企业转贷支持。帮扶企业解决短期融资困难,防范资金断链风险,全年为1066户次企业办理转贷资金45.91亿元,对转贷企业免收资金占用费。转变财政扶持方式。支持政府产业基金实质性运作,财政向母基金增加投资9100万元,出台投资决策管理、投后管理、风险控制等长效管理制度。优化财政资源配置方式,推进G351国道、综合档案馆等PPP项目建设。

【保障民生事业】 全市民生支出25.7亿元,增长11.0%,占一般公共预算支出的81.3%。保障教育事业发展。全年教育支出9.94亿元,增长7.2%。统筹提升城乡办学条件,推动教育布局优化,安排教育基建类补助4516万元;健全义务教育保障机制,落实相关补助经费5246万元;安排扶困助学补助1500万元,免教科书补助2000万元;落实教育现代化创建装备补助1000万元,保障教师培训经费,支持学前教育和现代职业教育发展,提高教学质量和师资水平。推进乡村振兴。全年农林水支出2.64亿元,增长4.3%。支持现代农业发展,落实现代农业发展资金2498万元,造地改田资金1.18亿元,耕地保护补贴3590万元;加大水利重点工程投入力度,安排钱塘江堤防加固资金1.72亿元,城防应急工程资金4000万元;安排美丽乡村建设资金9350万元,山区经济发展资金2727万元,扶贫项目资金1354万元等。统筹城乡社保发展。全年社保支出4.08亿元,增长37.9%。安排居家养老服务中心建设资金1205万元;落实精简退职人员生活补助2445万元,落实义务兵优待金及退役士官补助2193万元。保障医疗卫生事业发展。全年医疗卫生支出4.05亿元,增长9.2%。安排医疗救助资金1553万元;安排基本公共卫生服务经费3647万元,推进基本医疗保险基金市级统筹运行机制,支持医疗基层卫生机构补偿机制改革与医共体建设。保障重点项目建设。投入4.34亿元支持下金、黄湓、何村、桃花坞等棚户区(城中村)改造项目。

【加强财政管理】 防范化解重大风险。防控政府性债务风险,开展全口径债务清查统计,出台《关于防范化解地方政府性债务风险的若干意见》和《兰溪市地方政府性债务风险应急处置预案》,加强政府性债务管理。强化养老金收支风险预测,多渠道筹集资金7.70亿元,确保养老金及时足额发放。加强预算管理。提高预算刚性约束,所有单位均编制三年滚动项目预算。提高财政资金使用效率,统筹盘活财政存量资金用于民生建设,实施财政资金竞争性存放10.45亿元,实行预算执行监控和全过程绩效监督管理。加强乡镇财政管理,开展乡财管理工作检查与资金监管工作核查。完善国资监管体系。整合优势资源,改革重组兰溪市交通建设投资集团有限公司及兰溪市兰创投资集团有限公司。开展市直公司高层管理职务招聘工作,建立健全规范高效、有效制衡的法人治理结构。完善国有企业存量资金管理,采取多元化存放方式保障资金保值增值。推进国企公车改革,涉及84家企业64辆公务用车。夯实“最多跑一次”改革成效。开展“上门服务至少一次”活动,宣传预算编制、资金使用、绩效评价等相关财政制度,收集单位意见建议41条,逐个分解落实并回复。

【推进队伍建设】 结合“两学一做”学习教育,开展集中学习、专题讨论、演讲比赛、党员进社区等教育实践活动。开展“不担当不作为”专项整治行动,通过对标核查、认真剖析,逐项限期整改到位。学习《宪法》《立法法》《行政诉讼法》等基本法律法规,邀请党校老师解读宪法修正案,组织公务员学法用法考试。落实“一岗双责”,层层签订党风廉政建设责任书,定期开展廉政谈话,立足抓早抓小、防微杜渐。推进“清廉财政”制度建设,学习贯彻公职人员清廉用权行为规范。根据上级统一部署,完成税务征管体制改革,做好国地税业务对接及原地税人员转隶工作。

(兰溪市财政局供稿 胡 凯执笔)

东阳市

【概况】 2018年,东阳市实现地区生产总值585.00亿元,按可比价格计算,增长5.5%。其中:第一产业增加值16.79亿元,增长1.0%;第二产业增加值276.48亿元,增长5.6%;第三产业增加值291.73亿元,增长5.7%。三次产业结构比为2.9∶47.2∶49.9。按户籍人口计算,人均生产总值69115元,增长5.0%。全市财政总收入112.41亿元,增长11.4%,其中一般公共预算收入65.75亿元,增长12.3%。全市一般公共预算支出92.52亿元,增长11.9%。全年财政收支平衡。

【优化收入结构】 建立财政收入协调工作机制。加大地方财政收入调控力度,完善财政收支分析、预算执行和收入征缴体系,成立东阳市财税工作协调小组,加强与税务、经济主管部门信息共享和协作,建立“税眼看发展”分析研判机制。优化财政收入“三个比重”。全年一般公共预算收入占GDP的11.2%,占财政总收入的58.5%,按可比口径提升0.4个百分点,其中税收收入57.73亿元,占一般公共预算收入的87.8%,按可比口径提升1.7个百分点。加强非税收入管理。推进政府非税收入电子化收缴,实现行政事业性收费全部纳入统一公共支付平台。全年实现非税收入66.62亿元,其中国有土地使用权出让收入54.28亿元,一般公共预算收入中非税收入8.03亿元。

【服务经济发展】 加大企业扶持力度。出台《关于进一步减轻企业负担增强企业竞争力的若干意见》,落实减负降本56条,累计为企业减负10.46亿元。落实财政奖补政策,兑现各类惠企专项资金12.45亿元。推进产业基金运行。完善制度建设,出台《东阳市产业基金绩效考核评价管理暂行办法》。实现基金投资3500万元,其中政府产业基金出资1100万元。扶持重点产业发展。扩大影视产业奖补范围,加快资金兑付,奖励由半年兑现改为季度兑现,落实影视文化产业发展专项资金4.72亿元。落实振兴实体经济(传统产业改造)财政专项资金3.29亿元,其中支持红木企业规范升级专项资金4690万元。支持建筑企业回归,兑现专项资金3.45亿元。

【保障民生支出】 全市民生支出73.11亿元,增长14.5%,占一般公共预算支出的79.0%。保障重点工程,统筹安排建设资金18.74亿元。支持小城镇环境综合整治三年行动计划,全年拨付3.55亿元。推进农村危旧房治理改造,拨付3.87亿元。推进教育服务均衡化发展,全市教育投入19.99亿元,增长10.8%。加快中小学校(幼儿园)建设改造力度,基建投入2.30亿元;学前教育专项资金提高至3000万元,推进14所公办幼儿园薄改提升。深化医药卫生体制改革,全市医疗卫生投入8.96亿元,增长32.9%。着重保障“医共体”建设,共安排“医共体”资金1.72亿元。完善和落实社会保障和就业制度,全年社会保障和就业支出11.19亿元,增长12.0%。

【推动乡村振兴】 推进一事一议财政奖补助推美丽乡村建设试点,申报项目5个,总投资7346万元,财政补助5000万元。深化扶持村级集体经济发展试点工作,申报项目11个,总投资4285万元,财政补助2200万元。完成2018年度农村综合改革集成示范区建设试点项目申报立项,总投资2.63亿元,省级财政补助2000万元。加快产业植入,创建产业特色精品村11个,申报项目147个,总投资1.65亿元,财政补助1527万元。

【深化财政改革】 推进预算管理改革。加大预算统筹力度,将预算编制中2017年政府性基金预算、国有资本经营预算调入一

东阳市江北小学运动会开幕式

般公共预算,共计1.33亿元。建立财政存量资金动态管理和定期清理机制,盘活存量资金0.99亿元;取消不符合条件的财政专户,统筹财政专户资金5.77亿元。强化政府采购监管。全市政府采购预算17.07亿元,实际采购金额14.65亿元,节约资金2.42亿元,节约率14.2%。深化"最多跑一次"改革。推行"互联网+政务服务",实现7大类29项涉会事项"零上门",网上办结涉会事项4320件。推进非税收入电子化收缴,将东阳人社App接入统一公共支付平台,实现城乡居民医保和大病保险申报与缴款统一。开展"上门服务至少一次"活动,累计服务1010次。完成税务征管体制改革。2018年7月20日配合完成国家税务总局东阳市税务局挂牌。11月底配合落实新机构"三定"规定,完成转隶123人,无偿划转税务部门实际占有、使用的资产。加强社保缴费和非税收入管理,完成征管职责划转。强化政府投资项目管理。全年审核估算、概算、预算各类项目1318个,送审217.26亿元,审定207.46亿元,核减9.80亿元。

【实施绩效管理】 强化部门(单位)支出责任意识,提请市政府出台《关于进一步加强财政支出绩效评价工作的意见》。组织2018年度50万元以上专项绩效目标申报审核,涉及部门和单位115个,项目260个,财政资金14.53亿元。做好2017年度50万元以上专项绩效自评,涉及部门和单位144个,项目280个,财政资金14.17亿元。在全省率先实现镇乡(街道)财政整体支出绩效评价全覆盖,选取8个镇乡(街道)和2个部门实施重点评价,其他镇乡(街道)自评。加强评价结果应用,书面反馈各项目单位,督促问题整改。

【化解财政风险】 化解地方政府债务风险。明确隐性政府性债务偿债主体责任,通过市场化和调整财政预算安排方式逐步化解债务。调研全市债务管理现状,编制防范化解政府性债务风险专项行动实施方案和隐性债务五年化解计划。化解养老保险基金收支平衡风险。做好社保基金保值增值工作,共组织资金存放4期,涉及资金42.45亿元,增加收益1.35亿元。完善失地农民参保和转保政策,严控参保转保进口关,明确所有未落实征地指标的失地农民不得转入职工养老保险。化解区域性金融风险。帮助企业化解资金链、担保链风险,办理应急周转金转贷290笔,共计24.68亿元。发挥阳光担保基金职能,累计发放小微企业担保贷款155笔,担保金额3.26亿元。

【加强队伍建设】 开展局党组中心理论组培训12期,各支部开展主题党日学习72次。组织全员业务培训4期,受训242人。开展全市"学法用法三年轮训计划"。组建青年干部培训班,集中学习注册会计师网络课程,打造专业化青年队伍。按照"一岗双责"要求,与各科室(单位)负责人签订《党风廉政建设责任书》。开展清理违规借贷、违规持股、低价购房和规范"一家两制"专项行动,督促问题整改。落实干部婚丧喜庆操办等个人重大事项报告制度,共上报27人(次)。开展"不忘初心、牢记使命,当好新时代东阳答卷人"大调研活动,确定调研课题22项。利用"两送两增"* 万企大走访深入调研,完成调研报告15篇,手记或案例2篇,专报2篇。开展疑难问题攻坚,解决上级交办问题53个,自发自解问题63个。

(东阳市财政局供稿 方晓晨执笔)

注:

*"医共体":指由东阳市人民医院、中医院、妇保院、横店医院4家市级公立医院牵头,分别对全市18家社区卫生服务中心、连带104个卫生服务站进行托管,形成一个涵盖全市各级公立医疗机构的利益共同体。

*"两送两增":即送政策、送服务,增感情、增信心。

义乌市

【概况】 2018年,义乌市实现地区生产总值1248.11亿元,按可比价格计算,增长7.0%。其中:第一产业增加值21.05亿元,增长2.0%;第二产业增加值409.53亿元,增长9.2%;第三产业增加值817.53亿元,增长6.0%。三次产业结构比为1.7∶32.8∶65.5。按户籍人口计算,人均生产总值154242元,增长4.6%。城镇常住居民人均可支配收入71207元,增长7.8%;农村常住居民人均可支配收入36389元,增长9.0%。全年实现社会消费品零售额668.77亿元,增长4.5%;实现进出口总额2560.02亿元,增长9.4%。全市财政总收入153.45亿元,增长8.0%,其中一般公共预算收入95.20亿元,增长12.0%。一般公共预算支出107.01亿元,增长13.0%。全年财政收支平衡。

【组织财政收入】 优化财政收入结构。全年一般公共预算收入占GDP的7.6%,占财政总收入的62.0%,增长2.2%。税收收入88.10亿元,占一般公共预算收入的92.5%。强化非税收入征管。推进非税收入电子化征缴改革,将义务教育阶段81所公办学校伙食费纳入统一公共支付平台缴纳;落实公共支付自助缴款和自助取票应用推广,提高统一公共支付平台的资金收缴率。全年实现非税收入314.30亿元,增长63.7%,其中纳入一般公共预算中的非税收入7.10亿元,增长9.0%。

【支持经济高质量发展】 强化资金保障。支持工业、科技、外贸等行业发展,落实"市场采购"新型贸易方式各项政策措施,保障"义新欧"铁路国际集装箱班列常态化运行,推进国际贸易综合改革。全年拨付企业扶持资金(含省级补助资金)17.90亿元。减轻企业负担。帮助企业降低经营成本,调减社保费7581万元,减免各类行政事业性收费3655万元,通过"转贷通"等服务间接降低企业成本10亿元以上。

【保障民生支出】 全年民生支出82.82亿元,占一般公共预算支出的77.4%。支持教育发展。全年教育支出26.12亿元,增长17.6%。加快建设覆盖城乡、普惠公益的学前教育网络,支持中职学校探索校企合作、产教融合的新模式,支持义乌工商学院建设浙江省优质高职院校。提升社保保障水平。全年社保支出7.92亿元,增长4.1%。探索制定全市长期护理保险实施方案;城乡居民最低生活保障标准由775元/人·月提高至855元/人·月。提高医疗卫生水平。全年医疗卫生和计划生育支出7.14亿元,下降11.0%。实施免费产前筛查、0—3岁儿童早期风险和异常筛查。深化市校合作,助力浙医四院创建浙中西部医学中心。提高服务"三农"水平。全年"三农"支出31.83亿元,增长20.4%。推进农村文化礼堂为代表的基层综合性文化服务中心建设;出台《一事一议财政奖补项目与资金管理办法》,推进农村综合改革扶持村级集体经济试点项目实施。支持文化发展。全年文化支出2.95亿元,增长24.3%。支持公共体育场馆免费对外开放,鼓励社会力量参与公共文化建设,"鼓励社会力量参与公共文化建设"项目被评为浙江省公共文化服务领域管理体制机制改革创新项目。开展东西部扶贫协作。出台对口帮扶项目资金管理办法,完善扶贫项目资金监管机制。

【深化财政改革】 深化投融资改革。发挥财政政策、资金杠杆导向作用,理顺新形势下全市公益性项目立项机制,建立财政资金来源审批和项目资金风险评估机制。开展中期财政规划。完成两类试点项目和12个试点部门三年滚动财政规划编制。开展"政银村"合作。出台"政银村"合作试点方案,帮助集体经济薄弱村解决物业建设融资难题,全年发放信贷资金3945万元。深化镇街(平台)财政管理。出台镇街(平台)财政管理补充体制,财力进一步向镇街(平台)倾斜。推进事业单位公务用车制度改革。实施"限额包干和总额控制"管理办法,改革公务交通保障机制。开展道路交通事故救助基金政府购买服务。创新道路交通事故社会救助基金运作模式,提升基金使用绩效。创新会计管理。出台会计执业记分信用管理暂行办法,加强会计人员、会计代理记账机构信用管理。推广"政采云"平台应用。完善"政采云"交易制度,推动"互联网+政府采购"管理模式升级。"政采云"协议供货交易额3911万元、网上超市交易额1.57亿元,居金华地区第一。支持国资改革。支持重点工程和平台公司转型。全年拨付各类国资资金109.40亿元,支持国资置换债券借款转补助30.50亿元,向上争取债券20.60亿元,向上争取补助资金18.26亿元。

【强化财政监管】 防范政府债务风险。制定《关于全市政府性债务风险管控与化解的实施意见》《隐性债务行政(法律)风险的整改和债务化解操作指南》,制订隐性债务五年消债计划,完成2018年消债任务。开展扶企政策清理。对20个部门的53项扶企政策进行清理整合,构建导向明确、重点突出的扶持政策体系。加强绩效管理。落实预算项目绩效评审机制,实行项目绩效目标申报,开展绩效抽查复评。完成绩效自评项目149个,部门整体支出绩效评价项目10个,完成抽查复评和重点评价项目25个。加强项目稽核。出台《部门单位委托中介机构与财政补助资金审核工作指导意见》,完成工程领域稽核项目1005个,核减资金9.22亿元。开展财政财务、专项资金检查。完成部门财务管理专项检查6项,镇街(平台)财政财务检查5家,专项资金检查14项。

【加强队伍建设】 推进国地税机构改革。7月20日,配合完成国家税务总局义乌市税务局挂牌;11月30日,完成机构改革转隶272人,划转税务部门实际占有、使用的资产。开展"大学习、大调研、大抓落实"主题活动,走访部门单位、企业等2134家次,梳理解决问题86个。开展"上门服务至少一次"活动,开展财政理念、政策宣传及预算编制业务辅导,主动上门服务预算部门247次。修订完善关心关爱干部、重大事项报告、请销假管理、因私出国(境)管理、后续教育管理等系列办法;出台《关于全面从严治党 推进财税干部队伍建设的若干意见》,建立大督查工作机制,强化执纪问责。对照市委巡察组整改目标,加强跟踪督办,配合完成巡察整改工作。以"党建+工作室""党建+团队服务""党建+直通车""党建+共联机制"等为载体,推进党员志愿服务活动。通过"每周夜学"活动,以集中学习和自学相结合,加强干部教育培训,提升业务水平。

(义乌市财政局供稿 宋 娇执笔)

永康市

【概况】 2018年,永康市实现地区生产总值557.70亿元,比上年增长6.0%。其中:第一产业增加值7.93亿元,增长1.5%;第二产业增加值310.33亿元,增长6.5%;第三产业增加值239.44亿元,增长5.4%。三次产业结构比为1.4∶55.7∶42.9。按户籍人口计算,全市人均国内生产总值91035元,增长4.9%。全社会固定资产投资额95.72亿元,增长12.7%。社会消费品零售总额238.43亿元,增长5.0%。城镇常住居民人均可支配收入54581元,增长8.3%。全年财政总收入93.94亿元,增长7.2%,其中一般公共预算收入56.36亿元,增长7.6%,一般公共预算收入中税收收入48.44亿元,增长11.4%。一般公共预算支出74.87亿元,增长18.2%。全年财政收支平衡。

【组织财政收入】 组织收入协同联动。加强收入分析、预测和管控,发挥组织收入协调领导小组作用,定期召开组织收入分析会,建立财政、税务联席会议制度,把握收入进度、力度、节奏。召开全市首次亩产税收标兵示范企业表彰会。提升收入质量。一般公共预算收入占财政总收入的60.0%,占GDP的10.1%,税收收入占一般公共预算收入的86.0%。“三个比重”首次进入合理区间。强化非税收入征管。完善统一公共支付平台功能,非税缴费电子化率90%。全年非税收入总额49.23亿元,其中,纳入一般公共预算管理的非税收入7.92亿元。

【服务实体经济】 支持打造先进制造业基地。聚焦先进制造业,推进企业数字化改造、传统产业转型升级、机器换人、技术研发、军民融合、健康医疗产业发展,全年兑现产业扶持政策奖励7.10亿元。撬动社会资本服务实体经济,永康市天堂硅谷智能制造产业基金助力千禧龙纤、准信自动化2个项目落地。推进企业降本减负。贯彻落实各级减税降费政策,全年税费减免9.5亿元。用好“转贷通”“应急周转金”“一日贷”等工具,加强与金融办、帮扶办、人民银行等单位协作,全年降低企业周转成本2亿元。

【优化支出结构】 压减一般性支出,保持支出强度,加快预算执行进度,重点支持、保障打好三大攻坚战、深化供给侧结构性改革、保障和改善民生等重点领域,全年民生支出62.86亿元,增长17.6%,占一般公共预算支出的84.0%。支持教育发展。全年教育支出14.99亿元,增长1.4%。坚持学前教育公办民办“双轮”驱动,推动义务教育均衡发展,职业教育特色发展,鼓励实施“三名”工程。支持社保事业。全年社会保障和就业支出5.42亿元,增长1.7%。医疗卫生支出7.19亿元,增长10.3%。完善社会保障体系建设,落实医疗保障、救助、优抚等政策,支持创业就业,支持县域医共体和公立医院综合改革。

【统筹城乡发展】 推进“优雅城市”建设。健全政策和资金保障机制,安排资金30.70亿元,推进旧城有机更新、新城品质建设,支持十大民生工程、省市重点项目建设,保障环境综合治理、交通廊道、生态廊道建设。支持“大美乡村”建设。优化制度、政策和资金保障,开展政策调研,推进涉农资金整合,安排资金5.75亿元,助力“乡村振兴”。开展农村综合改革试点3个,规范建设一事一议项目46个,办好垃圾分类、厕所革命等民生实事。

【推进财政改革】 精细预算管理。建立预算标准体系,出台《预算管理办法》《项目投资强度标准化管理意见》,推进预算编制标准化、项目化。提高执行质量。保障库款,强化预算执行分析,政府财务报告、国库集中支付与公务卡改革工作获省财政厅通报表扬。深化“最多跑一次”改革。推进政府采购方式变革,推广应用“政采云”平台,年交易额3.80亿元。开展“上门服务至少一次”活动,全局干部上门送政策、送服务、解难题,全年走访企业、预算单位3600多人次。提升高造价审价质效,项目审核选送案例被评为全省优秀案例。规范PPP项目运作。推进餐厨垃圾综合利用、天然气母站、加气站等PPP项目融资1.25亿元。

【强化财政监督】 开展会计质量检查,协同人大、巡视组、纪委监察等开展会计基础规范、津补贴发放、福利、专项资金等监督检查。选取15个财政支出项目开展重点绩效评价。优化地方政府债务综合负债率,新增一般债券15亿元,无新增隐性债务。推进金汇五金、交投公司转型为独立市场主体,防范化解隐性债务。盘活存量资金,全面清理财政对外借款,盘活资金2.18亿元。

【强化组织保障】 推进税制改革、国资体制改革,做好业务衔接与资产划转工作。开展“不忘初心、牢记使命”主题教育,锤炼党性修养。落实党风廉政责任,四层级分解到位、责任到人,创建党风廉政主体责任示范点。设立廉政警示教育周,开展“六个一”活动。举办干部素养提升研修班,全员学习、全面提升。市局获永康市委、市政府综合考核优秀单位,职能工作考核得满分,党风廉政建设目标责任制考核获机关部门第一名。

(永康市财政局供稿 叶康英执笔)

浦江县

【概况】 2018年,浦江县实现地区生产总值221.88亿元,按可比价计算,增长2.1%。其中:第一产业增加值9.92亿元,下降0.1%;第二产业增加值110.56亿元,下降0.7%;第三产业增加值101.40亿元,增长6.4%。三次产业结构比为4.5∶49.8∶45.7。按户籍人口计算,人均生产总值55339元,增长1.8%。全县实现财政总收入29.73亿元,增长5.8%,其中一般公共预算收入19.13亿元,增长7.6%,一般公共预算收入中税收收入16.58亿元,增长9.5%。全县一般公共预算支出38.57亿元,增长13.7%。全年财政收支平衡。

【组织财政收入】 提高收入质量。一般公共预算收入占GDP的8.6%,增长0.3%;一般公共预算收入占财政总收入的64.3%,增长1.0%;税收收入占一般公共预算收入的86.5%,增长1.5%。加强税费征管。规范社会保险费与税收征管工作流程,加大欠税清缴力度,开征环境保护税,提升征管质量。完善非税收入管理。推出支付宝二维码收缴非税收入和公共支付自助缴款业务，通过统一公共支付平台办理缴费业务58.82万笔，金额2.94亿元。全年非税收入30.99亿元，增长8.5%，其中纳入一般公共预算收入管理的非税收入2.58亿元，下降3.5%。

【支持实体经济】 落实税费优惠政策。全年减免各项税费6.26亿元，增长14.0%。实施积极财政政策。实施《浦江县优化营商环境十条意见》《浦江县工业十大扶持政策》等惠企政策，拨付各类企业奖励扶持资金3.46亿元，增长43.6%。高效运转通济转贷基金。按照"服务企业、方便快捷、规范运作、严控风险"原则，破解小微企业转贷中的"融资难""融资贵"问题。全年办理1420笔，涉及金额63.56亿元，为1082家企业减轻财务负担约5000万元。推进政府产业基金运作。完成部分企业项目尽职调查，拟定合作方案。筹措资金开展县政策性融资担保有限公司的组建工作。出台《政策性融资担保业务管理暂行办法》，为小微企业和"三农"发展提供融资担保增信。

【保障民生支出】 全年民生支出30.03亿元，增长21.4%，占一般公共预算支出的77.9%。保障基础设施建设。投入资金45.00亿元保障全县小城镇综合整治、旧城改造、棚户区改造、公路及城市道路建设等政府投资项目建设。优先发展教育事业。投入8.78亿元，加快推进教育现代化。扩大普惠性学前教育覆盖面，强化义务教育资金保障，全面落实城乡义务教育学生"三免一补"政策，夯实教育基础。促进文化事业发展。建立健全公共文化财政保障机制，投入5625万元支持基层宣传文化、基本公共文化、文物保护等。完善社会保障体系。投入4.40亿元，支持社会保障和就业。提高居家养老补助标准，推行居家养老照料中心"一日三餐"制，拨付2874万元保障全县居家养老照料中心运行。完善医疗卫生服务体系。医疗卫生支出3.60亿元，落实城乡妇女免费"两癌"检查、孕产妇产前免费筛查、0—3岁儿童发育免费监测和筛查，推动"健康浦江"建设。

【打好三大攻坚战】 加强债务管理。落实政府债务限额管理和预算管理政策，排摸全县债务情况，分析债务风险，清查全县不动产，出台化债专项行动方案和应急处置预案，并按要求落实。打好精准脱贫攻坚战。加快扶贫资金拨付，规范财政扶贫专项资金管理。拨付消除集体经济薄弱村专项扶持资金340万元，用于项目配套、项目奖补、贷款贴息等方面支出。拨付资金1704万元，助力东西部扶贫协作地区和对口支援地区脱贫攻坚。打好污染防治攻坚战。健全生态保护补偿机制，投入2.53亿元开展城乡污水治理、河湖库塘清淤、浦阳江流域治理等水环境污染治理。投入4357万元支持垃圾分类处置、城区保洁，提升环境保护监管能力。拨付3586万元推进绿色公交、农村秸秆利用和焚烧控制，支持打赢"蓝天保卫战"。

【"最多跑一次"改革】 组织开展"上门服务至少一次"活动。全年到部门(单位)上门服务352次，集中培训16次，现场服务3037人次，线上服务11080人次。推动"政采云"平台平稳运行。全年审批政府采购计划2298项，交易金额5.71亿元。开展"两送两增"活动。结合大调研活动，帮助解决久拖未决难题和攻坚疑难问题企业4家。

【税务机构改革】 2018年7月20日，县国税局、县地税局正式合并且统一挂牌，国家税务总局浦江县税务局成立。税务机构改革期间，按上级部门部署，开展业务融合、系统保障、统一服务、人员划转和资产分配等工作，推进改革落地。

【助推乡村振兴】 拨付农林水支出3.37亿元，推动农业农村加快发展。推广政府与社会资本合作模式，引导社会资本、自有资金参与农业农村基础设施建设。2018年8月起，推出"惠农贷"业务，落实资金1000万元为涉农经营主体提供"低成本、免担保、普惠式"的转贷服务，共办理732笔，金额4.24亿元。出台《浦江县扶持村级集体经济发展试点项目和资金管理办法》，推进扶持村级集体经济发展试点项目。拨付1750万元深化一事一议财政资金项目规范化管理。落实农业综合开发"3030"新农人计划，培养农业创业创新领军人才。

【强化财政管理】 推进预决算公开。建立统一预决算公开平台，健全公开工作规范，实现2017年度本级政府预决算和部门预决算公开覆盖率达100%(涉密部门、内容除外)。加强财政资金绩效管理。完善财政资金分配和使用管理方式，加大财政资金整合统筹力度，实施动态监控，及时清理结余资金。加强财政性资金及单位公款竞争性存放管理，开展新开财政专户招标，建立并完善县级财政资金择优存放机制。强化上级资金监管。加大上级资金落实情况的督查力度，确保资金落到实处，发挥资金效益。

【加强队伍建设】 制定《2018年全面从严治党工作要点》，对2018年党风廉政建设和反腐败工作进行责任分工，压实全面从严治党主体责任和"一岗双责"制度。开展"三清理一规范""不担当不作为"集中专项治理行动，全局上下开展谈心谈话。坚持"周一夜学"，开展党的十九大精神专题学习教育，举行"新时代金华精神""九坚持九做到"等主题大讨论，推进"两学一做"学习教育常态化制度化。开展演讲比赛、集体朗诵、毅行、插花、气排球、趣味运动会等活动，丰富干部业余生活，提升干部凝聚力。

(浦江县财政局供稿　季建君执笔)

武义县

【概况】 2018年，武义县实现地区生产总值246.58亿元，增长5.0%。其中：第一产业增加值14.57亿元，增长4.1%；第二产业增加值127.57亿元,增长5.5%;第三产业增加值104.44亿元,增长4.4%。三次产业结构比为6.8∶50.5∶42.7。全县人均地区生产总值68268元,增长4.7%。城镇常住居民人均可支配收入39252元,增长9.1%;农村常住居民人均可支配收入17899元,增长10.1%。财政总收入43.89亿元,增长7.1%,其中一般公共预算收入25.98亿元,增长7.0%。一般公共预算支出42.13亿元,下降8.0%。全年财政收支平衡。

【组织财政收入】 优化收入结构。2018年一般公共预算收入占GDP的10.5%,占财政总收入的59.2%,税收收入22.91亿元,占一般公共预算收入的88.2%,收入结构保持良好。加强非税收入管理。加强土地出让管理,2018年出让土地29宗,出让面积926亩,成交金额15.99亿元。全年征收非税收入29.89亿元,其中纳入一般公共预算收入管理的非税收入3.07亿元。

【服务经济发展】 加大财政扶持力度。2018年审核兑付盘活工业用地奖励、企业参与标准化建设奖励、企业品牌建设奖励等各类涉企补助资金4.59亿元,增长69.8%。推进政策性融资担保公司运作。由县财政局出资1.00亿元,成立融资担保有限公司,2018年累计担保"三农"、中小微企业47户,担保余额1.02亿元。推进产业基金运作。设立"武义县先进装备制造业PE股权投资基金",成立浙江武义东创投资合伙企业(有限合伙),为后续先进装备制造业股权投资搭建平台。降低企业转贷成本。安排2.00亿元转贷资金,降低企业财务成本。2018年累计发放转贷资金49.42亿元,惠及企业251家。

【强化民生保障】 全年民生支出33.21亿元,占一般公共预算支出的78.8%。加强基础设施建设。拨付政府投资项目建设资金14.10亿元,重点用于小城镇环境综合整治、G235金华婺城至武义快速路、博物馆等项目建设。推进PPP项目运作。武川小学迁建工程、牛头山通景公路工程、武义广电演播传输技术用房建设工程和武义县全民健身中心等4个项目录入财政部PPP项目库。支持乡村振兴战略。整合2018年度财政支农资金5.27亿元,增长15.6%,重点用于支持农业生产体系建设、农业产业体系建设、农业经营主体体系建设、农村环境和生态建设等方面。推进一事一议财政奖补项目建设。推进柳城镇云溪村、桃溪镇项湾村、茭道镇朱王村、新宅镇柘坑村、王宅镇马府下村等5个一事一议财政奖补助推美丽乡村建设试点村项目。2018年检查、验收一事一议财政奖补项目62个,拨付奖补资金1668万元。促进教育文化事业发展。投入教育事业经费6.98亿元。落实各项教育资助政策,审核、拨付助学金2189万元,资助学前教育贫困幼儿115人、低收入家庭子女入学教育1327人,营养餐覆盖学生人数3822人,发放国家高中助学金1334人。推进医疗卫生体制改革。全年医疗卫生支出3.45亿元,城乡居民医疗保险筹资标准提高到950元/人·年,其中财政补助提高到630元/人·年,城乡居民基本公共卫生服务财政补助标准提高到55元/人·年。加强社会保障力度。社会保障支出18.61亿元,提高社会保障标准,城乡居民基本养老保险基础养老金标准从135元/人·月提高到140元/人·月,福利机构孤儿基本生活标准调整至1511元/人·月、社会散居孤儿基本生活标准调整至907元/人·月。

【深化财政改革】 推进"上门服务至少一次"活动。2018年主动上门服务1511人次,线上服务[illegible]人次,组织集中培训20次,培训2103人次,发放解答汇编材料3086册。深化"政采云"平台应用。2018年通过"政采云"平台审核政府采购计划1728份,交易金额4.80亿元。其中,开展政府采购项目招投标383项,预算资金5亿元,中标资金4.65亿元,节约资金3508万元,节约率7.5%。完善统一公共支付平台建设。2018年通过统一公共支付平台办理教育收费、社保缴费等业务逾70万笔,金额9.28亿元。推进税务征管体制改革。做好财政地税人员转隶和资产、经费划分划转工作,截至2018年11月底,原武义县地方税务局90名税务干部职工完成转隶。

【加强财政监管】 加强预决算公开。扩大预决算公开范围,细化公开内容,加快公开进度,规范公开方式。除涉密信息外,全县部门预决算公开率为100%。加强政府性投资项目投资评审。完成财政投资评审项目147个,审减资金5363万元。强化预算绩效目标管理。完成预算绩效目标审核910项,涉及预算资金13.84亿元。严肃财经纪律。开展全县车改遗留问题专项检查,对车改后加油卡未及时注销等问题进行处理,涉及单位12家,违规金额4.78亿元,全部缴入财政账户。防范化解地方政府性债务风险。核查全县隐性债务,根据"谁举借谁归还"原则,落实每笔隐性债务化债责任,分析每笔隐性债务的行政(法律)风险和偿债能力风险,并进行可偿债财力测算,制订五年化债计划,编制《武义县防范化解地方政府性债务风险专项行动实施方案》上报省委、省政府。

【加强队伍建设】 按照每周一个主题的要求,结合主题党日学、仪式学、讨论学、转化学等学习形式,促进学习教育常态化制度化。全年累计开展党委理论中心组专题学习研讨9次,周一夜学37期。组织全局党员干部开展清理违规借贷、违规持股、低价购房和规范"一家两制"专项自查,推进清廉财政建设。组织党员干部前往红色教育基地开展革命历史教育,提升干部党性修养。结合"'八八战略'再深化、改革开放再出发"集中调研活动,开展"不忘初心、牢记使命,当好新时代武义答卷人"大调研活动,累计发现问题16个,解决问题16个,形成制度性成果5个,完成调研报告18篇。发挥中层正职以上干部"导师"作用,与近两年新录用的18名干部开展为期两年的一对一"传帮带"结对工作,提升干部综合素质和业务水平。组织党员干部开展新春送温暖、关心下一代、重阳敬老等志愿服务活动,累计走访慰问困难家庭户数超80户。 (武义县财政局供稿 李 锐执笔)

磐安县

【概况】 2018年,磐安县实现地区生产总值96.62亿元,按可比价计算,增长7.0%。其中:第一产业增加值11.57亿元,增长3.8%;第二产业增加值43.60亿元,增长7.4%;第三产业增加值41.45亿元,增长7.5%。三次产业结构比为12.0∶45.1∶42.9。全县居民人均可支配收入26904元,增长9.9%。其中:城镇常住居民人均可支配收入38621元,增长9.0%;农村常住居民人均可支配收入17809元,增长10.2%。全县人均生产总值45342元。全县实现社会消费品零售总额40.82亿元,增长10.3%。全年完成财政总收入16.93亿元,增长12.7%。其中一般公共预算收入10.01亿元,增长12.3%。一般公共预算收入占GDP的10.4%,占财政总收入的59.1%。全年实现税收收入8.01亿元,占一般公共预算的80.1%。一般公共预算支出31.70亿元,增长11.2%。全年财政收支平衡。

【组织财政收入】 加强与税务部门联动。定期与税务部门研究分析当前经济形势,计划下一步组织税收收入工作,加大本地财源培植力度,增加全县可用财力。积极向上争取资金。组织相关部门向上争取资金16.73亿元,增长12.1%。其中,财政部门争取资金5.19亿元,增长18.2%。加强与省财政厅对接,争取地方政府债券11.25亿元,增长40.6%。加强非税收入管理。全年实现政府非税收入22.22亿元,增长71.6%,其中纳入一般公共预算收入管理的非税收入1.99亿元,增长22.8%。全县政府性基金收入20.21亿元,增加11.50亿元。

【助推经济发展】 支持实体经济。全年减免各类税费1.23亿元,兑现财政奖补资金2.09亿元。协助招商引资。在第十二届药博会上主导引进签约项目2个,引进社会投资50.00亿元。县财政局牵头,新引进落地项目投资额40.30亿元,项目全部开工建设。提供政策性担保。与浙江省担保集团有限公司签订再担保协议,与多家银行建立担保合作协议,为9家企业提供政策性担保3250万元。加强产业基金管理。委托浙江财通资本投资有限公司管理,组建两支定向投资基金,开展股权投资。

【强化民生保障】 2018年,全县民生支出23.52亿元,增长10.9%,占一般公共预算支出的74.2%。加大教育支出力度。加大教育基本建设投入,支持省教育基本现代化县创建,全年教育支出5.35亿元,增长2.3%。其中磐安县第四中学建设投入3100万元,教师进修学校迁建工程投入2655万元,职教中心建设预付投入1800万元。保障医疗卫生支出。医疗卫生与计划生育支出1.31亿元,其中基层医疗卫生机构支出3913万元,医疗救助支出1033万元,计划生育服务支出575万元,公共卫生服务支出3061万元,其他医疗卫生与计划生育支出1784万元。加大社会保障力度。最低生活保障类支出3463万元,残疾人生活和护理补贴支出1392万元。保障重点工作。协调指导磐安县城乡建设集团有限公司向政策性银行争取棚改贷款资金15.49亿元。争取土地收储专项债券6.00亿元,用于老城区拆迁改造。参与拆迁政策处理、小商品市场拆迁协调及资金调剂等工作。配合土地整治、杭温高铁站开发等全县中心工作。实施乡村振兴战略。安排农业产业培植、美丽乡村建设、乡村振兴等扶持资金逾3.50亿元。安排财政资金3830万元,完成一事一议项目61个。2018年,磐安县被浙江省财政厅列入全省扶持村级集体经济发展试点县,获奖补资金2250万元。

【优化体制机制】 调整财政管理体制。结合磐安县乡镇撤扩并情况,提交县人民政府出台新一轮乡镇(街道)财政管理体制。推进PPP项目运作。推广运用PPP模式,累计撬动社会资本逾6.20亿元。其中职教中心迁建PPP项目投资额3.23亿元,合作期限12年;人民医院急诊医技楼项目投资额2.50亿元,合作期限18年。

【强化财政监督】 强化财政存量资金监管。完成财政资金存放招投标工作2期。其中,第一期资金招标金额6.21亿元,第二期资金招标金额5.45亿元。履行财政监督职能。组织69家单位开展绩效自评,完成年度重点绩效评价(文化礼堂、科技奖补、城区餐厨中心等)13个,形成评价报告,并提出后期政策改进建议。加大预结算审核力度。完成预算审核项目451个,送审金额26.99亿元,审定金额25.53亿元,核减1.46亿元,核减率5.4%;完成结算审核项目247个,送审金额2.02亿元,审定金额1.86亿元,核减0.16亿元,核减率7.8%。加强政府采购信息化建设项目预算审核,完成县档案局数字档案建设方案、县交警大队2018年道路职能监控系统等6个项目预算的审核,送审金额2279万元,审定金额1697万元,核减582万元,核减率25.5%。加强固定资产管理。审核、核销21家单位报废固定资产账面原值1043万元。对电子类产品和旧汽车进行集中回收,组织公开拍卖活动7期,拍租拍卖收入合计627万元。

【深化队伍建设】 制定党风廉政效能建设工作要点,层层签订党风廉政建设责任书、机关效能建设责任书和个人廉政效能承诺书。开展迎新春文艺晚会、朗诵比赛、主题征文、主题演讲比赛等活动,丰富财政文化建设。制定"两学一做"学习常态化、制度化学习方案。通过微信等学习平台增强党员干部学习积极性。做好机构改革相关工作,落实档案整理清单工作,及时召开干部职工大会,组织干部职工谈心谈话,严肃过渡时期作风纪律,确保改革平稳推进。

(磐安县财政局供稿 马 超执笔)

衢州市财政工作

衢州市

【概况】 2018年,衢州市实现地区生产总值1470.58亿元,增长7.2%。其中:第一产业增加值80.93亿元,增长2.3%;第二产业增加值661.68亿元,增长8.2%;第三产业增加值727.97亿元,增长7.0%。三次产业结构比为5.5∶45.0∶49.5。按常住人口计算,人均生产总值66936元,增长6.1%。社会消费品零售总额717.46亿元,增长9.2%。进出口总额350.35亿元,下降4.5%。全市城镇居民人均可支配收入43126元,增长9.0%;农村居民人均可支配收入22255元,增长10.0%。全市地表水环境功能区达标率为100%,县级以上城市集中式饮用水水源地水质达标率为100%,跨行政区域河流交接断面水质达标率为100%。市区空气质量(AQI)优良天数比例88.8%;PM2.5浓度平均值为每立方米33微克。全市财政总收入206.90亿元,增长18.6%;一般公共预算收入128.10亿元,增长15.1%,其中税收收入106.88亿元,增长20.0%;全市一般公共预算支出355.94亿元,增长18.5%。市本级(含两区,下同)财政总收入118.22亿元,增长18.2%;一般公共预算收入70.89亿元,增长15.3%,其中税收收入58.58亿元,增长16.8%;市本级一般公共预算支出141.36亿元,增长14.5%。财政运行情况总体良好,全市及市本级财政收支平衡。

【组织财政收入】 加强分析预测。完善财税数据分析应用系统,利用大数据优势动态分析重要行业、主体税种和非税收入走势。强化部门合作。推进税务征管体制改革,落实财政税务信息开放共享、考核激励等措施,增强收入调控能力。全市和市本级税收收入占一般公共预算收入比重分别为83.4%、82.6%。推进财源培植。在全市范围内持续开展“加强企业服务、壮大地方财力”专项行动,支持美丽经济幸福产业和数字经济智慧产业发展。全市和市本级一般公共预算收入占财政总收入的比重分别为61.9%、60.0%,占GDP的比重分别为8.7%、10.7%。规范非税收入管理。建立部门信息共享机制,加强日常监管和重点监控,全市非税收入245.68亿元,增长13.1%,其中纳入一般公共预算管理的非税收入21.22亿元,下降4.4%;市本级非税收入148.36亿元,增长14.3%,其中纳入一般公共预算管理的非税收入12.31亿元,增长8.6%。

【服务经济发展】 减轻企业负担。落实降低增值税税率等减税新政和清费政策,建立全市收费目录清单,健全涉企收费定期公示和投诉处理机制。支持创新转型。设立“人科创”专项资金3.50亿元,引导产业创新发展。全市财政累计兑现涉企扶持资金10.37亿元,其中市级(不含两区,下同)3.55亿元,政策兑现平均时长提速45%。解决融资难题。强化政银企合作,将科技金融合作贷款扩容至6.40亿元,建立企业主体清单和贷款负面清单,实行差别化贴息政策,为26户科技型企业提供科技金融合作贷款2.60亿元,为33户工业企业提供资金周转4.34亿元,为41户中小企业提供融资担保0.94亿元。加快项目运作。设立15亿元衢州市基础设施(含PPP)投资基金,推进杭衢高铁、市体育中心、高铁新城外国语学校等PPP项目落地实施。加快政府产业基金运作,累计设立子基金5支,引进社会资本12.50亿元。

【保障民生支出】 全市民生支出273.08亿元,增长16.3%,占一般公共预算支出的76.7%。支持文教事业。全市全年教育支出48.46亿元,增长5.6%。出台市级学前教育经费管理办法,将市属公办小学、初中生均公用经费分别提至850元/人·年和1050元/人·年;将市级机关事业单位宣传工作经费由分散安排调整为财政统一保障;落实资金1.13亿元,支持全国文明城市创建和“南孔圣地、衢州有礼”城市品牌打造。完善社保体系。全市全年社保支出46.65亿元,增长14.5%。完善大病保险制度,落实被征地农民转入企业职工基本养老保险政策,全市失业保险金发放标准提高至1328元/人·月。保障医疗卫生事业。全

衢州市24小时城市书屋

市全年医疗卫生支出27.78亿元,增长7.9%。推动公立医院薪酬制度改革,落实医改财政补助政策,人均基本公共卫生服务经费财政补助标准提高至55元/人·年,市区城乡居民医保筹资财政补助标准提至600元/人·年。助力乡村振兴。市县统筹设立规模3.20亿元"大三农"专项资金,构建以建设乡村大花园为导向的财政支农政策体系;建立消除经济薄弱村财政兜底保障制度,全市累计投入财政资金8.08亿元,吸引社会资本和村集体投入3.85亿元。实施精准扶贫。落实东西部扶贫援川资金4805万元,将城乡居民最低生活保障标准统一提至680元/人·月,孤残儿童基本生活费提至1400元/人·月,为所有低收入农户按每人每年150元购买扶贫健康保险。助推生态环保。率先在省内完成辖区内钱塘江干流横向生态保护补偿协议签订,上下游地区每年各出资800万元设立横向生态补偿资金;拨付3.5亿元资金,保障海绵城市建设试点、省级生态文明先行示范区、小城镇环境综合治理等项目。

【落实财政"大统筹"工作机制】 实行预算管理一本账。将市级所有行政事业单位及国有企业纳入预算编制范围,建立统一收入、统一支出的"大预算"编制体系,实行每月报告制度。实行资产管理一本账。建立市级行政事业单位和市直国有企业房产土地管理系统,集中清理"有房产、无权证"问题,实现房产确权办证率99.6%。实行项目管理一本账。建立大项目统筹办、大财政金融统筹办,对政府投资项目进行识别识类,滚动编制政府投资项目计划和资金预算,规范政府投资行为。实行资金管理一本账。发挥财政、国资两个"资金池"作用,对政府性资金实行统一管理、统一调度,编制《"资金池"资金平衡表》,动态反映政府性资金运营管理状况。实行产业政策一本账。按照"大口子、大盘子、大专项"思路,设立"大科创""大三农""大商贸""大文旅"四大专项政策。实行市域统筹一本账。建立以政府综合考核为基础,以项目保障为导向,以民生发展为引领的市对县(市)区域统筹激励奖补机制,优化市与区分配机制,推动20亿元市域母基金设立,提升市域统筹能力。实行债务管理一本账。将国有公司企业融资、政府债务纳入政府统一管理,建立债务审批和报表制度,实行债务统一调控。

【深化财政治理】 防范化解风险。编制市级分年度隐性债务风险化解计划,推进市本级各融资平台市场化转型,超额完成2018年化债任务。开展PPP项目识别识类,对不适宜用PPP模式实施的3个项目申请退库。强化监督检查。开展违规发放津补贴、福利和违反财经纪律专项检查,对省审计厅发现的问题落实整改;强化国库集中支付动态监控,拦截疑点支付资金12007笔。实施绩效管理。全面实行预算绩效目标编审,涉及资金90亿元,覆盖市级所有纳入预算管理的部门单位;将预算绩效管理纳入市委市政府综合考核体系,提升部门(单位)预算绩效管理水平。深化"最多跑一次"改革。开展全流程全事项业务梳理,80%的事项实现"零跑"或"最多跑一次",业务办理时限比法定时限平均压缩50%以上;实现71个支付项目在统一公共支付平台上线,全市交易额39.16亿元,服务172万人次;推动"政采云"平台上线,全市入驻采购单位1519家,供应商2913家,交易额90.67亿元。开展"上门服务至少一次"活动,参与人数2447人次,服务企业和预算单位1105家,收集意见建议692条,形成整改落实项目13个。

【加强队伍建设】 制定全面从严治党主体责任细化清单,开展"不忘初心,牢记使命"主题征文活动,完成机关党组织标准化阵地建设。健全岗位管理和人员聘用制度,招录基层执法人员18人,面向"双一流"高校选调应届生1人,完成税务征管体制改革机构职能和人员划转。以"财税有礼"为主题在省财政厅开展衢州财税文化巡展,组织1400余人次参与全国文明城市创建志愿服务,开展财政职业精神主题征文、"会计诚信"微视频征集等活动,市局在2018年度市级机关部门综合考核中获"优秀单位"第一名。

(衢州市财政局供稿 毛怡青执笔)

柯城区

【概况】 2018年,衢州市柯城区实现地区生产总值192.58亿元,增长7%。其中:第一产业增加值7.80亿元,下降6.0%;第二产业增加值为43.41亿元,增长5.3%,其中工业增加值25.05亿元,增长8.2%;第三产业增加值141.37亿元,增长8.3%。三次产业结构比为4.0∶22.5∶73.5。全年完成财政总收入17.68亿元,增长24.9%;完成一般公共预算收入11.92亿元,增长25.2%,占GDP的6.2%,占财政总收入的67.4%,其中税收收入9.76亿元,增长20.5%,占一般公共预算收入的81.9%。全区一般公共预算支出39.68亿元,增长49.0%。全年财政收支平衡。

【组织财政收入】 加强税收收入征管。围绕年初确定的任务目标,培植税源,一般公共预算收入增幅位列全市第一。向上争取资金。做好项目谋划,加大向上争取资金力度,共争取上级奖补资金3.56亿元。强化非税收入管理。推进航埠、华墅等乡镇垦造水田,配合国土部门做好指标外调,完成土地指标调剂收入16.5亿元。全年实现非税收入38.75亿元,增长111.5%。其中纳入一般公共预算管理的非税收入2.16亿元,增长51.8%。

【服务区域经济发展】 加大财政扶持力度,转变支持方式,优化配套服务,推动全区经济发展转型升级。发挥财政政策激励作用,安排工业转型升级专项资金8000万元,加大对重点工业企业支持力度。兑现财政贡献、政府质量、工业企业小升规等奖励资金。实施"凤凰行动"计划,培育拟上市企业4家,补助资金440万元。安排专项资金1亿元,推动航埠"低碳"小镇、国家森林运动小镇建设。安排债券资金1.50亿元,支持双港开发区基础设施建设。联合巨化集团、国家集成电路产业投资基金，组建规模10亿元的产业基金，支持新材料产业发展。推进政府与社会资本合作，采用PPP模式建设寺桥水库，项目资金落实方案通过省财政厅审核，项目建议书获省发改委批复同意。

【保障重点支出】 助力脱贫攻坚。落实柯城—北川结对东西部扶贫协作资金，安排东西部扶贫区级配套资金790万元，支持北川县开展建档立卡人员精准就业扶贫工作。实施光伏小康工程，争取中央、省级资金9920万元、区财政配套1090万元，为集体经济薄弱村每年增收1650万元，120个集体经济薄弱村实现“摘帽”。推进省财政扶持村级集体经济试点，完成8个乡镇15个项目，区财政累计配套8060万元，扶持村集体发展土地股份合作、生态资源开发、物业建设管理、混合经营等多种经营模式。支持“三农”建设。安排10.84亿元用于生态修复、乡村保洁保绿、农村垃圾分类、公厕改造提升、危旧房改造、农房整治、美丽乡村示范带建设等工作。安排3.80亿元支持航埠、石梁、九华、华墅、七里、石室等6个乡镇开展小城镇环境综合整治。安排3亿元用于农村公路新改建。投入一事一议财政奖补资金1900万元，建成农村道路4.56公里、排灌水渠1.07公里、便民养老中心6065平方米、室外活动场所5730平方米，农民饮用水工程受益1053人。

【深化“最多跑一次”改革】 开展财政“上门服务至少一次”活动，为预算单位、重点税源企业解读财政政策，累计走访预算单位、企业130家，上门服务322次。推广“政采云”平台应用，全区所有行政事业单位入驻平台，实际采购资金1.44亿元。推广运用统一公共支付平台，教育、社保等28个项目实现线上、线下、自助终端等多种方式缴费，完成交易金额2.76亿元，服务10292人次。

【保障民生事业发展】 全年民生支出32.01亿元，增长41.1%，占一般公共预算支出的80.8%。教育事业支出5.26亿元，增长4.2%，其中安排6749万元支持学校校舍维修及改扩建、信息化建设等；安排5695万元用于义务教育、免教科书、营养餐及低保、困难学生资助等。医疗卫生事业支出3.25亿元，增长16.7%，其中安排经费5599万元，主要用于中心镇和城乡社区卫生服务中心提升改造，乡镇卫生院综合改革、公立医院综合改革、基本公共卫生服务项目建设等。社保支出4.27亿元，增长5.5%，农村低保标准从544元/人·月提高到680元/人·月，散居孤儿基本生活标准由750元/人·月提高到1106元/人·月；安排2.15亿元用于被征地农民转保衔接企业职工基本养老。安排2.05亿元，保障全国文明城市创建工作。

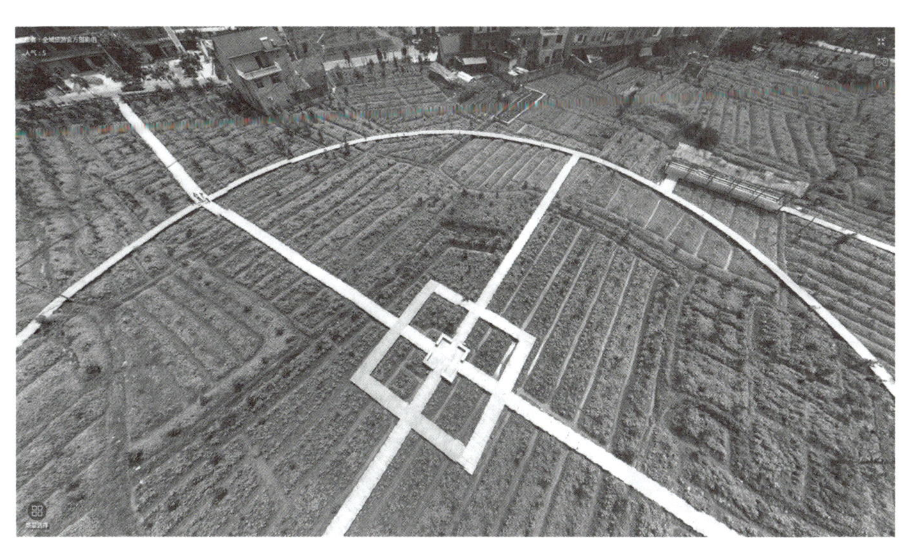
柯城区沟溪五十都金钱柳基地

【强化财政管理】 加强财政监督管理。开展农民合作经济组织联合会会员贷款贴息和柑橘产业转型发展贷款贴息核查，涉及财政贴息资金798万元，核减贴息83万元。完成22家单位扶贫资金专项检查，确保扶贫政策落实。推进乡镇公共服务平台建设，将水库移民、抚恤优抚、规模粮补等45个涉农补贴项目纳入平台管理，强化财政资金监管。加强财政支出绩效管理，对[illegible]部门及其下属单位开展绩效自评，涉及项目85个，金额2.62亿元。建立预算执行动态监控体系，对全区124家预算单位实行授权支付动态监控，纠正违规资金5355万元。强化政府投资项目评审，完成项目评审236个，审核资金9.31亿元，核减资金1.39亿元，核减率15.0%，保障全国文明城市创建、高铁新城、“大花园”建设等重点项目。制定《机关事业单位工作人员夜餐费开支管理办法》，规范开支标准和审批流程。严格控制一般性支出，全区“三公”经费支出控制在预算范围内，其中公务接待费用支出下降15.0%。深化财政专项资金管理。推进财政专项资金清理整合工作，编制并公开2018年区级财政专项资金清单。公开专项资金15项，涉及金额3.08亿元。规范公款存放管理。印发进一步规范行政事业单位公款竞争存放管理的通知，规范全区行政事业单位公款存放管理，2018年竞争存放财政资金14亿元，社保基金12.8亿元，公开招标开设银行账户1个。规范行政事业单位资产管理。推进“资产云”系统上线，加强资产产权管理，配合完成全区资产整合搬盘工作。印发区属党政机关机构改革中国有资产管理工作的通知，规范机构改革中国有资产管理。做好政府会计制度改革衔接工作。组织全区财务人员开展政府会计准则制度培训，加强行政事业单位财务会计管理，推进行政事业单位内控制度建设。推进机构改革。成立深化机构改革工作领导小组，做好财政机构改革前期基础工作。加强全区机构改革国有资产管理工作，保障机构改革经费需求。

【防范财政风险】 加强政府债务依法管理、限额管理、分类管理，制订地方政府隐性债务五年化债计划，2018 年完成化债工作。控制债券规模，新增政府债券 8 亿元，其中一般债券 6 亿元，土地储备专项债券 2 亿元。强化经营性资产整合，推进主要平台公司完成市场化转型。督促违规融资担保、政府购买服务不规范等行为为整改到位。

【加强队伍建设】 以大整风专题学习活动为抓手，依托“财政讲堂”，开展党组书记带头上党课 1 次，专题学习讨论 37 次。组织开展《中国共产党纪律处分条例》自测考试，加强正反面典型事例宣传。定期开展业务集中学习，组织中层以上干部参加财政业务脱产培训，举办全区财务人员业务知识培训班。组织干部职工参与高铁新城征迁、全国文明城市创建、“两溪三线”美丽庭院创建等区委、区政府中心工作。区局在全区社会经济发展工作目标综合考核中获一等奖，记“集体三等功”2 次，被区委、区政府评为“最佳满意单位”。

（衢州市柯城区财政局供稿　陈俭龙执笔）

衢江区

【概况】 2018 年，衢州市衢江区实现地区生产总值 174.62 亿元，按可比价计算，增长 7.8%。其中：第一产业增加值 19.19 亿元，增长 3.4%；第二产业增加值 76.68 亿元，增长 7.9%；第三产业增加值 78.75 亿元，增长 9.0%。三次产业结构比为 11.0∶43.9∶45.1。按户籍人口计算，全区人均生产总值 42310 元，增长 7.8%。全年财政总收入 26.00 亿元，增长 26.7%，其中一般公共预算收入 16.38 亿元，增长 19.8%。全区一般公共预算支出 41.09 亿元，增长 24.0%。全区财政收支平衡。

【组织财政收入】 做好收入分析。加强与税务部门的信息共享、协作配合，关注宏观经济变化和国家、省重大政策调整，做好政策效应分析、减收风险应对。提高收入质量。全区一般公共预算收入占 GDP 的 9.4%，占财政总收入的 63.0%；税收收入占一般公共预算收入的 83.6%，较上年提高 3.9 个百分点。强化征管服务。完善协税护税网络体系，加强对区级重点税源的跟踪服务，全年完成税收收入 13.70 亿元，增长 25.6%。推进非税收入电子化征管改革，通过浙江政务服务网统一公共支付平台收缴资金 2.72 亿元。全年政府非税收入 36.31 亿元，增长 34.8%，其中纳入一般公共预算管理的非税收入 2.68 亿元，下降 3.2%。

【服务经济发展】 培育壮大实体经济。落实衢江区工业新政 30 条、补充新政 12 条、人才新政 27 条等政策，全年为企业减税降负 4.12 亿元。成立注册资金 1.00 亿元的政府性融资担保公司，缓解中小微企业融资难问题。加大政府有效投资。推进重点项目建设，全年实施政府投资项目 153 个，区级财政资金支出 19.87 亿元。安排项目资金 2.55 亿元支持创建全国文明城市。争取政策资金。对接中央、省、市各项政策和改革试点，争取各类省改革试点资金 2.00 亿元，省新增债券资金 12.00 亿元，保障区域重大项目、重点支出需求。

【保障民生支出】 全区民生支出 29.21 亿元，增长 15.6%，占一般公共预算支出的 71.1%，新增财力 77.8%用于民生支出。提高社会保障水平。全年社保支出 8.99 亿元，增长 7.2%。实行每月 680 元的城乡一体化最低生活保障标准，城乡居民基本医疗保险和基本公共卫生服务财政补助标准分别提高至 700 元/人·年、55 元/人·年。计提社会保障风险准备金 4.32 亿元，确保落实被征地农民衔接转入企业职工基本养老保险政策。支持科教文卫事业。全年教育支出 5.75 亿元，优化城乡教育布局，推进省教育基本现代化区创建；医疗卫生等支出 5.04 亿元，深化公立医院综合改革，加强基层医疗卫生机构建设，落实财政对基本医疗保险基金的补助；科学技术支出 9637 万元，支持科技创新和人才工作；文化体育与传媒支出 6611 万元，推进新闻广电、体育场馆、农村文化礼堂等建设。办好民生实事。新覆盖农村饮水安全人口 2.84 万人，建成示范性居家养老服务中心 10 家，新增及改造城镇公厕 17 座、农村厕所 550 座，完成城乡危旧房治理改造 4195 幢、城中村改造货币化安置 1718 套。拨付消除集体经济薄弱村行动资金 6220 万元。

衢江区莲花全国特色小镇

【助力乡村振兴】 拨付资金 11.00 亿元，推进放心农业、康养产业、美丽乡村建设、全域土地综合整治等工作。拨付旅游发展资金 4000 万元，推进全域旅游发展。全年接待游客 975 万人次，增长 22.9%，实现旅游总收入 57.07 亿元，增长 25.6%。完善财政支持乡村振兴投入保障机制，全年区级财政实现土地指标对外调剂收入25.03亿元，将80.0%的指标调剂收入用于反哺“三农”，实施“全域土地综合整治+产业振兴+风貌提升+农村改革”。衢江区成为全省唯一一个国家级和省级实施乡村振兴战略双联系点。区级财政投入资金1.70亿元，争取省农业基金投资2.50亿元，实施富里农村综合改革试验区项目，富里乡村有机更新经验做法被全省推广。

【深化财政改革】 推进预算绩效改革。将绩效管理和预算编制相结合，实现预算绩效目标全覆盖。全年部门预算绩效目标填报项目990个，涉及单位146个，资金61.34亿元，建立绩效评价结果在预算安排中的激励与约束机制。健全政府投资管理体制。统筹政府、市场资源，发挥政府产业基金作用，吸引总投资55.00亿元的纤纳新能源项目落户衢江。推广PPP模式，实施小城镇环境综合整治工程，撬动社会资本5.47亿元，获评全省小城镇环境综合整治优秀区。加快国资改革。完成4家国资公司实体化运作，全年完成投资14.00亿元。加大国有公司资金集中管理，国资“资金池”扩容至8.00亿元，推动“资金池”成为全区国资体系的“支付中心、融资中心、理财中心”。推进机构改革。成立深化机构改革工作领导小组，做好财政机构改革前期基础工作。加强全区机构改革国有资产管理工作，维护国有资产安全，防止国有资产流失。

【强化财政监管】 落实厉行节约规定。严控“三公”经费预算，降低行政成本。2018年“三公”经费支出减少269万元，下降15.1%。开展津补贴和福利发放、用公款购买赠送礼品礼金消费卡等问题专项检查，全区落实自查单位177家，自查率100%。做好重大风险管控。加强地方政府债务预算管理和限额管理，加强养老保险基金收支分析，严防债务风险和养老保险支付风险。规范财政资金竞争性存放。出台《衢江区区级财政资金存放管理实施细则（试行）》，健全财政资金存放管理机制，全年竞争性存放财政资金17亿元。强化政府投资项目管理。全年审核项目1639个，送审金额115.32亿元，核减金额8.98亿元，核减率7.8%。

【干部队伍建设】 开展“不忘初心　牢记使命”主题征文、“重走一大路”党建主题日、“清廉衢江　财政先行”演讲比赛等活动。组织干部到法院旁听腐败案件审理，建成党建走廊、党建活动室等文化阵地，推进清廉财政建设。组织全体机关干部、乡镇财政所和预算单位财务人员分批赴高校参加专题研讨培训，提升财政素质能力。推行中层干部轮岗、竞争性选拔、年轻干部上挂下派等制度，拓宽干部培养和锻炼渠道。结对小区、交通路段、社区楼道开展文明创建志愿服务活动，全局注册志愿者人数79人，占在编在岗总人数的96.3%，全年志愿服务1965时数，树立财政干部良好形象。

（衢州市衢江区财政局供稿　柴慧玲执笔）

江山市

【概况】 2018年，江山市实现地区生产总值300.47亿元，增长8.5%，其中：第一、第二、第三产业增加值分别为20.85亿元、140.25亿元、139.37亿元，分别增长3.3%、8.3%、9.6%。三次产业结构比为6.9∶46.7∶46.4。按户籍人口计算，人均生产总值48742元，增长8.3%。城镇居民人均可支配收入45464元，增长9.4%；农村居民人均可支配收入24082元，增长9.8%。全年固定资产投资106.31亿元，下降5.8%。全市财政总收入29.56亿元，增长17.3%。一般公共预算收入19.21亿元，增长15.2%，占GDP的6.4%，占财政总收入的65.0%，其中税收收入16.28亿元，增长25.1%，占一般公共预算收入的84.7%。全年实现非税收入31.86亿元，其中纳入一般公共预算管理的非税收入2.92亿元。一般公共预算支出56.02亿元，增长23.9%。全市财政收支平衡。

【服务经济发展】 落实财税优惠政策。落实工业强市、科技创新等振兴实体经济政策，兑现涉企财政补助资金3.60亿元。落实减税降费政策，对土地使用税实行征前减免，为企业减负4900万元，落实上级下达的增值税留抵退税1547万元。运用企业搭桥资金，帮助企业转贷470笔，转贷金额28.17亿元。推进经济转型升级。推广专利质押贷款担保，为13家企业转贷2300万元。参与制定《江山市智能制造试点示范实施方案》，推进智能制造发展。完善政府产业引导基金体制，新投企业2家，投资金额2330万元。新设立江山网营物联基金，基金一期到位资金2.50亿元。安排580万元支持浙大紫金江山科创飞地、江干—江山科创飞地等重大科创平台建设。筹措资金3350万元，扶持外向型经济建设。支持重大项目建设。筹措政府投资重大项目建设财政性资金，争取债券资金11.91亿元，提前下达2019年地方政府债务限额10亿元，筹措峡口水库引水工程资金5600万元、文化艺术中心建设资金1亿元、虎山运动公园建设资金1亿元、小城镇综合整治项目资金6600万元。引入竞争机制，实行先批先定、优化组合的方案，为棚户区改造项目融资贷款22亿元。推广运用PPP模式，完成文化艺术中心二期、虎山运动公园PPP项目签约。江山市客运枢纽项目入选财政部第四批示范项目名单，获财政部PPP项目以奖代补资金500万元。

【保障改善民生】 全市民生支出45.30亿元，增长23.4%，占一般公共预算支出的80.9%。加大“三农”事业投入。安排4590万元支持“百项千亿防洪排涝工程”等水利项目建设。投入430万元，推进“一村万树”工作。统筹资金7.01亿元保障垦造耕地、耕地保护补偿、农村土地综合整治等工作。实施光伏小康工程，累计发放收益1126万元。拨付补助资金2615万元，完成一事一议财政奖补项目52个。投入2700万元，扶持村级集体经济试点项目15个。安排资金1亿元,支持"政银村"合作,消除集体经济薄弱村63个。支持社会事业发展。全年社会保障与医疗投入14.72亿元。拨付"双下沉"等医疗改革专项资金1.27亿元,安排市人民医院与邵逸夫医院医联体专项补助资金300万元。从土地出让金中筹措2.50亿元充实社会保障资金。拨付低保等社会救助专项资金1.32亿元。安排专项资金1420万元,落实退役士兵帮扶政策。全年教育投入8.95亿元。调度7500万元推进教育布局调整项目、薄弱学校改造及农村集体办幼儿园建设。拨付2970万元,支持文化、广电、体育等事业。投入2070万元用于文物保护和非物质文化遗产保护。安排专项资金1223万元,推进"英才工程"建设。推进生态环保建设。安排280万元支持国家森林城市创建。统筹安排资金1.50亿元,深化小城镇环境综合整治。结算资金2400万元,推进峡口、碗窑水库饮用水源地安全保障达标建设。拨付补偿资金1053万元,关停烧结砖轮窑企业3家。投入资金6580万元,推进农村生活污水处理建设工作。完善畜禽养殖污染管控机制,投入650万元,建成美丽生态环保型牧场42家。

【推进财政改革】 优化"四本预算"编制,编制《2018—2020年市级部门财政规划》。建立预算绩效管理体系,探索部门整体预算绩效改革试点。全年完成绩效评价重点项目16个,涉及资金2.45亿元。在财政部2017年度县级财政管理绩效综合评价结果中位列全国第51位,全省第2位,获得中央财政奖励1500万元。列入全省土地储备出让预算管理制度改革试点县。深化会计信用体系建设试点工作。推广"政采云"平台应用,通过平台交易金额5.51亿元。开展"上门服务至少一次"活动,到各预算单位上门服务3452人次。推进浙江政务服务网统一公共支付平台建设,通过平台收缴业务29万笔,金额15.86亿元。推动财政票据电子化改革,在市人民医院、中医院等场所设立自助结算及票据打印终端。

【强化财政监管】 开展预算单位公款竞争性存放,参与单位5家,资金规模1.10亿元。推进专项资金信息公开,公开资金37项,金额9.51亿元。实施国库集中支付动态监控,覆盖全市行政事业单位185个。强化政府投资项目评审,评审项目282个,总价25.27亿元,核减支出3835万元。完善政府采购信息统计制度,纳入政府采购监管资金4.89亿元,节约资金3439万元。推行"五单合一"报销模式(即在报账时需附上公函、接待审批单、接待清单、菜单、发票等五个原始凭据),规范公务用餐接待。

【深化国资管理】 开展国资管理政策宣传,印发《行政事业单位国有资产管理规章制度选编》。试编行政事业单位经营资产和自然资源国有资产报告,启用"资产云"管理系统,推进资产管理信息化建设。探索建立资产公物仓,对公物仓资产实行集中管理、调剂使用。实施国投公司资金集中管理,完成资金归集9家,规模9亿元。国投公司实现归集单位与银行的联动实时支付,共开展理财业务32笔,收益2200万元,收益率增长11倍。

【加强队伍建设】 推进"两学一做"学习教育常态化制度化,加强机关干部政治业务学习,全年安排各类培训班15个。完成机构改革工作,做好职能划转与资产划分工作,转隶75人。开展"大学习大调研大抓落实"活动。健全反腐败领导体制和工作机制,细化班子成员党风廉政建设责任,层层签订党风廉政建设责任书。完善中层以上干部个人廉政档案,副科以上干部在江山"廉政在线"平台线上诺廉。加强节点廉政教育,提醒党员干部自觉履行廉政规定。开展"优化营商环境,我来献一策"主题讨论活动,征集意见建议150条。强化内控管理,应用上网行为管理系统,开展内部监督检查。实行工作人员请假制度及谈心谈话制度,实施"正风肃纪"监督检查。

(江山市财政局供稿　薛丽红执笔)

龙游县

【概况】 2018年,龙游县实现地区生产总值241.98亿元,增长7.6%。其中:第一、第二、第三产业增加值分别为12.01亿元、107.40亿元、122.57亿元,分别增长4.2%、8.2%、7.5%。三次产业结构比为5.0∶44.4∶50.6。按户籍人口计算,人均生产总值59829元,增长8.0%。城镇常住居民人均可支配收入44246元,增长8.7%;农村常住居民人均可支配收入22636元,增长10.4%。全县财政总收入27.50亿元,增长24.6%,一般公共预算收入17.63亿元,增长19.0%,税收收入14.74亿元,增长24.4%。一般公共预算支出59.02亿元,增长18.6%。全年财政收支平衡。

【组织财政收入】 建立财税收入协调领导小组工作机制,强化部门协作和征收责任落实,推动信息管税、信用管税和协同管税。全县一般公共预算收入占GDP的7.3%,占财政总收入的64.1%,税收收入占一般公共预算收入的83.6%,较上年提高3.6个百分点。加强财政票据管理,发挥源头监控作用,推进非税收入征缴。全年组织非税收入31.86亿元,增长59.9%,其中纳入一般公共预算收入管理的非税收入2.89亿元,下降2.5%。

【服务经济发展】 落实各项减税降费政策,公开收费清单目录,全年减轻企业税费负担3.62亿元。完善财政扶持政策,助力企业转型发展。推进政府产业基金运作。发挥"转贷通"等惠企贷款政策作用,提供转贷、担保业务289笔,涉及金额18.70亿元,惠及企业149家。制订黄茶产业、竹产业培育财政补助政策,支持"龙游花海"田园综合体建设,推进特色产业发展。筹集资金13.45亿元助力全县重点项目建设,保障城东新区开发建设、沿江美丽公路、"五四三"专项、小城镇环境综合整治等重点项目资金需求。

【保障民生支出】 全年民生支出 45.25 亿元,增长 16.8%,占一般公共预算支出的 76.7%。安排 1.90 亿元,保障全民登山健身步道、儿童营养健康工程、农村公路品质提升等项目实施。落实社保基金政府投入机制,筹措 5.27 亿元充实社保风险准备金,保障社保基金可持续运行。推进城乡低保标准一体化,将农村低保最高补差标准由 544 元/人·月提高到 680 元/人·月,全年发放 1.05 亿元,用于城乡低保补助、城乡困难人员医疗救助、残疾人两项补贴等。投入资金 2238 万元,将基本公共卫生服务经费财政补助标准从 50 元/人·年提高到 55 元/人·年,推进“健康龙游”建设。全年投入教育资金 7.99 亿元。提高教育生均经费基本标准,小学、初中分别增加 100 元/生·年和 200 元/生·年,提高至 930 元/生·年和 1130 元/生·年。投入资金 1.48 亿元,推进城乡校舍改扩建提升工程,改善学校基础设施条件。加大城乡基本公共服务均等化的财政保障力度,加快城区公共图书馆、博物馆等文化基础设施建设。加大扶贫攻坚投入力度,完善财政扶贫专项资金管理制度,获评“全省扶贫工作先进集体”。

【深化财政改革】 深化“最多跑一次”改革,以清单方式开展“上门服务至少一次”活动,走访服务部门 322 次、二级单位 487 次,服务 1300 余人次。深化“政采云”平台运用,全县入驻采购单位 242 家,累计交易 3.31 亿元。将全县公办教育收费、公安罚没、不动产登记费等服务事项纳入统一公共支付平台,平台缴费率 73.1%。推进国库集中支付电子化管理改革,实现试点预算单位支付电子化功能上线。建立债券资金项目入库告知、预算追加通知、督查整改交办、整改报告反馈的“四单”管理机制。出台机构改革管理和保障相关规定,推进税务机构改革,完成地税人员转隶。

【强化财政监管】 完善公款存放实施管理办法,健全公款竞争性存放常态机制。配合驻局纪检组对全县 211 家行政事业单位账户开展全面检查,对不规范的账户问题进行督促整改。加强政府投资项目审核管理,出台政府投资项目咨询服务中介机构考核办法,加强政府性投资项目审核,完成“三算”审核项目 1240 个,净核减资金 6.22 亿元,核减率 8.0%。完善“1+8+16”(即 1 个财政内控基本制度、8 个专项内部控制办法和 16 个内部控制操作规程)财政内控体系。制定防范化解地方政府隐性债务风险专项行动实施方案,完成 2018 年化债任务。出台《龙游县县级预算绩效目标管理实施办法(试行)》,建立政府性投资项目预算执行考核机制,开展政府性资金项目支出绩效运行跟踪监控工作,加强财政资金使用绩效评价考核。财政管理绩效综合评价工作在全国评比中位列第 58 位、全省第 3 位,获财政部通报表彰和专项奖励。

【加强队伍建设】 建立局党委班子成员联系党支部制度,督促联系支部加强规范化建设。举办党务干部(纪检干部)读书班,制定《机关党建考核办法》《党风廉政建设责任清单》,推进清廉财政建设,强化机关党建和党风廉政建设主体责任落实。组建督查落实、财政绩效、内部控制等工作专班。制订编内外人员一体化考核机制,建立对先进集体、先进个人通报表彰和违规违纪等负面清单量化扣分制度,强化“正向激励+反向约束”的工作导向。县局在全县综合考核中获一等奖,获评“落实全面从严治党主体责任优秀单位”。

（龙游县财政局供稿　朱敏芬执笔）

注:

*“五四三”专项:“五水共治”“四边三化”“三改一拆”等工作的统称。

常山县

【概况】 2018 年,常山县实现地区生产总值 140.42 亿元,增长 6.7%。其中:第一产业增加值 7.91 亿元,增长 2.3%;第二产业增加值 60.00 亿元,增长 7.1%;第三产业增加值 72.51 亿元,增长 6.8%。三次产业结构比为 5.6∶42.7∶51.7。按常住人口计算,全县人均生产总值 55523 元,增长 5.0%;城镇居民人均可支配收入 36423 元,增长 8.6%;农村居民人均可支配收入 20184 元,增长 10.2%。全县财政总收入 17.09 亿元,增长 22.3%;一般公共预算收入 10.98 亿元,增长 11.1%;一般公共预算支出 47.05 亿元,增长 24.6%。全年财政收支平衡。

【组织财政收入】 加强经济形势分析,健全信息共享机制,优化财政收入结构。实施“凤凰行动”计划、“腾笼换鸟”行动,涵养优质税源。落实财税优惠政策,支持“招商引智”,助推总部经济发展。深化“亩均论英雄”改革,提升资源利用效率。2018 年,全县一般公共预算收入占财政总收入的 64.2%,占 GDP 的 7.8%;其中税收收入 8.70 亿元,增长 34.5%,占一般公共预算收入的 79.2%。规范非税收入征管,推进非税收入电子化收缴,全年非税收入 18.74 亿元,增长 43.9%,其中纳入一般公共预算管理的非税收入 2.28 亿元,下降 33.2%。

【坚持绿色发展】 与开化县、衢州市签订《钱塘江流域上下游横向生态保护补偿协议》,在全省率先推出县域出境水质乡镇考核办法。山水林田湖草生态保护修复工程入选全国试点,获中央重点生态保护修复治理专项资金 2.50 亿元。完善绿色发展财政奖补机制,获省绿色发展财力奖补资金 4.76 亿元。投入 1.50 亿元,对常山江、芳村溪等进行流域治理。全年出境水Ⅰ类水质天数 149 天,居钱塘江流域 34 个县(市、区)第一。获浙江省“五水共治”(河长制)工作优秀县“大禹鼎”。

【加大民生投入】 全年民生领域资金支出 34.63 亿元,占一般公共预算支出的 73.6%,增长 14.8%。支持教育“一号工程”。

全年教育支出6.12亿元,增长25.0%。投入8328万元对15所学校实施迁建扩容和改造提升;教育教学质量奖励人均标准提高至24000元;兑现中高考奖励资金1600万元。统筹城乡发展。投入2.25亿元用于危旧房治理改造,投入7700万元用于小城镇环境综合整治,投入1000万元用于城区亮化提升。加速"大通道"建设。争取省基础设施投资基金1.23亿元。投入2.12亿元用于320国道常山段改建,投入4700万元用于国道维修和农村公路提升改造。加大社保投入。全年社会保障和就业支出6.63亿元,其中安排120万元专项经费用于打造"养老之城"。加强政银合作,2018年度基本养老保险和基本医疗保险参保率居全市第一。助力文体事业。全年文化体育与传媒支出8709万元。投入3932万元打造西源红色景区,建设南孔书屋、宋诗之河。保障庆祝常山建县1800年活动,支持中国山地自行车赛、龙舟赛等体育赛事。保障医疗卫生事业。投入1亿元支持公共卫生服务中心和中医院搬迁改造,投入6000万元支持医共体和乡镇卫生院建设。

【助推乡村振兴】 推进美丽乡村建设。统筹3.63亿元用于打造美丽乡村,安排6900万元重点打造美丽乡村7个。投资3844万元用于一事一议项目93个。分别安排3449万元、2340万元和3956万元用于农村生活污水项目、农村垃圾和"赤膊墙"整治。促进农民增收。设立扶持村集体经济发展专项资金900万元,开展"千企结千村"专项行动。安排精准扶贫资金8075万元,用于光伏发电、异地搬迁、产业发展、低收入农户保险等。投入700万元打造村上酒舍、申山乡宿、云湖仙境等高端民宿。扶持农业特色产业。投入460万元支持中国首届农民丰收艺术节、中国常山胡柚文化节、中国常山油茶博览会。创建"中国好粮油"工程示范县,获中央财政项目奖励资金3075万元。设立"常山阿姨"*发展专项基金300万元,输出"常山阿姨"1925人,促进"常山阿姨"产业化发展。

【推进财政改革】 深化"最多跑一次"改革。开展"同心汇聚·携手同行"和"上门服务至少一次"活动,全局干部分15个小组,走访全县企业588家、预算单位194家。推进统一公共支付平台建设。全年服务16万人次,支付金额8.90亿元。国库集中支付电子化改革实现预算单位全覆盖。深化政府采购改革。推广"政采云"平台,覆盖率99.1%,交易金额3.49亿元。规范乡镇财务管理。全县14个乡镇(街道)完成规范化财政所创建。

【强化财政监管】 防范化解政府性债务风险。健全日常管理和应急处置机制,严控新增隐性债务。加强"三公"经费管理。出台机关工作人员差旅费管理新规,完成事业单位和国企公车改革,构建"三公"经费长效管理机制。强化政府投资项目全过程监管。完成"三算"审核项目562个,核减金额1.80亿元。加强公款竞争性存放管理。完善公款竞争性存放管理办法,全年招标金额5.70亿元,新增存量资金总收益340万元。对11个重点项目开展财政绩效评价,对30家单位开展财政监督检查。加快融资平台市场化转型,组建常山旅游发展投资运营有限公司,完成常山县市场开发有限公司对青石石文化公司的兼并工作。强化国有资产经营。推进国有房地产整合盘活,成立常山县国有资产整合盘活工作专班,全年办理国有资产转移登记357处,导入333宗土地和1286幢房产测绘数据。防控社保基金风险。划转财政资金3.78亿元充实社保风险准备基金,加强基金保值增值运作。

【铸造财政铁军】 组织"两学一做""三会一课""主题党日"活动。落实衢州市"大整风"十大行动,严守"十条军规"。实施组团联村制度,落实挂联包村责任,对接"国际慢城"*建设工作。完成税务征管体制改革,做好机构职能和人员的划转工作。选派财政骨干参与"千企结千村"消灭薄弱村、城市能级提升等工作专班,以及公车改革、危旧房改造、扶贫专项巡察等工作组。常山县财政局在2018年度全县机关部门综合考核中获一等奖。

(常山县财政局供稿 李阳彦执笔)

注:

*"常山阿姨":常山县保姆人员输出产业。按照"政府性主导、公司化运作、学院式培训、AB岗派遣、标准化服务"的思路,让农村妇女接受专业知识、技能教育,推动保姆行业转型升级,实现精准扶贫乡村振兴。

*"国际慢城":常山县把建设"美丽中国独具特质的国际慢城"列为战略目标,确立"何处心安、慢城常山"区域形象品牌。在挪威国际慢城联盟总部协调委员会会议上,常山县成为中国第七个国际慢城。

开化县

【概况】 2018年,开化县实现地区生产总值131.99亿元,增长6.6%,其中一产、二产、三产分别实现增加值13.09亿元、43.44亿元、75.46亿元,分别增长3.1%、4.4%、9.0%。三次产业结构比为9.9∶32.9∶57.2。按户籍人口计算,人均生产总值36476元,增长6.2%;按常住人口计算,人均生产总值52129元,增长5.1%。社会消费品零售总额85.51亿元,增长9.4%。城镇常住居民人均可支配收入34617元,增长8.9%;农村常住居民人均可支配收入17283元,增长9.8%。城镇新增就业人数5970人,城镇登记失业率2.1%。县域出境水Ⅰ、Ⅱ类水占比99.7%,空气质量指数(AQI)优良率98.3%,PM2.5浓度年均值23微克/立方米。全县财政总收入14.52亿元,增长9.9%,其中一般公共预算收入9.39亿元,增长11.3%。全县一般公共预算支出52.48亿元,增长18.6%。全年财政收支平衡。

【组织财政收入】 加强财税经济形势研判,落实组织收入预案,全年一般公共预算收入占财政总收入的 64.7%，占 GDP 的 7.1%。推进税务征管体制改革，协同税务部门加强重点税源监控，强化税收风险管理，健全涉税信息共享机制，全年税收收入 8.57 亿元，增长 12.8%，占一般公共预算收入的 91.3%。加大税源培植力度，支持服务业发展，入选省级服务业强县试点区、省文化产业发展专项资金扶持县，服务业税收占一般公共预算收入的 64.3%。夯实非税收入征管基础，推进非税收入线上线下一体化收缴体系建设，非税收入 11.52 亿元，其中一般公共预算收入中的非税收入 0.82 亿元。设立向上争取专项奖励，激励部门向上争取资金，全年争取上级补助资金 33 亿元、新增地方政府债券资金 11.60 亿元。

【支持经济发展】 完善农业主导产业、光伏产业、文旅产业等财政扶持政策，兑现各类奖补资金 2.78 亿元，其中工业企业兑现 7213 万元，占工业企业当年地方财政贡献的 53.0%。支持实施“强企暖企”三年行动，落实减税降费政策，减轻企业负担 1.67 亿元。深化财政金融合作，加强企业应急专项资金管理以及“转贷通”专项资金委托运作，为 133 家企业应急周转 9.57 亿元，为 125 家企业办理“转贷通”借款 8.87 亿元。

【促进生态发展】 践行“两山”理念，钱塘江源头区域入选全国山水林田湖草生态保护修复工程试点，获中央补助资金 5 亿元。探索横向生态补偿机制，与常山县签订全国首份县域之间的上下游生态补偿协议。推进钱江源国家公园体制试点建设，利用 PPP 模式实施城乡生活垃圾集中处理，支持开展“污水、厕所、垃圾、庭院”四大革命等行动，获省绿色发展奖补资金 7.37 亿元。建立乡镇财政绿色生态奖补机制，每年安排绿色生态奖补考核资金 800 万元，推进生态文明建设和污染减排工作。

【保障民生支出】 全年民生支出 42.92 亿元，同口径增长 17.7%，占一般公共预算支出的 81.8%。全年社保支出 6.99 亿元，增长 13.2%，提高城乡居民基础养老金至 155 元，统一城乡低保标准为 680 元，加大困难群众生活救助力度。全年医疗支出 3.50 亿元，下降 19.9%，深化医疗体制改革，支持医疗机构转型升级，推动浙医二院高水平“医联体”正式运行。全年教育支出 6.05 亿元，增长 5.8%，支持教育质量提升行动，改善教育教学条件，落实教师待遇政策。实施乡村振兴战略，开展农村综合改革试点，省定 119 个集体经济薄弱村全部“摘帽”。推进全域旅游、A 级景区村等创建工作，投入 5500 万元推进土地治理项目建设，投入 1.68 亿元保障“一户多宅”清理整治、建设用地复垦和“农房管控”实施，统筹整合 7.10 亿元确保小桥头片区和泰康药厂片区改建项目推进。

【深化财政改革】 建立财政大统筹工作机制体系，统筹县级资金资源集中财力办大事。推进全口径政府预算体系建设，加大“四本预算”之间统筹力度，实施支出经济分类科目改革，编制政府和部门经济分类两套预算。上会审查部门预算数量扩大至 30 个。完善预决算公开机制，提高预决算公开质量。建立健全支出执行进度考核制度，首次将预算执行率纳入县委、县政府部门综合考核，加快支出进度。推进规范化财政所建设，成为全省首批通过乡镇财政所规范化建设考核的县。探索以管资本为主的国有资本授权经营体制，挂牌运行国有集团公司 3 家，入选省国有企业混改推介项目 8 个。

【深化“最多跑一次”改革】 完善国库集中支付“见单审核”制度，推进财政授权支付业务，全年授权支付 4 万余笔，总支付金额 4.47 亿元。推广“政采云”平台应用，促进政府采购网上交易、监管、服务一体化，采用承诺入围方式征集网上超市供应商 181 家，交易金额 2.30 亿元，节支率 7.7%。拓展乡镇公共财政服务平台功能，与社保、民政等部门实现数据实时对接。开展“上门服务至少一次”活动，累计服务部门(乡镇)72 家、二级单位 80 家、企业 1003 家，服务人数 8800 人次。

【强化监督管理】 组织部门对 2018 年度部门预算项目的绩效目标实现程度和预算执行进度进行“双监控”，开展专项经费重点绩效评价 3 个。梳理近年来中央、省、市、县的各项财务管理制度，加强对各预算单位财务指导。加强国库集中支付动态监控，开展授权支付业务监督检查，发现、纠正 16 家预算单位 23 笔不正确支付方式和应列未列“三公”经费等不合规现象，拦截资金 152 万元。组织企业职工基本养老保险情况检查和 2018 年预算公开检查。严格政府债务管控，对政府债务实行依法管理、限额管理、分类管理。编制防范化解政府隐性债务专项行动方案，促进融资平台公司实体化市场化转型，盘活存量资金，完成 2018 年化债计划。加强财政承受能力论证和预算评审，规范政府投资项目和 PPP 项目管理。

【加强队伍建设】 落实全面从严治党主体责任，筛查岗位廉政风险点，开展“违规房产交易”“违规借贷”“新四风”问题自查自纠，组织科室单位负责人集体廉政谈话。健全“周一夜学”制度，组织学习党章党规党纪，开展财政业务学习，提升干部综合素质。推进“两学一做”常态化制度化，开展主题党日活动、健康徒步活动。贯彻省委“大学习大调研大抓落实”工作部署，落实“周二无会日”组团联村工作。做好思想学习教育、党内政治生活、“十大专项”工作、服务机制建设、考评体系构建，促进工作提质增效。连续 9 年获县级机关部门综合争先考核一等奖，连续 10 年获县级机关部门最满意单位称号，连续 4 年获县政府集体嘉奖。

(开化县财政局供稿　江春笑执笔)

舟山市财政工作

舟山市

【概况】 2018年，舟山市实现地区生产总值1316.70亿元，按可比价格计算，增长6.7%，按常住人口计算，人均生产总值11.2万元。第一、第二、第三产业增加值分别为142.60亿元、428.40亿元、745.70亿元，分别增长5.8%、6.0%、7.2%。三次产业结构比为10.8：32.5：56.7。全社会固定资产投资增长7.5%，其中交通投资增长43.9%，基础设施投资增长17.7%。港口货物吞吐量5.08亿吨，增长10.9%，其中江海联运量2.11亿吨，增长10.5%。全市批发业商品销售额3149.30亿元，增长30.1%。外贸进出口总额1135.50亿元，增长44.9%。城镇、渔农村居民人均可支配收入分别为56622元和33812元，分别增长7.8%和9.8%。全市实现财政总收入218.35亿元，增长16.6%；一般公共预算收入146.02亿元，增长16.1%，其中税收收入101.90亿元，增长6.4%。一般公共预算支出308.49亿元，增长19.3%。市本级财政总收入105.99亿元，增长18.4%，其中市本级一般公共预算收入68.17亿元，增长14.3%。市本级一般公共预算支出119.61亿元，增长22.2%。全市和市本级财政收支平衡。

【组织财政收入】 财税联动组织收入。落实年度财政税收收入目标，协调全市各区域和各部门的组织收入进度。强化市财政与税务部门、县区财政部门对财税收入预测和执行情况统计分析联动，确保税务征管体制改革期间财税收入持续增长。优化收入结构。一般公共预算收入占GDP的11.1%，占财政总收入的66.9%，税收收入占一般公共预算收入的69.8%。加强非税收入征管。推进统一公共支付平台应用，市本级累计通过平台征缴非税收入52.01亿元。加快土地出让金清算进度，完成市级(含两区)土地清算项目129个。全年实现政府非税收入280.22亿元，其中纳入一般公共预算收入管理的非税收入44.12亿元。

【支持新区建设】 争取政策资金。争取省财政厅代发的地方政府债券资金61.57亿元，其中新增债券规模33.00亿元。争取省及省以上补助资金45.00亿元，其中海洋发展专项资金14.70亿元。研究提出中国(浙江)自贸试验区的财税政策，多次向财政部、省财政厅汇报，争取支持经济发展的财税优惠政策。保障重点项目建设。市本级完成政府投资232.00亿元，融资218.00亿元，安排地方政府债券、海洋经济专项资金等重大项目建设资金39.40亿元，保障政府重点项目推进。审价中心完成概、预、结、决算项目审核260个，审定金额113.08亿元。配合完成市污水处理中心PPP项目建设，协助做好甬舟铁路PPP投融资方案。

【培植海洋经济】 引导产业发展。创新文化、旅游、工业、商贸、航运、港口物流等产业扶持方式，优化产业扶持导向，服务国家战略，参与国际海事服务基地建设，完善保税船用燃料油扶持政策，支持大宗商品交易发展。推动市财金投资控股有限公司组建和实质运营，新增统筹资金15.63亿元用于加大新区财金投资基金规模，提升基金市场化投资运作能力，截至2018年年底，财金基金累计投资项目、子基金39个，投资额44.90亿元，撬动各类资金323.00亿元；科创基金投资项目20个，投资金额1.19亿元。扶持企业发展。落实各项减税降费政策，减免各类税费31.50亿元；清理规范行政事业性收费，截至2018年年底，市本级减收1.46亿元。全年发放工业企业应急转贷资金1.39亿元，中小企业专项信用贷款3.36亿元，缓解企业融资困难。

【优化支出结构】 加大财政民生支出。全市财政民生支出210.10亿元，增长18.0%，占一般公共预算支出的68.1%。全市一般公共服务、公共安全、教育、文化体育与传媒、交通运输、住房保障、节能环保等民生事业支出分别为39.19亿元、17.21亿元、34.41亿元、5.54亿元、27.39亿元、9.88亿元、5.07亿元。支持“平安舟山”“食安千岛”建设和“扫黑除恶”专项行动；完善、落实各级教育经费保障机制，理顺市、区教育管理体制，完善教育布局，推进教育事业全面发展；完善基本公共文化服务体系；助力综合交通大会战，提高全市交通运输保障能力；支持城镇保障性安居工程，支持生态环境保护。完善社会保障体系。全市社保就业、医疗卫生与计划生育支出分别为27.71亿元、17.58亿元。以风险防范为重点，完善社保管理体系，支持社会就业创业；深化市区社保一体化改革，理顺地方政府(管委会)养老支出责任，探索建立风险共担机制；筹集各类风险准备金26.40亿元，加强风险管控，提升社保基金运行管理水平。支持公立医院综合改革和基层医疗卫生服务体系建设；安排资金4.33亿元补助城乡居民医疗保险基金，提高医疗保障水平；推进多种模式医联体建设，支持优质医疗资源下沉。支持城乡一体化发展。全市农林水事务支出60.62亿元、城乡社区支出25.30亿元，重点支持美丽乡村、治水治污、小城镇环境综合整治等，保障“菜篮子”平稳供应。控制行政成本。贯彻落实中央八项规定精神，厉行节约，反对浪费，压减行政经费和一般性支出。全市各部门、各单位部门专项资金预算压缩5%，政府性专项统筹10%用于结构优化，“三公”经费支出1.28亿元，节约的资金统筹用于社会经济发展重点领域。

【深化改革监管】 推进部门预算管理改革。实行主管部门管理所属单位部门预算的模式，实现“一个部门一本预算”，编制三年滚动财政规划，调整编外用工预算编制方式。推进专项资金管理改革。将财政项目全部纳入项目库管理，加强资金统筹力度，厘清主管部门职责,注重资金使用绩效。建立健全盘活财政存量资金长效工作机制和动态管理、定期清理机制,加强预算编制和执行管理,减少资金沉淀。*实施区域财政体制改革*。推进新一轮市与新城管委会财政体制改革,统筹新城区域各区块经济社会发展事务。制定绿色石化基地财政收支管理办法,健全科学合理的财政利益分配机制。*开展债务管理改革*。成立舟山市地方政府性债务管理领导小组,规范地方债务的举借、使用、偿还等行为。开展防范化解隐性债务专项行动,落实化债方案。市本级完成2018年化债计划的223.2%,市区政府债务率降至低风险水平。*开展"最多跑一次"改革*。开展对预算单位"上门服务至少一次"活动,市本级财政部门全年累计服务单位188家、服务人数1341人次。落实"最多跑一次"百日攻坚行动方案,提升事项覆盖率,行政审批窗口共受理各类事项1331件,办结率100%。*完成税务系统机构改革*。做好机构改革工作推进过程中信息填报、资料收集等各项准备以及人员转隶、资产划转、经费保障等相关工作,确保财政税务干部队伍及业务工作"双稳定"。*加强财政绩效管理*。开展信息化新模式下的绩效自评全覆盖,以不少于10%的比例随机选取项目开展重点评价,对绩效结果进行应用和公示。健全财政专项资金管理清单制度和动态调整机制,突出专项资金安排分配、使用管理中的绩效导向,推进事前、事中、事后全过程管理。*推进国库集中支付改革*。推进国库集中支付由"直接支付"向"授权支付"、由"见单审核"向"网上审核"转变,截至2018年年底,纳入市本级国库集中支付单位254家,2018年办理国库集中支付业务14.73万笔,资金流量119.30亿元,增长46.4%。*应用"政采云"平台*。全市入驻平台企事业单位833家,采购交易4.28万笔,金额10.68亿元,引导建立"政采云"平台浙江制造精品馆及舟山制造馆。全年全市政府采购预算金额32.29亿元,节约率8.4%。

【加强队伍建设】 推进"两学一做"学习教育常态化制度化,推行"支部堡垒指数""党员先锋指数"管理。学习贯彻《中国共产党廉洁自律准则》《中国共产党纪律处分条例》和省财政厅关于推进清廉财政建设的要求,落实"两个责任",营造"思廉、倡廉、崇廉"良好氛围。举办各类研讨班、业务骨干和基础实务培训班,提升干部综合素质和履职能力。通过"走出去"与"请进来",支持干部挂职锻炼,加强多向交流学习。开展"税月长河"征文活动、财政职业精神大讨论活动。组建兴趣小组9个,开展各类活动。布置"舟山财税文化展",宣传舟山财政良好形象。组织338人参与"慈善一日捐"活动,24人无偿献血7900毫升。助力文明城市创建活动,全局"志愿汇"公益平台注册率100%,组织各项志愿活动39次,募集志愿者1460人次,志愿服务时长2118小时。

(舟山市财政局供稿　徐颖娜执笔)

定海区

【概况】 2018年,舟山市定海区实现地区生产总值548.93亿元,按可比价计算,增长6.8%。按户籍人口计算,人均地区生产总值135709元,增长6.7%。第一、第二、第三产业增加值分别为10.18亿元、211.08亿元、327.67亿元,分别增长10.0%、4.5%、8.2%。三次产业结构比为1.8∶38.5∶59.7。全区社会消费品零售总额217.15亿元,增长8.6%。全区居民人均可支配收入53486元,增长8.8%,其中城镇常住居民和农渔村常住居民人均可支配收入分别为61927元和33909元,分别增长7.7%和9.9%。全区财政总收入53.39亿元,增长0.7%,一般公共预算收入31.78亿元,下降2.7%,其中区本级一般公共预算收入18.76亿元,增长4.1%。一般公共预算支出46.37亿元,增长27.9%,其中区本级一般公共预算支出25.25亿元,增长1.3%。全年全区及区本级财政收支平衡。

【组织财政收入】 *加强财税收入征管*。强化组织财政收入的联动机制,关注大型企业、重点行业的税收动向,挖掘增收潜力。自主开发新版财政收入分析系统,对接"金税三期"平台数据,提高收入管理的科学化、精细化水平,确保财政收入稳增长。*优化收入结构*。全年一般公共预算收入占GDP的6.0%,占财政总收入的59.5%,其中税收收入25.04亿元,占一般公共预算收入的78.8%。*推进非税收缴一体化*。非税收入业务全面纳入统一公共支付平台,实现非税收入线上线下一体化收缴。强化财政票据管理,完成财政票据"双随机、一公开"检查,提升非税收入质量与征管效率。当年完成非税收入7.17亿元,其中纳入一般公共预算管理的非税收入6.25亿元,增长59.4%。

【支持经济发展】 *精准扶持提质量*。发挥财税政策对产业发展的导向作用,兑现实体经济发展扶持资金3.54亿元。设立政府产业引导基金,组建政策性融资担保公司,创新财政扶持方式。支持制造业、民营经济和中小企业发展。*合力帮扶拓融资*。拓宽中小企业融资渠道,全年帮助企业融资43.32亿元。推进"银、担"携手,推广中小企业应急转贷业务,为382家中小企业提供应急转贷资金39.87亿元。开展融资担保业务,为54家中小企业提供融资担保,担保额2.18亿元,实施"定海蓝海育苗基金"合作计划和"兴业育苗基金"信贷合作项目。

【保障民生支出】 全区财政民生支出31.34亿元,增长19.8%,占一般公共预算支出的67.6%。*优先发展教育事业*。全年教育事业支出6.16亿元。建成海滨小学、城北幼儿园、原商业局幼儿园,优化教育布局。*完善社会保障网*。全年社会保障支出5.8亿元。落实精准扶贫政策,投入6295万元精准帮扶困难群众、残疾人等特殊群体。支持上海瑞金医院定海分院开业试运营及定海居家养老综合服务中心投入使用,提高城乡居民医保基金财政筹资标准,惠及21万人。保障城乡居民及被征地农民养老保险金,惠及城乡居民1.94万人及被征地农民0.55万人。*实施乡村振兴战略*。全年农林水事务支出8.93亿元。完成一事一议财政奖补项目立项36个。完成村级公共设施运行管护及农业综合开发现代园建设,推进农村公共服务有效供给试点建设。保障公共安全。全年公共安全支出2.93亿元,开展危险化学品、船舶、水上交通、道路交通、消防五大领域安全整治,消除重大安全隐患19个,连续13年被省委、省政府评为“安全区”。

【深化财政改革】 健全预算管理制度。全面推进2018年预算区级项目库建设,提高年初预算到位率和科学性。试编镇街综合财务报告。完善专项资金规范化管理体系,出台“品质河道”“两化融合”等专项资金管理办法5个。全区纳入乡镇财政公共服务平台管理项目54个。推进国库支付制度改革。完成国库集中支付电子化改革,减少支付风险,提高财务工作效率。完善国库集中支付动态监控体系建设,重点监控“三公”经费、捐赠帮扶等支出内容,全区一般公共预算“三公”经费支出减少18%。推广“政采云”平台应用。对接政府采购管理系统,实现政府采购交易、监管和服务电子化、一体化,全年“政采云”采购金额1.19亿元,节约资金572万元,节约率4.6%。推进政府购买服务。推进区中心医院、区临床医学检验中心和区环境卫生管理处等公益二类事业单位政府购买服务改革,完成政府购买服务项目43个,实际购买服务金额8741万元,节支率10%。

【强化财政监管】 强化政府性债务管理。编制防范化解地方政府隐性债务风险实施方案,通过提高项目收益、盘活存量资产资源等举措,超额完成2018年隐性债务化解计划。获批地方政府债券21.02亿元用于置换存量或有债务,每年节约利息支出约7700万元。规范政府投资项目监管。完善政府投资项目造价编审方面系列规章制度,自主开发网申系统,在市内率先试运行,规范社会中介机构参与政府投资项目的程序、监管、考核,确保审核的质量和效率。全年完成审核项目1852个,送审金额147.04亿元,审定金额140.61亿元,核减率4.4%。推进专项检查和绩效评价。开展会计信息质量、水利资金、残疾人两项补贴等专项检查6次,涉及资金3.85亿元,发出处理决定书2份。开展生态环保、人才专项资金等项目资金绩效评价工作4项,涉及资金5996万元,涵盖项目实施事前、事中、事后各类绩效评价。加强公款竞争性存款管理。成立定海区公款竞争性存放管理领导小组,完成公款竞争性存放11期共计13.95亿元。与银行签订《舟山市定海区级财政性资金竞争性存放商业银行定期存款协议书》和《廉政承诺书》,明确各自在财政资金竞争性存放中的权利和义务。

【完成机构改革任务】 将行政职能回归的下属事业单位“舟山市定海区政府采购办公室”和职能划出的“区农业综合开发办公室”进行注销。新设立下属事业单位“舟山市定海区国企财务管理中心”。划出职能2项,转变职能5项,明确有关职责分工4项,解决财政职能“越位”和“缺失”问题。完成科室负责人配备和定岗定员工作。

【加强队伍建设】 落实全面从严治党主体责任,通过集中观看视频、召开座谈会、组织征文比赛等形式,将学习贯彻中央精神与财政工作实践相结合。组织召开系统党风廉政建设工作会议,层层签订责任状,通过开展勤政廉洁谈话,实现责任和压力的传导。组织中层及以上干部赴定海看守所接受现场廉政教育,提高党风廉政意识。采用“走出去”与“请进来”相结合的方式,分阶段、分层次开展财政干部业务和综合素质培训,全年组织高校集中培训1期,举办专题讲座10余期,财政干部论坛2期,累计培训316人次。全局干部职工“志愿汇”志愿服务平台注册率100%,累计参与创城志愿服务约1100人次。

(舟山市定海区财政局供稿　虞秋怡执笔)

普陀区

【概况】 2018年,舟山市普陀区实现地区生产总值437.46亿元,按可比价格计算,增长6.6%;按户籍人口计算,全区人均生产总值137430元,增长7.2%。第一产业增加值57.06亿元,增长6.4%;第二产业增加值122.16亿元,增长8.5%;第三产业增加值258.24亿元,增长5.6%;三次产业结构比为13.0∶28.0∶59.0。全区财政总收入40.55亿元,增长8.1%,其中一般公共预算收入27.74亿元,增长7.0%,占财政总收入的68.4%,占GDP的6.3%;全区一般公共预算支出(含上级转移支付支出)61.27亿元,增长6.7%,其中本级一般公共预算支出37.26亿元,增长4.1%。全年预算执行情况良好,财政收支平衡。

【收入稳健增长】 强化税务体制改革背景下的财税联动,关注船舶、地产等重点行业税源变化,做好收入预测、分析、执行。结合招商引资奖励政策,推进招商引资企业收入分析系统建设,建立税源型企业征缴备案制度。全年实现税收收入22.45亿元,增长5.1%,占一般公共预算收入的80.9%。规范非税收入征管,做好源头控收,以票管收。加强非税收入票据日常管理,全面实行财政机打票据。推进统一公共支付平台应用,线下支付渠道全覆盖,提高收缴效率。全年实现非税收入6.16亿元,增长10.6%,其中纳入一般公共预算收入的非税收入5.28亿元,增长16.0%。

【服务转型发展】 支持实体经济。落实工业发展扶持资金4313万元,推动“两化融合”“普陀智造”;帮扶航运业发展,拨付2017年度航运业扶持资金2070万元,惠及企业222家;推进企业上市和并购重组“凤凰行动”计划,6家新挂牌企业共兑现奖励125万元;拨付旅游扶持资金1111万元,支持海岛旅游业发展;拨付服务业扶持资金1455万元,推动电子商务、开放型经济等发展。创新扶持方式。规范产业发展引导基金运作,规模3亿元的产业基金全部到位,出台政府产业基金投后管理、业绩考核奖惩等制度。2016—2018年投入产业基金6100万元,撬动社会资本4.24亿元。推广运用PPP模式,“普陀海洋生态创新谷”项目通过财政部审核入库。保障重大建设。投入建设资金10.47亿元,保障小城镇环境综合整治、全国文明城市创建、城乡交通设施建设等重点项目。

【强化民生保障】 全年本级一般公共预算民生支出29.17亿元,占本级一般公共预算支出的78.3%。全年教育支出5.99亿元,推动教育优质均衡县区创建,建立学前教育生均经费制度。全年文化体育与传媒支出0.96亿元,重点用于探索基层公共文化服务新模式,被列入全省文化产业重点扶持县区名单,普陀文体地图获评"省基本公共文化服务领域改革创新项目"。全年医疗卫生与计划生育支出3.61亿元,推进省级综合医改和区域"医共体"*建设。全年社会保障和就业支出5.41亿元,支持幸福社区创建,推进全省首家社区百姓幸福会所和全区首家"公建民营"养老机构运营。全年农林水支出1.54亿元,推进美丽乡村示范县建设,推动省级田园综合体一期开园。

【推进财政改革】 出台新一轮镇街财政管理体制方案,优化招商引资税收分成及共享政策,加大镇街基本支出保障力度,下调部分镇街民生承担比例。推进预算管理改革,区教育局、民政局、海洋与渔业局试点编制三年滚动财政规划。加强区级专项资金管理,将24项合计3.05亿元资金纳入年度清单。推进事业单位政府购买服务改革,选定区广播电视台"今日普陀"项目为试点。全年政府购买服务项目金额1.13亿元,增长98.4%。预算单位授权支付和国库集中支付实施全面电子化管理。

【支持机构改革】 做好政策指导服务,对接涉改单位需求,举办党政机关机构改革财政管理业务培训,确保改革平稳有序。制定《关于做好区级党政机关机构改革经费保障和财务管理工作的通知》,明确改革期间经费保障责任、财务管理要求、会计责任主体"三不变"原则,规范涉改单位经费预算指标核定调整流程。规范涉改机构国有资产管理,制定《关于做好区级党政机关机构改革中国有资产管理工作的通知》,明确分类处置国有资产要求。

【深化"最多跑一次"改革】 开展"上门服务至少一次"活动,线上线下服务部门单位100余个,服务人数7300余人次。推广统一公共支付平台,优化便民缴费功能。新增事业单位考试考务费、教育局评审费、公安出入境证件费三项涉群众缴费业务,开通手机缴纳道路运政罚款功能,首台公共支付自助机投入使用,实现线下支付渠道全覆盖。完善"政采云"平台应用,政府采购实现全面电子化,全年交易7695笔共计9397万元,使用率100%。

【严控债务风险】 实行全口径债务管理,制定区级防范化解政府隐性债务风险专项方案,明确分年度化债任务,通过落实隐性债务整改、加快存量土地出让、推进融资平台公司市场化转型、多渠道筹措化债资金等措施进行化债。完成当年隐性债务化解任务。全年一般债券置换存量债务3.85亿元,2015—2018年累计置换存量政府债务64.64亿元,每年可降低融资成本约2.80亿元。

【规范财政管理】 规范公款竞争性存放,将闲散资金9亿元纳入区级竞争性存放范畴。新增活期存放模式,全年开展网上竞争性存放4期共3.56亿元。政府投资项目造价审核实现全程电子化,全年审核造价项目316个,净核减金额1.88亿元,净核减率7.5%。实施国有房地产集中管理,推动政府资产管理信息化系统"资产云"和行政事业单位房地产集中管理系统上线运行。全面实施预算绩效管理,将17个单位45个项目共计4.66亿元资金纳入预算绩效管理,并对其中5个项目进行重点跟踪监控。加强"三公"经费常态化管理,全年"三公"经费支出下降8.8%。

【加强队伍建设】 落实"一岗双责"制,严格党内组织生活制度,全年组织党委理论中心组学习10次、各类培训班8次,累计参培人员1280人次。前移监管关口,建立内控执行自查反馈机制,排查各部门重点工作71项,对163个廉政风险点提出152条防控措施。推动效能建设常态化,全年发送廉政提醒60条次、1.02万人次。开展"不忘初心、牢记使命"主题教育活动,首次联合区属四大重点国有企业开展文艺活动。组织参与全国文明城市创建行动,发动干部职工参与文明劝导、责任巡街等志愿服务活动1000余人次。开展"大学习大调研大抓落实"活动1249人次。

(舟山市普陀区财政局供稿 唐 伟执笔)

注:

*"医共体":以普陀医院为龙头,区第二人民医院及11家镇卫生院(街道社区卫生服务中心)为成员单位,实行基层首诊、双向转诊、上下联动的分级诊疗模式。

岱山县

【概况】 2018年,岱山县实现地区生产总值215.50亿元,增长7.0%。其中:第一产业增加值43.20亿元,增长3.8%;第二产业增加值81.60亿元,增长7.2%;第三产业增加值90.70亿元,增长8.1%。三次产业结构比为20.0∶37.9∶42.1。人均生产总值119461元,增长8.8%。全社会固定资产投资389.78亿元。社会消费品零售总额81.97亿元,增长8.8%。全县居民人均可支配收入44459元,增长8.9%,其中城镇常住居民人均可支配收入50192元,增长7.8%;渔农村常住居民人均可支配收入33860元,增长9.8%。全县财政总收入32.27亿元,增长39.2%,其中一般公共预算收入24.15亿元,增长55.6%。一般公共预算收入占GDP的11.2%,占财政总收入的74.8%;税收收入占地方一般公共预算收入的54.6%。一般公共预算支出54.17亿元,增长30.2%。当年财政收支平衡,预算执行情况良好。

【组织财政收入】 加强与税务机构联动。研判税收征管体制调整对收入的影响,强化财政收入分析、预测、执行的联动机制。

做好重大项目税收落地工作,鼠浪湖项目入库税费2174万元,增长88.4%;黄泽山项目入库税费543万元,增长2倍。优化收入结构。全年税收收入完成13.19亿元,增长10.1%。其中:主体税种完成7.13亿元,增长3.3%,对地方税收和地方财政贡献率分别为54.1%和29.5%;资源税等其他税种完成6.05亿元,增长19.5%,对地方税收和地方财政贡献率分别为45.9%和25.1%。组织非税收入。完善收费目录清单制度,依托非税收入管理系统,加强与各部门、各代收银行等单位沟通,实现与浙江政务服务网统一公共支付平台互联互通。全县非税收入23.22亿元,增长34.3%,其中纳入一般公共预算管理的非税收入10.96亿元,增长208.7%。

【助推实体经济发展】 加大补助扶持力度。加大对工业、海运、商贸等行业扶持力度,安排工业企业各项补助资金9310万元、交通运输业政策补助2052万元、商贸金融类企业政策补助317万元。发挥政府产业基金作用。发挥产业基金撬动社会资本、金融资本作用,出台《岱山县东沙镇汽船配特色小镇投资基金管理办法》及《岱山县旅游产业发展基金管理办法》。减轻企业税费负担。落实国务院减税降费政策,全年减免各类税费3.05亿元;完成增值税留抵退税920万元;减免行政事业性收费2000万元。缓解企业资金困难。全年累计发放工业转贷资金12.69亿元,惠及企业332家;累计发放中小企业专项信用贷款13.33亿元,惠及企业83家。落实创新驱动发展战略。兑付各类县级科技项目资金494万元和省市上级转移支付科技补助经费543万元,惠及企业200余家。

【促发展惠民生】 集中财力办大事。全年累计争取上级专项补助资金24.23亿元,增长19.2%。支持海岛交通、美丽乡村、小城镇环境综合整治等基础设施建设。其中:安排小城镇建设资金1.55亿元,舟岱大桥建设资金1.08亿元。推进PPP工作,启动G526岱山段改建工程,燕窝山码头PPP项目进入社会资本采购阶段。加大民生投入。确保财力向社会民生、重点项目等倾斜,实现社会民生支出39.53亿元,增长30.1%,占一般公共预算支出的73.0%。促进教育资源均衡发展。推进智慧校园和美丽校园建设,教育支出4.81亿元,增长8.3%。加强社会保障。社会保障与就业支出6.96亿元,增长50.9%。做好社会救助和社会福利工作,拨付低保救助金2400万元、低保及低保边缘家庭贫困医疗救助金862万元;拨付残疾人两项补贴资金1333万元;做好渔民养老保障工作,发放渔民养老保险补贴451万元。发展医疗卫生事业。支持县域"医共体"建设,医疗卫生与计划生育支出3.28亿元,增长42.6%。支持乡村振兴战略。农林水事务支出15.61亿元,增长15.7%。开展村级公益事业一事一议财政奖补工作,全年共审核实施项目29个,落实财政奖补资金1760万元。强化对民宿企业财政政策扶持,促进旅游业健康发展,全年83家持证民宿获得贷款2722万元。加大"一对一"贫困户帮扶力度。走访岛斗村10次,与村班子领导和维稳信息员多次电话联系、互访;为薄弱村乍浦门社区争取省级农村人居环境改善试点项目资金300万元、市级农业综合开发项目资金50万元。

【深化财政改革】 深化专项资金管理改革。出台一事一议财政奖补、"森林岱山"等专项资金管理办法。加大对结余和连续结转两年以上存量资金的清理力度,收回资金3000万元。深化国库集中支付制度改革。启动财政国库集中支付电子化管理改革,纳入县本级国库集中支付单位103家,共办理国库集中支付业务4.80万笔,资金流量23.27亿元。推进"政采云"应用。实现政府采购交易和监管服务电子一体化。全县通过"政采云"平台采购7709万元,节约资金710万元,节约率8.4%。开展"上门服务至少一次"活动。全年累计上门服务部门、村、企业867次,服务2085人次。深化国资国企改革。牵头组建国有资产投资集团有限公司、岱山蓬莱交通投资集团有限公司等重点国有企业,推进舟山群岛新区蓬莱国有资产投资集团有限公司发行公司债券10亿元。

【强化监督管理】 加强专项资金项目库管理。县财政预算安排的项目(除特殊情况外)均从项目库中选取。网上公示资金规模2.25亿元,涵盖单位12个、财政专项资金16项。完善公款存放机制。实行利益回避制度,强化监管和问责,出台《岱山县公款竞争性存放管理暂行办法(试行)》,对3个月以上财政间隙资金和2家行政事业单位公款实行竞争性存放。开展重点项目绩效评价。全年共申报绩效目标92个,申报金额5.53亿元,选择县机关幼儿园迁建工程项目、2017年残疾人保障金及县"菜篮子"工程专项资金项目作为重点绩效评价项目。规范基建资金管理。加强财政性基建工程结算评审及政府性投资项目的招投标、工程造价等管理工作,全年完成项目审核202个,审定金额22.61亿元,净核减1.02亿元,净核减率4.3%。防范化解债务风险。完善地方债务管理机制,编制防范化解地方政府隐性债务风险实施方案,完成2018年隐性债务化解计划,开展化解乡镇政府性债务工作。提升社保基金运行管理水平。做好社保基金运行风险分析工作,加强基金收支及统筹风险金的管理,社保风险准备金滚存结余7.27亿元。加强国有企业监管。开展国有企业财务预算、工资总额管理,强化企业负责人业绩考核,审核全县58家国有独资企业公务接待费,核减率39.6%。完成国有企业公务用车制度改革。

【加强队伍建设】 建设学习型党组织。推进"两学一做"学习教育常态化制度化,召开党组会议12次、党组理论学习中心组学习会6次。打造专业人才财政队伍。全年参加职称考试11人,获得中级会计师资格2人,获得中级经济师资格3人,通过高级会计师考试1人,通过公职律师考试1人。入选省市财政、税务系统各类人才库7人。开展结对帮扶活动。参与开展城乡统筹基层党建工作,开展岛斗村、虎斗社区等联村帮扶工作。完成税务系统机构改革。根据全省税务系统机构改革统一部署,做好信息报表填报、各项资料收集等基础工作以及人员转隶、资产划转、经费划分等相关工作，保障机构改革平稳推进。

（岱山县财政局供稿　徐　华执笔）

嵊泗县

【概况】　2018 年，嵊泗县实现地区生产总值 114.30 亿元，按可比价计算，增长 6.6%。其中：第一产业增加值 32.20 亿元，增长 6.0%，第二产业增加值 16.40 亿元，增长 3.3%；第三产业增加值 65.70 亿元，增长 7.2%。三次产业结构比为 28.2∶14.3∶57.5。按户籍人口计算，全县人均生产总值 150986 元。全年实现财政总收入 9.98 亿元，增长 13.8%，按现行财政体制计算，全县一般公共预算收入 7.20 亿元，增长 8.0%，占财政总收入的 72.1%，占 GDP 的 6.3%；其中税收收入 4.16 亿元，增长 32.3%，占一般公共预算收入的 57.8%。全县一般公共预算支出 28.14 亿元，增长 16.9%。全年财政收支平衡，略有结余。

【组织财政收入】　科学研判财税形势，加强财政和税务部门的沟通协作，分析、预测税收征管体制调整对收入的影响，消除不利因素，挖掘收入增长潜力。加大招商引资力度，扩大税源，吸引企业落户嵊泗。全年税务部门组织税收收入 7.27 亿元。规范非税征管，依托统一公共支付平台构建一体化收缴体系，提升收缴效率，全县非税收入（含社保基金收入）3.69 亿元，增长 3.9%；纳入一般公共预算管理的非税收入 3.04 亿元，下降 13.7%。

【支持经济发展】　完善小微企业财政扶持政策，设立小微企业发展专项资金，鼓励小微企业开展区域品牌建设、技术改造、产品研发、信息化建设、电商发展等项目。执行《嵊泗县中小企业应急转贷资金管理办法（试行）》，累计帮扶企业融资 16.07 亿元。落实个人所得税新政，落实增值税率调整、小微企业所得税减税降费等政策，全年减免各类税费 0.93 亿元。向上争取政策倾斜和资金补助，全年争取地方政府债券 5 亿元。推广应用政府与社会资本合作项目（PPP 模式），推进全县国道、省道 PPP 项目运作。围绕创新强省农业科技（循环有机农业）示范试点建设工作，确定《枸杞乡贻贝产业综合体试点示范建设项目（第六产业）实施方案》，落实首批省补专项资金 1500 万元，推进特色产业链的基础设施建设，改善渔村生产生活环境。

【保障民生需求】　全年民生支出 20.31 亿元，增长 17.0%，占一般公共预算支出的 72.2%。全县教育支出 2.56 亿元，增长 0.8%，完善各级教育经费保障机制，加强中小学教育基础设施建设，推进美丽校园建设和数字化校园（智慧校园）建设。文化体育与传媒支出 0.50 亿元，增长 12.5%，重点保障国际公路自行车赛、美丽乡村环浙骑游、全国滑翔伞邀请赛、全省沙滩足球锦标赛等重大赛事的举办，推进文化礼堂"建管用育"一体化发展。社会保障和就业支出 1.89 亿元，增长 9.3%，落实积极的就业政策，安排就业和再就业资金 1878 万元，支持就业创业；安排 5000 万元用于城乡居民养老和渔民养老。医疗卫生与计划生育支出 2.06 亿元，增长 8.3%，加大医疗保险和救助的财政投入力度，提高城乡医疗保障水平；深化医药卫生体制改革，安排 8000 余万元用于支持公立医院和乡镇卫生院运行。坚持生态优先，全年安排资金 2.35 亿元，用于"小城镇环境综合整治""五水共治"、垃圾处理和绿化彩化等项目，改善海岛群众生活环境，助推绿色生态发展。

【深化财政改革】　制定出台新一轮《嵊泗县乡镇财政管理体制（2018—2020 年）》，通过科学划分乡镇财政收支范围、完善转移支付制度、加大财力下沉力度、实行收支挂钩与鼓励发展等措施，发挥乡镇发展经济、培植财源、科学理财的能力。完善国有企业监管制度，出台《县属重点国有企业负责人薪酬制度补充意见》《进一步完善国企薪酬管理的指导意见》，引导企业建立和完善绩效工资分配制度。规范国有房产公开出租出借行为，优化国有企业经营业绩考核。开展"上门服务至少一次"活动，主动对接服务预算单位，通过上门辅导政策、听取意见，帮助解决实际问题。全年共上门服务部门及企业 194 家，服务 281 人次；集中培训 8 次，服务 870 人次；线上答疑 710 人次；解答汇编 270 人次。

【强化财政监管】　加强县级财政专项资金管理，规范财政专项资金的分配使用，全年收缴各类专项资金 5200 万元。推进绩效评价工作，提高资金使用效益，对 2008—2017 年嵊泗县"再造绿岛"项目开展重点绩效评价。规范全县公款存放，提高闲置资金效益，出台《嵊泗县公款竞争性存放管理暂行办法》，全年开展公款竞争性存放 2 期，存放资金 2.56 亿元。推进"政采云"应用，有效对接政府采购管理系统与"政采云"平台，实现政府采购交易、监管和服务的电子化、一体化。2018 年，"政采云"平台交易 3561 笔，交易金额 8046 万元。

【推进机构改革】　根据税务征管体制改革总体部署，落实机构改革时间节点要求，做好机构改革各项工作，完成人员转隶和职责划转。随职责划转人员 30 人，其中行政编制 28 人，事业编制 2 人。7 月 20 日完成新机构挂牌、新印章启用，完成税务机构改革任务。

【加强队伍建设】　推进"两学一做"学习教育常态化制度化，做好党员民主评议、党费收缴、党务公开、党员固定活动日等各项组织生活。加强财政文化建设，组织开展"最美窗口人"先进典型事迹宣讲，宣扬正面典型。培育机关文化，做好蓝海读书社、篮球队、足球队等兴趣团队建设。组织参与"慈善一日捐""义务献血"等志愿活动。加强干部素质建设，开展各类专题教育培训，组织安排业务骨干参与县委中心工作、巡察任务等，提升政治站位，强化业务能力。

（嵊泗县财政局供稿　陈　媛执笔）

台州市财政工作

台州市

【概况】 2018年，台州市实现地区生产总值4874.67亿元，按可比价格计算，增长7.6%。其中：第一产业增加值264.28亿元，增长0.9%；第二产业增加值2182.60亿元，增长8.7%；第三产业增加值2427.79亿元，增长7.3%。三次产业结构比为5.4∶44.8∶49.8。全市人均生产总值为80644元，增长7.1%。社会消费品零售总额2366.88亿元，增长10.2%。全年固定资产投资总额增长8.1%。全年外贸进出口总额1742.99亿元，增长10.4%，其中：出口总额1537.60亿元，增长11.5%；进口总额205.4亿元，增长3.1%。城镇常住居民人均可支配收入55705元，增长8.4%；农村常住居民人均可支配收入27631元，增长8.9%。全市财政总收入745.19亿元，增长13.4%。全市一般公共预算收入431.18亿元，增长12.8%。全市一般公共预算支出653.75亿元，增长16.1%。市本级财政总收入60.99亿元，增长13.3%。市本级一般公共预算收入30.83亿元，增长8.6%。市本级一般公共预算支出93.67亿元，增长30.5%。全市及市本级财政收支平衡。

【依法组织收入】 组织财政收入。应对税务机构改革带来的变化，培育优质可持续财源，做好财政税收协调，把握收入节奏，挖掘收入潜力。注重收入质量。加强“三个比重”考核，一般公共预算收入占财政总收入的57.8%，与上年基本持平；税收收入376亿元，增长12.8%，占一般公共预算收入比重为87.2%，高于上年0.5个百分点；一般公共预算收入占GDP的比重为8.8%，高于上年0.1个百分点。组织非税收入。全年实现非税收入611.17亿元，增长50.3%；其中纳入一般公共预算管理的非税收入55.16亿元，增长8.2%。

【服务项目建设】 筹措资金保障项目。全年筹措政府性财政资金158.76亿元，保障促进台州高质量发展的重大项目。培育七大千亿级产业集群。出台“三强一制造”建设专项资金使用管理办法、政策性融资担保业务风险补助实施细则、创新券推广应用实施管理办法和财政扶持传统产业优化升级的十条意见。研究重点领域财政专项激励政策，起草再生资源专项扶持政策；支持培育汽车及零部件产业发展，计划出资9亿元协助开发区落实吉利P319、罗佑发动机项目，已到位资金7.68亿元；支持通用航空产业发展，落实彩虹无人机、长鹰无人机后续工作，推动南方科技大学创新基金投资的创壹通航项目落户台州；支持医药医化产业发展，做好产业扶持和股权投资，弥补台州健康医药产业在植物药方面的短板。推广应用PPP模式。在全市范围内推进PPP项目可持续、规范化发展。全市PPP项目纳入财政部PPP项目库63个，总投资额1196.5亿元，入选财政部PPP示范项目8个。

【培育优质财源】 抢占政府采购市场先机。做好“政采云”平台全省全面运用和全国试点推广工作，打造“台州精品馆”，编印精品推介目录，推动优质企业以及符合条件的高层次人才创业企业入驻“政采云”平台，累计进驻企业1100余家，交易额逾10亿元。壮大产业基金。仲德壹期智能制造产业投资基金等4支产业子基金获批设立；全市累计获批设立政府产业基金参股子基金26支，基金总规模250.87亿元，撬动社会资本2195.62亿元。新设总规模100亿元的优化升级产业母基金，首期到位财政资金5亿元。发挥政府产业基金的引导和放大作用，制定《台州市科技创新基金管理办法》，推进全市科技成果转化和产业化。优化营商环境。会同市国税局联合下发《推行“妈妈式”服务 优化全市营商环境五大行动》，根据“五问入企、五心服务”活动部署，深入企业车间、项目一线开展帮扶活动。结合全市面上普遍关注的问题梳理各类财政优惠政策，汇编涉企、对公、民生三本服务手册，帮助用好用足财政政策。

【优化支出结构】 加强民生事业和重大项目保障。重点支持现代教育、医疗事业和文化服务等方面，补齐民生短板，全市民生相关支出496.26亿元，增长12.6%，占财政一般公共预算支出的75.9%。其中：全市教育支出134.51亿元，增长9.7%；全市医疗卫生与计划生育支出51.50亿元，增长20.7%；全市文化体育与传媒支出11.55亿元，增长22.0%；全市社会保障与就业支出66.55亿元，增长4.4%，将城乡养老保险基础养老金标准从135元/人·月提高到155元/人·月，增长14.8%。加强生态环保建设。结合“美丽台州”建设总体部署，全市安排资金25.81亿元，用于促进环境质量改善、打好污染防治攻坚战。筹措长潭水库生态补偿专项资金0.38亿元，用于长潭水库生态保护等。出台《台州市椒灵江流域生态保护补偿方案（试行）》，在全省率先采取市级统筹、市县联动的“全域管理”模式，对全流域上下游横向生态保护实行补偿。

【深化财政改革】 推进市区财政体制改革。根据台州市级财政事权和支出责任若干规定、台州市级国有土地使用权出让收入结算办法试运行情况，参与调研，征求多方意见建议，完善市区体制。深化“最多跑一次”改革。推进票据“电子化”改革，缓解群众看病“烦”问题。缩短会计代理记账机构执业资格审批时间。推进公款竞争性存放管理改革。修订市本级现行财政资金竞争性存放管理制度和操作规程，提高贡献度指标分值，开放社保基金竞标，明确资金竞争性存放范围。全年实行竞争性存放招投标2期,涉及资金61.8亿元。开展“上门服务至少一次”活动。根据预算法宣讲主题和预算编制需要“破题破难”的事项,组团上门服务,帮助预算单位解决财务管理难题。实施失信联合惩戒。出台“三强一制造”建设专项资金使用管理办法、政策性融资担保业务风险补助实施细则等财政资金管理办法,明确规定失信惩戒方式,打击弄虚作假、违规骗取资金等行为。联合市政府采购中心发布并启用政府采购招标文件模板,将供应商诚信标准作为评分标准之一。结合“政采云”平台的推广应用,要求阿里巴巴公司对电子卖场供应商开展多次价格巡查,对有价格违规行为的供应商,按入围协议条款,分别进行警告、暂停网超协议或退出政府采购市场的处理。

【加强财政监管】 建立绩效评价机制。结合预算评审、项目审批等,对新出台重大政策、项目开展事前绩效评价,重点论证立项必要性、投入经济性、绩效目标合理性、实施方案可行性和筹资合规性等,评估结果作为预算安排的重要参考依据。实现全年项目支出绩效自评全覆盖。强化信息化技术应用,加强项目支出绩效评价,在预算绩效管理系统中,将项目支出绩效自评设置为预算安排前置条件。2018年,项目支出绩效自评覆盖率100%。加大财政专项资金绩效管理力度。结合当前专项资金政策,对市本级22项共计29.19亿元财政专项资金开展绩效评价,根据资金实际使用效益,深化绩效评价结果应用,向市政府提出财政专项资金整合安排建议。推进债务风险防范化解。建立健全化债工作机制,摸清债务底数,编制化债方案,争取专项债券,落实审计督导整改意见,推动平台公司转型。完成2018年化债工作目标,全市行政法律风险化解完成率69.4%,2018年全年化债计划完成率130.7%。省担保集团与市政府签订战略合作协议。

【加强队伍建设】 推进机构改革,做好财政地税分设、人员转隶、资产划分、留用人员安排等工作。7月份完成财政、地税分设;11月份完成人员转隶;12月份完成资产划分。2018年,获“全国模范职工之家”“全国财政科研宣传工作特别奖”2项国家级荣誉。

(台州市财政局供稿 潘青斌 沈孔平执笔)

椒江区

【概况】 2018年,台州市椒江区实现地区生产总值627.10亿元,增长8.8%。其中:第一产业增加值20.80亿元,增长0.4%;第二产业增加值276.50亿元,增长9.8%;第三产业增加值329.80亿元,增长8.7%。三次产业结构比为3.3∶44.1∶52.6。按户籍人口计算,人均生产总值114806元,增长7.4%。全社会固定资产投资增长16.0%。社会消费品零售总额289.40亿元,增长9.7%。网络零售额146.60亿元,增长23.0%。外贸自营出口总额280.62亿元,增长19.5%。城镇常住居民人均可支配收入61532元,农村常住居民人均可支配收入29394元,分别增长8.0%和9.4%。全区实现财政总收入82.07亿元,增长12.8%。一般公共预算收入49.55亿元,增长12.5%。一般公共预算支出44.76亿元,增长17.9%。全区财政收支平衡。

【依法组织收入】 组织税收收入。联合税务部门,加强对重点税源、重点企业的调查和分析,了解企业生产经营和税源情况,实现应收尽收。围绕收入质量提升,每周与税务部门碰头,掌握收入进度,采取针对性措施优化收入结构。强化镇街道财税收入征收管理。做好零星税收和小税种代征工作,巩固辖区内集贸市场和重点工程税源管理。9个镇(街道)及其财税征收组全年实现财政总收入44.96亿元,其中一般公共预算收入21.92亿元。加强非税收入管理。梳理执法单位罚没收入征收情况,督促罚没收入及时解缴入库。深化非税收缴电子化改革,规范非税收入征收行为。全年实现非税收入100.21亿元,其中纳入一般公共预算收入管理的非税收入3.55亿元。

【培育优质财源】 参与制订再创民营经济新辉煌若干意见、“四龙”企业培育等政策,应用激励政策和财政资金,支持实体经济发展,兑付区级涉企补助资金1.14亿元。参与制订企业“纾困十条”,筹建产业发展基金10亿元,帮助企业应对中美贸易摩擦。加大国外参展、出口认证、出口保险等补助力度,支持企业拓展国内外市场。落实国家和省市出台的各项减税降费政策,全年减轻税费负担20亿元。安排人才发展专项资金2500万元,加快创新人才集聚。

【服务项目建设】 争取政策资金。研究上级政策导向和支持重点,向上争取专项债券5亿元,土地储备专项债券14.50亿元,再融资债券1.10亿元,各类补助7.02亿元。支持项目建设。做好政府性投资项目资金保障,全年审核、拨付财政统筹建设资金7.39亿元,支持“一江两岸”、基层卫生、污水处理、大陈青垦文化园等项目建设。支持美丽家园建设。做好村级公益事业一事一议财政奖补项目管理,向上申报三甲街道优良村排水排污及道路建设等14个项目,总投资1641万元,其中财政补助1100万元。保障创建全国文明城市、“五水共治”“交通治堵”“治危拆违”、环境污染防治、小城镇环境综合整治及区政府民生实事等重点工作资金需求。推广应用PPP模式。小城镇综合整治、环卫一体化、两口两路一都、绿色药都等项目入选财政部PPP信息库,3个项目进入实施阶段。

【优化支出结构】 全区民生支出33.78亿元,增长16.8%,占一般公共预算支出的75.5%。支持社会事业发展。全区教育、城乡社区、公共安全、住房保障等民生事业支出分别为8.76亿元、1.80亿元、4.48亿元、1.95亿元,分别增长19.0%、91.6%、33.6%、36.1%。增加教育投入力度,完善教师收入分配方案。

推进城乡社区建设,支持行政村规模调整,健全经济薄弱村“造血”机制,落实村主职干部基本报酬和村级组织运转经费。完善“平安椒江”建设经费保障机制。健全社会保障体系。全区社保就业、医疗卫计支出分别为5.00亿元、4.18亿元,分别增长14.0%、6.7%。深化机关事业单位养老保险改革,做好机关事业养老保险基金清算。落实被征地农民基本生活保障政策。兑现残疾人“两项补贴”,做好困难人员基本生活托底。落实东西扶贫专项资金,拨付四川峨边、重庆涪陵、西藏那曲对口支援专项资金1851万元。保障基层医疗机构工作经费,开展医疗机构补偿机制改革前期工作,制定改革草案。支持农业农村发展。引导和扶持粮食生产规模经营,安排粮食生产补贴资金1063万元,增长12.9%。控制行政成本。完善培训费、会议费等公务支出预算定额管理,框定基本支出和项目支出,细化具体项目用途。贯彻中央和省、市、区委关于厉行节约的各项规定,全年“三公”经费支出执行数1664万元,下降12%。

【深化财政改革】 推进“最多跑一次”改革。践行财政特色的“妈妈式服务”“上门服务至少一次”“五问入企、五心服务”“三百千部五线熔炼”等,干部下沉基层走访调研300余次,解决问题逾千个。构建线上线下一体化收缴体系,加强执收单位和代收银行日常监管,全年网上缴费5.7万笔,合计7745万元。开展国库集中支付电子化改革,首批3家试点单位实现电子支付。完善收入动态系统,实现财政、税务和人民银行国库部门之间的信息共享和财政收入动态管理。完善公款竞争性存放招投标机制,全年共组织竞争性存放招投标10期,存放公款46.71亿元。推广“政采云”平台全域应用,全年执行财政采购1.60亿元,节约资金948万元,节约率5.6%。开展财政专项资金跨部门清理和整合优化,列入年度专项资金管理清单的专项资金1.40亿元,比上年减少项目3个。制定区级党政机关机构改革经费保障和财务管理工作方案,保障机构改革工作推进。强化政府债务管理。制定全区隐性债务风险防控与化解方案,通过省市审核并实施。全年化债19.15亿元,化债率107.5%。当年底政府债务余额为76.42亿元,其中一般债务57.76亿元,专项债务18.66亿元,政府债务控制在省核定的限额内。深化国企改革。出台融资平台公司转型实施方案,厘清政企权责,推动国企实体化市场化转型。完成事业单位和国有企业公务用车改革,涉改事业单位59家、国企57家,涉改公务用车分别为363辆、132辆。

【加强财政监管】 实施绩效管理。被列为全省首批整体绩效预算推进试点区,选取区司法局等6家单位编制部门整体绩效预算,构建部门整体绩效预算管理体系。强化预算绩效管理,全年绩效跟踪监控项目175个,涉及资金5.70亿元;绩效自评项目447个,涉及资金7.30亿元。强化政府投资项目建设资金监管。实施基本建设财务信息一体化管理,启动运行政府投资项目管理信息系统。开展工程预结算财政审核,全年完成预、结算审核671项,审定金额28.90亿元,核减1.10亿元。探索政府政策评价。开展政府政策评价试点,选取6家单位25项支农政策,对近三年政策落实情况进行评价,并提出改进方案。加强监督检查。开展财政票据管理使用、农业综合开发、部门决算等专项监督检查,严肃财经纪律、严控“三公”经费、严格津补贴发放标准,全年开展检查5次。配合区纪委对全区扶贫领域腐败和作风问题开展专项督查。

【干部队伍建设】 落实主体责任。按照“三书两报告”和“一岗双责”的制度要求,制定局党组、党组书记、班子成员落实全面从严治党主体责任清单和任务清单,确保全年党建工作有序开展。推进“两学一做”学习教育常态化制度化。局党组定期开展集中学习,各党小组采取集中和自主相结合的学习形式,深化学习成效。创建党建示范点。通过修建党群活动室、打造廉政文化景观、参观廉政教育基地、观看廉政影片、阅读廉政图书等形式,深化廉政机关建设,夯实廉政文化底蕴。加强意识形态工作。组建20人网评员队伍,正面宣传和监测、引导网络舆情。稳步推进机构改革。根据《台州市椒江区机构改革方案》,加挂区政府国有资产监督管理办公室牌子,将农业综合开发项目相关职责划入区农业农村和水利局,将预算执行情况和其他财政收支情况监督检查职责划入区审计局,不涉及人员转隶。

(台州市椒江区财政局供稿　章佳琦执笔)

黄岩区

【概况】 2018年,台州市黄岩区实现地区生产总值505.94亿元,增长8.6%。其中:第一、第二、第三产业增加值分别为17.55亿元、249.36亿元、239.03亿元,分别增长4.2%、10.6%、6.9%。三次产业结构比为3.5∶49.3∶47.2。城镇居民人均可支配收入55861元,增长8.2%;农村居民人均可支配收入28276元,增长9.5%;人均生产总值82361元,增长8.3%。全年实现财政总收入78.94亿元,增长12.9%;一般公共预算收入47.72亿元,增长14.5%;一般公共预算支出53.88亿元,增长13.2%。当年全区财政收支平衡。

【依法组织收入】 做好收入组织工作。加强与税务部门联系沟通,打破数据壁垒,联合开展税收分析,提升组织收入水平。加强各部门间统筹协调,掌握企业生产经营情况和发展趋势,分析现有税源及潜在税源,强化收入分析、预测和跟踪管理,做足“亩产税收”文章,保障收入任务完成。提升收入质量。设计收入质量得分模型,科学调控非税收入,优化收入结构。一般公共预算收入占财政总收入的60.4%,占GDP的9.4%,其中税收收入41.13亿元,增长15.5%,占一般公共预算收入的86.2%。加强非税收入管理。2018全年实现政府非税收入79.33亿元,其中纳入一般公共预算收入管理的非税收入6.59亿元。

【支持经济发展】 集中财力办大事。聚焦高质量发展，保障区委、区政府重点项目，安排30亿元用于推进“城村双改”，安排5亿元用于“一河一湖”生态治理，安排1.21亿元用于推进“三大革命”*，安排6000万元用于“污水零直排区”创建等。兑现各项补助资金。兑现区级转型升级资金1亿元，安排股改奖励资金1544万元。完善企业扶持政策。实行分类扶持，在技术创新方面，建立市场引导、成果为主的补助方式，逐步减少事前事中的科技项目补助，增加对专利和技术采购的补助，在技术改造方面，优化并实施技术改造政策及细则；在贸易方面，以国际展会、出口信用保险补助、品牌商标、应对国际贸易等方面的补助为主。推进PPP模式。引导社会资本进入社会公共事业领域，指导、配合项目实施机构规范推进PPP模式，推进已实施项目落地。发挥应急转贷资金作用。防范化解企业资金链风险，2018年共发生转贷资金30笔，合计金额2.65亿元，涉及企业16家。

【优化支出结构】 2018年民生支出43.79亿元，增长13.4%，占一般公共预算支出的81.3%，人均民生支出7119元，增长13.2%。聚焦民生重点，支持补齐教育、文化等民生短板。保障教育优先发展。教育支出15.36亿元，增长15.5%；完成教育基础设施投入3.80亿元。支持文化事业发展。完成文体事业投入1.32亿元，增长14.5%，建成区博物馆新馆和区文体中心，支持创建国家公共文化服务体系示范区。提升医疗卫生和社会保障水平。医疗卫生和社会保障支出分别为3.17亿元和9.07亿元，分别增长6.3%和20.4%。助力“智慧医疗”体系建设，推进黄岩区妇保医院建设、黄岩区医疗卫生中心迁建等项目，深化城乡社会保障体系建设，落实各项保障，改善民生政策。助推生态文明建设。节能环保支出1.33亿元，增长21.9%。投入1.28亿元治理农村生活污水，投入9759万元实施美丽乡村建设。压缩行政运行成本。全区“三公”经费实际支出2048万元，下降1.72%，全区“三公”经费连续6年下降。

【深化财政改革】 推进“最多跑一次”改革。实现会计类行政许可和公共服务事项“网上申请、在线审核”，做好会计类行政许可和公共服务事项工作；开展“上门服务至少一次”活动，将服务对象由所有区级预算单位延伸至乡镇街道；推进政务服务网统一公共支付平台实施应用，通过平台办理各项业务61248笔，合计金额6.72亿元。开展“两山”建设试点工作。运用“两山”专项激励资金7200万元，用于全区40个薄弱村的16个项目，其中已完工项目9个。开展美丽乡村建设示范。通过全省一事一议财政奖补，推进沙埠镇沙埠叶村等5个村的美丽乡村建设示范试点村建设，开展西部美丽乡村集中连片打造。深化财政资金竞争性存放。全年开展财政资金竞争性存放招投标3期，共计存放金额36.04亿元，其中财政资金26.05亿元，行政事业单位公款9.99亿元，增加收益5138万元。推进“政采云”工作。2018年，上线区“政采云”平台行政事业单位262家，采购单位使用率100%，居全市第一，其中网上超市模块的单位使用率99.6%，居全省第六、全市第二，“政采云”平台总交易金额达4.87亿元。

【防范化解风险】 防范化解政府性债务风险。全面排查2017年7月14日之后新增隐性债务，确定化解时间表。推进平台公司转型，对除银监会认定的融资平台公司以外的国有公司加快转型。重点化解行政法律风险，针对隐性债务举借过程中存在的违规行为，分类制订化解计划。防范养老基金运行风险。加强征管力度、夯实缴费基数、加强欠费管理、做到应收尽收。围绕调剂金做好财务核算工作，争取省级调剂基金补助。按照相关文件规定，提足5年社会保障风险金。把好被征地农民参保关，控制参保人数，建立联合会审机制，确保责任落实到位。在确保社会保险基金可持续支付和安全运行的前提下，采用定期存款竞争性存放方式，提高基金收益水平。

【加强财政监管】 全面开展绩效考核。以单位自评为主、财政抽评为辅对76个主管部门进行绩效考核。共报送绩效目标1809个，涉及财政资金45.30亿元。“黄岩区公租房、廉租房(一、二期)项目”在台州市的2017年绩效评价报告抽评中获得优秀。加强政府采购监管。全年完成政府采购预算5.05亿元，实际采购金额4.64亿元，节约资金4059万元，资金节约率8.0%。加强重点项目“四算”审核监督工作。共审结全区各项重点项目794个，送审投资额174.42亿元，审定投资额165.71亿元，净核减资金8.71亿元，平均核减率5.0%。推动财政内控信息化建设。建立“1+8+X+Y”的黄岩财政特色内控制度，在全省率先完成内控信息化系统上线运行。

【干部队伍建设】 深化纪律作风建设。执行中央八项规定精神、省委“28条办法”“六个严禁”“七个一律”以及市、区作风建设有关规定。召开机关干部警示教育大会，组织全体机关干部开展远离“酒局”“牌局”承诺书集中签订仪式。全面开展领导干部个人兼职事项清理、违规购买农村宅基地和获取村级集体经济组织分红问题清理。推动水环境整治工作若干纪律要求等承诺书的签订工作。全年开展正风肃纪专项检查26次，出动人员72人次，开展工作提示约谈6次，警示约谈6次。加强财税文化建设。组建各类兴趣小组，举办书画摄影展。成功创建全国节约型公共机构示范单位，获得全省财政系统信息考核第一名、全省基层财政管理工作优秀、全省财政综合工作优秀、全省行政事业单位国有资产管理工作优秀、全省政府采购监督管理工作优秀、全省经济建设财政财务管理工作优秀等省市区各项荣誉表彰66项。

(台州市黄岩区财政局供稿　牟　峰　刘慧珺执笔)

注：

*“三大革命”：即公厕革命、垃圾革命、物业革命。

路桥区

【概况】 2018年，台州市路桥区实现地区生产总值675.16亿元，增长7.6%，人均生产总值147068元。其中：第一产业增加值12.91亿元，下降0.6%；第二产业增加值285.95亿元，增长9.7%；第三产业增加值376.30亿元，增长6.3%。三次产业结构比为1.9∶42.4∶55.7。全区实现财政总收入84.32亿元，增长14.2%。一般公共预算收入47.04亿元，增长10.0%。一般公共预算支出39.46亿元，剔除历年结转、上级专项当年支出数后为32.35亿元，增长21.5%。全年财政收支平衡。

【依法组织收入】 结合全年增收目标，完善综合治税工作机制，强化各执收部门沟通协作，制定地方财政收入增速任务分解方案。强化镇(街道)和各执收单位组织收入的主体责任，发挥各涉税部门及板块的联动协作效应。全区一般公共预算收入占财政总收入的55.8%，下降2.1个百分点；占GDP的7.0%，下降0.13个百分点。税收收入41.75亿元，占一般公共预算收入的88.8%，提高3.1个百分点；全年组织非税收入36.54亿元，其中纳入一般公共预算管理的非税收入5.29亿元。

【支持经济发展】 扶持企业转型升级。制订《路桥区工业企业数字化转型实施方案(试行)》《路桥区扶持地方金融发展的实施意见》《路桥区“企业上云”专项资金管理办法》等，全年科学技术支出5724万元，增长15.0%。支持科技人才战略。实施“科技新长征”战略，落实“人才新政”，安排人才发展专项资金4108万元，同比增加3003万元。新引进国家“千人计划”专家2名、省“千人计划”专家3名。全面落实减免政策。出台应对中美贸易摩擦确保外贸稳定增长实施意见，巩固省定涉企行政事业性收费项目“零收费”成果，城镇职工基本医疗保险费率降低1个百分点。兑现财政奖补政策。加大对工业、商贸业和金融业等扶持力度，全年兑现区级各类奖补资金1.77亿元，推动三产协同发展。设立纾困动能基金。在台州市率先建立纾困动能基金，首期规模2亿元，助力优质民营上市企业提高流动性。

【保障民生支出】 全年民生支出29.33亿元，增长13.6%，占一般公共预算支出的74.3%，确保全区财政支出增量三分之二以上用于民生。支持教育发展。全年教育支出8.55亿元，增长16%。提高普惠性幼儿园补助标准，建立学前教育生均经费标准、生均公用经费标准和公办园生均财政拨款标准。支持医疗卫生事业发展。全年医疗卫生支出3.43亿元，增长11.4%。支持医联体建设，设立医联体建设专项资金1000万元，支持医疗人才下沉、医疗资源下沉。支持社保体系建设。全年社会保障和就业支出4.64亿元，增长10.6%。支持乡村振兴。全年“三农”投入14亿元，净增6256万元，其中，发放粮食补贴资金2327万元、农机补贴资金761万元、农村生活垃圾分类专项1896万元、农林牧渔产业专项1820万元。

【深化财政改革】 推进“最多跑一次”改革。将教育系统行政事业性收费、综合行政执法收费等14项行政事业性收费，与政务服务网公共支付平台对接，实现移动支付便捷缴款。整理汇总部门预算、财务管理、资金拨付等财政政策和办事流程，编印《财政服务指南》，深入各预算单位开展“上门服务至少一次”活动。结合产业特点，服务覆盖面从预算单位扩展到重点企业、金融机构、会计师事务所等，共走访部门单位56家、重点企业20家，征求意见建议，实现财政服务精准对接。深化国库集中支付改革。对国库集中支付业务进行全面梳理，优化业务流程、添加数字签名证书，实现区级国库集中支付业务电子化全覆盖。完善支付动态监控规则。完善动态监控操作规程，监控细则由原20条增加至32条，利用“数字财政”信息软件，对各单位财务不规范行为及时干预，全年共监控预警信息1742条，审核通过1220条，形成事前、事中有效控制。推进财政资金竞争性存放。分3期对35亿元财政资金进行竞争性存放招投标，中标利率达到各类银行的最高上浮标准，实现财政资金保值增值。开展绩效评估上人代会审查试点。选取金融办、商务局等5家单位合计3402万元专项资金，委托第三方独立开展绩效评估，在台州市率先将审核和评估结果上区人代会审查试点。深化国企改革。推进融资平台公司市场化实体化转型，结合阶段资产清查结果，盘活闲置房产、投资等经营性资产，构建政策融资担保体系。

【加强财政管理】 健全财政管理制度。印发《关于进一步加强部门预算执行管理的通知》《区级机关干部教育培训经费开支管理规定的通知》《区机关基层党组织党建活动经费管理办法》等，健全财政管理制度。化解地方债务风险。启动八年化债行动计划，制订防范化解债务风险措施30条，对地方政府性债务化解实施动态管理和月报制度，全年化债率170.0%。争取专项债券。申请2018年地方政府置换债券规模1亿元和再融资债券3.20亿元，争取2019年再融资债券需求和发行计划10.90亿元、新增债券规模24.45亿元，其中棚户区改造专项债券18.80亿元。加强财政监督检查。开展财政票据使用情况自查和重点检查，联合相关部门对镇(街道)、区级单位开展“小金库”专项治理和会计信息质量监督检查。

【干部队伍建设】 推进“两学一做”学习教育常态化制度化，开展“解放思想”大讨论，全年组织集中学习17次、专家专题辅导2场次，组织收看专题片16部。组织开展财政干部综合素质提升培训。开设“财政讲堂”，加强局机关各科室业务交流。签订《党风廉政建设责任书》，落实领导干部述职述廉、诫勉谈话、个人事项报告、意识形态事项报告等制度，全年开展工作约谈49人次，警示约谈23人次。建设“党建+清廉财政”文化阵地，制定“清廉财政”建设实施意见，结合机关党建示范点创建，改造机关党员活动室、设立读书室，在局各楼层过道、走廊张贴廉政文化、财政文化、党建文化等宣传内容。

（台州市路桥区财政局供稿　郑宣彬　陈静洁执笔）

临海市

【概况】　2018年，临海市实现地区生产总值670.92亿元，按可比价格计算，增长7.0%。其中：第一产业增加值44.58亿元，增长1.5%；第二产业增加值310.31亿元，增长7.9%；第三产业增加值316.03亿元，增长7.0%。三次产业结构比为6.6∶46.3∶47.1。按户籍人口计算，人均生产总值55712元，增长6.7%。社会消费品零售总额265.79亿元，增长10.9%。外贸自营出口总额228.60亿元，增长12.6%。城镇常住居民人均可支配收入51520元，农村常住居民人均可支配收入27418元，分别增长8.9%和9.4%。全年完成财政总收入114.46亿元，增长17.1%；一般公共预算收入64.07亿元，增长18.0%，占财政总收入的56.0%，占GDP的9.5%；税收收入56.46亿元，增长18.0%，占一般公共预算收入的88.1%。一般公共预算支出94.69亿元，增长13.3%。全年财政收支平衡。

【依法组织收入】　加强收入分析、预测和管控，建立财政、税务联席会议制度，确保全年收入均衡入库、稳定增长。规范非税收入管理，加大对闲置土地、矿产、滩涂等资源处置力度，增加收入资源的储备和来源，盘活国有资产。全年非税收入征收84.13亿元，其中纳入一般公共预算管理的非税收入7.61亿元，增长17.7%。

【服务项目建设】　坚持“集中财力办大事”理念，推进“百大项目，百团攻坚”活动，拨付市重点工程建设资金30.00亿元。争取省政府2018年度新增债券25.00亿元，总额居台州各县（市、区）首位，领先台州各县（市、区）发行城中村改造专项债券。PPP工作取得实质性进展，椒（灵）江建闸引水扩排工程列入浙江省“百项千亿防洪排涝工程”。加大招商选资力度，与经信、税务、发改等部门组成招商团队，引进省外资金65.00亿元，实际利用外资5379万美元。吉利汽车临海产业园30万辆扩建项目提前半年建成投产。

【支持经济发展】　完善财政激励奖补机制，兑现各类奖补资金17.17亿元，重点支持企业创业创新，助力产业优化升级。成立总规模20.00亿元，首期规模8.00亿元的产业科技发展基金，重点支持产业发展、科技创新、人才引进、乡村振兴，引导社会资本加大对实体经济的投入，发挥财政资金“四两拨千斤”的杠杆作用。加强数字经济培育，新增上云企业1536家，医化园区成为全省首家通过验收的专项类“两化”融合示范区，伟星新材智能制造项目获工信部专项扶持，全市数字经济核心产业制造业产值增长30%。争取到振兴实体经济（传统产业改造）财政专项激励资金1.00亿元，被评为全省振兴实体经济财政专项激励考核优秀市，额外奖励1000万元。2018年8月28日，全省振兴实体经济现场会于临海召开。临海市当年规模以上工业增加值212.07亿元，增长8.0%，总量居台州第一。

【保障民生支出】　全年民生支出75.48亿元，增长10.7%，占一般公共预算支出的79.7%。支持教育事业发展。全市教育支出20.99亿元，增长8.1%。完善城乡一体化经费保障机制，落实义务教育学校生均日常公用经费、农村义务教育免学杂费、免课本费和贫困生资助等政策。提升医疗卫生服务能力。全市医疗卫生与计划生育支出7.13亿元，增长4.8%。深化“双下沉、两提升”工作，安排300万元专项资金支持医共体、医联体建设。完善社会保障制度。全市社会保障和就业支出11.07亿元，增长13.4%。城乡居民医疗保障财政补助标准提高130元/人·年；基本公共卫生服务补助标准提高5元/人·年；80至90周岁和90周岁以上的高龄补贴标准分别提高20元/人·月和40元/人·月，城乡居民基础养老金标准提高20元/人·月。落实强农惠农政策。全年“三农”支出45.84亿元，增长13.5%，推进农业农村发展。

【深化财政改革】　建立健全“最多跑一次”办事事项动态调整机制，实现100%财政事项“最多跑一次”。开展“上门服务至少一次”活动，实现19个镇（街道）、70家一级预算单位全覆盖。做好税务机构改革工作，开展人员、经费、资产划转等工作。2018年7月20日，国家税务总局临海市税务局挂牌。推进“政采云”平台上线，全市通过“政采云”平台完成政府采购金额10.86亿元，居台州市各县（市）第一。2018年8月16日，临海市财政局政府采购政务公开标准化规范化试点工作通过省级评估验收组的验收。

【强化财政监管】　被省财政列为防范和化解地方政府性债务风险试点市，围绕“增加收入，盘活资产，提高绩效，消旧控新，规范运作，保障有力”的总体思路，摸清“家底”，分析偿债能力和风险点，制订消化计划和措施，确保3年完成化债工作任务。2018年，化解债务53.90亿元，化解进度113.5%。化债工作分别得到省委、省政府、财政部和中财办肯定表扬。推进平台公司实体化，对全市行政事业单位自有房产、在建工程（房产）、股权投资和物业管理情况等开展专项清查，盘活闲置资产，择机注入国有实体公司。完善政府性资金竞争性存放管理，全年竞争性存放资金67.65亿元，增加收益7188万元。

【干部队伍建设】　学习贯彻党的十九大精神，增强“四个意识”，入选临海市党建工作示范点。推进“两学一做”学习教育常态化、制度化，下基层、进企业、走镇街、讲党课，收集地方党委、政府及企业的意见、建议1678条，帮助解决各类问题694个。全面落实党风廉政建设主体责任，严格执行“三重一大”决策制度，建立党风廉政约谈制度，全体班子成员和各科室、基层单位负责人签订《全面从严治党党风廉政建设责任书》；开展履行党风廉政建设主体责任年度专项考核。根据财税干部服务退伍军人办实业的具体做法改编拍摄微电影《最多跑一次》，获第六届亚洲微电影艺术节最佳作品奖和最佳编剧奖。

（临海市财政局供稿　潘心韵执笔）

温岭市

【概况】 2018年，温岭市实现地区生产总值1091.07亿元，按可比价格计算，增长7.7%。其中：第一产业增加值75.11亿元，下降0.1%；第二产业增加值454.79亿元，增长8.7%；第三产业增加值561.17亿元，增长8.0%。三次产业结构比为6.9：41.7：51.4。人均地区生产总值89378元。全社会固定资产投资增长14.5%。社会消费品零售总额633.34亿元，增长11.0%。外贸自营出口总额304.12亿元，增长9.6%。城镇居民人均可支配收入57793元，农村居民人均可支配收入30743元，分别增长8.7%和8.2%。全市实现财政总收入130.70亿元，增长13.0%。其中：一般公共预算收入77.28亿元，增长13.5%，占财政总收入的59.1%，占GDP的7.1%；税收收入67.15亿元，占一般公共预算收入的86.9%。全市一般公共预算支出107.80亿元，增长18.3%。全年实现财政收支平衡。

【组织财政收入】 加强重点税源管理。实现房地产、建筑业、生活服务业等行业税收一体化管理。健全“财政、税务”组织收入协调机制，开展部门联动，深化联合清欠及信息共享机制。做好收入分析预测。做好经济形势调研与分析，把握年度财政收支规模，协调税务部门，分解收入目标，确保全年财政收入平稳、可持续增长。强化非税收入征缴。推进统一公共支付平台建设，拓展至78家单位，新增电子支付平台缴款应用单位5家，全年累计发生交易83万笔，合计收费6.70亿元。全年实现非税收入94.47亿元，同比增长58.1%，其中纳入一般公共预算收入管理的非税收入10.14亿元，国有土地使用权出让收入78.03亿元。

【助推实体经济发展】 落实减税降费政策。支持高新技术企业发展，落实高新技术企业所得税优惠4394万元；落实研发费加计扣除优惠政策，企业享受研发费用加计扣除9.60亿元；减免小微企业所得税1.60亿元；推行“亩产税收”政策，分类分档差别化减免城镇土地使用税2740万元。扶持实体经济发展。加大扶持金融、外贸、产业转型升级，兑现工业技改、科技研发、商务促进、建筑施工、金融三产、总部经济等财政奖补资金4.62亿元；运用政府信用平台助力中小企业解决融资难题，全年累计担保18.38亿元；拨付1699万元鼓励金融机构贷款向小微企业倾斜。助推195家企业入围台州市“网上超市”供应商。实现先租用后出让用地5宗，工业标准地出让38宗。举办第一届“百名财务经理研修班”和行政事业单位会计人员能力提升培训班，组织30家规模以上工业企业负责人赴嘉兴考察管理会计应用。

【保障民生支出】 全年民生支出83.21亿元，增长12.6%，占一般公共预算支出的77.2%。支持教育事业发展。全年教育支出21.73亿元，增长5.6%。提高生均装备标准，小学初中、高中每年生均装备经费提高60元。安排学前教育专项经费2280万元，提升学前教育水平。完善社会保障机制。全年社会保障和就业支出10.77亿元，增长1.4%。退休人员基本养老金实现14连涨，城乡居民基础养老金标准提高至155元/人·月；完善社会救助和社会福利体系，拨付低保对象补助资金7736万元，残疾人“两项补贴”5192万元，城乡医疗救助2325万元。支持医疗惠民事业。全年医疗卫生与计划生育支出6.94亿元，增长16.0%。城乡居民基本医疗保险和基本公共卫生财政补助标准分别提高至590元/人·年和55元/人·年。支持“三农”事业。全年“三农”支出43.62亿元，增长13.6%。出台《温岭市农村“公厕革命”工作实施意见和奖补办法》《温岭市渔业养殖尾水治理资金补助及验收办法》，争取2019—2020年一事一议美丽乡村建设试点项目省级财政补助资金2000万元。保障重点项目建设。争取新增建设债券资金18亿元推进城市基础设施建设；投入1.09亿元用于住房货币化补贴和保障性住房建设；投入8.05亿元助力补齐交通短板，推进城乡客运一体化改革，确定“国有收购，公车公营”改革方案，涉及的城乡客运线路58条、车辆415辆完成签约。配合完成畅达公司股权回购工作，收购股份724份，国有资本持股99.6%。

【深化财政改革】 推进机构改革。做好经费保障、财务管理、资产划分、人员转隶等工作，推进税务机构改革。严肃机构编制纪律，按规定设置机构和配备干部，更新机构编制实名制管理系统和公务员信息管理系统。对财政编制框架提出意见建议和“三定”设想。深化“最多跑一次”改革。依托“互联网+政务服务”模式，简化会计行政审批环节，将会计代理机构审批时限由20个工作日压缩至4个工作日，提速80%；推广“政采云”应用，2018年网上超市交易额1.04亿元，交易量和交易额均位居台州市之首，位列全省第二。开展“上门服务至少一次”活动，为企业、部门单位送政策、送服务。推进医药卫生体制改革。出台《温岭市基层医疗卫生机构补偿机制改革实施办法（试行）》，明确医疗卫生机构福利费提取标准，做好医疗电子票据应用推广工作，实现住院票据自助打印。推进预算管理改革。完善财政总决算和部门决算管理，实现82个部门、16个镇（街道）决算公开，公开率100%；首次试编全口径支出经济分类总决算。推进参与式预算管理与预决算公开，实行10个部门参与式预算审议。深化国库集中支付改革。财政实拨业务电子化支付，财政、人行、代理银行间支付额度、清算业务，预算单位电子化支付业务试点正式上线。实施乡镇财政体制改革。建立增收奖励机制,指导16个镇(街道)建成省级规范化财政所。

【强化财政监管】 加强财政绩效管理。出台《关于推进全面实施预算绩效管理的意见》,启动预算绩效信息化管理系统开发。对73个项目合计5.19亿元资金进行绩效目标评审。开展预算和绩效"双监控",跟踪监控5个部门合计5.73亿元财政资金。出具财政部门绩效评价报告20份,涉及财政资金10.89亿元。完成内控制度建设。执行"1+0+X"的内控制度,梳理核心业务流程,汇编《内部控制操作规程》。强化政府投资项目建设资金监管。加强项目管理,控制投资规模,累计审核项目2288个、项目资金46.95亿元,核减项目资金2.31亿元,核减率4.93%。强化政府隐性债务化解。全年完成政府隐性债务化解65.85亿元。其中,通过政府融资平台公司市场化转型消化隐性债务51.60亿元,盘活存量资金资产资源等化解隐形债务14.25亿元。清理整合存量资金。收回单位结余资金2605万元,收回部门往来款项6004万元。深化公款竞争性存放。调整财政性资金招投标方式,修订社保基金竞争性存放综合评分办法,举行社保基金招投标5期合计34.80亿元。

【干部队伍建设】 开展"大学习、大调研、大抓落实"活动,学习贯彻习近平新时代中国特色社会主义思想和党的十九大精神。通过落实"三会一课"制度、集中学习、重温入党誓词、参观红色教育基地、开展党日活动等,提升学习效果。履行"一岗双责",推进全面从严治党,召开系统党风廉政建设会议、党风廉政警示教育大会,开展"三评三改三处理"干部作风提升专项行动;完善廉政风险干预机制,落实党风廉政约谈制度,全年累计开展各类谈话62人次;加强关键岗位和重要环节的廉政风险监控;严格落实中央八项规定精神,保持效能作风巡查高压态势,开展"酒局""牌局"等督查。举办岗位大练兵,组织开展公务员学法用法轮训,举办中层干部能力提升培训、新录用公务员初任培训、岗前实习等素质提升活动。温岭市财政局被评为2018年度市级机关单位工作目标考核优秀单位。

(温岭市财政局供稿 金娴希执笔)

玉环市

【概况】 2018年,玉环市实现地区生产总值580.77亿元,增长6.8%。其中:第一产业增加值34.37亿元,下降2.1%;第二产业增加值314.51亿元,增长8.0%;第三产业增加值231.89亿元,增长6.3%。三次产业结构比为5.9∶54.2∶39.9。人均生产总值133639元,增长6.3%。全社会固定资产投资额为218.34亿元,增长15.8%。社会消费品零售总额199.71亿元,增长10.5%。城镇常住居民人均可支配收入66027元,增长8.1%;农村常住居民人均可支配收入32453元,增长8.2%。全市实现财政总收入92.38亿元,增长10.8%。一般公共预算收入53.34亿元,增长10.0%,占GDP的9.2%,占财政总收入的57.7%。税收收入46.90亿元,增长7.5%,占一般公共预算收入的87.9%。一般公共预算支出69.97亿元,增长18.9%。全年财政收支平衡。

【组织财政收入】 协调税收征管。协调征管部门间的沟通合作,定期分析税收形势,防范税源流失,全年组织税收收入88.12亿元,增长9.02%。畅通联络机制,建立财税联络员制度,筛选财政补助名单,促进企业规范核算。争取政策资金。全年争取省对市一般性转移支付7.70亿元,专项转移支付5.30亿元。规范非税收入征管。推进统一公共支付平台电子缴款应用扩面和工业用地债务清收,加强对土地出让计提资金、罚没款等一次性收入要素的监控。全年征收非税收入28.13亿元,其中纳入一般公共预算管理的非税收入6.44亿元。

【服务经济建设】 助推产业优化升级。全年兑现市级财政扶持资金3.40亿元,争取上级各类扶持资金6981万元,集中财力支持重点产业,扶持新兴产业发展。落实减税降费政策。实施中小微企业三年成长计划,优化营商环境,全年减免各项税费13.6亿元,增长22.6%。支持重点项目建设。新增入库PPP项目6个,投资总额93亿元。安排7.70亿元用于"五水共治""农村垃圾分类"、保障性住房、城镇农村污水设施等项目建设和教育基本现代化市、生态市创建。

【保障民生支出】 全年民生支出53.30亿元,增长9.8%,人均民生支出12000元,增长12.7%。支持教育发展。全年教育支出12.90亿元,增长10.9%。投入资金3.10亿元,加快教育基本建设;投入资金2100万元,推动全市义务教育薄弱学校改造、校舍维修和幼儿园建设,提升硬件薄弱学校办学条件;投入资金8608万元,巩固完善义务教育经费保障机制改革成果。强化社会保障。全年社保和就业支出5.6亿元,其中,计提社保风险准备金4.80亿元;投入资金1232万元,完善养老服务体系建设,发放低保补助金3312万元、医疗救助金1121万元;完善救助、养老配套设施,加快玉环市救助站(流浪未成年救助保护中心)和残疾人托养中心建设进度。提升医疗卫生服务能力。全年医疗卫生支出7.9亿元,其中,安排资金947万元补助公立医院大型设备采购更新;安排资金2276万元支持地方和省级医院优质医疗资源下沉;做好农村妇女"两癌"筛查工作;城乡居民基本医保筹资标准、基本公共卫生服务财政补助标准分别提高至1000元/人·年、55元/人·年;安排专项奖补资金500万元用于卫生人才引进和培养等。开展财政支农强农惠农工作。推进农村综合改革试点工作,完善一事一议制度,全年落地农村综合改革新项目88个,争取中央和省级一事一议项目及各类试点资金6717万元,位列全省各县(市、区)第一。

【深化财政改革】 开展“上门服务至少一次”活动。全年通过现场服务和集中培训等形式主动服务预算单位212家，覆盖率100%。编印《财政服务指南》，对现行财政政策进行解读，为各行政事业单位提供参考。深化现代预算管理制度改革。加大政府性基金预算、国有资本经营预算与一般公共预算的统筹力度，细化部门预算编制内容，调整公用经费、住房公积金等基本支出定额标准，试行《玉环市部门项目支出预算标准》。实施预算项目库动态管理，将符合条件的项目，合理排序纳入预算项目库。加强财政资金清理整合。完成社保基金20亿元竞争性存放工作，将全年清理的专项和历年结余资金5.70亿元纳入预算安排，收回部门结转结余资金1.50亿元。推进“财政专项资金管理清单”工作，归并整合专项资金21项，涉及资金5.20亿元。全面推进预算绩效管理。推广绩效评价和绩效目标跟踪，实现全市财政绩效自评全覆盖和100万元以上项目跟踪全覆盖。启动国有企业优化重组。启动国有投融资平台市场化转型，挂牌成立市国投集团、市城建集团、市交投集团和南部湾区集团。发行市国投集团第一期企业债券7亿元。

【强化财政监管】 强化政府性债务管理。制定《玉环市防范化解地方政府性债务风险专项行动实施方案》，到位债券资金5.80亿元，全年撤销政府购买合同25.60亿元，核销隐性债务21.60亿元。推进“1+8+X”内控建设。确定内部控制组织架构、内部控制基本制度、8个专项管理办法以及18个具体的操作规程。压减行政运行成本。全年公务接待费666万元，下降7.8%；因公出国(境)费68万元，下降27%。修订行政事业单位培训费、会议费管理规定，出台《玉环市行政事业单位干部教育培训经费开支管理规定》。加强政府采购监管。正式上线政府采购管理系统，实现审批与“政采云”数据对接，完善采购监管。

【推进机构改革】 按照机构系统性、整体性、重构性的改革要求，贯彻落实上级有关部署，开展部门间沟通对接，妥善处理改革遇到的一系列问题，做好财政地税人员转隶和资产、经费划分划转，完成150名税务干部职工人员编制转隶工作。

玉环市红财先锋队服务美丽乡村建设，帮助村民解决各类涉财问题

【加强队伍建设】 围绕“两学一做”学习教育推动机关党建工作，开展组织生活会和民主评议党员活动，定期开展主题党日活动，发挥书香财税图书馆、党务公开墙、“手机党课”、党建工作微信群等阵地平台的作用，深化学习型领导班子和党组织建设。打造“书香财政”特色文化长廊，树立“红财先锋队”党建特色品牌，开展“不忘初心、牢记使命”党建主题知识竞赛、“书香支部·好书共读”读书分享会等活动。安排中层以上干部综合素质提升培训班2期，组织中层骨干综合素质培训、干部职工业务全员培训350多人次。出台清廉财政、清廉国企建设实施方案，推行责任清单制度和履责情况痕迹化管理，建成个人廉政档案，推进廉政风险防范常态化。全年开展正风肃纪专项行动9次、发布督查通报3次，廉政风险干预涉及中层以上干部160多人次，重点实施“酒局”“牌局”集中约谈，约谈1200余人次。

（玉环市财政局供稿　吴前哲执笔）

天台县

【概况】 2018年，天台县实现地区生产总值254.51亿元，增长7.6%，其中：第一产业增加值13.54亿元，增长4.0%；第二产业增加值104.55亿元，增长7.1%；第三产业增加值136.42亿元，增长8.5%。三次产业结构比为5.3∶41.1∶53.6。按户籍人口计算，人均生产总值42261元，增长7.3%。全县财政总收入36.36亿元，增长10.4%，其中一般公共预算收入21.90亿元，增长14.0%。全县一般公共预算支出51.14亿元，增长22.9%。全年财政收支平衡。

【组织财政收入】 推动财政收入高质量发展。完善地方财税收入协调领导小组工作机制，强化收入责任落实、注重收入分析和预测、提升信息管税和评估稽查，全年地方财政收入考核全市排名第一。优化财政收入结构。一般公共预算收入占GDP的8.6%；一般公共预算收入占财政总收入的60.4%，较上年提高2.07个百分点；税收收入18.74亿元，增长16.0%，占一般公共预算收入的85.6%，高于全省平均水平。强化非税收入管理。推进非税收入数据大集中平台建设，增强部门间数据共享。加强土地出让金收入管理，全县出让金收入34.82亿元，增强地方可用财力。全年实现政府非税收入33.50亿元，其中纳入一般公共预算收入管理的非税收入1.70亿元。

【服务经济发展】 扶持企业发展。贯彻供给侧结构性改革，落实各项清费减负政策，全年为企业减轻税费负担11.60亿元，办理延期税款2.86亿元，助推企业转型升级。发挥财政资金“四两拨千斤”作用，安排涉企扶持资金2.08亿元，支持“工业百项千万”工程，加大品牌培育和企业梯队培育力度。落实人才专项资金0.46亿元，支持全县高层次人才引进和培养。支持重点项目建设。筹措资金，扩大有效投资，配合项目建设融资，支持杭绍台铁路、始丰湖公园、新五大区块征迁、平桥镇小城市培育等重点项目建设。全方位提升服务。强化培训，通过纳税人学堂开展各类培训，累计举办“最多跑一次”专题等各类培训13场次，涉及企业3000余家。成立“惠农财税政策帮扶团”，变“坐诊”为“出诊”，对接乡镇开展财政政策、资金监管等指导。开展“五问入企、五心服务”活动，帮助企业排忧解难，引导企业加快优化升级，激发内生发展动力。

【保障社会民生事业】 全年民生支出40.59亿元，占一般公共预算支出的79.4%。教育投入12.26亿元，支持全国义务教育优质均衡县创建，改善办学条件，浙师大附中、始丰中学二期等建成投用，天台小学飞鹤山校区、实验小学始丰校区等启动建设。社保投入6.03亿元，将残疾人“两项补贴”标准由198元/人·月提高至204元/人·月，城乡居民医疗保险补助由261元/人·年提高至325元/人·年。完善被征地农民社会保障制度，出台《天台县被征地农民基本养老保障办法》，筹措财政资金6.67亿元，风险金3.30亿元，全县惠及被征地农民7.8万名，获省财政奖励3000万元。医疗卫生投入5.33亿元，完善医共体建设，县人民医院新院区完工，基本医疗保险参保率全市第一。落实财政支农政策，全年农林水投入5.76亿元，其中，消除集体经济薄弱村资金1.01亿元，农村土地综合整治资金0.96亿元，农村生活污水治理0.56亿元，全力支持“三农”发展。

【深化体制改革】 深化“最多跑一次”改革，推进财政数字化转型，推广应用“政采云”和统一公共支付平台，全年通过“政采云”平台完成协议供货项目1184笔，网上超市采购3294笔，实现统一公共支付平台覆盖全县所有执收单位。推进国地税机构改革，做好财政地税人员转隶和税务部门经费保障工作，实现全县财政税务干部队伍和业务工作“双稳定”。深入推进“互联网+”创业培训试点工作，坚持“互联网+天台特色产业”发展战略，依托第三方培训机构举办“打包式”培训5场。在各乡镇(街道)建立“创业微课堂”，推行“互联网+”创业培训，并延伸至重点村，涉及参训农村党员近万名。加快PPP项目推进，规范PPP项目管理，提高项目建库质量，全县PPP项目11个，总投资144.39亿元，其中入选财政部PPP推荐项目库项目4个。推进基层医疗卫生机构补偿机制改革，建立“专项补助与付费购买相结合、资金补偿与服务绩效相挂钩”新机制，加强基层医疗卫生服务的公益性。

【加强财政监管】 加强预算执行监管，严肃财经纪律，完善预算编制项目库，完善预算支出标准体系。全面实施绩效管理，深化财政监督绩效评价，对全县26个部门进行部门整体评价。建立“1+8+19”控制体系，提升财政风险防范能力。防范地方债务风险，编制专项化解方案，严控新增债务，做好全县隐性债务化解动态监管工作。规范公款存放管理，开展竞争性存放，制定综合评分指标体系，并建立长效机制，全年累计竞争性存放资金10.74亿元，[illegible]“三公”经费实时监控，全县“三公”经费支出2093万元，下降0.8%。盘活财政存量资金，督促部门加快专项资金使用，收回部门两年以上结余资金，按要求收回符合条件的财政存量资金，全年累计盘活资金1.48亿元。

【强化队伍建设】 加强党风廉政建设，履行“一岗双责”，出台《2018年党风廉政建设和反腐倡廉工作组织领导与责任分工》和《2018年全县财政系统纪检监察工作要点》，与各单位负责人签订《党风廉政建设责任书》。组织全体干部职工专题学习上级会议精神以及违反中央八项规定精神的典型案件，学习《中国共产党党务公开条例》《监察法》等内容，累计召开学习会25次，分享学习材料51篇。开展机构改革纪律落实情况督察和全员廉政约谈工作，共约谈225人次，其中警示约谈8人次。规范党内组织生活，以每月第一个星期一为党员活动日，以党支部为基本单位，开展主题党日活动。制作《党建联盟优化“最多跑一次”同心汇聚迈向“零次跑时代”》党建宣传微视频。

(天台县财政局供稿　张玲珍执笔)

仙居县

【概况】 2018年，仙居县实现地区生产总值230.11亿元，增长5.0%；人均生产总值44580元，增长4.2%。其中：第一产业增加值为14.72亿元，增长3.5%；第二产业增加值为98.04亿元，增长4.4%；第三产业增加值为117.35亿元，增长5.6%。三次产业结构比为6.4∶42.6∶51.0。全县财政总收入34.73亿元，增长13.8%；一般公共预算收入20.84亿元，增长12.5%，占GDP的9.1%，占财政总收入的60.0%。税收收入18.39亿元，增长13.5%，占一般公共预算收入的88.2%。全年组织非税收入27.19亿元，其中纳入一般公共预算管理的非税收入2.40亿元，增长5.5%。全县一般公共预算支出54.55亿元，增长9.3%。全年财政收支平衡。

【服务高质量发展】 统筹资金，保障县委、县政府重大决策部署实施，政府性项目投资支出8.22亿元，增长106.9%。争取新增地方政府债券8亿元，推动朱溪水库工程、小城镇综合整治工程、城区医化企业整治搬迁工程等重大基础设施项目建设。推广PPP模式应用，项目储备库新增PPP项目5个，总投资24亿元。落实减税降费优惠政策,全年累计为企业减税降负5.70亿元。全年兑现各类涉企奖补资金1.17亿元,增长44.4%。践行"五问入企、五心服务"服务理念,开展"上门服务至少一次"活动,共组织集中培训8次,现场服务1424人次,线上解答1896人次,服务覆盖率100%。

【保障民生事业发展】 全年民生支出44.30亿元,占一般公共预算支出的81.2%。财政支出4675万元,保障省市县为民办实事项目68个。优先发展教育事业,补齐学前教育短板,推进县职教中心项目建设,助力省教育基本现代化县通过预评估,全年投入教育经费11.26亿元,增长7.1%。深化医药卫生体制改革,推进公立医院综合改革,推进县域优质医疗资源下沉,支持县人民医院与台州恩泽医疗中心(集团)的"医共体"合作,全年医疗卫生支出4.90亿元,增长16.1%。提高社会保障水平,全年社会保障和就业支出6.78亿元。其中,落实残疾人"两项补贴"2397万元,为6787名残疾人购买残疾人重大疾病及人身意外伤害保险;加大财政就业专项资金、失业保险促进就业资金统筹力度,落实各项再就业政策补贴资金895万元。

【深化财政改革】 深化"最多跑一次"改革,借力"互联网+政务",推进浙江政务网统一支付平台上线运行,实现电子缴款23.32万笔,收缴金额2.42亿元。深化财政管理改革,加强财政专项资金管理,规范项目库管理,将17个专项资金列入2018年财政专项资金管理清单,涉及预算金额3.70亿元。深化国库集中支付改革,开展国库集中支付电子化改革试点工作,扩大授权支付范围,全年各预算单位授权支付78209笔,占比85.8%,提升7.5%。推进政府综合财务报告制度改革,进行乡镇政府财务报告试编。全面开展绩效管理,实现乡镇政府、街道办事处、各部门、各单位全覆盖,并将绩效管理情况纳入考核。推广"政采云"平台应用,政府采购总金额4.14亿元,入围2018—2019年度台州市电子卖场(网上超市)项目招标供应商65家,建立政府采购专家库。

【防范化解风险】 对全县融资平台公司、国有企业及事业单位债务进行梳理,编制《仙居县防范和化解地方政府隐性债务风险实施方案》;部署县级地方政府性债务风险预警和应急处置,出台《仙居县地方政府性债务风险应急处置预案》;落实年度化债计划,化债率逾100%,全县地方政府债务余额46.73亿元,未超过县人大批准的地方政府债务限额。扩大国库集中支付动态监控覆盖面,累计监控资金52.18亿元,违规资金纠正率100%。修订财政资金竞争性存放管理办法和行政事业单位公款竞争性存放管理办法,规范公款存放管理,对全县所有行政事业单位公款竞争性存放情况开展摸底检查。开展财政资金竞争性存放工作,实施招投标存放社保资金19.95亿元。按照"1+8"的总体规划,加强内控体系建设,分事行权、分岗设权、分级授权,确保财政资金安全。

【推进机构改革】 按改革要求完成机构人员编制基础数据的汇总上报,整理干部人事基础清册,完成公务员、事业编制人员、机关工勤人员、临聘人员及离退休人员和遗属补助对象的转隶手续,完成转隶人员干部人事档案的审核清点及整体移交工作。

【加强队伍建设】 完善局本级相关规章制度,出台《关于进一步加强机关作风建设的通知》以及3个关于机构改革期间严明纪律、严肃作风、压实责任的文件。出台《党组会议事规程》,修订《"三重一大"事项集体决策制度》,规范议事办事制度。修订《党员"十二分制"实施细则》,制定《党建活动经费管理暂行办法》,规范党员管理。输送优秀人才至省财政厅、市统计调查队挂职锻炼,推荐年轻干部参加县"百名干部五线历练"。打造以"红色引领,绿色发展"为主题的党建展厅,专题开展"解放思想大讨论"。老干部支部开展信访积案化解活动,通过上门走访、召开专题会议等形式现场听取并解答信访人诉求;第四支部与职业中专联合主办"财税精讲进校园"活动,校政共建财会专业实训基地。机关工委、妇联、团委开展各类活动,为干部搭建活动平台。

(仙居县财政局供稿 朱梦娇执笔)

三门县

【概况】 2018年,三门县实现地区生产总值229.38亿元,增长7.6%。其中:第一、第二、第三产业增加值分别为30.71亿元、86.32亿元和112.35亿元,分别增长3.1%、11.6%和5.6%。三次产业结构比为13.4∶37.6∶49.0,人均生产总值51310元。全县居民人均可支配收入33507元,增长9.3%。全县财政总收入30.22亿元,增长15.0%。其中:一般公共预算收入18.63亿元,增长11.0%,占财政总收入的61.6%,占GDP的8.1%;税收收入14.99亿元,增长11.5%,占一般公共预算收入的80.5%。一般公共预算支出43.82亿元,增长8.0%。全县财政收支平衡。

【依法组织收入】 紧盯财政增收目标,开展"围绕收入攻坚、走进园区部门"活动,协调各乡镇街道、部门单位,做好组织收入工作。发挥县地方财税收入协调领导小组办公室的作用,加强与税务部门合作,紧扣年度收入预期目标,加强收入分析与研判,把握收入节奏,确保收入的计划性、均衡性和稳定性。加强非税收入征管,推进非税收入线上线下一体化收缴,全年实现政府非税收入14.45亿元,其中纳入一般公共预算收入管理的非税收入3.64亿元。

【支持实体经济发展】 实施积极的财政政策。落实各项减税降费政策，全年减免各项税费4.47亿元。开展“两年”*活动，为企业提供“五心”“妈妈式”服务。下调失业保险费单位缴费率0.5个百分点，临时性下调城镇职工基本医疗保险费单位缴费率3个月，减轻企业负担1200万元。推进湾区建设。支持山海协作产业园、六敖省级农业综合开发田园综合体等功能区加快建设。聚焦民营经济。围绕六大百亿级产业集群培育，综合应用财政政策工具，促进实体经济发展。支持科技新长征。鼓励企业进行技术改造和科技创新，全年科学技术支出6605万元，增长30.4%。加大资金投入。向上争取新增政府债券额度3亿元，筹措财政性资金6.48亿元，推动一批重大产业、重点基础设施项目建设。支持工业经济转型。全年落实鼓励工业经济转型发展、扶持现代农业发展、人才引育等政策兑现资金6500万元。帮助解决企业融资难，为企业办理贷款担保手续32家次，担保金额1.33亿元。

【优化支出结构】 全县财政民生支出32.42亿元，增长4.8%，占一般公共预算支出的73.9%，新增财力用于民生支出的比重保持在三分之二以上。深化教育振兴行动，保障教育优先发展，教育支出9.07亿元，增长12.2%。落实城乡义务教育经费保障机制，支持基础教育建设和薄弱学校改造。建立公办普高生均公用经费制度，促进普通高中教育科学发展。改善教育设施条件，投入2.70亿元支持新实施教育项目17个。提高城乡养老保险基础养老金标准以及基本公共卫生服务经费财政补助标准，落实残疾人“两项补贴”政策，全年社会保障和就业支出4.15亿元。支持“健康三门”建设，扶持医药卫生体制改革，全年医疗卫生和计划生育支出3.87亿元，增长8.8%。用足用好“两山”建设资金，保障全县城镇污水处理设施、农村生活垃圾“三化”处理、小城镇综合整治等项目建设。实施乡村振兴战略，支持打好精准脱贫攻坚战，投入资金9000万元支持农业生态、绿色、可持续发展，打造“鲜甜三门”品牌。推进“六美三门”建设，支持打造亭旁“红色旅游”金名片，促进农村人居环境提升。

【深化财政改革】 推进“最多跑一次”改革。开展财政“上门服务至少一次”活动，主动上门为预算单位讲解政策、辅导业务、对接需求。加强预算管理。完善全口径预算编制，加强预算编制精细化管理，推进基本支出定员定额标准体系建设，制定县级单位物业管理费开支标准。加快推进电子政务建设，促进财政预决算公开透明。推进乡镇财政所建设。开展省级规范化财政所创建，全县10个乡镇(街道)财政所全部通过考评，规范化财政所创建率达100%。强化财政资金管理。加强财政资金清理整合，统筹1.30亿元用于乡村振兴产业基金、基础设施投资产业基金及偿债应急周转金。加强县级财政专项资金公开工作，130个项目涉及10.19亿元资金全部在浙江政务服务网上予以公开。深化国库集中支付改革。优化动态监控系统功能，开展集中支付电子化改革试点。强化公共统一支付平台功能，6家代理银行全面开通线下缴款业务，全县通过电子缴款业务29万笔，缴款金额2.20亿元。加强政府采购阳光监管。确定9月为全县政府采购宣传月，推广应用“政采云”平台，全年平台交易额10.80亿元。加强政府购买服务管理。完善政府购买服务项目立项论证，提高政府购买服务项目质量，全年实际购买服务1.39亿元。启动新一轮国资国企改革。推进平台公司市场化转型，涉及全县国有企业58家，国有资产327亿元，组建县属国有企业6家，改制非公司制企业9家，推动公司实体化、市场化转型。

【加强财政监管】 加强政府债务管理。制定《三门县防范化解政府隐性债务风险实施方案》，成立县委书记、县长任双组长的化解政府性债务风险专项行动领导小组，完成年度债务化解任务。加强财政资金绩效管理。提升绩效管理信息化水平，优化绩效目标审核流程。开展财政专项资金绩效评价，推进重点绩效评价，强化结果应用，全县110家单位完成财政支出项目绩效自评180个，涉及预算资金8.26亿元。开展各项检查。联合开展执行中央八项规定精神严肃财经纪律专项检查，涉及全县40家单位。对17家单位2017年财政票据使用管理情况进行专项自查及重点抽查，规范财政票据使用，清理已开票未缴款4笔，金额32000元。规范财政资金存放管理。完善财政资金竞争性存放评标指标体系，建立科学规范、公正透明的财政资金存放管理机制，全年组织公开招标3次，参与银行10家，中标资金21.95亿元。加强财政支农资金监管。开发财政支农资金管理信息平台，强化支农资金管理。规范扶贫资金监管，配合做好上级财政专项扶贫资金审计以及专项检查工作。做好政府投资项目预结算审核工作。全年完成预算审核项目207个，核减2282万元，完成结算审核项目99个，核减1344万元。

【打造清廉财政】 建立健全内控制度体系，制定重大事项集体议事决策制度、重大行政决策程序管理暂行办法等，理顺工作机制，推动法治财政建设进程。推进机关作风建设，落实中央八项规定及实施细则精神，严格执行廉政制度各项规定。落实廉政约谈制度。推进国地税机构改革，做好人员转隶，资产、经费划分各项工作。常态化、制度化开展“两学一做”学习教育，强化党员干部党性锻炼。组织开展“解放思想大讨论”“财税讲堂”等活动，营造“大学习、大宣传、大落实”的浓厚氛围。开展干部轮训工作，更新干部知识结构。

(三门县财政局供稿　林祥辉　周　洋执笔)

注：

*“两年”：即平台拓展突破年、产业招商攻坚年。

丽水市财政工作

丽水市

【概况】 2018年,丽水市实现地区生产总值(GDP)1394.70亿元,按可比价格计算,增长8.2%,分别高出全省和全国增幅1.1和1.6个百分点,列全省第1位。其中:第一产业增加值94.20亿元,第二产业增加值577.80亿元,第三产业增加值722.70亿元,分别增长3.1%、9.0%、8.1%。三次产业结构比为6.8∶41.4∶51.8。全市常住人口人均GDP为63611元,增长7.3%。固定资产投资增长3.0%。社会消费品零售总额682.91亿元,增长11.4%。全市进出口总额247.13亿元,增长10.8%。其中,出口225.91亿元,增长10.2%;进口21.23亿元,增长17.4%。城镇常住居民和农村常住居民人均可支配收入分别为42557元、19922元,增长9.1%、10.2%。全市财政总收入211.18亿元,增长17.0%,一般公共预算收入130.01亿元,增长15.1%,一般公共预算税收收入105.12亿元,增长18.1%。其中,市本级财政总收入54.38亿元,增长15.5%;一般公共预算收入34.58亿元,增长15.6%;一般公共预算税收收入27.36亿元,增长18.6%。全市一般公共预算支出432.02亿元,增长14.1%,市本级一般公共预算支出55.29亿元,增长22.5%。全市及市本级财政收支平衡。

【组织财政收入】 提升收入质量。全市一般公共预算收入占GDP的9.3%,税收收入占一般公共预算收入的80.9%,达到全省高质量发展指标体系评价标准(80%),一般公共预算收入占财政总收入的61.6%。强化非税收入征管。加强土地出让金收缴力度,建立土地出让联席会议制度,全年全市非税收入238.57亿元(含土地出让金158.04亿元,增长65.3%),其中纳入一般公共预算管理的非税收入24.89亿元;市本级非税收入91.54亿元(含土地出让金76.84亿元,增长44.7%),其中纳入一般公共预算管理的非税收入7.94亿元。

【支持经济发展】 建立涉企政策梳理整合机制。将市本级主要涉企扶持政策整合形成生态工业等9大类专项资金,全年全市兑付企业扶持资金20.35亿元,增长47.6%,其中市本级6.54亿元,增长36.3%。落实减费降负政策。市本级退付(库)涉企各类基金、行政事业性收费1.40亿元。发挥产业基金作用。推进丽水生态产业基金的规范化管理和实质性运作,直接投资有邦新材料、繁盛超纤、浩腾科技等实体项目,组建绿谷信息、云和梯田社会化子基金及青田、龙泉、松阳、庆元等区域子基金,基金投资额4.98亿元,带动社会资本投资68.15亿元。优化为企服务。开展人大代表政协委员"上门走访一次""精准服务企业、振兴实体经济"等活动,召开"精准服务　共享发展"恳谈会,走访企业界代表委员9人、市直重点企业19家,与20家企业代表开展面对面沟通交流,现场解决问题21个,收集接纳意见建议38条。推进PPP示范市建设。全市进入财政部第四批政府和社会资本合作(PPP)示范项目名单项目3个,居全省首位。

【保障民生和重点项目支出】 保障重点项目支出。做好"大花园"建设、城中村改造、丽水机场建设等重大项目资金保障工作,支付城中村改造项目征迁资金81.31亿元。围绕打好"污染防治攻坚战"、服务国家级生态文明示范市创建工作,安排生态环保基础设施建设支出3.22亿元、城市维护建设管理费支出2.19亿元。加大民生事业倾斜力度。全市民生支出341.39亿元,增长14.0%,占一般公共预算支出的79.0%。保障教育投入,加大科技投入,全市教育支出68.93亿元,增长2.9%,科技支出9.32亿元,增长28.2%。加大残疾人事业投入,支持社会救助机构能力建设,深化医疗卫生服务体系改革,建立健全"建设发展靠政府、运行补偿靠服务"的公立医院补偿新机制,全市社会保障和就业支出46.26亿元,增长23.5%,医疗卫生和计划生育支出42.52亿元,增长20.6%。全市"农林水"支出59.8亿元,增长4.5%。推动景宁东弄畲家和龙泉"耕读大观"等田园综合体项目建设,其中景宁东弄畲家成为全省首家开园的田园综合体试点项目。用好道路交通事故社会救助基金,全年市本级垫付抢救费用502万元。

【深化财政改革】 推进全口径预算编制,将基本建设预算、土地出让金预算纳入全口径预算管理,明确编报范围及流程,实现同步编制、同步上会。推进机构改革。推进财政地税分设工作。全市共划转公务员620名、事业编制人员10名、工勤人员9名、编外人员155名、退休干部78名至同级税务部门。其中市本级划转公务员208名、工勤人员2名、编外人员61名、退休干部2名。强化资金整合。修订《丽水市市直财政专项资金管理试行办法》,将原36个专项资金整合为17个。推进"政采云"平台建设,"丽水制造精品馆"成为全省首个在"政采云"开放的"城市制造馆",入驻网上超市供应商1183家,市本级实现100%预算单位通过平台实施采购。完成"资产云"资产管理系统上线应用,推进事业单位公车改革工作。做好授权支付工作。全年市本级共支付资金8.64亿元。

【深化"最多跑一次"改革】 推进部门间"最多跑一次"工作,对55个财政工作事项进行流程再造,整合精简18项,实现"零跑"或"最多跑一次"27项,压缩期限10项。编印部门间"最多跑一次"办事指南1000册,供市直有关部门(单位)参阅。推行"上门服务至少一次"活动,为企业、部门、单位送政策、送服务。全年服务部门 680 个，服务企业 466 家，解决问题 10296 个。在市直 119 家单位推行授权支付工作。推进统一公共支付平台应用扩面及深化工作，全年全市通过统一公共支付平台收缴资金 134 万笔，金额 101 亿元，涉及单位 902 家。打造“一个门进、一站式办理、一个平台操作、一卡通发放”的乡镇公共财政服务平台新模式，在全省首次实现全市域范围内推行社保卡涉农补贴一卡通发放，被省财政厅列入农村综合改革创新典型十大案例之一，在全省复制推广。全市通过平台发放项目 58 项，补助资金 13 亿元，惠及人次 175 万。

【推进法治建设】 落实《预算法》相关要求，市直部门预算草案提交市人代会审议。通过“七五”普法中期验收，完成微视频《传承》、动漫片《国之宪法》及文创作品《我与宪法故事——传承》，微视频《传承》获浙江省“我与宪法”优秀微视频二等奖，通过司法部“我与宪法”微视频大赛初评。做好合同合法性审查工作，全年共审查合同 49 份，审查局内存量政策文件 131 件、市政府文件 20 件。

【强化财政管理】 编制防范化解地方政府隐性债务专项行动实施方案，提前完成 2018 年隐性债务化解计划任务 43.8 亿元。出台《丽水市本级行政事业单位公款竞争性存放管理暂行办法》，全年市本级行政事业单位资金竞争性存放 2.14 亿元，财政资金竞争性存放 8 亿元。出台《丽水市直财政支出绩效评价结果应用管理暂行办法》，推动绩效评价成果应用。建立财政内控执行自查反馈机制，完善内控年度考核，开展财政内控专项检查。完成省委巡视 4 项反馈意见 29 条措施整改工作，配合完成市委巡察工作。适应营运公司市场化改革新形势，调整财务总监监管方式，突出重点建设项目及公立医院等重点行业监管服务。推进项目审核，全年市本级节约财政性资金 2.80 亿元。

【加强队伍建设】 出台《关于开展“大学习大调研大抓落实”和党建业务双提升活动的通知》《党支部工作考核办法》等系列文件，“五型党支部”创建获“丽水市优秀党建品牌”称号。组织编制丽水市首个《丽水市会计行业人才发展规划》（2018—2022 年）。制定《关于推进“清廉财政”建设的实施方案》《关于进一步加强全市财政地税系统党风廉政建设的通知》，提出“六严禁、十不为”纪律规定。建成“且停停”图书室和丽水市财税陈列馆，开展“书香财税、共享悦读”主题读书日活动 9 期。全市调研论文在国家级刊物发表 16 篇，省级刊物发表 42 篇，编发专报 30 余篇，获省财政信息工作考核第一名。在市委、市政府 2018 年度综合考核中被评为优秀单位。

（丽水市财政局供稿　王苏连执笔）

莲都区

【概况】 2018 年，丽水市莲都区实现地区生产总值 359.11 亿元，增长 6.2%。其中：第一产业、第二产业、第三产业增加值分别为 19.05 亿元、127.71 亿元、212.35 亿元，分别增长 2.9%、3.6%、8.2%。三次产业结构比为 5.3 : 35.6 : 59.1。人均生产总值 74713 元，增长 5.4%。全区实现财政总收入 25.79 亿元，增长 14.2%。其中：一般公共预算收入 15.83 亿元，增长 17.0%；一般公共预算收入中，税收收入 11.92 亿元，增长 13.6%。实现一般公共预算支出 43.20 亿元，增长 10.9%。全年财政收支基本平衡。

【组织财政收入】 加强财源培植，落实各项清费减负政策，开展“精准帮扶企业，振兴实体经济”专项行动，兑现企业扶持资金 2.25 亿元，促进实体经济发展。全年招商平台引入企业 102 家，缴纳税款 6121 万元。万洋低碳智造小镇完成入驻企业协议签订 132 家，项目一期完成投资逾 10 亿元，产生税款 685 万元。联合税务部门加强税收征管，开展税源分析和监控，依法应收尽收。一般公共预算收入占财政总收入的 61.4%，占 GDP 的 4.4%；税收收入占一般公共预算收入的 75.3%。加强非税收入征管，全年组织非税收入 3.91 亿元，增长 28.9%，其中纳入一般公共预算管理的非税收入 3.91 亿元，增长 28.9%。

【保障民生重点支出】 全年民生支出 36.02 亿元，增长 14.2%，占一般公共预算支出的 83.4%。安排教育支出 6.21 亿元，增长 8.6%，用于中小学校改扩建工程、中小学和学前教育生均公用经费提标、编外教师工资待遇发放等，其中投入教育质量考核奖 640 万元、教育教学装备经费 769 万元、民办学校和幼儿园扶持资金 397 万元。安排医疗卫生与计划生育支出 6.05 亿元，增长 15.0%，城乡居民基本医保财政补助标准提高至 1100 元/人·年，城乡居民基本公共卫生服务财政补助标准提高至 55 元/人·年，落实巡回诊疗车购置经费 198 万元，解决偏远山区百姓“看病难”问题。安排社会保障和就业支出 6.89 亿元，增长 18.1%，全区城乡居民基本养老保险基础养老金标准提高至 155 元/人·月；拨付医疗救助资金 2736 万元、最低生活保障和特困人员救助供养资金 5001 万元、城乡困难居民临时救助 352 万元、残疾人保障补助 3770 万元；投入就业补助资金 823 万元，推进高校毕业生等重点人群就业创业；落实养老服务补助经费，在 125 个城乡社区开展助餐、配送餐服务。

【深化财政改革】 深化“最多跑一次”改革，开展“上门服务至少一次”活动。全年现场服务部门 63 个、覆盖率 100%；服务二级部门 161 个、企业 237 家，开展集中培训 15 次，培训 1969 人次，线上解答 1117 人次，发放解答汇编 314 人次。在财务力量薄弱、人员数量较少的行政事业单位率先开展会计代理记账，全区 87 家单位与代理记账公司签订协议，实行会计代理记账。开展国有闲置房产及土地清查工作，排摸闲置、经营性国有资产 469 处，总占地面积 433 万平方米，建筑面积约 142 万平方米。按照“核销一批、留用一批、移交一批、出让一批”思路，处置到位 400

处,处置率85%。

【强化财政监管】 加强政府债务管理,制定《莲都区防范化解地方政府性债务风险专项行动方案》,按照“统筹谋划,分年消化,依法举债,严控增量”总体思路,化解隐性债务偿债风险,置换债券1.25亿元。严控“三公”经费支出,规范津贴补贴发放,降低行政运行成本。全年“三公”经费支出1428万元,下降0.2%。制定《莲都区政府投资项目委托中介机构评审考核管理办法》,优化评审机制,加强中介机构管理,全年完成政府投资项目评审277个,送审金额27.31亿元,审定金额25.32亿元,净核减率7.3%。以部门为评价主体,开展绩效评价项目149个,涉及资金10.08亿元;委托第三方独立评价项目数量20个,涉及资金1.17亿元。全年清理整合和盘活资金1.27亿元,统筹用于民生和急需的重点项目支出。

【加强队伍建设】 开展党员廉政知识测试、“争先进位大赶超 首善担当创一流”主题演讲比赛、《之江新语》诵读活动、签订家庭助廉承诺书等主题教育和文化创建活动。举办公务卡支出管理、财政资金管理、平台项目库、政府采购管理、行政事业单位财务管理、新修订会计制度、政府债务管理等培训班8期,提高干部职工依法行政、依法理财、科学理财能力和水平。创建为丽水市依法行政示范单位。

(丽水市莲都区财政局供稿 蓝陈浩 叶碧波执笔)

龙泉市

【概况】 2018年,龙泉市实现地区生产总值133.53亿元,按可比价计算,增长8.2%。其中,第一产业增加值14.54亿元,增长3.1%;第二产业增加值47.62亿元,增长9.7%;第三产业增加值71.37亿元,增长8.2%。三次产业结构比为10.9∶35.6∶53.5。人均生产总值55800元,增长7.4%。全市实现财政总收入14.16亿元,增长10.4%,其中一般公共预算收入9.10亿元,增长7.0%,占GDP的6.8%,占财政总收入的64.3%;税收收入7.55亿元,增长6.9%,占一般公共预算收入的82.9%。全年实现一般公共预算支出48.37亿元,增长17.0%。全年财政收支平衡。

【组织财政收入】 加强收入征管。发挥财税政策合力,培育和涵养绿色生态财源,促进新旧动能转换,支持实体经济转型发展,夯实财政增收基础。强化与税收征管部门的沟通联系,完善涉税信息共享平台,形成征收保障合力,关注财税经济形势和各方面减收、增支因素,把握收入进度,提高财政收入质量。强化非税收入征缴。全面推广应用政府统一公共支付平台,全年通过平台办理教育收费、不动产登记费及交通违章缴款等业务167794笔,收缴资金17.27亿元。全年组织非税收入21.39亿元,其中纳入一般公共预算管理的非税收入1.55亿元,增长7.9%。

【支持经济发展】 强化生态工业平台建设,推进生态工业提质增效,兑现生态工业发展政策扶持专项资金,扶持生态企业发展,全年兑现各类政府政策资金1.24亿元。鼓励企业加大科技创新投入,推进“机器换人”,培育创新平台,推进市校合作,加强品牌培育和质量管理。争取2018年“1+X”产业创新服务综合体建设专项激励资金5000万元,支持“1+X”产业创新服务综合体创建。落实清费减负政策,实施临时性降低社会保险费率政策,巩固涉企行政事业性收费项目“零收费”成果,取消或停征排污费、席位费等4项行政事业性收费,减负106万元。

【保障民生重点支出】 全年民生支出40.05亿元,增长13.1%,占一般公共预算支出的82.8%,支持教育、文化、医疗卫生、社会保障等民生事业发展。教育投入6.23亿元,支持城东小学、南大洋小学、青瓷宝剑技师学院(二期)项目建设,支持创建省教育基本现代化市。公共文化投入1.00亿元,支持世界青瓷大会召开,保障普惠性文化场馆对外开放,支持文化下乡,推进农村文化礼堂等项目建设。医疗卫生投入4.64亿元,推进“双下沉 两提升”,助推“省市县乡”四级医疗融合体建设,保障市中医院迁建工程。社保投入5.46亿元,用于落实城乡居民最低生活保障、临时救助、优抚抚恤补助、城乡居民医疗保险等民生政策。执行2018年度政府投资预算,做好项目资金筹集、拨付及调度工作,全年完成政府性投资项目财务支出39.56亿元。围绕“乡村振兴 城市复兴”块线点工程战略,助力打造一批重点块、风景线、精品点;支持“小城镇环境综合整治”“三改一拆”“六边三美三化”“全域旅游”等重点工作。加大“三农”投入,安排财政资金18.54亿元,围绕农业增效农民增收,重点支持农村环境整治、农村厕所革命、农村污水治理等。

【深化财政改革】 推进“最多跑一次”改革,实现财政工作事项流程再造33个,实现“零跑”或“最多跑一次”23项,限期办理事项10项,印制部门间“最多跑一次”办事指南850册。开展“上门服务至少一次”活动,推进“一对一”结对现场上门服务,全年上门现场服务部门83个、二级单位56家,服务388人次。全面推广应用“政采云”平台,全市“政采云”平台交易额2.59亿元,平台运用率99.5%,供应商964家,招标和联动网上超市商品50余万件,完成采购项目213个。推动国企改革,开展国有资产经营有限公司、旅游投资发展股份有限公司市场化改革试点工作,出台《龙泉市国有资产经营有限公司市场化改革方案》,完善公司法人治理结构,建立市场化用工机制,完善企业会计制度和工资总额管理办法,建立与市场化相适应的考核激励机制。

【防范债务风险】 开展新增债券争取工作,争取新增政府债券14.50亿元,保障全市基础设施建设。化解地方政府隐性债务风险,被列为防范化解政府隐性债务风险专项行动全省试点先行县(市),按照"五年任务三年完成"的目标,建立政府隐性债务风险化解领导小组,出台《龙泉市防范化解地方政府隐性债务风险专项行动实施方案》,全年化解债务 25.43 亿元,其中核销已签订协议但未发生融资的协议金额 17.59 亿元,偿还 7.84 亿元。

【强化财政监管】 深化财政专项资金改革,按照"整合归并、统筹使用"要求,加大财政资金统筹整理力度,全年整合和盘活省以上财政资金 5.14 亿元。推进预算绩效管理,将财政预算项目执行情况纳入监控管理,细化到具体实施内容和支出用途,提高年初预算执行率,强化预算执行刚性。加强内部审计工作,将内审督查对象拓展至履行财政专项资金监管的业务科室,对财政专项资金管理的制度建立、完善与执行情况等进行督查内审。强化绩效评价,完善绩效评价指标体系,规范评价标准,加大财政监督检查和支出绩效评价力度,推动绩效目标、绩效跟踪、绩效自评全覆盖,注重绩效评价结果运用,对全市 64 个部门 73 个预算项目开展绩效评价,实现预算项目绩效评价部门全覆盖。

【加强队伍建设】 层层签订党风廉政责任书,全面落实"一岗双责",学习贯彻党的十九大会议精神,推进"两学一做"学习教育常态化制度化,推出"不忘初心,牢记使命'七个一'*"主题教育活动,培育特色党建品牌。制定《龙泉市财政局关于推进清廉机关建设的实施方案》,打造"清廉财政"。制定落实机构改革"三定"实施方案,按照"人随事走"原则,做好人员转隶工作,确保干部队伍及业务工作"双稳定"。发挥工、青、妇作用,开展各项文体活动,丰富干部职工生活。

(龙泉市财政局供稿　王炜祎执笔)

注:

*"七个一":一天一生日(入党纪念日)、一月一主题、一月一警示、一月一例会、一季一回访、一年一活动、一年一调研。

缙云县

【概况】 2018 年,缙云县实现地区生产总值 237.05 亿元,按可比价计算,增长 10.5%。其中:第一产业增加值 10.64 亿元,增长 3.3%;第二产业增加值 117.05 亿元,增长 11.5%;第三产业增加值 109.36 亿元,增长 9.8%。三次产业结构比为 4.5∶49.4∶46.1。人均生产总值 64034 元,增长 9.4%。城镇居民人均可支配收入 41555 元,增长 8.7%;农村居民人均可支配收入 19571 元,增长 10.5%。全县财政总收入 24.68 亿元,增长 22.9%。一般公共预算收入 15.34 亿元,增长 17.5%;其中税收收入 12.68 亿元,增长 9.8%。一般公共预算支出 52.15 亿元,增长 22.4%。全县财政收支平衡。

【组织财政收入】 推进收入征管体系建设,配合税务部门完善收入考核机制,加强财政调控收入能力。将"三个比重"作为衡量财政收入质量依据,完善配套考核机制,深化考核结果运用。2018 年一般公共预算收入占 GDP 的 6.47%、占财政总收入的 62.2%,一般公共预算收入中税收收入占比 82.7%。完善非税收入可持续增长机制,实施正向激励,将组织非税收入纳入部门综合考核,激发执收单位积极性。划定"红线"清单,开展非税收入专项清理行动,明确上级规定减免的行政事业性收费事项一律不得征缴。强化非税收入信息化管控力度,推广统一公共支付平台应用,通过平台收缴资金 31 万余笔,涉及单位 101 家,金额 7.97 亿元。全年组织非税收入 27.54 亿元,其中纳入一般公共预算管理的非税收入 2.66 亿元。

【支持经济发展】 加强政策辅导,宣传财税优惠政策,全年走访企业 40 余家次,实地解决问题 10 余件,协调解决问题 20 余件。减轻企业负担,缓解企业融资难、融资贵问题,全年减免各类税费 9.74 亿元;办理企业转贷应急基金 247 笔,金额 19.61 亿元;为中小企业提供贷款融资担保 9984 万元。推进生态工业高质量发展,兑现生态工业政策奖补资金 1.25 亿元。出台《缙云县财政支农项目整合和资金管理办法》,整合涉农资金 1.44 亿元,用于推进乡村振兴战略,扶持"两黄一白一红一灰一黑"*五彩乡愁富民产业发展。

【保障民生支出】 全年民生支出 42.27 亿元,增长 16.1%,占一般公共预算支出的 81.1%。其中,教育支出 11.57 亿元,社会保障和就业支出 6.87 亿元、医疗卫生与计划生育支出 6.25 亿元。修订《缙云县城乡居民基本医疗保险暂行办法》,财政筹资标准从 520 元/人·年提高至 640 元/人·年,特困人员集中供养标准从 1093 元/人·月提高至 1164 元/人·月,分散供养标准从 875 元/人·月提高至 1164 元/人·月,发放社会救济救助资金 1.22 亿元。保障重大民生工程建设。拨付潜明水库一期项目建设工程 2.78 亿元、330 国道东渡至新碧段综合整治工程 1.50 亿元、县人民医院迁建工程 2.60 亿元。

【深化财政改革】 深化"最多跑一次"改革,实现财政涉改事项 100%"最多跑一次"。推进"上门服务至少一次"活动,全年走访部门单位 170 余家,帮助解决实际问题 90 余件。深化预算管理改革,全面实行全口径预算,财政专项资金全部细化落实到具体项目。推进财政数字化改革,保障"政采云"和统一公共支付平台建设,预算单位全部入驻"政采云"平台,实现交易额 19.42 亿元,居全市首位,综合运用率达 96%以上,惠及本地供应商 381 家,涉及商品 3.6 万余件。上线国库集中支付电子化系统,取消支付纸质凭证,提高业务办理效率,保障财政资金安全。落实国地税机构改革,做好机构挂牌、职能划转、人员分流等工作。加强财务管理、资产划转等涉机构改革财政业务辅导,召开集中学习、培训会 3 次。推进国企体制改革,出台国企改革配套管理办法，完成缙云县城市建设投资有限公司、水务投资有限公司、交通投资有限公司的整合试点工作。推进投融资改革，拓宽国企投融资渠道，做好国有企业融资发债前期工作，确定浙商证券为企业债券发行主承销商。规范信息公开，按照规定的内容、格式、时限和途径公开财政信息，运用“缙云县财政局”微信公众号，拓宽信息公开渠道。及时更新“问政直通车”，回应群众关切的热点问题。

【强化财政监管】 出台《缙云县财政专项扶贫资金和项目管理实施办法》，委托有资质的会计师事务所开展专项审计和评估，会同县纪委等部门开展扶贫领域专项检查，做好扶贫资金管控。盘活存量资金，盘活各类沉淀资金1.84亿元，其中支出1.71亿元，重点用于紧急项目支出和民生保障。化解政府债务，提请县政府出台《缙云县防范化解地方政府性债务风险专项行动实施方案》，通过精准化债、测算举债空间和争取新增债券等，使政府举债更规范、科学、可持续。全年化解隐性债务7.90亿元，争取新增债券8亿元，置换债券4.32亿元。规范政府投资项目管理，强化政府债务源头管控。做好项目申报信息的“上传下达”，提出具有缙云特色、符合实际的意见建议，推动项目落地。压减“三公”经费。一般公共预算安排的“三公”经费支出2186万元，下降8.9%。

【加强队伍建设】 推动全面从严治党和意识形态建设，召开党风廉政会议10余次，印发《党风廉政建设工作要点》《党风廉政建设和反腐败工作组织领导及责任分工》。开展“严谨、坚守、创新、奉献”的财政职业精神宣传活动。组织报送的《浅析财政精神》《致未来的“我”》《财政小文秘的“三心二意”》获浙江省财政厅财政职业精神征文活动一等奖、三等奖。落实谈心谈话制度，开展谈心谈话30余次。严格执行个人重大事项报告、出国境审批等制度。组织开展党的十九大精神、习近平新时代中国特色社会主义思想、新的纪律处分条例等学习培训，开展“习近平的七年知青岁月”读书学习活动、“红船精神”重要论述等专题学习活动等。

（缙云县财政局供稿　胡峻华执笔）

注：

*“两黄一白一红一灰一黑”：缙云县重点扶持农业产业，其中，“两黄”指烧饼、黄茶，“一白”指茭白，“一红”指杨梅，“一灰”指麻鸭，“一黑” 指霉干菜。

青田县

【概况】 2018年，青田县实现地区生产总值239.12亿元，增长8.1%；按常住人口计算，人均生产总值67064元，增长6.7%。其中：第一产业增加值8.70亿元，增长3.1%；第二产业增加值117.28亿元，增长8.9%，；第三产业增加值113.14亿元，增长7.4%。三次产业结构比为3.6∶49.1∶47.3。全县财政总收入30.16亿元，增长16.0%，其中一般公共预算收入19.11亿元，增长13.5%。一般公共预算支出53.54亿元，增长17.0%，剔除省专项和上年结转后一般公共预算支出37.42亿元，增长16.4%。全年财政收支平衡。

【组织财政收入】 加强财政收入质量管理，优化财政收入结构，全县财政一般公共预算收入占全县GDP的8.0%，提高0.4个百分点；一般公共预算收入占财政总收入的63.4%，下降1.4个百分点；一般公共预算收入中税收收入15.35亿元，增长22.5%，占比80.3%，提高5.9个百分点。深化非税收入征管，执行行政事业性收费取消和停征规定，推动统一公共支付平台线上线下一体化收缴扩围，加大非税收入少缴、漏缴问题整顿，加强社会保险费和政府性基金收入征收管理。全年共组织非税收入18.83亿元，其中纳入一般公共预算管理的非税收入3.76亿元。

【支持经济发展】 支持实施乡村振兴战略，争取中央和省级财政涉农资金4.70亿元，推进创新强省农业科技（循环有机农业）示范试点县建设，支持“山海协作”平湖—青田“飞地”产业园项目启动，拨付一事一议项目奖补资金7262万元。扶持企业发展，开展“精准服务企业、振兴实体经济”专项活动，牵头组建财税金融服务小组走访重点行业企业，征求企业意见建议33条，现场办结企业反映问题1个。落实企业扶持资金兑付，拨付县本级和上级财政涉企扶持资金1.88亿元。推进政府产业基金实质化运作，实现对青田县顽石网络有限公司项目和真邦实业项目的投资运作，统筹并拨付资金2391万元，绿水股份项目进入筹备签约阶段。

【保障民生支出】 全年民生支出41.97亿元，增长14.9%，占全县一般公共预算支出的78.4%。其中，教育支出9.05亿元，增长8.6%；科学技术支出2.15亿元，增长78.6%；社会保障和就业支出5.66亿元，增长14.1%，其中发放低保金1.12亿元，残疾人补助3020万元；医疗卫生支出6.02亿元，增长15.6%，其中医疗救助支出2962万元；节能环保支出1.07亿元，增长97.0%；城乡社区事务支出6.31亿元，增长16.8%；住房保障支出1.43亿元，增长13.5%。保障基本建设项目资金需求，筹集基本建设项目资金28.09亿元，其中，拨付美丽乡村建设资金2733万元、小城镇环境综合整治资金1.10亿元、“大搬快治”地质灾害综合治理资金3000万元。

【深化财政改革】 深化“最多跑一次”改革，开展“上门服务至少一次”活动，全年走访县直部门、乡镇（街道）101家，覆盖率93.5%，收集并回复问题建议218条，相关单位（部门）诉求（除资金追加外）95.0%得到解决。深化“政采云”平台应用，制订《政府采购电子卖场采购管理暂行办法》等配套管理制度，举办面向全县所有政府采购涉及单位的“互联网+政府采购”专题培训班,推行行政事业单位采购计划内网报批和线上办理,全年实现"政采云"平台交易额 1.95 亿元,居全市 8 县(市)首位。推动授权支付工作实施,印发《青田县财政局关于在全县行政事业单位推行授权支付工作的通知》,召开授权支付工作动员部署会,涉及全县部门单位 74 家,推动全县 55 家县直单位、15 个乡镇全面实行授权支付工作,支付金额 1.16 亿元。推开基层医疗卫生机构补偿机制改革,出台《青田县基层医疗卫生机构补偿机制改革实施意见》,筹措并安排财政资金 1.03 亿元。推进机构改革落地,完成资产划分与经费处置,落实地税职能划转和人员转隶。

【强化财政监管】 强化预算管理,加强预算执行进度考核与结果应用,推行预算执行靠后约谈制度、预算执行与预算编制相挂钩机制,规范预算追加和资金拨付流程。推进财政资金"集约节约"化使用和管理,起草《青田县财政资金集约节约管理办法》,实现对资金分配、拨付、使用、监管、绩效评价等全过程的监督管理。防范化解地方政府债务风险,执行地方政府债务限额管理,加强债务风险预警机制建设和债券置换工作,编制并落实青田县政府隐性债务五年化债计划,全年争取新增债券 9.80 亿元,化解地方政府隐性债务 5.80 亿元,地方政府综合债务率 64.0%。深化财政专项资金管理,推进财政专项资金清理和整合,强化专项资金清单管理制度,将已纳入清单管理的 12 项专项资金缩减归并为 9 项。全面实施预算绩效管理,推行绩效目标、绩效监控和绩效评价全覆盖。加强政府性投资项目评审工作,推动概预算审批时限提速,执行 20 万元以上变更全面报批制度,严控预算审核和项目变更审查,全年完成项目审核 1132 个,核减项目资金 1.96 亿元。加大存量资金盘活力度,全年盘活财政存量资金 2.00 亿元。落实财政内控机制建设,细化和规范财政科室内部业务操作规程,健全财政工作底稿制度,建立县委巡察反馈问题和财政同级审计反馈问题整改落实情况"回头看"机制。排查扶贫资金监管、国库支付、公款存放等财政管理重点环节存在的廉政风险点,出台《青田县财政资金竞争性存放实施细则》《青田县国库集中支付动态监控管理暂行办法》等制度办法。

【加强队伍建设】 加强干部队伍作风建设,开展"比考赶超"作风建设活动,实施"财政工作效率大提升"专项行动,印发《青田县财政局提升工作效率八项措施》,开展形式主义、官僚主义专项集中整治,上线人脸识别签到系统,完善考勤管理制度。强化清廉财政导向,将廉政提醒工作纳入中心组理论学习会、领导班子会议、分线学习会以及党支部会议主要议程,党组书记上微型廉政党课,举办廉政主题摄影展,组织观摩违法违纪典型案例警示教育。推进财政文化建设,财政职工书屋建设工作获全国总工会发文表扬,并被评为全国工会职工书屋示范点。

(青田县财政局供稿　王　瑞执笔)

云和县

【概况】 2018 年,云和县实现地区生产总值 73.21 亿元,按可比价计算,增长 12.6%。其中:第一产业增加值 4.86 亿元,增长 3.0%;第二产业增加值 35.92 亿元,增长 18.1%;第三产业增加值 32.43 亿元,增长 8.0%。三次产业结构比为 6.6 : 49.1 : 44.3。按常住人口计算,人均生产总值 63746 元。全县财政总收入 9.49 亿元,增长 13.5%,其中一般公共预算收入 5.89 亿元,增长 13.7%;税收收入 4.95 亿元,增长 16.5%。一般公共财政预算支出 25.02 亿元,增长 6.8%。全年财政收支平衡。

【组织财政收入】 适应国税、地税合并后组织收入工作的新情况,完善地方财税收入协调领导小组工作机制,把握组织收入进度,聚焦重点税源企业和纳税大户,优化收入结构,提高收入质量。2018 年,一般公共财政预算收入占 GDP 的 8.0%,占财政总收入的 62.1%,税收收入占一般公共预算收入的 84.0%。全县政府性基金收入 8.28 亿元,各类社保基金收入 7.57 亿元,国有资本经营预算收入 355 万元。全年实现非税收入 9.3 亿元,其中纳入一般公共预算管理的非税收入 9422 万元。

【服务经济发展】 落实各项财税优惠政策,推进"机器换人"、低小散整治等重点工作,完善《关于深化"亩均论英雄"改革(试

云和县紧水滩镇石浦绿道

行）的实施意见》《云和县“小微企业成长贷”担保资金管理暂行办法》《进一步加快科技进步资金管理办法》，兑现财政扶持资金6513万元。投入3200万元成立产业基金，开展实质化运作。利用兴云中小企业发展促进基金，为企业提供转贷服务，惠及企业57家，转贷金额2.11亿元，缓解中小企业融资难、融资贵问题。

【保障民生支出】 全年民生投入19.53亿元，增长9.5%，占一般公共预算支出的78.1%。安排资金3000万元，实施乡村振兴战略产业兴旺政策26条；深化村级公益事业一事一议财政奖补政策运用，投入1100万元带动社会力量共建村级公益事业项目38个；开展一事一议助推美丽乡村试点，投入2000万元在长汀、黄处等五个村庄探索美丽乡村建设。加大财政教育投入，提高义务教育生均公用经费，并向农村学校倾斜，全年教育投入3.47亿元。全年社保投入2.68亿元，增长33.8%。健全城乡低保动态调整机制，城乡低保标准从上年608元/人·月提高至700元/人·月，全年投入资金1737万元；完善城乡居民医疗保险，财政补助标准从2017年的720元/人·年提高至950元/人·年，全年投入资金6173万元。全年医疗卫生支出2.70亿元，增长19.4%。

【深化财政改革】 整合统筹存量资金，强化预算执行进度考核，对部门两年及以上结余结转资金、县本级当年结余仍未使用完毕的，一律收回由县财政统筹安排。全年收回、整合结余资金1.62亿元，用于稳增长、调结构、惠民生等重点领域和关键环节。推进行政事业单位授权支付改革，提高财政预算执行工作效率。探索建立省内流域上下游横向补偿机制，与龙泉市签订《瓯江流域上下游横向生态补偿的协议》，推动流域县（市）主动加强保护，改善瓯江水环境质量。深化国资国企改革，指导搭建“人才池”“资金池”和“资产池”，实现县属国有企业资金集中、资产集聚、人才汇聚。深化税务机构改革，划转原地税业务职能、地税科室5个、派出机构1个、干部35人，根据实际占有、使用情况，按照“物随人走”原则完成固定资产划分。

【推进法治建设】 做好行政规范性文件清理，清理可能涉及“黑名单”制度和可能涉及与网上办事、数据共享不相适应的规范性文件，认定全文继续有效的规范性文件11件，部分条款修改、废止或失效的规范性文件2件。推进“尊法治、强担责、比实干”专题教育活动，举办“以案说法”法律讲堂，学习典型案例，增强干部法治意识。打造“阳光财税”，推进预决算公开，指导全县73个部门预决算和“三公”经费向社会公开，公开率100%。

【强化财政监管】 开展隐性债务五年化解专项行动，化解隐性债务2.36亿元。全县地方政府债务余额规模23.92亿元，其中一般债务17.93亿元，专项债务5.98亿元。执行“三公”经费预算式管理和支出预警机制，全年全县行政事业单位“三公”经费支出1615万元，下降1.6%。组织开展财政存量资金检查，对明确应由财政预算收回的结余结转资金予以收回。开展国家扶贫资金动态监控绩效目标编制试点，编制18类资金、42套绩效目标，完善绩效评价指标体系。制定《云和县农业产业项目管理实施意见（试行）》，完善支农项目管理制度。开展财政扶贫领域作风问题专项治理，重点对扶贫资金监管不严、闲置滞留、投入分散、绩效不高以及未执行公告公示制度的进行专项治理。落实公款竞争性存放招投标机制，全年公款竞争性存放招投标金额11.29亿元。

【加强队伍建设】 学习贯彻党的十九大精神，开展“不忘初心，牢记使命”主题教育实践活动，利用理论中心组、“周一夜学”平台，系统学习习近平新时代中国特色社会主义思想。开展“党员城乡互动，助力乡村振兴”等系列活动。制定全面从严治党主体责任清单，层层签订责任书。组织开展“比担当、比执行、反‘四风’、促赶超”作风建设专项活动，强化廉政警示教育，以身边事警示身边人。守住意识形态阵地，邀请县委宣讲团开展重大理论宣讲，开展“我们的节日”、弘扬慈孝文化、移风易俗等系列活动，培育和践行社会主义核心价值观。

（云和县财政局供稿　杨亨钦执笔）

遂昌县

【概况】 2018年，遂昌县实现地区生产总值116.53亿元，增长9.7%。其中：第一产业增加值11.06亿元，增长3.0%；第二产业增加值43.33亿元，增长13.9%；第三产业增加值62.14亿元，增长7.9%。三次产业结构比为9.5∶37.2∶53.3。人均生产总值60849元，增长9.4%。全年财政总收入17.25亿元，增长28.8%；一般公共预算收入10.10亿元，增长20.6%，占GDP的8.7%，占财政总收入的58.6%；其中税收收入8.40亿元，增长26.2%，占一般公共预算收入的83.2%；一般公共预算支出41.15亿元，增长15.6%。全年财政收支平衡。

【组织财政收入】 加强对重点税源和零散税源的监控，做好税收分析预测，落实收支运行月分析和报告制度，及时掌握大额税收变化。加强财税合作，强化税收征管，深化部门间数据传递与共享成果的应用机制，做好企业清欠、稽查和风险防控工作。研究绿色发展财政奖补政策，向上争取各类补助资金22.20亿元。完善非税收入征缴机制，优化政府非税收入结构，全年组织非税收入18.56亿元，其中纳入一般公共预算管理的非税收入1.69亿元。建立健全土地出让管理机制，加大土地开发力度，全年入库土地收入16.26亿元。

【支持生态经济发展】 落实《振兴生态工业三十九条》等政策，加大企业扶持力度，全年兑现各项政策扶持资金2.75亿元。发挥产业基金作用，完成项目投资7个，累计投资6600万元，带动社会资本投资 1.60 亿元。与央企中核集团合作设立协核清洁能源产业发展基金 10 亿元,通过央企平台优势资源吸引高新技术企业落户。引导当地银行提供形式灵活、利率较低、程序便捷的优惠贷款,发放小微企业优惠利率贷款 1545 万元,帮助小微企业缓解融资难、融资贵的问题。以“政银担”合作模式优先为企业提供低费率政策性融资担保,完成政策性融资贷款 3.72 亿元,为小微企业和“三农”提供政策性融资担保额 1.97 亿元。

【保障民生支出】 全年民生支出 33.07 亿元,增长 17.8%,占一般公共预算支出的 80.4%。全年社保支出 3.76 亿元,增长 4.6%。做好企业退休人员、机关单位退休人员基本养老金、城乡居民基础养老金待遇调整发放工作,全年支出养老金 9.34 亿元。提高城乡居民基本医疗保险财政补助,筹措城乡基本医疗保险基金 2.53 亿元,惠及城乡居民 18 万人。深化医药卫生体制改革,保障基层医疗机构运行经费,重点支持紧密型协作、双下沉合作、中医药等卫生事业发展项目,全年医疗卫生支出 3.83 亿元,增长 37.0%。保障基本建设项目的资金需求,全年拨付政府投资项目资金 15.15 亿元。与省金控公司合作设立遂昌县基础设施(含 PPP)基金 5 亿元,推进基础设施建设。加大涉农资金整合力度,草拟支农专项资金拨付管理办法,全年整合财政支农专项资金 8241 万元,支持乡村振兴战略。加强涉农补贴发放数字化监管,实现“一卡通”发放项目 47 个,发放涉农资金 1.86 亿元。推进省教育现代化县创建,全年教育支出 6.39 亿元。

【深化财政改革】 推进税务征管体制改革,做好各项业务衔接,完成机构挂牌和人员转隶。深化“最多跑一次”改革,以部门的需求为导向,规范、简化财政业务办理事项和流程,形成《遂昌县财政局部门间“最多跑一次”办事指南》。运用“政采云”平台各业务模块,全年采购金额 1.52 亿元,增长 84.7%,节约率 4.6%。全面推行授权支付方式,规范支出管理,简化支付流程,加快支出进度。落实新《政府会计制度》改革,制定实施方案,开展行政事业单位财务人员培训,建立咨询服务团队,保障新旧会计的制度过渡衔接。

【防范债务风险】 加大地方政府债券项目谋划力度,向上争取地方政府新增债券 10 亿元。做好摸底、梳理、核查工作,做好专项建设基金、政府购买服务、违规提供担保债务等违法违规举债行为的整改工作。上线债务监测系统,对行政事业单位及各企业融资平台等 251 家单位,做好债务监测。加强政府投资项目源头管控,合理安排项目推进时序,厘清政府与企业项目、债务责任边界,控制隐性债务增量。明确“五年完成化债任务”目标,制定《遂昌县防范化解地方政府性债务风险专项行动实施方案》,通过谋划土地收入、盘活国有资产、向上争取资金、加快融资平台市场化转型等举措,化解隐性债务 2.21 亿元。

【强化财政监管】 建立健全预算绩效考核机制,将执行进度、结余金额等重要指标纳入预算单位年终考核,强化部门主体责任意识。强化预算刚性,制定《预算追加例会制度》,规范预算调整和预算追加流程。完善政府性投资机制,将建设项目分为政府类和国投类,厘清政府与企业项目承接边界。加强政府投资项目工程成本管理,规范政府投资项目价款结算监管,完成预算及备案项目 222 个,送审金额 12.96 亿元,审定金额 11.79 亿元,核减率 9.0%,完成结算及备案项目 170 个,送审 6.39 亿元,审定金额 5.79 亿元,核减率 9.4%。

【推进法治建设】 做好规范性文件清理,按照机构改革要求在挂牌前完成清理和重新签发工作,通过清理废止规范性文件 10 件。深化政务公开和政府信息公开,做好政府预决算公开、财政专项资金公开和“三公”经费公开等工作,细化公开内容。推进干部学法用法常态化,印发领导干部学法制度和学法计划,采取集中学习和自学相结合方式,组织学习《网络安全法》、新《宪法》等相关法律知识。

【加强队伍建设】 落实党风廉政建设责任制,签订《党风廉政建设(效能作风建设)责任书》41 份,开展“聚集实干实效,聚力铁军锻造”作风建设专项活动。深化“找短板、抓落实”,整改补齐短板 22 个。推进遂昌县涉企部门“评科长、促局长、强服务、大赶超”执行力建设活动,制订中层干部每月蹲企服务计划,12 名中层干部分期分批走访企业。开展“岗位大练兵”专题活动,组织开展“真心为民,推进‘最多跑一次’改革”演讲活动和中、青年干部“岗位大练兵”业务技能考试。组建党员志愿者服务队,联系乡村开展惠农政策咨询、上门慰问老党员,开展“点亮微心愿、共筑中国梦”活动。

(遂昌县财政局供稿　戴心怡执笔)

松阳县

【概况】 2018 年,松阳县实现地区生产总值 106.06 亿元,增长 7.1%。第一产业、第二产业、第三产业增加值分别为 12.47 亿元、44.44 亿元、49.15 亿元,分别增长 3.2%、9.7%、5.5%,三次产业结构比为 11.8∶41.9∶46.3。人均生产总值 55499 元,增长 6.5%。城镇居民人均可支配收入 37128 元,增长 9.0%;农村居民人均可支配收入 17546 元,增长 10.3%。全县财政总收入 11.64 亿元,增长 17.2%;一般公共预算收入 7.27 亿元,增长 15.3%,占财政总收入的 62.5%,占 GDP 的 6.9%;税收收入 5.99 亿元,增长 19.0%,占一般公共预算收入的 82.4%。一般公共预算支出 38.00 亿元,增长 1.8%。全年财政收支平衡。

【组织财政收入】 加强优质财源培育。落实企业出口奖励、“煤改气”及技改股改等扶持政策支持实体经济发展,兑现各类财政奖补政策 8853 万元。加强财政运行分析。加强财税协调联动，完善财政税收收入协调领导小组工作机制，开展重点行业收入情况联合分析，掌握财政收入变化趋势。加大非税收入征缴力度。推进统一支付平台建设，推行支付宝扫码支付功能，更新收费清单，落实清费减负政策，做好土地出让金的结算和缴库工作，全年组织非税收入 18.06 亿元，其中纳入一般公共预算管理的非税收入 1.28 亿元，增长 0.6%。加强社保基金征收管理。落实被征地农民基本生活保障政策落实情况审计整改工作，开展基本医疗保险基金总额预算管理，定期预测全县社保基金存量情况，应对社保基金收支平衡风险。

【保障民生支出】 加大民生保障力度。全年民生支出 30.75 亿元，增长 0.6%，占一般公共预算支出的 80.9%。加大对创建全国义务教育优质均衡发展县和智慧教育试点县的支持力度，保障新兴镇小学扩建、古市中学食堂及操场等教育基础设施项目实施，全年教育支出 6.17 亿元。保障民俗节庆活动及国际天空跑挑战赛、全国围甲联赛等高等级体育赛事 140 余场，全年文化体育与传媒支出 4826 万元。强化“省级卫生乡镇”创建经费保障，支持城乡妇女免费“两癌”检查工作，全年医疗卫生与计划生育支出 3.63 亿元。落实临时救助、优抚抚恤补助等政策，投入低保、孤困儿童等救助资金 1529 万元、残疾人补贴 1998 万元，全年社会保障和就业支出 4.32 亿元。推动乡村振兴战略实施。推动涉农资金整合工作，建立项目资金跟踪检查制度和责任追究制度，提升涉农资金使用绩效。深化农村综合改革，推进省级扶持村集体经济发展、一事一议助推美丽乡村等试点工作。完善支农惠农投入保障机制，全年“三农”支出 16.69 亿元，增长 9.9%。保障重点项目建设。加强政府性基本建设预算编制和执行，保障“建设大花园”等各重点项目资金需求，全年政府性基本建设预算支出 14.94 亿元。

【深化财政改革】 推进税务征管体制改革。确定人员划转方案，实现人员、业务、机构的分流和分设。推动投融资体制创新。实现县区域基金与市生态经济产业基金签约，首期到位资金 4000 万元，新增入库 PPP 项目 4 个。开展会计管理改革试点。组织全县行政事业单位财务人员业务素质培训，开展全县“十佳会计能手”、第一期会计领军人才选拔。

【防范债务风险】 控制债务总量，获新增政府债券资金 9 亿元。加强地方政府债务管理，开展违规举债担保整改，落实“三个不得立项”要求，遏制隐性债务，推动五年化债计划落实，通过归还本金化解隐性债务 3.65 亿元。

【推进法治建设】 做好规范性文件出台前的合法性审查和报备工作，全年出具合法性审查意见 2 份。开展行政规范性文件专项清理工作，专项清理 4 次。开展行政机关合同审查，出具合法性审查意见 9 份。加强法制宣传教育，组织学习宪法、新出台的《中华人民共和国监察法》等国家法律法规，下发《财政厅学法手册》，通过“七五”普法中期验收。

【强化财政监管】 建立健全资金管理机制。推动授权支付及电子化改革，全部预算单位实现授权支付改革。出台《松阳县项目资金整合管理办法》，强化资金整合清理，整合资金 1.93 亿元、清理回收结余资金 2.58 亿元。出台预算执行动态监控管理操作流程。全县竞争性存放财政资金 7.35 亿元，综合收益率较银行基准利率上浮 36.7%。提升政府性投资项目审核质量，全年完成项目预算审核 84 个，核减 5734 万元。推广运用“政采云”平台，节约资金 1180 万元，资金节约率 11.0%。完善资金监管体系。强化“三公”经费调控，“三公”经费支出 2416 万元，下降 8.2%。加强专项资金监管，开展预算单位资金管理监督检查、会计信息质量检查及防范政府债务风险检查。推进重点预算项目绩效管理，开展部门整体支出绩效管理试点。落实预算绩效监督项目 4 个，涉及资金 8339 万元。开展“上门服务至少一次”活动，举行集中培训 7 次，现场服务部门 236 个，服务二级单位 87 个，覆盖率 100%。

【加强队伍建设】 开展“执行力建设年”“细节大讨论”等活动，支持黄南水库、青田码道、瓦窑头征迁等重点工作。推动清廉财政和清廉队伍建设，签订《2018 年党风廉政建设责任书》，完善值周、请销假等内部管理制度，提升会风会纪和干部个人作风，开展党风廉政建设提升月活动。组织干部参加省市县各类调研活动、征文比赛，在县级以上获奖 9 篇次。开展“家训家规家风”作品创意征集、财税运动会、中医养生讲座、健康 E 站等活动，提升干部凝聚力。

（松阳县财政局供稿　吴潇远执笔）

庆元县

【概况】 2018 年，庆元县实现地区生产总值 72.26 亿元，按可比价计算，增长 8.0%。其中：第一产业增加值 6.55 亿元，第二产业增加值 28.45 亿元，第三产业增加值 37.26 亿元，分别增长 2.9%、7.0%和 9.8%。第三产业对 GDP 的贡献率达 58.6%，拉动 GDP 增长 4.7 个百分点。三次产业结构比为 9.1∶39.4∶51.5。人均生产总值 51910 元，增长 7.2%。全县财政总收入 8.33 亿元，增长 17.2%，其中一般公共预算收入 5.05 亿元，增长 20.1%。一般公共预算支出 32.97 亿元，增长 3.8%。全年财政收支平衡。

【组织财政收入】 把握组织收入工作主动权，了解影响地方收入关键因素，做到应收尽收，一般公共预算收入占 GDP 的 7.0%，占财政总收入的 60.6%。深化与税务部门合作，加强收入分析、预测和管控，全年税收收入 4.26 亿元，增长 18.25%，占一般公共预算收入的 84.3%。加强非税收入征管，全县共收缴各项非税收入 9.71 亿元，增长 189.7%，其中纳入一般公共预算管理的非税收入 7941 万元，增长 31.1%。土地出让金收入 7.51 亿元，占非税收入的 77.5%。

【支持生态经济发展】 支持生态农业发展，落实 2018 年“两山”建设财政专项激励政策，规划“两山”项目 10 个，总投资 6.62 亿元。支持生态工业发展，落实财政优惠政策和优质服务，发挥财政科技资金引导作用，全年发放创新券 85 万元，奖励经费 300 万元，推动食用菌、铅笔等传统产业优化升级。支持生态旅游业，推动 A 级景区创建、旅游地商品转化、全域旅游等项目发展。

【保障民生支出】 全县民生支出 25.77 亿元，增长 6.9%，占一般公共预算支出的 75.2%。全年社保支出 8.64 亿元，增长 17.7%，加大社会保险基金的财政保障力度，安排城乡居民基本养老保险财政补助 5691 万元、城乡居民基本医疗保险财政补助 1.21 亿元；安排被征地农民个人转保优惠资金以及一次性提取 5 年费用 1.01 亿元。全年医疗卫生与计划生育支出 2.59 亿元，增长 13.3%，为城市优质医疗资源双下沉、责任医生签约服务、巡回诊疗车等提供经费保障。全年教育支出 6.05 亿元。巩固完善城乡义务教育“两免一补”政策，全年免除科教书资金 744 万元，完善落实扶困助学机制，推进教育综合改革；兑现高考奖励资金 769 万元；安排教育现代化县创建专项经费 1000 万元，推进教育现代化创建工作。加大“三农”投入，申报支农项目 108 个，到位资金 6.18 亿元。深化一事一议财政奖补政策，支持农村村级公益事业发展，惠及乡镇 19 个，促进美丽乡村建设。整合投入资金 2.85 亿元，支持“三改一拆”“五水共治”“六边三化三美”“垃圾分类”等环保专项行动开展，打好“蓝天保卫战”。加强衢宁铁路庆元段建设、兰溪桥水库扩建工程、高速连接线工程等重点项目的资金保障，全年基本建设支出 17.42 亿元。

【深化财政改革】 推进税务征管体制改革，提出财政地税人员转隶和资产、经费划分划转建议，做好财政地税人员转隶工作。按照机构改革要求，编制“三定”草案，做好农业综合开发等相关职能划转和人员转隶工作，加挂国有资产监督管理办公室牌子。推进 PPP 项目运作，庆元县文体中心 PPP 项目（公共文化服务中心、庆元县广播电视制作中心、庆元县体育中心 PPP 项目）入库并开工，完成庆元县火车站站前广场 PPP 项目招标和合同签订，完成庆元县兰溪桥扩建 PPP 项目招投标，确定庆元县污水处理厂二期工程及城区地下污水等网管工程 PPP 项目的咨询中介机构。深化“最多跑一次”改革，破解企业群众办事难题，提供优质预算编制服务。开展“上门服务至少一次”活动，全年服务预算单位 181 家、企业 19 家，完成上门服务和集中培训 1653 人次。开展财政授权支付工作，覆盖单位 46 家，优化支付方式，提高支付效率。推进财政数字化转型，扩大“政采云”平台应用范围，全年入驻供应商 125 家，网超供应商 49 家，平台交易额 1.97 亿元。推进国企改革，下发《关于深化国有企业改革的指导意见》，起草国企改革配套文件。加强国资监管，引进第三方中介机构，完成庆元县 54 家国企清产核资复查和近三年财务收支审计工作。成立庆元县区域子基金，出台《庆元县生态经济产业基金管理办法》，引导金融资本和社会资本投入实体经济。

【推进法治建设】 做好改革期间规范性文件清理，确保新机构[illegible]性文件协调统[illegible]。完善行政机关合同合法性审查工作机制，落实重大行政合同备案制度。完成 2018 年度行政执法案卷自查工作。做好“七五”普法中期督导检查自检和总结。参与第十五届全国法治漫画动画微电影活动，组织拍摄微视频《宪法在我心中》，拍摄法治微电影《非你莫属》获浙江省财政系统法治动漫微电影优秀作品。

【强化财政监管】 加强地方政府债务管理，控制隐性债务。全年化解隐性债务 2.49 亿元，完成年度化债任务。实现庆元县供排水公司等 7 个融资平台公司的市场化转型。全年政府性债务余额 26.27 亿元，年度债务率 60.4%，低于警戒线，债务风险总体可控。加强预算绩效管理，要求预算项目实行绩效目标管理，覆盖率 100%。完善内控机制，建立内控执行自查反馈机制，提升管理成效。加强财政监督，开展扶贫领域专项督查“回头看”工作，对庆元县纳入预算管理的部门开展监督检查，对国有企业银行存款及内部财务管理制度进行专项检查。出台《庆元县单位财务管理内部控制办法》，提高行政事业单位及下属企业、社会团体、县属国有企业内部管理水平，确保单位资金安全。

【加强队伍建设】 加强党风廉政教育、意识形态教育和业务知识教育。加强党建工作，将党风廉政建设列入学习计划，开展“一把手”上党课、微型党课比赛等活动。开展“学习贯彻十九大，财税青年话初心”五四演讲比赛、“学习十九大践行新思想”七一主题知识竞赛活动，开展为留守儿童点亮“微心愿”活动。获浙江省示范文明单位、浙江省“低收入农户收入倍增计划”先进集体、浙江省群众体育工作突出贡献单位等称号。

（庆元县财政局供稿　胡梦瑶执笔）

景宁畲族自治县

【概况】 2018 年，景宁畲族自治县（以下简称景宁县）实现地区生产总值 59.34 亿元，增长 8.4%。其中：第一产业增加值 6.24 亿元，增长 3.1%；第二产业增加值 17.52 亿元，增长 8.5%；第三产业增加值 35.58 亿元，增长 9.4%。三次产业结构比为 10.5∶29.5∶60.0。全县人均地区生产总值 54393 元，增长 7.6%。全社会固定资产投资增长 6.8%。社会消费品零售总额 33.33 亿元，增长 9.4%。进出口总额 17.02 亿元，增长 83.9%，其中：出口 12.70 亿元，增长 39.8%。城乡居民人均可支配收入 26700

元,增长10%,其中,城镇常住居民人均可支配收入36778元,增长9.4%;农村居民人均可支配收入18170元,增长10.1%。全县财政总收入15.3亿元,增长17.1%;其中一般公共预算收入7.74亿元,增长10.5%;一般公共预算收入中税收收入6.66亿元,增长12.4%。全年一般公共预算支出42.33亿元,增长15.2%。全县财政收支平衡。

【组织财政收入】 落实《优质财源培育工作实施意见》,财政部门引进企业32户,注册资金达15亿元,其中注册资本超过1亿元企业4户,实际到位资金4.8亿元,新引进企业当年入库税收1345万元。收入结构保持稳定,一般公共预算收入占GDP的13.0%,占财政总收入的50.6%;税收收入占一般公共预算收入的86.0%。实施政府非税收入收缴电子化改革,统一公共支付平台接入执收单位34家,通过"银联""支付宝"等第三方支付(网页、手机)电子收缴36项非税收入9.42万笔、4188万元。规范非税收入管理,实现非税收入8.68亿元,增长11.9%。其中纳入一般公共预算管理的非税收入1.09亿元,占一般公共预算收入的14.0%。盘活财政存量资金17.61亿元,其中:政府性基金1.6亿元,转移支付资金2.32亿元,部门预算资金8858万元,财政专户资金9.85亿元,动用预算稳定调节基金3.7亿元。

【支持经济发展】 扶持民营经济和实体经济发展,落实县委、县政府《关于加快总部经济发展的若干意见》《关于加快生态工业发展的若干意见》《关于加快全域旅游发展的若干意见》《景宁县促进商贸服务业上规上限实施办法》等政策,兑现企业扶持政策资金2.4亿元。实施"携企扶企振企"六大行动,支出支持中小企业发展和管理资金2.16亿元,增长65.7%。落实财政部《关于停征免征和调整部分行政事业性收费有关政策的通知》,停征、免征和调整部分行政事业性收费,减轻企业、个人负担。

【保障民生支出】 全县民生支出31.69亿元,增长13.5%,占一般公共预算支出的74.9%。社会保障和就业支出4.18亿元,增长86.2%。最低生活保障标准和特困救助供养生活标准实现城乡一体化,城镇居民和农村居民最低生活保障标准分别由528元/人·月和436元/人·月统一提高到700元/人·月,发放城乡低保补助3054万元,惠及3737户6256人,发放残疾人"两项补贴"1961万元。落实社保风险金筹措政策,整改被征地农民转保资金未到位问题,获省财政奖励3000万元。医疗卫生和计划生育支出3.04亿元,增长5.8%。城乡医疗保险筹资标准提高至1220元/人·年,医疗救助支出991万元,救助3343人次。教育投入4.67亿元,其中教育发展专项资金从2013年的2000万元提高至3000万元,用于教育信息化建设、教育设备投入、教学质量奖励、教师队伍建设等;投资8109万元,新建幼儿园4所、改扩建幼儿园1所。筹措政府性项目建设资金18亿元,建设教育、交通、医疗等重点民生项目64个。

【深化财政改革】 深化税务征管体制改革,原地税业务职能、地税科室5个及派出机构2个整体划转县税务局,同步划转编制61个和干部35名。推行财政授权支付改革,全县154家预算单位全部实行授权支付,授权支付业务2.74万笔,金额1.12亿元。"政采云"平台投入运行,全县所有单位通过"政采云"平台组织政府采购,完成财政采购预算1.8亿元,实际支付采购金额1.73亿元,节约资金1396万元,节约率7.5%。财政涉农补助资金通过"一卡通"发放,2018年新增农村最低生活保障等项目17个,通过"乡镇公共财政信息平台"发放涉农补助资金54项,其中通过社保卡"一卡通"发放33项。推进政府购买服务,全年政府购买服务492项1.04亿元。创建规范化乡镇财政所,全县16个乡镇(街道)财政办被评为省级规范化乡镇财政办。开展"四服务两提升"活动,组织财政干部开展"大走访"活动77次,为32个部门、26家企业、21个乡镇(街道)提供"上门服务至少一次"220人次。

【实施乡村振兴战略】 安排农林水资金5.79亿元,支持农民增收十大行动计划、"五水共治""大搬快治""六边三化三美"等重点工作。落实"两山"(一类)财政激励资金2.24亿元,支持总投资6.42亿元的"两山"一类项目32个、子项目184个。建设东弄畲家田园综合体试点项目,投资5000万元完成项目一期工程建设,作为全省典型,获省财政奖励资金2500万元。

【防范债务风险】 按照政府隐性债务5年任务3年完成的要求制订化债计划,落实2018—2020年16.01亿元隐性债务化债任务,化解政府隐性债务2.81亿元。加强政府性债务管理,限额内政府债务余额29.33亿元,其中:一般债务余额26.45亿元;专项债务余额2.88亿元。新增一般地方政府债券7.70亿元,支持重点项目建设。

【强化财政监管】 开展扶贫领域作风问题专项治理,对全县21个乡镇(街道)和县属13个部门的2060万元扶贫专项资金使用情况进行检查,对检查中发现的突出问题进行专项治理。开展农村义务教育学生营养餐改善计划专项检查,收回不应列支的1.69万元资金并划入营养餐账户。与县纪委等部门联合开展"三公"经费专项督查,对县旅游委员会、县国土资源局、县科技局及其下属7个单位的"三公"经费、办公室使用超标、公务用车使用情况进行抽查,并要求整改。以公开招投标的形式实施10亿元财政资金竞争性存放。

【加强队伍建设】 印发《中共景宁畲族自治县财政局党组关于推进全县清廉财政建设的实施意见》,推进主体责任清单化、资金管理规范化、风险防控科技化、财政监管多元化、正风肃纪常态化。开展常态化正风肃纪行动9次。

(景宁畲族自治县财政局供稿　吴向东执笔)

市县（市、区）图片集锦

杭州市 2018 年落实市政府十大“为民办实事”项目，安排财政资金 1829 万元，助力老旧小区开展“既有住宅加装电梯”工程，支持民生事业发展落到实处，办好百姓关注的“关键小事”“民生大事”。

全省首台浅底坑电梯工程竣工

杭州市既有住宅加装电梯政府补助发放仪式

西湖区求是社区既有住宅加装电梯工程

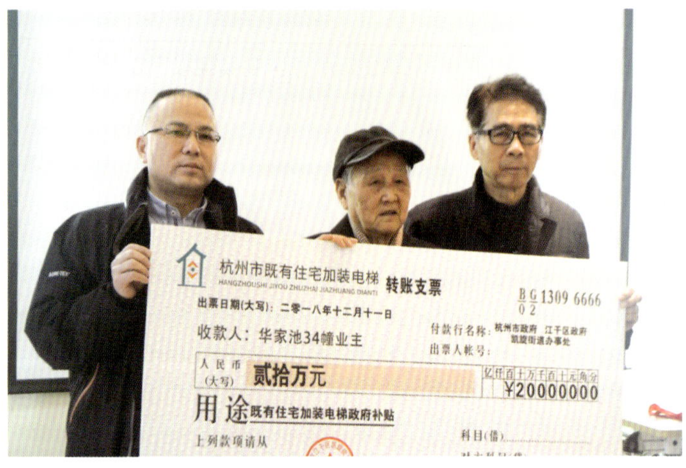

补助发放到居民代表手中

上城区柳浪阁 1 幢 3 单元既有住宅加装电梯工程

下城区首台既有住宅加装电梯启用

钱塘论潮——H20 国际拥江发展城市大会现场

印篆钱塘——第二届“弄潮杯”钱塘江全国篆刻大赛

匠兴钱塘——杭州国际工艺周上刺绣技艺展示

2018 年，杭州市江干区投入财政资金 2440 万元，举办第二届杭州钱塘江文化节，文化节包含重大活动 31 项，惠及杭城市民 120 余万人，线上参与人数逾 5000 万人次。其间组织多场面向海内外的招才引智、招商引资活动，达成各类合作意向 5800 多项。

彩绘钱塘——少年儿童钱塘江北岸海塘彩绘活动

320 国道建设工程

改造升级的广场公厕

放学后托管的小学生

美丽乡村建设彩绘外墙

保障良渚“申遗”工作

2018 年，杭州市余杭区坚持“突出重点、压缩一般、有保有压”，将更多资金向民生事业、重点工程倾斜。全年民生支出 251.00 亿元，增长 26.2%，占一般公共预算支出的 73.3%，全力保障“放学后托管”“厕所革命”“美丽乡村建设”等民生实事及“320 国道建设”“良渚申遗”等省、市、区重点工作推进资金需要。

杭州市富阳区财政全力助推“三美建设”，全区以高标准完成 23 个小城镇环境综合整治任务，推进美丽城镇建设；以风情富春江两岸为重点，创建、提升特色村 15 个，风情小镇创建 2 个、历史文化村 5 个，推进美丽乡村建设；开展乡村百花大会、江鲜大会、二十四节气节系列节庆活动，乡村旅游人数超 1000 万，增长 20.5%，推动美丽经济发展。

富阳云台山百亩杜鹃花海

城市绿心——新沙岛

小城镇整治后的村道一景

“营地 +”特色产业——杭州（国际）青少年洞桥营地

富春山居——乡村百花大会

乡村文化大礼堂活动

永安山滑翔伞训练基地

2018 年，杭州市临安区加快融杭发展步伐。推进民生融杭，增加财政支出 7.61 亿元，推动城乡居民基础养老、基本公共卫生服务等 11 项民生政策接轨杭州标准；推进交通融杭，新增和优化公交线路 23 条，杭徽高速杭州西至临安段小客车以政府购买服务方式实行免费通行；推进城市建设融杭，强化城中村改造资金保障，规范 PPP 模式，保障双溪口水库、青山湖环湖绿道三期等项目实施。

美丽岛石，小城新颜

青山湖科技城

改造后的锦城街道城中街

新建成的杭州医学院临安校区

山水玲珑，创智新城

云安小镇，森林硅谷

青山湖绿道 PPP 项目

草莓采摘园

新安江田园综合体全景图

2018年，建德市以田园综合体建设为主平台，全力推进乡村振兴，构建“草莓＋旅游、健康、科技、创意”的“草莓＋”产业体系，形成“一心、三区、多点”的新安江田园综合体格局。

杨村桥草莓小镇

草莓小镇俯瞰图

桐庐县财政围绕“产业强县”战略，加大财政投入力度，支持科技创新和人才发展。2018 年，全县通过省级认定的国家高新技术企业 18 家，新增省科技型中小企业 45 家、省级企业研究院 4 家。新建院士专家工作站 2 个，柔性引进院士 20 人，引育国家“千人计划”和省“千人计划”等高层次人才 5 人、紧缺专业技术人才 289 人。

“君山引凤”科技人才周活动现场

桐庐县第二届创新创业发展大会

发放高层次人才创业项目补助

富春江科技城之科技孵化园

富春山健康城

宁波市 镇海区加大民生领域保障，全年民生支出66亿元，增长15.9%，占一般公共预算支出的81.7%。推进各项民生事业发展，加大区重点工程保障力度，支持乡村振兴战略。

骆驼实验学校二期工程

镇海区镇蜜水果番茄新品种观摩活动

镇海区炼化小学老校区改造工程

邀请郎平、徐云丽讲述中国女排与北仑的故事

宁波市北仑区2018年安排文化旅游体育与传媒支出2.85亿元，用于推动群众文化活动开展，助力农村文化建设，构建现代公共文化服务体系，深入实施文化惠民工程。

“飞天奖”“星光奖”颁奖典礼在宁波市北仑区举行

2018“丝路琴声”宁波国际钢琴艺术节开幕式

慈溪市财政坚持以人民群众为中心，优化财政支出结构，支持新一轮优化基本公共服务体系三年行动计划，2018 年民生支出 91.33 亿元，增长 5.3%，占一般公共预算支出的 79.1%，为满足人民日益增长的美好生活需要增强基本民生保障力度。

新春大型人才招聘会

鸣鹤古镇群众闹元宵

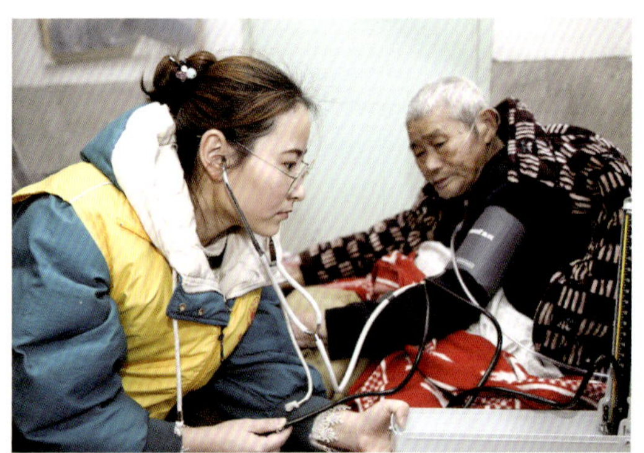

家庭医生上门服务

雨中马拉松欢乐跑

慈溪大剧院夜景

温州市瓯海区唐宅传统造纸专题展示馆

温州市财政按照“产业兴旺、生态宜居、乡风文明、治理有效、生活富裕”的总要求，以西部生态休闲产业带建设为重点，助力开展乡村振兴“六千六万”行动，全面实施乡村振兴战略。

文成县百丈漈北门游客服务中心鸟瞰图

温州市瓯海区泽雅上潘垄梯田

文成县天顶湖迦南美地

乐清县大荆石斛田园综合体

温州市鹿城区美丽戍浦田园综合体种子种苗科技园

平阳县高山茶

2018 年，温州市鹿城区财政投入资金 640 万元支持全区公共文化建设。全年新增城市书房 6 家、文化驿站 8 家，开展不同主题文化服务活动百余场，参与人数逾 26000 人。新设“非遗”创艺坊项目，搭建“活态”“非遗”特色体验平台，举办“非遗”创艺坊活动 650 场次，受益人群 25000 余人次。

温州市鹿城区文化驿站朴念站之文化论坛

温州市鹿城区文化驿站之插花艺术沙龙

温州市鹿城区文化驿站澐山茶禅站之茶道讲座

温州市鹿城区文化驿站温州百工馆站之文艺表演

温州市鹿城区城市书房之龙汇分馆

小学生课间活动

2018 年，温州市瓯海区财政加大对教育事业的支持力度，全年教育支出 12.14 亿元。其中安排 2.0 亿元用于新建公办幼儿园，实现全区每个镇街至少有 1 所公办幼儿园。全年累计建成投用中小学校 4 所、改造提升 10 所，新增公办幼儿园 12 所。

幼儿园家长开放日

改造后的初中校园

温州市瓯海区 12 所公办幼儿园集体开园仪式

温州国际大学城全景

2018 年，乐清市财政全力保障全市城乡客运线路的国有化改造资金需要。全市财政补助经营亏损8290万元，回收线路68条，开通低票价线路73条，回收车辆609辆，新增新能源公交车170辆，建成智能公交廊103座。主干线日均客流量由原来的5.5万人次增加到12.5万人次，实现25个乡镇（街道）城乡公交全覆盖，完成城乡公交一体化改造。

投入使用的新公交车

村村通城乡公交全覆盖

新建成的公交停靠站

市民赶往公交站点坐公交上班

公交进校园

楠溪江畔公路

舴艋舟重现楠溪江源头

屿北古村鸟瞰图

2018年，永嘉县财政争取省级补助3750万元，整合农村环境整治、美丽乡村等新农村建设资金，投入5370万元，用于完善基础设施和公共服务，营造有利于乡村振兴的外部环境。

丽水街长廊

南麂镇碧海仙山乡村振兴示范带

平阳黄汤茶博园

2018 年，平阳县加大财政投入力度，全年拨付涉农资金 8.74 亿元，大力推进田园综合体建设，着力打造乡村振兴示范带，助力平阳农业经济快速发展，全年农村居民人均可支配收入 22730 元，增长 9.1%。

省美丽乡村特色精品村——昆阳镇鸣山村

田园综合体——麻布镇水港村油菜园

田园综合体——南雁滨水风情绿道

南雁镇诗画碧溪乡村振兴示范带

2018 年，苍南县投入财政资金 1.50 亿元，围绕“全域规划、全域整治、全域景区化”总体思路，创新“众筹建城”“党建+”等模式，开展小城镇环境综合整治工作，打造渔耕小镇、金乡卫城等一批各具特色的样板镇，被评为全省小城镇环境综合整治工作优秀县。

大渔镇渔耕小镇

金乡卫城西门古街

钱库镇夜景

整治后的霞关镇海滨中路

莒溪镇风情水街

岱岭畲族风情文化园

2018年，文成县财政助力休闲产业培育、全域旅游引领、“三农”发展提升、综合交通提速、生态环境保护等，带动农民增收、村级创收，助力乡村文化振兴，奋力续写新时代“三美文成”建设新篇章。

高速公路施工现场

南田镇“伯温故里”彩色稻田

西坑畲族镇让川村长桌宴

畲乡风情

百丈漈镇新亭村迷宫茶园

2018 环浙江自行车公开赛文成站比赛现场

泰顺百家宴庆

全国重点文物保护单位——北涧桥

2018年，泰顺县安排财政资金1.78亿元，支持小城镇环境综合整治工程、廊氡创国家级旅游度假区、“非遗”项目开发等项目建设，助推旅游主业化发展，助力“生态立县 旅游兴县”战略实施。全年接待旅游人数553万人次，实现旅游综合产值35.94亿元，分别同比增长28.5%、28.4%。

国家AAA级旅游景区——百丈时尚体育小镇

万排醉美茶园

飞云湖全景

多彩新城夜景

4月9日，浙江红船干部学院揭牌成立

嘉兴市 2018年围绕“建党圣地迎建党百年”历史主题，建立全市重大政府投资项目资金保障机制，加大资金支持力度，推动浙江红船干部学院改建及南湖革命纪念馆“红船精神”展馆等项目建设，传播红色文化，发展红色旅游，提升中心城市品质，打造弘扬“红船精神”示范地。

嘉兴·湖州作家采风创作活动启动仪式现场

南湖革命纪念馆新馆照壁

红色旅游重要景点王祥里

嘉兴市文化精品工程重点扶持项目音乐剧《红船往事》巡演剧照

改造后的南湖革命纪念馆

打造省级优美庭院

竹林村史馆

2018年，嘉兴市南湖区以小城市培育试点推进新型城镇化建设，加大财政投入力度，完善各镇功能布局，全面提升试点乡镇的生产、生活和生态质量。

生态治水工程

渔里健康主题公园

联丰村“三治会堂”

市级小城市培育试点——余新镇

2018 年，嘉兴市秀洲区教育支出 7.61 亿元，增长 14.9%，主要用于保障教育基本现代化、学前教育、中小学教育，加快教育基础设施建设，全年新增小学 2 所、幼儿园 5 所，整建制引进幼儿园 1 所，新增学前教育学位 1800 个。当年，秀洲区高分通过省教育基本现代化区创建评估。

新塍镇中心幼儿园

秀洲实验小学综合楼报告厅

麟湖小学南校区音乐课

学生参加课外活动

整建制引进嘉兴市卫生幼儿园

学生户外写真描绘美丽校园

2018年，海宁市制定新一轮企业扶持政策的实施细则及配套资金管理办法，提高企业对政策的知晓度，出台支持“能效引领”、泛半导体产业扶持政策，加大对出口企业应对贸易摩擦的补助力度，全年兑付财政扶持奖励资金7.6亿元，支持实体经济发展。

重点扶持企业厂区鸟瞰图

扶持光伏企业创新发展

走访企业开展“上门服务至少一次活动”

海宁皮革时尚小镇时尚创业园开工仪式

海宁经济开发区鸟瞰图

2018年，平湖市财政落实“文化惠民”政策，不断加大文化体育类支出，保障名人馆、市民健身中心等重点文化场馆，及城市书房、农村文化礼堂等文化阵地建设，支持西瓜灯文化节、“全民健身日”、文化下乡等系列活动开展，弘扬民俗民间文化，丰富群众精神文化生活。

“全民健身日”活动

农民读书会活动

2018中国·平湖西瓜灯文化节西瓜灯雕刻创意大赛

端午节制香囊活动

农村文化礼堂活动

乡野农趣、乡村旅游度假区乌村

桐乡市首届农业经济洽谈会

2018年，桐乡市坚持“以乡村美带动桐乡美，以乡村富实现桐乡富”，推进乡村振兴战略，全年“三农”支出42.03亿元，重点用于美丽乡村建设、农旅融合发展，助力农业增效、农村增美、农民增收。

桐乡市首届中国农民丰收节活动现场

中国最美村镇、省级AAA级景区村庄荣星村

全国“一村一品”示范村桃园村

2018年，嘉善县推动大云镇国家级农村综合性改革试点建设，开展全域土地整治、农田流转和农房集聚的集成改革，构建新型职业农民培育和农民增收机制，试点区农民年人均可支配收入超4万元，村均经常性收入达218万元，农田流转率达92.0%，农房集聚率突破75.0%。

大云镇现代农业园区

大云镇高速公路、高铁双道

大云镇花海大道

大云镇开展生态绿化整治

大云镇美丽乡村鸟瞰图

大云镇农房集聚点大云社区

云澜湾温泉小镇夜景

海盐县妇幼保健院迁建项目动工

2018年，海盐县财政加大对医疗卫生事业的投入力度，完善基层医疗卫生机构补偿机制和县级公立医院综合改革制度，助推各项医药卫生体制改革，优化整合县域内医疗资源，促进公共卫生服务均等化。

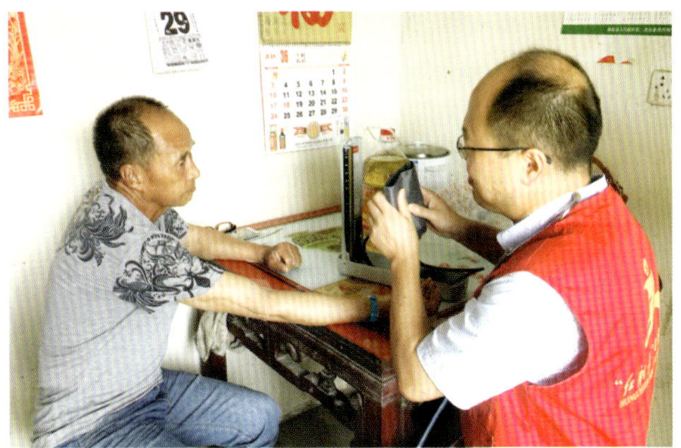

家庭医生为居民提供上门诊疗服务

首届全国基层中医药信息化建设高峰论坛在海盐举行

医疗专家赴眉山开展医疗卫生扶贫行动

义诊活动现场

智慧医疗自助机投入使用

志愿者为市民演示操作智慧医疗自助机

湖州市 财政 2018 年安排文化体育类支出 7.19 亿元，助力举办第十六届省运会、第九届环太湖国际公路自行车赛等大型体育盛会，全民参与健身锻炼、体育活动的热情日趋高涨，形成积极向上、活力四射的运动健康新气象。

第十六届省运会田径比赛现场

全民参与健身运动

第九届环太湖国际公路自行车赛

全民健身，全家参与

迎元旦千人健步走活动

仁皇山骑跑走活动

乡村公路墙莫线石淙鸟瞰图

2018 年，湖州市南浔区积极强化财政保障职能，加大对普惠性、兜底性民生工程的财政投入，大力发展民生事业，有效保障教育、医疗卫生、交通、美丽乡村建设等重点民生领域资金投入。

新建的南浔实验幼儿园全景

运用 PPP 模式完成南浔区人民医院建设

开展南浔长湖申运河河道治理

石淙镇花海

2018 年，德清县聚焦数字产业生态，加大财政投入力度，每年专项列支 2000 万元，支持地理信息小镇发展。2018 年，地理信息小镇作为联合国世界地理信息大会主会场的核心区，获评省级特色小镇，聚集企业 285 家，全年营业收入 102 亿元，财政总收入逾 8 亿元。

建设中的德清国际会议中心

建设中的地理信息小镇

地理信息产业园

联合国地理信息大会开幕式

美丽凤栖湖夜景

水口乡顾渚村新农村建设

长兴太湖大桥

2018年，长兴县发挥财政职能作用，支持美丽城镇建设，加强环境整治和基础设施建设，提升市民综合素质，开展全民修身行动，弘扬长兴精神，打造城市文化名片，提升城乡人居环境、公共服务能力和城市建设文化品位。

长兴太湖百叶龙大桥

夜色中的美丽长兴县城

长兴非物质文化遗产百叶龙表演

组织市民开展文体活动

2018 年，安吉县财政安排公共文化服务资金 4600 万元，构建文化事业发展财政保障长效机制，满足人民群众日益增长的公共文化服务需求。

农村电影院

郎村村畲族舞蹈《山哈酒香唤你来》

南北湖村新年舞狮活动

刘家塘村文化礼堂

绍兴市越城区财政化政策福利为资金活水，不断推进农业转型升级、农村改革发展。2018年拨付粮食生产“三项补贴”、深化农业“两区”建设，推进富盛抹茶特色园项目，落实“五水共治”资金保障，推进美丽乡村建设，全年农林水发展支出6.68亿元。

“美丽宜居 浙江样板”双百村——东浦镇东浦村

东浦村消防队训练

王城寺村社区服务中心

茶农们在富盛镇抹茶园机器采摘茶叶

富盛镇抹茶园

论坛吸引全球会计领军人物参加

圆桌对话环节

2018年5月，首届世界会计论坛暨第十三届中国CFO大会在绍兴市柯桥区召开，来自全球29个国家和地区的会计领军人物出席论坛，上百家媒体共刊发新闻报道500余篇，新媒体传播总覆盖量达5000万人次。

会计论坛启幕仪式

首届世界会计论坛会场

2018 年，绍兴市上虞区加大财政支农保障力度，多方筹措资金 1.13 亿元，运用 PPP 模式引入社会资本 16.3 亿元，重点支持“五星 3A”创建、农村环境综合提升、村级公益事业一事一议财政奖补等建设项目，成功申报 2019 年度省级农村综合改革试点，美丽乡村建设水平进一步提升。

中国美丽休闲乡村——上虞东澄村

上虞覆卮山油菜花梯田

省级农村综合改革试点——上虞桃园村

“五星 3A”美丽村——上虞外五甲村

2018 年，嵊州市财政安排越剧发展专项资金 1848 万元，支持越剧文化交流展示和传播推广，培育越剧文化艺人和民间越剧特色团队，推动越剧文化繁荣发展。嵊州市被文化和旅游部命名为“中国民间文化艺术之乡”。

“越乡情 春城美”——昆明·嵊州越剧专场演出

越剧小演员表演节目

嵊州市越剧文化示范村颁奖仪式暨祭祖演出

越剧名家吴凤花专场汇报演出

第二十一届中国少儿戏曲小梅花荟萃活动佩花晚会

2018年中国·新昌天姥山唐诗大赛颁奖典礼

诗路节点村——儒岙镇横板桥村

大型咏诵交响套曲《浙东唐诗之路》演奏现场

"唐诗之路"班竹村古驿道

2018年，新昌县财政落实专项资金1000万元，整合部门资金和项目资金支持打造"浙东唐诗之路精华地"，助力开发以天姥山晋唐遗存为核心的唐诗文化修学旅游、以佛教文化为重点的禅修旅游、以茶香文化为支撑的茶道研学旅游等项目。

位于鼓山山顶的天姥阁夜景

金华市 2018 年投入 7.06 亿元推进基本公共文化均等化，支持金华市博物馆等公共文化设施免费开放，推进金华 24 小时自助图书馆建设，支持优秀文化“五进五送三下乡”，推动金华“融媒体”建设。

“中非之夜”嘉年华活动

百姓舞龙大赛

婺剧演出走进苏孟小学

传统文化进课堂

“戏曲与生活”高峰论坛

“非遗”走进岭下坡阳古街迎新活动

文化走亲春联送福活动

2018年，金华市婺城区财政统筹安排资金9.17亿元，助力小城镇环境综合整治，重点打造一批洁净宜居、布局合理、特色鲜明、诗画风情的示范乡镇和小集镇，提升群众获得感和幸福感。

整治后的蒋堂镇综合市场

农村垃圾分类

乾西乡文化墙

安地镇街心公园塑胶跑道

塔石乡夜景

金华市金东区财政保障推进村庄综合整治项目 30 个、支持创成国家级传统村落 5 个、省美丽宜居示范村 4 个、AAA 级景区村 5 个，总投资 7.5 亿元。截至 2018 年底，区本级 6 个乡镇已全部通过省级考核验收，江东镇成为省级样板镇。

公园与美丽街区互成风景

塘雅镇竹村

澧浦花木城

曹宅镇月潭公园

岭下镇坡阳古街

江东集镇尽显水之韵

塘雅东口塘一角

碧水浮桥

江中雾晓

兰溪市按照“五水共治”要求，2018 年投入资金 1.29 亿元支持治水工作，着力打造“水清、岸绿、和谐”的人居环境，为兰溪“一区一地一城”建设保驾护航。

兰湖风光

游埠古镇举办水上婚礼

甘溪水韵

三江六岸全景

2018 年，武义县累计投入政府投资项目建设资金 14.10 亿元，重点用于小城镇环境综合整治、G235 金华婺城至武义快速路、县博物馆等项目建设，完善城市功能，提升城市品位。

环境综合整治后的履坦镇青山绿水

环境综合整治后的柳城镇老街

G235 金华婺城至武义快速路建设工地

武义县博物馆

衢州市将全民健身理念融入城市发展，以创建国家首批“全民运动健身模范市”为统领，助推全民运动建设事业蓬勃发展，致力打造快乐、运动、休闲、健康的幸福之城。

市民在全民健身中心感受运动的乐趣

中国滑水公开赛（衢州站）运动员展示衢州城市品牌标语

浙江衢州铁人三项国际邀请赛现场

衢州市体育中心项目开工仪式

旧粮库改造的衢州市全民健身中心

2018 年，衢州市衢江区以建设“活力新衢州 美丽大花园”为引领，投入财政资金 5.32 亿元，全域实施小城镇环境综合整治，全区 20 个乡镇全部通过省级考核验收，成功创建全省小城镇环境综合整治优秀区。

莲花镇彩色水稻种植项目

上方镇钙都小镇鸟瞰图

黄坛口乡滨河景观夜景

莲花镇修复后的古街

清溪绕村乐趣多

2018年，江山市财政统筹安排资金1.50亿元，深化小城镇环境综合整治，取得显著成效，其中廿八都镇获评省级样板镇。

廿八都镇浔里寻梦

峡口镇墙绘

清湖镇老街

清湖镇红色步行道

石门镇江郎山村俯瞰图

廿八都镇朱天根景观

姜席堰新姿

垂钓比赛现场

2018 年，龙游县财政加大对公共文化建设和体育事业发展的投入力度，支持体育赛事举办、"非遗"文化保护与传承，推动文体事业大发展大繁荣。姜席堰入选 2018 年（第五批）世界灌溉工程遗产名录。

姜席堰"申遗"成功庆祝会场

中国（龙游）汽车拉力锦标赛发车仪式

畲族三月三节目表演

畲族三月三宴席

汽车拉力锦标赛观众

常山西源革命纪念馆开馆

常山江"宋诗之河"研讨会

浙江国际皮划艇精英赛

2018年，常山县财政投入8709万元支持文化体育与传媒事业发展。支持举办中国农民丰收节，推进西源革命纪念馆开馆，支持中国山地自行车公开赛总决赛、浙江国际皮划艇精英赛、常山首届龙舟赛等系列赛事举办，打造"宋诗之河"文化品牌。"何处心安，慢城常山"城市形象案例获浙江省"金舆奖"。

农民丰收节活动现场

中国山地自行车公开赛（总决赛）

常山县首届龙舟赛

2018 年，开化县围绕打造“大花园”中的“最美客厅”目标，按照“统筹规划、乡镇主体、注重特色、标本兼治”的工作要求，投入 4.90 亿元开展小城镇环境综合整治行动，实施整治项目 333 个。开化县连续两年获评全省考核优秀县，4 个乡镇获评省级样板镇。

九醉池淮五香小镇——池淮镇

何田鱼香小镇——何田乡集镇

徽风古镇、诗画马金——改造后的马金镇大街

梅花之乡——中村乡集镇

苏庄镇集镇

桐村镇集镇

旗袍秀表演

舟山市 2018年文化体育与传媒支出5.54亿元，增长8.7%，全力保障重大文化活动项目实施，助力举办中国海洋文化节、舟山群岛马拉松比赛、东海音乐节等赛事活动；实施基本公共文化服务保障计划，推进送文化下乡、农村电影放映、农家书屋等系列文化惠民工程；加大传统文化保护力度，对“非遗”代表性传承人进行专项补助。

舟山市黄龙体育场鸟瞰图

村民在农家书屋享受阅读乐趣

舟山群岛马拉松比赛

中国海洋文化节现场

刺山岛野奢露营基地

中国舟山群岛（南洞艺谷）骑行嘉年华暨"嗨单车"骑游大会舟山站

南洞艺谷油菜花节

2018 年，舟山市定海区财政加大对旅游业的投入力度，以"全面融合、创新驱动"为路径，主打旅游品质和形象提升组合牌。全区全年共接待游客 1345 万人次，实现旅游总收入 189.1 亿元，分别增长 16.2% 和 14.8%。

月亮湾景区

普陀区城北公园

渔港晚霞

2018 年，舟山市普陀区加大资金保障力度，支持城乡环境十大整治行动、蓝色海湾专项整治、城中村改造、美丽河湖县创建、美丽海岛田园综合体建设等重点工作，助力打造海上花园会客厅。

普陀田园综合体俯瞰图

沈家门和鲁家峙一港两岸

东港海莲路湿地公园

普陀东港全景

岱山县聚力海上花园城建设，2018 年投入资金 2.89 亿元，开展以洁化、序化为重点的十大城乡环境综合整治。提高城市功能品质，加快城乡融合发展进程，优化空间布局，通过省级文明县城复评。

高亭璀璨广场之夜

海上花园城市一角

竹屿新区鸟瞰图

东沙镇城镇风貌

嵊泗县投入资金 2.05 亿元建设农村公路。坚持“水陆并举”，积极打造海岛水路“美丽航线”，着力提升码头、渡口、水路客运站等设施建设，推进交通旅游的深度融合。

沈家湾客运站外观

嵊泗县李柱山客渡码头

五马线公路

青石线鸟瞰图

左岸公路

国家一级渔港、全国四大渔场之一——大陈渔场

台州市 椒江区2018年向上争取海洋经济发展专项资金、转移支付、大陈补助等资金5400万元，新增债券安排7700万元用于大陈岛建设，发扬大陈“垦荒精神”，加快“两个大陈”建设。

甲午岩

青垦公园鸟瞰图

大陈岛全景图

大陈风力发电场

2018年，温岭市财政投入8.05亿元，助力补齐交通短板。推进城乡客运一体化改革，涉及城乡客运线路58条、车辆415辆，已100%完成退出经营奖补签约，奖补总金额1.14亿元。截至2018年年底，农村公路通车里程1882公里，居台州市第二。

松航路

76省道

75省道

纯电动新能源城乡公交车投入使用

坞根驿站

丽水市财政局高度重视财政文化建设，2018 年组织开展财税趣味运动会、工会集中疗养、迎新春登山等文体活动，促进干部职工文化素养、单位凝聚力和干部职工的归属感提升。

举办 2018 年财税趣味运动会

组织干部到嘉兴南湖革命纪念馆参观

组织开展“新年新气象财税登山乐”迎新春登山活动

夫人山铁皮石斛养生基地

2018 年，丽水市莲都区财政践行新发展理念，用好中央财政转移支付、生态补偿资金，坚持生态产业化，产业生态化，服务生态产品价值实现机制的转化，初步走出一条生态“高颜值”、发展“高质量”的绿色可持续发展道路。

莲都区有机白茶园体验活动

太平乡枇杷批发市场

花样村庄——锦溪镇中锦村

龙泉市围绕乡村振兴战略，坚持“绿水青山就是金山银山”的生态发展理念，不断完善财政支农体系建设，加大财政资金投入，加快推进农业农村现代化。2018年，安排财政资金18.54亿元用于“三农”事业发展，支持美丽乡村建设，促进村强民富，实现农业增效、农民增收。

小梅镇黄南村乡村漫游节

丽水市级精品村——住龙镇住溪村

丽水市级精品村——锦溪镇上锦村

2018年，缙云县财政通过统筹财政资金，撬动社会资本投入，推广产业扶贫，扎实做好扶贫致富产业链的强链、补链工作，积极扭转以往农村"穷在田里，根在产业"的落后局面，塑造"缙云烧饼""缙云黄茶""仁岸杨梅""高山茭白"等一批成熟的特色农业品牌，促进农业农村一二三产融合发展，完善乡间地头的产业链。

缙云烧饼制作交流现场

省农村综合改革集成示范区——舒洪镇

缙云舒洪仁岸杨梅

缙云茭白异地协作试种基地

黄帝仙都全域旅游项目

云和县雪梨丰收图

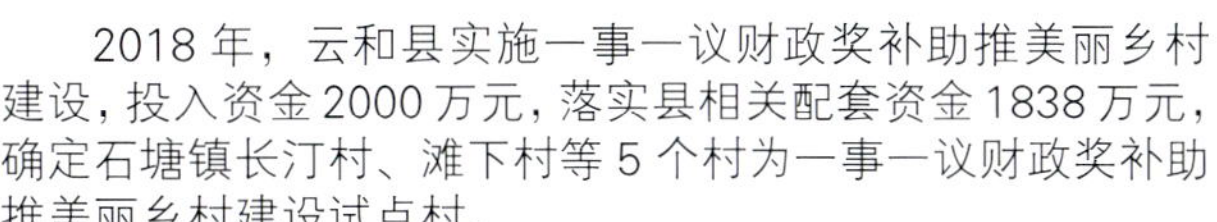

2018 年，云和县实施一事一议财政奖补助推美丽乡村建设，投入资金2000万元，落实县相关配套资金1838万元，确定石塘镇长汀村、滩下村等 5 个村为一事一议财政奖补助推美丽乡村建设试点村。

云和县规溪多彩渔村

赤石乡云栖木屋

云和县 AAA 级景区村长汀沙滩

石塘镇长汀村绿水青山

云和县石浦风光

2018年，遂昌县财政推进支农资金整合，坚持统筹调剂，提高资金使用效益，推进乡村振兴战略实施。全年共安排财政资金10.44亿元，有效支持美丽乡村建设、乡村基础设施、生态产业发展、农村环境整治、村级集体经济发展等，打造“生态之窗，康养遂昌”。

十里牡丹长廊吸引游客观光

石练镇健康产业园区

三仁畲族乡坑口村美丽河道

开展农产品质量安全检查

果农采摘甜橘柚

“庆元 800”品牌展销现场

松源街道铁皮石斛基地

庆元县财政统筹财政资金，支持村集体经济提档升级，为乡村振兴提供“庆元样板”，展示农业成果、生态特色。2018 年，全县有 345 个行政村集体经济总收入在 10 万元以上，其中 276 个村经营性收入达到 5 万元以上。

隆宫乡莲湖葡萄基地

高山古村春色

2018 年，松阳县财政积极支持传统村落保护，加大对“拯救老屋行动”、生态农业发展、乡村民宿建设、非遗传承等方面的财政保障力度，提升传统村落风貌。

李坑村民俗节庆活动

杨家堂村雪景

2018 年，景宁县东弄畲家田园综合体作为全省田园综合体试点指导单位，获省财政奖励资金 2500 万元。田园综合体一期项目的茶寮区、香菇寮区、稻鱼共生区以及大寨门等建筑主体全面完工，植入了惠明茶、香菇、稻田养鱼、石蛙养殖等一产业态，集民族风情、农耕文化和时尚产业于一体的畲家田园已初具雏形，于 2018 年 7 月 13 日正式开园。

景宁县东弄畲家田园综合体

游客在东弄畲家田园综合体内参观游览

财政统计资料

zhejiang caizheng nianjian

1978—2018 年浙江省财政收支表

年 份	财政总收入（亿元）	一般公共预算收入（亿元）	其中税收收入（亿元）	一般公共预算支出（亿元）	增长率（%）				全省 GDP 值（亿元）	总收入占 GDP 比重（%）	人均财政支出（元）
					总收入	一般公共预算收入	其中税收收入占比%	支出			
1978	27.45			17.43					124	21.8	46
1979	25.87			17.74	-5.8			1.8	158	16.4	47
1980	31.13			17.34	20.3			-2.3	180	17.3	45
1981	34.34			17.12	10.3			-1.3	205	16.8	44
1982	36.64			18.88	6.7			10.3	234	15.7	48
1983	41.79			21.94	14.1			16.2	257	16.3	55
1984	46.67			28.80	11.7			31.3	323	14.5	72
1985	58.25			37.40	24.8			29.9	429	13.6	93
1986	68.61			50.96	17.8			36.3	502	13.7	125
1987	76.36			51.24	11.3			0.5	607	12.7	124
1988	85.55			63.14	12.0			23.2	770	11.1	151
1989	98.21			74.77	14.8			18.4	849	11.6	178
1990	101.59			80.23	3.4			7.3	905	11.1	189
1991	108.94			88.43	7.2			10.2	1089	10.2	207
1992	118.36			95.31	8.6			7.8	1376	8.7	221
1993	166.64			125.04	40.8			31.2	1926	8.7	288
1994	209.39	94.63		153.03	25.7			22.4	2689	7.9	351
1995	248.50	116.82		180.29	18.7	23.4		17.8	3558	7.0	411
1996	291.75	139.63		213.71	17.4	19.5		18.5	4189	7.0	484
1997	340.52	157.33		240.16	16.7	12.7		12.4	4686	7.3	542
1998	401.80	198.10		286.81	18.0	25.9		19.4	5053	8.1	644
1999	477.40	245.47		344.04	18.8	23.9		20.0	5444	8.8	769
2000	658.42	342.77		431.30	37.4	39.6		25.4	6141	10.7	922
2001	856.00	500.69		597.30	30.5	46.1		38.5	6898	12.4	1263
2002	1166.58	566.85		749.90	36.3	13.2		25.5	8004	14.6	1570
2003	1468.89	706.56		896.77	25.9	24.6		19.6	9705	15.1	1846
2004	1805.16	901.05		1062.94	22.9	27.5		18.5	11649	15.5	2158
2005	2115.36	1066.60		1265.53	17.2	18.4		19.1	13418	15.7	2536
2006	2567.66	1298.20	1184.24	1471.86	21.4	21.7	91.6	16.3	15718	16.3	2902
2007	3239.89	1649.50	1535.35	1806.79	26.2	27.1	93.0	22.8	18754	17.3	3505
2008	3730.06	1933.39	1792.09	2208.58	15.1	17.2	92.7	22.2	21463	17.4	4237
2009	4122.04	2142.51	1983.67	2653.35	10.5	10.8	92.6	20.1	22990	17.9	5029
2010	4895.41	2608.47	2464.96	3207.88	18.8	21.7	94.5	20.9	27722	17.7	5890
2011	5925.00	3150.80	2952.01	3842.59	21.0	20.8	93.7	19.8	32000	18.5	7034
2012	6408.49	3441.23	3227.77	4161.88	8.2	9.2	93.8	8.3	34606	18.5	7599
2013	6908.41	3796.92	3545.66	4730.47	7.8	10.3	93.4	13.7	37568	18.0	8603
2014	7522.55	4122.02	3853.96	5159.57	8.9	8.6	93.5	9.1	40154	18.7	9367
2015	8549.47	4809.94	4168.22	6645.98	8.8	7.8	86.7	21.1	42886	19.9	11999
2016	9225.07	5301.98	4540.08	6974.25	7.7	9.8	85.6	10.0	46485	19.8	12476
2017	10301.16	5804.38	4940.74	7530.31	10.6	10.3	85.1	8.6	51768	19.9	13312
2018	11705.95	6598.21	5586.63	8629.53	13.6	11.1*	84.7	13.1*	56197	20.8	15042

注：剔除按规定将部分政府性基金收入转列一般公共预算收入、一次性入库等因素，2018 年一般公共预算收入增长 11.1%。

剔除新增地方政府一般债务安排的支出等因素，2018 年一般公共预算支出增长 13.1%。

2016—2018年浙江省一般公共预算收支决算表

单位：万元

收入				支出			
预算科目	2016年	2017年	2018年	预算科目	2016年	2017年	2018年
一、税收收入	45400849	49407446	55866304	一、一般公共服务支出	6602591	7650264	8753336
增值税	14722091	22013738	24088426	二、外交支出			
营业税	6787795			三、国防支出	85155	81472	93873
企业所得税	7048652	8221918	9724594	四、公共安全支出	5185802	5484403	6142404
个人所得税	3170979	3952361	4658649	五、教育支出	13000325	14301531	15724730
资源税	117612	125769	128326	六、科学技术支出	2690418	3034961	3796567
城市维护建设税	3006482	3290856	3705508	七、文化体育与传媒支出	1587186	1596593	1745892
房产税	1843028	1953497	2332943	八、社会保障和就业支出	6311852	8017837	9149336
印花税	675778	815745	901903	九、医疗卫生与计划生育支出	5424383	5841657	6261980
城镇土地使用税	1341339	1162865	1276452	十、节能环保支出	1614033	1901502	1947519
土地增值税	2345487	2889010	3421975	十一、城乡社区支出	7889346	9101656	11588836
车船税	467092	515939	550188	十二、农林水支出	7224089	6966927	7244617
耕地占用税	826476	649680	456262	十三、交通运输支出	4637461	3205324	3912266
契税	3047898	3815884	4594547	十四、资源勘探信息等支出	1910162	1935399	2157060
烟叶税	140	184	155	十五、商业服务业等支出	1335057	1403838	1546154
环境保护税			26376	十六、金融支出	103265	104677	642550
其他税收收入				十七、援助其他地区支出	228034	241530	394953
二、非税收入	7618930	8636391	10115816	十八、国土海洋气象等支出	458793	679504	925782
专项收入	4740234	4675560	5297846	十九、住房保障支出	1608591	1697771	1853128
行政事业性收费收入	489996	689922	967532	二十、粮油物资储备支出	187071	167736	226172
罚没收入	1234042	1236552	1724502	二十一、预备费			
国有资本经营收入	-619506	-439550	-474680	二十二、债务付息支出	767915	1437049	1762123
国有资源(资产)有偿使用收入	1333512	2110384	2260017	二十三、债务发行费用支出	868117	9147	9949
其他收入	440652	363523	340599	二十四、其他支出	22902	442393	416029
本年收入合计	53019779	58043837	65982120	本年支出合计	69742548	75303171	86295256

2014—2018年浙江省11市及市本级一般公共预算收入排序表

单位:万元

地　区	2014年		2015年		2016年		2017年		2018年	
	一般公共预算收入	排序	一般公共预算收入	排序	一般公共预算收入	排序	一般公共预算收入	排序	一般公共预算收入	排序
杭州市	10273169	1	12338820	1	14023826	1	15674169	1	18250616	1
杭州市本级	1145038	1	1577942	1	1655861	1	2172126	1	3602608	2
宁波市	8606109	2	10064065	2	11145409	2	12452880	2	13796865	2
宁波市本级	746322	3	998619	2	1182009	2	1428952	2	3852992	1
温州市	3525253	3	4030735	3	4398744	3	4653504	3	5475765	3
温州市本级	833970	2	949573	3	1000805	3	1020701	3	1287740	3
嘉兴市	3070675	5	3503450	5	3879341	5	4437941	4	5185536	4
嘉兴市本级	625537	5	726527	5	848498	4	975699	4	1117750	4
湖州市	1678400	8	1913116	8	2111792	8	2374308	8	2870960	8
湖州市本级	296535	7	368329	7	397418	7	396308	8	455403	8
绍兴市	3172705	4	3628935	4	3903010	4	4313596	5	5013379	5
绍兴市本级	477757	6	632361	6	595949	6	628090	6	518347	6
金华市	2688673	6	3096885	6	3381394	7	3577073	7	3926214	7
金华市本级	636948	4	740418	4	820517	5	866168	5	935846	5
衢州市	803239	11	940151	11	1025553	11	1112838	11	1280960	11
衢州市本级	279893	9	316270	9	338258	9	382776	9	425822	9
舟山市	1010203	9	1127221	9	1203248	9	1257644	9	1460243	9
舟山市本级	282445	8	331252	8	372222	8	414251	7	513787	7
台州市	2652092	7	2980170	7	3432835	6	3822482	6	4311768	6
台州市本级	228215	10	264538	10	299513	10	308136	10	331506	11
丽水市	809573	10	945064	10	1035667	10	1129055	10	1300106	10
丽水市本级	197639	11	232871	11	255172	11	299086	11	345820	10

2014—2018年浙江省县（市、区）一般公共预算收入排序表

单位：万元

地区		2014年		2015年		2016年		2017年		2018年	
		一般公共预算收入	排序	一般公共预算收入	排序	一般公共预算收入	排序	一般公共预算收入	排序	一般公共预算收入	排序
杭州市	富阳区	496002	21	543226	24	576102	25	637020	26	727000	24
	桐庐县	239132	56	269668	56	261681	60	278292	60	306679	55
	临安区	281926	46	325622	45	373378	43	433009	39	531682	37
	建德市	187008	63	211944	63	227059	62	244007	63	282707	58
	淳安县	138599	69	171420	68	173613	69	172688	71	194962	65
	上城区	580281	15	664589	16	723906	14	731869	18	806481	20
	下城区	801730	7	856380	7	794139	12	820368	13	893996	14
	江干区	627189	12	740355	11	874915	7	880088	11	950901	12
	拱墅区	603947	13	693773	13	796566	12	781355	15	843980	17
	西湖区	923504	4	1116467	4	1231126	5	1259835	5	1394075	6
	滨江区	865307	5	1084558	5	1253661	4	1428138	4	1648585	5
	萧山区	1338521	2	1600830	2	1951629	2	2274820	2	2703161	2
	余杭区	1488016	1	1876477	1	2442888	1	2800053	1	3363799	1
	开发区	510196	20	547970	22	635098	20	703084	20		
	西湖风景名胜区	46773	93	57599	92	52204	95	57417	94		
宁波市	慈溪市	705144	8	777038	9	838982	8	941199	8	1045673	9
	余姚市	648070	11	750989	10	811633	11	906480	10	1006321	10
	奉化区	290233	44	338192	43	370515	45	429354	40	494700	38
	象山县	331678	37	379485	36	380730	42	392698	47	409984	46
	宁海县	360643	33	415712	34	487899	32	554779	31	616311	30
	鄞州区	1318267	3	1504485	3	1644434	3	1917837	3	1984294	3
	镇海区	485703	23	589188	20	647147	19	704777	19	785824	21
	北仑区	462186	27	464453	30	519487	30	552210	32	1825612	4
	江东区	520622	19	600219	19	676630	18				

（续表一） 单位：万元

地区		2014年		2015年		2016年		2017年		2018年	
		一般公共预算收入	排序	一般公共预算收入	排序	一般公共预算收入	排序	一般公共预算收入	排序	一般公共预算收入	排序
	江北区	460899	28	542339	25	600080	22	650166	25	728878	23
	海曙区	568843	16	650215	17	516477	31	930238	9	1046276	8
	开发区	555626	18	675623	15	812180	10	1026975	7		
	大榭开发区	337678	35	446952	31	537185	29	651936	24		
	宁波保税区	175250	64	193977	65	204721	67	234775	66		
	东钱湖区	65238	84	70718	89	80305	86	101725	81		
	高新开发区	278700	47	320310	46	353014	47	396898	45		
	杭州湾新区	295007	42	345551	41	481981	34	631881	28		
温州市	平阳县	220002	59	256688	58	277720	58	297951	56	395628	48
	苍南县	256366	51	300221	50	318176	53	337222	51	568631	34
	瑞安市	484417	24	547214	23	590481	23	634679	27	710898	26
	永嘉县	223100	58	263580	57	295880	56	315959	54	350711	51
	乐清市	556525	17	641502	18	722325	15	794030	14	943017	13
	文成县	64766	85	72617	85	79189	87	82539	88	82620	81
	泰顺县	61912	86	71496	86	78121	89	79105	89	87605	80
	洞头区	45021	94	54172	94	65182	92	71022	90	81758	82
	鹿城区	235508	57	275765	55	285333	57	293808	58	314625	54
	瓯海区	242396	55	283963	53	321901	50	335695	52	368449	49
	龙湾区	207330	60	226281	60	250665	61	258293	61	284083	57
	开发区	93940	80	87663	81	112966	81	132500	79		
嘉兴市	海宁市	600260	14	691221	14	720018	16	777242	16	889957	15
	桐乡市	491902	22	550005	21	580002	24	616900	29	724000	25
	平湖市	456780	29	505780	28	567891	27	688688	21	818818	19
	嘉善县	313341	40	355506	39	418002	39	517178	35	615975	31
	海盐县	270280	50	316288	47	351779	48	406520	44	475231	40
	南湖区	169556	65	194006	64	212321	66	244500	62	294330	56

（续表二）

单位：万元

地区		2014年		2015年		2016年		2017年		2018年	
		一般公共预算收入	排序	一般公共预算收入	排序	一般公共预算收入	排序	一般公共预算收入	排序	一般公共预算收入	排序
	秀洲区	143019	68	164117	69	180830	68	211214	67	249475	61
湖州市	长兴县	402255	31	431752	33	454618	35	494980	36	593675	32
	德清县	337070	36	373614	37	420333	38	486632	37	591450	33
	安吉县	294846	43	329601	44	358511	46	395208	46	469217	43
	吴兴区	197468	62	230851	59	263656	59	311462	55	409586	47
	南浔区	150226	67	178969	67	217256	65	289718	59	351629	50
绍兴市	柯桥区	820088	6	978488	6	1060220	6	1140629	6	1263560	7
	上虞区	465581	26	510882	27	569966	26	666369	23	826461	18
	嵊州市	250538	52	291745	52	320096	52	380222	48	454858	44
	新昌县	247528	54	280028	54	309400	54	363600	50	418800	45
	诸暨市	663386	10	715894	12	717938	17	770087	17	873729	16
	越城区	247827	53	219537	62	329441	49	364599	49	657624	27
金华市	兰溪市	199533	61	221966	61	226467	63	241800	65	266000	59
	永康市	388485	32	444860	32	485289	33	523569	34	563580	35
	武义县	158001	66	186137	66	220386	64	242808	64	259807	60
	东阳市	414838	30	486173	29	562569	28	585778	30	657548	28
	磐安县	60050	88	73220	84	82169	84	89072	84	100068	77
	义乌市	696800	9	792511	8	817904	9	849995	12	952005	11
	浦江县	134018	71	151600	71	166093	71	177883	70	191360	67
	金东区									0	
	婺城区									0	
	开发区										
衢州市	龙游县	102129	78	126556	76	140351	77	148161	76	176315	70
	常山县	71903	83	86833	83	94016	82	98780	82	109781	75
	江山市	136610	70	153481	70	158592	74	166709	74	192060	66
	开化县	57685	91	68830	91	81610	85	84353	86	93887	78

（续表三） 单位：万元

地区		2014年		2015年		2016年		2017年		2018年	
		一般公共预算收入	排序	一般公共预算收入	排序	一般公共预算收入	排序	一般公共预算收入	排序	一般公共预算收入	排序
	柯城区	75147	82	86979	82	88762	83	95285	83	119256	74
	衢江区	79872	81	101202	80	123964	79	136774	77	163839	71
舟山市	岱山县	114443	75	126037	77	140863	77	155195	75	241540	62
	嵊泗县	59170	90	69010	90	67301	91	66659	92	72008	85
	定海区	283315	45	305556	49	321886	51	326546	53	317751	52
	普陀区	270830	49	295366	51	300976	55	294993	57	315157	53
台州市	临海市	352566	34	380108	35	449188	36	542928	33	640650	29
	温岭市	478388	25	541213	26	616886	21	680900	22	772850	22
	玉环市	298358	41	344987	42	426217	37	484919	38	533376	36
	三门县	127657	74	144987	74	155766	75	167830	73	186290	69
	仙居县	105588	77	134660	75	162468	72	185250	69	208400	64
	天台县	132867	72	150268	72	170371	70	192068	68	218960	63
	椒江区	326413	39	350386	40	385494	41	416047	43	472176	41
	黄岩区	273714	48	310189	48	371145	44	416795	42	477200	39
	路桥区	328326	38	358834	38	395787	40	427609	41	470360	42
丽水市	缙云县	94876	79	110080	79	121503	80	130521	80	153412	73
	景宁县	47961	92	54513	93	62265	93	70087	91	77418	83
	龙泉市	61381	87	71445	87	78607	88	85032	85	91018	79
	青田县	128629	73	149328	73	159981	73	168400	72	191071	68
	庆元县	30057	97	35508	97	39101	97	42048	96	50500	87
	松阳县	43818	95	52591	95	58617	94	63070	93	72697	84
	遂昌县	60016	89	71160	88	77978	90	83707	87	100968	76
	云和县	36598	96	42899	96	46640	96	51800	95	58890	86
	莲都区	108598	76	124669	78	135803	78	135304	78	158312	72

注：根据行政区划，2018年不再单独列示杭州市开发区、杭州市西湖杭州市开发区、杭州市西湖风景名胜区、湖州市开发区、金华市开发区、温州市开发区、宁波市开发区、宁波市大榭开发区、宁波市保税区、宁波市东钱湖区、宁波市高新开发区、宁波市杭州湾新区，其中宁波市开发区数据体现在宁波市北仑区，其余功能区数据体现在对应市本级。未对以前年度数据进行追溯调整。

2018年度浙江省一般公共预算收支决算分级表

单位:万元

预算科目	决算数合计	省级	地级	其中:地级直属乡镇	县级	乡镇级
一、税收收入	55866304	1566821	10964855	60411	26542910	16791718
增值税	24088426	859144	4328373	46579	10183334	8717575
企业所得税	9724594	614406	1917703	4251	4727812	2464673
个人所得税	4658649	25327	803784	2602	2531369	1298169
资源税	128326		7596		57188	63542
城市维护建设税	3705508	30627	1005493	2784	1551663	1117725
房产税	2332943	23827	362023	1225	1136052	811041
印花税	901903	7784	168070	546	428588	297461
城镇土地使用税	1276452	1229	161580	1456	453578	660065
土地增值税	3421975		438261		2096687	887027
车船税	550188		82103		418563	49522
耕地占用税	456262		56789	774	311214	88259
契税	4594547		1629761	194	2633423	331363
烟叶税	155				155	
环境保护税	26376	4477	3319		13284	5296
其他税收收入						
二、非税收入	10115816	1542887	2422766	2766	5819401	330762
专项收入	5297846	632439	1308552	2766	3035788	321067
行政事业性收费收入	967532	182895	198256		583463	2918
罚没收入	1724502	32674	426108		1265127	593
国有资本经营收入	-474680	43059	-217532		-300207	
国有资源(资产)有偿使用收入	2260017	592582	552908		1108788	5739
其他收入	340599	59238	154474		126442	445
本年收入合计	65982120	3109708	13387621	63177	32362311	17122480
一、一般公共服务支出	8753336	413760	1928082	16499	4674360	1737134
二、外交支出						
三、国防支出	93873	13005	24127	49	52909	3832
四、公共安全支出	6142404	795162	1500731	3630	3706163	140348
五、教育支出	15724730	1333373	2456847	28483	10512078	1422432
六、科学技术支出	3796567	284197	1024958	524	2309795	177617
七、文化体育与传媒支出	1745892	187849	485633	6156	907275	165135
八、社会保障和就业支出	9149336	435756	1965533	16039	5997279	750768
九、医疗卫生与计划生育支出	6261980	342533	942826	11469	4573419	403202
十、节能环保支出	1947519	27083	401536	1611	1245908	272992
十一、城乡社区支出	11588836	11665	3216512	9218	6767256	1593403
十二、农林水支出	7244617	332656	803681	19689	4437984	1670296
十三、交通运输支出	3912266	411703	1398671	109	2039520	62372
十四、资源勘探信息等支出	2157060	111538	778846	1514	1075654	191022
十五、商业服务业等支出	1546154	32877	565565		733764	213948
十六、金融支出	642550	506639	40923		80137	14851
十七、援助其他地区支出	394953	116276	120855	20	157567	255
十八、国土海洋气象等支出	925782	74431	151716	452	587014	112621
十九、住房保障支出	1853128	164962	382563	4434	1157380	148223
二十、粮油物资储备支出	226172	106046	43695		74952	1479
二十一、其他支出	416029	3301	196911	244	177526	38291
二十二、债务付息支出	1762123	64239	343161		1328968	25755
二十三、债务发行费用支出	9949	426	4401		5121	1
本年支出合计	86295256	5769477	18777773	120140	52602029	9145977

2018 年度浙江省政府性基金预算收支决算分级表

单位:万元

项　目	决算数合计	省级	地级	其中:地级直属乡镇	县级	乡镇级
国有土地使用权出让相关收入	77489256	256103	26622844	8352	47558591	3051718
国有土地收益基金相关收入	2610029		932004	497	1674315	3710
农业土地开发资金收入	96914	14562	27483	36	53748	1121
城市基础设施配套费收入	745964		175594		556249	14121
污水处理费收入	519274		167093		352181	
车辆通行费相关收入	277095	31170	211005		34920	
彩票公益金收入	486438	187778	197957		100531	172
其他各项政府性基金相关收入	5140669	330960	738038		3958723	112948
本年收入合计	87365639	820573	29072018	8885	54289258	3183790
国有土地使用权出让相关支出	81044896	2212	23868966	28084	50881809	6291909
国有土地收益基金相关支出	1937147		693834	500	1127058	116255
农业土地开发资金相关支出	49039		10471	30	31627	6941
城市基础设施配套费相关支出	515064		98891		321414	94759
污水处理费相关支出	481129		154353		325291	1485
车辆通行费相关支出	1163025	840596	282697		39732	
彩票公益金相关支出	349091	13520	117363	805	192456	25752
其他各项政府性基金相关支出	4660919	93926	871993	5712	3146841	548159
本年支出合计	90200310	950254	26098568	35131	56066228	7085260

2018年度浙江省国有资本经营预算收支决算总表

单位:万元

预算科目	决算数	预算科目	决算数
利润收入	579180	解决历史遗留问题及改革成本支出	19981
股利、股息收入	95912	国有企业资本金注入	407466
产权转让收入	30585	国有企业政策性补贴	18164
清算收入	29208	金融国有资本经营预算支出	8496
其他国有资本经营预算收入	77880	其他国有资本经营预算支出	46583
本年收入合计	812765	本年支出合计	500690

2014—2018年浙江省政府非税收入表

单位:亿元

项　　目	2014年	2015年	2016年	2017年	2018年
行政事业性收费	357.21	386.23	455.43	380.26	387.92
政府性基金	405.58	442.56	442.84	400.68	462.51
国有资源有偿使用收入	3657.19	2206.72	3566.29	6336.54	8473.71
国有资产有偿使用收入	71.12	89.79	86.30	87.19	90.67
按规定上缴财政的国有资本经营收入	-29.84	-7.48	13.06	27.55	33.94
行政(刑事)处罚的罚没收入	96.37	108.58	129.81	123.74	172.50
彩票公益金	33.25	35.37	36.40	41.78	48.64
以政府名义接受捐赠的收入	1.88	1.28	1.49	1.9	0.57
应当纳入政府非税收入管理的其他资金	158.71	187.40	192.92	269.6	324.96
合　　计	4751.46	3450.46	4924.54	7669.24	9995.42

备注:1. 本表所列政府非税收入项目分类标准依照《浙江省政府非税收入管理条例》相关规定,不同于预算科目分类标准。

2. 按规定上缴财政的国有资本经营收入含国有企业计划亏损补贴。

3. 因四舍五入原因,合计数与分项加总数或存在尾差。

2018年浙江省市县级一般公共预算收支情况表

单位:万元

项目 \ 地区	杭州市	市本级	富阳区	桐庐县	临安区	建德市	淳安县	上城区
一、收入合计	18250616	3602608	727000	306679	531682	282707	194962	806481
(一)税收收入小计	16512101	2991888	660127	276428	462024	249284	181080	768130
增值税	6592255	1088747	321483	126149	202745	126228	76620	268466
企业所得税	3230360	475287	85416	42930	70946	43841	33059	173516
个人所得税	1863436	190389	36199	20164	26763	17848	12572	173153
资源税	15408		6216	884	1398	5544	591	
城市维护建设税	1133495	289438	55909	15374	30861	18397	9159	42342
房产税	663805	76120	30044	12790	15757	6852	7487	50625
城镇土地使用税	172024	9150	25354	5607	17021	4526	3132	3555
土地增值税	931792	58249	27844	17295	33396	10588	14408	35446
耕地占用税	31261	6587	2465	382	856	45	1580	
契税	1474897	764323	50523	27327	50376	3784	17262	
其他各项税收收入	403368	33598	18674	7526	11905	11631	5210	21027
(二)非税收入小计	1738515	610720	66873	30251	69658	33423	13882	38351
专项收入	1293351	405589	48115	16135	86334	27001	9973	34647
行政事业性收费收入	111730	48399	7169	2345	7849	2730	1200	
罚没收入	328202	139344	11855	2747	14223	5893	1956	3537
国有资本经营收入	-227151	-118807	-3000		-58568	-4700		
国有资源(资产)有偿使用收入	146357	66000	2338	9017	13275	1538	275	167
其他收入	86026	70195	396	7	6545	961	478	
二、支出合计	17170834	4228277	729998	448682	742193	477113	671781	405948
一般公共服务支出	1503663	394816	85310	36449	68455	50295	68520	45136
外交支出								
国防支出	10709	1944	47	474	279	531	309	25
公共安全支出	1040922	341911	48721	28124	40255	27326	28334	41848
教育支出	3154350	594096	200409	112573	152289	90001	79504	87905
科学技术支出	1182090	417357	38710	22920	43997	20271	10714	13691
文化体育与传媒支出	332192	124586	16979	13832	11989	9605	11271	4006
社会保障和就业支出	2043585	772991	36028	57428	74942	56935	76914	88416
医疗卫生与计划生育支出	1107731	229144	56702	48558	61230	37229	58364	19961
节能环保支出	360033	94422	35227	6231	15811	17256	25762	
城乡社区支出	2930114	482484	45292	20000	86772	34943	49288	58292
农林水支出	942335	158307	83068	40550	71471	65302	89352	3446
交通运输支出	754753	321330	16410	23677	25995	14497	97498	10
资源勘探信息等支出	543070	70988	9500	1428	11256	2106	18914	5659
商业服务业等支出	350393	22308	2226	2917	7185	2843	10796	8168
金融支出	24567	2875	20	99	104	28	73	20167
援助其他地区支出	103152	27688	5775	3925	1537	1034		1637
国土海洋气象等支出	100464	21337	7230	6538	5611	9661	5310	919
住房保障支出	227453	13697	12916	14355	44277	11794	15195	1053
粮油物资储备支出	32563	19534		1550	17		2397	
其他支出	112389	46887		53	677	5985	148	3042
债务付息支出	312337	68904	29287	7001	18043	19470	23040	2565
债务发行费用支出	1969	671	141		1	1	78	2

（续表一） 单位：万元

项目 \ 地区	下城区	江干区	拱墅区	西湖区	滨江区	萧山区	余杭区	宁波市
一、收入合计	893996	950901	843980	1394075	1648585	2703161	3363799	13796865
（一）税收收入小计	844159	922893	789798	1311089	1559520	2353995	3141686	11786842
增值税	336250	381587	366445	535574	617529	1049119	1095313	5213835
企业所得税	153069	194233	177052	237150	288610	438600	816651	2122115
个人所得税	116486	75280	58562	275491	352173	146389	361967	1086246
资源税						775		8884
城市维护建设税	51060	58246	53057	81804	112340	149518	165990	939582
房产税	63110	64833	39941	68008	54492	86164	87582	459673
城镇土地使用税	3900	4908	5710	8665	4284	42529	33683	269591
土地增值税	27099	125156	72375	75484	105020	185858	143574	618093
耕地占用税						19275	71	57662
契税						175827	385475	727730
其他各项税收收入	93185	18650	16656	28913	25072	59941	51380	283431
（二）非税收入小计	49837	28008	54182	82986	89065	349166	222113	2010023
专项收入	42682	44931	39165	66604	85916	238310	147949	1187357
行政事业性收费收入	3571		2295	2023		30473	3676	227223
罚没收入	3304	10916	11976	13139	2513	41298	65501	201162
国有资本经营收入		-28276				-6800	-7000	-74850
国有资源（资产）有偿使用收入	280	437	746	1220	636	38491	11937	405037
其他收入						7394	50	64094
二、支出合计	385411	683888	438527	792435	1067154	2674049	3425378	15941000
一般公共服务支出	43731	64164	55500	73456	35268	221450	261113	1502108
外交支出								
国防支出	329	58	48	991		3707	1967	20769
公共安全支出	43738	51475	49288	64564	37790	128738	108810	962775
教育支出	76987	139357	115514	170682	203066	544026	587941	2235538
科学技术支出	15130	61685	21747	40076	188709	92339	194744	782647
文化体育与传媒支出	7490	10546	4590	9891	29613	32004	45790	345647
社会保障和就业支出	77141	82336	50354	125415	123257	191206	230222	1599646
医疗卫生与计划生育支出	22505	33120	26203	49664	32274	166615	266162	950361
节能环保支出		8719	5724	596	5168	70663	74454	297626
城乡社区支出	64242	153031	96973	174980	250065	586136	827616	3330363
农林水支出	1434	16312	1767	17895	9658	233074	150699	918836
交通运输支出		50	70	75		57524	197617	423365
资源勘探信息等支出	3978	1999	1169	43376	78170	138605	155922	778045
商业服务业等支出	11521	2358	4974	4518	11932	39877	218770	703540
金融支出	78	331	52			566	174	66481
援助其他地区支出			1448	8225	14808	18858	18217	95149
国土海洋气象等支出	885	1396	1138	2950	2006	25537	9946	106251
住房保障支出	11192	5643	1479	86	22923	58145	14698	391122
粮油物资储备支出						158	8907	18988
其他支出	200	40978		346	4561	5382	4130	75200
债务付息支出	4794	10274	489	4647	17849	58950	47024	333860
债务发行费用支出	36	56		2	37	489	455	2683

（续表二） 单位：万元

项目 \ 地区	市本级	慈溪市	余姚市	奉化区	象山县	宁海县	鄞州区	镇海区
一、收入合计	3852992	1045673	1006321	494700	409984	616311	1984294	785824
（一）税收收入小计	3160015	871215	875531	414545	360259	460517	1778613	657663
增值税	1499935	409397	437947	199391	176336	248361	665386	270111
企业所得税	705953	91278	102473	36507	51500	61396	373149	110179
个人所得税	226155	80985	65592	23956	30031	30078	132269	43859
资源税	1775	759	1321	1212	371	861	839	
城市维护建设税	396951	50419	57796	29460	18292	26226	97763	49591
房产税	72694	47599	40785	17844	14308	20677	91698	29137
城镇土地使用税	52817	40593	43091	14422	7770	9832	26514	19509
土地增值税	65018	51257	19350	34971	19830	24477	187958	60700
耕地占用税	1282	8987	23841	2147	1813	4748	945	345
契税	77794	64698	62820	45074	30166	22460	162184	56936
其他各项税收收入	59641	25243	20515	9561	9842	11401	39908	17296
（二）非税收入小计	692977	174458	130790	80155	49725	155794	205681	128161
专项收入	409619	117307	70198	25567	24231	33346	134495	74089
行政事业性收费收入	35096	14251	23611	26074	5478	58915	30244	6673
罚没收入	67343	18330	16509	17391	7501	27078	9649	16216
国有资本经营收入	-5410	-23460	-34980	-1000				
国有资源（资产）有偿使用收入	158750	43034	52924	11175	12515	34769	14406	29227
其他收入	27579	4996	2528	948		1686	16887	1956
二、支出合计	5664035	1154306	1153702	718765	686585	834266	1561273	807801
一般公共服务支出	368131	119185	121728	96998	91100	84130	174765	69498
外交支出								
国防支出	6409	1735	2019	231	620	961	5971	616
公共安全支出	305948	117035	81003	42750	43386	51560	94727	51335
教育支出	534140	301833	227670	130289	108542	170050	231013	113036
科学技术支出	306160	62176	58495	32878	33020	15250	105427	27816
文化体育与传媒支出	151938	24261	20627	17983	12712	16871	28878	16575
社会保障和就业支出	393458	104526	214470	113319	73923	135942	197318	94656
医疗卫生与计划生育支出	187553	123397	96198	62190	40862	77010	132140	51593
节能环保支出	95560	10368	23889	14361	12167	13061	31066	23507
城乡社区支出	1714043	108429	42955	43996	44045	43919	262249	237518
农林水支出	196185	61272	129777	74763	118557	81917	70650	43849
交通运输支出	153524	24296	49108	27715	24528	45541	21788	9600
资源勘探信息等支出	453151	23152	28687	6050	11919	19865	44257	16192
商业服务业等支出	403301	5845	9328	6502	3909	9114	25797	4145
金融支出	14499	1021	813	795	1066	2115	20749	792
援助其他地区支出	65027	3961	3678	1472	1501	1829	5609	2656
国土海洋气象等支出	30151	5829	8068	7735	13107	7311	11325	3805
住房保障支出	108913	31235	6845	18924	32531	26378	61541	19635
粮油物资储备支出	1698			1555	934	4051	4580	487
其他支出	53831	4582	10	1728	20	454	608	254
债务付息支出	117732	20168	28334	16531	18136	26937	30815	20236
债务发行费用支出	2683							

（续表三） 单位：万元

项目 \ 地区	北仑区	江北区	海曙区	温州市	市本级	平阳县	苍南县	瑞安市
一、收入合计	1825612	728878	1046276	5475765	1287740	395628	568631	710898
（一）税收收入小计	1654277	657305	896902	4381436	1084257	276772	321024	644217
增值税	675080	266968	364923	1972177	372094	125899	152070	302856
企业所得税	351934	102940	134806	619697	160784	27808	40628	74300
个人所得税	287232	76339	89750	273776	78432	17144	20333	34480
资源税	716		1030	14802	605	1302	54	1350
城市维护建设税	118048	39846	55190	278570	65248	14338	18271	45942
房产税	46669	24379	53883	184051	57546	9314	9143	25984
城镇土地使用税	24572	14053	16418	72957	13762	10632	6292	9851
土地增值税	33726	47284	73522	271434	49812	11196	26374	45381
耕地占用税	9712	3511	331	48552	4440	3793	3253	10791
契税	62593	64715	78290	511010	252863	47022	32280	70626
其他各项税收收入	43995	17270	28759	134410	28671	8324	12326	22656
（二）非税收入小计	171335	71573	149374	1094329	203483	118856	247607	66681
专项收入	140183	50239	108083	324044	86553	26522	20840	35220
行政事业性收费收入	10438	7796	8647	88784	13229	5434	9506	10991
罚没收入	13588	3131	4426	500146	57884	83778	208869	15786
国有资本经营收入	-10000			-37512	-23000	-1600	-1800	-6000
国有资源（资产）有偿使用收入	13376	9755	25106	187984	52753	3623	6717	7480
其他收入	3750	652	3112	30883	16064	1099	3475	3204
二、支出合计	1804161	704217	851889	8741367	1307363	715866	1053672	1091299
一般公共服务支出	127195	83099	166279	1021528	164650	112529	98554	111421
外交支出								
国防支出	992	984	231	8543	1747	823	1208	1345
公共安全支出	61079	41119	72833	643119	139510	39843	51339	73294
教育支出	177054	87532	154379	1889937	286826	148352	239060	253891
科学技术支出	83150	28496	29779	182536	51061	9867	10257	26672
文化体育与传媒支出	28547	14085	13170	140460	36036	9502	12935	12526
社会保障和就业支出	142550	51156	78328	1005427	102963	78701	135809	262056
医疗卫生与计划生育支出	80222	28069	71127	760830	107630	79918	68397	49405
节能环保支出	58584	10068	4995	93195	22954	6231	5089	5693
城乡社区支出	543078	179611	110520	1104508	75598	102446	96261	117519
农林水支出	35641	61824	44401	701208	40549	70765	123463	67848
交通运输支出	41344	6089	19832	375034	139423	21791	42480	42658
资源勘探信息等支出	127051	35638	12083	87572	15663	2266	3889	11110
商业服务业等支出	201371	27135	7093	73726	14571	1606	3337	6112
金融支出	2183	17822	4626	3450	1374		32	524
援助其他地区支出	3797	3044	2575	14760	6116	338		579
国土海洋气象等支出	9859	2979	6082	235342	25446	7994	146093	8656
住房保障支出	33634	13792	37694	183478	50867	2910	738	19684
粮油物资储备支出	3483		2200	14037	6801	248	363	2659
其他支出	10522	3118	73	69754	420	6784	1766	20
债务付息支出	32825	8557	13589	132168	17066	12911	12551	17484
债务发行费用支出				755	92	41	51	143

（续表四）　　　　单位：万元

项目＼地区	永嘉县	乐清市	文成县	泰顺县	洞头区	鹿城区	瓯海区	龙湾区
一、收入合计	350711	943017	82620	87605	81758	314625	368449	284083
（一）税收收入小计	281920	784635	41448	59661	61678	259748	316877	249199
增值税	136966	398782	17124	32774	26058	118551	150367	138636
企业所得税	35790	120211	5069	8864	7349	41735	72101	25058
个人所得税	14279	53737	3895	2415	2322	21996	13236	11507
资源税	148	591	111	217	9891	193	8	332
城市维护建设税	16017	50566	2194	3982	2627	15905	21945	21535
房产税	11848	19018	1024	780	1125	18359	16054	13856
城镇土地使用税	3980	14052	939	790	1718	2775	3623	4543
土地增值税	23929	29083	3582	3520	3224	26129	26168	23036
耕地占用税	3976	6719	1493	822	79	3800	6316	3070
契税	24174	70673	4487	3202	5683			
其他各项税收收入	10813	21203	1530	2295	1602	10305	7059	7626
（二）非税收入小计	68791	158382	41172	27944	20080	54877	51572	34884
专项收入	46210	46918	3836	12181	4556	11608	14831	14769
行政事业性收费收入	4341	15610	1344	2910	865	14260	3836	6458
罚没收入	13735	94315	2808	2389	1712	10469	2357	6044
国有资本经营收入	-1350	-3089		-210	37		-500	
国有资源（资产）有偿使用收入	4514	4099	30238	10030	12674	18506	31048	6302
其他收入	1341	529	2946	644	236	34		1311
二、支出合计	815279	1159263	472701	473030	279707	513908	525706	333573
一般公共服务支出	84370	91923	52386	38973	35420	81642	101108	48552
外交支出								
国防支出	407	873	203	115	754	485	583	
公共安全支出	46539	66198	22167	15737	21153	73682	59278	34379
教育支出	201915	268064	76683	69491	42135	106074	121370	76076
科学技术支出	9889	16974	3308	3036	6272	15605	10438	19157
文化体育与传媒支出	13337	12438	10464	7839	5875	5542	7920	6046
社会保障和就业支出	88059	94007	58805	56679	26456	39218	40350	22324
医疗卫生与计划生育支出	89458	114892	45162	49744	26829	46523	52173	30699
节能环保支出	5141	5849	4831	17322	2425	5045	7411	5204
城乡社区支出	125166	248731	49492	81226	42566	79071	53970	32462
农林水支出	72629	85925	71803	76408	31272	21327	26225	12994
交通运输支出	23392	27683	24390	17731	17823	8288	4680	4695
资源勘探信息等支出	12144	24473	2526	943	3231	2902	4417	4008
商业服务业等支出	8085	8125	17884	1763	1342	3871	3410	3620
金融支出	85					1235	180	20
援助其他地区支出	60	3210				1872	1232	1353
国土海洋气象等支出	13692	9856	10565	8130	3983		419	508
住房保障支出	2708	1812	10997	20411	4618	18330	23837	26566
粮油物资储备支出	14	644	1435	441	966		466	
其他支出	1162	57702	796	60	100		369	575
债务付息支出	16948	19846	8710	6893	6432	3183	5824	4320
债务发行费用支出	79	38	94	88	55	13	46	15

（续表五） 单位：万元

项目＼地区	嘉兴市	市本级	海宁市	桐乡市	平湖市	嘉善县	海盐县	南湖区
一、收入合计	5185536	1117750	889957	724000	818818	615975	475231	294330
（一）税收收入小计	4734463	1047232	835558	670338	729522	545575	432581	254592
增值税	2218093	422926	417880	293056	364365	275596	225770	122058
企业所得税	753980	156602	102812	142861	131919	78326	71468	33751
个人所得税	260687	97467	44455	41535	31168	27175	18233	360
资源税	-5	47				15	-67	
城市维护建设税	293098	63980	47492	41068	47578	30753	29185	18896
房产税	233025	50480	56371	26361	28586	24854	21536	13974
城镇土地使用税	135527	11221	19535	11734	29851	21234	13187	13916
土地增值税	311812	58003	74987	39369	32262	24638	11626	38908
耕地占用税	39488	9170	5675	2250	2011	8255	3504	
契税	366193	151478	45242	52393	45544	43036	28500	
其他各项税收收入	122565	25858	21109	19711	16238	11693	9639	12729
（二）非税收入小计	451073	70518	54399	53662	89296	70400	42650	39738
专项收入	327801	39567	46432	40437	67822	53624	36835	25364
行政事业性收费收入	44222	16095	4882	4601	7863	7423	1721	703
罚没收入	72434	8241	6539	7428	10860	15021	6439	8099
国有资本经营收入	-69551	-19500	-10505	-7000	-15000	-8960	-8586	
国有资源（资产）有偿使用收入	57382	14981	4431	6659	16842	2422	4526	5572
其他收入	18785	11134	2620	1537	909	870	1715	
二、支出合计	5888689	1424731	831452	732908	867500	751611	611813	325958
一般公共服务支出	594078	123667	92485	70047	90281	90778	64685	27612
外交支出								
国防支出	5980	2050	1378	995	605	42	822	44
公共安全支出	394973	79517	57488	57884	58559	60210	38625	27314
教育支出	1202026	149939	216778	185553	187464	164451	155469	66256
科学技术支出	238688	29283	30996	35096	50089	37262	23747	16745
文化体育与传媒支出	136902	28072	19058	18381	14762	18370	12298	3153
社会保障和就业支出	492172	136334	85133	49631	74833	50651	42592	32511
医疗卫生与计划生育支出	358571	56191	58939	65389	58080	48213	43675	10902
节能环保支出	208769	43110	37964	38597	23171	33180	14610	4697
城乡社区支出	1058467	426858	71924	101290	158501	112690	81270	74407
农林水支出	487088	46587	65069	64680	66353	75428	71417	30858
交通运输支出	290290	184909	19674	10442	21035	12798	16492	9057
资源勘探信息等支出	102705	38073	17757	2857	17133	12050	9820	2941
商业服务业等支出	46135	24119	4009	1028	2711	8267	3984	1232
金融支出	1297	930	15	63	125		164	
援助其他地区支出	12427	3659	2242	2141	2468		959	958
国土海洋气象等支出	43405	4484	6935	3767	6384	7850	6524	3194
住房保障支出	71899	25568	14502	4133	11905	716	11873	2490
粮油物资储备支出	7901	2437	2921	6	48	783	1706	
其他支出	5171	2596	20		15	1484	3	1049
债务付息支出	129120	16067	26055	20842	22976	16304	11018	10536
债务发行费用支出	625	281	110	86	2	84	60	2

（续表六） 单位：万元

项目 \ 地区	秀洲区	湖州市	市本级	长兴县	德清县	安吉县	吴兴区	南浔区
一、收入合计	249475	2870960	455403	593675	591450	469217	409586	351629
（一）税收收入小计	219065	2408790	346788	501145	488275	411691	354104	306787
增值税	96442	1060550	136297	219092	211522	196598	143820	153221
企业所得税	36241	354314	59820	77437	79801	32736	56388	48132
个人所得税	294	212508	30815	33986	55757	56166	21676	14108
资源税		21262	4198	7136	3929	3727	2272	
城市维护建设税	14146	138823	23062	30448	25472	21874	20270	17697
房产税	10863	99734	12100	21502	21297	14701	19839	10295
城镇土地使用税	14849	99488	11530	25627	25029	12637	12738	11927
土地增值税	32019	170678	29785	22002	31092	37544	29944	20311
耕地占用税	8623	20816		10889	3193	3123	3611	
契税		159905	29083	33601	18576	23012	31993	23640
其他各项税收收入	5588	70712	10098	19425	12607	9573	11553	7456
（二）非税收入小计	30410	462170	108615	92530	103175	57526	55482	44842
专项收入	17720	275045	58794	41923	77934	27625	36091	32678
行政事业性收费收入	934	43892	13330	3822	3826	16819	2644	3451
罚没收入	9807	71374	22094	12111	3980	12006	14154	7029
国有资本经营收入		-13515	-11322	5		-2198		
国有资源（资产）有偿使用收入	1949	69890	18603	34131	12191	1439	2593	933
其他收入		15484	7116	538	5244	1835		751
二、支出合计	342716	3975433	1054562	715779	671981	743038	388123	401950
一般公共服务支出	34523	403092	111973	69537	69296	79737	35067	37482
外交支出								
国防支出	44	3642	1887	1111	243		148	253
公共安全支出	15376	297653	86879	52123	46339	47512	34847	29953
教育支出	76116	699078	134842	138825	116818	148403	77972	82218
科学技术支出	15470	157795	32963	31368	28355	39769	13898	11442
文化体育与传媒支出	22808	71895	24662	10642	15854	8766	6231	5740
社会保障和就业支出	20487	383658	88426	71579	74093	49152	46380	54028
医疗卫生与计划生育支出	17182	329554	56031	51885	45519	77260	42198	56661
节能环保支出	13440	208867	34151	44244	25277	84659	10962	9574
城乡社区支出	31527	271416	71925	35343	48192	50919	36244	28793
农林水支出	66696	407295	77095	91885	79799	76032	36372	46112
交通运输支出	15883	234546	123288	23605	63921	10829	4874	8029
资源勘探信息等支出	2074	133606	72726	21900	13915	2266	14812	7987
商业服务业等支出	785	58569	27059	10549	6338	6013	4583	4027
金融支出		19638	15247	58	1981	492	1489	371
援助其他地区支出		7695	4102	1582	2011			
国土海洋气象等支出	4267	31464	2048	13942	1925	9595	1648	2306
住房保障支出	712	57483	35915	789	8404	9273	1364	1738
粮油物资储备支出		4170	173	1989	1944	46	18	
其他支出	4	34463	26844				6146	1473
债务付息支出	5322	159678	26175	42820	21739	42313	12869	13762
债务发行费用支出		176	151	3	18	2	1	1

（续表七） 单位:万元

项目＼地区	绍兴市	市本级	柯桥区	上虞区	嵊州市	新昌县	诸暨市	越城区
一、收入合计	5013379	518347	1263560	826461	454858	418800	873729	657624
(一)税收收入小计	4126652	302578	1065428	703195	370822	346043	735838	602748
增值税	1735860	57674	415992	323380	147566	162624	312127	316497
企业所得税	588734	41032	149607	115704	41063	61224	84727	95377
个人所得税	247896	29643	51398	56320	19158	24555	41704	25118
资源税	3451	323	173	426	622	211	1530	166
城市维护建设税	237952	19274	44023	42999	22707	19211	48158	41580
房产税	220735	12657	82550	31275	15743	11623	34512	32375
城镇土地使用税	171230	5015	47588	25165	22797	13438	39677	17550
土地增值税	384112	12417	147441	28107	56978	27210	49648	62311
耕地占用税	41799	182	5584	9561	6869	796	18807	
契税	374303	102711	92283	53112	28483	16971	80743	
其他各项税收收入	120580	21650	28789	17146	8836	8180	24205	11774
(二)非税收入小计	886727	215769	198132	123266	84036	72757	137891	54876
专项收入	468850	138855	131763	57987	40306	25297	49520	25122
行政事业性收费收入	85130	24704	9984	4114	3917	3611	31300	7500
罚没收入	137737	32081	22930	16164	17657	10901	24708	13296
国有资本经营收入	-28588	-21010	1822	-1200	-8200			
国有资源(资产)有偿使用收入	207580	37326	26954	44997	28901	31696	29565	8141
其他收入	16018	3813	4679	1204	1455	1252	2798	817
二、支出合计	5566451	920226	1128860	864179	610104	567880	922137	553065
一般公共服务支出	602250	121342	108565	111754	54309	64584	90226	51470
外交支出								
国防支出	6443	2692	736	473	552	744	784	462
公共安全支出	454373	150570	76354	61268	37806	37628	75272	15475
教育支出	1202789	161041	273772	172774	124371	123047	210283	137501
科学技术支出	315725	43067	63801	48170	30986	45944	66014	17743
文化体育与传媒支出	108485	33033	25094	13524	11196	9415	13565	2658
社会保障和就业支出	690901	113880	118345	73352	90029	50852	143105	101338
医疗卫生与计划生育支出	485166	51352	97656	59994	74827	48812	96735	55790
节能环保支出	148299	10448	40738	54569	13678	8950	18264	1652
城乡社区支出	394956	64702	115485	73181	34427	35214	36298	35649
农林水支出	521662	38096	119867	115721	64133	53187	63876	66782
交通运输支出	196068	57653	20980	19920	19163	47188	27862	3302
资源勘探信息等支出	48924	8720	7036	10657	4264	6820	6044	5383
商业服务业等支出	35656	5351	6357	11872	3011	2958	1944	4163
金融支出	2297	1284		670	291	32	20	
援助其他地区支出	17594	5356	4286	3050	1065		3417	420
国土海洋气象等支出	39186	6904	1491	7535	4828	7739	7863	2826
住房保障支出	166610	30767	20463	14676	24971	12033	18437	45263
粮油物资储备支出	7231	3354	583	886	481	322	1605	
其他支出	681	495	23				163	
债务付息支出	120602	9911	27108	10102	15700	12331	40312	5138
债务发行费用支出	553	208	120	31	16	80	48	50

（续表八） 单位：万元

项目 \ 地区	金华市	市本级	兰溪市	永康市	武义县	东阳市	磐安县	义乌市
一、收入合计	3926214	935846	266000	563580	259807	657548	100068	952005
（一）税收收入小计	3450137	804751	227872	484430	229113	577266	80134	880994
增值税	1471025	330178	118094	233324	121151	239816	43706	313417
企业所得税	473189	107995	24841	66437	27231	97583	11034	120714
个人所得税	235124	56585	16737	27611	11385	53292	5981	57806
资源税	3244	620	690		500	637	499	
城市维护建设税	217178	56286	19467	32700	12767	35403	6004	46651
房产税	156320	25290	6215	20638	6746	19865	966	67429
城镇土地使用税	94973	4176	5077	12972	10657	14317	666	43341
土地增值税	266221	63394	9809	31286	12786	53725	4117	73072
耕地占用税	58083	29167	3666	3460	4860	13566	29	2324
契税	353901	105356	16538	39080	15636	28454	5020	118819
其他各项税收收入	120879	25704	6738	16922	5394	20608	2112	37421
（二）非税收入小计	476077	131095	38128	79150	30694	80282	19934	71011
专项收入	233516	76037	23996	32562	14720	33835	5931	34398
行政事业性收费收入	73418	17228	3267	22386	2074	19518	4820	2432
罚没收入	117368	27393	9467	14512	6555	26320	2242	23619
国有资本经营收入	-26109	-12529	-5580			-2000		-5000
国有资源（资产）有偿使用收入	69974	19171	5883	7941	7044	2509	6941	15008
其他收入	7910	3795	1095	1749	301	100		554
二、支出合计	5739988	886375	475567	748683	421266	925198	317019	1070100
一般公共服务支出	655312	124561	48674	67622	47423	66268	41592	152816
外交支出								
国防支出	5612	2886	351	761	93	397	33	575
公共安全支出	471828	99714	27455	65851	27339	52690	20174	112607
教育支出	1144535	140632	108593	149852	69760	175131	53488	261202
科学技术支出	211407	27830	12411	43625	22227	33537	3740	48628
文化体育与传媒支出	100066	23577	6319	8489	6329	9532	4895	29473
社会保障和就业支出	626423	118131	62466	54201	58798	111852	30269	79190
医疗卫生与计划生育支出	511387	88533	60596	71862	34499	89573	20032	71353
节能环保支出	123271	19800	6645	11275	14258	14008	9988	12511
城乡社区支出	584191	52124	14806	159673	33033	162914	39525	98131
农林水支出	520599	51106	72057	52670	55169	59251	43181	81455
交通运输支出	202638	22298	17071	22748	18162	21344	23803	27750
资源勘探信息等支出	83248	29814	3209	1508	4115	14717	2364	11607
商业服务业等支出	93242	19066	3219	3397	1861	52800	468	6100
金融支出	8508	2173		161		5445		729
援助其他地区支出	12221	4343		1673		1513		3943
国土海洋气象等支出	69753	7968	14271	9257	6175	7228	3862	14851
住房保障支出	174349	29741	7436	11122	10729	22625	9893	33624
粮油物资储备支出	8101	4480	721	140	107	408	833	1123
其他支出	9410	346	3916			16	1748	1816
债务付息支出	123479	17251	5351	12618	11185	23816	7107	20591
债务发行费用支出	408	1		178	4	133	24	25

（续表九） 单位:万元

项目 \ 地区	浦江县	金东区	婺城区	衢州市	市本级	龙游县	常山县	江山市
一、收入合计	191360			1280960	425822	176315	109781	192060
(一)税收收入小计	165577			1068791	351223	147442	86980	162818
增值税	71339			439017	129490	68210	39601	71892
企业所得税	17354			159372	80969	14981	11253	12928
个人所得税	5727			45709	17365	5295	3030	7133
资源税	298			4138	1	724	1398	694
城市维护建设税	7900			76928	28961	8184	5703	12553
房产税	9171			45481	13658	7806	3973	7534
城镇土地使用税	3767			59268	17590	11319	3660	8192
土地增值税	18032			86967	25658	8872	5978	16195
耕地占用税	1011			21271	128	3618	2520	2451
契税	24998			97106	26610	14332	7235	16944
其他各项税收收入	5980			33534	10793	4101	2629	6302
(二)非税收入小计	25783			212169	74599	28873	22801	29242
专项收入	12037			96635	20490	15699	9954	19409
行政事业性收费收入	1693			19727	6379	1526	1561	3523
罚没收入	7260			28431	13084	3653	3289	3756
国有资本经营收入	-1000			-4073	-3990			-83
国有资源(资产)有偿使用收入	5477			65148	37899	7223	4394	1448
其他收入	316			6301	737	772	3603	1189
二、支出合计	385688	280791	229301	3559423	606611	590216	470519	560261
一般公共服务支出	41061	42695	22600	404244	88208	53783	50090	50858
外交支出								
国防支出	311	205		3574	1085	490	186	573
公共安全支出	26485	21422	18091	198777	73915	33310	22275	23296
教育支出	87791	41853	56233	484551	78761	84408	61190	89490
科学技术支出	7882	9494	2033	110800	29573	10406	12402	29642
文化体育与传媒支出	5625	4139	1688	70325	12697	13262	8709	7192
社会保障和就业支出	44029	33327	34160	466537	65087	73266	66312	93125
医疗卫生与计划生育支出	35956	23568	15415	299836	25555	50711	51651	54066
节能环保支出	22061	6438	6287	142749	23416	20405	11290	6083
城乡社区支出	8724	11065	4196	342546	50416	74375	33884	51541
农林水支出	36805	42356	26549	488712	27484	87353	78628	81829
交通运输支出	23732	10276	15454	177106	29139	44405	32428	20582
资源勘探信息等支出	1967	7027	6920	76839	33203	10247	4130	3837
商业服务业等支出	1579	4210	542	52376	12357	8547	2565	9822
金融支出				520	343	12	79	70
援助其他地区支出	749			580	100		100	
国土海洋气象等支出	2694	2119	1328	33562	4858	7770	5393	8141
住房保障支出	24935	11523	12721	126016	32527	4979	18597	16268
粮油物资储备支出	15	141	133	10579	2938	1508	1894	1512
其他支出		1491	77	1136	830		114	
债务付息支出	13253	7442	4865	67636	14118	10862	8525	12289
债务发行费用支出	34		9	422	1	117	77	45

（续表十） 单位:万元

项目＼地区	开化县	柯城区	衢江区	舟山市	市本级	岱山县	嵊泗县	定海区
一、收入合计	93887	119256	163839	1460243	513787	241540	72008	317751
（一）税收收入小计	85717	97610	137001	1018955	334163	131857	41615	250224
增值税	27326	33755	68743	380628	117597	51728	17144	98232
企业所得税	12432	12487	14322	140590	55875	14204	5043	40351
个人所得税	3535	5400	3951	68528	31575	5412	2046	19415
资源税	90	1	1230	39642	9	27165	961	7671
城市维护建设税	3705	6890	10932	53678	18884	5212	1977	14911
房产税	3264	4547	4699	48019	18260	4525	1538	9764
城镇土地使用税	3649	6100	8758	54667	16441	6519	4735	10706
土地增值税	7538	13258	9468	63543	24756	7002	4876	10320
耕地占用税	12384	55	115	38981	11	1925	48	12
契税	9445	12072	10468	93088	31383	5170	2494	30646
其他各项税收收入	2349	3045	4315	37591	19372	2995	753	8196
（二）非税收入小计	8170	21646	26838	441288	179624	109683	30393	67527
专项收入	4894	16212	9977	67176	30068	8833	2473	14502
行政事业性收费收入	734	1530	4474	14149	7130	864	1948	1662
罚没收入	2090	865	1694	46508	11917	9980	2093	2039
国有资本经营收入				536	536			
国有资源（资产）有偿使用收入	452	3039	10693	301101	122918	89469	23670	48785
其他收入				11818	7055	537	209	539
二、支出合计	524791	396164	410861	3084897	1196062	541712	281392	453016
一般公共服务支出	52423	44898	63984	391897	223439	43083	36157	36215
外交支出								
国防支出	424	157	659	3617	2045	548	377	165
公共安全支出	22401	11925	11655	172067	77270	20561	15188	29265
教育支出	60516	52657	57529	344129	133473	48104	25586	61590
科学技术支出	11268	7872	9637	67847	31202	9611	3777	12158
文化体育与传媒支出	13859	7995	6611	55447	25222	8028	5028	6091
社会保障和就业支出	69896	42731	56120	277133	98212	69569	18861	31582
医疗卫生与计划生育支出	34993	32506	50354	175788	57048	32763	20570	26491
节能环保支出	58260	19802	3493	50655	26900	4115	4696	3736
城乡社区支出	57156	57105	18069	253016	57677	46462	31947	53226
农林水支出	86374	60378	66666	606175	108237	156053	77425	89256
交通运输支出	17224	14436	18892	273900	176299	32832	14942	27239
资源勘探信息等支出	1078	10311	14033	50338	16015	9947	5344	11437
商业服务业等支出	3606	3450	12029	30266	17351	1521	4070	2290
金融支出	16			329	141			50
援助其他地区支出		150	230	2156	1171			323
国土海洋气象等支出	4721	275	2404	68773	26996	30412	3639	5073
住房保障支出	14511	27134	12000	98790	27850	16383	5337	23670
粮油物资储备支出	951		1776	3053	863	1250	924	
其他支出	60		132	91686	64011		745	21152
债务付息支出	14960	2316	4566	67392	24584	10408	6724	11780
债务发行费用支出	94	66	22	443	56	62	55	227

（续表十一） 单位：万元

项目＼地区	普陀区	台州市	市本级	临海市	温岭市	玉环市	三门县	仙居县
一、收入合计	315157	4311768	331506	640650	772850	533376	186290	208400
（一）税收收入小计	261096	3760132	268354	564620	671487	469012	149914	183910
增值税	95927	1685337	93118	248875	297098	261335	69769	86750
企业所得税	25117	551254	38857	95346	99228	56714	20152	21326
个人所得税	10080	264757	28624	38458	52225	28773	10606	13332
资源税	3836	11103	18	1891	2049	1486	1429	1247
城市维护建设税	12694	245367	23191	41071	38015	28608	8004	9969
房产税	13932	168687	14788	22453	32054	21502	9115	5208
城镇土地使用税	16266	114584	5069	19273	21417	15344	6372	4492
土地增值税	16589	233003	11026	31194	40060	21990	8413	12792
耕地占用税	36985	49794		5008	10660	3875	3786	10043
契税	23395	322952	41803	47467	57764	18250	8280	14157
其他各项税收收入	6275	113294	11860	13584	20917	11135	3988	4594
（二）非税收入小计	54061	551636	63152	76030	101363	64364	36376	24490
专项收入	11300	299935	16703	34823	51776	49052	9497	16101
行政事业性收费收入	2545	47320	10502	3674	9149	3644	4830	1441
罚没收入	20479	121448	27498	12142	20115	14802	9270	4610
国有资本经营收入		-35912	-2500	-502	-7180	-4000	-220	-2467
国有资源（资产）有偿使用收入	16259	106058	8798	25653	22719	866	12688	4805
其他收入	3478	12787	2151	240	4784		311	
二、支出合计	612715	6537506	936669	946885	1078061	699759	438152	545537
一般公共服务支出	53003	780115	125838	96547	112412	93919	59836	54816
外交支出								
国防支出	482	5710	1364	862	68	85	557	320
公共安全支出	29783	470696	94795	55465	76030	42635	30236	24465
教育支出	75376	1345144	151956	209885	217266	129261	90714	96610
科学技术支出	11099	169642	31802	22297	21147	36134	6605	4766
文化体育与传媒支出	11078	115514	13072	9684	17292	16087	7279	7961
社会保障和就业支出	58909	665531	37253	110736	107659	56174	41542	64767
医疗卫生与计划生育支出	38916	514996	46078	71313	69424	79373	38716	49004
节能环保支出	11208	186855	15728	15140	54448	11526	9044	32553
城乡社区支出	63704	665440	125982	134257	103866	99401	44818	68039
农林水支出	175204	720018	33147	112090	161503	62516	47544	80898
交通运输支出	22588	379142	154249	51643	61339	31299	22687	13679
资源勘探信息等支出	7595	86340	30556	3077	14455	7241	2766	7221
商业服务业等支出	5034	40653	12465	2420	7638	2840	1903	1951
金融支出	138	6911	1657	161	642	512	170	1248
援助其他地区支出	662	12893	3293	1691	3128	1797	5	
国土海洋气象等支出	2653	72722	15209	10101	15042	4266	8012	4136
住房保障支出	25550	108799	19173	13899	3430	8911	7676	13963
粮油物资储备支出	16	6831	207	903	478	130	2944	1773
其他支出	5778	8747		368	167	1153	52	3823
债务付息支出	13896	173908	22686	24180	30430	14428	15012	13440
债务发行费用支出	43	899	159	166	197	71	34	104

（续表十二） 单位：万元

项目＼地区	天台县	椒江区	黄岩区	路桥区	丽水市	市本级	缙云县	景宁县
一、收入合计	218960	472176	477200	470360	1300106	345820	153412	77418
（一）税收收入小计	187419	436635	411281	417500	1051184	273606	126826	66556
增值税	81862	185739	202195	158596	460505	80317	59412	31974
企业所得税	25067	64117	48831	81616	116583	34529	13231	3721
个人所得税	11607	28282	24352	28498	74655	16734	7352	12365
资源税	1012	45	678	1248	6397		892	135
城市维护建设税	9677	30480	28592	27760	60210	20218	6832	3026
房产税	7092	15523	18506	22446	29586	8430	3328	1209
城镇土地使用税	4070	8152	15118	15277	30914	14809	3292	683
土地增值税	14872	37354	26559	28743	84320	40143	10629	2922
耕地占用税	2527	2740	7384	3771	48555	5822	4050	5966
契税	24082	48782	28896	33471	113462	46357	14213	3292
其他各项税收收入	5551	15421	10170	16074	25997	6247	3595	1263
（二）非税收入小计	31541	35541	65919	52860	248922	72214	26586	10862
专项收入	21990	21776	41133	37084	91697	26277	12203	3676
行政事业性收费收入	2727	2686	3101	5566	29042	6164	2958	1650
罚没收入	5909	10129	8616	8357	67018	19229	8533	873
国有资本经营收入	-6027	-6474	-4142	-2400	-1014		-541	
国有资源（资产）有偿使用收入	6324	5484	15727	2994	50924	15709	2255	4097
其他收入	618	1940	1484	1259	11255	4835	1178	566
二、支出合计	511399	447599	538816	394629	4320191	552862	521537	423285
一般公共服务支出	59436	62984	67240	47087	481289	81457	46569	43401
外交支出								
国防支出	1181	475	751	47	6269	18	431	772
公共安全支出	29376	44822	36370	36502	240059	50702	29852	14062
教育支出	122644	87630	153631	85547	689280	91141	115705	46687
科学技术支出	7729	13193	20245	5724	93193	24660	7493	3801
文化体育与传媒支出	12937	7180	13185	10837	81110	12738	7292	8730
社会保障和就业支出	60347	49978	90658	46417	462567	38798	68655	41810
医疗卫生与计划生育支出	53295	41761	31715	34317	425227	37711	62464	30393
节能环保支出	23499	2248	13279	9390	100117	15047	4680	15423
城乡社区支出	22656	17999	20136	28286	642154	94703	52342	89769
农林水支出	57563	53442	54991	56324	598033	26888	66530	57948
交通运输支出	21115	5467	11885	5779	193721	36559	32765	18424
资源勘探信息等支出	6369	10398	2436	1821	54835	9937	1841	22100
商业服务业等支出	3095	4298	2515	1528	28721	7617	1806	2666
金融支出	4	797	91	1629	1913	400	107	
援助其他地区支出		1590	20	1369	50			
国土海洋气象等支出	5896	3609	4678	1773	50429	6315	5456	10118
住房保障支出	14626	19511	3721	3889	82167	7545	7713	8295
粮油物资储备支出	37	359			6672	1210	296	19
其他支出	620	418	11	2135	4091	651	649	863
债务付息支出	8908	19428	11190	14206	77704	8667	8777	7923
债务发行费用支出	66	12	68	22	590	98	114	81

（续表十三） 单位：万元

地区 项目	莲都区	龙泉市	青田县	庆元县	松阳县	遂昌县	云和县	
一、收入合计	158312	91018	191071	50500	72697	100968	58890	
（一）税收收入小计	119233	75465	153518	42559	59923	84030	49468	
增值税	68162	30124	71405	19409	25374	47124	27204	
企业所得税	13635	8773	18098	6357	8012	7147	3080	
个人所得税	6807	4868	8005	2569	4137	9044	2774	
资源税	225	566	2282	137	712	1365	83	
城市维护建设税	4659	4637	7559	2241	2748	5413	2877	
房产税	2936	2942	2679	1137	2414	2653	1858	
城镇土地使用税	1654	2423	724	888	1727	2073	2641	
土地增值税	2432	6198	10382	2373	4189	2505	2547	
耕地占用税	249	6646	16866	2433	3110	1107	2306	
契税	14616	6082	12689	3940	5644	3691	2938	
其他各项税收收入	3858	2206	2829	1075	1856	1908	1160	
（二）非税收入小计	39079	15553	37553	7941	12774	16938	9422	
专项收入	15137	4474	10065	3743	3614	8089	4419	
行政事业性收费收入	2604	1619	7350	1119	1564	3167	847	
罚没收入	12541	1978	13255	1392	5413	2508	1296	
国有资本经营收入	39	−225		−155		−132		
国有资源（资产）有偿使用收入	8758	6918	5577	1241	1852	2222	2295	
其他收入		789	1306	601	331	1084	565	
二、支出合计	431969	483660	535430	329777	379950	411486	250235	
一般公共服务支出	42346	44313	69128	39008	41535	42215	31317	
外交支出								
国防支出	1008	777	897	535	700	408	723	
公共安全支出	25582	20286	26521	20629	19186	19483	13756	
教育支出	62079	62335	90532	60478	61652	63932	34739	
科学技术支出	8546	9879	21482	4843	4129	5419	2941	
文化体育与传媒支出	9955	10043	10217	6053	4826	5846	5410	
社会保障和就业支出	68896	54593	56590	25627	43176	37562	26860	
医疗卫生与计划生育支出	60487	46401	60179	25938	36330	38311	27013	
节能环保支出	8700	6931	10654	13021	7725	13172	4764	
城乡社区支出	45111	113037	63066	33760	58757	61482	30127	
农林水支出	60108	71750	66104	61504	64069	79505	43627	
交通运输支出	8083	16678	22862	18758	14795	16808	7989	
资源勘探信息等支出	6339	1805	3055	894	1617	2230	5017	
商业服务业等支出	4172	3727	3539	1181	1118	1691	1204	
金融支出	60	276	813			217	40	
援助其他地区支出			50					
国土海洋气象等支出	3324	3284	8075	3090	3303	5047	2417	
住房保障支出	10763	5275	14342	5883	7666	8642	6043	
粮油物资储备支出	180	1101	500	1446	983	588	349	
其他支出	162	40	200	49	117	1336	24	
债务付息支出	6027	11023	6605	7032	8227	7570	5853	
债务发行费用支出	41	106	19	48	39	22	22	

2018年浙江省各市县财政总收入

单位:万元

地　　区	财政总收入	地　　区	财政总收入	地　　区	财政总收入
杭州小计	**34574596**	嘉善县	1055283	常山县	170929
杭州市	33198717	海盐县	838977	开化县	145187
桐庐县	527581	**湖州小计**	**4907110**	**舟山小计**	**2183538**
建德市	504570	湖州市	2071916	舟山市	1761048
淳安县	343728	德清县	1007606	岱山县	322701
宁波小计	**26553064**	安吉县	800800	嵊泗县	99789
宁波市	21437025	长兴县	1026788	**台州小计**	**7451904**
慈溪市	1708896	**绍兴小计**	**8118532**	台州市	3063269
余姚市	1693652	绍兴市	5336934	温岭市	1307043
宁海县	1000663	诸暨市	1377968	临海市	1144567
象山县	712828	嵊州市	693247	玉环市	923831
温州小计	**8952595**	新昌县	710383	三门县	302235
温州市	3957178	**金华小计**	**6617382**	天台县	363628
乐清市	1603081	金华市	1660888	仙居县	347331
瑞安市	1177214	兰溪市	452954	**丽水小计**	**2111846**
永嘉县	562961	东阳市	1124080	丽水市	801658
平阳县	588996	义乌市	1534488	龙泉市	141616
苍南县	812357	永康市	939358	青田县	301649
文成县	113280	浦江县	297355	云和县	94882
泰顺县	137528	武义县	438948	庆元县	83309
嘉兴小计	**8952901**	磐安县	169311	缙云县	246826
嘉兴市	2876490	**衢州小计**	**2069033**	遂昌县	172496
海宁市	1530783	衢州市	1182229	松阳县	116390
平湖市	1357022	江山市	295690	景宁县	153020
桐乡市	1294346	龙游县	274998		

2018年浙江省乡镇（含比照乡镇财政体制管理的街道）一般公共预算收入排序表

单位：万元

排序	所属地区	县（市、区）	乡镇（街道）	一般公共预算收入	排序	所属地区	县（市、区）	乡镇（街道）	一般公共预算收入
1	绍兴市	柯桥区	马鞍镇	246123.00	32	宁波市	海曙区	高桥镇	86750.00
2	金华市	东阳市	横店镇	195422.00	33	湖州市	吴兴区	织里镇	85098.00
3	温州市	乐清市	柳市镇	189626.88	34	杭州市	富阳区	富春街道	80953.00
4	嘉兴市	平湖市	钟埭街道	180244.00	35	绍兴市	柯桥区	齐贤镇	80606.00
5	杭州市	余杭区	良渚街道	165845.00	36	嘉兴市	海宁市	长安镇	79580.00
6	杭州市	余杭区	仓前街道	148191.00	37	温州市	苍南县	灵溪镇	79419.00
7	嘉兴市	平湖市	乍浦镇	147422.00	38	温州市	苍南县	龙港镇	77212.00
8	宁波市	江北区	慈城镇	139221.00	39	舟山市	普陀区	六横镇	76327.00
9	杭州市	西湖区	三墩镇	133486.00	40	杭州市	余杭区	闲林街道	74885.00
10	绍兴市	诸暨市	暨阳街道	130138.00	41	湖州市	南浔区	南浔镇	74601.00
11	绍兴市	越城区	斗门镇	129767.00	42	绍兴市	嵊州市	浦口街道	74572.00
12	湖州市	安吉县	递铺街道	128755.00	43	嘉兴市	平湖市	独山港镇	74011.00
13	嘉兴市	嘉善县	惠民街道	122197.00	44	湖州市	长兴县	太湖街道	72959.52
14	杭州市	余杭区	五常街道	121803.00	45	绍兴市	诸暨市	陶朱街道	72179.00
15	宁波市	慈溪市	观海卫镇	117751.00	46	绍兴市	诸暨市	店口镇	71045.00
16	温州市	乐清市	北白象镇	116131.81	47	宁波市	鄞州区	邱隘镇	70112.00
17	宁波市	鄞州区	姜山镇	115308.00	48	嘉兴市	桐乡市	梧桐街道	67320.00
18	嘉兴市	桐乡市	高桥街道	110806.00	49	杭州市	余杭区	余杭街道	66292.00
19	杭州市	萧山区	瓜沥镇	109584.98	50	台州市	临海市	上盘镇	65974.00
20	金华市	义乌市	北苑街道	104507.00	51	绍兴市	越城区	马山镇	65041.00
21	嘉兴市	海宁市	海昌街道	97422.00	52	杭州市	富阳区	东洲街道	64169.00
22	宁波市	慈溪市	周巷镇	97025.00	53	温州市	乐清市	城南街道	62170.66
23	金华市	义乌市	稠江街道	95516.00	54	金华市	义乌市	稠城街道	62014.00
24	金华市	义乌市	江东街道	94906.00	55	绍兴市	越城区	灵芝镇	61488.00
25	嘉兴市	海盐县	武原街道	94681.00	56	宁波市	鄞州区	五乡镇	61272.00
26	绍兴市	上虞区	百官街道	93342.00	57	台州市	路桥区	金清镇	61266.00
27	温州市	平阳县	鳌江镇	90313.00	58	绍兴市	柯桥区	钱清镇	61148.00
28	湖州市	吴兴区	八里店镇	88502.00	59	舟山市	普陀区	东港街道	60416.00
29	嘉兴市	海盐县	西塘桥街道	88098.00	60	台州市	玉环市	楚门镇	60359.00
30	温州市	瑞安市	塘下镇	88057.00	61	丽水市	青田县	鹤城街道	59030.00
31	台州市	临海市	杜桥镇	87981.00	62	台州市	温岭市	泽国镇	59005.00

（续表一） 单位：万元

排序	所属地区	县（市、区）	乡镇（街道）	一般公共预算收入	排序	所属地区	县（市、区）	乡镇（街道）	一般公共预算收入
63	金华市	武义县	白洋街道	57916.00	94	杭州市	余杭区	乔司街道	45575.00
64	杭州市	富阳区	春江街道	57907.00	95	宁波市	鄞州区	云龙镇	45007.00
65	温州市	乐清市	乐成街道	57554.17	96	丽水市	青田县	温溪镇	44853.00
66	绍兴市	上虞区	道墟镇	57446.00	97	金华市	武义县	熟溪街道	41999.00
67	湖州市	吴兴区	埭溪镇	57370.00	98	杭州市	西湖区	双浦镇	41889.00
68	宁波市	宁海县	西店镇	57123.00	99	嘉兴市	平湖市	曹桥街道	41420.00
69	嘉兴市	桐乡市	洲泉镇	56088.00	100	杭州市	富阳区	新登镇	40855.00
70	杭州市	富阳区	银湖街道	54841.00	101	湖州市	德清县	钟管镇	40396.00
71	宁波市	慈溪市	横河镇	54703.00	102	杭州市	余杭区	塘栖镇	40023.00
72	宁波市	余姚市	泗门镇	54595.48	103	金华市	义乌市	福田街道	39588.00
73	宁波市	海曙区	集士港镇	54540.00	104	嘉兴市	桐乡市	濮院镇	39114.00
74	嘉兴市	嘉善县	姚庄镇	54232.00	105	金华市	永康市	西城街道	39010.00
75	杭州市	余杭区	崇贤街道	54219.00	106	湖州市	德清县	新市镇	39006.58
76	温州市	乐清市	虹桥镇	54011.49	107	嘉兴市	海宁市	许村镇	38821.00
77	绍兴市	柯桥区	安昌镇	53648.00	108	嘉兴市	海宁市	袁花镇	38638.00
78	杭州市	萧山区	衙前镇	52805.96	109	宁波市	象山县	石浦镇	38515.33
79	绍兴市	上虞区	沥海镇	52496.00	110	温州市	乐清市	城东街道	38305.39
80	绍兴市	诸暨市	浣东街道	51163.00	111	宁波市	海曙区	横街镇	38098.00
81	台州市	温岭市	大溪镇	51096.00	112	宁波市	慈溪市	庵东镇	37752.00
82	宁波市	海曙区	古林镇	49739.00	113	台州市	天台县	平桥镇	37515.39
83	宁波市	奉化区	溪口镇	48637.00	114	绍兴市	柯桥区	杨汛桥镇	37366.00
84	绍兴市	柯桥区	福全镇	48470.00	115	嘉兴市	桐乡市	乌镇镇	37338.00
85	宁波市	慈溪市	龙山镇	48099.00	116	衢州市	江山市	虎山街道	37237.00
86	湖州市	长兴县	煤山镇	48072.88	117	金华市	浦江县	浦阳街道	35822.00
87	嘉兴市	嘉善县	魏塘街道	47972.00	118	嘉兴市	海宁市	黄湾镇	35819.00
88	杭州市	萧山区	义桥镇	47657.50	119	金华市	义乌市	廿三里街道	35718.00
89	宁波市	象山县	西周镇	46694.49	120	金华市	永康市	东城街道	35689.00
90	嘉兴市	海宁市	马桥街道	46665.00	121	湖州市	长兴县	画溪街道	35404.00
91	杭州市	余杭区	瓶窑镇	46080.00	122	宁波市	余姚市	马渚镇	35205.27
92	杭州市	余杭区	仁和街道	46066.00	123	嘉兴市	平湖市	新埭镇	35005.00
93	金华市	义乌市	佛堂镇	45754.00	124	杭州市	萧山区	临浦镇	34692.26

（续表二） 单位：万元

排序	所属地区	县(市、区)	乡镇(街道)	一般公共预算收入	排序	所属地区	县(市、区)	乡镇(街道)	一般公共预算收入
125	湖州市	吴兴区	环渚街道	34442.00	156	嘉兴市	秀洲区	王江泾镇	27396.00
126	绍兴市	诸暨市	大唐镇	34099.00	157	台州市	玉环市	芦浦镇	27230.00
127	嘉兴市	嘉善县	西塘镇	34059.00	158	嘉兴市	嘉善县	罗星街道	27214.00
128	湖州市	南浔区	练市镇	33912.00	159	宁波市	慈溪市	长河镇	26996.00
129	绍兴市	上虞区	小越镇	33672.00	160	宁波市	鄞州区	东吴镇	26740.00
130	嘉兴市	桐乡市	崇福镇	33379.00	161	嘉兴市	平湖市	新仓镇	26680.00
131	金华市	武义县	壶山街道	33034.00	162	宁波市	奉化区	莼湖镇	26377.00
132	绍兴市	柯桥区	兰亭镇	32651.00	163	嘉兴市	平湖市	当湖街道	26302.00
133	宁波市	慈溪市	逍林镇	32552.00	164	台州市	温岭市	箬横镇	25840.00
134	绍兴市	嵊州市	三江街道	32090.00	165	宁波市	余姚市	丈亭镇	25703.08
135	湖州市	德清县	乾元镇	31632.51	166	温州市	瓯海区	梧田街道	25629.56
136	湖州市	南浔区	双林镇	31101.00	167	宁波市	慈溪市	掌起镇	25174.00
137	绍兴市	越城区	皋埠镇	31071.00	168	杭州市	富阳区	灵桥镇	25118.00
138	湖州市	德清县	雷甸镇	30516.23	169	杭州市	建德市	新安江街道	24982.00
139	台州市	玉环市	清港镇	30497.00	170	嘉兴市	海盐县	百步镇	24376.00
140	湖州市	德清县	武康街道	29606.35	171	台州市	玉环市	沙门镇	24352.00
141	绍兴市	嵊州市	剡湖街道	29139.00	172	绍兴市	柯桥区	平水镇	24332.00
142	宁波市	宁海县	黄坛镇	28985.00	173	台州市	温岭市	松门镇	23928.00
143	杭州市	余杭区	中泰街道	28974.00	174	湖州市	长兴县	李家巷镇	23861.04
144	衢州市	江山市	双塔街道	28930.00	175	台州市	三门县	海游街道	23738.00
145	宁波市	海曙区	洞桥镇	28566.00	176	嘉兴市	嘉善县	大云镇	23650.00
146	湖州市	长兴县	和平镇	28472.25	177	金华市	永康市	古山镇	23643.00
147	绍兴市	嵊州市	甘霖镇	28363.00	178	台州市	温岭市	滨海镇	23488.00
148	舟山市	岱山县	衢山镇	28046.00	179	金华市	东阳市	南马镇	23416.00
149	绍兴市	诸暨市	枫桥镇	28024.00	180	金华市	永康市	江南街道	23272.00
150	嘉兴市	嘉善县	天凝镇	28004.00	181	嘉兴市	海宁市	斜桥镇	23050.00
151	绍兴市	上虞区	松下镇	28000.00	182	杭州市	萧山区	党湾镇	23025.77
152	金华市	义乌市	后宅街道	27729.00	183	宁波市	镇海区	蟹浦镇	22948.16
153	金华市	义乌市	苏溪镇	27703.00	184	绍兴市	上虞区	章镇镇	22927.00
154	嘉兴市	海宁市	盐官镇	27629.00	185	舟山市	普陀区	沈家门街道	22820.00
155	丽水市	缙云县	五云街道	27603.00	186	金华市	武义县	桐琴镇	22318.00

（续表三） 单位:万元

排序	所属地区	县(市、区)	乡镇(街道)	一般公共预算收入	排序	所属地区	县(市、区)	乡镇(街道)	一般公共预算收入
187	宁波市	余姚市	临山镇	22261.08	218	湖州市	德清县	洛舍镇	19238.01
188	宁波市	余姚市	陆埠镇	22196.88	219	杭州市	富阳区	大源镇	19059.00
189	台州市	临海市	汛桥镇	22194.00	220	宁波市	奉化区	尚田镇	18834.00
190	宁波市	镇海区	九龙湖镇	21851.96	221	金华市	永康市	城西新区	18753.00
191	杭州市	萧山区	益农镇	21586.36	222	湖州市	安吉县	灵峰街道	18457.00
192	嘉兴市	秀洲区	王店镇	21458.00	223	湖州市	南浔区	旧馆镇	18107.00
193	杭州市	萧山区	所前镇	21393.70	224	宁波市	余姚市	黄家埠镇	18100.72
194	台州市	黄岩区	院桥镇	21389.00	225	嘉兴市	海宁市	丁桥镇	18032.00
195	湖州市	南浔区	菱湖镇	21365.00	226	绍兴市	越城区	东浦镇	17955.00
196	金华市	兰溪市	灵洞乡	21323.00	227	杭州市	富阳区	胥口镇	17739.00
197	台州市	路桥区	横街镇	21323.00	228	嘉兴市	秀城区	余新镇	17691.00
198	金华市	东阳市	巍山镇	21184.00	229	宁波市	慈溪市	新浦镇	17530.00
199	嘉兴市	海宁市	周王庙镇	21127.00	230	金华市	义乌市	义亭镇	17522.00
200	衢州市	江山市	贺村镇	21079.00	231	宁波市	余姚市	河姆渡镇	17401.14
201	丽水市	缙云县	壶镇镇	21021.00	232	台州市	温岭市	石塘镇	17108.00
202	湖州市	安吉县	省际承接产业转移示范区安吉分区	20964.00	233	绍兴市	越城区	鉴湖镇	17043.00
203	台州市	温岭市	新河镇	20906.00	234	温州市	瓯海区	郭溪街道	16944.54
204	宁波市	慈溪市	崇寿镇	20750.00	235	绍兴市	诸暨市	次坞镇	16887.00
205	台州市	路桥区	新桥镇	20705.00	236	湖州市	安吉县	昌硕街道	16814.00
206	湖州市	南浔区	和孚镇	20517.00	237	湖州市	长兴县	泗安镇	16690.18
207	金华市	义乌市	上溪镇	20495.00	238	嘉兴市	海宁市	海洲街道	16591.00
208	宁波市	余姚市	小曹娥镇	20413.66	239	金华市	兰溪市	云山街道	16578.00
209	湖州市	长兴县	夹浦镇	20203.68	240	杭州市	富阳区	鹿山街道	16426.00
210	台州市	路桥区	蓬街镇	20184.00	241	台州市	玉环市	龙溪镇	16305.00
211	衢州市	开化县	华埠镇	19984.00	242	嘉兴市	海盐县	沈荡镇	16163.00
212	宁波市	鄞州区	横溪镇	19923.00	243	宁波市	余姚市	三七市镇	16120.99
213	嘉兴市	嘉善县	干窑镇	19894.00	244	杭州市	余杭区	运河街道	16073.00
214	金华市	义乌市	城西街道	19554.00	245	杭州市	桐庐县	城南街道	16057.00
215	台州市	温岭市	温峤镇	19466.00	246	宁波市	慈溪市	桥头镇	16046.00
216	温州市	瓯海区	娄桥街道	19342.98	247	金华市	东阳市	歌山镇	15941.00
217	金华市	浦江县	黄宅镇	19332.00	248	金华市	武义县	泉溪镇	15926.00

（续表四）　　单位：万元

排序	所属地区	县(市、区)	乡镇(街道)	一般公共预算收入	排序	所属地区	县(市、区)	乡镇(街道)	一般公共预算收入
249	杭州市	萧山区	浦阳镇	15782.16	280	绍兴市	诸暨市	草塔镇	13463.00
250	绍兴市	上虞区	东关街道	15554.00	281	嘉兴市	桐乡市	凤鸣街道	13434.00
251	金华市	永康市	龙山镇	15540.00	282	金华市	义乌市	赤岸镇	13427.00
252	湖州市	安吉县	孝丰镇	15518.00	283	丽水市	缙云县	新碧街道	13309.00
253	湖州市	德清县	新安镇	15466.33	284	绍兴市	越城区	东湖镇	13035.00
254	湖州市	长兴县	雉城街道	15268.00	285	杭州市	建德市	寿昌镇	12939.00
255	绍兴市	诸暨市	山下湖镇	15205.00	286	嘉兴市	秀洲区	油车港镇	12907.00
256	台州市	临海市	东塍镇	15090.00	287	金华市	磐安县	安文街道	12887.62
257	金华市	兰溪市	兰江街道	15003.00	288	绍兴市	柯桥区	漓渚镇	12768.00
258	丽水市	龙泉市	剑池街道	14900.00	289	温州市	乐清市	翁垟街道	12717.00
259	杭州市	萧山区	河上镇	14856.24	290	杭州市	余杭区	径山镇	12664.00
260	宁波市	余姚市	牟山镇	14849.58	291	杭州市	桐庐县	江南镇	12618.00
261	绍兴市	上虞区	丰惠镇	14757.00	292	温州市	洞头区	北岙街道	12572.00
262	嘉兴市	桐乡市	石门镇	14705.00	293	湖州市	长兴县	小浦镇	12495.00
263	舟山市	岱山县	秀山乡	14639.00	294	温州市	瓯海区	新桥街道	12387.54
264	嘉兴市	海盐县	秦山街道	14534.00	295	湖州市	长兴县	洪桥镇	12376.97
265	衢州市	龙游县	湖镇镇	14466.00	296	湖州市	安吉县	天子湖镇	12341.00
266	温州市	乐清市	南岳镇	14435.89	297	嘉兴市	秀城区	七星镇	12306.00
267	舟山市	岱山县	高亭镇	14431.00	298	宁波市	慈溪市	匡堰镇	12277.00
268	金华市	永康市	芝英镇	14385.00	299	绍兴市	上虞区	梁湖镇	12215.00
269	宁波市	慈溪市	附海镇	14262.00	300	嘉兴市	平湖市	林埭镇	12157.00
270	嘉兴市	桐乡市	屠甸镇	14217.00	301	丽水市	青田县	油竹街道	12129.00
271	宁波市	慈溪市	胜山镇	14147.00	302	金华市	义乌市	大陈镇	12082.00
272	宁波市	海曙区	鄞江镇	14133.00	303	杭州市	桐庐县	富春江镇	12044.00
273	湖州市	德清县	禹越镇	13925.00	304	台州市	临海市	沿江镇	12032.00
274	绍兴市	诸暨市	牌头镇	13903.00	305	宁波市	鄞州区	塘溪镇	11774.00
275	绍兴市	诸暨市	应店街镇	13772.00	306	嘉兴市	海盐县	澉浦镇	11603.00
276	嘉兴市	海盐县	望海街道	13735.00	307	金华市	永康市	象珠镇	11557.00
277	杭州市	富阳区	场口镇	13734.00	308	杭州市	萧山区	进化镇	11491.59
278	嘉兴市	嘉善县	陶庄镇	13631.00	309	杭州市	淳安县	千岛湖镇	11437.00
279	杭州市	桐庐县	桐君街道	13621.00	310	绍兴市	嵊州市	三界镇	11402.00

（续表五） 单位：万元

排序	所属地区	县(市、区)	乡镇(街道)	一般公共预算收入	排序	所属地区	县(市、区)	乡镇(街道)	一般公共预算收入
311	温州市	瓯海区	潘桥街道	11280.63	342	温州市	瑞安市	陶山镇	9797.00
312	温州市	永嘉县	桥下镇	11042.00	343	温州市	永嘉县	桥头镇	9761.00
313	嘉兴市	秀城区	凤桥镇	11021.00	344	绍兴市	越城区	陶堰镇	9727.00
314	丽水市	遂昌县	妙高街道	10980.00	345	杭州市	桐庐县	横村镇	9697.00
315	丽水市	龙泉市	龙渊街道	10976.00	346	嘉兴市	海盐县	于城镇	9686.00
316	杭州市	富阳区	环山乡	10961.00	347	湖州市	长兴县	虹星桥镇	9663.00
317	嘉兴市	秀洲区	新塍镇	10930.00	348	杭州市	临安区	板桥镇	9642.23
318	绍兴市	嵊州市	黄泽镇	10885.00	349	绍兴市	诸暨市	璜山镇	9554.00
319	温州市	瓯海区	瞿溪街道	10821.20	350	绍兴市	诸暨市	王家井镇	9319.00
320	杭州市	桐庐县	分水镇	10756.00	351	嘉兴市	海盐县	通元镇	9233.00
321	湖州市	长兴县	林城镇	10686.43	352	杭州市	富阳区	渌渚镇	9216.00
322	宁波市	象山县	大徐镇	10686.14	353	台州市	温岭市	城南镇	9194.00
323	温州市	鹿城区	滕桥镇	10621.00	354	金华市	永康市	石柱镇	9193.00
324	嘉兴市	秀洲区	洪合镇	10519.00	355	嘉兴市	秀城区	新丰镇	9191.00
325	衢州市	江山市	上余镇	10446.00	356	台州市	临海市	涌泉镇	9177.00
326	杭州市	萧山区	戴村镇	10324.07	357	湖州市	德清县	下渚湖街道	9171.59
327	绍兴市	嵊州市	鹿山街道	10300.00	358	宁波市	鄞州区	咸祥镇	9169.00
328	嘉兴市	平湖市	广陈镇	10283.00	359	台州市	三门县	浦坝港镇	9155.00
329	金华市	东阳市	湖溪镇	10270.00	360	湖州市	安吉县	溪龙乡	9149.00
330	舟山市	普陀区	展茅街道	10262.00	361	绍兴市	嵊州市	仙岩镇	9125.00
331	衢州市	常山县	辉埠镇	10236.00	362	台州市	玉环市	干江镇	9123.00
332	湖州市	吴兴区	东林镇	10143.00	363	杭州市	富阳区	新桐乡	9096.00
333	嘉兴市	桐乡市	河山镇	10140.00	364	绍兴市	新昌县	儒岙镇	9086.00
334	宁波市	象山县	东陈乡	10088.15	365	温州市	瓯海区	南白象街道	9020.33
335	舟山市	定海区	金塘镇	10043.00	366	绍兴市	上虞区	谢塘镇	9009.00
336	绍兴市	柯桥区	夏履镇	10018.00	367	温州市	瓯海区	景山街道	8929.33
337	宁波市	余姚市	梁弄镇	10015.11	368	台州市	三门县	珠岙镇	8912.00
338	金华市	兰溪市	诸葛镇	9982.00	369	宁波市	宁海县	深甽镇	8882.00
339	丽水市	松阳县	西屏街道	9963.00	370	绍兴市	柯桥区	王坛镇	8871.00
340	舟山市	定海区	环南街道	9886.00	371	丽水市	青田县	瓯南街道	8797.00
341	温州市	瓯海区	仙岩街道	9806.73	372	绍兴市	上虞区	盖北镇	8714.00

（续表六） 单位：万元

排序	所属地区	县(市、区)	乡镇(街道)	一般公共预算收入	排序	所属地区	县(市、区)	乡镇(街道)	一般公共预算收入
373	湖州市	安吉县	梅溪镇	8617.00	404	绍兴市	越城区	孙端镇	7465.00
374	绍兴市	上虞区	上浦镇	8606.00	405	湖州市	安吉县	杭垓镇	7397.00
375	衢州市	江山市	清湖街道	8473.00	406	湖州市	德清县	舞阳街道	7389.87
376	杭州市	建德市	梅城镇	8452.00	407	丽水市	云和县	凤凰山街道	7334.00
377	宁波市	鄞州区	瞻岐镇	8389.00	408	绍兴市	嵊州市	长乐镇	7259.00
378	舟山市	岱山县	东沙镇	8370.00	409	绍兴市	诸暨市	安华镇	7094.00
379	湖州市	安吉县	天荒坪镇	8366.00	410	金华市	东阳市	画水镇	7089.00
380	衢州市	开化县	芹阳办事处	8329.00	411	温州市	乐清市	天成街道	7017.80
381	金华市	磐安县	尖山镇	8322.24	412	金华市	永康市	花街镇	6988.00
382	嘉兴市	桐乡市	大麻镇	8319.00	413	金华市	兰溪市	游埠镇	6985.00
383	绍兴市	诸暨市	阮市镇	8290.00	414	宁波市	奉化区	裘村镇	6954.00
384	杭州市	临安区	太湖源镇	8276.10	415	舟山市	定海区	盐仓街道	6954.00
385	绍兴市	诸暨市	江藻镇	8057.00	416	丽水市	云和县	白龙山街道	6914.00
386	衢州市	柯城区	航埠镇	7944.00	417	绍兴市	上虞区	汤浦镇	6887.00
387	宁波市	象山县	贤庠镇	7821.31	418	温州市	瓯海区	泽雅镇	6771.76
388	湖州市	德清县	莫干山镇	7749.53	419	衢州市	衢江区	廿里镇	6569.00
389	温州市	乐清市	淡溪镇	7725.70	420	温州市	瑞安市	马屿镇	6512.00
390	杭州市	建德市	洋溪街道	7721.00	421	温州市	乐清市	芙蓉镇	6488.58
391	宁波市	余姚市	大隐镇	7720.42	422	台州市	天台县	白鹤镇	6479.89
392	舟山市	定海区	岑港街道	7715.00	423	舟山市	定海区	小沙街道	6455.00
393	衢州市	衢江区	樟潭街道	7695.00	424	湖州市	南浔区	善琏镇	6396.00
394	温州市	泰顺县	罗阳镇	7680.00	425	温州市	乐清市	蒲岐镇	6284.69
395	湖州市	长兴县	水口乡	7678.46	426	舟山市	嵊泗县	菜园镇	6265.00
396	金华市	兰溪市	永昌街道	7658.00	427	金华市	兰溪市	上华街道	6217.00
397	温州市	乐清市	石帆街道	7634.80	428	舟山市	岱山县	长涂镇	6169.00
398	温州市	苍南县	金乡镇	7631.00	429	丽水市	庆元县	濛洲街道	6143.00
399	绍兴市	嵊州市	崇仁镇	7624.00	430	温州市	乐清市	盐盆街道	6120.69
400	湖州市	吴兴区	道场乡	7558.00	431	台州市	三门县	健跳镇	6111.00
401	嘉兴市	秀城区	大桥镇	7556.00	432	杭州市	建德市	乾潭镇	6105.00
402	宁波市	宁海县	长街镇	7530.00	433	湖州市	长兴县	吕山乡	6103.59
403	温州市	苍南县	钱库镇	7474.00	434	金华市	浦江县	浦南街道	6092.00

（续表七）　　单位：万元

排序	所属地区	县(市、区)	乡镇(街道)	一般公共预算收入	排序	所属地区	县(市、区)	乡镇(街道)	一般公共预算收入
435	湖州市	长兴县	龙山街道	6091.00	466	舟山市	定海区	马岙街道	4892.00
436	金华市	兰溪市	女埠街道	6077.00	467	宁波市	宁海县	强蛟镇	4889.00
437	杭州市	建德市	李家镇	6052.00	468	宁波市	宁海县	岔路镇	4839.00
438	杭州市	建德市	航头镇	5948.00	469	杭州市	临安区	昌化镇	4832.44
439	丽水市	遂昌县	云峰街道	5944.00	470	宁波市	象山县	黄避岙乡	4812.81
440	舟山市	定海区	白泉镇	5939.00	471	丽水市	青田县	船寮镇	4799.00
441	杭州市	富阳区	里山镇	5918.00	472	杭州市	建德市	大同镇	4797.00
442	台州市	临海市	尤溪镇	5862.00	473	绍兴市	上虞区	驿亭镇	4797.00
443	杭州市	临安区	於潜镇	5800.94	474	温州市	瓯海区	茶山街道	4775.79
444	温州市	乐清市	清江镇	5749.50	475	金华市	武义县	茭道镇	4748.00
445	温州市	瓯海区	丽岙街道	5631.49	476	台州市	黄岩区	沙埠镇	4740.00
446	杭州市	萧山区	楼塔镇	5599.41	477	绍兴市	诸暨市	街亭镇	4723.00
447	杭州市	临安区	高虹镇	5495.21	478	杭州市	富阳区	渔山乡	4713.00
448	台州市	天台县	坦头镇	5484.84	479	绍兴市	新昌县	澄潭镇	4709.00
449	台州市	临海市	白水洋镇	5474.00	480	杭州市	余杭区	黄湖镇	4703.00
450	台州市	仙居县	白塔镇	5444.75	481	衢州市	龙游县	小南海镇	4671.00
451	温州市	乐清市	大荆镇	5441.34	482	宁波市	象山县	茅洋乡	4630.55
452	金华市	磐安县	尚湖镇	5426.42	483	湖州市	安吉县	上墅乡	4605.00
453	嘉兴市	海宁市	硖石街道	5400.00	484	绍兴市	柯桥区	稽东镇	4588.00
454	舟山市	岱山县	岱西镇	5393.00	485	金华市	浦江县	仙华街道	4587.00
455	绍兴市	诸暨市	直埠镇	5284.00	486	衢州市	龙游县	龙洲街道	4577.00
456	杭州市	建德市	下涯镇	5238.00	487	温州市	苍南县	南宋镇	4556.00
457	温州市	乐清市	磐石镇	5196.04	488	金华市	东阳市	千祥镇	4551.00
458	湖州市	吴兴区	妙西镇	5168.00	489	宁波市	奉化区	松岙镇	4542.00
459	宁波市	宁海县	力洋镇	5133.00	490	衢州市	常山县	青石镇	4540.00
460	杭州市	建德市	更楼街道	5081.00	491	丽水市	莲都区	碧湖镇	4529.99
461	绍兴市	新昌县	大市聚镇	5045.00	492	杭州市	临安区	龙岗镇	4494.96
462	金华市	浦江县	郑宅镇	5045.00	493	宁波市	宁海县	大佳河镇	4489.00
463	杭州市	淳安县	汾口镇	4990.00	494	舟山市	定海区	昌国街道	4465.00
464	衢州市	衢江区	上方镇	4955.00	495	台州市	黄岩区	北洋镇	4453.00
465	温州市	瓯海区	三垟街道	4909.12	496	舟山市	普陀区	虾峙镇	4430.00

（续表八） 单位：万元

排序	所属地区	县（市、区）	乡镇（街道）	一般公共预算收入	排序	所属地区	县（市、区）	乡镇（街道）	一般公共预算收入
497	温州市	泰顺县	西旸镇	4417.00	528	湖州市	安吉县	鄣吴镇	3583.00
498	宁波市	宁海县	前童镇	4400.00	529	宁波市	象山县	新桥镇	3549.89
499	金华市	永康市	前仓镇	4377.00	530	金华市	东阳市	马宅镇	3498.00
500	金华市	东阳市	佐村镇	4371.00	531	金华市	浦江县	郑家坞镇	3473.00
501	金华市	永康市	唐先镇	4336.00	532	舟山市	定海区	干览镇	3427.00
502	宁波市	海曙区	章水镇	4326.00	533	温州市	瑞安市	湖岭镇	3422.00
503	绍兴市	新昌县	梅渚镇	4311.00	534	丽水市	庆元县	竹口镇	3420.00
504	杭州市	建德市	钦堂乡	4281.00	535	宁波市	象山县	定塘镇	3385.30
505	宁波市	象山县	墙头镇	4259.57	536	温州市	洞头区	大门镇	3328.00
506	绍兴市	诸暨市	五泄镇	4160.00	537	舟山市	普陀区	桃花镇	3326.00
507	丽水市	莲都区	仙渡乡	4087.20	538	杭州市	富阳区	永昌镇	3311.00
508	宁波市	象山县	涂茨镇	3968.88	539	金华市	磐安县	新渥街道	3310.50
509	温州市	洞头区	元觉街道	3876.00	540	杭州市	富阳区	洞桥镇	3301.00
510	丽水市	莲都区	大港头镇	3868.13	541	金华市	永康市	方岩镇	3299.00
511	台州市	天台县	三合镇	3850.80	542	温州市	乐清市	雁荡镇	3293.20
512	绍兴市	诸暨市	同山镇	3827.00	543	宁波市	象山县	泗洲头镇	3278.91
513	金华市	武义县	王宅镇	3816.00	544	宁波市	宁海县	胡陈乡	3240.00
514	台州市	黄岩区	头陀镇	3796.00	545	金华市	兰溪市	梅江镇	3218.00
515	温州市	永嘉县	沙头镇	3772.00	546	舟山市	定海区	双桥街道	3213.00
516	舟山市	定海区	城东街道	3755.00	547	湖州市	南浔区	石淙镇	3200.00
517	绍兴市	上虞区	永和镇	3723.00	548	温州市	苍南县	矾山镇	3168.00
518	绍兴市	越城区	富盛镇	3709.00	549	湖州市	安吉县	报福镇	3135.00
519	温州市	苍南县	宜山镇	3688.00	550	台州市	三门县	海润街道	3133.00
520	杭州市	余杭区	百丈镇	3686.00	551	金华市	东阳市	虎鹿镇	3127.00
521	金华市	浦江县	白马镇	3684.00	552	台州市	黄岩区	宁溪镇	3121.00
522	丽水市	云和县	浮云街道	3664.00	553	衢州市	江山市	四都镇	3107.00
523	金华市	永康市	西溪镇	3631.00	554	杭州市	临安区	天目山镇	3102.42
524	舟山市	嵊泗县	嵊山镇	3624.00	555	金华市	兰溪市	马涧镇	3102.00
525	台州市	仙居县	下各镇	3607.99	556	金华市	东阳市	东江镇	3100.00
526	丽水市	青田县	北山镇	3603.00	557	宁波市	海曙区	龙观镇	3083.00
527	台州市	临海市	永丰镇	3593.00	558	宁波市	象山县	晓塘乡	3040.45

（续表九） 单位：万元

排序	所属地区	县(市、区)	乡镇(街道)	一般公共预算收入	排序	所属地区	县(市、区)	乡镇(街道)	一般公共预算收入
559	绍兴市	诸暨市	浬浦镇	3027.00	590	宁波市	宁海县	茶院乡	2436.00
560	金华市	武义县	履坦镇	3023.00	591	湖州市	南浔区	千金镇	2429.00
561	丽水市	庆元县	屏都街道	3002.00	592	丽水市	龙泉市	八都镇	2407.00
562	杭州市	临安区	潜川镇	2976.59	593	衢州市	衢江区	莲花镇	2384.00
563	杭州市	富阳区	常安镇	2903.00	594	杭州市	桐庐县	凤川街道	2380.00
564	丽水市	缙云县	东方镇	2878.00	595	湖州市	安吉县	山川乡	2377.00
565	温州市	瑞安市	桐浦镇	2876.00	596	台州市	天台县	洪畴镇	2358.25
566	杭州市	富阳区	春建乡	2869.00	597	温州市	苍南县	桥墩镇	2351.00
567	宁波市	宁海县	越溪乡	2857.00	598	丽水市	缙云县	新建镇	2348.00
568	金华市	兰溪市	横溪镇	2846.00	599	杭州市	淳安县	中洲镇	2328.00
569	金华市	磐安县	玉山镇	2815.76	600	衢州市	柯城区	石梁镇	2320.00
570	温州市	乐清市	南塘镇	2811.20	601	舟山市	岱山县	岱东镇	2260.00
571	丽水市	青田县	黄垟乡	2808.00	602	金华市	兰溪市	赤溪街道	2255.00
572	衢州市	江山市	峡口镇	2787.00	603	丽水市	龙泉市	安仁镇	2157.00
573	台州市	温岭市	石桥头镇	2783.00	604	宁波市	宁海县	桑洲镇	2148.00
574	绍兴市	新昌县	城南乡	2736.00	605	台州市	温岭市	坞根镇	2136.00
575	宁波市	宁海县	一市镇	2728.00	606	杭州市	淳安县	姜家镇	2098.00
576	杭州市	临安区	太阳镇	2724.07	607	绍兴市	诸暨市	东白湖镇	2087.00
577	丽水市	青田县	高湖镇	2722.00	608	温州市	乐清市	白石街道	2083.45
578	丽水市	青田县	东源镇	2709.00	609	宁波市	象山县	鹤浦镇	2052.77
579	丽水市	庆元县	松源街道	2656.00	610	杭州市	富阳区	万市镇	2028.00
580	杭州市	桐庐县	瑶琳镇	2650.00	611	金华市	兰溪市	香溪镇	1983.00
581	台州市	临海市	括苍镇	2633.00	612	丽水市	云和县	元和街道	1980.00
582	杭州市	建德市	大慈岩镇	2610.00	613	台州市	仙居县	大战乡	1975.39
583	丽水市	缙云县	东渡镇	2586.00	614	衢州市	龙游县	溪口镇	1942.00
584	台州市	临海市	桃渚镇	2553.00	615	温州市	鹿城区	山福镇	1936.00
585	杭州市	临安区	清凉峰镇	2477.20	616	衢州市	龙游县	东华街道	1935.00
586	杭州市	建德市	杨村桥镇	2463.00	617	绍兴市	诸暨市	赵家镇	1908.00
587	杭州市	建德市	大洋镇	2452.00	618	金华市	磐安县	方前镇	1836.78
588	绍兴市	新昌县	沙溪镇	2441.00	619	台州市	椒江区	大陈镇	1825.00
589	丽水市	龙泉市	石达石街道	2439.00	620	湖州市	安吉县	章村镇	1814.00

（续表十） 单位：万元

排序	所属地区	县（市、区）	乡镇（街道）	一般公共预算收入	排序	所属地区	县（市、区）	乡镇（街道）	一般公共预算收入
621	宁波市	余姚市	鹿亭乡	1812.09	652	杭州市	淳安县	威坪镇	1339.00
622	台州市	仙居县	横溪镇	1805.25	653	衢州市	开化县	池淮镇	1301.00
623	宁波市	奉化区	大堰镇	1805.00	654	绍兴市	新昌县	镜岭镇	1293.00
624	衢州市	衢江区	大洲镇	1778.00	655	金华市	兰溪市	柏社乡	1289.00
625	台州市	三门县	亭旁镇	1725.00	656	衢州市	常山县	天马街道	1286.00
626	宁波市	余姚市	大岚镇	1694.38	657	丽水市	青田县	腊口镇	1285.00
627	丽水市	莲都区	岩泉街道	1686.88	658	绍兴市	诸暨市	陈宅镇	1247.00
628	衢州市	衢江区	后溪镇	1652.00	659	温州市	永嘉县	岩头镇	1244.00
629	杭州市	建德市	三都镇	1634.00	660	杭州市	富阳区	常绿镇	1230.00
630	杭州市	富阳区	上官乡	1596.00	661	丽水市	莲都区	联城镇	1227.01
631	绍兴市	诸暨市	岭北镇	1595.00	662	台州市	三门县	沙柳街道	1219.00
632	舟山市	嵊泗县	洋山镇	1543.00	663	丽水市	莲都区	白云街道	1213.98
633	衢州市	衢江区	横路办事处	1534.00	664	杭州市	临安区	河桥镇	1209.28
634	宁波市	余姚市	四明山镇	1529.77	665	绍兴市	上虞区	长塘镇	1201.00
635	丽水市	缙云县	舒洪镇	1513.00	666	台州市	临海市	小芝镇	1157.00
636	杭州市	富阳区	湖源乡	1502.00	667	绍兴市	诸暨市	马剑镇	1148.00
637	金华市	兰溪市	水亭畲族乡	1484.00	668	衢州市	江山市	新塘边镇	1130.00
638	金华市	磐安县	盘峰乡	1482.00	669	衢州市	龙游县	横山镇	1115.00
639	金华市	兰溪市	黄店镇	1482.00	670	丽水市	莲都区	紫金街道	1102.17
640	丽水市	莲都区	雅溪镇	1478.43	671	衢州市	常山县	招贤镇	1097.00
641	衢州市	常山县	球川镇	1474.00	672	衢州市	衢江区	杜泽镇	1076.00
642	金华市	磐安县	仁川镇	1462.79	673	绍兴市	嵊州市	金庭镇	1073.00
643	绍兴市	嵊州市	石璜镇	1458.00	674	绍兴市	诸暨市	东和乡	1056.00
644	温州市	泰顺县	司前畲族镇	1446.00	675	温州市	苍南县	马站镇	1053.00
645	绍兴市	新昌县	巧英乡	1442.00	676	丽水市	龙泉市	查田镇	1019.00
646	台州市	天台县	石梁镇	1431.09	677	丽水市	庆元县	黄田镇	1006.00
647	杭州市	余杭区	鸬鸟镇	1414.00	678	丽水市	莲都区	万象街道	997.81
648	杭州市	桐庐县	旧县街道	1388.00	679	温州市	苍南县	望里镇	996.00
649	温州市	泰顺县	彭溪镇	1386.00	680	杭州市	淳安县	文昌镇	978.00
650	丽水市	龙泉市	西街街道	1386.00	681	台州市	临海市	河头镇	962.00
651	金华市	磐安县	冷水镇	1373.48	682	台州市	天台县	街头镇	956.73

（续表十一）　　　　单位：万元

排序	所属地区	县(市、区)	乡镇(街道)	一般公共预算收入	排序	所属地区	县(市、区)	乡镇(街道)	一般公共预算收入
683	台州市	仙居县	官路镇	927.89	714	衢州市	江山市	大陈乡	705.00
684	温州市	苍南县	赤溪镇	924.00	715	台州市	仙居县	田市镇	698.18
685	温州市	洞头区	东屏街道	921.00	716	衢州市	柯城区	万田乡	683.00
686	杭州市	淳安县	临岐镇	904.00	717	衢州市	衢江区	浮石街道	682.00
687	衢州市	开化县	马金镇	873.00	718	衢州市	开化县	村头镇	680.00
688	温州市	泰顺县	仕阳镇	871.00	719	金华市	磐安县	大盘镇	675.07
689	衢州市	衢江区	峡川镇	860.00	720	温州市	泰顺县	筱村镇	667.00
690	杭州市	桐庐县	钟山乡	855.00	721	衢州市	衢江区	云溪乡	667.00
691	温州市	瑞安市	林川镇	851.00	722	绍兴市	上虞区	丁宅乡	666.00
692	金华市	浦江县	岩头镇	850.00	723	舟山市	嵊泗县	枸杞乡	666.00
693	衢州市	衢江区	全旺镇	847.00	724	温州市	永嘉县	碧莲镇	653.00
694	衢州市	江山市	长台镇	846.00	725	杭州市	富阳区	龙门镇	650.00
695	丽水市	松阳县	大东坝镇	837.00	726	衢州市	常山县	紫港街道	645.00
696	温州市	泰顺县	雅阳镇	836.00	727	衢州市	衢江区	太真乡	634.00
697	温州市	文成县	大学镇	831.00	728	温州市	瑞安市	曹村镇	629.00
698	舟山市	嵊泗县	黄龙乡	821.00	729	衢州市	衢江区	高家镇	626.00
699	丽水市	松阳县	象溪镇	819.00	730	杭州市	临安区	湍口镇	614.10
700	衢州市	龙游县	詹家镇	794.00	731	丽水市	青田县	海口镇	614.00
701	金华市	东阳市	三单乡	791.00	732	绍兴市	新昌县	小将镇	613.00
702	杭州市	建德市	莲花镇	774.00	733	宁波市	象山县	高塘岛乡	611.45
703	衢州市	江山市	石门镇	765.00	734	丽水市	龙泉市	上垟镇	602.00
704	丽水市	松阳县	望松街道	753.00	735	衢州市	江山市	大桥镇	601.00
705	杭州市	淳安县	大墅镇	742.00	736	衢州市	龙游县	模环乡	595.00
706	台州市	黄岩区	上郑乡	742.00	737	丽水市	松阳县	古市镇	583.00
707	杭州市	桐庐县	莪山畲族乡	741.00	738	衢州市	常山县	金川街道	571.00
708	金华市	武义县	柳城镇	741.00	739	丽水市	遂昌县	三仁乡	555.00
709	衢州市	江山市	凤林镇	741.00	740	丽水市	青田县	山口镇	552.00
710	温州市	瑞安市	高楼镇	734.00	741	杭州市	桐庐县	百江镇	541.00
711	衢州市	江山市	坛石镇	712.00	742	杭州市	淳安县	枫树岭镇	540.00
712	绍兴市	新昌县	双彩乡	710.00	743	台州市	黄岩区	茅畲乡	537.00
713	台州市	临海市	汇溪镇	706.00	744	丽水市	莲都区	太平乡	530.57

（续表十二） 单位：万元

排序	所属地区	县(市、区)	乡镇(街道)	一般公共预算收入	排序	所属地区	县(市、区)	乡镇(街道)	一般公共预算收入
745	丽水市	莲都区	黄村乡	524.90	776	丽水市	龙泉市	屏南镇	388.00
746	丽水市	遂昌县	湖山乡	524.00	777	杭州市	淳安县	浪川乡	387.00
747	杭州市	淳安县	宋村乡	508.00	778	杭州市	临安区	岛石镇	382.46
748	杭州市	桐庐县	新合乡	503.00	779	丽水市	莲都区	老竹镇	380.43
749	温州市	瑞安市	平阳坑镇	496.00	780	丽水市	景宁畲族自治县	红星街道	376.00
750	舟山市	嵊泗县	五龙乡	494.00	781	衢州市	常山县	芳村镇	374.00
751	舟山市	普陀区	东极镇	493.00	782	衢州市	常山县	新昌乡	362.00
752	温州市	乐清市	湖雾镇	484.20	783	丽水市	龙泉市	小梅镇	357.00
753	金华市	磐安县	双峰乡	476.21	784	丽水市	遂昌县	濂竹乡	352.00
754	杭州市	淳安县	屏门乡	468.00	785	温州市	永嘉县	岩坦镇	350.00
755	杭州市	淳安县	金峰乡	465.00	786	杭州市	淳安县	里商乡	347.00
756	温州市	泰顺县	百丈镇	462.00	787	丽水市	龙泉市	兰巨乡	339.00
757	金华市	浦江县	檀溪镇	461.00	788	温州市	泰顺县	龟湖镇	336.00
758	温州市	泰顺县	泗溪镇	452.00	789	台州市	黄岩区	富山乡	330.00
759	温州市	泰顺县	三魁镇	451.00	790	丽水市	遂昌县	大柘镇	319.00
760	衢州市	柯城区	石室乡	448.00	791	衢州市	衢江区	黄坛口乡	318.00
761	丽水市	庆元县	隆宫乡	448.00	792	金华市	浦江县	中余乡	317.00
762	温州市	永嘉县	大若岩镇	439.00	793	温州市	永嘉县	巽宅镇	316.00
763	丽水市	遂昌县	柘岱口乡	439.00	794	台州市	黄岩区	上垟乡	315.00
764	衢州市	开化县	桐村镇	432.00	795	丽水市	景宁畲族自治县	鹤溪街道	312.00
765	衢州市	龙游县	石佛乡	428.00	796	温州市	苍南县	藻溪镇	307.00
766	杭州市	淳安县	左口乡	426.00	797	台州市	黄岩区	屿头乡	307.00
767	杭州市	淳安县	安阳乡	418.00	798	衢州市	龙游县	塔石镇	306.00
768	温州市	永嘉县	金溪镇	418.00	799	金华市	永康市	舟山镇	295.00
769	衢州市	常山县	白石镇	418.00	800	台州市	仙居县	埠头镇	293.62
770	衢州市	江山市	碗窑乡	417.00	801	金华市	磐安县	窈川乡	293.32
771	杭州市	淳安县	梓桐镇	411.00	802	绍兴市	上虞区	下管镇	287.00
772	绍兴市	嵊州市	北漳镇	404.00	803	丽水市	景宁畲族自治县	东坑镇	286.00
773	丽水市	松阳县	赤寿乡	402.00	804	金华市	磐安县	双溪乡	281.15
774	衢州市	衢江区	湖南镇	394.00	805	杭州市	淳安县	王阜乡	274.00
775	绍兴市	新昌县	东茗乡	389.00	806	丽水市	缙云县	七里乡	273.00

（续表十三） 单位：万元

排序	所属地区	县（市、区）	乡镇（街道）	一般公共预算收入	排序	所属地区	县（市、区）	乡镇（街道）	一般公共预算收入
807	台州市	玉环市	海山乡	266.00	838	丽水市	松阳县	叶村乡	176.00
808	丽水市	青田县	祯旺乡	260.00	839	杭州市	淳安县	界首乡	173.00
809	金华市	浦江县	前吴乡	252.00	840	衢州市	常山县	大桥头乡	170.00
810	杭州市	淳安县	瑶山乡	250.00	841	温州市	文成县	黄坦镇	169.00
811	丽水市	松阳县	板桥乡	250.00	842	衢州市	衢江区	双桥乡	165.00
812	金华市	武义县	俞源乡	246.00	843	丽水市	松阳县	新兴镇	163.00
813	丽水市	庆元县	淤上乡	241.00	844	台州市	仙居县	皤滩乡	160.60
814	丽水市	青田县	祯埠镇	240.00	845	温州市	永嘉县	鹤盛镇	151.00
815	温州市	泰顺县	雪溪乡	238.00	846	衢州市	江山市	塘源口乡	151.00
816	衢州市	衢江区	周家乡	234.00	847	温州市	苍南县	霞关镇	149.00
817	衢州市	常山县	同弓乡	232.00	848	金华市	武义县	白姆乡	148.00
818	衢州市	开化县	音坑乡	231.00	849	丽水市	松阳县	裕溪乡	147.00
819	绍兴市	嵊州市	谷来镇	226.00	850	温州市	文成县	百丈漈镇	146.00
820	丽水市	青田县	高市乡	226.00	851	金华市	武义县	大田乡	146.00
821	丽水市	云和县	石塘镇	223.00	852	温州市	乐清市	仙溪镇	145.20
822	杭州市	淳安县	富文乡	212.00	853	杭州市	淳安县	石林镇	145.00
823	温州市	文成县	巨屿镇	210.00	854	衢州市	柯城区	沟溪乡	144.00
824	杭州市	桐庐县	合村乡	209.00	855	丽水市	景宁畲族自治县	英川镇	140.00
825	台州市	仙居县	双庙乡	205.06	856	金华市	磐安县	九和乡	138.66
826	杭州市	淳安县	鸠坑乡	205.00	857	丽水市	松阳县	水南街道	135.00
827	丽水市	莲都区	丽新乡	200.15	858	丽水市	云和县	崇头镇	132.00
828	温州市	文成县	南田镇	193.00	859	温州市	文成县	西坑镇	131.00
829	绍兴市	新昌县	新林乡	192.00	860	温州市	泰顺县	柳峰乡	129.00
830	温州市	洞头区	霓屿街道	190.00	861	丽水市	景宁畲族自治县	沙湾镇	128.00
831	绍兴市	新昌县	回山镇	188.00	862	温州市	文成县	珊溪镇	127.00
832	台州市	仙居县	溪港乡	186.37	863	衢州市	开化县	杨林镇	127.00
833	衢州市	开化县	长虹乡	184.00	864	台州市	黄岩区	平田乡	127.00
834	绍兴市	上虞区	岭南乡	183.00	865	丽水市	云和县	紧水滩镇	126.00
835	台州市	仙居县	步路乡	179.95	866	台州市	三门县	花桥镇	124.00
836	温州市	泰顺县	南浦溪镇	178.00	867	温州市	乐清市	岭底乡	122.82
837	衢州市	常山县	何家乡	178.00	868	丽水市	青田县	万阜乡	121.00

（续表十四）　　单位：万元

排序	所属地区	县（市、区）	乡镇（街道）	一般公共预算收入	排序	所属地区	县（市、区）	乡镇（街道）	一般公共预算收入
869	金华市	武义县	桃溪镇	120.00	900	丽水市	龙泉市	岩樟乡	71.00
870	衢州市	衢江区	岭洋乡	119.00	901	绍兴市	嵊州市	下王镇	70.00
871	丽水市	庆元县	安南乡	119.00	902	衢州市	龙游县	沐尘乡	66.00
872	温州市	文成县	玉壶镇	114.00	903	丽水市	缙云县	大源镇	66.00
873	衢州市	柯城区	姜家山乡	114.00	904	衢州市	开化县	中村乡	65.00
874	丽水市	缙云县	仙都街道	114.00	905	温州市	苍南县	炎亭镇	63.00
875	温州市	苍南县	沿浦镇	113.00	906	绍兴市	嵊州市	王院乡	62.00
876	衢州市	江山市	张村乡	110.00	907	丽水市	遂昌县	石练镇	62.00
877	金华市	浦江县	杭坪镇	106.00	908	金华市	浦江县	虞宅乡	61.00
878	台州市	三门县	蛇蟠乡	104.00	909	丽水市	遂昌县	新路湾镇	61.00
879	温州市	洞头区	鹿西乡	101.00	910	丽水市	景宁畲族自治县	澄照乡	59.00
880	丽水市	缙云县	方溪乡	98.00	911	绍兴市	嵊州市	通源乡	58.00
881	台州市	仙居县	湫山乡	96.66	912	丽水市	缙云县	大洋镇	58.00
882	衢州市	衢江区	举村乡	95.00	913	台州市	仙居县	朱溪镇	57.43
883	衢州市	常山县	东案乡	94.00	914	温州市	文成县	峃口镇	56.00
884	衢州市	开化县	苏庄镇	94.00	915	温州市	苍南县	莒溪镇	55.00
885	台州市	仙居县	淡竹乡	91.45	916	温州市	泰顺县	大安乡	55.00
886	温州市	乐清市	智仁乡	89.80	917	丽水市	青田县	仁庄镇	55.00
887	舟山市	嵊泗县	花鸟乡	85.00	918	衢州市	江山市	廿八都镇	54.00
888	丽水市	青田县	三溪口街道	85.00	919	丽水市	青田县	巨浦乡	54.00
889	丽水市	龙泉市	道太乡	81.00	920	丽水市	缙云县	溶江乡	53.00
890	衢州市	柯城区	九华乡	80.00	921	丽水市	松阳县	玉岩镇	51.00
891	温州市	永嘉县	枫林镇	78.00	922	丽水市	龙泉市	竹垟畲族乡	49.00
892	绍兴市	上虞区	陈溪乡	78.00	923	衢州市	开化县	何田乡	48.00
893	衢州市	柯城区	华墅乡	78.00	924	台州市	天台县	三州乡	47.70
894	温州市	苍南县	大渔镇	77.00	925	温州市	永嘉县	溪下乡	47.00
895	金华市	武义县	西联乡	77.00	926	金华市	武义县	新宅镇	47.00
896	丽水市	青田县	仁宫乡	76.00	927	温州市	文成县	二源镇	46.00
897	丽水市	景宁畲族自治县	梧桐乡	74.00	928	丽水市	遂昌县	安口乡	46.00
898	丽水市	龙泉市	住龙镇	72.00	929	温州市	泰顺县	竹里畲族乡	45.00
899	丽水市	遂昌县	北界镇	71.00	930	丽水市	青田县	季宅乡	44.00

（续表十五）　　单位：万元

排序	所属地区	县(市、区)	乡镇(街道)	一般公共预算收入	排序	所属地区	县(市、区)	乡镇(街道)	一般公共预算收入
931	台州市	天台县	龙溪乡	43.90	962	温州市	瑞安市	芳庄乡	27.00
932	衢州市	开化县	大溪边乡	43.00	963	丽水市	遂昌县	金竹镇	27.00
933	衢州市	开化县	齐溪镇	42.00	964	台州市	天台县	泳溪乡	26.72
934	衢州市	开化县	林山乡	42.00	965	丽水市	莲都区	峰源乡	26.35
935	台州市	仙居县	上张乡	41.86	966	衢州市	龙游县	庙下乡	26.00
936	丽水市	龙泉市	宝溪乡	41.00	967	丽水市	青田县	贵岙乡	25.00
937	丽水市	景宁畲族自治县	景南乡	40.00	968	丽水市	云和县	赤石乡	25.00
938	绍兴市	嵊州市	雅璜乡	39.00	969	丽水市	景宁畲族自治县	标溪乡	25.00
939	丽水市	遂昌县	蕉滩乡	38.00	970	丽水市	龙泉市	城北乡	25.00
940	丽水市	景宁畲族自治县	雁溪乡	38.00	971	台州市	玉环市	鸡山乡	24.00
941	丽水市	景宁畲族自治县	九龙乡	38.00	972	温州市	乐清市	龙西乡	23.70
942	丽水市	青田县	吴坑乡	37.00	973	温州市	文成县	铜铃山镇	22.00
943	丽水市	青田县	阜山乡	37.00	974	绍兴市	嵊州市	竹溪乡	22.00
944	丽水市	龙泉市	锦溪镇	37.00	975	衢州市	衢江区	灰坪乡	22.00
945	绍兴市	嵊州市	里南乡	36.00	976	衢州市	龙游县	社阳乡	21.00
946	台州市	仙居县	安岭乡	35.65	977	丽水市	景宁畲族自治县	渤海镇	20.00
947	台州市	天台县	南屏乡	35.36	978	丽水市	景宁畲族自治县	梅岐乡	20.00
948	丽水市	遂昌县	王村口镇	33.00	979	丽水市	景宁畲族自治县	郑坑乡	20.00
949	丽水市	松阳县	斋坛乡	33.00	980	丽水市	景宁畲族自治县	大际乡	20.00
950	温州市	文成县	平和乡	32.00	981	丽水市	景宁畲族自治县	家地乡	20.00
951	丽水市	青田县	章村乡	31.00	982	丽水市	景宁畲族自治县	大地乡	20.00
952	温州市	永嘉县	界坑乡	30.00	983	丽水市	景宁畲族自治县	鸬鹚乡	20.00
953	丽水市	缙云县	双溪口乡	30.00	984	丽水市	青田县	舒桥乡	19.00
954	丽水市	景宁畲族自治县	大均乡	30.00	985	温州市	文成县	周山乡	18.00
955	丽水市	景宁畲族自治县	毛洋乡	30.00	986	温州市	文成县	周壤镇	17.00
956	丽水市	景宁畲族自治县	秋炉乡	30.00	987	温州市	泰顺县	凤垟乡	17.00
957	温州市	泰顺县	东溪乡	29.00	988	台州市	三门县	横渡镇	17.00
958	衢州市	江山市	保安乡	29.00	989	丽水市	青田县	万山乡	17.00
959	丽水市	遂昌县	黄沙腰镇	29.00	990	丽水市	遂昌县	龙洋乡	17.00
960	丽水市	龙泉市	龙南乡	29.00	991	丽水市	松阳县	樟溪乡	17.00
961	温州市	永嘉县	云岭乡	27.00	992	台州市	仙居县	广度乡	16.90

（续表十六）　　单位：万元

排序	所属地区	县(市、区)	乡镇(街道)	一般公共预算收入	排序	所属地区	县(市、区)	乡镇(街道)	一般公共预算收入
993	台州市	天台县	雷峰乡	16.33	1024	金华市	武义县	坦洪乡	4.00
994	丽水市	青田县	海溪乡	16.00	1025	金华市	武义县	大溪口乡	4.00
995	丽水市	缙云县	三溪乡	16.00	1026	丽水市	青田县	汤垟乡	4.00
996	金华市	浦江县	大畈乡	15.00	1027	丽水市	青田县	小舟山乡	4.00
997	丽水市	青田县	方山乡	15.00	1028	丽水市	松阳县	竹源乡	4.00
998	丽水市	松阳县	枫坪乡	15.00	1029	温州市	瑞安市	北麂乡	3.00
999	丽水市	云和县	雾溪乡	15.00	1030	丽水市	缙云县	石笕乡	2.00
1000	丽水市	青田县	章旦乡	14.00	1031	温州市	平阳县	昆阳镇	—
1001	丽水市	遂昌县	应村乡	14.00	1032	温州市	平阳县	水头镇	—
1002	丽水市	松阳县	四都乡	14.00	1033	温州市	平阳县	萧江镇	—
1003	温州市	文成县	双桂乡	12.00	1034	温州市	平阳县	麻步镇	—
1004	绍兴市	嵊州市	贵门乡	12.00	1035	温州市	平阳县	腾蛟镇	—
1005	丽水市	遂昌县	西畈乡	12.00	1036	温州市	平阳县	山门镇	—
1006	丽水市	缙云县	胡源乡	11.00	1037	温州市	平阳县	南雁镇	—
1007	金华市	武义县	三港乡	10.00	1038	温州市	平阳县	顺溪镇	—
1008	丽水市	松阳县	三都乡	10.00	1039	温州市	平阳县	青街乡	—
1009	丽水市	松阳县	安民乡	10.00	1040	温州市	平阳县	万全镇	—
1010	温州市	苍南县	岱岭乡	9.00	1041	温州市	平阳县	海西镇	—
1011	丽水市	缙云县	前路乡	9.00	1042	温州市	平阳县	凤卧镇	—
1012	温州市	永嘉县	茗岙乡	8.00	1043	温州市	平阳县	怀溪镇	—
1013	丽水市	遂昌县	高坪乡	8.00	1044	温州市	平阳县	南麂镇	—
1014	温州市	泰顺县	包垟乡	7.00	1045	温州市	平阳县	闹村乡	—
1015	温州市	苍南县	凤阳乡	6.00	1046	温州市	瑞安市	莘塍街道	—
1016	金华市	浦江县	花桥乡	6.00	1047	温州市	瑞安市	汀田街道	—
1017	衢州市	柯城区	七里乡	6.00	1048	温州市	瑞安市	飞云街道	—
1018	衢州市	龙游县	罗家乡	6.00	1049	温州市	瑞安市	仙降街道	—
1019	衢州市	龙游县	大街乡	6.00	1050	温州市	瑞安市	南滨街道	—
1020	丽水市	遂昌县	蔡源乡	6.00	1051	温州市	瑞安市	云周街道	—
1021	丽水市	云和县	安溪乡	6.00	1052	金华市	婺城区	安地镇	—
1022	温州市	文成县	桂山乡	5.00	1053	金华市	婺城区	白龙桥镇	—
1023	温州市	文成县	公阳乡	4.00	1054	金华市	婺城区	蒋堂镇	—

（续表十七）

单位：万元

排序	所属地区	县(市、区)	乡镇(街道)	一般公共预算收入	排序	所属地区	县(市、区)	乡镇(街道)	一般公共预算收入
1055	金华市	婺城区	琅琊镇	—	1074	金华市	金东区	江东镇	—
1056	金华市	婺城区	罗埠镇	—	1075	金华市	金东区	澧浦镇	—
1057	金华市	婺城区	罗店镇	—	1076	金华市	金东区	岭下镇	—
1058	金华市	婺城区	汤溪镇	—	1077	金华市	金东区	塘雅镇	—
1059	金华市	婺城区	雅畈镇	—	1078	金华市	金东区	孝顺镇	—
1060	金华市	婺城区	洋埠镇	—	1079	金华市	金东区	源东乡	—
1061	金华市	婺城区	岭上乡	—	1080	金华市	金东区	东孝街道	—
1062	金华市	婺城区	乾西乡	—	1081	金华市	金东区	多湖街道	—
1063	金华市	婺城区	箬阳乡	—	1082	丽水市	庆元县	左溪镇	—
1064	金华市	婺城区	沙畈乡	—	1083	丽水市	庆元县	荷地镇	—
1065	金华市	婺城区	塔石乡	—	1084	丽水市	庆元县	贤良镇	—
1066	金华市	婺城区	莘畈乡	—	1085	丽水市	庆元县	百山祖镇	—
1067	金华市	婺城区	竹马乡	—	1086	丽水市	庆元县	官塘乡	—
1068	金华市	婺城区	长山乡	—	1087	丽水市	庆元县	江根乡	—
1069	金华市	婺城区	苏孟乡	—	1088	丽水市	庆元县	举水乡	—
1070	金华市	婺城区	新狮街道	—	1089	丽水市	庆元县	岭头乡	—
1071	金华市	金东区	曹宅镇	—	1090	丽水市	庆元县	龙溪乡	—
1072	金华市	金东区	赤松镇	—	1091	丽水市	庆元县	五大堡乡	—
1073	金华市	金东区	傅村镇	—	1092	丽水市	庆元县	张村乡	—

2018年浙江省社会保险基金收支表

单位：万元

科目	本年收入	上级补助收入		下级上解收入	本年支出	补助下级支出	上解上级支出		本年收支结余	滚存结余
			中央调剂资金收入					中央调剂金资金支出		
一、企业职工基本养老保险	25836185	1593237	1366000	661272	25296122	227237	2570272	1909000	540063	36512438
二、城乡居民基本养老保险	1765850	0	0	0	1715264	0	0	0	50586	1569489
三、机关事业单位基本养老保险	6552103	0	0	0	6263342	0	0	0	288761	753687
四、职工基本医疗保险	10166236	4426	0	49895	7919786	4426	49895	0	2246450	17079207
五、城乡居民基本医疗保险	4029047	10327	0	7721	3712188	10327	7721	0	316859	1173226
六、工伤保险	673411	722	0	8296	566721	722	8296	0	106690	1042949
七、失业保险	851495	0	0	35426	626021	0	35426		225474	4344769
八、生育保险	621323	0	0	0	696467	0	0	0	-75144	291467
合　计	50495650	1608712	1366000	762610	46795911	242712	2671610	1909000	3699739	62767232

注：本年收入中含省内上下级调剂收入，本年支出中含省内上下级调剂支出。

2018 年浙江省一般公共服务支出

单位：万元

科　目	决算数	科　目	决算数
人大事务	189519	质量技术监督与检验检疫事务	175576
政协事务	135667	民族事务	8049
政府办公厅(室)及相关机构事务	3365698	宗教事务	19317
发展与改革事务	347800	港澳台侨事务	31274
统计信息事务	144564	档案事务	77306
财政事务	462744	民主党派及工商联事务	57726
税收事务	723876	群众团体事务	168987
审计事务	111090	党委办公厅(室)及相关机构事务	313911
海关事务	23934	组织事务	203191
人力资源事务	262288	宣传事务	184337
纪检监察事务	232462	统战事务	68265
商贸事务	373484	对外联络事务	1171
知识产权事务	717	其他共产党事务支出	194387
工商行政管理事务	569283	其他一般公共服务支出	306713
一般公共服务支出合计		8753336	

2018 年浙江省教育支出

单位：万元

科　目	决算数	科　目	决算数
教育管理事务	254805	留学教育	
普通教育	11904578	特殊教育	75173
职业教育	1460132	进修及培训	220666
成人教育	78893	教育费附加安排的支出	1024856
广播电视教育	43153	其他教育支出	662474
教育支出合计		15724730	

2018年浙江省科学技术支出

单位：万元

科　目	决算数	科　目	决算数
科学技术管理事务	129020	社会科学	18581
基础研究	29970	科学技术普及	77282
应用研究	82571	科技交流与合作	17839
技术研究与开发	1941548	科技重大项目	37308
科技条件与服务	215884	其他科学技术支出	1246564
科学技术支出合计		3796567	

2018年浙江省社会保障和就业支出

单位：万元

科　目	决算数	科　目	决算数
人力资源和社会保障管理事务	579100	红十字事业	19740
民政管理事务	375294	最低生活保障	407950
行政事业单位离退休	2883310	临时救助	49803
企业改革补助	2171	特困人员救助供养	23190
就业补助	154441	补充道路交通事故社会救助基金	47
抚恤	337995	其他生活救助	103145
退役安置	188870	财政对基本养老保险基金的补助	1338387
社会福利	303544	财政对其他社会保险基金的补助	443382
残疾人事业	464470	其他社会保障和就业支出	1461663
自然灾害生活救助	12834		
社会保障和就业支出合计		9149336	

2018年浙江省文化体育与传媒支出

单位:万元

科　目	决算数	科　目	决算数
文化	835340	新闻出版广播影视	187298
文物	186695	其他文化体育与传媒支出	352889
体育	183670		
文化体育与传媒支出合计		1745892	

2018年浙江省医疗卫生与计划生育支出

单位:万元

科　目	决算数	科　目	决算数
医疗卫生与计划生育管理事务	244683	食品和药品监督管理事务	160272
公立医院	1026068	行政事业单位医疗	639145
基层医疗卫生机构	823020	财政对基本医疗保险基金的补助	1733613
公共卫生	864105	医疗救助	144958
中医药	38518	优抚对象医疗	13074
计划生育事务	286226	其他医疗卫生与计划生育支出	288298
医疗卫生与计划生育支出合计		6261980	

2018年浙江省城乡社区支出

单位:万元

科　目	决算数	科　目	决算数
城乡社区管理事务	2030493	城乡社区环境卫生	967601
城乡社区规划与管理	194422	建设市场管理与监督	40406
城乡社区公共设施	4081298	其他城乡社区支出	4274616
城乡社区支出合计		11588836	

2018年浙江省节能环保支出

单位：万元

科　目	决算数	科　目	决算数
环境保护管理事务	190147	已垦草原退耕还草	
环境监测与监察	46567	能源节约利用	119105
污染防治	351427	污染减排	213409
自然生态保护	417326	可再生能源	23799
天然林保护	2750	循环经济	28259
退耕还林		能源管理事务	3923
风沙荒漠治理		其他节能环保支出	550807
退牧还草			
节能环保支出合计		1947519	

2018年浙江省农林水支出

单位：万元

科　目	决算数	科　目	决算数
农业	2699985	农业综合开发	223339
林业	550972	农村综合改革	745377
水利	2080969	普惠金融发展支出	122062
南水北调		目标价格补贴	13
扶贫	325071	其他农林水支出	496829
农林水支出合计		7244617	

2018年浙江省商业服务业等支出

单位：万元

科　目	决算数	科　目	决算数
商业流通事务	330398	涉外发展服务支出	185503
旅游业管理与服务支出	199227	其他商业服务业等支出	831026
商业服务业等支出合计		1546154	

2018年浙江省交通运输支出

单位：万元

科　目	决算数	科　目	决算数
公路水路运输	2331640	邮政业支出	5531
铁路运输	25828	车辆购置税支出	800223
民用航空运输	52962	其他交通运输支出	439924
成品油价格改革对交通运输的补贴	256158		
交通运输支出合计		3912266	

2018年浙江省资源勘探信息等支出

单位：万元

科　目	决算数	科　目	决算数
资源勘探开发	60032	安全生产监管	133272
制造业	174058	国有资产监管	23220
建筑业	9958	支持中小企业发展和管理支出	735007
工业和信息产业监管	279843	其他资源勘探信息等支出	741670
资源勘探信息等支出合计		2157060	

2018年浙江省金融支出

单位：万元

科　目	决算数	科　目	决算数
金融部门行政支出	3136	金融调控支出	
金融部门监管支出	2401	其他金融支出	570581
金融发展支出	66432		
金融支出合计		642550	

2018 年浙江省国土海洋气象等支出

单位：万元

科　目	决算数	科　目	决算数
国土资源事务	721595	地震事务	2648
海洋管理事务	90454	气象事务	61447
测绘事务	35607	其他国土海洋气象等支出	14031
国土海洋气象等支出合计		925782	

2018 年浙江省住房保障支出

单位：万元

科　目	决算数	科　目	决算数
保障性安居工程支出	675783	城乡社区住宅	63114
住房改革支出	1114231		
住房保障支出合计		1853128	

2018 年浙江省粮油物资储备支出

单位：万元

科　目	决算数	科　目	决算数
粮油事务	159546	粮油储备	64443
物资事务	241	重要商品储备	1942
能源储备			
粮油物资储备支出合计		226172	

2018年浙江省乡镇财政基本情况表

单位:万元

项　　目	决算数	项　　目	决算数
一、一般公共预算收支决算		上级补助收入	4240594
收入总计	23339177	待偿债置换专项债券上年结余	
一般公共预算收入	17185657	上年结余	253915
上级补助收入	5326186	调入资金	79828
待偿债置换一般债券上年结余		债务(转贷)收入	
上年结余	307958	支出总计	7767012
调入资金	122571	政府性基金预算支出	7120391
债务(转贷)收入		上解上级支出	265318
调入预算稳定调节基金	396805	调出资金	88695
接受其他地区援助收入		债务还本支出	35000
支出总计	23339177	待偿债置换专项债券结余	
一般公共预算支出	9266117	年终结余	257608
上解上级支出	13198357	三、国有资本经营预算收支决算	
调出资金		收入总计	
债务还本支出	32800	国有资本经营预算收入	
增设预算周转金	4806	上级补助收入	
补充预算稳定调节基金	447864	上年结余	
援助其他地区支出		支出总计	
待偿债置换一般债券结余		国有资本经营预算支出	
年终结余	389233	上解上级支出	
二、政府性基金预算收支决算		调出资金	
收入总计	7767012	年终结余	
政府性基金预算收入	3192675		

2018年全国各省、市、自治区财政收支占全国财政收支 税收收入占一般公共预算收入比重及排序

地　区	一般公共预算收入(亿元)	约占全国一般公共预算收入的比重(%)	占比排序	税收收入(亿元)	约占一般公共预算收入的比重(%)	占比排序	一般公共预算支出(亿元)	约占全国一般公共预算支出的比重(%)	占比排序
北京市	5786	5.9	6	4989	86.2	2	7471	4.0	10
天津市	2106	2.2	19	1625	77.1	8	3103	1.6	27
河北省	3514	3.6	9	2556	72.7	17	7726	4.1	8
山西省	2293	2.3	16	1646	71.8	20	4284	2.3	24
内蒙古自治区	1858	1.9	21	1400	75.4	12	4831	2.6	21
辽宁省	2616	2.7	14	1976	75.5	10	5338	2.8	15
吉林省	1241	1.3	26	892	71.9	19	3790	2.0	25
黑龙江省	1283	1.3	25	981	76.5	9	4677	2.5	22
上海市	7108	7.3	3	6285	88.4	1	8352	4.4	7
江苏省	8630	8.8	2	7264	84.2	4	11657	6.2	2
浙江省	**6598**	**6.7**	**4**	**5587**	**84.7**	**3**	**8630**	**4.6**	**6**
安徽省	3049	3.1	11	2181	71.5	21	6572	3.5	12
福建省	3007	3.1	12	2237	74.4	15	4833	2.6	20
江西省	2373	2.4	15	1663	70.1	25	5668	3.0	14
山东省	6485	6.6	5	4898	75.5	11	10101	5.4	3
河南省	3766	3.8	8	2657	70.5	24	9218	4.9	5
湖北省	3307	3.4	10	2464	74.5	14	7258	3.9	11
湖南省	2861	2.9	13	1960	68.5	28	7480	4.0	9
广东省	12105	12.4	1	9738	80.4	6	15729	8.4	1
广西壮族自治区	1681	1.7	23	1122	66.7	31	5311	2.8	16
海南省	753	0.8	28	629	83.5	5	1691	0.9	29
重庆市	2266	2.3	17	1603	70.8	23	4541	2.4	23
四川省	3911	4.0	7	2820	72.1	18	9708	5.2	4
贵州省	1727	1.8	22	1266	73.3	16	5030	2.7	18
云南省	1994	2.0	20	1423	71.4	22	6075	3.2	13
西藏自治区	230	0.2	31	156	67.7	30	1971	1.0	28
陕西省	2243	2.3	18	1774	79.1	7	5302	2.8	17
甘肃省	871	0.9	27	610	70.1	26	3772	2.0	26
青海省	273	0.3	30	205	75.3	13	1647	0.9	30
宁夏回族自治区	437	0.4	29	298	68.3	29	1419	0.8	31
新疆维吾尔自治区	1531	1.6	24	1052	68.7	27	5012	2.7	19
地方合计	97903			75955			188196		

注:因四舍五入因素,合计数与分项加总数或存有尾差。

财政法规选编

zhejiang caizheng nianjian

关于进一步规范省级行政事业单位公款竞争性存放管理的通知

浙财预执〔2018〕5号 2018年1月16日

各市、县(市、区)人民政府,省政府直属各单位:

为进一步完善我省省级行政事业单位公款存放管理,按照《财政部关于进一步加强财政部门和预算单位资金存放管理的指导意见》(财库〔2017〕76号,以下简称《指导意见》)要求,结合《浙江省省级行政事业单位公款竞争性存放管理暂行办法》(浙政办发〔2015〕91号,以下简称《暂行办法》)实际执行情况,经省政府批准,现就有关事项通知如下:

一、提高公款存放规范性

省级行政事业单位取得的财政补助资金应严格执行盘活财政存量资金有关规定,不得转存定期存款。省级预算单位(不包括纳入预算管理的企业)不得采取购买理财产品的方式存放资金。

二、进一步明确竞争性存放适用资金范围

省级行政事业单位公款竞争性存放适用于省级行政事业单位取得的上级补助资金、自有资金和代管资金,以及会费、基金、捐赠款等非财政补助收入资金。省财政厅直接管理的国库资金及财政专户资金按照国库现金管理及财政专户资金存放有关管理办法执行。

三、加强公款竞争性存放管理

(一)调整银行准入条件。《暂行办法》第十条参与省级行政事业单位公款竞争性存放投标的银行条件第三款调整为:纳入监管评级的银行,人民银行上年度综合评价应达到B级及以上。不纳入人民银行评级范围的银行不受此限制,具体银行名单由省财政厅统一向人民银行等部门获取后提供。

(二)统一采用综合评分法进行评分。公款竞争性存放统一采用综合评分法进行评分,根据评分结果择优确定中标银行。评分指标包括各竞标银行经营状况、服务水平、利率水平和经济贡献度等方面指标。监管评级作为银行准入条件,不纳入综合评分指标。经营状况方面的指标应能反映银行的资产质量、偿付能力、运营能力、内部控制水平等。服务水平方面的指标应能反映银行提供支付结算、对账、分账核算等服务的能力和水平。利率水平主要指定期存款利率等,利率应当符合国家利率政策规定。经济贡献度指标包括银行在我省纳税情况,对小微企业、三农贷款等支持实体经济发展贡献情况,以及其他各项反映银行对我省经济发展、重点事业等支持情况的指标。招标单位应按照公平公正原则科学合理设置具体指标及分值权重,其中:利率水平指标的分值权重不得高于综合评分的40%,经济贡献度指标的分值权重不得低于综合评分的30%;经营状况指标及经济贡献度指标数据由省财政厅向人民银行、税务、银监等相关部门获取后统一提供。

(三)按规定组建评选委员会。公款竞争性存放招标单位应按规定建立5人以上单数人员组成的评选委员会,评选委员会应当由单位内部成员和外部专家共同组成。各省级行政事业单位可从省级单位公款竞争性存放评审专家库中抽取专家组成评选委员会。

(四)明确相关时间及公告格式。省级行政事业单位或招标代理机构开展公款存放招投标工作,应确保竞争性存放参与银行编制投标文件所需要的合理时间,开始发放招标文件至投标人提交投标文件截止之日不得少于10个工作日。

省级行政事业单位或招标代理机构可以对已发出的招标文件进行必要的澄清或者修改。澄清或者修改的内容可能影响投标文件编制的,省级行政事业单位或招标代理机构应当在指定网站发布更正公告或以书面形式通知所有获取招标文件的潜在投标人,并且应当顺延提交投标文件的截止时间,投标截止时间自发布更正公告或书面变更通知日起不得少于10个工作日。

招标公告、中标公告和更正公告可参照本通知规定格式进行公告(详见附件1、2、3),公告内容应包括但不限于附件格式所列内容。

四、防范资金存放银行利益输送行为

(一)按规定出具廉政承诺书。省级行政事业单位确定中标银行时,应当要求银行出具廉政承诺书(格式见附件4),承诺不得向单位领导以及相关业务部门负责人输送任何利益,不得将资金存放与上述人员在本行的配偶、子女及其配偶以及其他特定关系人的业绩、收入挂钩。凡发现并经核实资金存放银行未遵守廉政承诺或者在资金存放中存在其他利益输送行为的,省级行政事业单位应当及时收回资金,并由省财政厅进行通报,在一定期限内取消该银行参与行政事业单位公款竞争性存放的资格。

(二)禁止在中标银行中进行二次选择。省级主管部门或单位可根据需要按综合评分从高到低确定多家中标银行,但需在招标文件中明确中标银行数量及中标银行具体资金分配方案,禁止招标单位在入围银行中进行二次选择,杜绝发生利益输送、利益冲突行为。

五、规范定期存款到期后续存相关事项处理

(一)规范续存决策方式。省级行政事业单位招标确定的定期存款到期后续存原中标银行的,可不重新组织招投标,但需领导班子集体研究决定。到期定期存款原招标工作由省级主管部门组织实施的,需经主管部门领导班子集体研究决定;由下属单位经主管部门同意后自行组织实施的,可由该下属单位领导班子集体研究决定,并将决定结果报其主管部门备案。

(二)明确续存利率和期限。续存原中标银行的定期存款利率应不低于省级行政事业单位在"浙江政府采购网"上公布的最近同期限中标利率,且省级预算单位累计存期不得超过2年,其他单位累计存期不得超过5年。

(三)规范间歇期资金存放。各单位应统筹规划、组织竞争

性存放工作,尽量减少存款到期与实施竞争性存放招投标的间歇期;确因特殊原因存在间歇期间的,经本单位分管领导批准可在原存款银行进行七天通知存款,直至竞争性存放结果生效后按竞争性存放中标银行存放。

各地区、各部门要充分认识加强单位公款存放管理的重要性,严格落实本通知各项规定,确保加强公款存放管理工作取得实效。各省级主管部门应加强对所属单位公款存放监管指导工作,并于每年1月底前向省财政厅报送本部门上年度《省直单位规范公款存放管理情况汇总表》(见附件5)。各市、县(市、区)要结合本地实际情况,参照本通知对本级单位公款存放管理办法进行补充完善;各设区市每年1月底前汇总本地区单位公款竞争性存放情况,由同级财政部门统一向省财政厅报送上年度《市县单位公款存放管理情况汇总表》(见附件6)。

本通知自2018年2月22日起执行,《暂行办法》中已有规定与本通知不一致的,以本通知为准。

(注:附件略。)

浙江省省级企业研发后补助资金管理办法(试行)

浙财科教〔2018〕1号 2018年1月16日

第一条 为贯彻落实《浙江省人民政府办公厅关于补齐科技创新短板的若干意见》(浙政办发〔2016〕75号),省财政设立省级企业研发后补助资金(以下简称"研发后补助资金"),对重视创新和研发投入力度大的企业进行奖励,以突出企业创新主体地位,鼓励企业加大科技研发投入,提升企业自主创新能力。

第二条 研发后补助资金纳入省级科技计划(专项)——"技术创新引导"类的科技型中小企业扶持和科技发展专项市县指标管理。

第三条 研发后补助资金支持范围为全省(不含宁波,下同)各市、县(市、区)(以下简称"市县")。

第四条 省财政厅负责研发后补助资金的预算管理、资金分配,组织绩效评价。市县财政局负责研发后补助资金的拨付和监督检查。

第五条 省财政每年预算安排研发后补助资金6000万元,按"因素法"进行分配。根据省统计局有关资料,以我省上上年度省内规模以上工业企业研发投入占主营业务收入比重前500名的企业名单(以下简称"排名前500名企业"),作为因素实行分档计分。

第六条 分档计分标准为:研发投入占主营业务收入比重前100名(第一档),各5分,计500分;第101—300名(第二档),各2.5分,计500分;第301—500名(第三档),各1分,计200分;合计1200分,每分值补助额为5万元,市县补助额计算公式如下:

某市县补助额=∑(该市县分档获奖企业数量×标准分值)×5万元。

第七条 按照《预算法》要求,省财政厅在省人代会批准年度预算后60日内正式下达市县转移支付资金,并附排名前500名企业即获奖企业名单。由市县财政局统筹相关资金后拨付到获奖企业。

第八条 市县财政局应会同有关部门制定资金筹措和奖补办法,可以只对排名前500名企业给予奖补,也可以在统筹省财政转移支付资金和市县相关资金后增加奖补企业名单。

第九条 研发后补助资金由企业自主用于后续研发项目的实施,不得用于非科研项目的基本建设、生产经营、人员待遇等支出。

第十条 省财政厅在本办法执行3年之后进行绩效评价,评价结果作为该项资金是否继续安排的主要依据。

第十一条 省财政厅、市县财政局和相关部门及其工作人员,存在违反规定分配、截留挪用研发后补助资金以及其他滥用职权、玩忽职守、徇私舞弊等违法违纪行为的,获奖企业存在挤占挪用研发后补助资金的,按照《预算法》《财政违法行为处罚处分条例》等国家有关规定追究相应责任;涉嫌犯罪的,移送司法机关处理。

第十二条 本办法由省财政厅负责解释。

第十三条 本办法自2018年2月19日起施行。

浙江省会计领军人才培养使用管理办法

浙财会〔2018〕2号 2018年1月23日

第一章 总 则

第一条 为更好地贯彻落实人才强省战略,建立我省会计领军人才培养使用体系,充分发挥会计领军人才在会计行业中的引领辐射作用,服务我省经济社会发展,根据财政部《会计改革与发展"十三五"规划纲要》《浙江省人才发展"十三五"规划》《浙江省会计行业中长期人才发展规划(2013—2020)》精神,特制定本办法。

第二条 本办法所称的会计领军人才是指经财政部培养后取得毕业证书并在浙工作的全国会计领军人才和省、市、县(市、区)财政部门(或联合其他部门)培养并取得毕业证书的各类会计领军人才。

第三条 全省会计领军人才培养使用实行信息化管理,统一系统、分级负责。

第二章 选 拔

第四条 选拔原则。各类会计领军人才的培养对象按以下原则进行选拔:

（一）坚持“德才兼备”原则。坚持职业道德与专业技术并重，对因违反《会计法》等法律法规及会计职业道德，受到行政处罚或刑事处罚的，实行“一票否决”，不得参加各类会计领军人才的选拔。

（二）实行“分级选拔”原则。省财政厅负责省会计领军人才的选拔、负责组织全国会计领军人才学员选拔的推荐；各市、县（市、区）财政局负责本辖区会计领军人才的选拔。

第五条 选拔条件。各类会计领军人才的选拔应具备以下条件：

（一）省会计领军人才选拔对象应具有高级会计师及以上会计专业技术资格，并符合以下条件之一：分管财会工作的单位领导、财会部门负责人和具有发展潜力的中青年财务会计骨干。

（二）省以下会计领军人才选拔对象应具有会计师及以上会计专业技术资格，并符合以下条件之一：分管财会工作的单位领导、财会部门负责人和具有发展潜力的中青年财务会计骨干。

第六条 选拔程序。各级财政部门应按照“本人自愿、单位推荐、公开选拔”的原则，建立公平、公开、竞争、择优的选拔机制。与有关部门联合开展会计领军人才培养的，应共同做好学员的选拔工作。会计领军人才的具体选拔程序由各级财政部门根据当地实际作出规定。

第三章 培养原则与方案

第七条 会计领军人才培养原则：

（一）省会计领军人才培养工作由省财政厅根据培养需要联合省有关部门组织实施，会同培训承办机构商定培养规划及具体实施方案。

（二）省以下会计领军人才的培养工作由各级财政部门按照有关规定自行组织实施。培训周期届满，会计领军人才学员完成教学计划规定的全部课程，经考核合格的，由组织实施的财政部门或与其他部门联合颁发会计领军人才证书。

（三）省财政厅负责指导协调全省会计领军人才培养工作。

培训承办机构通过政府采购方式确定。

第八条 会计领军人才培养方案：

（一）培训周期：会计领军人才培养周期一般为三年，其中累计集中授课时间原则上不少于60天。专题特色班可根据实际需要确定培训周期和授课时间，培训周期原则上不少于一年，授课时间不少于20天。

（二）培训方式：实行集中培训与跟踪管理相结合，课堂教学与应用研究相结合，全面培养和提升学员的综合能力相结合。

（三）培训实施：原则上可分三个阶段。第一阶段为知识拓展阶段。该阶段重点培养学员的专业素养，以组织教学、跟踪管理为主，着力提高学员的财会理论水平，为学员实现从执行者向管理者、领导者、决策者的转变夯实基础。第二阶段为能力提升阶段。该阶段重点培训学员的综合素质，以高层论坛、交流学习为主，着力提高学员的战略管理能力、决策能力、组织能力、沟通能力、研究分析能力、风险管理能力，提升学员在业界的知名度和影响力，促进学员从执行者向管理者、领导者、决策者角色的转变。第三阶段为实践拓展阶段。该阶段以实地考察、工作实践为主，在持续打造学员各项能力的同时，强调知行合一，发挥学员在业界的引领、带动作用，搭建平台，帮助学员实现从执行者向管理者、领导者、决策者的角色转变。

省以下会计领军人才的培养方案由各级财政部门根据当地实际制定并组织实施，并将培养方案报省财政厅备案。

第四章 培训管理

第九条 培训期间的管理。会计领军人才学员培养期间实行管理信息化、动态化、持续化。培训承办机构负责建立学员档案，系统记载学员在培训期间的学习考勤、课程考核、报告撰写、学绩评定等情况；做好学员的日常管理，及时更新会计领军（后备）人才信息库，加强培训承办机构、学员及学员所在单位的联系、沟通，通报学员的学习、工作、科研等情况；定期了解学员职业岗位变化，听取学员对培训工作和学习课程的建议，了解学员的培训需求，不断提高培训效果。

第十条 培训期间考核评价：

（一）建立不合格学员淘汰制度。各级财政部门要建立会计领军人才学员量化考核体系，根据学员在培训周期中的综合表现，以量化指标为依据，对于无故缺勤、不能按时递交学习小结、完成培训作业、不参加班级集体活动等，情况严重的予以淘汰，劝其退学，并通报学员所在单位。

（二）建立优秀学员评比表彰制度。各级财政部门要根据学员培训期间表现，按照量化考核管理规定，通过个人自评、学员互评与管理部门测评相结合的方式，开展优秀学员评选，并予以通报表彰。优秀学员人数原则上不超过学员总人数的15%。

（三）培训周期届满，会计领军人才学员完成教学计划规定的全部课程，经考核合格的，由组织实施的财政部门或与其他部门联合颁发会计领军人才证书。

第五章 后续管理

第十一条 建立健全会计领军人才后续管理机制：

（一）省财政厅由专人负责在浙工作的全国会计领军人才和省会计领军人才的跟踪管理、培养使用工作。省以下财政部门应当指定专人负责本级会计领军人才跟踪管理、培养使用工作。各级财政部门应加强与同级有关部门之间的信息沟通、交流，加强与会计领军人才本人及所在单位的联系，定期、不定期地做好信息更新、补充完善工作。

（二）因违反《会计法》等法律法规及会计职业道德，受到行政处罚或刑事处罚的，已经取得省及以下的会计领军人才毕业证书的，由发证部门取消其称号。已取得全国会计领军人才毕业证书的，由省财政厅向财政部建议取消其称号。被取消会计领军人才称号的不再进行后续跟踪管理和培养使用。

（三）无特殊原因年度工作考核不称职或不合格的各类会计领军人才不再进行后续跟踪管理和培养使用，确保会计领军人才的先进性。

（四）省内工作调动的省以下会计领军人才，由现工作地财政局继续跟踪管理、培养使用。到省外或出国（境）工作的会计领军人才，不再进行跟踪管理和培养使用。

第十二条 信息管理。省财政厅建立浙江省会计领军人才信息管理系统，实行分级、分类管理。各类会计领军人才每年通过浙江省会计领军人才信息管理系统对职务或职称、突出贡献等信息上传证明材料并进行更新申请。更新信息需同级财政部门审核后确认，在浙的国家会计领军人才和省会计领军人才的信息审核工作由省财政厅负责，市、县（市、区）会计领军人才信息审核工作分别由所在地财政部门负责。

第六章 培养使用

第十三条 省财政厅多途径开展会计领军人才后续培养。

（一）加强知识更新培训。省财政厅适时组织省及以上会计领军人才短期知识更新培训。在条件许可的情况下，允许省以下会计领军人才旁听省会计领军（后备）人才培训课程。鼓励支持各类会计领军人才参加全省高级会计人员继续教育学习培训和总会计师素质提升工程培训。

（二）搭建沟通交流平台。省财政厅会同省会计学会、省总会计师协会不定期举办座谈会、研讨会、学术论坛等方式，为各类会计领军人才与其他高端会计人才之间搭建相互学习、沟通交流平台。省会计学会设立会计领军人才工作委员会，组织业务研讨、课题研究和学术活动、开展知识更新培训、专题协作和咨询服务活动等。

（三）提供学术研究成果发表平台。建立与相关财会报刊杂志沟通渠道，推荐发表会计领军人才研究成果。

第十四条 加强会计领军人才的使用。会计领军人才应主动服务于当地经济社会发展，服务于财政管理改革，服务于单位改革与发展。各级财政部门应提供有效途径，为各类会计领军人才的作用发挥提供平台。

（一）择优聘任为高级（正高级）会计资格评审委员会成员、各类会计管理改革咨询专家、会计人员继续教育授课讲师、会计考试评卷人员等。

（二）鼓励各类会计领军人才参与当地政府及部门、会计学会、总会计师协会等单位的会计课题研究；优先推荐参加高层次的学术活动，鼓励支持参加各类会计研讨、学术交流和课题研究。

（三）引导、鼓励和支持各类会计领军人才参与会计管理实践，在会计理论研究、会计制度贯彻实施、会计人才队伍建设等方面作出积极贡献，积极参与管理会计应用、内部控制规范建设等改革，为提高单位管理水平、促进企业转型升级服务。

（四）倡导开展会计领军人才巡回服务。会计领军人才要充分利用所学知识、自身特长和社会影响，有组织的开展巡回服务活动，宣讲会计管理改革实践做法与经验，分享业务技能，充分发挥引领辐射作用。

（五）建立与省人力社保厅等有关人才培养部门的协调沟通机制，鼓励优秀会计领军人才参加省“151 人才工程”培养和“省突出贡献中青年专家”等推荐评选。

第十五条 评价机制。各类会计领军人才应于每年年度终了后三个月内填报《浙江省会计领军人才评价表》（详见附件），从业绩贡献、道德品质、工作表现三方面进行自我评价，并对填报所有资料的真实性负责，将加盖单位公章的《浙江省会计领军人才评价表》通过浙江省会计领军人才信息管理系统报送至各级财政部门。各级财政部门应及时做好指导、服务、催报工作，并对填报的相关信息予以审核确认。

第七章 附 则

第十六条 各市、县（市、区）财政局可根据当地实际和本办法规定制定具体实施办法。

第十七条 本办法自 2018 年 3 月 1 日起施行。

关于建立浙江省学前教育生均经费制度的指导意见

浙财科教〔2018〕4 号 2018 年 2 月 12 日

为贯彻落实《浙江省中长期教育改革和发展规划纲要（2010—2020 年）》和《浙江省学前教育条例》，加快推进我省学前教育发展，现就建立我省学前教育生均经费制度提出如下指导意见：

一、建立符合学前教育特点的学前教育生均经费制度

（一）各地建立学前教育生均经费制度，必须以学前教育成本为依据。学前教育成本，是指学前教育办学机构（现阶段主要是幼儿园，以下简称幼儿园）在对学龄前儿童实施保育教育过程中发生的、以货币表现的各种耗费。根据《浙江省学前教育条例》《浙江省幼儿园等级评定实施办法》和《浙江省等级幼儿园评定标准》等相关规定，学前教育成本至少应包含幼儿园的人员经费、公用经费和固定资产折旧费。

（二）各地应根据成本项目、配置标准和市场价格测算每生每年的学前教育生均成本。学前教育生均成本 =（人员经费+公用经费+固定资产折旧费）/在园幼儿数。其中，人员经费主要包括保教人员、财务保健管理人员、其他服务人员经费等；公用经费主要包括保教、行政管理和后勤服务公用费等；固定资产折旧费主要包括土地摊销费、图书购置费、房屋折旧费、课桌床铺折旧费、大型体育活动设备折旧费、电脑等设备折旧费、办公家具折旧费、安防设施折旧费、食堂炊具折旧费等。有关成本内容，各地可根据幼儿园性质和当地实际增减。

（三）学前教育生均经费，指按幼儿园在园幼儿人数平均的经费收入。学前教育经费收入主要有一般公共预算安排的经费补助、保教费收入、企事业单位及其他组织和公民个人办学经费、捐资收入、其他收入等。

（四）各级财政、教育部门按照上述原则和要求，根据生均经费标准与学前教育成本大体相符的原则，制定符合当地实际的生均经费标准。各学前教育举办者应按属地生均经费标准，筹措落实办学经费，确保对学前教育的投入。

（五）在建立学前教育生均经费制度的过程中，各地要根据当地生源、经济发展状况及物价水平，完善学前教育成本分担机制，合理确定并定期调整普惠性幼儿园收费标准，进一步完善家庭承担比例。

（六）在建立学前教育生均经费制度基础上，各地应进一步依据当地学前教育相关情况建立并完善生均公用经费标准和公办幼儿园生均财政拨款标准。

二、建立全省学前教育生均公用经费最低标准

（一）从2018年开始，确定全省学前教育生均公用经费最低标准为500元/生·年。省财政厅、省教育厅等部门将根据学前教育事业发展、财政状况、物价变动等因素进行动态调整。

（二）在省定学前教育生均公用经费最低标准的基础上，各地应结合本地区经济社会发展水平、学前教育发展状况、办园成本差异、办学质量和规模、财力状况等因素，因地制宜、科学合理确定本地区不同等级、不同规模幼儿园的生均公用经费标准。已建立生均公用经费制度且标准高于省定最低标准的，不得降低已有标准；已建立生均公用经费制度但低于省定最低标准的，应及时调整、提高生均公用经费标准，确保不低于省定最低标准。

（三）公用经费支出范围，为幼儿园围绕保教活动及行政管理、后勤服务所开展的办公差旅、水电煤、课程改革、教学材料、玩教具的日常购置维修维护、师资培训、广告宣传等方面的支出，不含人员经费、基本建设、大型修缮、偿还债务、园舍租赁等资本性支出和对幼儿资助的支出等非日常消耗性支出。

（四）对辖区内符合条件（办园行为规范，达到等级园标准以上，且收费不高于同级公办园收费标准2倍的民办幼儿园）的普惠性民办幼儿园给予生均公用经费补助，补助水平与同等级公办幼儿园一致。

（五）充分发挥企事业单位和其他组织在发展学前教育中的重要作用，按照有关规定筹集办学经费，面向社会提供普惠性学前教育服务。其面向社会提供的普惠性学前教育服务，纳入所在地普惠性民办幼儿园公用经费扶持体系。

（六）各地幼儿园生均公用经费所需资金，由本级财政在预算内足额安排。

三、加强学前教育生均经费的监督和管理

（一）各地要加强对学前教育生均经费的保障和监督管理。要建立和完善学前教育成本分担机制，根据当地实际优化成本分担比例，确保幼儿园正常运转和适度发展；制定学前教育经费投入成本与效益评价指标体系，并将评价结果作为拨款、表彰和责任追究的主要依据。

（二）作为学前教育责任主体，各级政府要切实履行保障责任，确保普惠性学前教育事业发展资金需要，同时确保经费投向合理。要通过制度建设，防止重复建设和挤占、挪用相关资金，提高资金使用效益。此外，作为监督主体，各级政府要采取有效措施，切实加强对各类办园主体经费保障落实情况的监督检查。对民办幼儿园办园主体，不按生均成本要求做好经费保障的，当地主管部门在年审年检时应酌情扣分，情节严重的不予通过。

（三）加强幼儿园财务管理。各地教育、财政部门要指导幼儿园建立健全财务会计制度，规范财务管理行为。各幼儿园应按有关规定执行相应的会计制度，并自2018年起按相关要求向当地教育、财政等主管部门报送年度财务决算。2018年起，会计核算不规范的民办幼儿园，不得再给予财政补助。逐步规范预算管理，各地要督促幼儿园加强预算管理，指导各级各类幼儿园将财政补助收入、保教费收入以及其他各项收入全部纳入幼儿园收入预算，统筹用于幼儿园人员支出、公用支出以及其他发展性支出。

（四）2018至2020年，省财政将根据各地机制建立情况和补助标准，结合工作绩效等因素安排一定奖补。各县（市、区）财政、教育部门每年应当开展绩效评价和情况总结，并于次年3月20日前将有关情况报省财政厅、省教育厅备案。省教育厅、省财政厅对各地生均公用经费标准建制情况进行统计，并组织开展相关绩效评价或监督检查工作。对未达到省定最低标准的地区，予以通报，并不予安排奖补资金。

（五）对幼儿园存在虚报冒领财政补助等情况的，应视情相应减少、暂停或扣回公用经费补助并追责；发现相关行政工作人员有违法违纪行为的，按照《预算法》《公务员法》《行政监察法》《财政违法行为处罚处分条例》等国家有关规定追究相应责任；涉嫌犯罪的，移送司法机关处理。

（六）本意见自2018年4月1日起施行。

浙江省金融业发展专项资金管理办法

浙财金〔2018〕6号 2018年2月12日

第一章 总 则

第一条 为积极践行供给侧结构性改革，加强浙江省金融业发展专项资金（以下简称“专项资金”）的使用管理，提高财政资金使用绩效，根据财政专项资金管理有关规定，制定本办法。

第二条 本办法所称专项资金是指由省财政年度预算安排，支持引导各市、县（市）（不含宁波，下同）财政统筹用于改善金融业发展环境、推动金融创新、鼓励金融支农支小的专项资金。专项资金采用因素法分配，实行专项转移支付。

第三条 专项资金管理遵循“绩效导向、因素分配、科学规范”的原则，确保资金使用合理、安全、高效。

第四条 省财政厅会同省金融办、省经信委和人民银行杭

州中心支行开展专项资金管理工作，确定因素权重、提出年度资金分配方案，并对专项资金执行情况进行跟踪检查。

第二章　使用方向及标准

第五条　对银行业金融机构小微企业贷款、农业贷款及绿色贷款给予风险补偿。补偿对象可包括所有类型银行业金融机构，补偿标准可按照不超过小微企业贷款和农业贷款增量的0.5%、绿色贷款余额的0.5%的比例进行。

第六条　可按照不超过小额贷款公司涉农贷款、困难群体的创业贷款和其他领域的小额贷款余额的0.1%的比例给予风险补偿。

第七条　可对保险机构按照不超过小额贷款保证保险总额的0.5%的比例给予风险补偿。

第八条　可对融资性担保机构开展小微企业贷款担保业务给予风险补偿，补偿金额一般不超过担保余额的1%。可对融资性担保机构开展绿色信贷担保业务给予额外的风险补偿。

第九条　专项资金也可用于各类促进绿色金融改革创新、银担合作、政保合作以及其他当地认为必要支持的方向。

第三章　资金分配因素

第十条　银行信贷因素

（一）小微企业贷款增量

X1＝该市、县（市）小微企业贷款增量/全省各市县小微企业贷款增量和×省金融业发展专项资金预算规模×相应权重

小微企业贷款是指银行业金融机构向微型企业所发放的贷款和小微企业主经营性贷款，微型企业标准按照《关于印发中小企业划型标准规定的通知》（工信部联企业〔2011〕300号）认定，贷款口径按照中国人民银行大中小微型企业贷款专项统计制度执行。如今后认定标准制度有所调整，按调整后标准执行。

（二）农业贷款增量

X2＝该市、县（市）农业贷款增量/全省各市县农业贷款增量和×省金融业发展专项资金预算规模×相应权重

农业贷款是指符合中国人民银行《涉农贷款专项统计制度》（银发〔2007〕246号）的银行业金融机构农林牧渔业贷款。如今后认定标准制度有所调整，按调整后标准执行。

（三）绿色贷款余额

X3＝该市、县（市）绿色贷款余额/全省绿色贷款余额×省金融业发展专项资金预算规模×相应权重

绿色贷款的认定标准按照统计制度执行。

第十一条　小额贷款公司涉农贷款、困难群体的创业贷款和其他领域的小额贷款因素

X4＝该市、县（市）小额贷款公司有关贷款余额/全省小额贷款公司有关贷款余额×省金融业发展专项资金预算规模×相应权重

其中涉农贷款是指按照中国人民银行《涉农贷款专项统计制度》（银发〔2007〕246号）规定发放的贷款；困难群体贷款是指下岗失业人员创业贷款、被征地农民创业贷款、大学生创业贷款、退伍军人创业贷款、残疾人创业贷款、经学校提供相应证明的贫困家庭学生助学贷款。其他领域的小额贷款，单户不超过100万元。如今后认定标准制度有所调整，按调整后标准执行。

第十二条　小额贷款保证保险因素

X5＝该市、县（市）小额贷款保证保险总额/全省小额贷款保证保险总额×省金融业发展专项资金预算规模×相应权重

小额贷款是指为小微企业、城乡创业者、农户及农村经济组织提供的生产经营性用途贷款。单户贷款上限原则上按照省金融办、浙江保监局、省财政厅等六部门《关于进一步完善和推进小额贷款保证保险工作的意见》（浙金融办〔2015〕59号）及相关规定为准。如今后认定标准制度有所调整，按调整后标准执行。

第十三条　融资性担保机构担保余额因素

X6＝该市、县（市）融资担保机构小微企业融资担保月均余额/全省融资担保机构小微企业融资担保月均余额×省金融业发展专项资金预算规模×相应权重

认定标准同第十条（一）。

第十四条　其他因素

X7＝省委、省政府确定的给予重点支持转移支付金额

第十五条　某市、县（市）应分配专项资金额＝∑Xn。

第十六条　上述因素相关数据统计时点为6月30日，涉及总额、月均余额统计为之前的12个月。

第四章　资金审核下达程序

第十七条　省级相关部门负责统计相关基础数据，于每年8月31日前将审核后的数据报省财政厅。

第十八条　省财政厅会同省金融办、省经信委和人民银行杭州中心支行根据专项资金规模、重点工作等合理确定各因素所占权重，初步进行预算分配，并提前下达各市、县（市）预算指标。年度预算开始后，确定资金分配方案，正式下达专项资金。

第十九条　地方财政部门应会同金融办、经信委（局）、人民银行等相关部门根据实际情况，制定专项资金分配办法，报省级相关部门备案。鼓励地方统筹追加资金，进一步促进金融支持实体经济。

第五章　绩效评价和监督检查

第二十条　省财政厅会同省金融办、省经信委、人民银行杭州中心支行建立健全金融业发展专项资金预算绩效管理制度，完善绩效目标管理，组织实施专项资金绩效评价，评价结果作为完善专项资金政策及预算资金分配的重要因素。

第二十一条　各地财政部门应将专项资金使用情况报省财政厅备案，省财政厅、省金融办、省经信委、人民银行杭州中心支行对专项资金使用情况进行定期或不定期检查，按照有关规定对项目的实施过程及其完成结果进行追踪问效。

第二十二条　对专项资金拨付不及时、使用绩效不明显的市、县（市），省财政厅、省金融办、省经信委、人民银行杭州中心支行将责成其及时纠正；对违反专项经费使用和管理规定的，按照国家有关规定追究法律责任。

第二十三条 专项资金的使用和管理,必须接受同级财政、审计部门的监督和检查。对检查中发现的违规违纪行为,将按照《中华人民共和国公务员法》《中华人民共和国行政监察法》《财政违法行为处罚处分条例》等法律法规进行查处,追究有关单位及人员的责任;涉嫌犯罪的,移送司法机关处理。

第六章 附 则

第二十四条 本办法由省财政厅会同省金融办、省经信委、人民银行杭州中心支行负责解释。

第二十五条 本办法自2018年3月3日起施行,原《浙江省财政厅等四部门关于印发浙江省金融业发展专项资金管理办法的通知》(浙财金〔2015〕10号)同时废止。

浙江省公共财政扶持民办教育发展实施办法

浙财科教〔2018〕7号 2018年3月16日

第一条 为贯彻落实《中华人民共和国民办教育促进法》《国务院关于鼓励社会力量兴办教育促进民办教育健康发展的若干意见》(国发〔2016〕81号)、《浙江省人民政府关于鼓励社会力量兴办教育促进民办教育健康发展的实施意见》(浙政发〔2017〕48号)等文件精神,进一步建立健全我省公共财政扶持民办教育政策体系,充分发挥财政资金的激励和引导作用,支持我省民办教育事业健康持续发展,特制定本办法。

第二条 公共财政扶持民办教育发展的主要内容是:大力提升民办学前教育质量,鼓励社会力量举办公益普惠性民办幼儿园;鼓励优质民办中小学特色发展;加强民办高等教育内涵发展。

第三条 公共财政主要对非营利性民办学校给予支持,逐步建立以"经费标准化"为主要内容,以政府补贴、政府购买服务等为手段的公共财政扶持体系。

结合当地经济社会发展需要和教育服务实际,可通过政府购买服务、税收优惠等方式对营利性民办学校给予支持。

对办学规范、收费合理、特色突出、教学质量高、社会声誉好以及举办方投入力度大、债务管控严格的民办学校,可给予奖励性支持。

第四条 学前教育阶段,各地要根据《浙江省学前教育条例》要求建立生均经费制度,对辖区内符合条件的普惠性民办幼儿园(办园行为规范,达到等级园标准以上,且收费不高于同级公办园收费标准2倍的民办幼儿园)给予生均公用经费补助,补助水平原则上应与同等级公办园保持一致。对自建园舍办园、租赁办园等非小区配套性质普惠性民办园,应根据办园成本、晋级升等、教师持证率达标等给予一次性奖补。

义务教育阶段,对民办学校实施同等义务教育生均公用经费基准定额补助和"两免一补"政策。

高中段教育,各地应根据非营利性民办高中和中等职业技术学校收费情况,结合当地同类公办学校实际逐步建立生均公用经费补贴制度。

高等教育阶段,公共财政重点支持民办高校内涵发展的重点领域和关键环节,推进特色优势学科和专业建设,增强民办高校教学、科研和服务地方经济社会发展的能力;在项目申报、评审、绩效考核等方面,与公办高校公平竞争。

第五条 依法落实各级各类民办学校学生的资助政策。民办学校学生与公办学校学生同等享受国家奖助学金、学费减免、助学贷款贴息等资助政策。各地应建立健全民办学校助学贷款业务扶持制度。

民办学校应按规定从学费收入中提取5%的资金,用于奖励和资助学生。

第六条 为引导和鼓励社会各界向民办学校捐赠,拓宽民办学校筹资渠道,各地可研究设立公共财政配比资金,对非营利性民办学校在民政部门登记设立的基金会接受的捐赠收入进行配比,具体配比比例、配比资金管理与使用等由各地研究制定。

第七条 各地应按照国家法律法规和相关政策要求,因地制宜,调整优化教育支出结构,加大财政对民办教育的投入,并将支持民办教育发展有关资金纳入预算。

第八条 为支持各地民办教育发展,省财政每年按经第三方审计确认的市、县级民办学校举办者投入数的15%和上年市、县财政对民办学校补助数的15%安排预算资金,通过转移支付方式支持市县各类民办教育发展。

第九条 各地公共财政扶持民办教育发展的政策要与规范民办学校法人治理结构,推进落实民办学校法人财产权,健全民办学校内控管理制度,加强资产与财务管理、财务监督,加强质量监控和评价管理等工作有机结合,切实提高资金使用效率。

第十条 建立健全公共财政扶持民办教育发展资金管理监督机制。各地应进一步加强收支监管,通过组织力量或委托第三方对公共财政扶持民办教育发展资金的管理、使用和绩效情况进行监督检查和绩效评价。公共财政资金管理、使用和绩效情况,应作为下年度安排分配资金的重要因素。

第十一条 建立健全公共财政扶持民办教育发展资金信息报告制度。公共财政扶持资金的使用情况纳入各地民办学校年检财务收支审计范围,其中公共财政补助资金的使用和管理情况应作为专门事项予以单独披露。

第十二条 对各类民办学校存在虚报冒领财政补助等情况的,应视情相应减少、暂停或扣回公用经费补助并追责;发现相关行政工作人员有违法违纪行为的,按照《预算法》《公务员法》《行政监察法》《财政违法行为处罚处分条例》等国家有关规定追究相应责任;涉嫌犯罪的,移送司法机关处理。

第十三条 本办法自2018年4月30日起实施。

浙江省民办学校财务管理办法

浙财科教〔2018〕7号 2018年3月16日

第一章 总 则

第一条 为规范民办学校财务行为,加强财务管理,促进民办教育事业健康发展,根据《中华人民共和国民办教育促进法》、《国务院关于鼓励社会力量兴办教育促进民办教育健康发展的若干意见》(国发〔2016〕81号)、《民办高等学校办学管理若干规定》(教育部25号令)、《中华人民共和国会计法》、《民间非营利组织会计制度》等有关法律法规、规章制度,结合我省民办教育实际情况,制定本管理办法。

第二条 本办法适用于登记为非营利性的民办学校,包括幼儿园、小学、初中、普通高中、中等职业学校、高等教育学校和教育培训机构等(以下简称民办学校)。营利性民办学校按国家有关规定实施。

第三条 民办学校财务管理的基本原则:鼓励发展与规范管理相结合,明晰产权与风险防范相结合,确保举办者和各类投资捐赠主体、以及校长和学校师生员工合法权益相结合。

第四条 民办学校财务管理的主要内容是:建立健全财务管理制度,规范校内经济秩序,如实反映财务状况;依法多渠道筹集办学资金,确保各项资金使用规范安全,防范并降低财务风险;合理编制学校预算,加强预算执行控制和管理;有效配置学校资源,节约支出,切实提高资金使用效益;落实法人财产权,建立完善的财务内控机制,加强资产管理,防止资产流失。

第二章 财务管理体制

第五条 民办学校应建立相应的财务管理体制,规模较大的民办学校可以实行"统一领导、分级管理、集中核算"的财务管理体制。

第六条 民办学校法定代表人对学校的会计工作和会计资料的真实性、完整性负责。

第七条 民办学校应当设置独立的财务机构,统一管理学校财务活动,负责具体财务管理工作,制定符合民办学校特点的财务制度,编制财务收支预算和决算报告,集中管理学校各种资金。

民办学校如果不具备单独设置财务机构条件的,应当在相关机构中配备专职会计人员;未设置财务机构和配备专职会计人员的,应当委托具有代理记账资格的机构代理记账。

第八条 民办学校财务机构负责人(会计主管人员)、财会人员的任职资格、工作职责、工作权限、技术职称等,应当严格按照《中华人民共和国会计法》、财政部颁布的《会计基础工作规范》的相关规定执行。

第九条 民办学校财务机构负责人(会计主管人员)实行回避制度,董事会、理事会或类似决策机构(以下简称决策机构)的直系亲属不得同时被聘任为民办学校财务机构负责人(会计主管人员)。民办学校财务机构负责人(会计主管人员)的直系亲属不得在本单位财务机构中从事会计工作。

第十条 民办学校应建立健全有效的财务监督体系,维护学校正常的经济秩序;制定相适应的内部控制制度,加强内部财务监督,提高会计信息质量和管理水平;积极开展内部控制制度检查和绩效评价考核,切实推进财务公开,自觉接受捐赠与投资主体、师生员工和政府有关部门的监督。

第三章 举办者出资

第十一条 举办者可以货币资金、实物、土地使用权、知识产权以及其他财产作为办学出资。

第十二条 民办学校的举办者应当根据《民办教育促进法》的规定,按照报批的设立申请、办学协议、学校章程等承诺的出资金额和时间,按时、足额履行出资义务。

举办者以货币资金出资的,要把货币资金转入到民办学校开设的银行账户上。

举办者以实物、土地使用权、知识产权以及其他财产出资的,必须在民办学校法人登记成立后1年内办理过户手续,将资产过户到学校名下。资产尚未过户到学校名下的,自本办法实施之日起1年内完成过户工作。

资产未过户到学校名下前,举办者对学校债务依法承担相应法律责任。

第十三条 民办学校的借款、接受捐赠的财产、财政性补助资金和办学取得的各项收入,不属于举办者的出资。

第十四条 举办者投入的货币资金、实物、土地使用权、知识产权以及其他财产到位后,必须经依法设立的验资机构验资并出具验资报告。对于实物、土地使用权、知识产权以及其他财产等,还必须通过具有评估资格的中介机构依法进行评估并出具评估报告。验资报告是确定举办者是否履行出资义务、出资份额的依据。

第四章 预算管理

第十五条 民办学校要建立预算管理制度,明确预算编制方法,完善预算审批程序。民办学校校长负责组织财务部门(机构)和有关职能部门拟订年度预算,由民办学校决策机构审批后实施,对民办学校的业务活动具有约束力。

第十六条 民办学校预算是指民办学校根据事业发展计划和任务编制的年度财务收支计划,包括收入预算和支出预算。民办学校预算按照会计年度进行编制,并在年度预算开始执行前完成审批。

第十七条 民办学校预算编制必须坚持"量入为出、收支平衡"的总原则。收入预算坚持积极稳妥原则;支出预算坚持保运转、保稳定、避风险、持续发展原则。

第十八条 民办学校预算未经规定程序不得改变,确需调整时,按照原程序提出调整方案,并报民办学校决策机构批准后调整预算。

第十九条 经民办学校决策机构批准的预算于每年1月底前上报同级教育部门备案。

第二十条 民办学校应建立预算执行情况分析制度,加强预算执行的控制与分析。

第五章 资产管理

第二十一条 举办者出资投入民办学校的资产、财政性补助资金、受赠的财产以及办学积累,属于民办学校法人财产。民办学校对举办者投入民办学校的资产、财政性补助资金、受赠的财产以及办学积累,应进行分类核算和管理。除举办者投入民办学校的资产外,学校接受捐赠的财产,原则上需通过依法设立的验资机构验资或具有评估资格的中介机构依法评估,再进行登记和管理。民办学校的法人财产权依法受到国家有关法律法规保护,民办学校依法独立享有法人财产权。在民办学校存续期间,由民办学校依法管理和使用,任何组织和个人,包括举办者,不得侵占、挪用。

第二十二条 民办学校资产包括流动资产、固定资产、无形资产等。

第二十三条 民办学校只能开设一个基本存款账户,因业务开展需要可开设食堂、基建、工会等专用账户。原则上同一业务性质的资金往来不得多头开户。

第二十四条 民办学校应定期与债务人对账核实各种应收款项,及时清算、催收。

第二十五条 民办学校应建立、健全现金及各种存款的内部管理制度。

完善固定资产管理制度,对出资者投入资产、财政拨款形成的资产、受赠资产和办学积累所形成资产分别登记入账,定期盘点,做到账账相符、账实相符。

应对存货进行定期或者不定期的清查盘点,保证账实相符。

第二十六条 开办费是指民办学校在批准招生之前筹建期间发生的费用,包括人员工资、办公费、差旅费、印刷费等。开办费用应当在学校招生取得学费收入后分期摊销,开办费低于当年学费等收入5%的,学校可一次计入当年费用;开办费超过当年学费等收入5%的,超过部分可按每年5%在下一年度摊销。

第二十七条 民办学校应严格控制对外投资。民办学校若需对外投资,应当在保证学校正常运行和发展的前提下,进行充分论证,经学校决策机构批准,履行相关手续,并报相关部门备案。其中,不得使用各级财政性资金及其结余对外投资。不得从事股票、期货等高风险项目投资,国家另有规定的除外。

第六章 负债管理

第二十八条 负债应当按其性质分为借入款项、应付款项、应付工资、应缴税金等。

第二十九条 民办学校必须建立风险预警机制,合理控制学校负债规模,改善学校债务结构,充分考虑民办学校的债务风险承受能力,有效防范财务风险。

第三十条 民办学校借款只能用于学校本身的建设和发展,不得用于对外投资,不得以任何方式转借给举办者及其他单位或个人。举办者通过借款作为投资用于民办学校建设、发展、运转等,仍为举办者本身的债务,不作为民办学校的负债。

第三十一条 严禁民办学校利用学校教学设施及设备为他人或单位提供经济担保或财产抵押。

第三十二条 民办学校应当对不同性质的负债分别管理,应及时清理各种应付款项,并按规定办理结算,不得长期挂账,要保证各项负债在规定期限内归还。

第七章 收入管理

第三十三条 民办学校向受教育者收费、退费按照国家相关规定执行。

第三十四条 民办学校向受教育者收费开具财税部门规定的合法票据。

第三十五条 民办学校的收入分为:业务活动收入(主要包括教学活动收入、科研收入、培训收入等)、财政补助收入、其他收入等。

第三十六条 民办学校的各项收入应存放在民办学校依法开设的银行账户上,且全部纳入预算,统一管理。

第三十七条 财政、教育等部门补助给民办学校的财政性经费,作为限定性收入进行管理,民办学校需严格按照有关经费指定项目和用途使用,并单独核算,接受教育、财政、审计等有关部门的监督检查。捐赠收入有明确指定用途的,需按有关要求使用。

第八章 支出管理

第三十八条 民办学校支出要以教学、科研为中心,根据"确保必需、突出重点、效率优先"的原则安排各项支出。严格支出管理,优化支出结构,提高资金使用效益。财政补助收入形成的支出,作为限定性支出进行管理,实行单独核算。捐赠收入所形成的支出,视情参照财政补助支出进行管理。

第三十九条 民办学校全部支出应当统一分类、统一核算、统一管理。民办学校支出核算应当包括业务活动成本、管理费用、筹资费用和其他费用等项目。其中,业务活动成本是指学校开展教学及辅助活动中所发生的与直接提供教育服务相关的费用,包括:工资、奖金、住房公积金、社会保险缴费、福利费、劳务费、工会经费、折旧、材料费、图书资料购置费、办公费、印刷费、水电费、邮电费、取暖费、交通费、差旅费、会议费、培训费、招待费、租赁费、物业管理费、维修费、医疗费、绿化费、宣传活动费、税费支出及其他费用。管理费用是指学校决策机构进行管理和学校的行政、后勤保障部门提供行政、后勤服务等所发生的各项费用,包括学校决策机构的公务支出(包括办公费、会议费和差旅费等)、行政后勤服务人员的薪酬支出(基本工资、津贴、奖金、住房公积金、社会保障费、福利费等)、中介费、劳务费等。筹资费用是指学校为筹集业务活动所需资金而发生的费用,包括学校获得捐赠相关费用,借款费用及其他与融资筹资有关的费用等。其他费用是指无法归属到上述业务活动成本、管理费用、筹资费用、税费之中的其他各种费用。

有关费用应当在实际发生时按其发生额计入当期费用。学校应区分教育活动收入和非教育活动收入、教育活动支出和非教育活动支出;无法明确区分的支出项目,应按合理的标准分摊归集到有关项目;分摊标准一经确定,本年度内不得变更,下年度确需变更的,通过有关程序办理,并在会计报表附注中说明变更的内容。

第四十条 民办学校应当依法加强各类报销票据管理,确保票据来源合法、内容真实、使用正确,不得使用虚假票据。

第四十一条 建立大额资金支出集体决策、常规资金支付授权审批等为重点的资金安全管理和审批制度。资金支出可按工作实际分金额分权限分级审批等方式合理确定预算支出审批权限。

第四十二条 学校的各项开支和报销应按照事前事后的审批流程规范执行。经费支出前要经过学校相关领导或部门批准。费用报销时要提供完整票据和材料。

第九章 结余管理

第四十三条 结余是学校(业务活动)取得的全部收入扣除全部支出形成的年度净收益(或发生的净亏损)。

根据结余资金形成的来源不同,分为限定性收支结余和非限定性收支结余。其中财政补助结余除另有规定的,均为限定性收支结余。

第四十四条 民办学校可提取并设置职工福利基金、医疗基金、学校发展基金等。要健全民办学校风险应对机制,建立风险基金,凡在学校名下没有独立校舍的民办学校,教育行政部门要督促其在学校生源较好、资金充足之时,按学费年总收入的5%计提风险基金。风险基金用于保障办学过程中产生的非正常损失及相关费用,风险基金累计提取额达到当年度学费收入20%及以上的,可不再提取。

第十章 财务报告和财务分析

第四十五条 财务报告是反映民间非营利组织财务状况、业务活动情况和现金流量等的书面报告。

第四十六条 民办学校应当按照教育部门的规定和学校财务管理的需要,定期编制相关财务报告。

报告内容应包括预算安排和执行情况,资产、负债、限定性和非限定性资产、收入、费用情况,并分析学校财务管理过程中存在主要问题,提出改进措施。

其中,财务分析指标包括出资人投入资本变动情况、社会捐赠变动情况、学校办学积累增减变动情况、固定资产增减变动情况、资产负债率、生均费用(或成本)增减等。学校可以根据本校特点增加财务分析指标。

第四十七条 民办学校每年办学许可证年检时,需向教育部门以及其他有关单位报送上年度财务报表和会计师事务所年度财务审计报告。

第十一章 财务监督

第四十八条 民办学校要完善内部监督制约机制,严格遵守财务制度和财经纪律,接受学校经审机构、教育主管部门财务监督及财税、审计部门的监督。要合理设置会计及相关工作岗位,明确职责权限,形成相互牵制机制,完善会计系统控制。实施严格的贷款审批控制。研究建立并充分发挥内部审计的职能,内部审计机构向学校决策机构负责,定期或不定期开展内部审计工作,审计结果向学校决策机构汇报,及时发现问题,并消除隐患,保护学校的财产安全。

第四十九条 民办学校提供给教育部门年度财务报表时,应明确以下经济事项:

(一)出资到位情况,实物、土地使用权、知识产权等财产出资过户情况;

(二)民办学校的各种收费资金是否进入并存放在民办学校银行账户上,是否被举办者及其关联方、其他单位和个人占有、使用;财政性资金是否单独核算。

(三)民办学校向金融机构或其他单位、个人的借款是否用于学校建设和发展,是否存在用于对外投资,是否存在其他单位占有、使用,或转借给其他单位或个人等情况;

(四)民办学校借出的款项是否存在违反本管理办法和其他不合理情况;

(五)民办学校举办者是否存在在年终结余前获取回报或预提回报,年终结余后是否按本管理办法进行分配或处理;

(六)民办学校是否设立后勤服务公司,有无存在转移收益,有无在学校信息公开网址公示服务内容、服务时间以及收支构成情况;

(七)民办学校是否按本规定开设账户及账户管理情况;

(八)民办学校是否开设教育基金账户,是否出台教育基金管理实施办法,是否专款用于学校事业发展,有无存在转移资金等情况;

(九)会计师事务所认为有必要反映的其他情况。

第十二章 附 则

第五十条 民办学校应结合本校情况制定具体财务管理办法。

第五十一条 本办法所称校长,指民办学校主要负责人,包含且不限于校长、院长、园长等。

第五十二条 本办法自2018年4月30日起实施。

关于加强行政事业单位会计工作的意见

浙财会〔2018〕24号 2018年5月25日

一、夯实会计管理基础

(一)加强预算管理。各单位应当严格按照《预算法》要求,履行预算管理主体责任,强化预算编制刚性,科学编制全口径部门预算,细化预算内容,严格预算执行,提升资金使用绩效。政府各职能部门应当做好部门预算、决算的汇总审核、报送工作,主动及时向社会公开经本级财政部门批复的预算、决算及报表等信息。

(二)落实政府会计管理制度。加快推进政府会计管理改革,建立健全政府会计准则体系和政府财务报告体系。各单位应当制定详细的政府会计管理实施方案,明确目标任务,落实管理责任。财政部门应当强化协调指导和督促检查,统筹实施政府会计管理制度。

二、推进会计管理改革

(一)推进内部控制建设。各单位应当以预算管理为主线,以资金管控为核心,加快推进内部控制建设,建立健全内部控制体系,全面梳理业务流程,确定风险点,实施防控措施,实行分事行权、分岗设权、分级授权、定期轮岗,并按照有关规定编制和报送内部控制报告。单位负责人对本单位内部控制的建立健全和有效实施负责。审计部门应当将内部控制建设情况作为重要内容纳入重大审计和经济责任审计等。财政部门应当联合有关部门建立检查、评价和通报机制,必要时可采取约谈等方式,督促单位完善内部控制建设。

(二)推进管理会计应用。各单位应当结合管理特点,积极推广运用管理会计,并将管理会计工作纳入单位整体规划,推进财务与业务的有效融合。财政部门应当加强政策和业务指导培训,及时总结经验、加快推广应用。

(三)加强会计信息化管理。各单位应当建立健全会计电子数据采集、处理、共享等管理制度,做好基础数据的采集与维护、分析与应用工作,推动单位会计核算系统与业务管理系统有效融合,提升财务管理信息化水平。政府各职能部门应当牵头做好本系统信息化建设,加强会计信息的审核和管理。财政部门探索推进财务管理一体化网络平台建设,推进会计核算与预算管理、国库支付、部门决算、资产管理、财务会计报告等信息系统的全面对接与应用。

(四)加快建立会计信用体系。各单位应当对外提供统一的财务会计报告。任何单位不得以虚假的经济业务事项或者资料进行会计核算。单位负责人应当确保财务会计报告真实、完整。各单位应当按照“最多跑一次”改革要求,加快实现会计信用信息共享应用。财政部门探索实施会计信用评价试点,推动单位、直接责任人及会计人员信用信息纳入我省社会信用体系进行管理和应用。财政部门试行单位年度财务会计报告监督审计制度,督促单位认真整改存在的问题。

三、加强会计机构和队伍建设

(一)加强会计机构建设。各单位应当根据会计业务需要,设置会计机构,或者在有关机构中设置会计人员并指定会计主管人员,或者委托经批准设立从事会计代理记账业务的中介机构代理记账。

单独设置会计机构的政府职能部门,会计机构负责人任免应当征询同级财政部门意见并备案;未单独设置会计机构的政府职能部门,会计主管人员任免应当报同级财政部门备案。其他单独设置会计机构的单位,会计机构负责人任免应当经主管部门审核同意后报同级财政部门备案;其他未单独设置会计机构的单位,会计主管人员任免应当报主管部门备案。

(二)提升会计人员素质。各单位应当根据会计工作需要,足额配备会计人员。会计人员应当具备从事会计工作所需要的专业能力,其中担任政府职能部门会计机构负责人的,一般应当具备会计师以上会计专业技术资格;其他会计机构负责人和会计主管人员,一般应当具备会计师以上会计专业技术资格或者从事会计工作三年以上经历。

各单位应当加强对会计人员的专业指导,不定期开展有针对性的专业知识培训和业务交流。

各单位应当重视高端会计人才培养,构建结构合理的会计人才梯队,发挥人才的创新引领作用。

(三)实行总会计师制度。各单位可以根据规模和管理需要,依照有关规定设立总会计师。总会计师作为单位行政领导成员,协助单位主要行政领导人工作,直接对单位主要行政领导人负责。凡设置总会计师的单位,在单位行政领导成员中,不设与总会计师职权重叠的副职。加快推进公立医院建立总会计师制度,其中,三级公立医院必须设置总会计师,其他有条件的公立医院应当设置总会计师岗位,由组织人事部门按照干部管理权限任免。任免前,应当征求同级财政部门、卫生计生部门和医院主要负责人意见。鼓励具备条件的公办高等院校设置总会计师,实行异校或异地任职,由组织人事部门按照干部管理权限任免。任免前,应当征求同级财政部门和院校主要负责人意见。

(四)建立健全会计人员激励机制。有条件的市、县(市、区)财政部门可以开展单位和会计人员的年度会计工作评价试点。对认真执行《会计法》,忠于职守、坚持原则、贡献突出的会计人员,以适当方式予以鼓励。财政部门应当积极对接人才管理部门,将优秀会计人才纳入“省151人才工程”等人才培养推荐选拔范围,推动会计人员激励机制与人才培养使用政策相衔接。

四、加强会计监督

政府职能部门应当强化会计监督,指导所属单位开展会计管理改革,制定重大经济活动和所属单位开展定期内部审计的办法和程序。财政部门负责指导、监督会计工作,会同审计、税务等有关部门开展单位会计准则制度执行情况、会计信息质量、会计专项工作和会计人员管理等专项检查,督促单位整改检查中发现的问题。

各市、县(市、区)人民政府和省级主管部门可结合实际情况制定加强行政事业单位会计工作的具体实施意见。

本意见自2018年7月1日起施行。

浙江省农业资源及生态保护补助资金管理实施细则

浙财农〔2018〕55 号 2018 年 8 月 2 日

第一章 总 则

第一条 为加强和规范农业资源及生态保护补助资金管理,推进资金统筹使用,提高资金使用效率,促进农业可持续发展,根据《中华人民共和国预算法》《国务院关于印发推进财政资金统筹使用方案的通知》(国发〔2015〕35 号)、《中央对地方专项转移支付管理办法》(财预〔2015〕230 号)、《财政部 农业部关于修订〈农业资源及生态保护补助资金管理办法〉的通知》(财农〔2017〕42 号)等有关法律法规规定,制定本实施细则。

第二条 本实施细则中的农业资源及生态保护补助资金,是由中央财政公共预算安排,并结合浙江实际,用于农业资源养护、生态保护等方面的专项转移支付资金。

第三条 中央农业资源及生态保护补助资金由省财政厅会同省农业厅、省海洋与渔业局(以下简称"省级农口相关部门")共同管理,按照"政策目标明确、分配办法科学、支出方向协调、绩效结果导向"的原则分配、使用和管理。

省财政厅负责会同省级农口相关部门分配及下达资金,对资金使用情况进行监督,指导省级农口部门开展绩效管理;省级农口相关部门负责相关产业发展规划编制,指导、推动和监督开展农业资源及生态保护工作,会同省财政厅下达年度工作任务(任务清单),做好资金测算、任务完成情况监督,绩效目标制定、绩效监控和评价等工作。市县财政、农口相关部门根据各自职责和省确定的扶持方向、支持重点、绩效目标,具体负责组织项目申报、开展项目遴选、资金分配拨付、督促项目实施等工作,并进一步细化资金和项目管理措施,明确职责分工和工作程序,切实做好项目管理、检查验收、绩效管理和资金使用监管。

第二章 资金支出范围

第四条 中央农业资源及生态保护资金主要用于耕地质量提升、渔业资源保护等支出方向。

第五条 耕地质量提升支出主要用于支持测土配方施肥、农作物秸秆综合利用等方面。

第六条 渔业资源保护支出主要用于支持渔业增殖放流等方面。

第七条 中央农业资源及生态保护资金不得用于弥补财政补助单位人员经费、运转经费等预算支出缺口,以及兴建楼堂馆所等与农业资源及生态保护无关的支出。

第八条 中央农业资源及生态保护资金的支持对象主要是农民、渔民,新型农业经营主体,以及承担项目任务的单位和个人。

第九条 中央农业资源及生态保护资金可以采取直接补助、政府购买服务、贴息、先建后补、以奖代补、资产折股量化、担保补助、设立基金等支持方式,具体由当地财政及农口有关部门根据工作和任务需要自主确定。

第三章 资金分配和下达

第十条 中央农业资源及生态保护资金按照"因素法"进行分配。资金分配的因素主要包括工作任务(任务清单)和工作成效等。工作任务(任务清单)分为约束性任务和指导性任务两类,不同支出方向的工作任务(任务清单)根据任务特点、政策目标等选择相应的具体因素和权重进行测算分配资金。工作成效主要以绩效评价结果为依据。

第十一条 省级农口相关部门在省里收到中央农业资源及生态保护资金拨付文件的 15 日内,及时提出中央农业资源及生态保护资金具体分配建议和绩效目标分解、设定建议,并报送省财政厅。

第十二条 省财政厅在收到中央农业资源及生态保护资金拨付文件的 30 日内,根据中央财政资金下达额度和省级农口相关部门分配建议等,审核下达中央农业资源及生态保护资金和绩效目标,并抄送财政部浙江专员办。

第十三条 中央农业资源及生态保护资金的支付,按照国库集中支付制度有关规定执行。属于政府采购管理范围的,按照政府采购有关规定执行。

第四章 资金使用和管理

第十四条 中央农业资源及生态保护资金实行"大专项+任务清单"管理方式,除用于约束性任务的资金不允许统筹以外,各地可在落实相关政策和完成省下达的相关任务的前提下,对其他资金在本专项的支出方向范围内统筹使用,并应当全面落实预算信息公开的要求。

第十五条 各级财政、农口相关主管部门应当加快预算执行,加强绩效监控,提高资金使用效益。结转结余的中央农业资源及生态保护资金,按照财政部关于结转结余资金管理的有关规定处理。

第十六条 各级财政部门会同农口相关主管部门,根据本实施细则和省下达的工作任务(任务清单)和绩效目标,结合本地区农业生产发展实际情况,制定本地区年度资金使用方案,并及时报省财政厅、省级农口相关部门备案。

第十七条 各级农口相关主管部门应当组织核实资金支持对象的资格、条件,督促检查工作任务(任务清单)及绩效目标完成情况,为财政部门按规定标准分配、审核拨付资金提供依据。

第十八条 项目承担单位要按要求做好项目实施,不得擅自调整项目建设计划和实施方案。因规划布局调整、土地征占用、土地(山林)纠纷、市场环境变化及重大政策调整等不可预见因素影响,确需调整项目实施主体、地点、内容等部分项目要素的,由当地农业、财政部门按照规定程序进行批复,并抄送省级农口相关部门、省财政厅。项目实施完成后,除有特殊规定需由省级部门验收外，其他项目原则上由市县按照有关规定，做好竣工验收、绩效评价等工作。

第五章 监督检查和绩效评价

第十九条 中央农业资源及生态保护资金使用管理接受审计、纪检监察、财政等部门的监督检查。同时，各级财政、农口相关主管部门应当加强对中央农业资源及生态保护资金分配、使用、管理情况的监督检查，发现问题及时纠正。

第二十条 省级农口相关部门应会同省财政厅建立健全中央农业资源及生态保护资金绩效管理制度，完善绩效目标管理，组织实施专项资金绩效评价，评价结果作为完善政策和资金分配的重要依据。各级财政部门和农口相关主管部门要根据项目管理和实施情况，组织实施绩效目标申报、绩效监控和绩效评价等工作，切实提高财政资金使用效益。中央农业资源及生态保护资金绩效管理实施细则另行制定。

第二十一条 各级农口相关主管部门会同财政部门应及时报送本地区年度中央农业资源及生态保护资金项目实施总结，内容包括政策落实、预算执行、资金使用及绩效监督管理和检查、存在问题及有关建议等方面。

第二十二条 各级财政、农口相关主管部门及其工作人员在资金分配、审核等工作中，存在违反规定分配资金、向不符合条件的单位、个人分配资金或者擅自超范围、超标准分配或使用资金，以及存在其他滥用职权、玩忽职守、徇私舞弊等违法违纪行为的，按照《预算法》《公务员法》《行政监察法》《财政违法行为处罚处分条例》等国家有关规定追究相关责任；涉嫌犯罪的，移送司法机关处理。

第二十三条 资金使用单位和个人滞留截留、虚报冒领、挤占挪用中央农业资源及生态保护资金，以及存在其他违反本办法规定行为的，按照《预算法》《财政违法行为处罚处分条例》等国家有关规定追究相应责任；涉嫌犯罪的，移送司法机关处理。

第六章 附 则

第二十四条 各级财政部门应当会同农口相关主管部门根据本实施细则，并结合当地实际，制定具体的管理措施。

第二十五条 本办法由省财政厅会同省农业厅、省海洋与渔业局负责解释。

第二十六条 本办法自2018年9月1日起施行。

浙江省农业绿色生产发展资金管理实施细则

浙财农〔2018〕51号 2018年8月7日

第一章 总 则

第一条 为加强和规范农业生产发展资金管理，推进资金统筹使用，提高资金使用效益，增强农业综合生产能力，根据《中华人民共和国预算法》《国务院关于探索建立涉农资金统筹整合长效机制的意见》（国发〔2017〕54号）、《国务院关于印发推进财政资金统筹使用方案的通知》（国发〔2015〕35号）、《中央对地方专项转移支付管理办法》（财预〔2015〕230号）、《农业生产发展资金管理办法》（财农〔2017〕41号）等有关法律法规和文件，结合浙江实际，制定本实施细则。

第二条 本实施细则中的农业绿色生产发展资金（以下称为“中央农业生产发展资金”），是由中央财政公共预算安排，并结合浙江农业供给侧结构性改革和乡村振兴战略实施，用于促进农业生产、优化产业结构、推动产业融合、提高农业效能等的专项转移支付资金。

第三条 中央农业生产发展资金由省财政厅会同省农业厅、省海洋与渔业局（以下简称“省级农口相关部门”）共同管理，按照“政策目标明确、分配办法科学、支出方向协调、绩效结果导向”的原则分配、使用和管理。省财政厅负责会同省级农口相关部门分配及下达资金，对资金使用情况进行监督，指导省级农口部门开展绩效管理；省级农口相关部门负责相关产业发展规划编制，指导、推动和监督开展农业生产发展工作，会同省财政厅下达年度工作任务（任务清单），做好资金测算、任务完成情况监督，绩效目标制定、绩效监控和评价等工作。市县财政、农口相关部门根据各自职责和省确定的扶持方向、支持重点、绩效目标，负责项目储备库建设、竞争性项目申报、省切块资金的分配、具体项目遴选等工作，并进一步细化资金和项目管理措施，明确职责分工和工作程序，切实做好项目管理、检查验收、绩效管理和资金使用监管。

第二章 资金支出范围

第四条 中央农业生产发展资金主要用于耕地地力保护（直接发放给农民，下同）、适度规模经营、农机购置补贴、优势特色主导产业发展、绿色高效技术推广服务、畜牧水产发展、农村一二三产业融合、农民专业合作社发展、新型职业农民培育等支出方向，以及党中央、国务院和省委、省政府确定的支持农业生产发展的其他重点工作。其中：优势特色主导产业发展、农村一二三产业融合、农民专业合作社发展等产业类资金重点结合现代农业园区建设，统筹安排使用。

第五条 耕地地力保护支出主要用于支持保护耕地地力。已作为畜牧（水产）养殖场使用的耕地、发展林果业的耕地、成片粮田转为设施农业用地的耕地（简易大棚设施蔬菜用地除外）、被征（占）用进行非农业建设等已改变用途的耕地，长年抛荒的耕地，以及占补平衡中补充耕地的质量达不到耕种条件的耕地等不予补贴。耕地地力保护补贴政策落实中涉及的耕地用途变化、地力质量水平、长年抛荒年限等情况界定，各地可自行确定具体操作细则，明确耕地地力保护补贴范围。

第六条 适度规模经营支出主要用于支持农业信贷担保体系建设运营、农业生产社会化服务等方面。

第七条 农机购置补贴支出主要用于支持购置先进适用农

业机械，以及开展报废更新、新产品试点等方面。

第八条 优势特色主导产业发展支出主要用于支持区域优势、地方特色的农业主导产业发展，国家现代农业产业园建设等方面。

第九条 绿色高效技术推广服务支出主要用于支持高产创建、良种良法、深松整地、施用有机肥、旱作农业等重大农业技术推广与服务，农业（渔业）基层农技推广体系改革与建设等方面。

第十条 畜牧水产发展支出主要用于支持畜禽粪污处理与资源化利用、美丽生态畜牧业发展、畜牧水产标准化养殖及畜牧良种推广等方面。

第十一条 农村一二三产业融合发展支出主要用于支持农产品产地初加工、产品流通和直供直销、农村电子商务、休闲农业、农业农村信息化、农业全产业链建设等方面。

第十二条 农民专业合作社支出主要用于支持加快农民专业合作组织发展，提高农民组织化程度等方面。

第十三条 新型职业农民培育支出主要用于支持培育新型职业农民等方面。

第十四条 中央农业生产发展资金不得用于弥补财政补助单位人员经费、运转经费等预算支出缺口，以及兴建楼堂馆所等与农业生产发展无关的支出。

第十五条 中央农业生产发展资金的支持对象包括符合条件的农户、家庭农场、规范化农民专业合作组织、农业龙头企业、村集体经济组织、行政事业单位和其他各类经济组织。

第十六条 中央农业生产发展资金按照不同的扶持政策，可以采取直接补助、政府购买服务、贴息、先建后补、以奖代补、资产折股量化、担保补助、设立基金等支持方式。

第三章 资金分配和下达

第十七条 中央农业生产发展资金主要按照“因素法”进行分配。资金分配的因素主要包括工作任务（任务清单）和工作成效等。工作任务（任务清单）分为约束性任务和指导性任务两类，不同支出方向的工作任务（任务清单）根据任务特点、政策目标等选择相应的具体因素和权重进行测算分配资金。工作成效主要以绩效评价结果为依据。用于相关试点项目的资金可根据需要采取定额分配方式。

第十八条 省级农口相关部门在省里收到中央农业生产发展资金拨付文件的20日内，及时提出农业生产发展资金分支出方向的分配建议，并报省财政厅，其中：重大事项根据需要，应报经省政府同意后再研究提出资金分配建议。

第十九条 省财政厅在收到中央农业生产发展资金拨付文件的30日内，根据中央财政资金下达额度和省级农口相关部门分配建议和分解的绩效目标建议等，审核下达中央农业生产发展资金和绩效目标，同时抄送财政部浙江专员办。

第二十条 中央农业生产发展资金的支付，按照国库集中支付制度有关规定执行。属于政府采购管理范围的，按照政府采购有关规定执行。其中：用于耕地地力保护的资金，按规定通过粮食风险基金专户下达拨付。

第四章 资金使用和管理

第二十一条 中央农业生产发展资金实行“大专项+任务清单”管理方式，除用于约束性任务的资金不允许统筹以外，各地可在落实相关政策和完成省下达的相关任务的前提下，对其他资金在本专项的支出方向范围内统筹使用，并应当全面落实预算信息公开的要求。

第二十二条 各级财政、农口相关主管部门应当加快预算执行，加强绩效监控，提高资金使用效益。结转结余的中央农业生产发展资金，按照财政部关于结转结余资金管理的有关规定处理。

第二十三条 各级财政部门会同农口相关主管部门，根据本实施细则和省下达的工作任务（任务清单）和绩效目标，结合本地区农业生产发展实际情况，制定本地区年度资金使用方案，并在收到省下达中央资金的60日内，报省财政厅、省级农口相关部门备案。

第二十四条 各级农口相关主管部门应当组织核实资金支持对象的资格、条件，督促检查工作任务（任务清单）及绩效目标完成情况，为财政部门按规定标准分配、审核拨付资金提供依据。

第二十五条 项目承担单位要按要求做好项目实施，不得擅自调整项目建设计划和实施方案。因规划布局调整、土地征占用、土地（山林）纠纷、市场环境变化及重大政策调整等不可预见因素影响，确需调整项目实施主体、地点、内容等部分项目要素的，由当地农业、财政部门按照规定程序进行批复，并抄送省级农口相关部门、省财政厅。项目实施完成后，除有特殊规定需由省级部门验收外，其他项目原则上由市县按照有关规定，做好竣工验收、绩效评价等工作。

第五章 监督检查和绩效评价

第二十六条 中央农业生产发展资金使用管理接受审计、纪检监察、财政等部门的监督检查。同时，各级财政、农口相关主管部门应当加强对农业生产发展资金分配、使用、管理情况的监督检查，发现问题及时纠正。

第二十七条 省级农口相关部门应会同省财政厅建立健全中央农业生产发展资金绩效管理制度，完善绩效目标管理，组织实施专项资金绩效评价，评价结果作为完善政策和资金分配的重要依据。各级财政部门和农口相关主管部门要根据项目管理和实施情况，组织实施绩效目标申报、绩效监控和绩效评价等工作，切实提高财政资金使用效益。中央农业生产发展资金绩效管理实施细则另行制定。

第二十八条 各级农口相关主管部门会同财政部门应及时报送本地区年度中央农业生产发展资金项目实施总结，内容包括政策落实、预算执行、资金使用、绩效管理和监督检查、存在问题及有关建议等方面。

第二十九条 各级财政、农口相关主管部门及其工作人员在资金分配、审核等工作中,存在违反规定分配资金、向不符合条件的单位、个人分配资金或者擅自超范围、超标准分配或使用资金,以及存在其他滥用职权、玩忽职守、徇私舞弊等违法违纪行为的,按照《预算法》《公务员法》《行政监察法》《财政违法行为处罚处分条例》等国家有关规定追究相关责任;涉嫌犯罪的,移送司法机关处理。

第三十条 资金使用单位和个人滞留截留、虚报冒领、挤占挪用中央农业生产发展资金,以及存在其他违反本办法规定行为的,按照国家有关法律法规规定追究相应责任。

第六章 附 则

第三十一条 各级财政部门应当会同农口相关主管部门根据本实施细则,并结合当地实际,制定具体的管理措施。

第三十二条 本办法由省财政厅会同省农业厅、省海洋与渔业局负责解释。

第三十三条 本办法自2018年9月1日起施行。《浙江省财政厅 浙江省农业厅关于印发〈浙江省农村劳动力转移培训阳光工程财政补助资金管理办法〉的通知》(浙财农字〔2005〕194号)、《浙江省财政厅 浙江省农业厅关于印发〈浙江省生猪良种补贴资金管理实施细则(暂行)〉的通知》(浙财农字〔2008〕7号)、《浙江省财政厅 浙江省农业厅 浙江省林业厅 浙江省海洋与渔业局关于印发浙江省现代农业生产发展资金和项目管理实施细则的通知》(浙财农〔2013〕54号)、《浙江省财政厅关于印发浙江省农业技术推广与服务补助资金管理实施细则的通知》(浙财农〔2013〕67号)、《浙江省财政厅关于印发浙江省中央财政农民专业合作组织发展资金管理实施细则的通知》(浙财农〔2013〕392号)同时废止。

浙江省财政专项扶贫项目资金绩效管理办法

浙财农〔2018〕54号 2018年8月9日

第一章 总 则

第一条 为深入贯彻习近平新时代中国特色社会主义思想和党的十九大精神,落实《中共中央 国务院关于打赢脱贫攻坚战的决定》和省委、省政府实施低收入农户全面小康计划工作要求,进一步规范财政专项扶贫项目资金管理,切实提高财政资金使用效益,根据《预算法》《扶贫项目资金绩效管理办法》等有关规定,结合我省实际,制定本办法。

第二条 本办法所称财政专项扶贫项目资金,是指各级财政安排的以改善低收入群体基本生活条件、发展生产、增强自我发展能力、提高收入水平和生活质量、共享全面小康为目的,支持扶贫开发的财政专项扶贫项目资金。

第三条 财政专项扶贫项目资金绩效管理是对财政专项扶贫项目资金开展的绩效目标管理、绩效监控、绩效评价及结果运用等全过程绩效管理工作。财政专项扶贫项目资金绩效管理应当遵循以下原则:

(一)目标导向,注重效果。在关注资金投入和使用过程的同时,更加注重精准扶贫绩效目标的实现程度,聚焦提高扶贫质量和减贫效果。

(二)统一部署,分工负责。各级各部门各负其责、各司其职,强化资金使用部门和单位的绩效管理主体责任。

(三)全程跟踪,创新管理。对财政专项扶贫项目资金实施全过程绩效跟踪,实行资金使用部门和单位自我管理和外部监管相结合,赋予基层精准施策更大自主权。

(四)压实责任,减轻负担。资金使用单位承担绩效管理主体责任,具体落实到项目负责人。严禁层层组织和多头重复评价检查,避免增加基层迎评迎检负担。

第二章 绩效目标管理

第四条 各有关部门按照职责,分工协作,负责实施财政专项扶贫项目资金绩效管理工作。

(一)省财政厅。统筹负责全省财政专项扶贫项目资金绩效管理工作;会同省扶贫办加强对市、县(市、区)财政专项扶贫项目资金绩效管理工作的指导和培训,强化绩效评价结果运用。

(二)省扶贫办。负责本部门所涉财政专项扶贫项目资金绩效管理工作;会同省财政厅指导行业系统做好绩效管理工作;督促市、县(市、区)扶贫部门及相关单位落实绩效目标,依据绩效目标开展相应的绩效管理工作,提出绩效评价结果运用建议。

(三)市、县(市、区)财政部门。会同有关部门依据职责负责本地区财政专项扶贫项目资金相关的预算编制、执行、决算实施全过程绩效管理。对有关部门编报的绩效目标进行审核、批复和调整等;会同有关部门做好本地区绩效目标执行监控、组织开展本地区财政专项扶贫项目资金绩效评价;督促落实绩效评价问题整改。

(四)市、县(市、区)扶贫部门。负责本地区财政专项扶贫项目资金绩效管理具体工作。设定、公开、分解、落实本地区绩效目标;组织做好本地区绩效目标执行监控,开展绩效自评及绩效评价,及时组织整改绩效评价中发现的问题。

各级民宗、农业、林业等主管部门参照扶贫部门职责分工,负责本部门所涉财政专项扶贫项目资金绩效管理工作。

第五条 财政专项扶贫项目资金绩效目标应当作为预算安排的重要依据,绩效目标应当清晰反映财政专项扶贫项目资金的预期产出和效果,并细化量化为绩效指标,主要包括数量、质量、时效、成本,以及经济效益、社会效益、生态效益、可持续影响和服务对象满意度等指标。

第六条 市、县(市、区)扶贫部门应当在本级扶贫开发领导小组的统一领导下,在编制年度部门预算、单位预算时,根据预算编制规定,科学合理测算财政专项扶贫项目资金需求,设定财政专项扶贫项目资金绩效目标。

第七条 市、县(市、区)扶贫部门应根据中央和省有关规定,结合本地区实际,建立财政专项扶贫项目库。提前明确入库条件,项目信息按规定公开公示,防止暗箱操作。未按照要求设定绩效目标的项目,原则上不得纳入扶贫项目库,不得申请相关财政预算。

第八条 市、县(市、区)财政部门依据国家相关政策、扶贫开发工作要求等,对主管部门编报的绩效目标进行审核,具体包括项目的必要性和可行性、绩效目标与低收入农户增收的相关性、绩效指标的合理性和可衡量性、与资金的匹配性等内容。审核未通过的,不得安排相关预算。审核通过并安排预算的,市、县(市、区)扶贫部门应当将财政专项扶贫项目资金绩效目标报送本级扶贫开发领导小组备案,并按规定依法公开。

第九条 市、县(市、区)财政部门在财政专项扶贫项目资金绩效目标审核中,对数额较大、社会关注度较高、对经济社会发展具有重要影响、关系重大民生领域或专业技术复杂的财政专项扶贫项目资金绩效目标,可根据需要组织第三方机构予以审核,必要时可邀请有关人大代表、政协委员、社会公众等共同参与,提出审核意见和建议。

第十条 预算审核通过后,市、县(市、区)财政部门应按规定将扶贫资金绩效目标随部门预算一同批复至相关部门。市、县(市、区)扶贫部门应当将财政专项扶贫项目资金绩效目标分解批复到资金使用单位。

财政专项扶贫项目资金绩效目标批复后,原则上不做调整。预算执行中因特殊原因确需调整的,应当按照绩效目标管理相关要求办理。扶贫项目及相关预算确需变更的,应当按照规定程序同步调整绩效目标。

市、县(市、区)财政部门应当将批复的财政专项扶贫项目资金绩效目标按照规定程序报送省财政厅和省扶贫办备案(涉及预算内投资的事项,还应报送发展改革部门,下同)。

第十一条 预算执行中,各级扶贫、财政等部门要落实扶贫资金项目公告公示责任,及时主动做好财政专项扶贫项目资金及其绩效目标管理相关情况公开工作。突出做好乡、村两级的公告公示,公告公示层级要下沉到自然村、到户,提高公告公示效果。

第三章 绩效监控、评价及结果应用

第十二条 市、县(市、区)扶贫部门应当建立财政专项扶贫项目资金绩效目标执行监控机制,对绩效目标实现程度和预算执行进度实行“双监控”,组织资金使用单位定期对预算和绩效目标执行情况进行跟踪分析,并向本级财政部门报送绩效目标执行监控结果。财政专项扶贫项目资金实际执行情况与绩效目标偏离的,应当及时纠正。

市、县(市、区)财政部门要充分利用相关动态监控信息系统,开展绩效目标执行监控。市、县(市、区)财政部门负责将财政专项扶贫项目资金绩效目标及指标嵌入系统,市、县(市、区)资金使用单位负责填报扶贫项目资金使用情况和绩效目标执行情况并上传相关证明材料。

市、县(市、区)财政部门应当加强监控结果应用,发现问题及时处理。问题严重的,应当及时收回或暂缓拨付财政资金。

第十三条 年度预算执行终了,市、县(市、区)财政部门应当组织扶贫部门开展绩效自评,填报绩效目标完成情况,对未完成目标的,分析原因并提出下一步改进措施。

市、县(市、区)扶贫部门应当将绩效自评结果及时报送本级财政部门,并接受同级审计部门的抽查监督。

市、县(市、区)财政部门对财政专项扶贫项目资金绩效自评结果进行抽查复核。绩效自评结果和抽查复核结果应当作为有关部门和单位改进管理、调整财政支出方向和安排以后年度预算的重要依据。

第十四条 各级财政和扶贫部门根据需要,可对扶贫重点项目和重点区域资金使用情况组织开展绩效评价,并将评价结果及时反馈有关部门和单位,要求其对发现的问题进行整改。

各级财政和扶贫部门开展财政专项扶贫项目资金绩效评价可委托第三方机构进行。

第十五条 财政专项扶贫项目资金绩效管理情况作为相关政策和资金存续、调整、整合的重要依据,结合绩效目标管理、绩效监控和绩效评价等情况,对符合绩效目标预期、绩效评价效果好的,可继续保留;对绩效目标相近、重复和碎片化的,应予以整合;对绩效目标发生变动或实际绩效与目标偏离较大的,应予以调整;对绩效目标已经实现或取消的,应予以退出,对低效无效资金一律削减或取消,对长期沉淀的资金一律收回。

第十六条 强化绩效评价结果应用,完善绩效结果反馈机制和绩效问题整改责任制,财政专项扶贫项目资金绩效管理情况纳入省对市、县(市、区)扶贫工作考核评价内容。

第十七条 市、县(市、区)财政部门应当将绩效评价结果编入本级决算并依法予以公开。市、县(市、区)扶贫部门应当将绩效自评结果编入本部门决算并依法予以公开。

第四章 附 则

第十八条 财政专项扶贫项目资金绩效管理中存在滥用职权、玩忽职守、徇私舞弊等违法违规行为的,按《中华人民共和国预算法》《财政违法行为处罚处分条例》等法律法规规定追究相关部门和人员责任。涉嫌犯罪的,依法移送司法机关处理。

第十九条 市、县(市、区)财政、扶贫等有关部门可依据本办法,结合当地实际,制定本级绩效管理实施细则,落实财政专项扶贫项目资金绩效管理具体工作。

第二十条 本办法自印发之日起施行。

浙江省东西部扶贫协作资金管理办法

浙财建〔2018〕95 号 2018 年 8 月 23 日

第一条 为确保我省东西部扶贫协作工作的顺利推进,规范我省东西部扶贫协作资金的管理，提高财政资金的使用绩效，根据《中共中央办公厅　国务院办公厅印发关于进一步加强东西部扶贫协作工作的指导意见》（中办发〔2016〕69号）、《中共浙江省委办公厅　浙江省人民政府办公厅印发关于浙江省助力东西部扶贫协作地区脱贫攻坚的实施意见》（浙委办发〔2018〕32号）和财政法规，制定本办法。

第二条　本办法所称浙江省东西部扶贫协作资金，是指浙江省根据中央统一部署安排的专项用于东西部扶贫协作对口帮扶四川省11个市（州）及所属40个县（市、区）的财政资金（以下简称“帮扶资金”）。

受帮扶的40个县（市、区）包括阿坝藏族羌族自治州的壤塘县、阿坝县、红原县、若尔盖县、九寨沟县、黑水县、马尔康市、金川县、小金县、汶川县、理县、松潘县、茂县；凉山州的木里县；乐山市的马边县、峨边县、金口河区和沐川县；宜宾市的屏山县；南充市的嘉陵区、仪陇县、阆中市和南部县；广元市的朝天区、昭化区、旺苍县、苍溪县、剑阁县及青川县；绵阳市的北川县、平武县；巴中市的通江县、平昌县、南江县、巴州区；达州市的宣汉县、万源县；泸州市的叙永县、古蔺县；广安市的广安区。

第三条　帮扶资金由财政部门和发展改革部门按照职责分工共同管理。省财政厅负责省级帮扶资金的筹措和全省帮扶资金的拨付（杭州、宁波除外），督促协调四川省财政部门将帮扶资金统一纳入当地扶贫资金的绩效管理和监督检查工作范围；省发展改革委负责会同浙江省赴四川省东西部扶贫协作帮扶工作组（以下简称“前方工作机构”）和四川省相关部门，制定东西部扶贫协作规划和年度项目计划，提出受帮扶县（市、区）资金分配方案，牵头组织对资金实施情况进行督查。各市、县（市、区）财政、发展改革部门具体负责本级资金筹措、对口督查等工作。

第四条　帮扶资金的管理，应当遵循以下原则：

（一）核定规模，分级筹措。我省帮扶资金由省与市县共同筹措，每年各市、县（市、区）筹资规模由省财政厅统一核定。

（二）统一上缴，统一拨付。承担帮扶资金筹措任务的市、县（市、区）按照省财政厅核定的额度将资金及时、足额上缴到省级国库。省财政厅统一拨付至四川省各受帮扶县（市、区）国库。

（三）预算管理，精准扶贫。帮扶资金应严格执行预算管理和国库管理的规定，确保资金使用规范，专项用于四川省精准脱贫扶贫项目。

第五条　省财政厅根据年度帮扶资金规模核定省级和市本级、县（市、区）筹资额度。帮扶资金筹措对象为省级、温州市等9个市本级和所属66个县（市、区），综合考虑现行财政体制、地方财力状况等因素，市本级、县（市、区）分档承担帮扶资金筹措任务，具体分档情况见附件。

第六条　各有关市、县（市、区）根据省财政厅核定的帮扶资金额度作转移性支出，列“23013援助其他地区支出”科目，在省财政厅发文之日起1个月内，将帮扶资金足额缴入省级国库。未按时、足额上缴帮扶资金的，省财政厅将在省与市县财政年终结算时扣缴并加收罚息。

第七条　省发展改革委会同前方工作机构及四川省相关部门，按照年度帮扶资金总规模，提出年度帮扶资金分配方案，并按此下达年度帮扶项目计划。

省财政厅按照资金分配方案，在规定的时间内及时将帮扶资金拨付到位。

第八条　帮扶资金主要用于建档立卡贫困人口关联密切的产业发展、劳务协作、人才培训、社会事业以及基础设施等方面的项目支出。具体由省发展改革委制定的年度项目计划确定。

第九条　承担东西部扶贫协作任务的市、县（市、区）财政部门应督促受帮扶地区制定帮扶资金使用管理办法，建立帮扶资金绩效考核评价机制，确保帮扶资金聚焦精准脱贫攻坚。

第十条　帮扶资金筹措、使用管理接受浙江省和四川省双方审计、纪检监察等有关部门的督查，确保帮扶资金安全、规范、高效。

第十一条　督查过程中如发现各级财政部门、发展改革部门或项目实施单位有截留、挤占、挪用帮扶资金等违反法律、法规、规章行为的，移送有关部门依法给予行政处分或者行政处罚；构成犯罪的，依法追究刑事责任。

第十二条　杭州市、宁波市根据本办法，结合地方实际情况，制定东西部扶贫协作资金管理办法。

第十三条　本办法自印发之日起施行。原《浙江省财政厅　浙江省人民政府经济合作交流办公室关于印发浙江省长效帮扶青川县专项资金管理办法的通知》（浙财建〔2011〕214号）和《浙江省财政厅　浙江省人民政府经济合作交流办公室关于印发浙江省对口支援四川藏区专项资金管理办法的通知》（浙财建〔2015〕135号）同时废止。

附件：分档承担帮扶资金筹措任务的市本级、县（市、区）名单

分档承担帮扶资金筹措任务的市本级、县（市、区）名单

第一档（31个）：

温州市本级、鹿城区、龙湾区、瓯海区、乐清市、瑞安市、湖州市本级、吴兴区、德清县、长兴县、嘉兴市本级、南湖区、秀洲区、嘉善县、平湖市、海宁市、桐乡市、海盐县、绍兴市本级、越城区、柯桥区、上虞区、诸暨市、金华市本级、义乌市、永康市、台州市本级、椒江区、路桥区、温岭市、玉环市。

第二档（14个）：

洞头区、南浔区、安吉县、嵊州市、新昌县、婺城区、金东区、东阳市、浦江县、黄岩区、临海市、衢州市本级、丽水市本级、舟山市本级。

第三档（30个）：

永嘉县、平阳县、苍南县、文成县、泰顺县、兰溪市、磐安县、武义县、仙居县、三门县、天台县、柯城区、衢江区、龙游县、常山县、江山市、开化县、莲都区、龙泉市、青田县、缙云县、遂昌县、松阳县、云和县、庆元县、景宁县、定海区、普陀区、岱山县、嵊泗县。

浙江省工业与信息化发展财政专项资金使用管理办法

浙财企〔2018〕63号 2018年9月28日

第一章 总 则

第一条 为了加强专项资金使用管理，提高财政资金使用绩效，全面推进实体经济转型升级，加快制造强省和数字经济强省建设，根据《中华人民共和国预算法》等财政政策法律、法规规定，以及《浙江省数字经济五年倍增计划》《浙江省人民政府办公厅关于实施促进实体经济更好更快发展若干财政政策的通知》（浙政办发〔2017〕52号）《浙江省人民政府关于印发浙江省加快传统制造业改造提升行动计划（2018—2022年）的通知》（浙政发〔2018〕21号）《浙江省人民政府关于加快建立现代财政制度的意见》（浙政发〔2015〕41号）等精神，制定本办法。

第二条 本办法所称浙江省工业与信息化发展财政专项资金（以下简称“专项资金”）是指由省级财政预算统筹安排，纳入省级政府部门专项资金清单管理，专项用于促进全省工业和信息化发展的资金。专项资金实施周期为2019—2022年，周期结束后，根据专项资金总体绩效评价结果，研究确定新一轮实施计划。

第三条 专项资金由财政部门和经信部门按职责分工共同管理。省财政厅负责专项资金的预算安排、分配方案审核、资金下达、监督检查和指导经信部门开展绩效管理等工作。省经信委负责提出专项资金年度支持重点及分配方案，明确专项资金的分配因素、权重及绩效目标，组织实施竞争性分配方案，加强全省各级项目库的联动管理，并对项目安排、实施情况和资金使用情况进行事中事后监督检查和绩效管理。各地经信部门要会同财政部门根据省经信委、省财政厅确定的扶持重点，建立项目储备库，按照职责分工共同做好专项资金下达后的项目报备和管理、监督检查和跟踪问效等工作。

第四条 专项资金的使用应当符合国家、省工业和信息化领域发展规划及政策要求，并遵循“公开透明、科学规范、讲究绩效”的原则，体现“亩均效益”导向，促进高质量发展。专项资金的管理遵循标准公开、过程公开、结果公开的原则，接受社会监督，确保专项资金使用规范、安全和高效。

第二章 支持对象、支持方向和分配方式

第五条 支持对象

各市、县（市）及萧山、余杭、富阳、临安、洞头、柯桥、上虞区人民政府。

第六条 支持方向

按照集中财力办大事、提高财政资金绩效的要求，围绕制造强省建设战略部署，大力支持省委、省政府重点工程实施和重点产业发展；聚焦数字经济“一号工程”，加快推进数字产业化和产业数字化；贯彻落实实体经济振兴战略，推进传统制造业改造提升；省委、省政府确定的工业和信息化领域其他重点工作。

第七条 分配方式

专项资金采取因素法和竞争法相结合的方式进行分配。

（一）因素法分配方式。根据国家和省委、省政府有关要求，以各地年度工业和信息化领域重点工作考核评价结果、下达的工作任务量、目标完成情况及绩效评价结果等为分配因素，并依据相应的权重进行分配。

（二）竞争法分配方式。围绕省委、省政府明确的工业和信息化领域重点工作，以市、县（市、区）为主体，开展竞争性遴选，择优在部分地区开展分行业（区域）改造提升、提质发展专项激励政策等。

（三）省经信委、省财政厅按照省委、省政府的工作部署和年度工作安排，及时调整分配因素和权重。

第三章 资金分配、下达和使用

第八条 根据年度确定的工业与信息化工作重点和专项资金预算安排情况，由省经信委会同省财政厅于每年6月30日前研究提出下一年度专项资金支持方向，明确分配方式、分配权重（资金额度）及绩效目标。省经信委要根据明确的分配方案，及时开展方案评审、考核评价、指标统计、任务下达等各项前期工作，研究提出资金分配方案，并于每年9月底前报省财政厅审核。

第九条 每年10月底前，省财政厅会同省经信委按不低于专项资金规模的70%提前下达市、县（市、区），作为下一年度专项转移支付资金，并逐步提高提前下达资金的比重。每年11月底前，完成专项资金分市、县（市、区）预算编制工作。省人代会批准预算后60日内，省财政厅会同省经信委下达全部专项资金。

第十条 下达市县的专项资金，实行属地管理，由市、县（市、区）按照本办法规定的专项资金支持方向和年度业务指导文件要求，结合本地工作实际，统筹用于支持省级明确的工业与信息化重点领域和重点工作推进。其中，竞争法分配下达的资金要按照申报或批复的实施方案明确的使用方向和使用重点进行落实；有明确使用方向和使用标准的，按上级文件要求执行；对“亩均效益”好的企业给予适当倾斜，排名末档的企业不得给予支持。省级专项资金不得用于人员福利、公用经费、楼堂馆所建设等支出，不得擅自改变专项资金用途。专项资金的结转结余，按盘活财政存量资金的有关规定办理。

第十一条 各市、县（市、区）经信、财政部门在收到专项资金下达计划后，要按照本办法和年度业务指导文件要求，及时制定专项资金使用方案，明确扶持重点和绩效目标，在本地区范围内公开组织项目申报、审核等工作。

第十二条 各市、县（市、区）财政、经信部门要建立健全工作机制，按规定做好项目储备等工作，加快资金拨付进度，及时

将专项资金拨付到项目单位,下达市县的专项资金原则上需在每年10月底前完成拨付。各市、县(市、区)经信部门要将专项资金安排落实情况统一汇总后,报送省经信委、省财政厅备案,并按规定要求及时将专项资金使用情况(含项目清单)分别在省财政厅、省经信委项目备案系统进行备案,对按项目进度需跨年度下达的资金需说明原因。

第四章　绩效管理和监督检查

第十三条　绩效管理

(一)根据省财政厅绩效管理的要求,省经信委会同省财政厅建立健全专项资金预算绩效管理制度,完善绩效目标管理,组织实施专项资金绩效评价。评价结果作为完善专项资金政策及预算资金分配的重要依据。各市、县(市、区)经信部门和财政部门要根据项目管理和实施情况组织实施绩效目标申报、绩效监控和绩效评价等工作,切实提高财政资金使用效益。

(二)绩效评价按照"谁使用、谁评价"的原则实施。项目承担单位按照市、县(市、区)要求做好绩效自评。市、县(市、区)经信部门会同财政部门加强对项目实施单位绩效评价工作的指导和监督,组织开展专项资金绩效评价,并按要求上报评价报告。省经信委会同省财政厅根据年度工作安排,可选择部分地区、项目开展重点评价,采取成立评价工作组(专家组)或委托第三方机构评价等方式,按照绩效评价规定程序和要求组织实施。

第十四条　监督检查

(一)专项资金使用管理接受审计、纪检监察、财政等部门的监督检查,一旦发现截留、挤占、挪用或骗取专项资金等违法违纪行为,依照有关法律法规的规定追究相应责任。

(二)各级财政部门和经信部门要建立健全专项资金使用管理、监督检查和跟踪问效制度,督促指导项目承担单位按规定使用专项资金,确保工业和信息化发展政策的落实到位,对发现的问题要及时纠正,并向省财政厅、省经信委报告。项目承担单位应按现行有关财务会计制度规定加强财务管理,按规定用途使用资金,按项目计划认真推进项目实施,自觉接受财政部门和经信部门的监督检查。

(三)各级财政部门和经信部门、单位及其工作人员在专项资金使用管理工作中,存在违反规定审批、分配、拨付、使用和管理资金,以及其他滥用职权、玩忽职守、徇私舞弊等违法违纪行为的,按照《中华人民共和国预算法》《中华人民共和国公务员法》《中华人民共和国监察法》《财政违法行为处罚处分条例》等国家有关规定追究相应责任;涉嫌犯罪的,移送司法机关处理。

第五章　附　则

第十五条　本办法自2018年9月28日起施行。《浙江省财政厅　浙江省经济和信息化委员会关于印发〈浙江省工业和信息化发展财政专项资金使用管理暂行办法〉的通知》(浙财企〔2014〕189号)同时废止。

关于推进全省清廉财政建设的实施意见

浙财党〔2018〕59号　2018年10月8日

一、建设清廉财政的总体要求

省第十四次党代会提出,要在全面从严治党上更进一步、更快一步,努力建设清廉浙江。省委十四届三次全会专题部署清廉浙江建设工作,通过了《关于推进清廉浙江建设的决定》,再次向全省发出了推进清廉浙江建设的动员令。清廉财政建设是清廉浙江建设的重要组成部分,全省各级财政部门党组要认真贯彻省第十四次党代会和省十四届三次全会精神,切实承担起全面从严治党的主体责任,抓好自身建设,同时充分发挥财政职能作用,深化财政源头防腐治腐改革,为清廉浙江建设提供财政制度保障。

(一)指导思想

以习近平新时代中国特色社会主义思想为指导,深刻把握新时代党的建设总要求,全面贯彻落实党的十九大精神,围绕清廉浙江建设总体部署,聚焦公共资金、公共资产、公共资源,着力构建"五大体系",充分发挥财政在清廉浙江建设中的服务保障作用,使财政权力运行更加规范有序、财政资金管理更加公开透明、财政政策制度更加精准有效,努力打造清廉财政,奋力推进新时代财政事业新发展,为我省坚定不移沿着"八八战略"指引的路子走下去,加快推进"两个高水平"建设提供强有力的财政保障。

(二)基本原则

坚持党要管党。所有财政工作都是党领导下的工作。清廉财政建设必须以党的政治建设为统领,强化政治意识、大局意识、核心意识、看齐意识,坚定执行党的政治路线,严守政治纪律、政治规矩,坚决贯彻落实党中央和省委、省政府的决策部署,在清廉浙江建设的总框架下推进清廉财政建设。

坚持制度约束。遵循标本兼治、综合治理、惩防并举、注重预防的方针,将制度建设贯穿于清廉财政建设全过程,建立公开公平公正的权力运行和监督制约机制,用制度管人、管事、管权,规范干部从政行为,防止权力滥用。

坚持科技促廉。利用云计算、大数据、移动互联网等先进技术,探索以科技促公开、以公开促廉洁的"互联网+"防治腐败新模式。不断丰富科技防腐的内涵和外延,积极构建财政大数据平台,把公共预算资金都纳入平台监控,及时发现和预警违规违纪行为,搭建起"不能腐"的科技屏障。

坚持协同推进。在全省财政系统建立主体明晰、传导有力的责任落实机制和问题反馈机制,保障清廉财政建设有序推进。建立内外协同的工作机制,不断完善与纪检监察、巡视、审计等有关部门的问题线索沟通、移送机制,形成监督合力。

二、构建清廉财政的五大体系

（一）构建风清气正的政治生态体系

构建风清气正的政治生态体系，是推进清廉财政建设的首要任务。各级财政部门要把党的政治建设放在首位，以政治上的全面加强推进财政部门全面从严治党向纵深发展，推动政治生态持久风清气正。

1. 把政治建设放在首位。把坚持党的全面领导、维护党中央权威和集中统一领导作为必须严格遵守的最根本的政治原则和最大的政治规矩。认真贯彻落实党中央、国务院和省委、省政府各项决策部署，做到令行禁止，确保政令畅通。充分发挥党组（党委）总揽全局、协调各方的领导核心作用，领导班子和领导干部要在把方向、管大局、抓落实上体现政治担当，自觉服从服务于经济社会发展大局，体现财为政服务的要求。

2. 严肃党内政治生活。严格执行《关于新形势下党内政治生活的若干准则》，坚持和落实"三会一课"、民主生活会、组织生活会、党员民主评议、主题党日、党员领导干部必须参加双重组织生活等制度，用好批评和自我批评等手段，进一步增强党内政治生活的政治性、时代性、原则性、战斗性。建立党组政治生态状况评价分析制度，及时解决苗头性、倾向性问题。严格执行民主集中制，坚决反对搞"两面派"、做"两面人"。发展积极健康的党内政治文化，倡导清清爽爽、规规矩矩、老老实实的同志关系，弘扬忠诚老实、公道正派、实事求是、清正廉洁的价值观。

3. 切实加强纪律建设。有效运用监督执纪"四种形态"，着力在用好"第一种形态"上下更大功夫。落实党组书记约谈提醒、签字背书制度，发现党员干部苗头性倾向性问题及时批评教育、谈话函询，抓早抓小，防微杜渐。以身边案例为警戒，持续深入开展"以案释纪明纪，严守纪律规矩"警示教育活动，做好案件的"后半篇"文章。用好党章赋予党组的纪律处分权，发挥好基层党组织直接教育、管理和监督党员的职责，以严管体现厚爱，确保干部干成事、不出事。

4. 持之以恒正风肃纪。高标准执行中央八项规定精神和省委"36条办法"，从党组自身做起，坚持以上率下，坚持不懈改作风转作风正作风，把清廉作风落实落小落细。大兴调查研究之风，深入基层、深入群众、深入实际"访民情、访企情、访政情"，广泛听取基层意见和建议，精准施策、对症下药，着力推动问题的解决。完善重要时间节点常态化提醒机制，发挥明查暗访、典型通报等警示和震慑作用。对照形式主义、官僚主义"10种表现"和享乐主义、奢靡之风"12类问题"，开展自查自纠，坚决破除特权思想和特权现象。

5. 提升基层党建质量。牢固树立一切工作到支部的鲜明导向，把党支部建设成宣传党的主张、贯彻党的决定、创新发展理念的坚强战斗堡垒。认真落实党组推进"两学一做"学习教育常态化制度化的36条措施，突出政治功能，强化计划管理、痕迹管理、规范管理。深入实施党支部建设提升工程，深化星级评定，开展"先锋支部"争创活动，推进党支部标准化规范化建设。认真落实机关党委委员挂点联系、帮扶督促制度，持续加强对后进支部的帮带。全面加强基层党组织带头人队伍建设，强化"一岗双责"责任意识，进一步发挥支委会整体作用和支部书记、支部委员的作用。坚持落实机关党委书记、支部书记述职制度。总结推广支部工作方法，推进支部工作创新和品牌建设。不断优化工作流程，进一步提升基层党建工作质量和效率。

（二）构建规范透明的公共财政资金管理体系

构建规范透明的公共财政资金管理体系是推进清廉财政建设的核心内容。各级财政部门要紧盯公共资金分配、拨付、使用、存放等关键环节，加强制度约束和流程管控，确保财政资金安全有效。

6. 强化预算刚性约束。落实《预算法》各项要求，严格预算收支管理，所有收支都要纳入预算。要依法征收、应收尽收，提高财政收入质量，严禁采取"空转"等方式虚增收入。坚持先有预算后有支出，预算没有安排的不得支出，年度预算执行中依法控制预算调剂事项，规范超收收入使用，严格控制新增财政支出款项，严禁对非预算单位未纳入年度预算的项目借款和垫付财政资金。不折不扣落实好减税降费各项政策，坚决遏制乱收费行为。

7. 深化专项资金管理改革。按照"两个一般不"要求，不断完善财政专项资金管理清单制度，逐步取消市、县（市）本级部门财政专项资金。强化项目库管理，未按规定提前纳入项目库的，不得列入预算安排。加大省级财政专项资金清理整合力度，规范财政专项资金分配办法，采用"因素法"分配、竞争性分配等方式，有效控制自由裁量权，提高资金分配的科学性、公平性和透明度。进一步厘清政府与市场、社会，省与市县政府间的关系，推进省以下财政事权与支出责任划分改革。属于市场能有效发挥作用的，财政专项资金退出，或由政府产业基金通过市场化方式支持。属于市县财政事权的财政专项资金，建立退出机制。对于省委、省政府确定特定目标的财政专项（包括存量专项），原则上以三年为期限。加强专项资金管理内控制度建设，完善专项资金设立、预算编制和执行、监督管理等环节风险点的防控措施。

8. 健全完善公款存放机制。按照"依法合规、公开透明、安全优先、科学评估、权责统一"的原则，制定完善公款存放管理实施办法，建立健全公款竞争性存放常态机制，切实防范利益输送和利益冲突。加强流程管控和内部制衡，严格实行利益回避制度，科学、客观、公正地设置竞争性存放的评分指标，推进网上招投标平台建设，从制度、技术层面切断利益输送链条。加大与审计、人行、银监等部门联合监督检查力度，强化监管和问责，坚决杜绝违规干预、插手资金存放等行为。加强对下级财政部门的监督指导，及时发现和纠正公款存放领域的违法违规问题。

9. 加强国库集中支付动态监控。进一步拓展国库集中支付动态监控的广度和深度，逐步实现全省各级财政部门监控制度、监控地区、监控岗位、监控系统全覆盖。修订《省级国库集中支付动态监控管理工作基本规程（试行）》，合理设置内部岗位和工作规则，形成资金监管闭环。重点关注资金使用是否符合预算规定用途、资金流动方向是否正常、资金支付是否符合政府采购管理等有关规定;以优化监控规则、完善系统功能为抓手,通过电话核实、调阅材料、约谈走访、实地核查等多种监控方式,核查可疑问题,及时拦截违规资金,完整记录财政资金违规问题处理流程,做到过程有痕迹、责任可追溯,筑牢资金安全防线。

10. 完善财政支出标准体系。充分发挥财政支出标准在预算编制、经费管理中的基础性支撑性作用。建立健全涵盖基本支出与项目支出的财政支出标准体系,做到支出有标准,切实减少预算分配环节的随意性。认真贯彻中央和省委、省政府厉行节约反对浪费的有关精神,及时梳理现有综合性开支标准制度,完善相关配套政策,强化政策解读和宣传辅导,加大制度执行情况的监督检查,通过经费约束规范公务行为,有效避免私设"小金库"、超标准开支等问题。

11. 积极推进财政信息公开。严格执行重大决策程序规定,重要改革方案和重大政策措施应在决策前向社会公布决策草案、决策依据,广泛听取公众意见。加大预决算、"三公"经费公开力度,稳步推进预算绩效信息公开,建立公开排行榜,细化公开内容,扩大公开范围,打造"阳光财政"。健全完善行政事业性收费和政府性基金目录清单公开和动态更新机制。推进重大建设项目领域有关竣工财务决算信息主动公开工作。督促做好全省政府采购信息公开工作,持续推进政府采购全流程透明化运行。进一步深化权力清单、责任清单和行政审批事项公开,建立健全动态调整机制。推进涉及公共资源、公共资产、公共资金的交易和配置的公开信息与省级公共资源交易平台共享和公开工作。

(三)构建保障有力的财政源头治腐体系

构建保障有力的财政源头治腐体系是推进清廉财政建设的治本之举。各级财政部门要建立健全从源头上防治腐败的体制机制,加强对财政重点领域和关键环节的廉政风险防控,着力筑牢"不能腐"的制度堤坝,确保财政权力始终在规范透明的轨道上运行。

12. 推进"最多跑一次"改革。深入开展财政部门"上门服务至少一次"活动,抓住关键环节,聚焦堵点、痛点,久久为功、持续发力,切实提高服务质量和实效。建立"最多跑一次"办事事项动态调整机制,按照主项名称、子项名称、适用依据、申请材料、办事流程、业务经办流程、办理时限和表单内容"八统一"标准和群众企业实际办事需求,持续推进办事事项迭代升级。深化落实"减事项、减次数、减材料、减时间"要求,鼓励全省各级财政部门在全省统一标准的基础上,对标领跑者,进一步精减办事材料、压缩办理时间。加快数据归集共享,全面打破信息孤岛,实现数据按需归集。加快推进财政数字化转型,以"互联网+政务服务"为抓手,不断提升财政管理和服务效能。

13. 加强政府采购管理。完善政府采购制度,着力构建与电子化采购相适应的政府采购政策体系。积极推广应用"政采云"平台,创新网上超市、网上服务市场、在线询价、反向竞价、电子化招标采购模式,实现全省政府采购一体化、一张网。完善需求管理和履约验收制度,强化采购人的主体责任,严格执行相关预算支出标准、资产配置标准和绩效管理要求,提高政府采购资金使用效益。推进政府采购领域简政放权,清理取消部分审批审核事项,推行网上办公和限时办结,提高工作效率。综合运用大数据分析、信用评价、监督检查、信息公开等方式,加强政府采购监管,加大对采购代理机构和评审专家的考核,强化行业自律,对发现的重大违纪线索及时移送纪检监察部门处理。

14. 推进政府供给方式改革。创新公共产品供给方式,积极推广应用政府与社会资本合作(PPP)模式和政府购买服务,严把 PPP 项目入库标准关,引入政府购买服务第三方评价机制,切实提高公共服务领域的供给质量和效率。完善政府产业基金投资决策程序,充分发挥业内投资专家的智库作用,防止政府产业基金偏离目标。强化政府产业基金的政策导向,聚焦省委、省政府重点工作,围绕数字经济、凤凰行动、军民融合、特色小镇等重点领域,组建若干全省联动的主题基金和定向基金,发挥财政资金杠杆撬动作用。完善退出机制,对政府产业基金参与投资的重大项目,明确让利标准和程序,防止寻租行为。

15. 强化国有公共资产监管。建立健全国有资产配置标准体系,从源头上确保资产配置公平合理。强化国有资产出租管理,实行公开招租,确保过程透明,阳光操作。从严审批事业单位对外投资,加强风险管控,确保对外投资资产安全和保值增值。规范资产处置,通过拍卖、招投标等公开进场交易方式,杜绝暗箱操作,防止国有资产流失。探索国有资产处置新模式,扩大单位资产处置权限,逐步建立废旧资产定点企业上门回收制度,提高处置工作效率。建立政府向本级人大常委会报告国有资产管理情况制度,让国有资产在阳光下运行,提升国有资产管理公信力。推广应用"资产云"平台,加强国有资产监管和风险预警。

16. 规范乡镇财政财务管理。按照"一级政府、一级财政"的要求,优化管理模式、规范管理行为、创新服务方式,有效提升乡镇财政管理水平。完善乡镇财政管理体制,进一步明确乡镇财政职能,严格乡镇收支预算管理,深化国库集中支付改革,规范资产和债权债务管理。切实加强乡镇财政机构和队伍建设,加快推进规范化乡镇财政所创建工作。不断完善乡镇财政就地就近资金监管,深入实施乡镇公共财政服务平台建设,加快推进涉农民生补助资金"一卡通"发放。

17. 推进行政事业单位内控机制建设。督促行政事业单位认真落实《行政事业单位内部控制规范》,督促行政事业单位建立健全内部控制制度,切实开展单位内控制度年度自评及报告工作。加强对内部控制报告数据的分析利用,做好单位内部控制建设的分类指导和监督检查,并持续做好宣传和推动工作。财政部门要在落实内控机制建设方面当好表率,在完善"1+8+X"的内控制度体系的基础上,坚持问题导向,通过专项检查考核、建立内控监控平台等方式,建立常态化的内控执行机制,确保内控工作真正发挥作用。

(四)构建权威高效的财政监督体系

构建权威高效的财政监督体系是推进清廉财政建设的重要保障。各级财政部门要履行财政监督法定职责，维护财经纪律，坚决查处和纠正各类财经违法违规行为，提高财政监督的威慑力，为清廉财政建设提供强有力的保障。

18. 加强绩效管理监督问责。按照全面实施预算绩效管理的要求，建立健全激励约束机制，对绩效好的政策、项目，财政优先保障，对绩效差的政策、项目，予以公开通报，并督促改进，对交叉重复和碎片化的政策、项目，予以调整，对不应安排的坚决取消；低效无效资金一律削减或取消，长期沉淀的资金一律收回。加强绩效考核监督，对工作推进不力的部门和单位进行约谈并责令限期整改，对发现违纪违法问题线索的，及时移送监察机关。完善绩效评价结果反馈和绩效问题整改责任制。建立评价结果通报制度，逐步推进绩效信息公开，自觉接受人大监督、社会监督。

19. 加大财政违法违规行为查处力度。认真落实依法行政、规范执法和“双随机一公开”监管等有关要求，整肃财经纪律，禁止违规出借政府财政资金，严肃查处截留挪用、骗取套取、贪污侵占财政资金行为，特别是扶贫、教育等民生领域的违法违规行为，严肃查处财政资金低效无效、造成重大损失浪费的行为，严肃查处土地滞纳金等非税收入长期未缴、虚开发票套取资金等问题，着力堵塞监管漏洞。对检查中发现的挤占挪用、层层截留、虚报冒领、挥霍浪费等问题，发现一起、查处一起，曝光一起，确保财政资金使用安全。实施“一案双查”，对违反廉政纪律、工作敷衍塞责、作风不细不实、隐瞒发现问题等行为的财政干部，依纪依规进行追责问责。

20. 健全“小金库”常态化治理机制。加强“小金库”治理的日常监督，在门户网站、公告栏等多渠道公布举报电话、举报信箱，鼓励知情人提供有效线索，财政部门做好举报的受理、登记、查处督办等工作，使“小金库”治理工作常态化。对查实的“小金库”，按照相关法律法规规定处理处罚；对设立“小金库”直接负责的主管人员和其他责任人员，依法严肃追究相关责任；涉嫌犯罪的，及时移送监察机关依法处理，并将发现的“小金库”资金及时缴入国库。

（五）构建崇廉倡廉的财政清廉文化体系

构建崇廉倡廉的财政清廉文化体系是推进清廉财政建设的内在动力。各级财政部门要积极推进清廉文化进机关、进家庭，培植、浓厚崇尚廉洁、反对贪腐的文化氛围，发挥廉政文化建设的引导作用，提高全体干部职工对廉政道德的认知水平，让廉洁从政成为全省财政干部普遍认同的价值取向，并内化于心、外化于行。

21. 加强清廉财政思想教育。推进“两学一做”学习教育常态化制度化，按照党中央和省委部署，开展“不忘初心、牢记使命”主题教育，大力弘扬伟大民族精神、时代精神和红船精神、浙江精神。加强党员领导干部政德建设，教育党员领导干部明大德、守公德、严私德，自觉加强党性修养。教育引导广大党员干部对宪法法律始终保持敬畏之心，带头在宪法法律范围内活动，坚持用法治思维和法治方式作决策、想问题、办事情，严格依照法定权限、规则、程序行使权力、履行职责。加强党章党规党纪学习，使党员干部知敬畏、存戒惧、守底线，习惯在受监督和约束的环境中工作和生活。

22. 树立选人用人的正确导向。贯彻新时代党的组织路线，坚持党管干部原则，强化党组选人用人主体责任和领导把关作用，突出政治标准，坚持德才兼备、以德为先、任人唯贤，坚持事业为上、依事择人，营造风清气正的选人用人环境。适应“两个高水平”建设需要，大力发现培养选拔优秀年轻干部，努力建设高素质专业化年轻干部队伍。严把选人用人政治关、品行关、作风关、廉洁关、形象关，严格落实“凡提四必”，防止干部“带病提拔”“带病上岗”。完善干部经常性差异化考核评价机制，落实“八二分”原则，加强平时考核，改进年度考核。落实中央和省委关于激励广大干部新时代新担当新作为的意见，完善财政部门关心关爱激励干部的制度机制。

23. 倡导财政职业精神。开展先进典型宣讲、大讨论、主题征文等形式多样、内容丰富的财政文化建设活动，广泛宣传、深刻领会、切实践行“实、稳、优”财政核心价值理念和“严谨、坚守、创新、奉献”的财政职业精神，将其内化为全省财政干部的价值追求、职业操守和行为准则。充分发挥财政文化引导认知、提升素质、调整行为的积极作用，以先进的理念武装人，以正面的教育影响人，以崇高的精神熏陶人，提高全省财政干部队伍的凝聚力、向心力和战斗力，为财政改革发展提供强有力的人才支撑。

24. 营造崇清尚廉的良好氛围。重视家庭、家教、家风建设，用好孔氏南宗家庙、“江南第一家”郑义门等省直机关党员干部教育基地资源，倡导良好家风家规。加强清廉财政建设的理论研究、经验总结，不断丰富完善清廉财政建设的内涵和举措。充分发挥报纸、杂志、电视以及政务微信、门户网站等新媒体的作用，精心策划、科学安排，深入宣传、充分展示清廉财政建设的进展动态、先进典型、工作成果，强化财政干部对建设清廉财政的心理认同、行为趋同，为清廉财政建设营造良好的舆论氛围。

三、形成建设清廉财政的良好工作格局

25. 加强组织领导。全省各级财政部门党组（党委）要坚决扛起清廉财政建设的政治责任，认真研究制定具体实施方案，明确工作目标和具体措施，制定年度工作计划，分步骤、分阶段推进。加快建立“党组（党委）书记亲自抓、分管领导具体抓、处（科）室和单位协同抓”的工作机制，形成工作合力。主动接受派驻纪检监察组的监督。

26. 落实主体责任。全省各级财政部门领导班子对职责范围内的清廉财政建设负全面领导责任，党组（党委）书记是清廉财政建设第一责任人，对职责范围内的清廉财政建设负总责；党组其他成员根据工作分工，对职责范围内的清廉财政建设负直接领导责任。对不认真履行职责造成严重不良后果的，既要追究当事人的责任，又要追究履职不到位的相关领导责任。

27. 完善督查考评。全省各级财政部门要把清廉财政建设列入年度工作考核体系，制定切实可行的考核方案，建立科学可操作的考核指标,考核结果作为年终评先和考察任用干部的重要依据。省财政厅要加强对全省清廉财政建设的指导和督查。各设区市财政局每年在向当地党委、纪委汇报清廉财政建设工作的同时,要将有关情况书面抄送省财政厅。

28. 务求工作实效。把清廉财政建设的各项要求融入财政业务全流程,作为推进财政改革、破解重点难题、弘扬财政清风正气的重要举措。围绕清廉财政建设的各项要求,细化工作内容,抓好具体落实,注重工作实效,确保清廉财政建设扎实有序推进。

浙江省农村综合改革补助资金管理办法

浙财基〔2018〕19 号 2018 年 10 月 8 日

第一条 为规范农村综合改革补助资金(以下简称"农综改资金")分配和使用管理,推动中央和省农村综合改革重大决策部署的有效实施,提高资金使用绩效,根据《中央财政农村综合改革转移支付资金管理办法》(财农〔2016〕177 号)精神,结合我省实际,制定本办法。

第二条 本办法所称农综改资金是指中央和省级财政预算安排的用于我省农村综合改革发展工作的财政补助资金。

第三条 农村综合改革工作根据财政部、国务院农村综合改革工作办公室统一部署,由省财政厅、省农村综合改革办公室统一组织,市、县(市、区)为主实施。农村综合改革支出责任主要在地方,省财政按相关规定统筹中央和省级资金,结合工作需要和财力状况给予适当支持引导。

第四条 农综改资金的安排使用遵循客观公正、突出重点、规范管理、注重绩效的原则。

第五条 农综改资金主要用于村级公益事业一事一议财政奖补、美丽乡村建设、村级集体经济发展、田园综合体创建、农村综合性改革、农村综合改革集成区建设等改革试点工作,以及其他需要推动落实的改革发展事项。不得用于人员工资、楼堂馆所建设等与农村综合改革工作不相关的支出。

第六条 农综改资金应创新投入和使用方式,可采用以奖代补、民办公助、贷款贴息、政府与社会资本合作等方式,引导社会资金参与农村改革发展有关事项,放大财政资金使用效能。

第七条 农综改资金投入形成的公益性资产应当明确主体,及时移交产权,确定运行管护责任。农综改资金投入形成的经营性资产,除拨款时明确产权的以外,原则上归属于村级集体经济组织,能够在村集体经济组织与成员之间量化的可按股权比例量化,不得以任何形式将农综改资金量化给其他非集体经济组织。

第八条 省财政厅按照农村人口、乡村个数、地方财力情况、年度重点改革任务、工作考核结果、资金使用绩效等因素分配各市、县(市、区)农综改资金。

第九条 省财政厅根据年度农村综合改革重点改革任务,按照《预算法》要求及时下达农综改资金。

第十条 市、县(市、区)财政部门收到农综改资金后应及时下达预算并支付,农综改资金的支付应当按照国库集中支付制度有关规定执行。

第十一条 发挥乡镇财政部门对农综改资金使用就地就近监管作用,农综改资金原则上应通过乡镇财政支付。

第十二条 市、县(市、区)财政部门收到省财政厅下达的农综改资金后,应在规定时间内,向省财政厅报送资金使用计划。

第十三条 市、县(市、区)财政部门结合农村综合改革年度重点任务,足额安排本级资金,与省财政厅下达的农综改资金统筹使用,确保开展农村综合改革工作的资金需要。需要开展统筹整合使用的资金,按照财政部、省财政厅有关规定执行。

第十四条 市、县(市、区)农村综合改革部门应根据省农村综合改革办公室确定的重点改革任务,加强农村综合改革项目库建设,综改项目原则上应从项目库中择优选取。改革任务确定后,应及时将建设项目纳入"农村综合改革信息管理系统"进行管理。

第十五条 市、县(市、区)财政、农村综合改革部门应对年度内资金使用、项目建设和农村综合改革进展等情况进行总结和自评考核,自评考核情况于 1 月 15 日前上报省财政厅、省农村综合改革办公室。省财政厅、省农村综合改革办公室在各地自评基础上,对各地农村综合改革工作进行综合考评,并根据需要对重点改革事项及相关资金使用管理、项目建设情况进行监督检查和抽查考评,对考评结果采取适当方式进行通报。

第十六条 省财政厅、省农村综合改革办公室按要求建立健全农综改资金预算绩效管理制度,完善绩效目标管理,组织实施农综改资金绩效评价,工作年度综合考评和绩效评价结果作为预算资金分配的重要依据。各市、县(市、区)财政部门和农村综合改革部门要根据项目管理和实施情况,组织实施绩效目标申报、绩效监控和绩效评价工作,切实提高财政资金使用效益。

第十七条 市、县(市、区)财政部门应加强农综改资金管理和监督检查,自觉依法接受审计监督。建立资金分配结果公开公示制度,加强农村综合改革基础信息资料和档案管理。

第十八条 市、县(市、区)财政部门、农村综合改革部门及其工作人员在资金分配、项目安排工作中,存在违反规定分配资金,以及其他滥用职权、玩忽职守、徇私舞弊等违法违纪行为的,按照《预算法》《公务员法》《监察法》《财政违法行为处罚处分条例》等国家有关规定追究相应责任;涉及犯罪的,移送司法机关处理。

农综改资金使用管理中有关单位和个人存在弄虚作假或挤占、挪用、滞留资金等财政违法行为的,按照《中华人民共和国预算法》《财政违法行为处罚处分条例》等有关规定处理;涉嫌犯罪的,移送司法机关处理。

第十九条 市、县(市、区)财政部门应依据本办法,结合当地实际，制定具体管理办法。

第二十条 本办法自 2018 年 11 月 1 日起施行，《浙江省财政厅 浙江省农村综合改革办公室关于印发〈浙江省农村综合改革示范试点财政补助资金管理暂行办法〉的通知》（浙财基〔2013〕15 号）同时废止。

浙江省省级国有资本经营预算管理办法

浙财预〔2018〕51 号 2018 年 11 月 22 日

第一章 总 则

第一条 为规范省级国有资本经营预算管理工作，完善国有企业收入分配制度，推进国有资本的合理配置，增强政府宏观调控能力，实现政府预算体系建设的目标，根据《中华人民共和国预算法》《中华人民共和国企业国有资产法》等有关规定，制定本办法。

第二条 省级国有资本经营预算是省政府以所有者身份依法取得国有资本收益，并对所得收益作出支出安排的收支预算。省级国有资本经营预算是省级政府预算的重要组成部分，应当与省级一般公共预算相衔接。

第三条 本办法适用于省财政厅、省级国有资本经营预算单位（以下简称"省级国资预算单位"）和省级国有资本经营预算企业（以下简称"省级国资预算企业"）的省级国有资本经营预算编制、执行、调整、决算、公开、绩效管理、监督等预算管理活动。

本办法所称省级国资预算单位，是指代表省政府履行出资人职责的省级部门、单位。

本办法所称省级国资预算企业，是指纳入省级国有资本经营预算管理实施范围的省级国有一级企业，包括省级国有独资企业、省级国有控股企业、省级国有参股企业。所有省级国有一级企业应全部纳入省级国有资本经营预算管理实施范围，包括事业单位出资成立的企业。

第四条 省级国有资本经营预算管理坚持以下原则：

（一）统筹兼顾、适度集中。统筹兼顾国有企业自身积累和发展、国有经济结构调整，以及国民经济宏观调控的需要，适度集中国有资本收益。

（二）保证重点、兼顾一般。国有资本经营预算支出安排要以国家和省委、省政府确定的产业发展和结构调整投入为重点，兼顾一般项目支出。

（三）相对独立、相互衔接。既保持国有资本经营预算的完整性和相对独立性，又保持与一般公共预算的相互衔接。

（四）量入为出、收支平衡。国有资本经营预算支出根据预算收入情况，按照收支平衡的原则编制，不列赤字。

（五）讲求绩效、公开透明。国有资本经营预算实施绩效管理，并按规定及时公开省级国有资本经营预算收支情况。

第五条 省级国有资本经营预算由预算收入和预算支出组成。

第二章 管理职责

第六条 省级国有资本经营预算管理由省财政厅、省级国资预算单位和省级国资预算企业各司其职，共同负责。

第七条 省财政厅是省级国有资本经营预算的主管部门，主要履行以下职责：

（一）负责制订省级国有资本经营预算管理制度。

（二）收取省级国有资本经营预算收入。

（三）负责审核和编制省级国有资本经营预算、预算调整和决算草案，并按规定报送审议。

（四）批复省级国资预算单位国有资本经营预算、决算；按规定公开省级国有资本经营预算、决算。

（五）组织或实施对省级国资预算单位和省级国资预算企业的国有资本经营预算绩效管理。

（六）监督检查省级国有资本经营预算的编制、执行和决算等情况。

第八条 省级国资预算单位主要履行以下职责：

（一）研究制定本预算单位范围的国有经济布局、结构调整政策和改革发展规划；参与制订国有资本经营预算有关管理制度。

（二）组织所监管（所属）省级国资预算企业编报国有资本经营收支预算并进行审核。

（三）编制本单位年度国有资本经营预算、决算草案。

（四）批复所监管（所属）省级国资预算企业国有资本经营预算、决算。

（五）组织本单位国有资本经营预算的执行。

（六）组织和监督所监管（所属）省级国资预算企业上缴国有资本收益。

（七）组织或实施对所监管（所属）省级国资预算企业的国有资本经营预算绩效管理和监督检查。

第九条 省级国资预算企业主要负责：

（一）建立、健全内部国有资本经营预算的资金管理制度和审计制度，规范资金核算，确保资金按规定用途使用。

（二）根据预算编制要求提出本企业年度国有资本经营收支预算建议书。

（三）按照规定申报、上缴国有资本经营预算收入。

（四）根据国有资本经营预算批复安排支出，报告国有资本经营预算执行、决算、绩效管理等情况，依法接受监督。

第三章 预算收入

第十条 省级国有资本经营预算收入主要包括：

（一）国有独资企业按规定应当上缴的利润收入。

（二）国有控股企业、国有参股企业国有股权（股份）获得的股利、股息收入。

（三）省级国资预算企业转让国有产权、股权（股份）获得的净收入。

（四）国有独资企业清算收入（扣除清算费用）；按国有控股、参股企业国有股权（股份）比例应分得的企业清算收入。

（五）其他国有资本经营收入。

第十一条 省级国有资本经营预算收入由省财政厅负责收取，省级国资预算单位负责监交，省级国资预算企业按规定上交。

（一）国有独资企业根据集团公司（母公司、总公司）年度合并财务报表、由第三方会计师事务所出具的审计报告反映的归属于母公司所有者的净利润、抵扣项和规定的上交比例确定应上交的利润。

国有独资企业应交利润的上交比例由省财政厅根据有关规定，牵头提出建议，报省政府批准后执行。

（二）国有控股、国有参股企业应付国有投资者的股利、股息，按照股东会或者股东大会决议通过的利润分配方案，将应付国有投资者的股利、股息全额上交。

（三）省级国资预算企业国有产权转让形成的净收入，全额上交。

（四）国有独资企业清算净收入，以及国有控股、国有参股企业取得的清算净收入中应付国有股部分，全额上交。

（五）省级国资预算企业其他需上交的国有资本经营预算收入按有关规定执行。

第十二条 省级国资预算企业上交国有资本收益应当按规定申报，并如实填写省级国资预算企业国有资本收益申报表（详见附件1—5，略）。具体申报时间及要求如下：

（一）利润收入，在年度终了后5个月内，由国有独资企业一次申报，并附送企业年度合并财务报告、审计报告及其他有关资料。

（二）股利、股息收入，在股东会或者股东大会（没有设立股东会或者股东大会的为董事会，下同）表决日后30个工作日内、股利（股息）支付日前，由国有控股企业、国有参股企业据实申报，并附送股东会、股东大会的决议文件和其他资料。

（三）国有产权转让收入，在签订产权转让合同后30个工作日内，由省级国资预算企业或者省级国资预算单位授权的机构据实申报，并附送省委、省政府批准文件或国有资产监管机构审批文件、资产评估报告、转让费用清单及发票、产权转让合同和其他资料。

（四）企业清算收入，在清算组或者管理人编制剩余财产分配方案后30个工作日内，由清算组或者管理人据实申报，并附送股东大会关于实施清算的决议或有关部门批准清算的文件、清算人或管理人组织成立的文件、清算审计报告、企业清算报告和其他资料。

（五）其他国有资本收益，在收益确定后30个工作日内，由有关单位申报，并附送与其他国有资本收益项目相关的资料。

第十三条 省级国资预算企业向省级国资预算单位申报国有资本收益，省级国资预算单位审核后报省财政厅复核。

第十四条 国有独资企业拥有全资公司、控股子公司、子企业的，应当由集团公司（母公司、总公司）以年度合并财务报表反映的归属于母公司所有者的净利润为基础申报，并可按规定抵扣以前年度未弥补亏损、按规定提取的法定公积金（法定公积金已达实收资本50%及以上的不再抵扣）。

经省政府批准成立的政府产业基金，其税后利润不征收国有资本经营收益。

第十五条 国有独资企业应交利润不足10万元的，免交当年应交利润。

经省政府批准，政策性和特殊行业企业可以暂缓上交或免予上交省级国有资本收益。

省级国资预算企业根据国家政策进行重大调整，或者由于遭受重大自然灾害等不可抗力因素造成巨大损失，需要减免应交利润的，应当向省级国资预算单位提出申请，由省级国资预算单位提出初审意见，省财政厅提出建议意见报省政府批准后，将减免的应交利润转增国家资本或者国有资本公积。

第十六条 国有资本收益属于政府非税收入，列政府收支分类科目中国有资本经营预算的“国有资本经营收入”款级科目。

第十七条 省级国资预算企业国有资本收益上交，按照以下程序执行：

（一）省级国资预算单位在收到所监管（所属）企业上报的国有资本收益申报表及相关材料后15个工作日内提出审核意见，报送省财政厅复核。

（二）省财政厅在收到省级国资预算单位审核意见后15个工作日内提出复核意见，并向企业下达国有资本收益上交通知并抄送省级国资预算单位。

（三）省级国资预算企业依据省财政厅下达的国有资本收益上交通知，办理国有资本收益交款手续。

第十八条 国有独资企业当年应交利润应当在当年及时交清。省财政厅下达国有资本收益上交通知中应当明确上交时间和金额，企业应当按上交时间交清；没有明确上交时间的，应当在省财政厅下达国有资本收益上交通知日后4个月内交清，其中：应交利润在2000万元以下（含2000万元）的，在1个月内一次交清；应交利润在2000万元以上、5000万元以下（含5000万元）的，可分两次在2个月内交清；应交利润在5000万元以上的，可分三次在4个月内交清。

第十九条 国有股股利、股息，由国有控股企业、国有参股企业在省财政厅下达的国有资本收益上交通知中规定的上交时间内直接上交省财政。

第二十条 国有产权转让收入、企业清算收入和其他国有资本收益，由省级国资预算企业、省级国资预算单位授权的机构或清算组（管理人）等在省财政厅下达的国有资本收益上交通知中规定的上交时间内直接上交省财政。

第四章　预算支出

第二十一条　省级国有资本经营预算支出，是指经省人民代表大会批准的省级国有资本经营预算安排的支出，包括资本性支出、费用性支出和其他国有资本经营预算支出（以下简称“其他支出”）。

（一）资本性支出是指根据产业发展规划、国有经济布局和结构调整、国有企业发展要求，以及经济发展的需要安排的支出。

（二）费用性支出是指用于处置国有企业历史遗留问题、弥补国有企业改革成本、推动国资国企改革、支持国有企业发展等方面的补助性支出。

（三）其他支出。

第二十二条　省级国有资本经营预算支出范围：

（一）调入一般公共预算。

（二）解决省级国资预算企业历史遗留问题及相关改革成本支出。

（三）对省级国资预算企业的资本金注入。

（四）对省级国资预算企业的政策补贴等。

省级国有资本经营预算的支出方向和重点，应当根据经济发展需要以及不同时期国有企业改革发展任务适时进行调整。

第二十三条　省级国有资本经营预算的支出项目，由省级国资预算企业申请，省级国资预算单位根据省政府对产业发展、国资国企改革发展以及国资监管等要求和相关工作需要，在编制国有资本经营预算建议草案时提出国有资本经营预算支出项目计划。

省级国有资本经营预算支出实行项目管理，项目支出预算参照《浙江省省级部门项目支出预算管理办法》编制。

第二十四条　省级国资预算单位、省级国资预算企业申报的项目应当同时具备以下条件：

（一）符合国家和省的方针政策。

（二）符合本办法规定的国有资本经营预算支出范围。

（三）符合国家产业导向或部门履行职能需要。

（四）资本性支出项目要有明确的绩效目标和实施计划，并经过充分论证。

第二十五条　项目申报应填写《浙江省省级国有资本经营预算项目申报书》，属资本性支出项目的还须附报可行性报告，项目申报书和可行性报告具体格式每年随同预算编报通知下发。

第二十六条　省级国资预算企业编制的国有资本经营预算建议书包括以下内容：

（一）编制报告（需正式行文）。

（二）项目申报书。

（三）资本性支出项目包括项目立项依据，项目可行性分析，项目投资方案与资金筹措方案，项目实施进度与年度计划安排，项目绩效目标等。

（四）预算报表。

（五）与项目有关的其他材料。

第二十七条　省级国资预算单位编制的国有资本经营预算建议草案包括以下内容：

（一）编制报告（需正式行文）：反映所监管（所属）企业户数、经营状况、行业分布和国有资本收益等情况；预算编制的主要依据、收支规模；预算资金支出重点，对申报项目的排序；预算编制工作情况。

（二）项目申报书。

（三）资本性支出项目的可行性报告。

（四）预算报表。

（五）与预算编制有关的其他材料。

第二十八条　省级国有资本经营预算收入除用于省委、省政府已确定的重大项目和规定用途以外，调入一般公共预算统筹安排。省财政厅统筹当年可安排的省级国有资本经营预算收入，以及省级国资预算单位编制的国有资本经营预算建议草案安排的支出项目，确定资本性支出、费用性支出和其他支出的具体内容，形成省级国有资本经营预算的支出安排，按规定程序报请批准。

省级国有资本经营预算支出，应当按其功能分类编制到项。

第五章　预算编制和批复

第二十九条　省级国有资本经营预算按年度单独编制，并按规定编制省级国有资本经营预算收支中期规划。

第三十条　省财政厅按照省级预算编制的统一要求，根据省级国有资本经营预算支出政策，布置编报年度省级国有资本经营预算草案工作，明确预算编制年度要求和预算报表格式。

第三十一条　省级国资预算企业根据当年经营情况，预测下一年度应上交的国有资本经营预算收入，编制下一年度预算收入和预算支出计划，将有关材料报送省级国资预算单位。

第三十二条　省级国资预算单位审核所监管（所属）企业编制的国有资本经营预算收入和预算支出项目计划，提出本单位国有资本经营预算建议草案。

省级国资预算单位提出国有资本经营预算建议草案，应当依据或参考下列文件资料：

（一）法律、法规。

（二）省委、省政府的相关规定和省财政厅提出的当年预算编制工作要求。

（三）所监管（所属）企业的布局结构调整、改革发展政策和行业发展规划。

（四）所监管（所属）企业国有资本收益预计上交数额以及提出的国有资本经营预算支出项目计划。

第三十三条　省财政厅按照收支平衡的原则，根据预算收入规模统筹安排预算支出，编制省级国有资本经营预算草案，按规定程序和要求报送省人民代表大会审议。

省财政厅编制省级国有资本经营预算草案，应当依据或参考下列文件资料：

（一）法律、法规。

（二）国有经济布局结构调整战略、产业发展规划和国有企业改革发展政策。

（三）省委、省政府的重点工作任务。

（四）省级国有资本收益预计入库数额以及上年结转收入。

（五）省级国资预算单位提出的国有资本经营预算建议草案及支出项目计划。

第三十四条 省财政厅编制的省级国有资本经营预算草案包括以下内容：

（一）编制报告：预算编制的原则和依据，预算收支规模及主要内容，对省级国资预算单位编制的国有资本经营预算建议草案的审核说明。

（二）预算报表。

第三十五条 省财政厅在省人民代表大会批准省级国有资本经营预算后20日内，批复至省级国资预算单位。

省级国资预算单位在省财政厅批复之日起15日内，批复所监管（所属）企业，并抄送省财政厅备案。

第六章 预算执行

第三十六条 省财政厅应严格按照省人民代表大会批准的省级国有资本经营预算确定的支出内容执行，遵循先收后支的原则，区别轻重缓急，分阶段拨付。

第三十七条 省级国有资本经营预算支出，按照省级国库集中支付制度有关规定执行。

第三十八条 省级国资预算单位和省级国资预算企业应严格按照省级国有资本经营预算批复的明细支出项目，组织具体实施，按规定用途使用资金。

第三十九条 对已拨付资金的省级国有资本经营预算的各项支出，省财政厅和省级国资预算单位应定期或根据需要进行跟踪、检查、分析，掌握预算执行的进度和效果情况，监督预算资金的规范、合理运转，确保省级国有资本经营预算顺利实施。

第四十条 省级国资预算企业和省级国资预算单位应定期编报国有资本经营预算收支报表，向省财政厅报送预算执行情况。省财政厅定期向省政府和财政部报送国有资本经营预算执行情况。

第七章 预算调整

第四十一条 预算一经批复，原则上不予调整。

省级国资预算单位和省级国资预算企业在预算执行中，未经规定程序批准不得擅自变更支出。如发生项目变更、终止等情况，或需要调整绩效目标的，应按照省级项目支出预算管理办法规定的程序报批。省级国资预算单位和省财政厅审核后按规定程序下达预算调整批复，执行调整后的预算支出和绩效目标。

第四十二条 年度国有资本经营预算确定后，省级国资预算单位、省级国资预算企业改变产权或财务隶属关系引起预算级次和关系变化的，应当同时办理预算划转手续。

第八章 决 算

第四十三条 省财政厅按照编制决算的统一要求，部署编制年度省级国有资本经营决算草案工作，制发省级国有资本经营决算报表格式和编制说明。

第四十四条 省级国资预算单位根据所监管（所属）省级国资预算企业编制的国有资本经营决算草案，编制本部门省级国有资本经营决算草案报送省财政厅。

第四十五条 省财政厅根据当年省级国有资本经营预算执行情况和各省级国资预算单位、省级国资预算企业的决算草案，编制省级国有资本经营决算草案。

第四十六条 省级国有资本经营决算草案应按规定程序报省政府审定，并按规定提请省人民代表大会常务委员会审查。

第四十七条 省级国有资本经营决算草案经省人民代表大会常务委员会批准后，省财政厅应当在20日内向有关省级国资预算单位批复决算。省级国资预算单位应当在接到省财政厅批复的本单位决算后15日内向所监管（所属）企业批复决算。

第九章 绩效管理

第四十八条 省级国资预算单位应会同省财政厅建立健全国有资本经营预算项目绩效管理制度，完善项目绩效目标管理，组织实施项目绩效评价。省级国资预算企业要根据项目管理和实施情况组织实施绩效目标申报、绩效监控和绩效评价等工作，切实提高财政资金使用效益。

第四十九条 省级国资预算单位应将所监管（所属）企业按规定上交国有资本收益情况纳入企业负责人经营业绩考核。

第五十条 省财政厅和省级国资预算单位应将绩效评价结果作为加强预算管理和安排以后年度预算支出的重要依据。

第十章 预算监督

第五十一条 省财政厅对国有资本经营预算管理工作中重大事项或特定问题开展组织调查，对省级国有资本经营预算执行情况组织开展专项检查。

第五十二条 省级国资预算单位应加强对所监管（所属）企业国有资本经营预算管理工作的监督，提高企业会计信息质量，真实反映企业的财务状况和经营成果。要依据国家有关规定制定相关制度，规范和指导企业内部审计工作。

第五十三条 省级国资预算企业应建立和健全国有资本经营预算的资金管理制度和内部审计制度，规范资金核算，组织开展企业改制重组、股权转让、对外投资等重要经济活动的专项审计，对实施的国有资本经营预算等相关工作的真实性、合法性、效益性进行有效监督，确保资金按规定用途使用。

第五十四条 省级国有资本经营预算接受审计部门的监督。

第五十五条 经省人民代表大会或者省人民代表大会常务委员会批准的省级国有资本经营预算、预算调整、决算、预算执行情况的报告及报表，由省财政厅在批准后20日内向社会公开。

第五十六条 对在省级国有资本经营预算的编制、执行、调整、决算、公开、绩效管理、监督等管理过程中违反规定的,以及其他滥用职权、玩忽职守、徇私舞弊等违法违纪行为的,将依照《中华人民共和国预算法》《中华人民共和国公务员法》《中华人民共和国监察法》《财政违法行为处罚处分条例》等国家有关规定追究相应责任,涉嫌犯罪的,移送司法机关处理。

第十一章 附 则

第五十七条 本办法自2019年1月1日起施行。《浙江省省级国有资本经营预算管理办法》(浙财预〔2013〕46号)、《浙江省省本级企业国有资本收益收取管理试行办法》(浙财企字〔2009〕35号)同时废止。此前有关规定与本办法规定不一致的,以本办法规定为准。

关于全省财政系统贯彻重大行政决策程序规定的意见

浙财法〔2018〕6号 2018年11月30日

一、增强重大行政决策的依法依规意识

各级财政部门必须牢固树立法定职责必须为、法无授权不可为的法治理念,不得法外设定权力,没有法律法规依据不得作出减损公民、法人和其他组织合法权益或者增加其义务的决定。财政重大行政决策依法依规,改革发展用法用规,解决问题靠法靠规,运用法治思维和法治方式推进重大行政决策工作目标任务落实。

二、明确财政重大行政决策事项范围

财政重大行政决策,是指依照法定职责,对关系财政工作全局、社会涉及面广、专业性强、与人民群众切身利益密切相关的重大事项所作出的决定。

省财政厅的重大行政决策事项主要包括:全省财政发展中长期规划;重大财政政策和改革方案;提交省人大及其常委会、省政府的财政地方性法规、规章草案;直接涉及公众切身利益或者社会关注度高的其他重大事项。

各地财政部门需根据本地实际情况作出具体规定并公布重大行政决策目录。

三、规范财政重大行政决策程序

财政重大行政决策应当遵循科学决策、民主决策、依法决策的原则,遵守法定权限,依法建立公众参与、专家论证、风险评估、公平竞争审查、合法性审查、集体讨论决定、决策后评估的程序机制,并明确部门职责分工。

除依法应当保密或者为了保障公共安全、社会稳定以及执行上级机关的紧急命令需要立即作出决定的情形外,重大行政决策应当遵循下列程序规定:对有关决策事项中直接涉及相关群体切身利益或者公众普遍关注的问题,组织公众参与;对有关决策事项中专业性、技术性较强的问题,组织专家论证;对有关决策事项中涉及公共安全、社会稳定、环境保护等方面且意见分歧较大的问题,组织风险评估;对决策方案进行公平竞争审查;对决策方案进行合法性审查,未经合法性审查或经审查不合法的,不得提交集体研究;厅、局领导集体讨论决定。

四、建立财政重大行政决策结果公开制度

财政重大行政决策经厅、局领导集体审议通过后,应当按照规定制发公文;属于最终决定的,除依法不公开的外,应当通过各级政府政务服务网、财政部门门户网站等途径公布,便于公众知晓和查询。

厅、局相关责任部门应当根据档案管理相关规定,将重大行政决策作出和实施过程中的相关材料及时、完整整理归档保管。

五、加强财政重大行政决策督促指导

省财政厅、各设区市财政局需对本行政区域内的下级财政部门重大行政决策工作进行督促指导,主要包括:财政部门的重大行政决策是否实行目录化管理并公开;决策事项是否按要求落实公众参与、专家论证、风险评估、公平竞争审查、合法性审查、集体讨论决定等法定程序;法律、法规、规章规定应当举行听证的,重大行政决策事项涉及公众重大利益以及公众对决策方案草案有重大分歧的,是否举行听证;重大行政决策档案是否及时归档;重大行政决策后评估工作开展情况。

六、实行财政重大行政决策失误问责机制

坚持谁决策谁负责、谁主管谁负责、谁执行谁负责,根据各自在决策中的地位和作用,明确责任主体,细化责任事项。对决策严重失误造成重大损失、恶劣社会影响的,应当依法追究相关人员的责任。集体讨论决定决策事项时,有关人员对严重失误决策明确持不赞成态度或者保留意见的,应当免除或者减轻责任。有关人员在决策过程中违反保密规定的,按照保密法律法规规章的相关规定追究责任。

浙江省困难群众救助补助资金使用管理办法

浙财社〔2018〕103号 2018年12月6日

第一章 总 则

第一条 为规范和加强我省困难群众救助补助资金(以下简称“补助资金”)管理,提高资金使用效益,支持市、县(市、区)做好困难群众救助工作,根据《中央财政困难群众救助补助资金管理办法》(财社〔2017〕58号)、《浙江省社会救助条例》《浙江省最低生活保障办法》《浙江省人民政府办公厅关于加快推进普惠型儿童福利体系建设的意见》(浙政办发〔2017〕67号)、《浙江省人民政府办公厅关于进一步健全特困人员救助供养制度的实施意见》(浙政办发〔2017〕1号)和财政专项资金管理有关规定,制定本办法。

第二条 本办法所称补助资金是指省级财政(含中央补助)分配用于补助市、县开展城乡最低生活保障、城乡特困人员救助供养、临时救助、流浪乞讨人员救助、孤儿和困境儿童基本生活保障的资金。

第三条 补助资金的使用和管理应坚持公开、公平、公正的原则。

第四条 各级财政、民政部门应加强补助资金的预算管理,做好补助资金的预算安排、预算执行和资金使用管理,切实提高资金的使用效益,确保各项救助工作的顺利开展。

第五条 财政部门会同民政部门负责对补助资金实施全程绩效管理。省民政厅商省财政厅设定补助资金全省绩效目标,明确资金与工作预期达到的效果,并根据财政部、民政部审核后下达的绩效目标,及时分解落实到市、县。年度执行中,省民政厅、省财政厅对市、县绩效目标实现情况加强监控,确保绩效目标如期实现。

第二章 使用范围

第六条 补助资金主要用于最低生活保障、特困人员救助供养、临时救助、儿童基本生活保障等方面的支出。

第七条 最低生活保障补助资金,用于为城乡最低生活保障对象发放低保金。

第八条 临时救助。包括临时救助支出和流浪乞讨人员救助支出。其中:

(一)临时救助支出。主要用于城乡生活困难群众的临时救助支出,包括:

1. 由于突发性、临时性等原因造成基本生活暂时出现特别困难家庭的救助;

2. 城乡最低生活保障对象、重点优抚对象、特困供养人员、农村“三老”人员、孤儿及事实无人抚养困境儿童、城乡低保边缘对象等困难群众基本生活价格补贴;

3. 其他符合规定的临时性救助支出。

(二)流浪乞讨人员救助支出。主要用于流浪乞讨人员的救助支出,包括:

1. 生活救助支出。主要用于救助对象在救助管理机构期间产生的生活费用和实施街头救助时发生的费用,以及实施生活救助时发生的劳务等人工费用。包括:受助人员的伙食和食品支出,日常生活所需的水、电、气等费用,以及为受助人员购置服装、被褥等生活用品用具费用;为不愿进站受助人员发放食物、衣服等生活必需物品和常规药品等费用;为受助人员提供联系亲属或单位、了解核实相关情况等服务所发生的通讯等费用;为受助人员提供各项生活救助所发生的各种劳务、护理和安保服务费用。

2. 医疗救治支出。主要用于为救助对象提供医疗救助服务所发生的各项费用,以及受助人员死亡发生的丧葬等费用。包括:受助人员因病到医院就医发生的各项诊断、检查、治疗和护理费用;救助管理机构内设医疗室(点)医疗器械、常备药品购置费用,以及聘请专业医疗、护理人员发生的费用;救助管理机构内的卫生防疫费用;特殊受助人员(艾滋病等传染病人、危重病人、精神病人)接、送的运输服务、安保服务等费用;受助人员死亡发生的丧葬等费用。

3. 教育矫治支出。主要用于对救助人员进行教育、技能培训、康复训练、行为矫正所发生的各项费用。包括:教材、图书资料、器材设备购置及编印等费用;聘请专业人员和机构,以及与学校和社会组织合作等形式进行教育矫治发生的劳务及购买服务的费用;救助管理工作宣传费用,开展教育矫治的场地租赁等费用。

4. 返乡救助支出。主要用于救助人员返回家乡时所发生的费用。包括:受助人员返乡车船费和途中生活等费用;护送工作人员的交通费、差旅费、食宿费等费用;接送受助人员返乡过程中发生的车辆油费、通行费等费用或车辆租用费。

5. 临时安置支出。主要用于将受助人员临时安置到社会福利机构、养老机构、精神卫生机构以及其他机构代养、家庭寄养等安置方式发生的伙食费、住宿费、护理费、医疗费、服装费、教育费、杂费等费用。

第九条 特困人员救助供养支出。主要用于为无劳动能力、无生活来源且无法定赡养抚养扶养义务人或者其法定义务人无履行义务能力的城乡老年人、残疾人以及未满16周岁的未成年人(简称“特困人员”)提供救助供养的费用支出,具体包括:

1. 为特困人员提供基本生活条件所发生的费用;

2. 为生活不能自理的特困人员给予照料护理所发生的费用;

3. 为特困人员提供除基本医保、大病保险、医疗救助及慈善捐赠救助以外疾病治疗、办理丧葬事宜等所发生的费用;

4. 符合特困人员救助供养政策的其他费用。

第十条 儿童基本生活保障。主要用于儿童福利机构集中供养孤儿、社会散居孤儿、事实无人抚养和低保、低保边缘家庭中的重度残疾,三级四级精神、智力残疾儿童,患重病和罕见病儿童等困境儿童、艾滋病毒感染儿童的基本生活、医疗康复等救助支出。包括:

1. 儿童福利机构集中供养孤儿的伙食和食品支出,服装和被褥等生活用品用具支出,生活日常所需水、电、气等支出;文化、娱乐、教育支出;门诊、康复医疗支出;交通、通信等支出。

2. 对社会散居孤儿,事实无人抚养儿童,低保、低保边缘家庭中的重度残疾和三级四级精神、智力残疾儿童,艾滋病毒感染儿童发放的基本生活费。

第三章 预算管理

第十一条 困难群众救助为省与市县共同财政事权,支出责任实行省与市县按比例分担。省民政厅应当按照部门预算编制要求,根据中央和省确定的保障标准、各类救助对象的人数(人次)、分担比例、财政转移支付系数等因素统筹中央补助资金,编制困难群众救助转移支付资金预算和全省绩效目标。

第十二条 转移支付资金采用因素法分配，主要包括地方困难群众救助任务量、省级保障标准、省与市县分担比例、困难救助工作和资金管理工作绩效等因素。每年分配资金的因素和权重，可根据年度工作重点适当调整。补助资金重点向保障任务重、财政状况困难、工作绩效好的地区倾斜。

第十三条 每年10月底前，省级财政应按不低于当年预算数的90%将下年度的预算指标提前下达市、县(市)财政、民政部门，并在省本级预算批准30日内及接到中央转移支付通知后在规定期限下达资金和各地区域绩效目标。

补助资金作一般性转移支付，纳入年度省与市、县(市)财政年终结算。

第十四条 市、县(市)财政、民政部门收到省级补助资金，应与地方财政安排的资金统筹使用，合理安排各类救助对象救助资金支出预算，保障救助工作的合理需要。

第十五条 市、县(市)民政部门应采取有效措施，加快预算执行进度，提高预算执行的均衡性和有效性。预算执行过程中，市、县(市)民政部门要对绩效目标实现程度实行监控，发现问题及时纠正，确保绩效目标如期保质保量实现。

第十六条 各地要坚持尽力而为、量力而行的原则，认真执行中央、省制定的救助政策和救助标准确定机制，兼顾基本民生政策的可持续性和省以下各级财政承受能力，合理确定救助保障标准，使得救助对象基本生活得到有效保障。其中：

(一)最低生活保障金。城乡低保标准按照当地居民生活必需的费用确定，最低生活保障金的数额按照最低生活保障对象家庭人均月收入低于当地最低生活保障标准的差额确定。低保金的发放、调整或者取消均从作出决定的次月起执行。

(二)临时救助。依据分类分档原则制定临时救助标准，根据救助对象不同的困难情形，确定救助类型和救助档次。临时救助标准可与当地最低生活保障标准挂钩，给予每人当地最低生活保障标准六倍以下的一次性基本生活救助；特别困难的，可以适当增加，但最高不超过当地最低生活保障标准的12倍。对于重大生活困难，临时救助标准可采取一事一议方式确定。因火灾等情形，救助对象住房损毁，无处居住的，根据需要给予临时安置，并参照自然灾害救助标准给予住房修建补助。

(三)特困人员救助供养。包括基本生活和照料护理，城镇特困人员基本生活标准按不低于当地上年度城镇常住居民人均消费支出的50%确定，农村特困人员基本生活标准按不低于当地城镇特困人员基本生活标准的80%确定。特困人员照料护理标准参照我省重度残疾人护理补贴标准执行。

(四)孤儿及困境儿童基本生活费。儿童福利机构养育的孤儿年基本生活最低养育标准按不低于当地上年度城镇常住居民人均消费支出的70%确定，社会散居孤儿、艾滋病病毒感染儿童、事实无人抚养儿童和低保、低保边缘家庭中的重度残疾和三级四级精神、智力残疾儿童年基本生活最低养育标准按不低于当地儿童福利机构孤儿养育标准的80%确定。对低保及低保边缘家庭中的其他困境儿童，可以参照社会散居孤儿的养育标准，采取补差的办法，落实基本生活费。

依法被收养的孤儿、查找到父母或父母重新履行抚养义务的儿童，自被收养、查找到父母或父母重新履行抚养义务的下个月起不再纳入儿童福利保障范围；孤儿成年后具备劳动能力和完全民事行为能力的不再纳入政府供养福利保障范围(年满18周岁仍就读全日制院校的可继续享受基本生活费至毕业为止)，一次性发给6个月的基本生活费。

(五)生活困难群众价格补贴。达到价格补贴机制启动条件时，按SCPI月度同比涨幅乘以当地倍数及城乡月最低生活保障标准，发给城乡最低生活保障对象、特困供养人员、孤儿及事实无人抚养困境儿童等符合条件人员基本生活价格补贴。城乡低保边缘对象基本生活价格补贴原则上按不低于城乡最低生活保障对象基本生活价格补贴的50%发给。

(六)纳入特困人员救助供养范围的，不再适用最低生活保障政策，也不再享受养老服务补贴。纳入孤儿基本生活保障范围的，不再适用特困人员救助供养政策。纳入孤儿基本生活保障范围和特困人员救助供养范围的残疾人，不再享受困难残疾人生活补贴和重度残疾人护理补贴。困境儿童基本生活费不计入低保和低保边缘家庭的收入。

困难群众生活救助标准，具体按省政府以及省财政厅和省民政厅相关规定执行。

第十七条 困难群众救助资金支付按照国库集中支付制度有关规定执行。

(一)低保金、散居特困人员救助供养金、临时救助金支付到救助对象个人账户，集中供养的特困人员救助供养金统一支付到供养服务机构账户。

(二)流浪乞讨人员救助资金统一支付到流浪乞讨人员救助管理机构。

(三)社会散居孤儿、事实无人抚养和贫困家庭中的重病重残等困境儿童、社会艾滋病毒感染儿童的基本生活费支付到孤儿(儿童)本人或监护人(实际抚养人)个人账户，集中养育的孤儿和艾滋病毒感染儿童基本生活费统一支付到福利机构账户。

(四)政府购买服务的支出应严格政府采购程序，按合同规定支付相关费用。

补助资金使用后按实际支出方向单独记账，分别核算，并按规定列报相应支出科目。

第十八条 县级民政、财政部门应当依托社会保障卡、“一卡通”等发放救助家庭或个人补助资金，代理金融机构不得以任何形式向救助家庭或个人收取账户管理费用。

第十九条 各级财政、民政部门和经办机构应严格按规定使用，不得擅自扩大支出范围，不得以任何形式挤占、挪用、截留和滞留，不得向救助对象收取任何管理费用。补助资金不得用于工作经费，不得用于机构运转、大型设备购置和基础设施维修改造等支出。

第二十条 市、县(市)财政部门应当将社会困难群众救助工作经费纳入财政预算，综合考虑社会救助工作量等因素，合理安排本级的社会救助工作经费。对基层社会救助工作任务重、财政状况困难的市、县(市),省财政在民政专项转移支付资金中按因素法分配给予适当补助。

第四章　监督检查和绩效评价

第二十一条　市、县(市)财政、民政部门应建立健全资金监管机制,定期对补助资金的使用管理情况进行检查,及时发现和纠正有关问题,并对资金发放情况进行公示,接受社会监督。

第二十二条　市、县(市)财政、民政部门应自觉接受和配合财政部财政监察专员办事处、省财政厅、审计、纪检监察等部门的监督检查和社会监督。

第二十三条　年度结束后,市、县(市)民政部门应会同财政部门组织开展补助资金的绩效评价,主要内容包括资金投入与使用、预算执行、资金管理、保障措施、资金使用效益等。

省财政厅、省民政厅将定期选择工作重点进行绩效评价,将绩效评价结果作为调整政策、督促指导地方改进工作、分配省级补助资金的重要依据。

第二十四条　各级财政、民政部门及其工作人员在补助资金的分配、审核、使用管理等工作中,存在违反本办法规定的行为,以及其他滥用职权、玩忽职守、徇私舞弊等违法违纪行为的,按照《中华人民共和国预算法》《中华人民共和国公务员法》《中华人民共和国监察法》《财政违法行为处罚处分条例》等国家有关规定追究相应责任。涉嫌犯罪的,依法移送司法机关处理。

第五章　附　则

第二十五条　市、县(市)财政、民政部门应结合当地实际,制定困难群众救助补助资金管理具体办法,并报省财政厅、省民政厅备案。

第二十六条　本办法自2019年1月1日起开始施行,原《浙江省财政厅　浙江省民政厅关于印发浙江省最低生活保障资金管理办法的通知》(浙财社〔2013〕319号)、《浙江省财政厅　浙江省民政厅关于印发浙江省流浪乞讨人员救助资金使用管理办法的通知》(浙财社〔2014〕27号)、《浙江省财政厅　浙江省民政厅关于印发孤儿基本生活费省级补助资金使用管理办法的通知》(浙财社〔2012〕81号)同时废止。今后中央、省另有规定的,按新规定执行。

浙江省商务促进财政专项资金使用管理办法

浙财企〔2018〕94号　2018年12月21日

第一章　总　则

第一条　为加强浙江省商务促进财政专项资金使用管理,提高财政资金使用绩效,更好地统筹国际国内两种资源,开拓国际国内两个市场,促进我省商务事业高质量发展,推动形成全面开放新格局,特制定本办法。

第二条　资金来源

浙江省商务促进财政专项资金(以下简称“商务资金”)由省财政预算统筹安排,纳入省级政府部门专项资金清单管理,专项用于促进全省商贸流通和开放型经济发展。专项资金实施周期为三年。每周期结束后,根据专项资金总体绩效评价结果,研究确定新一轮实施计划。

第三条　使用管理部门

商务资金由各级财政和商务主管部门共同管理。省财政厅负责专项资金的预算安排、分配方案审核、资金下达、监督检查和绩效管理等工作。省商务厅负责提出商务资金年度支持重点及分配方案,明确分配因素、权重及绩效目标,组织实施竞争性分配的方案,加强全省各级项目储备库的联动管理,并对项目安排、实施情况和资金使用情况进行监督检查和绩效管理。各地商务部门要会同财政部门根据省商务厅、省财政厅确定的支持重点,建立项目储备库,按照职责分工共同做好商务资金的使用管理、监督检查和跟踪问效等工作。

第四条　使用管理原则

商务资金使用管理遵循“公开公正、规范透明、精准聚焦、讲究绩效”的原则,符合国家和省商贸流通、开放型经济发展规划及政策要求,对商务重点发展领域和地区,以及加快发展地区给予适当倾斜,资金分配和使用情况向社会公示,接受有关部门和社会监督。

第二章　支持对象、支持重点和分配方式

第五条　支持对象及应具备的基本条件

(一)支持对象:各市、县(市、区)政府,在浙江省内依法登记注册,具有独立法人资格的企业、事业单位、社会团体。

(二)企业和单位应具备的基本条件:

1. 合法经营,依法纳税,管理规范;

2. 具有健全的财务管理制度和良好的财务记录;

3. 按规定向财政和商务主管部门报送会计报表和统计资料,按要求正常参加商务主管部门的业务年检年审。

第六条　支持重点

(一)支持商贸流通业发展,推动批发零售业改造提升;

(二)支持外贸发展和国际经济合作,维护自由公平国际贸易环境;

(三)支持企业开拓国际市场,推动服务贸易创新发展,促进外贸结构优化;

(四)支持进出口协调发展,促进产业及消费结构升级;

(五)支持引进高质量外资,促进国际竞争与合作能力提升;

(六)支持实施“一带一路”战略枢纽行动计划,拓展国际发展空间;

(七)支持开发区、境外合作园区等对外开放平台建设;

(八)支持电子商务发展,打造国际电子商务中心;

(九)支持省级有关部门组织或承办的境内外重大综合性商

务活动;

(十)省委、省政府确定需要支持的其他重点商务事业发展项目。

第七条 分配方式

商务资金一般采取因素法与竞争法相结合的方式进行分配,对国际性展会、省级重点商务活动和公共服务平台建设等省级安排部分,采取项目法方式进行分配。

(一)因素法分配方式。根据国家和省委、省政府重大决策部署,以各地年度商务促进领域重点工作考核评价结果、目标完成情况及绩效评价结果等为分配因素,并依据相应的权重进行分配。

(二)竞争法分配方式。围绕省委、省政府明确的商务促进领域重点工作,以市、县(市、区)为主体,开展竞争性遴选,择优在部分地区实施外贸转型升级、开放型经济高质量发展以及批发零售业改造提升等专项激励。

(三)项目补助分配方式。主要指对用于经省商务厅会同省财政厅确认的重点国内外展(博)会、重点国际商务推介活动、重点商务公共服务平台建设项目,以及维护企业合法权益等其他省级重点商务发展项目,按项目实际发生费用(投入)给予一定比例的补助。

第八条 省商务厅要根据本办法第六条确定的支持重点和第七条确定的分配方式,会同省财政厅研究制定具体的实施细则、考评办法和试点示范方案。

第三章 资金分配、下达和使用

第九条 根据年度确定的商务促进工作重点和专项资金预算安排情况,由省商务厅会同省财政厅于每年7月30日前研究提出下一年度专项资金支持方向,明确分配方式、分配权重及绩效目标。省商务厅要根据明确的分配方案,及时组织开展对市县竞争性方案评审、考核评价等各项前期工作,研究提出资金分配方案,并于每年9月底前报省财政厅审核。

第十条 每年10月底前,省财政厅会同省商务厅按不低于专项资金规模的70%,提前下达市、县(市、区),作为下一年度转移支付资金,并逐步提高提前下达资金的比重。每年11月底前,完成专项资金分配市、县(市、区)预算编制工作。省人代会批准预算后60日内,省财政厅会同省商务厅下达全部专项资金。

第十一条 下达市县的专项资金,实行属地管理,由市、县(市、区)按照本办法规定的专项资金支持方向和年度业务指导文件要求,用于支持商务促进重点领域和重点工作的推进。其中,竞争法分配下达的资金要按照申报或批复的实施方案明确的使用方向和使用重点进行落实;因素法分配下达的资金原则上按照年度业务指导文件有关要求,并结合当地实际统筹安排使用。商务资金不得用于人员福利、公用经费、楼堂馆所建设等支出和平衡本级预算。

第十二条 各市、县(市、区)商务、财政部门在收到专项资金下达计划后,要按照本办法和年度业务指导文件要求,及时制定专项资金使用方案,明确扶持重点和绩效目标,在本地区范围内公开组织项目申报、审核等工作。

第十三条 各市、县(市、区)财政、商务部门要建立健全工作机制,按规定做好项目储备工作,加快资金拨付进度,及时将专项资金拨付到项目单位,并在完成拨付后15个工作日内将专项资金使用情况(含项目清单)通过项目备案系统进行备案。下达市县的专项资金原则上需在每年10月底前完成拨付,各市、县(市、区)商务部门要将专项资金安排落实情况于11月底前报送省商务厅、省财政厅备案,对按项目进度需跨年度下达的资金需说明原因。

第十四条 采用项目补助方式分配的资金,由省财政厅会同省商务厅根据项目审核情况拨付资金。对于部分重大项目,将采取按计划提前预拨资金的办法,待项目实施结束后,按照项目实际执行情况进行专项审计后予以清算。省属有关单位收到专项资金后,应按规定及时将资金拨付到项目承担单位,不得截留或挪用,并督促项目承担单位按规定使用管理。

第四章 绩效管理和监督检查

第十五条 绩效管理

(一)根据省财政厅绩效管理的要求,省商务厅会同省财政厅建立健全商务资金预算绩效管理制度,完善绩效目标管理,组织实施商务资金绩效评价。评价结果作为商务资金政策及预算资金分配的重要依据。各市、县(市、区)商务部门和财政部门要根据项目管理和实施情况组织实施绩效目标申报、绩效监控和绩效评价等工作,切实提高财政资金使用效益。

(二)绩效评价按照"谁使用、谁评价"的原则实施。项目承担单位按照市、县(市、区)要求做好绩效自评。市、县(市、区)商务部门会同财政部门加强对项目实施单位绩效评价工作的指导和监督,组织开展绩效评价,并按要求上报评价报告。省商务厅会同省财政厅根据年度工作安排,可选择部分地区、项目开展重点评价,采取成立评价工作组(专家组)或委托第三方机构评价等方式,按照绩效评价规定程序和要求组织实施。

第十六条 监督检查

(一)商务资金使用管理接受审计、纪检监察、财政等部门的监督检查,一旦发现截留、挤占、挪用或骗取专项资金等违法违纪行为,依照有关法律法规的规定追究相应责任。

(二)各级财政部门和商务部门要建立健全商务资金使用管理、监督检查和跟踪问效制度,督促指导项目承担单位按规定使用资金,确保商务促进发展政策落实到位,对发现的问题要及时纠正,并向省财政厅、省商务厅报告。项目承担单位应按现行有关财务会计制度规定加强财务管理,按规定用途使用资金,按项目计划认真推进项目实施,自觉接受财政部门和经信部门的监督检查。

(三)各级财政部门和商务部门、单位及其工作人员在商务资金使用管理工作中,存在违反规定审批、分配、拨付、使用和管理资金，以及其他滥用职权、玩忽职守、徇私舞弊等违法违纪行为的，按照《中华人民共和国预算法》《中华人民共和国公务员法》《中华人民共和国监察法》《财政违法行为处罚处分条例》等国家有关规定追究相应责任；涉嫌犯罪的，移送司法机关处理。

第五章 附 则

第十七条 本办法自 2019 年 1 月 1 日起施行，由省财政厅负责解释。《浙江省财政厅 浙江省商务厅关于印发浙江省商务促进财政专项资金使用管理暂行办法的通知》（浙财企〔2013〕329 号）同时停止执行。

浙江省中小企业发展（竞争力提升工程）专项资金管理办法

浙财企〔2018〕100 号 2018 年 12 月 29 日

第一章 总 则

第一条 为了加强专项资金的使用管理，提高财政资金的使用绩效，不断优化中小企业发展环境，促进中小企业创新创业，推动中小企业高质量发展，根据《中华人民共和国预算法》《中华人民共和国中小企业促进法》《浙江省促进中小企业发展条例》等法律法规及有关政策，制定本办法。

第二条 本办法所称浙江省中小企业发展（竞争力提升工程）专项资金（以下简称“专项资金”），由省级财政预算统筹安排，主要用于引导地方扶持中小微企业发展、改善优化全省中小微企业发展环境。专项资金原则上以三年为一周期，到期后，相关部门对专项资金进行周期综合评价，并根据周期综合评价结果，省财政厅适时调整完善专项资金分配政策。

第三条 专项资金由财政部门和经信（中小企业）、科技、地方金融监管等部门按职责分工共同管理。省财政厅负责专项资金的预算安排、分配方案审核、资金下达、监督检查和指导有关部门绩效管理等工作。省经信厅（中小企业局）负责会同省科技厅、省地方金融监管局等部门提出专项资金年度支持重点、分配方式及分配方案，明确专项资金的分配因素、权重及绩效目标，组织实施竞争性分配方案，加强全省各级项目库的联动管理，并对项目安排、实施情况和资金使用情况进行事中事后监督检查和绩效管理。各地经信（中小企业）部门要会同科技、地方金融管理及财政等部门根据年度专项资金使用方向和支持重点，建立项目储备库，按照职责分工共同做好专项资金下达后的项目报备、使用管理、监督检查和跟踪问效等工作。

第四条 专项资金的管理和使用应当符合国家、省中小微企业发展规划及政策要求，对加快发展地区予以适当倾斜，遵循“公开、公正、规范、透明、绩效”的原则，接受有关部门和社会监督，实行专款专用，专项管理，确保专项资金使用规范、安全和高效。

第二章 支持范围、支持方向和分配方式

第五条 支持范围

各市、县（市、区，不含宁波）。

第六条 支持方向

按照集中财力办大事、提高财政资金绩效的要求，围绕省委、省政府中小微企业工作决策部署和中小微企业发展瓶颈短板，重点支持小微企业园提升发展、中小微企业公共服务体系建设、中小微企业高质量培育发展和中小微企业投融资服务体系建设，以及省委、省政府确定的中小微企业领域其他重点工作。

（一）支持小微企业园建设提升。围绕省委、省政府加快小微企业园高质量发展的目标任务，通过省与地方联动，支持小微企业园开展服务能力提升和园区数字化建设等，打造小微企业高质量发展平台，不断优化小微企业发展创新创业环境。

（二）支持中小微企业服务体系建设。支持省中小企业公共服务平台网络、科技企业孵化器、众创空间、小微企业培育监测平台等中小微企业公共服务体系建设，为中小微企业提供综合咨询、创业孵化、产业创新、培育监测等服务，不断优化中小微企业发展服务环境。

（三）支持中小微企业高质量培育发展。支持科技型、成长型、创新型中小微企业发展，规模以下小微企业转型升级为规模以上企业，以及省级以上创业创新大赛优秀获奖项目等，积极引导中小微企业“专精特新”发展，培育一批科技型中小微企业、高新技术企业、小升规企业，以及一批隐形冠军、小巨人、单项冠军等。

（四）支持中小微企业投融资服务体系建设。支持银行业金融机构、保险业金融机构、融资担保机构以及小额贷款公司等为中小微企业提供融资服务；支持普惠金融体系、政策性融资担保体系、全省性和区域性中小微企业融资服务平台建设；支持培育一批专门为中小微企业融资服务的机构，创新中小微企业融资服务模式，缓解中小微企业融资难、融资贵问题。支持通过财政资金引导设立的面向中小微企业的各类天使基金、投资基金等为中小微企业提供投资服务，促进中小微企业快速发展。

第七条 分配方式

专项资金采取竞争法和因素法相结合的方式进行分配。

（一）竞争法分配方式。围绕省委、省政府明确的中小微企业重点工作，选择某一重点领域，以市、县（市、区）为主体，开展竞争性遴选，安排一定资金择优在部分地区开展中小微企业竞争力提升专项激励。小微企业园建设提升等省委、省政府重点专项工作根据竞争性评审结果，实施专项激励，以点带面，引导全省重点专项工作顺利推进。

（二）因素法分配方式。根据国家和省委、省政府有关要求，以各地年度中小微企业重点工作考核评价结果、下达的工作任务量、目标完成情况及绩效评价结果等为分配因素，并依据相应的权重进行分配。

中小微企业服务体系建设因素根据全省中小企业公共服务

平台网络、科技企业孵化器、省级众创空间、小微企业培育监测平台等年度绩效考核(评定)结果进行分配。

中小微企业高质量培育发展因素根据科技型中小企业、高新技术企业、小升规及“专精特新”培育等年度工作考核情况,以及省级以上创业创新大赛评选结果等进行分配。

中小微企业投融资服务体系建设因素根据银行、保险公司、融资性担保机构、小额贷款公司等金融机构支持小微企业融资情况,以及面向中小微企业的各类天使基金(投资基金)年度绩效考核情况进行分配。

(三)省经信厅(中小企业局)会同省科技厅、省地方金融监管局及省财政厅按照省委、省政府的工作部署和年度工作安排,及时调整分配因素、权重,以及竞争性专项激励工作领域等。

第三章　资金分配、下达和使用

第八条　根据年度确定的中小微企业工作重点和专项资金预算安排情况,由省经信厅(中小企业局)会同省科技厅、省地方金融监管局及省财政厅等部门于每年6月30日前研究提出下一年度专项资金支持方向,明确分配方式、分配权重(资金额度)及绩效目标。省经信厅(中小企业局)会同有关部门做好资金分配各项前期工作,研究提出资金分配使用方案,并于每年9月底前报省财政厅审核。

第九条　每年10月底前,省财政厅按不低于当年专项资金规模的70%提前下达市、县(市、区)下一年度转移支付资金。每年根据省级预算编制要求按时完成专项资金分市、县(市、区)预算编制工作。省人代会批准预算后60日内,省财政厅下达全部专项资金。

第十条　下达市县的专项资金,实行属地管理,由市、县(市、区)按照本办法规定的专项资金支持方向和省委、省政府工作重点,结合本地工作实际,统筹用于支持省里明确的中小微企业重点领域和重点工作推进。其中,竞争法分配下达的资金要按照申报或批复的实施方案进行落实。

第十一条　省级专项资金专款专用,专项用于扶持和促进中小微企业发展的领域和工作,不得擅自改变专项资金用途,不得用于人员福利、公用经费、楼堂馆所建设等支出。

第十二条　各市、县(市、区)经信(中小企业)、财政部门在收到专项资金下达计划后,要按照本办法和年度资金下达文件要求,会同科技、地方金融管理等部门,结合本地中小微企业发展实际及时制定专项资金使用方案,明确扶持重点和绩效目标,在本地区范围内公开组织项目申报、审核等工作。鼓励市、县(市、区)通过创新券、服务券等政府购买服务的方式,支持中小微企业发展,不断提高资金使用效益。

第十三条　各市、县(市、区)财政、经信(中小企业)、科技、地方金融管理等部门要建立健全工作机制,按规定及时做好项目储备等工作,加快资金拨付进度,及时将专项资金拨付到项目实施单位,下达市县的专项资金原则上需在每年10月底前完成拨付。各市、县(市、区)经信(中小企业)部门会同有关部门将专项资金项目安排落实情况统一汇总,会签同级财政部门后,报送省经信厅、省财政厅备案,同时抄送省科技厅、省地方金融监管局,并按规定要求及时将专项资金使用情况(含项目清单)分别在省财政厅、省经信厅项目备案系统进行备案。

第四章　绩效管理和监督检查

第十四条　绩效管理

(一)根据省财政厅绩效管理的要求,省经信厅(中小企业局)会同省科技厅、省地方金融监管局及省财政厅建立健全专项资金预算绩效管理制度,完善绩效目标管理,组织实施专项资金绩效评价。评价结果作为完善专项资金政策及预算资金分配的重要依据。各市、县(市、区)经信(中小企业)会同科技、地方金融管理及财政等部门根据项目管理和实施情况组织实施绩效目标申报、绩效监控和绩效评价等工作,切实提高财政资金使用效益。

(二)绩效评价按照“谁使用、谁评价”的原则实施。项目实施单位按照省、市、县(市、区)有关要求做好绩效自评。市、县(市、区)经信(中小企业)部门要会同科技、地方金融管理及财政部门加强对项目实施单位绩效评价工作的指导和监督,组织开展专项资金绩效评价,并按要求上报评价报告。省经信厅(中小企业局)会同省科技厅、省地方金融监管局及省财政厅等部门根据年度工作安排,可选择部分地区、项目开展重点评价。绩效评价按照规定程序和要求组织实施,可采取成立评价工作组(专家组)或委托第三方机构等方式开展。

第十五条　监督检查

(一)专项资金使用管理接受审计、纪检监察、财政等部门的监督检查,一旦发现截留、挤占、挪用或骗取专项资金等违法违纪行为,依照有关法律法规的规定追究相应责任。

(二)各市、县(市、区)财政和经信(中小企业)、科技、地方金融管理等部门要建立健全专项资金使用管理、监督检查和跟踪问效制度,督促指导项目实施单位按规定要求使用专项资金,确保资金安全、高效,对发现的问题要及时纠正,并向省财政厅、省经信厅(中小企业局)、省科技厅、省地方金融监管局报告。

(三)项目实施单位应按现行有关财务会计制度规定加强财务管理,按规定用途使用资金,自觉接受财政、经信等有关部门的监督检查。

(四)各级财政部门和经信(中小企业)、科技、地方金融管理等部门,单位及其工作人员在专项资金使用管理工作中,存在违反规定审批、分配、拨付、使用和管理资金,以及骗取、挪用和截留资金等其他违法违纪行为的,按照《中华人民共和国监察法》《中华人民共和国预算法》《中华人民共和国公务员法》《财政违法行为处罚处分条例》等国家有关法律法规追究相应责任;涉嫌犯罪的,移送司法机关处理。

第五章　附　则

第十六条　本办法自2019年1月1日起施行。本办法发布实施后,以往有关规定与本办法不一致的,以本办法为准。

2018年财政规章及相关政策文件目录(选编)

序号	文件名称	发文单位	文号	印发日期
1	关于建立企业职工基本养老保险基金中央调剂制度的通知	国务院	国发〔2018〕18号	2018.5.31
2	关于印发个人所得税专项附加扣除暂行办法的通知	国务院	国发〔2018〕41号	2018.12.14
3	中华人民共和国个人所得税法实施条例	国务院	第707号令	2018.12.19
4	关于印发基本公共服务领域中央与地方共同财政事权和支出责任划分改革方案的通知	国务院办公厅	国办发〔2018〕6号	2018.1.29
5	关于印发跨省域补充耕地国家统筹管理办法和城乡建设用地增减挂钩节余指标跨省域调剂管理办法的通知	国务院办公厅	国办发〔2018〕16号	2018.3.16
6	关于转发财政部、国务院扶贫办、国家发展改革委扶贫项目资金绩效管理办法的通知	国务院办公厅	国办发〔2018〕35号	2018.5.15
7	关于印发医疗卫生领域中央与地方财政事权和支出责任划分改革方案的通知	国务院办公厅	国办发〔2018〕67号	2018.7.20
8	关于进一步调整优化结构提高教育经费使用效益的意见	国务院办公厅	国办发〔2018〕82号	2018.8.20
9	关于印发《财政管理工作绩效考核与激励办法》的通知	财政部	财预〔2018〕4号	2018.1.15
10	关于印发《农业综合开发财务管理办法》的通知	财政部	财发〔2018〕2号	2018.2.6
11	关于地方财政库款管理有关事项的通知	财政部	财库〔2018〕22号	2018.2.14
12	关于建立健全长江经济带生态补偿与保护长效机制的指导意见	财政部	财预〔2018〕19号	2018.2.22
13	关于进一步规范地方财政收入秩序的通知	财政部	财预〔2018〕31号	2018.3.20
14	关于印发《预算稳定调节基金管理暂行办法》的通知	财政部	财预〔2018〕35号	2018.3.27
15	关于规范金融企业对地方政府和国有企业投融资行为有关问题的通知	财政部	财金〔2018〕23号	2018.3.30
16	关于降低部分政府性基金征收标准的通知	财政部	财税〔2018〕39号	2018.4.16
17	关于进一步加强政府和社会资本合作(PPP)示范项目规范管理的通知	财政部	财金〔2018〕54号	2018.4.28
18	关于印发《地方财政预算执行支出进度考核办法》的通知	财政部	财预〔2018〕69号	2018.5.15
19	关于印发《中央对地方重点生态功能区转移支付办法》的通知	财政部	财税〔2018〕86号	2018.6.27
20	关于印发《林业生态保护恢复资金管理办法》的通知	财政部	财农〔2018〕66号	2018.7.4
21	关于贯彻落实《中共中央 国务院关于完善国有金融资本管理的指导意见》的通知	财政部	财金〔2018〕87号	2018.7.19
22	关于印发跨省域补充耕地资金收支管理办法和城乡建设用地增减挂钩节余指标跨省域调剂资金收支管理办法的通知	财政部	财综〔2018〕40号	2018.7.24
23	关于推进政府购买服务第三方绩效评价工作的指导意见	财政部	财综〔2018〕42号	2018.7.31
24	关于做好地方政府专项债券发行工作的意见	财政部	财库〔2018〕72号	2018.8.14
25	财政部关于贯彻实施政府会计准则制度的通知	财政部	财会〔2018〕21号	2018.8.20

(续表一)

序号	文件名称	发文单位	文号	印发日期
26	关于印发《工业企业结构调整专项奖补资金管理办法》的通知	财政部	财建〔2018〕462 号	2018. 9. 4
27	贯彻落实实施乡村振兴战略的意见	财政部	财办〔2018〕34 号	2018. 9. 29
28	关于全面推开财政电子票据管理改革的通知	财政部	财综〔2018〕62 号	2018. 11. 8
29	关于贯彻落实支持脱贫攻坚税收政策的通知	财政部	财税〔2018〕131 号	2018. 11. 12
30	关于贯彻落实《中共中央 国务院关于全面实施预算绩效管理的意见》的通知	财政部	财预〔2018〕167 号	2018. 11. 13
31	关于进一步加强地方财政部门和预算单位资金存放管理的通知	财政部	财库〔2018〕80 号	2018. 11. 22
32	关于印发《会计人员管理办法》的通知	财政部	财会〔2018〕33 号	2018. 12. 6
33	关于印发《财政部贯彻落实打赢脱贫攻坚战三年行动指导意见的实施方案》的通知	财政部	财办〔2018〕40 号	2018. 12. 26
34	关于个人所得税法修改后有关优惠政策衔接问题的通知	财政部	财税〔2018〕164 号	2018. 12. 27
35	关于印发《海岛及海域保护资金管理办法》的通知	财政部	财建〔2018〕861 号	2018. 12. 28
36	关于印发《社会保障基金财政专户会计核算办法》的通知	财政部	财办〔2018〕43 号	2018. 12. 29
37	关于严格规范地方财政暂付性款项管理的通知	财政部	财办〔2018〕41 号	2019. 1. 2
38	关于进一步加强和改进行政事业单位国有资产管理工作的通知	财政部	财资〔2018〕108 号	2019. 1. 7
39	关于进一步规范地方国库现金管理的通知	财政部办公厅	财办库〔2018〕77 号	2018. 5. 23
40	关于加强文化领域相关转移支付资金管理的通知	财政部办公厅	财办文〔2018〕46 号	2018. 7. 11
41	关于全国社会保障基金有关投资业务税收政策的通知	财政部 国家税务总局	财税〔2018〕94 号	2018. 9. 26
42	关于基本养老保险基金有关投资业务税收政策的通知	财政部 国家税务总局	财税〔2018〕95 号	2018. 9. 26
43	关于印发《土地储备资金财务管理办法》的通知	财政部 国土资源部	财综〔2018〕8 号	2018. 1. 22
44	关于调整完善新能源汽车推广应用财政补贴政策的通知	财政部 工业和信息化部 科技部 发展改革委	财建〔2018〕18 号	2018. 2. 12
45	关于进一步做好创业担保贷款财政贴息工作的通知	财政部 人力资源社会保障部 中国人民银行	财金〔2018〕22 号	2018. 3. 29
46	关于停征免征和调整部分行政事业性收费有关政策的通知	财政部 国家发展改革委	财税〔2018〕37 号	2018. 4. 16
47	关于贯彻落实《扶贫项目资金绩效管理办法》的通知	财政部脱贫攻坚领导小组	财脱贫组〔2018〕2 号	2018. 10. 15
48	关于对小微企业融资担保业务实施降费奖补政策的通知	财政部 工业和信息化部	财建〔2018〕547 号	2018. 10. 17
49	关于印发《大气污染防治资金管理办法》的通知	财政部 生态环境部	财建〔2018〕578 号	2018. 11. 13
50	关于推进省以下财政事权和支出责任划分改革的实施意见	浙江省人民政府	浙政发〔2018〕3 号	2018. 1. 28
51	关于进一步促进民营经济高质量发展的实施意见	中共浙江省委办公厅	浙委办发〔2018〕83 号	2018. 11. 30
52	浙江省省级人才项目资金绩效评价办法(试行)	中共浙江省委 浙江省财政厅	浙委人办〔2018〕9 号	2018. 11. 28

（续表二）

序号	文件名称	发文单位	文号	印发日期
53	关于加强政策性渔业互助保险工作的意见	浙江省人民政府办公厅	浙政办发〔2018〕61号	2018.6.29
54	关于深化养老服务综合改革提升养老服务质量的实施意见	浙江省人民政府办公厅	浙政办发〔2018〕77号	2018.8.10
55	关于进一步减轻企业负担增强企业竞争力的若干意见	浙江省人民政府办公厅	浙政办发〔2018〕99号	2018.10.17
56	关于印发浙江省基本公共服务领域省与市县共同财政事权和支出责任划分改革实施方案的通知	浙江省人民政府办公厅	浙政办发〔2018〕104号	2018.10.30
57	关于印发浙江省省级企业研发后补助资金管理办法（试行）的通知	浙江省财政厅	浙财科教〔2018〕1号	2018.1.16
58	关于进一步规范省级行政事业单位公款竞争性存放管理的通知	浙江省财政厅	浙财预执〔2018〕5号	2018.1.16
59	关于印发浙江省会计领军人才培养使用管理办法的通知	浙江省财政厅	浙财会〔2018〕2号	2018.1.23
60	关于地方财政库款管理有关事项的通知	浙江省财政厅	浙财预执〔2018〕16号	2018.3.7
61	关于印发浙江省财政管理绩效考核办法的通知	浙江省财政厅	浙财办〔2018〕4号	2018.5.20
62	关于加强行政事业单位会计工作的意见	浙江省财政厅	浙财会〔2018〕24号	2018.5.25
63	关于印发浙江省财政预算执行支出进度通报办法的通知	浙江省财政厅	浙财预〔2018〕23号	2018.5.28
64	关于印发浙江省道路交通事故社会救助基金业务档案管理办法（试行）的通知	浙江省财政厅	浙财金〔2018〕29号	2018.5.29
65	关于规范差旅伙食费收缴有关事项的通知	浙江省财政厅	浙财行〔2018〕18号	2018.6.27
66	关于进一步加强乡镇财政管理工作的意见	浙江省财政厅	浙财基〔2018〕17号	2018.8.7
67	关于进一步明确社会保障资金财政专户资金存放管理职责分工的通知	浙江省财政厅	浙财预执〔2018〕46号	2018.8.7
68	关于进一步强化农村土地承包经营权确权登记颁证补助资金管理的通知	浙江省财政厅	浙财基〔2018〕18号	2018.8.13
69	关于发行地方政府债券置换存量或有债务的通知	浙江省财政厅	浙财预〔2018〕34号	2018.8.20
70	关于印发浙江省社会保障风险准备金管理办法的通知	浙江省财政厅	浙财社〔2018〕56号	2018.8.21
71	关于印发全面推进医疗收费电子票据管理改革指导方案的通知	浙江省财政厅	浙财综〔2018〕20号	2018.8.30
72	关于印发浙江省政府向社会力量购买服务指导性目录（2019年度）的通知	浙江省财政厅	浙财预〔2018〕36号	2018.8.30
73	关于贯彻落实中共中央 国务院关于完善国有金融资本管理指导意见的报告	浙江省财政厅	浙财金〔2018〕51号	2018.9.11
74	关于印发省对下重点生态功能区转移支付办法的通知	浙江省财政厅	浙财预〔2018〕39号	2018.9.14
75	关于浙江政务服务网统一公共支付平台缴款票据使用管理有关事项的通知	浙江省财政厅	浙财综〔2018〕22号	2018.9.20
76	中共浙江省财政厅党组关于推进全省清廉财政建设的实施意见	浙江省财政厅	浙财党〔2018〕59号	2018.10.8
77	关于印发浙江省农村综合改革补助资金管理办法的通知	浙江省财政厅	浙财基〔2018〕19号	2018.10.8
78	关于加强财政暂存暂付性款项管理的通知	浙江省财政厅	浙财预执〔2018〕66号	2018.10.11
79	关于废止浙江省社会保险基金保值增值运作管理办法（试行）的通知	浙江省财政厅	浙财社〔2018〕95号	2018.11.15

（续表三）

序号	文件名称	发文单位	文号	印发日期
80	关于印发浙江省省级国有资本经营预算管理办法的通知	浙江省财政厅	浙财预〔2018〕51 号	2018. 11. 22
81	关于全省财政系统贯彻重大行政决策程序规定的意见	浙江省财政厅	浙财法〔2018〕6 号	2018. 11. 30
82	关于贯彻落实浙江省行政执法监督实施办法的通知	浙江省财政厅	浙财法〔2018〕7 号	2018. 11. 30
83	关于公布 2019 年度政府集中采购目录及标准的通知	浙江省财政厅	浙财采监〔2018〕17 号	2018. 12. 4
84	关于印发厅机关及厅属单位公款竞争性存放实施办法的通知	浙江省财政厅	浙财办〔2018〕9 号	2018. 12. 17
85	关于印发浙江省普通国省道公路建设项目资金补助暂行办法的通知	浙江省财政厅 浙江省交通运输厅	浙财建〔2018〕2 号	2018. 1. 29
86	关于印发省本级政府和社会资本合作（PPP）项目财政管理操作流程（试行）的通知	浙江省财政厅办公室	浙财办发〔2018〕6 号	2018. 2. 7
87	关于印发浙江省金融业发展专项资金管理办法的通知	浙江省财政厅等四部门	浙财金〔2018〕6 号	2018. 2. 12
88	关于印发建立浙江省学前教育生均经费制度指导意见的通知	浙江省财政厅 浙江省教育厅	浙财科教〔2018〕4 号	2018. 2. 12
89	关于印发浙江省社会保险基金财务制度实施细则的通知	浙江省财政厅 浙江省人力资源和社会保障厅	浙财社〔2018〕6 号	2018. 3. 8
90	关于印发浙江省公共财政扶持民办教育发展实施办法浙江省民办学校财务管理办法的通知	浙江省财政厅 浙江省教育厅	浙财科教〔2018〕7 号	2018. 3. 16
91	关于印发《浙江省财政专项扶贫资金绩效评价办法》的通知	浙江省财政厅 浙江省扶贫办公室	浙财农〔2018〕23 号	2018. 3. 28
92	关于印发浙江省民办学校财务清算办法的通知	浙江省财政厅 浙江省教育厅	浙财资产〔2018〕26 号	2018. 4. 10
93	关于加强基本医疗保险基金预算管理 发挥医疗保险基金控费作用的实施意见	浙江省财政厅 浙江省人力资源和社会保障厅 浙江省卫生和计划生育委员会 浙江省地方税务局	浙财社〔2018〕26 号	2018. 5. 7
94	关于印发浙江省高校绩效奖补资金管理办法的通知	浙江省财政厅 浙江省教育厅	浙财科教〔2018〕20 号	2018. 5. 21
95	关于印发浙江省山海协作产业园建设资金管理办法的通知	浙江省财政厅 浙江省发展和改革委员会	浙财建〔2018〕44 号	2018. 6. 11
96	关于印发《浙江省动物防疫等补助经费管理实施细则》的通知	浙江省财政厅 浙江省农业厅	浙财农〔2018〕43 号	2018. 7. 18
97	关于印发浙江省农业资源及生态保护补助资金管理实施细则的通知	浙江省财政厅 浙江省农业厅 浙江省海洋与渔业局	浙财农〔2018〕55 号	2018. 8. 2
98	关于印发浙江省农业绿色生产发展资金管理实施细则的通知	浙江省财政厅 浙江省农业厅 浙江省海洋与渔业局	浙财农〔2018〕51 号	2018. 8. 7
99	关于印发浙江省财政专项扶贫项目资金绩效管理办法的通知	浙江省财政厅 浙江省扶贫办公室	浙财农〔2018〕54 号	2018. 8. 9
100	关于印发浙江省东西部扶贫协作资金管理办法的通知	浙江省财政厅 浙江省发展和改革委员会	浙财建〔2018〕95 号	2018. 8. 23
101	关于印发浙江省中央财政水利发展资金绩效管理实施细则的通知	浙江省财政厅 浙江省水利厅	浙财农〔2018〕9 号	2018. 8. 28

（续表四）

序号	文件名称	发文单位	文号	印发日期
102	关于印发浙江省省级财政专户资金竞争性存放管理操作规程的通知	浙江省财政厅办公室	浙财办发〔2018〕93号	2018.9.7
103	关于印发浙江省生态环境损害赔偿资金管理办法（试行）的通知	浙江省财政厅 浙江省环境保护厅 浙江省高级人民法院 浙江省人民检察院	浙财建〔2018〕99号	2018.9.18
104	关于印发浙江省省级国库集中支付动态监控管理工作基本规程（试行）的通知	浙江省财政厅办公室	浙财办发〔2018〕98号	2018.9.20
105	关于印发浙江省工业与信息化发展财政专项资金使用管理办法的通知	浙江省财政厅 浙江省经济和信息化委员会	浙财企〔2018〕63号	2018.9.28
106	关于印发浙江省级基础性公益性战略性地质工作项目资金管理办法的通知	浙江省财政厅 浙江省国土资源厅	浙财建〔2018〕106号	2018.10.11
107	关于做好省级党政机关机构改革中国有资产管理工作的通知	浙江省财政厅 浙江省机关事务管理局	浙财资产〔2018〕64号	2018.10.16
108	关于建立公办普通高中学校生均公用经费标准的通知	浙江省财政厅 浙江省教育厅	浙财科教〔2018〕38号	2018.10.29
109	关于印发浙江省劳模慰问帮扶财政专项资金管理办法的通知	浙江省财政厅 浙江省总工会	浙财企〔2018〕69号	2018.10.31
110	关于印发浙江省财政厅政府投资项目内部管理规程（试行）的通知	浙江省财政厅办公室	浙财办发〔2018〕120号	2018.11.1
111	关于调整我省车辆车船税适用税额标准的通知	浙江省财政厅 国家税务总局浙江省税务局	浙财税政〔2018〕22号	2018.11.20
112	关于印发浙江省司法行政机关财务管理实施办法的通知	浙江省财政厅 浙江省司法厅	浙财行〔2018〕33号	2018.11.21
113	关于印发浙江省困难群众救助补助资金使用管理办法的通知	浙江省财政厅 浙江省民政厅	浙财社〔2018〕103号	2018.12.6
114	关于印发浙江省医疗收费电子票据管理办法的通知	浙江省财政厅 浙江省卫生健康委员会	浙财综〔2018〕27号	2018.12.10
115	关于浙江省住房与城市建设专项资金管理办法（试行）的补充通知	浙江省财政厅 浙江省住房和城乡建设厅	浙财建〔2018〕140号	2018.12.11
116	关于印发浙江省省属文化企业重大事项管理实施细则的通知	浙江省财政厅 中共浙江省委宣传部	浙财文〔2018〕77号	2018.12.12
117	关于印发浙江省财政厅财政专项资金管理风险内部控制办法（试行）的通知	浙江省财政厅办公室	浙财办发〔2018〕116号	2018.12.20
118	关于印发浙江省商务促进财政专项资金使用管理办法的通知	浙江省财政厅 浙江省商务厅	浙财企〔2018〕94号	2018.12.21
119	关于印发浙江省内河水运基础设施建设项目资金补助办法的通知	浙江省财政厅 浙江省交通运输厅	浙财建〔2018〕147号	2018.12.28
120	关于印发浙江省中小企业发展（竞争力提升工程）专项资金管理办法的通知	浙江省财政厅等四部门	浙财企〔2018〕100号	2018.12.29
121	关于开展土地储备出让预算管理制度改革试点扩面工作的通知	浙江省财政厅 浙江省自然资源厅 浙江省住房和城乡建设厅	浙财预〔2018〕64号	2019.1.2
122	关于印发浙江省高校“双一流”建设专项资金管理办法的通知	浙江省财政厅 浙江省教育厅	浙财科教〔2018〕70号	2019.1.30

财政文选

zhejiang caizheng nianjian

省领导论财政

更好发挥财政在经济社会发展中的积极作用

——在省委财经委员会第一次会议上的讲话(摘要)

浙江省委书记 车 俊

面对当前复杂多变的形势,财政工作要坚持有效市场与有为政府相结合,从地方职能出发,在落实中央积极财政政策上更加主动、更有作为,更好发挥财政在推动经济社会平稳健康发展中的积极作用。

集中财力办大事,体现了社会主义制度的优越性,是推进"两个高水平"建设、实现高质量发展的需要。要用好财政政策,集中财力办大事。一是财政导向要更鲜明。把财力聚焦到中央和省委、省政府重大决策部署上来,聚焦到"两个高水平"建设和高质量发展上来,抓重点、补短板、强弱项。特别是面对经济形势变化,围绕做好"稳就业、稳金融、稳外贸、稳外资、稳投资、稳预期"工作,加快推进一批重大产业、重大基础设施、重大民生项目建设。二是资金撬动要更精准。坚持有所为有所不为,把握公共财政运行边界,瞄准市场兴奋点,找准财政杠杆的发力点,更好发挥财政资金"四两拨千斤"的作用。综合运用政府产业基金、PPP 等市场化手段,吸引带动尽可能多的金融资本、社会资金进入数字经济、创新引领、乡村振兴等领域。三是培植税源要更给力。集中精力抓发展,进一步做大蛋糕、壮大财力;全面落实好企业减税减负政策,进一步蓄水养鱼、增强后劲;坚持依法收好税、落实减免税,不收"过头税"。四是行政支出要更节约。全面实施绩效管理,将有限财力用在发展上、用在刀刃上,发挥最大效益;树立起过"紧日子"思想,厉行节约,反对铺张浪费,把节省下来的钱用到省委、省政府重大决策部署的落实上来,用到补短板、打攻坚战和改善民生上来。五是体制机制要更健全。加强统筹、加大改革力度,加快建立现代财政制度,探索集中财力办大事的有效办法,进一步发挥优势、释放活力。

(2018 年 10 月 22 日)

温州瓯越大桥

厅领导谈财政

守住风险底线
服务发展主线

浙江省财政厅党组书记、厅长 徐宇宁

党的十九大报告明确提出,“要坚决打好防范化解重大风险、精准脱贫、污染防治的攻坚战”,把防风险作为三大攻坚战之首。习近平总书记多次就地方政府债务问题作出重要指示。对此,浙江省高度重视,采取切实有效措施,通过扎紧制度“篱笆”、强化源头管控、创新风险管控财政奖惩机制等措施,严控债务增量、积极消化存量债务,着力化解地方政府性债务风险,取得了明显成效。2017 年,全省地方政府债务限额 10488 亿元,债务率 89.8%,低于警戒线 10.2 个百分点,风险总体可控。

一、主要做法

强化“两线”意识,树立“防风险与促发展并举”的债务管理新理念。一方面,严格执行预算法等法律法规,率先以省政府名义出台加强地方政府性债务管理的意见,率先把地方政府性债务管理纳入党政领导班子政绩考核体系,坚决堵住“后门”;另一方面,积极开好“前门”,依法依规合理举债,支持城乡基础设施建设,促进经济社会各项事业更好更快发展。

强化限额意识,提出用好“一个公式”,算好“三本账”的债务管理新思路。用好“一个公式”,即“债务余额≤债务限额”,债务余额最大限度接近限额,但又不超过限额,用足用好债务限额,在有效防控风险的同时,使债务的政策效用最大化。算好“三本账”,即财力账、法律账和风险账。所谓财力账,就是将财力作为债务限额分配的依据,量力而行、适度举债;所谓法律账,就是严格执行预算法等法律法规的刚性要求,守住不发生违法违规举债的底线;所谓风险账,就是根据各地的风险状况,区别高、中、低风险地区,因地制宜、分类施策。

强化规矩意识,建立“4+8”的债务管理制度新体系。省委、省政府先后出台《关于进一步加强地方政府性债务管理的实施意见》《地方政府性债务风险应急处置预案》《关于地方政府性债务风险管控与化解的意见》和《关于严控地方政府性债务的意见》4 个规范性文件;省财政厅陆续出台 8 个操作性文件,涉及限额管理、预算管理、风险预警管理、应急处置机制等方面。“4+8”制度体系的构建,为加强债务管理立了规矩、扎了“篱笆”。

强化风控意识,创新债务风险预警和管控机制。一是实施分类管理。建立“红、黄、绿”三色预警体系,对债务率高于100%的高风险地区,进行红色预警;债务率处于 95%—100%的中风险地区,进行黄色警示;债务率低于 95%的,为绿色安全的低风险地区。高风险地区在未降到警戒线以内之前,不予增加新增债券;对未完成年度化债计划的地区,实施相应的财政扣罚。2017 年对未完成化债目标任务的 2 个县,以及由中低风险转入高风险的 1 个县,扣罚了财政资金 7000 万元。对中低风险地区,建立与风险管控质量挂钩的财政奖惩机制。二是强化源头管控。严格政府投资项目审批管理,实行“三个不得立项”:即未经财政部门评估债务风险的,发改部门不得立项;项目总投资无法落实或资金来源不明确的,发改部门不得立项;高风险地区化债计划未完成或隐性债务未消化完成的,发改部门不得立项。坚决制止以政府和社会资本合作(PPP)、政府投资基金、政府购买服务、专项建设基金等方式变相融资。对有收益的在建项目债务,符合实施 PPP 模式条件的积极引入社会资本参与改造运营。其中,政府参与的垃圾处理、污水处理项目必须采取 PPP 模式规范运作。三是探索建立政府资产负债表。完善权责发生制的政府综合财务报告制度,全面反映政府资产、负债、资产变现能力、偿债能力和债务绩效等情况,全面评估政府债务风险,约束政府过度举债行为。

强化责任意识,健全考核和问责追责机制。一是强化地方党委、政府主体责任。对各市、县(市、区)政府性债务风险管控和化解不力的,实行权责一致、党政同责、终身问责、倒查责任。二是完善考核制度。实行综合指标体系,将政府投资单项指标变更为政府投资和社会投资两项指标,鼓励和引导社会资本投入经济社会发展的重点领域和薄弱环节。健全考核指标体系,各地、各部门出台专项工作考核办法时不得设置财政投入指标。三是建立健全问责追责机制。对未完成地方政府债务高风险地区化债计划的市县区主要责任人和相关责任人进行问责;对地方政府债务中低风险地区转为高风险地区的市县区主要责任人和相关责任人进行问责;对未按计划消化隐性债务存量的市县区主要责任人和相关责任人进行问责;对新增隐性债务的市县区主要责任人和相关责任人进行问责;对发生违反规定审批政府投资项目的主要决策人和经办人进行问责。

二、经验与启示

管控并化解地方政府债务风险是复杂艰巨的系统工程,需要各级政府、各部门高度重视、紧密配合、共同发力。总结浙江近年来债务管理的做法和经验,主要有四点体会:

第一,领导重视是关键。省委、省政府高度重视债务工作,车俊书记、袁家军省长等省领导多次就债务问题作出指示或批示,省委、省政府多次召开专题会议,研究地方政府性债务风险预警、管控和化解,以及应急处置等问题。2018 年 8 月,省政府专门举办由市县区长参加的政府理财治税专题研讨班,袁家军省长作主题报告,就债务问题提出“六必问责”的刚性要求。

第二,真抓实干是根本。政府债务事关经济社会发展大局,涉及面广、社会关注度高,而且情况和成因复杂,必须实事求是、真抓实干,一件事情接着一件事情办,一年接着一年干,既不能急于求成,也不能因噎废食。在这过程中,重点抓了两个"牛鼻子"。一是抓源头管控。从政府投资项目入手,围绕立项、可行性论证、预算安排、资金使用、绩效评价和监督等环节,强化全过程闭环管理,并及时公开相关信息,接受社会监督,使政府投资项目资金来源可靠、安全。二是抓风险化解。实施高风险地区五年化债计划。2015 年 17 个高风险市、县(市)中,到 2016 年底已有 10 个市、县(市)已提前完成了 5 年化债任务,5 个市、县(市)完成当年化债目标任务。省财政厅还召开全省债务高风险市县集体约谈会,要求各地从讲政治的高度认识债务风险管控和化解的意义,压实责任、落实措施,做到守土有责、守土尽责、守土有效。特别是加强监督检查,严肃追责问责,真正将债务管理的主体责任落到实处。

第三,融资平台转型是重点。融资平台是隐性债务的根源,平台公司不转型、不脱钩,隐性债务问题就难以从根本上解决。因此,将推动融资平台公司转型作为重要工作,通过多种手段抓紧、抓实。对只承担公益性项目融资任务、主要依靠财政性资金偿还债务的融资平台公司,按照法定程序予以撤销;对兼有公益性项目建设和商业运营职能的融资平台公司,通过兼并重组等方式整合归并同类业务,转型为基础设施、公用事业、城市运营等领域市场化运作的国有企业,依法合规开展市场化融资,服务实体经济发展。对转型后的融资平台公司依法履行国家出资企业出资人职责,不允许将公益性资产和储备土地注入转型后的融资平台公司,也不得承诺将储备土地预期出让收入作为其偿债资金来源,不得将政府性资源分配与国有企事业单位融资行为直接或间接挂钩。

第四,部门协同防控是保障。建立了部门协同防控债务风险的工作机制。省人大实行联网监督制度,实时监控地方政府性债务风险;省发改委修订完善《浙江省政府投资项目管理办法》,将"三个不得立项"作为立项审批的重要依据;省审计厅加强对债务问题的专项审计,将地方政府性债务作为每年的同级审、上审下、经责审的必审内容。省银监局强化监管职责,督促金融机构不得违法违规向地方政府提供融资贷款、不得要求或接受地方政府提供担保承诺。促进金融机构合规审慎经营,对金融机构违法违规向地方政府提供融资、要求或接受地方政府提供担保承诺的,依法依规追究金融机构及其相关负责人和授信审批人员责任。

新时代对政府债务管理工作提出了新要求。浙江省财政厅将认真学习贯彻党的十九大精神,牢固树立新发展理念,进一步完善工作机制,夯实债务管理基础,严控债务增量,消化债务存量,将债务风险控制在合理的范围,促进经济社会平稳健康发展,为实现"两个一百年"的奋斗目标作出新的贡献。

(刊于 2018 年 1 月 18 日《中国财经报》)

全面推广"政采云":省内全覆盖　省外立标杆

浙江省财政厅党组书记、厅长　徐宇宁

浙江是互联网技术和信息经济的先发省份,互联网开发和应用的氛围浓厚。通过"制度+技术"的集成创新,可着力解决政府采购领域长期存在的问题。"政采云"就是"互联网+"背景下政府采购模式的重大创新,是政府采购领域的供给侧结构性改革。

在与阿里巴巴公司的合作中,浙江"政采云"不仅完成了基础模块的开发,还在省本级以及嘉兴、湖州、海宁、海盐、德清等地区试点,被财政部列为全国首个"政府采购电子卖场"试点,充分体现了"干在实处、走在前列、勇立潮头"的浙江精神和浙江速度。

一、建设"政采云"的意义

建设"政采云"是省委、省政府的重大决策部署,对提高政府采购治理能力和治理水平、促进经济社会发展具有重大而深远的意义。

一是有利于更好推动供给侧结构性改革。通过技术、制度、理念的集成创新,充分发挥政府采购"国产优先、绿色优先、创新优先"的政策功能,积极对接"中国制造 2025 浙江行动纲要",促进浙江省产业转型升级、科技创新和实体经济发展,推动产业链向中高端迈进,全面提升经济发展的质量和效益。

二是有利于更好推动"最多跑一次"改革。坚持用户导向和需求导向,联接数据孤岛,着力打造"政务淘宝",实现政府采购全流程网上办理、零上门服务,让数据多跑路、服务对象少跑腿甚至不跑腿。

三是有利于更好推动政府采购改革。着力构建统一开放、竞争有序的政府采购网上市场,促进政府采购交易、服务和监管电子化、一体化、透明化,有效规避信息不对称风险,着力解决政府采购价格高、质量差、效率低等广为诟病的问题。

截至 2017 年年底,"政采云"平台已实现了"省内全覆盖、省外立标杆"的阶段性成果:完成浙江全省(不含宁波)107 个市县区(含开发区等)及广西壮族自治区的北海市、贺州市 6 个市县区、国家税务总局及浙江省边防总队垂管系统的平台部署上线,累计交易额 115.6 亿元。同时,平台形成了集网上交易、网上服务和网上监管于一体的政府采购云服务体系,基本完成了浙江省政府采购数字化转型。

二、加大"政采云"推广力度

接下来要进一步加大"政采云"平台的推广力度,使浙江的"互联网+政府采购"发展经验能惠及全国,为全国政府采购信息化建设和精细化管理提供有效助力,推动提高政府采购治理能力和治理水平。

一是进一步加大推广力度。充分认识“政采云”平台的重要性，每个市县都要积极推广应用。省市县各级财政部门要统筹协调好各项工作，确保新旧系统平稳过渡、稳健运行，不影响业务开展、不增加用户负担。“政采云”公司要履行好主体责任，把任务书、路线图、时间表亮出来，挂图作战，以出色的产品和良好的用户体验赢得用户信赖，变“要我用”为“我要用”。确保2018年实现全省全覆盖，在此基础上逐步向省外推广。

二是进一步加强业务培训。有效管用的培训是推广应用的前提，培训到位了，推广起来才会顺畅。要坚持需求导向、用户导向，制定多层次、全覆盖的培训计划，因地因人精心设置培训课程，把“为什么用、怎么用、出现问题怎么办”等技术、业务问题讲清楚，让相关人员会操作、上手快、用得好，充分体现产品的价值。

三是进一步完善配套制度。要按照“政府主导、市场建设、管采分离、专业运营、优质服务”的原则，处理好技术创新和制度供给的关系，通过技术创新优化制度供给，通过制度供给保障技术创新。要运用先进的技术手段促进政府采购公开公平公正，实现提质增效。要抓紧研究出台电子化政府采购的制度办法，完善网上交易工作机制和规则，加强对供应商及电子采购市场的监管，防范政府采购风险。

四是进一步做好“引才招商”工作。要完善选人用人机制，拓宽视野，将更多政府采购和信息技术专业人才引进公司，为平台建设和运行提供有力的人才支撑。同时，要完善公司治理结构和盈利模式，进一步做好招商工作，把更多信用好、实力强的供应商引进来，促进政府采购事业可持续健康发展。

五是进一步搞好宣传。通过各种渠道和形式，向广大用户和公众宣传“政采云”“是什么、做什么、怎么做”，不断提高“政采云”的公众知晓率、社会知名度，为“政采云”走得更快更远营造良好的社会环境。

在“互联网+”的背景下，凡事“人在做、天在看、云在算”。“政采云”经过一年多发展，小有成绩、小有知名度，表明在大数据、云计算时代，只要有丰富的想象力、肯付出艰苦的努力、有足够的能力，那么一切皆有可能。在省委、省政府的高度重视、财政部的大力支持、阿里巴巴的技术优势下，相信诞生在云栖小镇的这个“政采云”“新生儿”一定会茁壮成长，一定会志存高远，一定能走出浙江、走向全国。

（刊于《浙江财税与会计》2018年第3期）

以绩效论英雄 浙江全面实施绩效管理

浙江省财政厅党组书记、厅长 徐宇宁

党的十九大报告明确提出，建立全面规范透明、标准科学、约束有力的预算制度，全面实施绩效管理。继新《预算法》后，“绩效管理”又被写入党的纲领性文件，凸显了绩效管理在构建现代财政制度中的重要地位，同时也为全面实施绩效管理指明了方向、提供了遵循。

浙江省委书记车俊同志指出：“财政资金不能花出去就算数，关键要看绩效。财政的钱要用在刀刃上，要管好用好，用出绩效。”浙江省各级财政部门深入学习贯彻党的十九大精神及省委的新要求，牢固树立“以绩效论英雄”的理念，将其落实到生财、用财、管财、理财的各个方面、各个环节，切实提高财政资金的使用绩效。

一、建章立制，为全面实施绩效管理提供制度保障

自2003年在全国率先开展财政支出绩效评价工作，经过10余年的探索和实践，浙江省在预算绩效管理的制度建设、能力建设、内涵建设等方面取得明显成效，基本构建了“预算编制有目标、预算执行有监控、预算完成有评价、评价结果有反馈、反馈结果有应用”的工作机制，着力营造“讲绩效、重绩效、用绩效”的浓厚氛围，真正做到“财政资金保障到哪里、绩效评价就跟进到哪里”。

一是完善预算绩效管理制度。2012年，省政府出台《关于全面推进预算绩效管理的意见》，就绩效管理的原则、范围、内容、责任等提出明确要求，在更高层面全面推进绩效管理工作；2013年制定出台《浙江省省级预算绩效目标管理暂行办法》，细化省级部门预算绩效目标的编制、审核、应用要求；2014年推行省级专项资金管理改革，将绩效目标设定及评价结果作为专项资金分配的重要依据；2016年又明确将绩效目标设定作为纳入省级项目库管理的前置条件，未设置绩效目标或绩效目标设置不规范的项目不得进入项目库；始终将“强化绩效”作为省级部门预算编制的重要内容，将绩效目标嵌入省级部门预算编制系统，实现绩效目标与预算编制同步管理，绩效信息与预算管理相互融合。

二是完善预算绩效管理考核机制。2017年修订《浙江省省级部门财政管理绩效综合评价办法》，从预算编制、预算执行、预算绩效、财务管理及经费控制等八个方面对省级部门的财政管理绩效水平进行全面评价，每个方面又设置共计24个权重不等的评价指标，细化资金绩效、执行进度、信息公开等考核标准。同时，将评价结果纳入省政府对直属部门的工作目标责任制考核内容，省级部门想成为政府目标责任制考核的“三好学生”，财政管理绩效工作必须得“优”。

三是健全第三方参与绩效评价机制。加强专家库管理，深化第三方参与绩效评价机制，规范第三方绩效评价行为，采用公开招标等方式选择评价第三方，探索第三方独立评价机制，确保评价结果客观公正。

二、服务大局，实现绩效管理“全过程、全融合、全覆盖”

预算绩效，表现形式为财政资金的使用效益，而其实质反映的却是政府行政履职的质量和效率，最终影响的是政府公信力。绩效管理不能就绩效论绩效、就资金论资金，而应提高政治站位，融入经济社会发展大局，统筹谋划、全面推进。关键要做到

"全过程、全融合、全覆盖"。

浙江省在对预算绩效管理各环节进行优化整合的基础上，实现绩效目标管理、绩效跟踪、绩效评价、结果应用四位一体的预算绩效全过程管理。依托预算编制系统，将绩效管理的全过程嵌入预算管理，实现绩效管理与预算管理的无缝对接、融为一体。绩效目标管理与部门预算相融合，绩效跟踪与预算执行相衔接，绩效评价结果应用于部门预算，形成全融合的绩效管理闭环。同时，将绩效管理从省级、市县级向乡镇级覆盖，从一般公共预算向政府性基金、国有资本经营预算和社会保险基金预算覆盖，从部门预算向专项转移支付资金覆盖，从项目支出向财政政策覆盖，财政资金绩效管理不留"空白"。

在推进绩效管理"全过程、全融合、全覆盖"的基础上，浙江省财政部门将绩效目标设置、绩效监控、评价结果等绩效信息统一归集到预算申报表上，通过"一张表"规范、系统地反映绩效信息，所有信息可追溯、可比对分析，并与预算编制、执行信息相关联，实现绩效信息与预算信息同步审核、同步管理、同步公开。

全面实施绩效目标管理，强化绩效目标硬约束。在部门预算编制环节，将绩效目标编制作为预算编制的前置条件进行审核，未设置绩效目标或目标设置不合理、未细化、量化的项目不得进入下一步预算编制环节。主管部门和财政部门要根据各自职责，严格执行绩效目标审核制度，加强项目支出和专项资金的绩效目标审核，严格源头管控。

全面实施绩效监控，加强事中监督管理。在预算执行过程中，动态监管绩效目标的分阶段实现情况，作为预算执行动态监控的内容之一，实现目标纠偏，加快预算执行，提高资金使用效益。

全面实施绩效自评，加强结果应用。在预算执行完毕后，省级部门对所有项目开展绩效自评，财政开展抽评和重点绩效评价，评价结果在预算审核环节实行红、黄、绿灯警示，作为下一年度部门预算编制的重要参考。

夯实工作基础，进一步加强绩效指标体系建设。通过若干年的积累，形成科学、规范的分部门分行业的绩效目标、指标体系，逐步将绩效指标作为财政对部门预算绩效考核和单位财务部门对业务部门实行绩效考核的依据。

厘清主体责任，逐步实现从"项目支出"绩效管理向"综合支出"绩效管理转变。目前，省级部门预算绩效目标编制和绩效自评主要集中在部门二级项目上，下一步将逐步转向一级项目绩效目标的编制和审核，探索部门整体支出绩效评价。

三、打好"组合拳"，形成全面实施绩效管理的强大合力

绩效管理不是财政部门一家的事情，不能单打独斗，必须凝聚共识、借助外力、形成合力、打好"组合拳"，协同推进。

一是强化绩效评价结果应用。进一步健全专项资金定期评价和退出机制，将评价结果作为资金分配、预算标准及政策调整的重要依据。健全问题通报、公开和整改落实机制，将部门绩效自评及抽查的相关情况在政府范围内通报，对绩效自评及抽查中发现的问题进行反馈，提出整改意见，督促、指导部门及时纠正，切实提升预算管理水平。

二是建立多方参与的协调机制。使用财政资金的各个预算部门都应切实担负起预算绩效管理的主体责任，不断强化绩效理念，自觉承担起"用钱必问效、低效必问责"的责任。财政部门内部应进一步梳理职能，落实预算绩效管理各项工作职责，同时建立健全绩效评价结果与预算挂钩和绩效问责等各项绩效激励约束机制，通过机制约束来促使各参与方履行主体责任。

三是推进预算绩效信息公开。2014 年，浙江省印发《公共支出政策绩效研究白皮书》，主动接受社会监督，社会反响较好。2017 年又继续自我加压，制定了《浙江省预决算公开操作规程实施细则》，要求省级部门逐步在部门预算中公开部门和单位重点项目预算的绩效目标，在部门决算中公开主要民生项目和重点支出项目的绩效评价结果。在推进预决算信息公开过程中，逐步从晒"对账单"向晒"成绩单"转变，把部门的绩效信息随同预算同步向人大报告，充分发挥人大监督和社会监督的作用。

（刊于《浙江财税与会计》2018 年第 4 期）

奋力开启新时代浙江财政高质量发展新征程

浙江省财政厅党组书记、厅长 徐宇宁

党的十九大报告明确提出加快建立现代财政制度的目标，并要求"建立全面规范透明、标准科学、约束有力的预算制度，全面实施绩效管理"。"两个全面"不仅是对预算管理改革的要求，更是对新时代财政高质量发展的要求。浙江是习近平新时代中国特色社会主义思想重要萌发地，也是改革开放先行地，各级财政部门要认真学习贯彻党的十九大精神，以绩效管理为牛鼻子，大力推进财税体制改革，奋力开启新时代浙江财政高质量发展的新征程。

一、牢牢把握五方面要求，夯实现代财政制度的基础

浙江省委、省政府主要领导高度重视财政工作和绩效问题。车俊书记提出"划清边界、厘清事权、做好蛋糕、集中财力办大事"的理财思路，袁家军省长提出"保基本、守底线、促均衡、提质量"的理财要求，体现了现代财政制度的基本要求和"质量效益优先"的工作导向，是做好新时代财政工作的重要遵循。具体要从五个方面来把握：

一是要坚持有所为、有所不为。正确处理好政府和市场、社会的关系，坚持"有所为、有所不为"，进一步厘清公共财政运行边界，通过清单、目录等方式清晰界定公共财政职责，退出越位、纠正错位、弥补缺位，使财政资金投向更精准、目标更明确、运行更高效。在经济建设领域，将着力点放在构建公共服务平台、营造公平竞争的市场环境上，减少政府直接投资、财政补贴、"税收洼地"等干预市场微观主体的行为。在民生保障领域，坚持"保

基本、兜底线、建机制”，合理区分公共产品、准公共产品和私人产品，合理区分政府、社会、市场、家庭、个人在民生领域的职责，多做普惠性、基础性、兜底性等“雪中送炭”的事情，少做大包大揽、超越政府职责的“锦上添花”的事情。

二是要充分借助市场和社会的力量。市场经济条件下，市场配置资源的效率更高，借助市场的力量，往往可起到“四两拨千斤”的效果。浙江是市场经济先发省份，民营经济发达、市场机制灵活、市场主体活跃，有条件、有基础、也有能力让市场在公共服务供给中发挥更大作用。要大力推广应用 PPP、专项债、政府购买服务等方式，通过财政资金的引导和杠杆撬动，吸引更多的社会资本、金融资本参与教育、医疗、养老、基础设施等公共服务建设，着力形成多元化、可持续的投入机制。

三是要调动省与市县两个积极性。科学划分省以下财政事权和支出责任，加快构建权责清晰、财力协调、区域均衡的政府间财政关系，充分调动省与市县两个积极性。一方面，深化“放管服”改革，将具体项目安排、资金二次分配等权力下放给市县，激发市县发展经济、培植税源的热情。另一方面，强化省级财政统筹配置财力资源的能力和水平，加大对跨区域、跨流域、牵一发而动全身的大项目的支持力度。同时，要深入研究促进区域均衡发展的政策举措，既要鼓励先进，强化“谁发展好、谁受益多”的导向，保护经济发达地区更好更快发展的积极性；又要补齐短板，充分发挥财税调节功能，综合运用转移支付、税收政策等工具，“输血”“造血”并举，增强加快发展地区的内生发展动力。

四是要集中财力办大事。财政的最大优势在于集中财力办大事，把有限的资金集中起来，每年干成一件或几件有利于长远发展和群众利益的事情，“坚持数年，必见成效”。反之，如果面面俱到、到处撒胡椒面，那么再多的资金也经不起“大浪洗沙”，最终往往一事无成。应该说，集中财力办大事既是由财政的特点和性质决定的，也是由有限的财力和无限的需求这对永恒的矛盾决定的。要紧紧围绕省委、省政府的重大决策部署，不断优化制度供给、政策供给和资金供给，集中财力、全力保障。

五是要尽力而为、量力而行。财政是最讲平衡的，收支要平衡，政策也要平衡，不能按下葫芦浮起瓢，否则政策一出台，矛盾跟着来；时间轴上要讲平衡，既要考虑当前的支出，又要考虑未来的支出；空间轴上要讲平衡，既要考虑显性的支出，又要考虑隐性的支出。要强化底线思维，统筹算好当前账和长远账、局部账和全局账、收益账和风险账，尽力而为、量力而行，坚决不作超越发展阶段的承诺，坚决不搞透支财力的超常规发展，坚决反对民粹主义和福利主义。

二、以绩效为导向，高质量推进新时代财政工作

2018 年是全面贯彻党的十九大精神的开局之年，也是浙江“两个高水平”建设的关键之年。全省各级财政部门要按照高质量发展和全面实施绩效管理的要求，高质量推进各方面工作，更好地服务经济社会发展大局。

一要高质量抓好组织收入。逐步淡化总量型、速度型指标，突出质量型、效益型指标，优化收入结构、夯实收入基础、提高收入质量。修订完善考核办法，通过考核的指挥棒作用，着力提高一般公共预算收入占财政总收入、税收占一般公共预算收入、一般公共预算收入占 GDP 等三个比重。牢固树立税收法定理念，依法依规组织收入，把工作做实、把数字做实，坚决不掺水分、不搞空转、不做假账，严禁“拍脑袋”定税、收“过头税”、层层加码、捉对攀比、恶性竞争。

二要高质量培育优质财源。深入实施创新驱动发展战略，大力支持之江实验室、杭州城西科创大走廊、产业创新服务综合体等平台建设，提高经济发展的质量和效益。集中财力支持大湾区大花园大通道都市区建设，创新杭州金融港湾体制政策，促进中国（浙江）自贸试验区建设和发展；深化绿色发展财政奖补政策，打开“两山”转换通道；完善投融资机制，支持实施万亿综合交通工程；丰富完善区域统筹发展激励奖补政策，增强中心城市带动周边县市发展的能力，打造区域经济新增长极。大力支持实体经济发展，巩固省级行政事业性收费项目涉企“零收费”的成果，继续落实减税降费政策，切实减轻企业负担。

三要高质量保障改善民生。统筹安排财力支持教育、医疗、社保、养老等民生事业发展，扎实办好垃圾分类、厕所革命、城市治堵和解决停车难等关键小事和民生实事，确保全省财政支出增量的三分之二以上用于民生。坚持“人人尽责、人人享有”的原则，在制度安排上体现激励约束，合理均衡政府、单位和个人负担，鼓励社会力量参与，努力实现共建共享。坚持尽力而为、量力而行，在经济发展可持续、财力可支撑的基础上，持续保障和改善民生，做到“稳起步、迈小步、不停步”。各地不得自行出台提标、扩围政策，从严控制新增支出，不得随意新开支出口子。

四要高质量深化财税改革。全面实施绩效管理，探索部门整体绩效预算编制改革试点。进一步深化财政专项资金改革，属于市场能有效发挥作用的，财政专项资金逐步退出。属于市县财政事权的财政专项资金，建立退出机制。积极推进省以下财政事权和支出责任划分改革，建立省级财政事权、省与市县共同财政事权两张清单。同时，建立健全“谁的事谁负责”的责任分担机制，省级财政事权由省财政负责筹资，市县财政事权由市县财政负责筹资，省与市县共同财政事权由省与市县财政按比例分担或采取以奖代补方式分担。

五要高质量防范财税风险。按照“查核总数、科学分类、开好前门、堵死后门、党政同责、逐步化解”的原则，实施防范化解地方政府性债务风险专项行动，积极谋划壮大政府财力、加快推进融资平台公司市场化转型、实施规范的 PPP 项目、压缩一般性支出、盘活存量资金资产资源等化债措施，切实防范化解债务风险。加强养老保险基金收支分析，研究制定风险预警机制和应对预案，严格基金征缴和监管，把好政策口子，拓宽筹资渠道，特别要落实好土地出让金充实社保风险准备金有关规定，探索国有资本划转社保基金试点，确保养老保险基金安全运行。

（刊于《中国财政》2018 年第 6 期）

求实、务实、抓落实 以出色业绩推进改革开放再出发

浙江省财政厅党组书记、厅长 徐宇宁

2018年是改革开放40周年，也是“八八战略”实施15周年，全省各级财政部门要认真学习贯彻习近平总书记重要指示精神，聚焦聚力党中央、国务院和省委、省政府重大决策部署，对标对表全年目标任务，求实务实抓落实，以出色业绩推进“八八战略”再深化、改革开放再出发。

2018年以来，全省各级财政部门紧紧围绕中心、服务大局，扎实做好财政改革发展各项工作，财政收支运行总体平稳，实现了“开门红”“半年红”，值得充分肯定。1—7月，全省一般公共预算收入4560.81亿元，一般公共预算支出4914.64亿元，税收占一般公共预算收入的比重为86.7%，继续保持较好水平。但同时也存在一些不确定性、不稳定性因素，如中美贸易摩擦、金融去杠杆等，需要密切关注，并采取切实有效措施积极应对。

习近平总书记对浙江提出了“干在实处永无止境，走在前列要谋新篇，勇立潮头方显担当”的新期望，车俊书记、袁家军省长对财政工作提出了新要求，财政工作任务艰巨而繁重。每位财政干部都要问问自己：

面对“干在实处永无止境”的期望，是否还陶醉于过去的成绩，自我感觉良好，安于现状、不思进取？有没有“标兵渐远、追兵渐进”的紧迫感和危机感，进而确立翻篇归零、拉高标杆、再上层楼的更高目标和追求？

面对“走在前列要谋新篇”的期望，有没有认识到“部分工作走在前列，不代表全部工作走在前列；过去工作走在前列，不代表现在和今后也走在前列”？有没有找准并补上工作中的短板？

面对“勇立潮头方显担当”的期望，有没有“功成不必在我”的胸怀和“功成必定有我”的气魄？有没有知难而上、敢于担当、善于担当？

这些问题需要财政干部深入思考，并用实实在在的行动和业绩来回答。结合当前形势和任务，要重点抓好12项工作：

一是深化完善集中财力办大事的财政政策体系。按照车书记、袁省长关于集中财力办大事、提高财政资金绩效的要求，聚焦聚力“三大攻坚战”“富民强省十大行动计划”等重大决策部署，加快构建集中财力办大事的政策体系，省市县联动，形成政策合力和工作合力。

二是积极稳妥实施防范化解地方政府性债务风险专项行动。认真贯彻党中央、国务院文件精神，坚持“防风险与促发展并举、开前门与堵后门并举、消化存量与严控增量并举”，积极稳妥组织实施防范化解地方政府性债务风险专项行动，坚决守住风险底线，更好服务发展主线。

三是密切关注中美贸易摩擦、去杠杆等对财政的影响，加强政策研究和储备。加强政治敏锐性和市场敏感性，加强分析和研究，打好政策提前量。厘清公共财政运行边界，合理区分政府、市场、企业责任，将风险和影响降到最低。

四是花大力气支持实施数字经济“一号工程”。整合工业和信息化资金、设立集成电路产业投资主题基金、统筹政府产业基金，集中财力支持数字经济加快发展。积极推进政府数字化转型，支持“掌上办事”“掌上办公”。

五是确保养老保险基金稳健运行。加强基金收支运行分析，严格支出管理，建立风险预警机制和应对预案。加大风险储备，做好国有资本划转充实社保基金试点工作。

六是加强国有金融资本管理。认真贯彻中共中央、国务院《关于完善国有金融资本管理的指导意见》，按照“分类分级”原则，理顺管理体制，履行好出资人职责和管理职责，做大做强金融产业，有效防控金融风险，更好服务实体经济发展。

七是规范政府产业基金运作和管理。围绕数字经济、凤凰行动、军民融合等重点领域，组建全省联动的主题基金和定向基金，引导社会资本、金融资本增加投入。创新政府产业基金运作管理方式，提高规范化、专业化、市场化水平。

八是积极做好国有资产报告工作。按照《中共中央关于建立国务院向全国人大常委会报告国有资产管理情况制度的意见》及省委、省人大、省政府要求，加强组织领导，建立横向协作、纵向联动的工作机制，积极做好向人大报告国有资产管理情况的工作。

九是加强东西部扶贫资金筹措和监管。进一步提高政治站位，落实政治责任，积极筹措落实东西部扶贫协作资金。加强与结对帮扶地区的沟通对接，督促强化资金使用监管，提高资金绩效。

十是进一步加强财政收支管理。突出“质量第一、效益优先”导向，按照“均衡性、匹配性、可持续性”要求，合理把握收入进度、力度和节奏，着力提高“三个比重”，确保完成全年目标任务。

十一是进一步深化财税体制改革。以“最多跑一次”改革撬动财税体制改革和自身改革，深入开展“上门服务至少一次”活动，着力提高活动质量和实效，努力实现“推进改革、服务大局、提升形象”三个目标。推进省以下教育、就业、医疗、住房保障财政事权和支出责任划分改革。按照“全方位、全过程、全覆盖”目标，在全省推进绩效管理工作。严格PPP入库项目审核，加强财政承受能力监测，规范实施PPP项目。

十二是推进清廉财政建设。认真贯彻《中共浙江省委关于推进清廉浙江建设的决定》，牢牢扛起全面从严治党的主体责任，着力打造清廉财政，为清廉浙江建设贡献力量。积极开展“以案释纪明纪、严守纪律规矩”的主题警示教育活动，真正从案件中吸取教训、引以为戒。进一步加强和规范公款存放管理，避免利益输送和利益冲突。大力弘扬“实、稳、优”财政核心价值理念和“严谨、坚守、创新、奉献”的财政职业精神，增强财政干部队伍的凝聚力、向心力和战斗力。

财政改革发展离不开一支想干事、能干事、能干成事的干部队伍。总体来说，全省财政干部工作认认真真、办事规规矩矩、作风踏踏实实，精神风貌和工作氛围都很好，但对照高标准严要求，还存在不少短板和不足，需要强化“四种意识”，提升“四个能力”：

一要强化中心意识，提升服务保障能力。进一步提高政治站位，紧扣紧贴紧跟党委、政府中心工作，从更长周期、更宽视野、更广范围谋划出台财政服务保障的新招实招，合理配置财政资源，使资金流跟着决策流和业务流走，党委、政府决策部署推进到哪里，财政服务保障就跟进到哪里，做到“适销对路、供需匹配”。

二要强化学习意识，提升主动谋划能力。财政干部特别是领导干部既要懂微观操作，更要会宏观思考；既要掌握战术方法，更要把握战略方向；既要会算经济账，更要会算政治账。要认真学习党中央、国务院和省委、省政府各项决策部署，提高政治敏锐性和主动谋划能力，深入了解党委、政府“目标任务是什么、当前和今后要干什么”，以此作为想问题、办事情的出发点和立足点，进而优化制度供给、强化政策和资金保障，做到靶向施策、有的放矢。

三要强化担当意识，提升破解难题能力。要坚守财政原则和财经纪律，对不合理、不合规、低效益甚至铺张浪费的需求，该说“不”的时候，坚决说“不”，该反映的问题要客观反映，该提示的风险要充分提示，为党委、政府把好关、管好钱。要将政策和实际结合起来，不断提高政策水平，研究新形势、解决新问题，在说了“不行”之后，主动研究“怎么样才行”，怎么样在符合规定的前提下把事情办成、办好，为党委、政府出谋划策、分忧解难。

四要强化底线意识，提升风险防控能力。要有前瞻性和预见性，凡事想在前头、做在前头，居安思危，把问题和困难估计得充分一点，把空间和余地留得大一点。要有与风险赛跑的意识，加强前瞻性研究和政策储备，打好有准备、有把握之战。要正视风险和挑战，算好当前账和长远账、局部账和全局账，尽力而为、量力而行，根据财力可能合理安排建设项目和民生支出，确保精算平衡、可持续发展。

（刊于《浙江财税与会计》2018 年第 8 期）

以“上门服务至少一次”推动“最多跑一次”改革

浙江省财政厅党组书记、厅长 徐宇宁

当前，浙江省委、省政府正大力推进“最多跑一次”改革，着力打造“审批事项最少、办事效率最高、政务环境最优、群众和企业获得感最强”的省份。浙江省各级财政部门积极响应，简并服务事项、优化服务流程、打通数据孤岛、实现数据共享，方便企业、单位和个人办事。同时，将“最多跑一次”改革理念在财政服务供给端进行深化和拓展，深入开展“上门服务至少一次”活动，通过主动多跑让服务对象少跑甚至不跑，以“上门服务至少一次”的“加法”换取“最多跑一次”的“减法”。

一、开展“上门服务至少一次”活动的重要意义

有利于更好地推进“最多跑一次”改革。“最多跑一次”改革体现的是一种服务理念，不仅针对企业和社会公众，也同样适用于政府内部管理和服务。对财政部门来说，预算单位是其最直接、最近距离的服务对象，通过主动上门辅导政策、听取意见、帮助解决实际问题，既可有效减少预算单位上门或重复咨询次数，提高工作效率；还可促进部门把更多的时间和精力用在业务工作上，推动“最多跑一次”改革。

有利于更好地集中财力办大事。预算编制实际上是资金供给与部门需求之间不断对接、匹配的过程。通过主动上门服务，可提前介入部门的发展规划和政策制定，更近距离、更深入地了解部门工作思路和计划，更精准地把握部门的资金需求，从而分清轻重缓急，科学配置财政资源，集中财力办大事，使资金流和业务流、信息流、决策流相匹配，切实提高财政资金的使用绩效。

有利于更好地贯彻财政原则和财政理念。预算单位是部门预算管理的主体，也是财政法规政策和财经纪律的执行者、捍卫者。通过上门“一对一”地宣讲财政政策，传导财政原则和财政理念，可增强预算单位的主体责任意识，把预算编得更细、更实、更准，执行更规范、更严格，不踩预算法和财经纪律的“红线”，有效防范财政风险。

有利于更好地落实财税改革举措。近年来，浙江按照中央部署，以建立现代财政制度为目标，实施了一系列财税改革，如财政事权和支出责任划分、全面实施绩效管理、专项资金清理整合、支出标准体系建设、竞争性分配、公款竞争性存放等。这些改革都需要通过预算单位来落地实施，离不开他们的理解、支持和配合。通过主动上门服务，可最大限度地凝聚共识、消除顾虑，从而更好地推进财税改革。

二、“上门服务至少一次”活动初见成效

2017 年，全省财政部门启动“上门服务至少一次”活动，共上门服务预算单位 14177 家，集中辅导 702 次，服务人数达 10.25 万人次。其中，省财政厅上门服务预算单位 572 家，集中辅导 105 次，服务人数 7529 人次。此项活动得到省委、省政府主要领导的充分肯定，逐渐成为具有浙江财政特色的服务品牌和改革品牌。具体表现为“三个新的提升”：

一是财政管理改革有了新的提升。通过主动上门服务，大力宣传财政理念和财政政策，赢得了预算单位的理解和支持。在此基础上，顺势推进各项财税改革，提升财政管理水平和财政资金使用绩效。2017 年浙江财政预算管理工作绩效名列全国前茅，创历史新高。

二是预算编制质量有了新的提升。结合“二上二下”预算编制程序，主动到预算单位上门宣讲预算法和财政预算政策，增强预算单位“预算法定、预算刚性、厉行节约、收支平衡”的意识，使预算编制更加及时、更加精准、更加规范。省级部门预算初审报

送及时率达100%，预算细化到位率达94.9%，均比以前年度有了明显提升。

三是财政部门形象有了新的提升。通过开展活动，既体现了财政部门主动作为的担当精神和服务意识，同时也展示了财政干部扎实过硬的专业知识和业务素质，不仅说给预算单位听，而且做给预算单位看，得到预算单位和社会各界的广泛好评。在2018年省人代会上，预算报告赞成率达99%，创历史新高。

三、以结果为导向，继续深化“上门服务至少一次”活动

“上门服务至少一次”表现形式是上门服务，出发点和最终落脚点是推进改革、服务大局、提升形象。要坚持目标导向和结果导向，不断深化、完善活动的内容、形式和载体，切实提高活动的质量和效果，不能简单地为上门而上门，就次数论次数。关键要聚焦三大目标，在九个方面花大力气、下大功夫。

（一）推进改革

一要在加快构建现代预算制度上下功夫。按照党的十九大报告提出的“两个全面”的要求，以及浙江省“早编预算、细编预算、确保执行、强化绩效、公开透明”的改革思路，推进预算管理改革，把工作做深做细做上门做到人。预算标准体系相对健全、预算管理相对规范透明的市县，要大胆推进“放管服”改革，积极探索部门整体绩效预算管理模式，进一步调动主管部门作为预算责任主体的积极性，促进行政绩效与资金绩效相统一，引领“全面实施绩效管理”的改革实践，力争做成绩效预算制度的浙江样板。

二要在构建科学合理的政府间财政关系上下功夫。积极推进省以下财政事权和支出责任划分改革，合理确定政府提供基本公共服务的范围和方式，建立省级财政事权、省与市县共同财政事权两张清单。同时，强化主体责任，建立健全“谁的事谁负责”的责任分担机制。为积极稳妥地推进此项改革，一方面，省财政厅要做好前期调研论证，做好政策辅导，使改革平稳有序，减少顾虑和阵痛；另一方面，市县要进一步增强主体责任意识，把该负的责任担负起来，自力更生，艰苦奋斗，开源节流，勤俭办一切事业。

三要在优化财政组织体系上下功夫。牵牢主体责任这个牛鼻子，在深入推进“上门服务至少一次”活动的基础上，进一步梳理财政职责，该强化的要强化，该放权的要放权，以此推动组织体系建设和业务流程再造。同时，按照“人随事走、人事匹配”的原则，优化内部资源配置结构，使其更加科学合理，与新时代财政改革发展的要求相适应、相匹配，进一步提高对推进改革、服务大局的支撑力、保障力。

（二）服务大局

一要在培植优质财源上下功夫。把为企业服务作为“上门服务至少一次”活动的重要内容，不仅要到经济职能部门对接需求、听取意见，也要到企业特别是重点企业了解情况，掌握第一手的资料，提供最亟须的服务。要研究市场经济条件下，如何处理好有为政府和有效市场的关系，不断创新、拓展财政政策工具，找到“最大扶持”和“最小干预”之间的结合点，更好发挥财政政策工具的杠杆引导作用，促进现代化经济体系建设和高质量发展，培育涵养可持续发展的优质财源。

二要在集中财力办大事上下功夫。围绕“三大攻坚战”、“四大”建设、乡村振兴战略、十方面民生实事等省委、省政府重大决策部署，借助“上门服务至少一次”活动，最大限度调动各方面积极性，最大限度盘活和整合资金资产资源，在增量安排上体现集中，在存量优化上做好服务，化解阻力、缓释矛盾，真正通过增量存量联调的方式，集中财力办大事，把有限的财政资金用到刀刃上。

三要在防范化解地方政府性债务风险上下功夫。按照“查核总数、科学分类、开好前门、堵死后门、党政同责、逐步化解”的原则，实施防范化解地方政府性债务风险专项行动，积极谋划壮大政府财力、加快推进融资平台公司市场化转型、实施规范的PPP项目、压缩一般性支出、盘活存量资金资产资源等化债措施，切实防范化解债务风险，打赢攻坚战。

（三）提升形象

一要在机制创新上下功夫。“上门服务至少一次”活动不是一般性、零星式的服务，而是系统、集成工程，涉及预算编制、执行、监督各环节和财政收支及财务资产管理、债务风险管控、政府采购、PPP项目等各方面，覆盖省市县各级财政部门和预算单位，内容十分广泛和丰富。在开展活动过程中，要创新工作机制，列出改革指导清单、服务项目清单，以清单方式抓服务落地、抓质量提升。

二要在作风改进上下功夫。通过开展“上门服务至少一次”活动，变“部门跑”为“财政跑”，充分展示财政部门的诚意和姿态，让预算单位既感受到财政改革的力度，又感受到财政服务的温度，巩固和提升财政部门的良好形象。力戒形式主义和官僚主义，不能将活动简单化、数字化、台账化，走过场、摆花架子，做表面功夫，而要将实效放在第一位，做到“上门一次，见效一次”。

三要在能力提升上下功夫。在全省财政系统进行广泛深入的动员、宣传和组织，将干部职工的思想和行动、力量和智慧凝聚到一起，心往一处想，智往一处谋，劲往一处使。以活动为契机，开展岗位大练兵，大力弘扬财政工匠精神，深入学习预算法等财政法律法规以及财税改革政策，切实提高专业素质、业务水平和服务质量。

四、建立纵深推进“上门服务至少一次”活动的四个体系

一要建立科学的指标体系。紧紧围绕“推进改革、服务大局、提升形象”三大目标，科学设置量化、细化、具体化的指标体系，充分发挥指标的导向和评价作用。比如，针对预算编制质量，可设置预算细化到位率、预算编制准确率、预算编审及时率等指标。

二要建立高效的工作体系。树立全省一盘棋的思想，加快形成省市县统筹协调、上下联动、左右协同的工作格局。建立“预算处室牵头、支出处室靠前服务、综合处室后方保障”的内部工作机制，完善落实链条、明确职责分工。以结果为导向，结合服务需求，进一步优化实施方案，丰富活动内容，创新服务方式，

使活动更有针对性、操作性和实效性。

三要建立管用的政策体系。“上门服务至少一次”活动既是宣传财政政策、传导财政理念的过程,同时也是听取意见建议、对接政策需求的过程。利用好活动平台,聚焦省委、省政府重大决策部署,提前介入政策研究和制定,及时发出财政好声音,充分体现财政新作为,使财政政策既接天线、又接地气,不留瑕疵和后遗症。

四要建立有效的评价体系。围绕“责任可评价”,推行清单工作制,排出任务书、路线图、时间表,见人、见事、见效果,层层传导并压紧压实责任。围绕“过程可评价”,完善督查督导机制,及时将上门服务的措施、进度、问题亮出来,形成你追我赶的浓厚氛围。围绕“结果可评价”,建立健全激励与约束相结合的考核机制,突出工作实绩和正向激励,体现“干多干少不一样,干好干坏不一样”的鲜明导向。

(刊于《中国财政》2018 年第 12 期)

为清廉浙江建设提供坚强的财政保障

浙江省财政厅党组书记、厅长 徐宇宁

省委十四届三次全会通过的《关于推进清廉浙江建设的决定》,就清廉浙江建设作出全面部署。清廉财政建设是清廉浙江建设的重要内容,是纵深推进全面从严治党的有力抓手。省财政厅党组认真学习贯彻全会精神,结合财政实际,研究出台《关于推进全省清廉财政建设的实施意见》,着力构建“五大体系”,积极打造清廉财政,为清廉浙江建设提供坚强的财政保障。

一、清廉财政建设的思路和原则

财政是国家治理的基础和重要支柱,一头连着公权力,一头连着公共资金,承担着源头反腐治腐的重要职责,很多财政制度本身就是很好的廉政制度。清廉财政建设对于清廉浙江建设的重要性显而易见。深入建设清廉财政需要“全覆盖、有特色、管长远”。全覆盖,即横向覆盖厅机关各处室,局、厅属各单位;纵向覆盖省、市、县三级财政部门,做到“横向到边、纵向到底、不留死角”。有特色,即根据财政职能特点,将清廉理念融入财政源头治腐改革全过程,突出财政服务保障清廉浙江建设这一特色。管长远,即将治标与治本、阶段性目标与长期目标有机结合起来,既着力解决当前存在的突出问题,又不断完善长效机制,以制度管权、管钱、管事。在清廉财政建设过程中,主要遵循以下原则:

一是坚持党要管党。以党的政治建设为统领,牢固树立“四个意识”,坚定执行党的政治路线,严守政治纪律、政治规矩,坚决贯彻落实党中央和省委、省政府的决策部署,在清廉浙江建设的总框架下推进清廉财政建设。

二是坚持制度约束。遵循“标本兼治、综合治理、惩防并举、注重预防”的方针,将制度建设贯穿于清廉财政建设全过程,建立公开、公平、公正的权力运行和监督制约机制,从源头上约束、规范干部从政行为,防止权力滥用。

三是坚持科技促廉。充分利用云计算、大数据、移动互联网等先进技术,探索以科技促公开、以公开促廉洁的“互联网+”防治腐败新模式。积极构建财政大数据平台,把公共预算资金都纳入平台监控,及时发现和预警违规违纪行为,搭建起“不能腐”的科技屏障。

四是坚持协同推进。建立主体明晰、传导有力的责任落实机制和问题反馈机制,保障清廉财政建设有序推进。建立内外协同的工作机制,不断完善与纪检监察、巡视、审计等有关部门的问题线索沟通、移送机制,形成监督合力。

二、系统构建清廉财政建设五大体系

一是构建风清气正的政治生态体系。这是推进清廉财政建设的首要任务。加强政治建设,充分发挥厅党组总揽全局、协调各方的领导核心作用,自觉服从服务于经济社会发展大局。建立党组政治生态状况评价分析制度,及时发现并解决苗头性、倾向性问题。高标准执行中央八项规定精神,坚持以上率下,落小落细,防微杜渐。深入实施支部建设提升工程,把党支部建设成宣传党的主张、贯彻党的决定、创新发展理念的坚强战斗堡垒。

二是构建规范透明的公共财政资金管理体系。这是推进清廉财政建设的核心内容。认真贯彻落实《预算法》,强化预算刚性约束,严格预算收支管理,坚持先有预算后有支出,严格控制新增财政支出款项。深入推进专项资金管理改革,按照“两个一般不”的要求,不断完善专项资金管理清单,积极推广“因素法”分配和竞争性分配,压缩自由裁量空间,提高资金分配的科学性、公平性和透明度。健全完善公款存放机制,严格实行利益回避制度,强化监管和问责,切断利益输送链条,坚决杜绝违规干预、插手资金存放等行为。加强国库集中支付动态监控,逐步实现全省各级财政部门监控制度、监控地区、监控岗位、监控系统全覆盖。

三是构建保障有力的财政源头治腐体系。这是推进清廉财政建设的治本之举。加强政府采购管理,建立与电子化采购相适应的政府采购政策体系,积极推广应用“政采云”平台,实现全省政府采购一体化、一张网,着力破解政府采购领域长期存在的问题。加强国有公共资产监管,建立健全科学的国有资产配置标准体系,强化国有资产出租管理,从严审批事业单位对外投资,防止国有资产流失。创新公共产品供给方式,积极推广应用政府与社会资本合作(PPP)模式和政府购买服务,严把 PPP 项目入库标准关,引入政府购买服务第三方评价机制。完善乡镇财政管理体制,实现财政资金就地就近监管、财政服务就地就近提供。

四是构建权威高效的财政监督体系。这是推进清廉财政建设的重要保障。全面实施预算绩效管理,加强绩效管理监督问责,对工作推进不力的部门和单位进行约谈并责令限期整改,对发现违纪违法问题线索的,及时移送监察机关。完善绩效评价结果反馈和绩效问题整改责任制。严肃财经纪律，严肃查处截留挪用、骗取套取、贪污侵占财政资金行为，特别是扶贫、教育等民生领域的违法违规行为，严肃查处财政资金低效无效、造成重大损失浪费的行为，严肃查处土地滞纳金等非税收入长期未缴、虚开发票套取资金等问题，着力堵塞监管漏洞。

五是构建崇廉倡廉的财政清廉文化体系。这是推进清廉财政建设的内在动力。积极推进清廉文化进机关、进家庭，培植崇尚廉洁、反对贪腐的文化氛围。大力弘扬并积极践行"实、稳、优"财政核心价值理念和"严谨、坚守、创新、奉献"的财政职业精神，将其内化为全省财政干部的价值追求、职业操守和行为准则。充分发挥财政文化引导认知、提升素质、调整行为的积极作用，增强全省财政干部队伍的凝聚力、向心力和战斗力。建立正向激励与反向容错相结合的工作机制，真正为敢于担当的干部担当，激励广大财政干部新时代新担当新作为。

三、形成清廉财政建设的良好工作格局

一要加强组织领导。坚决扛起清廉财政建设的政治责任，认真研究制定具体实施方案，明确工作目标和具体措施，制定年度工作计划，分步骤、分阶段推进。加快建立"党组（党委）书记亲自抓、分管领导具体抓、处（科）室和单位协同抓"的工作机制，形成工作合力。

二要落实主体责任。全省各级财政部门领导班子对职责范围内的清廉财政建设负全面领导责任，党组（党委）书记是清廉财政建设第一责任人，对职责范围内的清廉财政建设负总责；党组其他成员根据工作分工，对职责范围内的清廉财政建设负直接领导责任。

三要强化督查考评。将清廉财政建设列入年度工作考核体系，制定切实可行的考核方案，建立科学可操作的考核指标，考核结果作为年终评先和考察任用干部的重要依据。省财政厅进一步加强对全省清廉财政建设的指导和督查。

四要务求工作实效。将清廉财政建设的各项要求融入财政业务全流程，作为推进财政改革、破解重点难题、弘扬财政清风正气的重要举措。围绕清廉财政建设的各项要求，细化工作内容，抓好具体落实，注重工作实效，确保清廉财政建设扎实有序推进。

（刊于《浙江日报》2018 年 11 月 20 日）

在 2019 年省级预算编制布置会上的讲话

浙江省财政厅副厅长 金慧群

一、深刻领会新时代财政预算编制工作的新要求

党的十九大开启了中国特色社会主义新时代，提出了一系列新思想、新理念、新观点、新方法，同时也为做好新时代财政预算工作指明了新方向、明确了新任务、提出了新要求。2017 年年底以来，省委经济工作会议、全国财政工作会议和全省财政地税工作会议也对新时代财政预算改革作出了重要部署。各级各部门要认真学习、深刻领会这些会议精神，切实把思想和行动统一到党中央、国务院和省委、省政府的决策部署上来。

（一）牢牢把握新时代财政预算管理工作的新使命

一是要主动适应新时代新要求，着力提高财政财务部门履职能力，更好服务全省经济社会发展。要站在新时代的历史方位，全面审视财政预算管理工作面临的新形势、新情况和新问题，着重提升五种能力，更好贯彻落实党的十九大确定的方针政策。要提高战略思维能力，站在财政是国家治理的基础和重要支柱的高度去思考财政预算管理工作，紧紧围绕省委、省政府确定的未来五年重大决策部署，管好用好财政资金资产资源，编好中期财政规划和部门三年滚动预算，发挥好决策的参谋助手作用。要提高辩证思维能力，把握财政预算改革发展内在规律，妥善处理财政预算工作中的各种重大关系，坚持两点论和重点论的统一，推动财政预算改革实现螺旋式上升。要提高创新思维能力，与时俱进、勇立潮头，克难攻坚、锐意创新，不断深化预算制度改革，为建设现代财政制度提供更多更好的浙江经验、浙江样本。要提高法治思维能力，坚持依法行政、依法理财，落实税收法定、预算法定、支出法定的原则，硬化预算约束，推动实现预算行为的规范化、法治化和标准化。要提高底线思维能力，始终站在全面从严治党的高度，绷紧从严从紧这根弦，严守财经纪律，加强内控制度建设，不断完善权力运行制约和监督机制。

二是要准确把握我国社会主要矛盾的变化，深化预算制度改革，着力推动解决好发展不平衡不充分问题。党的十九大报告指出，新时代我国的主要矛盾已经转化为人民日益增长的美好生活需要和不平衡不充分的发展之间的矛盾。新矛盾是对我国社会发展阶段精准而清醒的研判，同时也是新时代财政预算工作的出发点和落脚点。要坚持有所为、有所不为。正确处理好政府和市场、社会的关系，进一步厘清公共财政运行边界，通过清单、目录等方式清晰界定公共财政职责，退出越位、纠正错位、弥补缺位，使财政资金投向更精准、目标更明确、运行更高效。要调动省与市县两个积极性。深化"放管服"改革，将具体项目安排、资金二次分配等权力下放给市县，激发市县发展经济、培植税源的积极性。同时，要深入研究促进区域均衡发展的政策举措，既要鼓励先进，又要补齐短板，稳步提升区域间基本公共服务均等化水平。要集中财力办大事。紧紧围绕省委、省政府的重大决策部署，不断优化制度供给、政策供给和资金供给，将有限的财力集中用在刀刃上。要坚持防风险、促发展并举。既努力打好攻坚战，实现风险的有效防控，又要顺势而为，借债务之力助推"稳增长、调结构、惠民生"。

三是要全面落实以人民为中心的发展思想，突出公共财政鲜明导向，可持续增进民生福祉。公共财政取之于民，用之于民。要牢固树立以人民为中心的发展思想，紧紧围绕人民最关心最直接最现实的利益问题，按照"坚守底线、突出重点、完善制度、引导预期"的原则，健全公共服务体系，推进基本公共服务均

等化，不断满足人民日益增长的美好生活需要，切实增强人民群众的获得感、幸福感、安全感。要科学建机制，建立健全激励约束机制，合理均衡政府、单位和个人负担，鼓励社会力量参与，努力实现共建共享。要提高精准性，抓住人民群众最关心最直接最现实的利益问题，区分类型，精准施策。要注重可持续，在经济社会发展可持续、财力可支撑的基础上，尽力而为，量力而行。

（二）深刻领会高质量发展新要求

财政预算工作要始终坚持高质量发展的目标，牢固树立新发展理念，坚持质量第一、效益优先，突出抓重点、补短板、强弱项。一是高质量强化收入管理。逐步淡化总量型、速度型指标，突出质量型、效益型指标，优化收入结构、夯实收入基础、提高收入质量。二是高质量培育优质财源。以供给侧结构性改革为主线，深入实施创新驱动发展战略，加快构建现代化经济体系，提高经济发展的质量和效益。集中财力支持“富民强省十大行动计划”“四大”建设、乡村振兴战略和生态文明建设等省委、省政府中心工作和重大任务的落地。三要高质量保障改善民生。统筹安排财力支持教育、医疗、社保、养老等民生事业发展，持续保障和改善民生，做到“稳起步、迈小步、不停步”。不断优化支出结构，确保全省财政支出增量的三分之二以上用于民生。四是要高质量深化财税改革。全面实施绩效管理，推进部门整体绩效预算编制改革。积极推进省以下财政事权和支出责任划分改革，建立省级财政事权、省与市县共同财政事权两张清单。进一步深化财政专项资金改革，属于市场能有效发挥作用的领域，财政专项资金逐步退出。五是高质量打好风险防控攻坚战。坚决贯彻落实党中央、国务院和省委、省政府关于地方政府性债务管理的各项规定，按照车俊书记和袁家军省长提出的要求，切实采取有效措施，推动实施防范化解地方政府性债务风险专项行动，守住风险底线，服务发展主线。

（三）紧紧盯住现代财政制度建设新目标

习近平总书记在党的十九大报告中指出，要“加快建立现代财政制度，建立权责清晰、财力协调、区域均衡的中央和地方财政关系。建立全面规范透明、标准科学、约束有力的预算制度，全面实施绩效管理”。这既为建设现代预算制度提供了根本遵循，也对深化预算制度改革提出了新的更高的要求。浙江作为中国革命红船的启航地、改革开放的先行地、习近平新时代中国特色社会主义思想的重要萌发地，要当好财税体制改革的排头兵，按照“划清边界，厘清事权，做好蛋糕，集中财力办大事”的理财思路和“保基本、守底线、促均衡、提质量”的理财要求，不断深化财政预算制度改革，高水平构建具有浙江特色的现代财政制度。一是建立全面规范透明、标准科学、约束有力的预算制度。“全面规范透明”，就是所有政府收支都要完整地纳入预算管理、所有政府收支行为都要符合预算法的规定、除涉密信息外的所有政府收支信息都要依法向社会公开。“标准科学”，就是划分政府与市场的边界要有科学的标准；厘清政府间财政事权要有科学的标准；预算、开支和共同财政事权的分担比例要有科学的标准。“约束有力”，就是要明确现代预算制度建设的主体责任，建立确保资金落地和预算执行的约束机制，强化预算刚性，推动依法理财。二是全面实施预算绩效管理。就是要紧紧围绕提升财政资金使用效益的目标，将绩效理念和方法深度融入预算编制、执行和监督的全过程，注重成本效益分析，关注支出结果和政策目标实现程度。将绩效管理覆盖所有财政资金，体现权责对等，放权和问责相结合。强化绩效目标管理，不断健全预算安排与绩效目标、资金使用效果挂钩的激励约束机制。三是建立权责清晰、财力协调、区域均衡的政府间财政关系。当前和今后一个时期，构建好政府间财政关系，权责清晰是前提，财力协调是保障，区域均衡是方向。要科学界定各级财政事权和支出责任，形成政府间合理的财力格局，在充分考虑地区间支出成本差异因素的基础上将常住人口人均财政支出差异控制在合理区间，加快推进基本公共服务均等化。

二、一张蓝图绘到底，省级财政预算编制改革取得明显进展

近年来，省财政和各级各部门认真贯彻中央和省委深化财税体制改革精神，紧紧围绕“早编预算、细编预算、确保执行、强化绩效、公开透明”的改革思路，一张蓝图绘到底，一年一个重点，推进高水平构建具有浙江特色的现代财政制度，工作扎实，成效明显。

（一）支出标准体系基本建成

坚持以问题为导向，把标准化作为预算制度改革的突破口，夯实“标准科学”的预算制度基础。2016 年，厘清日常公用支出及专项公用类项目支出边界，建立日常公用经费预算分经济科目的支出标准，除人员支出按实编制外，明确了 26 类 53 项日常公用支出预算标准。2017 年，着手推进项目支出标准化体系建设，构建了 170 项明细开支范围标准框架，已明确了 53 类 101 项财政支出标准。现已基本建成“边界清晰、科学全面、动态调整”的支出标准体系，促进了预算编制的精准性、规范性和透明度的提升。

（二）财政专项资金绩效不断提升

在加大专项资金整合归并力度和实施专项性一般转移支付改革的基础上，按照省委、省政府“两个一般不”分配原则，持续深化财政专项资金管理改革。2014 年，转移支付专项由原来的 235 个整合归并为 54 个，减少了 181 个。2015 年起，建立以“公开透明”为核心的专项资金管理清单制度，以清单的方式管钱、管权、管事，推进财政专项资金全过程管理信息向社会公开。2017 年，实施以“竞争性分配”为核心的财政专项激励政策。整合专项、统筹财力，设立了振兴实体经济（传统产业改造）、“两山（一类）”和“两山（二类）”建设三项财政专项激励资金，实施竞争性分配。3 年后进行考核，考核结果没有达到预期目标的，相应扣回专项激励资金。在落实“两个一般不”改革的同时，进一步调动市县积极性，促进从“要我做”向“我要做”的转变，集中财力办大事。

（三）区域间发展更加均衡协调

坚持并不断调整和完善“省管县”财政管理体制，逐步形成了财力分配分层次、效率与公平相兼顾、财政管理扁平化、激励

与约束相结合的财政管理体制机制，较好地促进了地区间经济社会的协调发展和基本公共服务均等化水平提高。一是坚持“省管县”财政管理体制，建立了转移支付分类分档体系和财政支持区域统筹发展机制，调动了市县的发展积极性，促进县域经济蓬勃发展。二是处理好省以下政府间收入分配关系，一次分配突出规范，体现效率，省与市县实行增收二八分成办法；二次分配注重公平和均衡，建立健全激励与约束相结合的体制机制，全力支持市县高质量发展，有力促进了基本公共服务均等化。三是建立健全绿色发展财政奖补机制。2005 年起，按照习近平总书记“绿水青山就是金山银山”要求，首创了生态环保财力转移支付制度。2017 年，有机整合现行生态环保类财政政策，创新财政奖补机制和资金分配方式，报省政府出台了《关于建立健全绿色发展财政奖补机制的若干意见》，建立健全了 8 项制度，每年省级财政要筹措 100 亿元以上的资金，促进生态文明建设。2017 年，全省发达及较发达县（市）与财政困难县（市）人均财政支出的比率下降至 1.04∶1，人均财政支出前 10 位县（市）与后 10 位县（市）的倍差为 2.36 倍，财力均衡水平居全国前列。

（四）地方政府性债务风险得到有效控制

贯彻落实预算法和有关规定，努力建立符合法治要求、政策规定和浙江实际的地方政府债务管理新模式，采取了一系列债务管理新举措，强化了“守住风险底线和服务发展主线”意识，债务规模和风险得到了有效控制，充分发挥了地方政府债务对“稳增长、调结构、惠民生”的积极作用。2017 年，全省地方政府债务风险总体可控，限额内债务率为 89.8%，低于警戒线 10.2 个百分点。一是提出“用好‘一个公式（债务余额≤债务限额）’，算好‘三本账（财力账、风险账、法律账）’”的管债新思路，为全省地方政府性债务管理工作提供了指导。二是率先全面完成存量债务置换工作。2017 年，浙江省成为全国唯一的、率先提前一年全面完成存量债务债券置换工作的省份，节约债务成本达 300 多亿元。三是构建债务管理制度新体系。近两年，省委、省政府出台 4 个文件，省财政厅出台 8 个配套文件。2018 年，省委办公厅、省政府办公厅出台了《关于严控地方政府性债务的意见》（浙委办发〔2017〕88 号），实施加强政府债务限额管理、化解存量隐性债务、遏制隐性债务增量、建立政府资产负债表、完善投资考核机制、完善问责追责机制等六大举措。

（五）“上门服务至少一次”活动率先开展

以深化“放管服”改革和“最多跑一次”改革为契机，积极开展“上门服务至少一次”活动，主动到省级主管部门宣讲、辅导预算编制改革政策和要求，听取部门意见建议。既提高了预算编制业务能力，又提升了预算编制质量；既传导和解释了财政改革与政策意图，又解决了部门提出的合理化建议，达到甚至超过了活动的预期目标。这项活动得到了各部门的理解和支持，也得到了省委、省政府主要领导的高度肯定。2017 年，累计上门服务省级预算单位 572 家，集中辅导 105 次，服务人数 7529 人次。2018 年预算编审及时率达 100%，预算细化到位率达 94.9%。2018 年财政预算报告赞成率达到 99%，创历史新高，比上年提高了 4.1 个百分点。

三、对照目标要求，深入分析当前省级预算编制工作中存在的问题

在肯定成绩的同时，还要看到，在全面深化改革的新形势下，省级预算编制工作与党的十九大报告、现代财政制度的要求还存在一定差距。

（一）对财政紧平衡的状况认识不足。一是省级财政收支占全省的比重呈逐年下降趋势。2012—2017 年，省级一般公共预算收入占全省收入的比重从 7.4%下降至 5.6%，省级一般公共预算支出占全省支出的比重也逐年下降，省级财政承担着更多的支出压力，支出刚性较强，财政收支处于紧平衡状态。二是浙江省人均财政支出排名靠后。2012—2016 年，全省人均一般公共预算收入一直稳居全国第五位，但同期全省人均一般公共预算支出全国排名均在 12 位以后，且明显低于东部地区省份的平均水平。三是财政运行风险不容小觑。2018 年 1—4 月，浙江省财政收入较快增长，有经济基本面企稳向好的因素，也有上年结转结余较多、房地产市场火爆等因素。要清醒看到，受减税降费、中美贸易战、房地产调控等因素影响，后期收入增长仍存在诸多不确定性。特别是与日益增长的刚性支出相比，总体仍处于紧平衡状态，同时还得考虑潜在的债务、社会保险基金支付风险。

（二）财政资金绩效有待提高。一是整体绩效重视不够。近年来，全国财政预算绩效管理的对象重在财政专项资金，而对政府整体绩效和部门整体绩效的关注和重视不够。现行部门预算仍是一种投入型的预算管理模式，绩效和结果导向还不够凸显，尤其是在目标上存在行政绩效与资金绩效“两张皮”、在管理环节上存在“轻前置预算绩效目标审核、重执行后绩效评价”、在评价对象上存在“重项目绩效、轻整体绩效”等问题，亟需深化改革、尽快转型。二是一些财政专项资金绩效不高。专项资金重点绩效评价发现的主要问题有：部分专项未能按期完成产出，影响了效益的发挥；政策执行落地存在偏差，影响政策目标的达成；专项资金相关的行业支出标准亟需完善。

（三）支出进度有待加快。一是部门预算执行率有待提高。二是部分项目执行率偏低。三是结转结余资金支出进度有待提高。

（四）部门预算编制不够精准。按照“早编预算、细编预算”的要求，2018 年预算编制及时性、规范性均比以前年度有了明显提升。但同时，也发现在预算编制精准性方面还有进一步提升的空间。一是个别项目预算绩效目标不够细化。二是部分专项转移支付未分地区编制。

上述问题反映出目前预算管理的短板，影响了财政资金的科学分配和使用绩效，因此要进一步加快省级预算管理改革的步伐，突出重点、明确责任、狠抓落实，使预算管理工作更好适应新时代的要求。

四、以绩效为导向，进一步深化 2019 年省级财政预算编制改革

2019 年，各级各部门要认真贯彻党的十九大精神和省委、省

政府决策部署，围绕中心，服务大局，一张蓝图绘到底，按照“早编预算、细编预算、确保执行、强化绩效、公开透明”的改革思路，以“强化绩效”为重点，采取24项改革举措和4项保障措施，进一步深化2019年省级财政预算改革。

2018年，中央即将下发关于全面实施预算绩效管理的文件，目前已经在征求意见。浙江省作为参与文件起草的部分省份之一，把全省关于全面实施预算绩效管理的价值取向和改革创新举措融入到了此文件之中，其中“预算绩效管理实施对象从项目为主向政策、部门整体支出拓展，从转移支付为主向政府财政运行拓展，形成政府预算、部门预算、政策和项目预算等全方位绩效管理格局”的关键性、方向性的表述，就是浙江省的主要贡献之一。同时，省委、省政府始终把“质量第一、效益优先”放在高质量发展的最重要位置，要求高质量推动财政职能作用发挥，按照“花钱有绩效，浪费必问责”的原则，深化部门整体绩效预算改革。

（一）总体思路

推动“放管服”改革，强化部门理财的主体责任，赋予部门更大的预算分配自主权和资金统筹安排权，建立与部门整体绩效挂钩的部门预算总额包干的预算管理模式，严格按照标准化、规范化和精细化的要求编制预算并实施全过程绩效跟踪问效，促进部门行政绩效与财政资金绩效有机融合，更好推动省委、省政府重大决策部署落地生效，更好促进高质量发展和“两个高水平”建设。

（二）重要性

1. 推进部门整体绩效预算改革是推动高质量发展的有力抓手。在座各部门是高质量发展的行业主管部门，其整体绩效的高低直接影响发展质量的好坏。推进部门整体绩效预算改革，就是要推动行政绩效与资金绩效有机融合，通过采用整体绩效目标、绩效预算、绩效拨款和绩效评价等环节化管理模式，充分调动各部门干事创业的积极性，有力有序有效做好履职工作和促进事业发展，以新的指挥棒和驱动力，推动高质量发展，促进“两个高水平”建设。

2. 推进部门整体绩效预算改革是深化“放管服”改革的关键举措。“放管服”改革，就是要“既有事干，又干得好”。部门整体绩效预算改革即是“放管服”改革的深化，有利于推动部门行政管理从“要我干”向“我要干”转变。主要体现在三个方面：一是结合部门职能，建立整体绩效挂钩的机制，使部门更好地围绕党委政府中心工作履好职、推动事业高质量发展；二是在增强部门自主统筹安排预算权力的同时，嵌入“目标—责任制”，进一步强化部门的主体责任，优化财政资金配置；三是更加关注部门整体绩效，部门履职时不仅要着眼于本级正常运转，更要着眼于全省本行业的事业发展，从而促进部门行政管理模式转型。

3. 推进部门整体绩效预算改革是高水平构建具有浙江特色的现代财政制度的重要路径。多年来，浙江省持续深化财税体制改革，初步构建了以“促进发展、优化生态、改善民生、强化统筹、讲求绩效”为特色的现代财政制度。当前，“两个高水平”建设对浙江省现代财政制度建设提出了更高的要求，首要任务就是高绩效，就是要按照“全面实施绩效管理”的要求，把绩效预算放在更加突出的位置，尤其是要把整体绩效有机融入预算编制、执行和监督的全过程，推动项目绩效管理向整体绩效管理转变，促进绩效管理质量和水平全面提升。

（三）可行性

1. 政府绩效改革目标明、决心大，为推进部门整体绩效预算改革指明了政治方向。党的十八大要求“创新行政管理方式，推进政府绩效管理”，十九大上升到“全面实施绩效管理”，表明了党中央、国务院推进国家治理体系和治理能力现代化的决心。省委、省政府作出了全面实施政府“两强三提高”建设行动计划的工作部署，致力于探索建立科学合理、导向明确、规范管用、具有浙江特点的政府绩效管理制度。政府绩效改革有明确的目标，既为浙江省实施部门整体绩效预算改革指明了方向，也提供了改革依据。

2. 讲规矩、守纪律，为推进部门整体绩效预算改革提供了纪律保证。习近平总书记强调“把守纪律讲规矩摆在更加重要的位置”。党的十八大以来，作风建设和党风廉政建设持续深化，各级各部门的纪律意识、规矩意识明显增强，“花钱必问效、无效必问责”的意识也在不断强化。有了“规矩”和“纪律”的保证，推进部门整体绩效预算改革将能够“包而不乱”“包而有效”。

3. 新预算法等法律法规和政策制度的实施，为推进部门整体绩效预算改革提供了制度保障。2015年，新《预算法》开始实施。近年来，党中央、国务院和财政部连续出台了现代财政制度建设多个领域的系列文件规定。浙江省也陆续出台了《浙江省预算审查监督条例》等一系列财政法律法规和政策制度。这些法律法规和政策制度，都对预算绩效管理提出了更高、更明确的要求，为推进部门整体绩效预算改革提供了制度保障。

4. 预算标准体系建设和项目绩效管理的实践成果，为推进部门整体绩效预算改革提供了基础支撑。浙江省部门预算管理走在全国前列，预算标准体系已经基本建成，项目绩效管理也取得积极进展。全省大部分市县均已基本完成预算标准体系建设，预算编制做到了“立项有依据、计算有标准”。与此同时，积极推进项目绩效管理，形成了“预算编制有目标、预算执行有监控、预算完成有评价、评价结果有反馈、反馈结果有应用”的全过程绩效管理模式。部门整体绩效预算编制，在预算总额确定后，预算仍然要按照预算标准和绩效规定编细编实编准。因此，有了预算标准体系和项目绩效管理的成功实践，推进部门整体绩效预算改革就有了基础支撑。

（四）基本原则

1. 强化部门理财的主体责任。强化“绩效论英雄”理念，用钱先问效，无效必问责，将绩效管理贯穿于部门本级运行和事业发展管理工作的全过程，以提供有效公共服务为衡量标准，提升财政资金配置和使用绩效，促进政府整体绩效提升。

2. 顶层设计、分步推进。科学设计部门整体绩效预算管理模式，建立目标管理、过程控制、系统集成、迭代深化、公众满意的绩效管理新机制。按照“试点先行、逐步扩面”的要求，力争到2022年全省基本建成部门整体绩效管理制度。

3. 集中财力办大事。绩效目标要围绕省委、省政府中心工作和重大任务设置，确保突出、鲜明、量化。在部门预算安排中优先重点落实，根据绩效评价结果建立奖惩机制，促进集中财力办大事。

（五）实施计划

2018年启动部门整体绩效预算改革试点工作，力争通过3年的努力，到2022年全省基本建成部门整体绩效管理制度。

省级2018年先选取6个预算单位，作为改革试点部门和试点单位，编制2019年度部门（单位）整体绩效预算。

同时，富阳区、淳安县、桐乡市、瑞安市、嵊州市、台州市椒江区、金华市金东区、湖州市吴兴区、舟山市本级、开化县、景宁县等11个市、县（市、区）同步开展部门整体绩效预算改革试点工作，要求选取一些部门或单位编制2019年部门整体绩效预算。鼓励有条件的地方启动这项改革，暂时还不具备条件的地方要创造条件推进改革。

（六）改革措施和要求

1. 建立部门整体绩效目标及指标体系。部门整体绩效目标包括部门本级运行绩效目标和事业发展绩效目标两部分，反映整体绩效目标的指标体系拟设一类指标和二类指标。其中，一类指标为同级党委政府确定的重点工作绩效指标；二类指标由部门本级运行绩效指标和事业发展绩效指标组成。

2. 建立与部门整体绩效挂钩的预算总额包干机制。依据工作任务、筹资机制、绩效目标及近年预算安排情况，确定支撑部门整体绩效实现的部门预算总额。在部门预算总额内，按现有预算管理政策，由部门自主统筹安排部门本级和下属事业单位的具体预算，并按照“标准化、规范化、精细化”的要求编制部门预算。选取部门整体绩效指标中与部门事业发展关联度较大的指标为产出指标，建立部门预算总额（不含重大工程类项目支出）与整体绩效产出指标挂钩的预算分配机制。

3. 建立部门整体绩效评价奖惩机制。部门整体绩效评价结果与下年度部门预算奖惩挂钩，对评价结果优秀的部门予以奖励，对结果差的部门予以扣减。

4. 完善工作机制。各级政府绩效考评部门负责重点工作绩效目标和评价工作，建立与财政部门的联动工作机制，确保部门整体绩效目标与部门预算安排有机统一；财政部门负责部门整体绩效预算制度设计，建立绩效指标体系和评价体系，建立整体绩效与部门预算挂钩机制，负责部门整体绩效评价；各部门负责部门整体绩效目标的编制，按要求编制预算和执行预算，提出部门整体绩效自评结果，负责内部绩效管理。

五、做好2019年预算编制工作的几点要求

（一）审时度势，统筹谋划编好2019年预算。2018年1—4月，全省一般公共预算收入2623.55亿元，增长13.6%，按此态势预计，财政收支有望延续平稳态势。但要清醒认识到国际环境和经济发展的不稳定性不确定性因素较多，财政收入可持续增长的基础尚不稳固。同时，减税降费政策全面落实，减收效应将进一步显现。支出刚性增长的趋势没有改变，“三去一降一补”、稳增长、促改革、调结构、惠民生、防风险等增支需求较大，2019年财政紧平衡状态仍将持续。因此，要准确把握当前复杂多变的财政经济形势，量力而行、精算平衡、防范风险、集中财力办大事，真正把有限的财力用在刀刃上，最大限度地提高财政资金使用绩效。

（二）坚守规矩，强化主体责任意识。一级政府一级预算，地方预算的责任主体是市县政府。一个部门一本预算，部门预算的责任主体是部门单位。为此，各级各部门要切实增强政府预算和部门预算的主体责任意识。一要编细、编实、编准部门预算。要细化预算编制，提高年初预算到位率。除部门机动经费外，各部门不得设置待分配项目。专项转移支付分地区、分项目编制。要按年度所有因素和事项的轻重缓急测算每一项支出需求，编实预算，确保预算执行进度，提高财政资金使用效益。要按照统一标准和规范的格式，在合理测算的基础上，编准预算，确保预算数据可靠、完整。二要顺应改革，全面做好机构改革预算保障工作。在保障好机构改革涉及部门的正常运转和履职需要的同时，根据机构改革后职能变化情况，妥善安排需撤并的部门2019年预算新增项目资金需求。三要严格预算执行。强化预算法定、支出法定意识，切实做到“先有预算，后有支出”。在预算执行中，一般不制定新的增加财政收入或者支出的政策和措施。对出台财政政策和追加预算的要求，相关部门要按照严格实行前期论证，设立绩效目标，事先要跟财政充分协商。

（三）强化服务，深化“上门服务至少一次”活动。省财政厅和全省财政系统都要按照“推进改革、服务大局、提升形象”三大目标，围绕“一个导向”（以结果为导向）引领服务，“二张清单”（改革指导清单和服务清单等两张清单）精准服务，“三类标准”（服务模式、服务过程、评价体系等三类标准化建设）提升服务，“四种方式”（现场服务、集中培训、线上服务、解答汇编等四种方式）丰富服务，“五项机制”（上下联动机制、工作台账机制、定期反馈机制、服务评价机制、绩效激励机制等“五项机制”）落实服务的主线，扎实有效开展“上门服务至少一次”活动，进一步提升活动质量和效益。

（2018年5月）

深化财政改革
支持教育事业高质量发展

浙江省财政厅副厅长　金慧群

浙江教育发展到现在，已从量的扩张转向质的提升。具体表现为财政教育投入持续增长、生均经费逐年提高、生均财政经费增长与经济发展水平相适应、各教育阶段支出结构逐步优化，总体呈现出良好的发展态势。当前，面临新形势和中央、省委、

省政府对教育和财政工作的新要求，财政部门需要站在新的历史方位，科学谋划，精准施策，更好地服务全省教育事业发展。

一、新要求和新举措

（一）新要求

党的十八届三中全会以来，特别是党的十九大以来，党中央、国务院和省委、省政府对财政、教育改革与管理提出了诸多新要求。概括起来，主要有以下几个方面：

着力推动解决发展不平衡不充分问题。必须全面梳理教育事业发展现状，紧盯关键领域和薄弱环节，为"十三五"后几年及至2025年财政教育经费保障做好科学规划，提高财政资金使用效益。

全面正确履行政府职能。当前要以中央与省教育事权与支出责任划分为基础，积极推进省以下各级各类教育事权和支出责任划分改革。各级政府按事权与支出责任履行职责，省级政府既不能包揽，也不能缺位。同时要加快推进政府职能转变，更多地发挥第三方的作用。

增强中期规划意识。根据《国务院关于实行中期财政规划管理的意见》，2016年起我国实行中期财政规划管理，建立跨年度预算平衡机制。财政部门要立足长远，善谋大事，加强政策储备，减少政策的频繁变动。

提高可持续发展意识。要聚焦支持重点，对于公共财政应予以保障的支出要予以保障；对于公共性较弱的教育阶段，要遵循规律，完善投入机制，真正做到有所为有所不为；要结合浙江省经济社会发展实际，坚持保基本、守底线，多做雪中送炭的事，不做脱离实际的承诺。

更加注重提高绩效。要总结近几年全省绩效管理经验，查找不足。坚持加大投入与提高绩效相结合。加快建立面向目标与结果的绩效管理机制，绩效管理从项目绩效向政府、部门整体绩效转变，将绩效观念和绩效要求贯穿于全过程。

（二）新举措

省财政厅按照"干在实处、走在前列、勇立潮头"的要求，以结果为导向，实施绩效型部门预算管理模式，即实施与部门整体绩效挂钩的新一轮包干预算改革（简称"部门整体绩效预算改革"）。按照"试点先行、逐步扩面"的要求，力争到2022年全省全面实施部门整体绩效改革。

目前省教育厅整体绩效指标体系已达成初步共识。绩效指标包括：产出与效果90分、社会评价10分两大部分。其中产出与效果指标分为：省委、省政府重点工作考评指标50分，根据上一年度省委、省政府重点工作考评结果赋分；其余40分，根据《浙江省教育事业发展"十三五"规划》《浙江省中长期教育改革和发展规划纲要（2010—2020年）》以及各项《行动计划》的要求，对各教育阶段，分别选取不同的数量指标和质量指标。接下来还将继续探讨部门整体绩效评价结果与教育厅部门预算挂钩，以及与教育厅干部收入分配挂钩的具体方案。

二、下一阶段财政支持教育事业思路

（一）推进职能转变，改进管理方式

处理好政府与市场的关系。公共财政就是要守住公共性，市场能做的，政府就不要去做。教育从总体上讲具有公共性，是公共财政支持的重点。但不同公共产品的公共性程度是不同的，比如，义务教育是第一公共性，学前教育、职业教育、高等教育等是第二或第三公共性。因此，在制订公共财政政策上，就要有所区分，不能混淆。

处理好政府与社会的关系。要从与计划经济体制相适应的发展理念，转变为与市场经济体制相适应的发展理念。以推行政府购买服务为契机，从政府包办、财政包揽事业的模式，真正转变为政府为主、全社会广泛参与办事业的模式。

处理好省与地方的关系。进一步明晰政府间教育事权和支出责任划分。省级要着眼宏观，充分发挥把握全局、突出重点、抓住根本的调控功能。把精力主要放在制订政策、编制规划、完善标准、统筹协调、强化监管等方面，减少微观事项的审批和过多的各种专项"行动""计划"。巩固专项资金清理整合成果，减少、归并对地方专项转移支付项目，调整和改进专项转移支付分配办法，最大限度发挥专项资金的激励引导作用。

处理好部门与学校的关系。全省学校章程制定工作已陆续完成，要坚持按章程办事，减少各部门对学校的干预，放松对学校人、财、物等各方面的管制。当前尤其要放松对学校收费、用人机制等方面的管制。唯有放权，方能搞活。

（二）健全长效机制，优化支出结构

落实生均经费制度，健全长效机制。一是建立健全经费保障稳定增长机制，在建立生均经费制度的基础上，逐步提高各级各类教育生均经费基本标准和财政拨款标准。省财政除保证本级建立生均经费制度外，要下"管"一级，加强对全省各市县情况的总体把握。二是继续落实拓宽经费来源的政策措施，坚持多渠道筹资。

优化支出结构。一是不同教育阶段之间要加强统筹协调。始终要把义务教育特别是农村义务教育作为重中之重，同时安排好其他教育阶段的投入。二是优化基本支出与项目支出结构，提高学校日常运转保障水平；统筹"硬件"和"软件"投入，尤其在全省标准化学校建设基本完成的情况下，要加大"软件"投入，妥善处理中小学教师待遇问题，创新教师培训方式，推进教师队伍建设。

（三）聚焦支持重点，破解发展难题

学前教育重在"提高质量"。浙江省学前三年入园率已达到97.6%，基本解决入园需求。当前短板是大量民办园质量有待提高。为此，要通过放开收费限制、建立普惠性民办幼儿园生均公用经费补助制度等，引导普惠性民办幼儿园规范办学，提升质量水平。在具体政策设计和工作推进中，要防止出现对现有民办学前教育办学主体的"挤出"效应。

义务教育重在"均衡发展"。始终把义务教育特别是农村义务教育作为重中之重。引导市县财政着力扶贫扶弱，推进校长教师城乡交流，坚持"保基本、补短板、兜网底"，加大对重点县和薄弱学校的支持力度，争取尽快实现高质量均衡发展。

职业教育重在“深化改革”。一是以“名专业”建设为切入点,推进“三名工程”。以设区市为单位,统筹布局各类职业教育学校,合并或淘汰办学质量差的弱校。二是建立以结果为导向、与绩效挂钩的财政奖补办法,推进高职优势特色专业建设。三是以建立生均经费制度为抓手,完善职业院校经费保障机制。

高等教育重在“提高水平”。一是从严控制盲目扩张规模和外延式发展。二是完善高校分类改革,推进全省高校分类发展。三是扎实推进浙江省“双一流”建设(重点高校建设、重点学科建设)。四是按照“保底、奖优、放开、搞活”八字方针,建立健全新型高校运行保障机制。

教育信息化重在“应用”。将工作重心从提高教育信息装备水平转向资源的利用上,扎实推进在“互联网+”环境下“智慧教育”模式在全省大、中、小学校教、学、管等诸方面的应用。

民办教育重在“成本分担”。一是通盘研究支持民办教育发展问题,破除体制机制和政策障碍。二是充分发挥财政资金“四两拨千斤”作用,创新财政支持方式,加大购买服务、奖励支持等力度。三是适时取消对各级各类民办学校学费、住宿费等的收费限制,完善与经济发展水平、培养成本和群众承受能力相适应的动态调整机制。

(刊于《浙江财税与会计》2018 年第 10 期)

激扬改革动力 探索浙江样本

——在财税改革40周年浙江经验高端论坛上的讲话

浙江省财政厅副厅长 金慧群

40 年来,浙江现代财政制度“大厦”的框架构建和演变路径,是始终紧紧以“体制”为梁、以“管理”为柱、以“集中财力办大事”为主基调的探索过程,在不断的“破”“立”基础上,逐步实现更高水平的公共化、更高质量的现代化,孕育了浙江财政独有的风景,为浙江经济社会发展始终走在全国前列提供了支撑、引导和保障。

一、铸牢“体制”大梁

“省管县”财政体制已经由国务院在全国推广,这是浙江贡献的经验之一,也是浙江财政的显著标签。多年以来,浙江省一直坚持“省管县”财政体制,并不断进行完善和创新,从过去“抓两头、带中间、分类指导”的“两保两挂”“两保两联”等体制,到现在“打破发达与欠发达地区界限”实行“分类分档激励奖补机制”,近期取消了原“二八分成”增量 20% 免交市县的政策规定,体制更趋统一、公平和高效。浙江财政体制的变迁,充分体现了体制的极强生命力和发展引导力,带有显著的浙江本土特征。

特征一:均衡。区域和城乡均衡发展是时代命题。通过优化和创新省以下财政体制,完善转移支付制度,省级财力向市县和基层下沉(省级财政支出占比在 10% 以下,2017 年为 6.51%,成为全国省级支出比最低的地区之一),有效调动了市县发展的积极性,促进了市县财力均衡和基本公共服务均等化。发达及较发达县市与财政相对困难县市的人均财政支出比从 2005 年的 1.21 : 1,到 2016 年则为 1.04 : 1。通过向低收入群体倾斜,加大精准扶贫力度,全面消除了农村家庭人均年收入 4600 元以下绝对贫困现象,城乡居民人均可支配收入分别连续 17 年、33 年居全国各省区第一。城乡居民收入倍差为 2.05 : 1,均衡度位居全国第一。

特征二:绿色。浙江是“两山”理念的发源地,浙江财政体制机制的创新也深刻折射出“绿水青山就是金山银山”的绿色发展理念。2004 年,浙江率先在全国建立生态公益林补偿机制;2005 年,率先在全国创建“绿色指数”,建立生态环保财力转移支付制度,成为全国第一个实施省内全流域生态补偿的省份;2014 年,实施重点生态功能区财政政策,县域 GDP 考核体现绿色指数;2015 年,率先开展排污权有偿使用和交易试点,建立污染物排放财政收费制度;2017 年,出台“两山”建设竞争性财政奖励政策。激励与约束相结合的财政奖罚机制,有力地促进了生态的持续改善,也实现了生态优势向经济发展优势和居民增收优势的转变。

二、筑好“管理”支柱

财政管理的持续探索和创新,决定了浙江现代财政制度“大厦”支柱的多寡和高度,体现的是“为民理财”的本领和智慧。浙江财政人孜孜以求,在多年的工作实践中探索出了不少富有价值的管理理念,其中不乏可圈可点之处,甚至是开全国先河的金名片。

名片一:“两个一般不”。即省级一般不直接向企业分配和拨付财政专项资金、一般不对市县分配具体项目资金。坚持“有所为、有所不为”原则,理清政府与市场的边界、省与市县的权责。实施专项性一般转移支付和竞争性分配改革,推行“因素法”分配,提高资金分配的科学性,提升资金使用绩效。

名片二:上门服务至少一次。这是对浙江“最多跑一次”改革理念在财政服务供给端的深化和拓展,成为浙江财政特色服务品牌和改革举措。2018 年前三季度,全省各级财政部门上门服务部门近 4 万次、服务企业近万次,服务人数达 24 万人次,得到省委、省政府主要领导的充分肯定。

名片三:清单管理制度。按照“四张清单一张网”建设要求,完善专项资金分配方法,规范资金分配程序,在全国首创财政专项资金管理清单制度,将转移支付专项由 2012 年的 235 个整合归并为目前的 54 个,实现了“一个部门一个专项”,以清单方式管钱、管权和管事。

名片四:政府产业基金。浙江是市场经济先发省份,市场理念和市场机制的运用也体现在财政管理上。政府产业基金是市场化改革背景下财政扶持经济发展方式的创新,变传统的“补”为“投”,用财政的小钱撬动社会的大资本,充分发挥市场的决定性作用。浙江起步早,成效也较明显,目前全省各级政府产业基金规模达到千亿元以上,撬动社会资本万亿元以上。

名片五:"政采云"。浙江是数字经济大省,在大力推进"互联网+"改革背景下,经过多年实践探索,将互联网基因植入政府采购,构建了集网上交易、网上监管、网上服务于一体的"政采云"平台。这是政府采购模式的重大创新,解决了一直被诟病的价格高、质量差、效率低等问题,是政府采购领域的供给侧结构性改革,对提高政府治理能力、预防腐败、促进经济社会发展都具有深远意义。2017 年,"政采云"被财政部批复为全国唯一的电子卖场采购试点,成为助推全国政府采购"一张网"、一体化的示范工程。

名片六:"三个子"。即收入一个"笼子"、预算一个"盘子"、支出一个"口子"。"三个子"强化了全口径政府预算管理,实现了"一个部门一本预算";通过统筹"四本预算",编制中长期财政规划,建立了跨年度预算平衡机制。改革始于浙江,也为国务院推进财政资金统筹使用提供了可借鉴的方案。李克强总理曾多次在国务院工作会议上要求推进浙江"三个子"综合预算管理经验。

三、唱好"集中财力办大事"主基调

"集中财力办大事"始终贯穿浙江财政管理改革,是"财"为"政"服务理念在浙江生动而朴实的诠释。财政人"心中有本账、脑中有根弦",这根弦就是"集中财力办大事",怎么集中?怎么办?要怎样的财力?办哪些大事?这些问题是财政工作的逻辑起点,也是改革的目标取向。"集中财力办大事"从财政工作层面的认知,到省委、省政府主要领导对财政工作提出的要求,到后期逐步提炼成为财政理财理念,到现在理念真正落地,出台"构建集中财力办大事的财政政策体系"方案(10 月 22 日省委财经委员会第一次会议讨论通过),"集中财力办大事"成为浙江财政管理改革推进的一条主线和重要指引,成为破解发展难题、增强发展动能、厚植发展优势的制度保障。

从"集中财力"看——收入结构优是浙江财政的一大亮点,折射的是生财聚财理念,也反映了浙江经济发展的质量和效益。注重合理把控收入规模,实现持续稳定增长和"三个"结构优化。浙江省财政收入含金量高,一般公共预算中税收收入占比位居全国前列;非税收入占比很低,是首个省定行政事业性收费项目涉企"零收费"的省份。优化支出结构,提高资金绩效是财政人不懈的追求。遵循省委"'八八战略'再深化、改革开放再出发"工作主线,主动对标中央、省委重大战略和决策部署,坚持有为政府和有效市场相结合,按照精准聚焦、绩效优先、增量存量并举、省市县联动原则,对未来几年的可用财力和支出进行分析、测算,对现有政策进行梳理、整合,反复迭代优化,积极构建集中财力办大事财政政策体系,服务保障浙江"两个高水平"建设和高质量发展。

从"办大事"看——始终坚持服务保障好党委、政府的中心大局和决策部署来谋划财政工作,党委、政府决策到哪里,财政就跟进保障到哪里,充分体现了财政的政治站位和精准定位。改变"分钱粮"的惯性思维,聚焦党委、政府关心,社会公众关注的大事、要事,从"被动买单"转向"主动买单",从幕后"账房先生"走到台前勇当"改革先锋",办好发展大事、民生实事。如民生保障上,始终坚持"保基本、兜底线"原则,注重长远可持续,推进基本公共服务支出标准化建设。坚持"尽力而为",全省新增财力三分之二以上用于民生;坚持"量力而行",不乱开政策口子、不搞超越发展阶段的承诺,做到"稳起步、迈小步、不停步",坚决托住基本民生需求的底。

2018 年是全面贯彻党的十九大精神的开局之年,也是改革开放 40 周年,在省委、省政府领导下,在"集中财力办大事"主基调指引下,全省财政人坚持"为民理财"的不变初心,在浙江这块"试验田"上努力耕耘,探索出了不少符合省情、具有浙江特色的好经验、好做法,有的成为全国示范并被推广。浙江省财政工作将继续拉高标杆、自我加压,努力为中国的明天提供更多的浙江素材、贡献浙江智慧、提供浙江样本。

(刊于《浙江财税与会计》2018 年第 11 期)

拓展公共支付平台应用 深化"最多跑一次"改革

浙江省财政厅副厅长 王广兵

浙江政务服务网统一公共支付平台,是根据省政府关于浙江政务服务网"七统一"要求,向社会公众办理缴纳政府非税收入等公共款项提供服务的支撑平台。

2017 年以来,浙江省深入贯彻落实省委、省政府"最多跑一次"改革,坚持稳中求进,加快建立线上线下无缝衔接的政务服务网统一公共支付平台运行体系。统一公共支付平台建设,得到了省政府办公厅、省编办(省跑改办)、省公安厅、省教育厅、省人力社保厅、省国土资源厅、人民银行杭州中心支行等部门的大力支持,同时与中国银联浙江分公司、支付宝、工行、农行、建行、中信、浙江农信联社、杭州银行等代收机构和收款银行开展了广泛的合作。目前,全省各地正在大力推进统一公共支付平台建设,先进典型和创新项目不断涌现。金华市上下联动推进线上线下一体化收缴改革,全面建成统一公共支付平台的示范单位,实现了项目全覆盖、渠道全开通、缴费一网通;杭州市首推公共支付自助机;温州市也在自助缴款等方面进行了有益的探索尝试。

截至 2018 年 5 月底,平台累计受理政府非税收入等公共款项缴纳业务 6305 万人次、缴纳资金 313 亿元;其中,2018 年受理 2110 万人次、缴纳资金 131 亿元。统一公共支付平台依托浙江政务服务网,整合汇聚商业银行、支付机构各类支付渠道,集约共享,大幅度降低了执收单位优化公共支付服务提供成本,实现了"一点接入、全渠道开放",进一步完善和优化了公共支付服务供给;依托部门间的互联互通,有效实现数据融通、信息共享,变群众奔波为信息跑腿,实现利企便民;同时,在推进科学化规范化信息化的政府非税收入征缴管理体系建设、构建具有浙江特色现代财政制度、提升政府治理体系和治理能力现代化水平等方面发挥了重要作用。

一、狠抓落实，不断拓展完善统一公共支付平台改革

（一）加强学习，提高认识。拓展统一公共平台应用是省政府“打破信息孤岛实现数据共享推进‘最多跑一次’改革2018年工作要点”中的一项重要任务，各级财政部门要认真学习领会，抓好落实、确保改革任务完成。同时要在拓展应用的同时，注重数据的应用，将数据建成最重要的资产，提高公共支付平台执收单位接入质量和效率。

（二）统筹规划，分步实施。要编制好统一公共支付平台实施应用三年规划，落实部门责任，制定责任清单，解决改革过程中的突出问题和矛盾，全面提升“互联网+政务服务”应用服务水平。

（三）突出重点，讲求实效。推动公安交通违法罚款、公办学校教育收费项目全省通缴工作，完善支付渠道，探索拓宽支付领域，积极推动自助取票试点工作。

（四）做好宣传引导。加强与公众互动，使群众正确认识统一公共支付平台改革的复杂性、艰巨性，争取获得更多的理解和支持。

二、以“就近跑一次”为要求，全面推进依托统一公共支付平台开展自助缴款按需自助取票试点工作

改革推进必须体现以人民为中心的思路，该项改革的最终目标是达到“就近跑一次”，实现分流。杭州市前期的工作带来很好的经验和启示，跑出了杭州数据，使群众满意，获得感强。想要把成熟的经验更好地推广，把盆景变成风景，还需要做好几点工作。

（一）明确任务。在前期试点的基础上，将杭州市的试点经验扩大到全省，扩大试点范围至除杭州市外的10个设区市，每市再选择一个县开展试点，完成市10+1的试点布局；明确试点内容是公共支付自助缴款，同时满足财政票据按需取票的需求。各市在2018年11月底前完成，2019年6月底前争取实现全省全覆盖。

（二）落实责任。省财政厅做好配套制度改革，优化票据管理流程，改革票据管理制度，启用公共平台缴款票据和公共平台缴款发票专用章；全省统一接口、统一建设标准、集中统一采购；实现数据互联互通，实行数据共享。各市财政局做好全市域试点牵头工作，加强与当地各部门的沟通交流，细化工作任务和要求，确保试点工作按时高效推进。杭州市要继续发挥改革领头羊的作用，不断深化自助缴款、按需取票工作，不断完善用户体验，方便群众缴款。

（三）强化督查。统一公共支付平台是浙江政务服务网核心应用服务之一，省财政厅已将统一公共支付平台应用列入2018年对市县财政的重点绩效考评内容，并将于2018年第三季度和2019年第一季度对重点工作实施专项督查。

（刊于《浙江财税与会计》2018年第6期）

在全省基层医疗卫生机构补偿机制改革推进会暨专题培训班上的讲话

浙江省财政厅副厅长 沈　磊

一、充分领会改革的意图和目的

习近平总书记在2016年全国卫生与健康大会上指出，医改已到了啃硬骨头的攻坚期。要坚持以基层为重点，以改革创新为动力，着力推进基本医疗卫生制度建设，努力在分级诊疗制度等5项基本制度建设上取得突破。中国作为一个发展中大国，人口基数大、医疗资源相对有限，只有建立基层首诊、双向转诊的分级诊疗制度才能真正解决老百姓的医疗卫生问题，这就需要一个强有力的基层作为网底和基础提供支持。医改具有很强的系统性、联动性，当前公立医院改革之所以难，实际上是问题反映在上面，根子却在基层，和基层不够强有很大关系，所以要加快基层改革，补好短板。可以预见，从目前到今后一个较长的阶段，基层都将是医改工作的重点，也是公共财政支持的重点。当前，推进基层改革的主要任务，就是要加快建立和完善“维护公益性、调动积极性、保障可持续”的基层运行新机制，而基层医疗卫生机构补偿机制改革，就是在建立基层运行新机制目标的统领下，围绕公益性、积极性、可持续性三个方面，处理好政府、基层医疗卫生机构和医务人员等相关主体在经济层面的责、权、利关系，保障基层医疗卫生机构平稳运行和健康发展、增强服务能力、提高服务绩效。

2010年，浙江省基层医疗卫生机构分批实施基本药物制度并实行零差率销售后，基层医疗卫生机构收入来源从原来的服务收费、政府投入和药品收支差价等3个渠道调整为服务收费、政府投入两个补偿渠道。按照完善基层医疗卫生机构多渠道补偿机制的要求，财政部门相应制定了对基层医疗卫生机构的投入政策，加大基建设备方面的投入力度，并对基层医疗卫生机构运行收支实行“核定任务、核定收支、绩效考核补助”的补助办法，强调财政承担基层医疗卫生机构经常性收支差额的“兜底”责任。在当时医疗卫生服务领域趋市场化的情况下，这种以加大财政投入为重点的基层医疗卫生机构补偿机制改革对促进基层医疗卫生机构回归公益性发挥了重要作用，也取得了阶段性效果。据统计，2016年全省基层医疗卫生机构来自财政补助的资金108.4亿元，是2008年深化医改前的5.5倍，财政资金占基层医疗卫生机构收入（扣除药品收入）的比重达到60%左右，财政投入政策的明确和资金保障的加强及时扭转了当时基层前景不明、队伍不稳的局面。但是，在这些年推进基层综合改革的过程中，一些旧的矛盾还没有得到根本解决的同时，新的问题又逐渐暴露出来。突出表现在基层医疗卫生机构和医务人员的积极性和服务效率下降、基层出现“两个留不住”——“医生留不住、病人留不住”、财政资金高投入低绩效等，社会普遍反映改革后基层设施设备硬件条件好了,但服务水平没有跟上,服务动力反而不足了,老百姓在基层对医改的获得感不明显。这里面有多方面的原因,但是基层相关机制改革不彻底、不到位的问题必须予以重视。其中补偿机制还不够完善就是一个重要方面。

2015 年,省财政厅、省卫生计生委根据财政部、国家卫生计生委要求,经过广泛调研和充分酝酿,在厘清基层补偿渠道的基础上,重点围绕财政投入,开展建立专项补助与付费购买相结合、资金补偿与服务绩效相挂钩的新型补偿机制改革,并选择海盐、嵊州、义乌、江山四个不同发展水平的县市从 2016 年开始试点。试点期间,财政部、国家卫生计生委有关司局领导也多次考察指导,并对试点工作给予充分肯定。2017 年,在试点实施一年后,两部门委托浙江大学作为第三方对试点工作进行了全面评估总结。从试点情况看,四个试点县市都根据当地实际进行了积极探索创新,改革各具特色,试点工作达到了预期效果。开展基层医疗卫生机构补偿机制改革的意义主要体现在三个方面。

一是通过改革激发基层医疗卫生机构形成积极主动提供优质高效服务的内生动力。医改之初,国家从维护基层的公益性出发,在补偿机制设计上强调财政承担基层医疗卫生机构经常性收支差额的"兜底"责任,这种重保障、轻激励的"兜底"机制,极易产生导向偏离,服务能力越强的基层医疗卫生机构,业务收入越高,但财政补助收入却越少;相反服务能力越差、业务收入越低的,财政补助越多,"鞭打快牛"打击了基层工作积极性,显然不符合医疗服务高度需要单位和个人发挥能动性的行业特点,造成基层单位和个人积极主动服务的意愿不强。改革后,除了以建设发展等非经常性支出为主的项目实行财政专项补助外,对基层医疗卫生机构的经常性支出原则上由政府或医保及患者个人按标准付费购买补偿,财政资金从与经常性收支差额关联转为与其工作数量和质量直接挂钩,基层医疗卫生机构不再干好干坏一个样,引导基层将关注点从怎么向政府多争取经常性收支差额补助转向如何做好优质服务提高服务效能,从"要我做"转向"我要做",激励基层自觉、自愿在提质增效上下功夫。

二是通过改革营造基层医疗卫生机构间适度竞争的政策环境和氛围。现行补偿机制下,对每个基层医疗卫生机构提供的基本医疗卫生服务缺乏科学全面客观的衡量和评价,往往简单采取经常性收支差额实行"兜底"补助、基本公共卫生经费按人均标准补助的方法,不同单位间财政资金安排缺乏横向联系比较。改革后,通过建立以标化工作当量购买服务为核心的财政资金分配办法,服务的标准要求和计算的依据办法完全公开、透明,将原来按单位割裂开来的财政资金分配行为转变为一个整体性的安排,在财政用于购买服务资金总量一定的情况下,可以形成基层医疗卫生机构之间相互竞争、能者多得的良好局面,从而激发基层整体的活力。

三是通过改革创新财政投入方式进一步提高财政资金绩效。2009 年以来,财政对医改投入保持持续快速增长,2016 年全省财政医疗卫生支出达到 543.9 亿元,是医改启动前 2008 年 148.3 亿元的 3.7 倍,全省在医疗卫生制度相关硬件方面已得到明显改善。但由于机制改革的滞后与不足,部分领域资金低效和浪费问题突出,一定程度上抵消了财政投入增长的效果,新常态下依靠财政投入大幅增长弥补机制不足的做法将难以持续,迫切需要通过机制改革提高财政投入绩效。当前浙江省医改工作重心已由增投入为主转向建机制与增投入并重,就是要通过机制创新挖掘存量资金潜力,提高存量资金使用效率,释放改革红利。基层补偿机制改革将财政投入方式由"兜底包揽"转向"购买服务",可以利用经济利益杠杆撬动基层医疗卫生机构提高服务意识,增强内在活力,改善基本医疗卫生服务质量,促进财政资金使用绩效最优化,最终让基层得益、百姓受惠。

二、准确把握改革的重点和关键

实施基层医疗卫生补偿机制改革,就是要从基层医疗卫生的行业特点出发,着重在机制创新和完善上下功夫。各地要按照两部门指导意见精神,重点把握好以下几个方面:

一是合理界定政府与基层医疗卫生机构之间的责任。政府承担的基层医疗卫生机构举办责任,具体落实到补偿机制上就是建设发展投入责任。实施意见细化明确了政府履行建设发展投入责任具体的项目和内容,对这部分财政要通过专项补助的形式"保"下来,纳入同级财政预算足额落实,不留缺口。相对应基层医疗卫生机构要承担的责任就是日常运营责任,这个责任明确后,政府不再对它的经常性运行收支包揽"兜底",转为通过构建模拟内部市场,采取契约制形式对其按标化当量法实行购买服务。通过建设发展责任与日常运营责任分离、"保"与"买"结合,让基层医疗卫生机构从原来的建设发展负担中脱出身来,达到激励基层医疗卫生机构集中精力、全力以赴抓好服务的目的。

二是正确理解多渠道补偿"变"与"不变"的关系。所谓"不变",指的是改革后基层医疗卫生机构服务收费、政府投入两个收入来源渠道没有发生改变,继续完善多渠道补偿机制的要求没有发生改变,除了政府投入,基层医保和价格方面的改革同样非常重要。所谓"变",就是服务收费、政府投入两个渠道的内涵发生了改变,改革后的政府投入主要指以建设发展为主的财政专项补助,原有的其他补助资金已转为购买服务资金,严格来说,基层医疗卫生机构获取的政府购买服务资金性质上与医疗服务收费收入已经没有区别,只是付费的主体转换成了政府。

三是坚持存量调整与增量引导结合。基层医疗卫生机构补偿机制改革本质上是机制的改革,重在优化财政存量资金投入方式和提升使用绩效。由于改革利益调整力度大,不可预见因素多,以存量为基础有利于尽快凝聚共识,保证改革平稳实施。在此基础上,为了增强改革激励,支持有条件的地方按照改革的原则要求,对购买服务项目成本进行科学测算,逐步完善、调整与服务成本相匹配的财政付费标准,通过提高基本公共卫生人均经费标准等合理增加财政购买服务资金。

四是努力兼顾公平与效率的统一。基层是全社会医疗卫生资源配置的"洼地",同时与医疗卫生服务相关的关键要素也不全面、不充分、不平衡,比如有的地方交通不便,有的有明显的区位差异，有的人口稀少分散，还有的存在人口结构差异等等，因此不能完全按照市场机制的做法，不加区分而简单化地以效率为唯一准则，否则又会重蹈覆辙回到医改前的老路，所以在讲效率的同时还必须要兼顾好公平。对此，实施意见提出了两个措施，一是引入调整系数，即根据不同基层医疗卫生机构地理交通、服务规模、基础条件、综合能力等因素的差异化情况，统筹确定调整系数，从而对财政付费购买标准进行调节；二是建立"托底"机制，对地处山区、海岛且因服务人口稀少等客观因素造成收入不足以弥补正常运行所需合理支出的基层医疗卫生机构，根据实际制定相应的补助政策，通过财政专项补助形式确保机构正常运行和人员合理待遇。需要补充说明的是，对个别因为客观原因确实无法实行新机制的，在严格控制的原则下可以研究采取收支两条线管理的办法。

五是稳妥处理对部分基本医疗服务的购买服务政策。按照补偿渠道，基本医疗服务应该通过医保和患者个人付费补偿，但是考虑到改革前财政安排的经常性收支差额补助是对包括基本医疗和公共卫生服务在内的整个收支的补助，以及目前基层的部分基本医疗服务收费价格存在偏低的情况，为了不影响基层开展基本医疗服务的积极性，作为过渡，改革初期将部分基本医疗项目结合现有医疗收费补偿情况纳入购买服务范围，但要强调的是，在价格调整等政策条件到位后必须全部退出。

六是同步建立评价制度确保服务绩效。为保证精准购买、加强服务监管和风险控制，必须建立全过程绩效评价制度，其中能否客观、全面、便捷、及时获取各项服务的数量和质量数据指标是关键。从四个试点县市经验看，信息化是保证评价工作客观、规范、准确、有效的重要手段。由于信息化需要一定的建设周期，各地基础条件也不一样，因此要给予高度重视，及早筹划。省财政厅在2018年市县医疗卫生转移支付中安排了1.5亿元补助资金，各地要用好这笔资金，统筹用于配套信息化建设等关键方面支出。

三、积极稳妥做好改革组织实施工作

一是加强改革组织领导。各地要及时将改革的主要精神和要求向当地政府做好汇报，在当地政府领导的支持下落实改革实施工作。财政部门要切实履行改革的牵头职责，与卫生计生部门紧密配合，科学开展测算，周密制定改革方案，统筹安排改革资金，保证方案因地制宜、实事求是、科学可行。市级财政、卫生计生部门要加强对所辖县（市、区）的工作指导，按照省里明确的改革时间要求，协调好市域内改革进度安排，有条件的地方要争取早启动早实施。省财政厅将会同省卫生计生委加强对全省的政策指导和改革进度的跟踪督导。

二是加强政策宣传引导。补偿机制改革事关基层医疗卫生机构和医务人员切身利益的调整，各地要主动而又准确地加强宣传，及时向基层医疗卫生机构和医务人员阐明改革政策，让他们充分了解改革的意图和目的，理解支持和主动参与改革。改革实施中要密切关注相关社情舆论，引导创造良好的改革氛围。此外，还要主动与人力社保、物价等部门加强协调，及时通报补偿机制改革情况，积极争取各相关部门的支持，以补偿机制改革为基础，在薪酬制度、医保支付、价格调整等综合改革其他方面取得联动性的全面突破，形成改革合力，扩大改革整体效果。

三是强化管理评估。基层医疗卫生机构补偿机制改革涉及主体多、人群广，许多因素不可预见，具有一定的复杂性。因此各地要加强对改革进展的动态监测和科学评估，及时研究和解决改革过程中出现的难点和问题，不断改进和完善政策方案，确保改革平稳推进和取得实效。

基层医疗卫生机构补偿机制改革是当前基层体制机制改革的重点工作。各地要积极行动起来，充分发扬创新实干精神，同心聚力，积极作为，敢于担当，确保全省按期完成改革任务，为浙江省加快建立完善基本医疗卫生制度、实现医改工作走在前列作出新的贡献。

（2019年1月）

在处长会议上的讲话（摘要）

驻厅纪检监察组组长 徐首红

一、充分肯定上一年省财政厅党风廉政建设工作取得的成绩

2017年，在厅党组的坚强领导下，在厅机关各处室局和下属单位的共同努力下，省财政厅党风廉政建设和反腐败工作取得了一定的成效。主要体现在以下五个方面：

一是全面从严治党主体责任进一步压实。厅党组层层传导主体责任压力，厅长徐宇宁同志带头履行第一责任人责任，班子成员承担起"一岗双责"，起到了很好的带头示范作用。各党支部认真落实支部责任清单，并将压力传导到了全体党员干部，解决了责任落地"最后一公里"问题。各党支部书记与分管厅领导签订了党风廉政建设责任状，并年初、年中两次向分管厅领导汇报落实主体责任情况。各处室局和下属单位认真落实《全面从严治党"两个责任"协调办法》，与驻厅纪检组形成了协作配合的良好局面。总预算局结合实际，向全省各级财政预算部门发出了《以党建引领财政预算事业传承与创新的倡议》，促进了基层党建、全面从严治党与财政预算工作的有机结合、相互推动。

二是中央八项规定精神得到高标准执行。紧盯元旦、春节等重要节点，机关纪委一手抓提醒教育，通报典型案例，重申纪律要求；一手抓专项督查，对公务接待、公车使用、收受礼品礼卡等开展明察暗访，发现问题及时督促整改。制定《省财政厅司乘人员公车使用"八个严禁"》的纪律小卡片，放在公车前排醒目的地方，时刻提醒司乘人员严格遵守公车使用各项规定。特别是各单位积极开展"上门服务至少一次"活动，进一步转变了作风、提升了形象，得到省委、省政府主要领导的充分肯定，成为全省财税系统作风建设的"金名片"。

三是巡视反馈意见整改持续深化。按照"件件有着落"的要求,对上一轮巡视对省财政厅提出的37个问题开展整改情况自查自纠,重点对违规车辆处置、干部兼职、"搭团"出国等7个问题进行重点督查,及时查漏补缺、完善制度措施。同时,把巡视整改与完善财政体制机制有机结合起来,围绕巡视提出的政府债务管理、专项资金管理、预算改革、政府采购监管等内容,修订完善相关制度51项。下发《政治巡视内容对照检查表》,将坚持党的领导、加强党的建设、全面从严治党三个方面内容细化为23项具体要求,推动"未巡先改"。

四是财税源头治腐作用充分发挥。许多财税法规制度,本身就是很好的廉政制度,有利于从经费源头管住公权力,使不能腐的机制更加健全。充分发挥财政部门的独特优势,持续深化以"因素法"分配、竞争性分配改革及"两个一般不"为核心的专项资金管理改革,推动公款竞争性存放,加强对中央和省级财政扶贫资金的监督检查,推进预算信息公开,加快构建包含53类170项的支出标准体系,推广运用"政采云"平台,规范省级行政事业单位房产出租管理,等等。这些举措是治本之策,进一步减少权力寻租和利益输送空间,有力促进了"清廉浙江"建设。2018年,根据省纪委的部署,驻厅纪检组会同厅政研室共同开展了"强化财税源头治腐作用,服务保障清廉浙江建设"课题研究,提出了一些好的思路和办法,得到了省纪委的肯定。

五是日常教育监督工作进一步强化。把警示教育搬入培训课程、纳入主题党团日活动,分批组织180余名处级干部和40余名新入职的青年干部参观乔司监狱,接受现场教育。一些支部选择在郑义门等廉政文化教育基地度过了主题党日活动。组织全厅干部收看财政部《防微杜渐　警钟长鸣》的警示教育片,开展学习讨论,达到了较好的教育效果。机关纪委制订出台了廉政谈话实施办法,分别明确四类谈话的主体、情形、程序、要求,使每次谈话都有记录,做到了责任可追溯、可检查。2017年,仅班子成员与分管处室局、单位主要负责同志开展廉政谈话50余人次。

二、要做守纪律、讲规矩的表率

党要管党、从严治党,靠的就是严明的纪律。没有规矩,不成为政党;没有纪律,不成为组织。既然选择做党的干部,就要遵守党的纪律和规矩。党的先锋队性质和先进性要求决定了党纪严于国法,党纪是国法没有规定、但要求更高的行为约束。在座的各位,是全省财政系统的骨干和中坚力量,既要做财政业务的行家里手,又要在守纪律、讲规矩方面带好头,发挥好"头雁作用"。

一要严守政治纪律和政治规矩。政治纪律是最重要、最根本、最关键的纪律。政治纪律和政治规矩有着具体的内涵,不是虚化和泛化的。如,不能妄议中央大政方针,不能同中央和省委的决定、决议相违背,不能拉帮结派,不能对抗组织审查,等等。总结起来,就是不能出现"七个有之"。政治纪律和政治规矩的核心就是同以习近平同志为核心的党中央保持高度一致,党中央提倡的坚决响应,党中央决定的坚决照办,党中央禁止的坚决杜绝。政治纪律不仅是高级领导干部的事情,每个党员特别是党员领导干部都应该无条件遵守。一些看起来是小事情,里面就有政治纪律。比如,不能对中央和省委的重大决策部署评头论足,不分场合地发表个人观点甚至是不负责任的言论;对那些在微信、微博等社交媒体上流传的政治谣言、抹黑党的形象的言论,要有政治辨别力,不能信以为真,更不能点赞、转发。要强调两件事:一是要严肃党内政治生活。根据中央要求,年底所有单位都要召开民主生活会,各党支部也要召开支部生活会。这是党内政治生活的一种重要形式。希望各位真正高度重视民主生活会和支部生活会,抛掉"怕丢面子、怕伤和气"的顾虑,立足"真找问题、真帮同志",开门见山、直面问题,决不能把批评和自我批评变成表扬和自我表扬,相互吹捧、相互掩饰,更不能把党内政治生活搞成茶话会、观光、娱乐活动。二是要如实报告个人有关事项。是不是如实向组织报告个人事项,反映了一个干部是否对组织忠诚老实。省委组织部发放的《案例选编》里面,就有36位因漏报、瞒报婚姻状况、房产、投资状况等,受纪律处分和批评教育。要引以为戒,高度重视好个人有关事项申报,根据组织的要求,按时、完整、如实报告个人事项,做到对党忠诚老实、襟怀坦白、表里如一。

二要带头树立新风正气。在座各位的作风、形象代表着省财政厅的风气和形象。省财政厅长期以来高度重标作风建设,在省直机关工委组织的历次检查中均未发现违纪违规现象,在省直机关当中一直是作风建设的排头兵。着重强调两点:一是不能因为惯例而触碰红线。在长期的工作中形成了许多不成文的惯例:有的是符合当时的规定和要求的;有的是在特定环境下形成,当时没有禁止性规定,多年下来就习惯这么做了;还有的一开始就是错误的。随着全面从严治党不断深化,特别是中央八项规定精神深入贯彻落实,有的惯例不符合中央和省委的要求,有的甚至明显违反有关规定或纪律要求。要站在全面从严治党的高度来正确看待,凡是不符合要求的要坚决摒弃、纠正,千万不能因为简单沿用惯例而触碰红线、底线。二是要增强主动服务观念。财政是管"钱"的部门,而且管的是"大钱",其他部门和社会上的人经常称财政人为"财神爷"。恭维和奉承多了,就容易养成"官老爷"的作风和气派,爱摆谱、架子大、口气更大,门难进、脸难看、事难办的官僚主义作风慢慢滋长。对于预算单位不合理或过多的资金需求,要坚守财经纪律、坚守职业操守,不该花的钱,一分也不给,这是最基本的原则,但是要和和气气,给服务对象、预算单位,做好解释工作,不能拉下脸,更不能闭门不见。

三要严以律己用权。一个领导干部能否廉洁自律,最大的诱惑是自己,最难战胜的敌人也是自己。考验始终存在,"围猎"时刻潜伏。领导干部无时不面临着选择题,也许十次中有九次选择题做对了,但如果一次选错了,就会前功尽弃、抱憾终身。所以,要时时警惕、慎独慎微,特别是要管住"爱好"、谨防"嗜好",严防别有用心之人的"糖衣炮弹"。严用权。领导干部手中的权力,是党和人民赋予的,承载的是组织的信赖、事业的重托和群众的期盼。应当公道正派、秉公用权，决不能有“一朝权在手、便把令来行”的任性妄为。当前，还有一种现象同样值得警惕，少数领导干部以纪律严苛为名，虽然不贪不占，但也不愿担责实干。干部干部，干是当头，干净但不担当的，同样称不上合格干部。希望财政干部，能够形成正确的权力观，真正把手中权力用好、把肩上责任尽好。慎交友。省财政厅作为浙江省综合经济管理部门，掌握着重大资金分配管理权，一些处室决定着大量资金的分配，面临的诱惑和陷阱比较多，往往成为被攻关、拉拢、“围猎”的对象。希望同志们在与企业家打交道时，严格遵照习近平总书记的要求，做到“亲”“清”二字。一方面，搞好服务保障，最大限度地激发企业家的创业热情；另一方面，要守住纪律底线，把握好原则，不搞权钱交易、权力变现。重家风。家风败坏往往是领导干部走向严重违纪违法的重要原因。有的领导干部治家、管家不严，家属利用其职务影响经商牟利、大发不义之财，自己睁一只眼、闭一只眼，最后把自己和家人都拖下万丈深渊！要把培育良好家风作为一门必修课，管好配偶、子女，加强对他们的教育、提醒和约束，绝不能放任自流。

四要担负起第一责任人职责。各位处长作为处室局的“一把手”，要承担起带队伍、抓党风廉政建设的责任，严格落实责任清单制度，发挥好“关键少数”作用，一级带一级，层层带动全面从严治党政治责任落实。抓主体责任落实，关键要避免“我提醒过了、我开过会了就没有责任”的老想法，克服那种开会部署任务、传达会议精神、制定责任清单、签订责任状的老套路，出实招、想真办法，认真抓任务落实、认真开展监督检查、认真研究解决存在的问题。要用好监督执纪“四种形态”尤其是第一种形态，对处室局内的不良言行、苗头性问题，该提醒的提醒，该批评的批评，该诫勉的诫勉，防止小问题演变成大毛病。谈话不能泛泛、流于形式，要走心、细致、有针对性，见人见事见物见思想，动之以情、晓之以理、导之以行；指出问题要严肃认真，敢于动真格，不要怕得罪人。发现违纪违法行为的，必须及时向厅党组和厅纪检组报告，否则就是监督失责。

（2018 年 2 月）

全面实施绩效管理
落实“三全”目标

浙江省财政厅副厅长 邢自霞

党的十九大报告对加快建立现代财政制度作出部署，明确提出要“建立全面规范透明、标准科学、约束有力的预算制度，全面实施绩效管理”，对预算绩效管理工作提出了更高的要求。为此，浙江省提出了全过程、全融合、全覆盖的工作目标，以此指导全省全面实施绩效管理。

一、全面实施预算绩效管理的重要意义

预算绩效管理作为一种以结果为导向、讲成本、重效益、可衡量考核的现代预算管理方式，对提升预算管理水平、加快现代财政制度建设、提升政府治理能力具有重要意义。

（一）全面实施预算绩效管理是贯彻落实党的十九大精神的重要内容。十九大提出了以人民为中心的发展思想。实施预算绩效管理，就是要把钱用好，用出最大的效益来，既是回应人民群众渴望建设高效、责任、透明政府的内心呼声，也是党和政府高瞻远瞩的战略部署，是坚持以人民为中心发展思想的本质要求。

（二）全面实施预算绩效管理是推进国家治理体系和治理能力现代化的有力举措。财政是国家治理的基础和重要支柱，预算绩效管理是政府绩效管理的重要组成部分。全面实施预算绩效管理，是建设高效、责任、透明政府的重要内容，有利于全面提升政府效能，增强政府公信力和执行力，是推进国家治理体系和治理能力现代化的一项重要举措。

（三）全面实施预算绩效管理是财政改革的重要方向。党的十八届三中全会、十九大都提出建立现代财政制度；《预算法》确立了“讲求绩效”的原则并对预算绩效有关内容予以明确规定。省委、省政府主要领导对全省全面推进预算绩效管理也多次提出明确要求。车俊书记要求“财政资金不能花出去就算数，关键要看绩效。财政的钱要用在刀刃上，要管好用好，用出绩效”。袁家军省长提出要建立健全绩效评价结果应用机制。因此，预算绩效管理作为现代公共财政管理改革的有效手段和重要举措，势在必行。

二、浙江省预算绩效管理工作主要成效及存在的问题

浙江省从 2003 年起探索实施绩效评价至今，已走过了 15 个年头，初步构建起了“预算编制有目标、预算执行有监控、预算完成有评价、评价结果有应用”的全过程预算绩效管理体系。特别是 2017 年，省财政厅和省级各部门稳步推进预算绩效管理工作，全面实施预算绩效管理取得明显进展。

（一）强化绩效，目标管理提质规范。按照“细编预算、早编预算、确保执行、强化绩效、公开透明”的要求，在 2018 年省级部门预算编审工作中积极推进预算编制规范化、精细化、标准化、绩效化和公开化，进一步强化了预算项目绩效目标的编审工作。一是将专项转移支付项目纳入绩效目标编制范围。在实现绩效目标与预算编制同步管理、部门预算项目支出绩效目标编制“全覆盖”的基础上，进一步将专项转移支付项目纳入绩效目标编制范围。二是规范部门预算项目绩效目标编制。简化、明确了省级预算项目的绩效目标编制要求，并按项目类型设立 11 类共性绩效指标框架模板，供省级部门预算编制参考。三是规范政府投资项目绩效目标管理。对省级政府投资项目（资金来源包括一般公共预算、政府性基金和其他财政资金）的绩效目标编制做出了具体要求，针对延续项目不仅编制项目绩效目标，而且还要反映项目上年绩效目标实现情况。四是实施省级部门绩效目标集中审核。以现场联审的方式，对 6 个重点上会部门的 2018 年度部门预算的绩效目标设置情况开展了集中审核，对绩效目标提出了具体完善意见，帮助部门改进预算编制质量，并结合现场

专家意见,对3个绩效目标设置问题较大的项目提出了取消项目安排的建议。

2017年,省本级108个一级预算单位全部按要求纳入绩效目标管理,涉及项目资金354.15亿元,占本级财政支出比重72%;纳入省级转移支付(含一般性转移支付)绩效目标管理的项目181个,涉及金额702.24亿元。对绩效目标编制不规范的项目予以退回,要求部门重新编制绩效目标,占总项目个数的13%;涉及重点项目审核的财政资金达64.35亿元,核减11.06亿元,核减率17%。

(二)深入推进绩效评价工作。2017年,省本级在简化扩面绩效自评、规范绩效评价行为等方面着手,积极推进绩效评价工作。一是绩效自评简化扩面。简化省级部门绩效自评,预算年度终了对照年初编制的绩效指标对完成情况进行打分并在预算编制系统中录入自评结果。二是创新和规范绩效抽评行为。建立分类随机绩效抽评机制。对省级部门绩效自评项目采取电脑随机抽选的方式进行选择,按照10%的比例抽取部分项目实施绩效抽评。项目抽选现场由厅机关纪委、预算、监督共同见证,确保抽选结果公正公平;实施绩效实地抽评时,厅监督局与中介机构共同参与。三是进一步规范重点绩效评价。开展政府购买服务、地方政府债券等5个重点项目绩效评价工作,制订了《浙江省财政厅绩效评价项目内部操作规程》,进一步规范了省财政厅开展的绩效评价项目工作流程。2017年,省本级共组织108个省级部门开展了963个项目绩效自评及20个重点项目的评价,涉及资金总额130.99亿元,并随机选取131个自评项目进行抽评;组织34个省级部门开展了整体支出绩效评价试点。

(三)重视应用,加强专项资金预算绩效考核。一是绩效考核作为专项资金管理与分配的核心依据。专项资金分配时,绩效目标作为专项资金分配的重要因素。政策实施期满,绩效评价结果作为专项资金存续与调整的重要依据。2017年,省财政厅会同有关部门按照省政府要求在专项资金清理整合的基础上,开展竞争性分配,进一步强化绩效目标约束。在支持实体经济发展和环保方面,统筹财力设立了振兴实体经济(传统产业改造)、"两山(一类)"和"两山(二类)"三项财政专项激励资金,2017—2019年共安排162亿元,以竞争性分配的方式,择优支持48个县(市、区),3年后进行绩效考核,预期绩效目标未实现的,将扣回专项激励资金。在文化领域,整合原文化厅、省广电局、省新闻出版局、省文物局等部门的基层公共文化专项,设立浙江省基本公共文化服务专项资金,制订基本公共文化服务绩效考核细则,对绩效突出的市县实施绩效奖励。医疗卫生领域,省财政安排专项资金2.4亿元,支持实施"双下沉、两提升"工程,并强化绩效考核。二是绩效评价结果作为省级预算项目资金分配的重要因素。2017年,对未按要求开展绩效自评或未在规定时间内将自评结果录入预算编制系统的,暂缓安排2018年预算资金;对7个绩效抽评结果为"差"或"一般"的项目,2018年不再安排预算,绩效评价结果得到有效利用。

(四)稳步推进预算绩效信息公开。在2017年初印发的《浙江省预决算公开操作规程实施细则》中,明确要求省级各部门各单位应当逐步在部门预算中公开部门和单位重点项目预算的绩效目标,在部门决算中公开主要民生项目和重点支出项目的绩效评价结果。2017年对省级部门预算项目中的绩效目标予以批复,公开了6个重点审查部门的项目绩效目标,稳步推进全省绩效信息公开。

在看到成绩的同时,也要清醒地认识到,全省预算绩效管理改革还有一些短板和不足,有待弥补和改进。一是思想认识有待提高。一些部门和地方对预算绩效管理改革的重要性和紧迫性认识不足,"重分轻管,重支轻效"的思维模式和工作习惯还较为普遍,把绩效管理视为"软要求"或额外任务的现象依然存在。二是制度机制有待健全。预算绩效管理在财政工作中的定位、职责、作用需要进一步明确界定,责任追究机制和有效的问责手段还不够健全,绩效评价结果应用保障机制和制度还比较欠缺。三是协调配合有待加强。预算绩效管理是一个需要多部门协同推进的系统工程。目前,全省上下级政府、同级各部门、部门内部之间工作协调力度还不够,未形成有效的工作机制,不利于管理的全面推进和深入开展。四是整体推进有待加力。各地各部门预算绩效管理工作推进情况参差不齐,工作状态深浅不一。五是方法技术有待改进。绩效目标有待科学精准,绩效指标体系有待完善,评价方式有待丰富。六是结果应用有待强化。总体而言,绩效评价结果面上应用程度还较低,相应的激励问责机制尚未完全建立。

三、下一步浙江省全面实施预算绩效管理的主要思路

(一)总体目标

紧紧围绕优化财政资源配置和财政资金效益的提升,通过2—3年的努力,在全省各级政府建成较为完备的"全过程、全融合、全覆盖"的预算绩效管理体系。到2020年,全省各级财政绩效管理覆盖到所有使用一般公共预算资金的预算部门和单位;各级部门预算绩效目标、绩效监控和绩效自评覆盖到所有使用一般公共预算资金的预算项目;各级财政逐步将政府性基金预算、国有资本预算、社保基金预算纳入预算绩效管理体系。探索推进政府投资基金、地方政府债务、政府和社会资本合作项目、行政事业单位国有资产(资源)等绩效管理。

"全过程":在对预算绩效管理各环节进行优化整合的基础上,实现绩效目标管理、绩效执行监控、绩效评价、结果应用四位一体的预算绩效全过程管理。

"全融合":将预算绩效管理的全过程嵌入预算管理,实现预算绩效管理与预算管理的无缝对接、融为一体。绩效目标管理与部门预算相融合,绩效监控与预算执行相衔接,绩效评价结果应用于部门预算,形成全融合的绩效管理闭环。

"全覆盖":预算绩效管理从省级、市县级向乡镇级覆盖;从一般公共预算向政府性基金、国有资本经营预算和社会保险基金预算覆盖;从部门预算向专项转移支付资金覆盖;从项目支出向财政政策覆盖,财政资金绩效管理不留"空白"。

(二)具体举措

一是完善事前绩效管理。探索建立重大政策和项目事前绩效评估机制。财政部门加强重大政策和项目预算审核，必要时可以组织第三方机构独立开展绩效评估，必要性不强的不予安排预算，准备不充分的暂缓安排，审核和评估结果作为政府决策的依据。探索推进整体绩效预算管理改革，研究建立地方财政运行整体绩效考核机制，以绩效为引领，创新预算管理方式，促进政府绩效与预算绩效相统一。完善预算项目库管理。建立健全部门、财政两级项目库管理机制。项目库中的项目应当按照绩效目标的轻重缓急进行合理排序，并实行滚动管理。未开展事前绩效评估、未设置绩效目标的支出项目，不得进入项目库。强化绩效目标管理。各部门、各单位编制预算时，全面设置政策、项目、专项转移支付及部门整体绩效目标，体现产出、结果、成本、效益等绩效信息，并合理匹配预算资金。未设置绩效目标或绩效目标设置不规范、不合理的，不得安排预算，财政部门加强审核。绩效目标与预算同步批复、同步下达，逐步实现同步公开。

二是健全事中绩效执行监控。在预算执行中，各部门、各单位对绩效目标实现程度和预算执行进度实行“双监控”。对偏离绩效目标的，及时采取措施纠正，堵塞管理漏洞，确保绩效目标如期实现；对问题严重的，暂缓或停止预算拨款并调整预算安排。

三是事后全面开展绩效评价。各部门、各单位应在预算年度结束后对本部门、本单位的所有项目支出开展绩效自评。财政部门对绩效自评结果进行抽查。建立重大政策、重大项目、重点转移支付绩效评价常态机制，为决策提供依据。加快开展部门整体支出绩效评价，探索建立对下级政府财政运行综合绩效评价制度，及时反馈绩效评价结果，督促问题整改，促进政府部门更好履职尽责。

四是建立健全结果应用和各项保障机制。健全绩效评价结果反馈制度和绩效问题整改制度。建立绩效评价结果与预算安排、政策调整挂钩的激励约束机制，将预算绩效管理情况和绩效评价结果作为政府绩效考核的重要内容。推进绩效信息公开。逐步建立绩效信息报告制度，将绩效目标、绩效自评、部门整体支出和重点绩效评价等绩效信息报送同级政府，并随同预算报送同级人大。有序推动绩效信息向社会公开，强化社会主动接受监督。建立绩效质量控制体系。健全绩效标准体系。各级财政部门建立健全定量和定性相结合的共性绩效指标框架。各部门、各单位加快构建本行业、本领域、分层次的核心绩效指标和标准体系。加强绩效标准与基本公共服务标准、部门预算支出标准的衔接、匹配。完善绩效评价方法与规程，研究制订评价质量标准与考核体系。建立绩效问责机制。根据预算资金管理使用权限，将绩效责任层层传导和落实到各级政府、各部门单位具体负责人，部门和单位负责人对本部门单位预算绩效负责，项目责任人对项目预算绩效负责。对预算绩效管理履职不到位、低效无效问题严重的，依纪依法追责问责。

（刊于《浙江财税与会计》2018 年第 5 期）

在全省财政金融工作会议上的讲话

浙江省财政厅副厅长 邢自霞

一、准确把握当前全省财政经济形势，切实增强做好财政金融工作的责任感、使命感

2018 年以来，全省上下高举习近平新时代中国特色社会主义思想伟大旗帜，全面贯彻落实党的十九大精神，党中央、国务院和省委、省政府的重大决策部署，深入实施“八八战略”，围绕三大攻坚战、“四大”建设、八大万亿产业和富民强省十大行动计划，聚焦聚力高质量、竞争力、现代化，全力打好高质量发展组合拳，全省财政经济运行总体平稳、稳中有进，呈现高质量发展态势。与此同时，经济运行中的不确定性不稳定性因素增多，稳中有忧、稳中有变、变中有险。必须充分认识当前财政经济形势，全面把握财政金融工作任务，切实提高工作的主动性和针对性，使财政金融工作在服务实体经济、防范化解风险、深化金融改革中发挥更大更好的作用。

（一）全省经济稳中向好，但不确定性不稳定性因素增多。

2018 年前三季度，全省地区生产总值增长 7.5%，高于全国 0.8 个百分点，也高于北京、上海、江苏、广东等省市。固定资产投资增速有所放缓。规模以上工业增加值增长 8%。全省社会消费品零售额增长 9.7%。进出口总额增长 12.5%，继续好于全国。新旧动能转换态势良好，传统产业改造升级不断推进，科研投入明显较快，创新活力持续增强，数字经济引领产业加快成长。社会融资规模较快增长，信贷结构有序调整，金融风险防控取得积极成效，前三季度，全省社会融资规模增量达 1.27 万亿元，其中贷款增量创历史同期新高。金融对全省经济发展的保障充分有力。

同时，也要看到当前宏观经济形势复杂多变、风险加大的一面，有一些问题还较为突出，需要高度重视。一是中美经贸摩擦升级带来更多不确定性。9 月 24 日，美国在对 500 亿美元中国商品加征 25%关税的基础上，开始对中国 2000 亿美元商品加征 10%的关税，其商品清单涉及浙江省企业 2 万余家，一些外向型民营企业受影响较大。贸易摩擦的持续升级，可能持续影响浙江省出口的平稳增长和企业发展信心。二是互联网金融风险显现。2018 年以来，P2P 借贷机构的出险家数逐渐增多，并出现从中小平台向中大平台蔓延的苗头。从目前情况看，风险高发态势可能将持续一段时间，重点机构出险概率仍在加大，金融创新面临很大压力。三是企业融资困难问题突显。2018 年第二季度以来，全省企业发展面临前所未有的两大难题。一个是企业发债遇到困难，部分企业由于债券发不出去，也无法向金融机构贷款融资，导致资金链断裂，影响企业正常运行，而且暴雷一个，影

响一片,系统性风险不容忽视。另一个是上市公司大股东股权质押风险增加,部分上市公司大股东质押比例过高,面临平仓风险,对于企业平稳发展造成了较大影响。

(二)全省财政收支增稳质优但风险压力不容忽视。

1—10月,全省一般公共预算收入5908亿元,增长12.8%,高于全国平均水平5.7个百分点,位居全国前列。全省一般公共预算支出6760.35亿元,增长15.3%。一般公共预算收入完成年度预算的95.2%,快于序时进度11.9个百分点。一般公共预算支出完成年度预算的85.8%,快于序时进度2.5个百分点,快于全国1.0个百分点。从收入结构看,1—7月,税收占一般公共预算收入的比重为85.8%,高于上年同期0.7个百分点,高于全国平均水平7.8个百分点。

2018年财政收入增长有一次性、不可比的因素,未来财政收支运行面临不少困难和压力,主要有:一是收入的不确定性增加。中美经贸摩擦对浙江省企业影响较大,进而影响财政收入。中央将出台更大力度的减税降费政策,在增加企业获得感的同时,也会带来财政收入的政策性减收。此外,8月以来全省房地产市场呈现低迷趋势,最终也将传导到未来税收收入上。二是地方政府债务化解压力加大。部分市县化债任务较重,压力较大。采用PPP模式和推进政府融资平台公司市场化运作化解政府债务存在一定困难。

(三)财政金融工作日益繁重但管理能力明显不足。

2018年初,中央建立了国务院向全国人大常委会报告国有资产情况制度。其中的金融企业国有资产专项报告,由财政部负责编制并代表国务院向全国人大常委会作口头报告。全国人大常委会已明确要求省级政府在2018年年底前向本级人大常委会报告国有资产管理情况,各市县在2019年年底前建立政府向同级人大报告国有资产管理情况制度。6月30日,中共中央、国务院印发了《关于完善国有金融资本管理的指导意见》,就国有金融资本管理作出了纲领性的制度安排。明确各级财政部门根据本级政府授权,集中统一履行国有金融资本出资人职责,并按照财政部制定的全国统一的国有金融资本管理规章制度,依法依规履行国有金融资本管理职责,负责组织实施基础管理、经营预算、绩效考核、负责人薪酬管理等工作。

新时期财政金融工作任务日益繁重,但财政工作能力与改革管理的任务和要求还不完全匹配。近年来,各级财政部门在推进地区金融改革、利用金融工具完善财政政策方面积累了一定的经验,台州小微企业金融服务改革创新试验区、温州金融综合改革试验区和湖州市、衢州市绿色金融改革创新试验区、丽水农村金融改革试验稳步推进,但国有金融资本管理基础十分薄弱。据统计,目前全省绝大部分市的国有金融资本管理都不在财政部门,只有个别财政部门履行了部分国有金融企业的出资人职责,管理职责分散、权责不明等问题突出。同时,经济环境的深刻变化衍生出了各式各样的金融产品和金融创新,而专业人才队伍还不强大,专业能力明显不够,知识储备明显不足,需要不断加强学习,加强队伍和能力建设,提高管理水平。

二、围绕省委、省政府重大战略决策,积极推进各项财政金融工作

面对当前错综复杂的发展环境和艰巨繁重的工作任务,要按照高质量发展的要求,以加强国有金融资本管理为基础,以优化财政政策制度为手段,以增强服务实体经济能力、防范财政金融风险、深化推进金融改革为重点,加快形成多轮驱动的财政金融发展新格局,切实发挥财政金融在经济社会发展中的作用。

(一)切实履行财政职能,加强国有金融资本管理。

习近平总书记在党的十九大报告中明确指出,“要完善各类国有资产管理体制,改革国有资本授权经营体制,加快国有经济布局优化、结构调整、战略性重组,促进国有资产保值增值,推动国有资本做强做优做大,有效防止国有资产流失”。全国金融工作会议强调要优化金融机构体系,完善现代金融企业制度,完善国有金融资本管理。中央文件已明确赋予财政部门国有金融资本管理职责。各级财政部门要充分认识加强国有金融资本管理的重要性和紧迫性,勇于担当,开拓创新,积极作为,切实担负起国有金融资本监管者的责任。

1. 认真落实国有金融资本管理要求。中央文件已明确由财政部门履行国有金融资本出资人职责和管理职责,集中统一监管国有金融资本。省委财经委第一次会议确定按照“统一规制,分级分类”的原则,逐步理顺浙江省国有金融资本管理体制,加强国有金融资本管理。省财政厅已经代拟起草《中共浙江省委 浙江省人民政府关于完善国有金融资本管理的实施意见》,完成发文程序后将尽快下发。各地要结合本次会议精神,抓紧学习文件,读懂悟透,准确把握文件的核心要义和精神实质,并及时向党委、政府汇报,迅速把思想和行动统一到中央和省委、省政府决策部署上来,确保国有金融资本管理改革在正确的轨道上推进。要全面摸清本地国有金融资本情况,研究制订工作方案,认真履行职责,切实加强管理。特别是尚未由财政部门履行国有金融资本出资人职责或财政部门履职不到位的地方,要按要求积极整改,认真履职。要结合本次机构改革,充实人员编制,加强国有金融资本监督管理人员队伍建设,确保“有职责、有人员、有担当”。要加强横向协调,与人民银行、金融监管部门、国资、组织人事等部门加强协同配合,加强沟通协调和信息共享,形成工作合力,统筹协调解决重大问题,推进相关政策落实,稳妥推进管理体制机制改革。

2. 做好金融企业基础管理工作。认真执行产权登记、产权评估、产权转让等管理制度,做好国有金融资本清产核资、资本金权属界定、统计分析等工作。按时保质完成全省地方金融企业年度决算汇审和季度快报报送工作,扎实做好金融企业国有资产报告编制和报告工作。建立健全国有金融企业工资总额决定机制和国有金融资本绩效分类评价体系,完善绩效考核、负责人薪酬管理等工作,支持企业建立健全企业年金制度,激发国有金融企业经营活力,促进国有资本保值增值。

3. 做大做强国有金融机构。按照市场经济理念,着力创新

管理方式和手段，不断完善激励约束机制，提高国有金融资本管理的科学性、有效性。充分尊重企业法人财产权利，赋予国有金融机构更大经营自主权和风险责任。要研究改变部分公职人员在特殊国有金融机构兼职的情况，推动国有金融机构成为适应社会主义市场经济和现代企业制度的独立市场主体。引导国有金融机构聚焦主业，合理配置资源、优化网点布局，强化市场化经营理念，提高经营效益，实现服务实体经济、防控金融风险、深化金融改革三大目标相统一，发挥地方国有金融机构服务实体经济的作用。

（二）发挥财政职能，引导金融服务实体经济。

各地要积极研究完善财政金融扶持政策，通过约束和引导性的政策，积极发挥财政资金杠杆作用，促进更多金融资源配置到经济社会发展各个方面，更加务实解决民营企业和小微企业融资难融资贵问题，更加精准防范和化解企业流动性风险，促进经济平稳发展。

1. 加快推动融资担保体系建设。省财政厅在2016年增资20亿元成立省担保集团的基础上，2018年又出资50亿元，支持省担保集团成立融资担保公司，为符合条件的地方融资平台和龙头骨干民营企业提供增信担保，防范企业债务风险和政府债务风险。省担保集团已与国家融资担保基金公司签约，获得国家融资担保基金首期150亿元的授信额度。截至2018年10月底，省担保集团担保业务余额135亿元，自成立以来累计担保额超过327亿元，已累计为42297户企业提供了担保服务。但目前市县的政策性融资担保机构普遍规模较小，担保放大倍数不高，作用有限，各地要充分认识担保机构在化解地方政府债务、防范企业债务风险、促进经济平稳发展方面的作用，重点加大对政策性融资担保机构的投入力度，采用风险补偿、资金池、奖补等多种方式弥补本级政府性融资担保业务亏损，壮大政策性融资担保机构实力，确保可持续经营，助力政策性融资担保机构为小微企业和“三农”、国有企业、龙头骨干民营企业融资提供担保增信服务，缓解企业融资难融资贵问题，防范化解企业债务风险和地方政府债务风险。省财政厅将继续积极指导省担保集团与地方政府、地方政策性融资担保机构及地方银行金融机构开展再担保业务，同时积极研究出台省担保集团风险补偿办法，引导省担保集团为小微企业和“三农”提供更多融资担保服务，促进持续健康经营。

2. 完善财政扶持引导政策。一是完善金融业发展专项资金管理。省财政厅将进一步完善金融业发展专项资金管理办法，采用竞争性分配办法，对在“凤凰行动”、金融创新、小微企业融资服务、防范化解金融风险等方面工作突出的市县给予重点支持。各地要按照要求，积极申报，加强管理，发挥资金使用效益。二是用好省中小企业发展（竞争力提升工程）专项资金。按照集中财力办大事的要求，2018年省财政整合设立省中小企业发展（竞争力提升工程）专项资金，原用于金融机构的贷款风险补偿、小贷公司贷款风险补偿、担保机构风险补偿、小额贷款保证保险风险补偿等资金整合到中小企业发展专项。省财政厅会同省相关部门研究健全分配因素体系，采取小微信贷规模、担保规模等多种因素，引导更多金融资源配置到小微企业和“三农”。各地要积极采取措施，加大政策扶持和落实力度，不断优化小微企业融资环境，帮扶企业发展。三是完善直接债务融资奖励办法。为调动金融业金融机构为企业发债的积极性，降低企业融资成本，2013年以来省财政累计安排直接债务融资奖励资金2亿元，撬动银行业金融机构为浙江省企业发行短期融资券、中期票据、中小企业集合票据8300多亿元。省财政厅将按照省委、省政府的要求，研究完善财政资金支持对象与方式等，积极利用人行信用风险缓释工具，对为浙江省企业发行债务融资工具提供承销服务的金融机构，按其年度累计发行额的一定比例进行奖励。各地也要积极研究采取措施，鼓励企业运用多种方式融资，降低企业融资成本，缓解企业融资难融资贵问题，防止出现流动性风险。

3. 继续实施农业保险制度。省财政厅将继续通过以奖代补形式，鼓励地方创新开展地方特色农业保险试点品种，同时加强农业保险保费补贴的绩效管理，通过监督检查，不断扩大农业保险覆盖面和风险保障水平。各地要强化资金统筹，按照“政府推动、农户自愿、市场运作”的原则，支持研究开发特色险种，采取指数保险、阶梯补贴等创新方式，不断满足农户保险需求，鼓励农民参加农业保险，激发金融机构服务乡村振兴战略的内在动力，促进金融资源更多投向农业农村，为农业生产提供更多风险保障。

（三）规范PPP项目实施，促进PPP持续健康发展。

2018年以来，省财政厅进一步规范和优化了PPP项目入库审核，制定了《浙江省PPP项目入库指南（试行）》，明确项目入库审核流程和项目入库要求。每月组织专家对PPP项目进行入库集中评审，确保规范的项目顺利入库。根据财政部要求对项目库进行了全面清查，对整改不到位的34个项目予以清理。浙江省还建立了PPP项目财政支出责任台账制度，强化财政承受能力监测预警，对各地PPP项目财政支出责任进行及时统计监测，对接近10%“红线”的市县进行风险预警。截至2018年10月底，全省纳入财政部PPP综合信息平台项目412个，总投资7698亿元；落地项目215个，落地率52.18%。全省PPP工作总体平稳有序，项目规范性进一步加强，市场的认可度进一步提高。

2017年底以来开展的一系列规范工作，是将不规范的PPP项目剔除，腾出政府预算支出的空间，是对地方政府债务风险的合理优化，是财政部对于防范化解重大风险攻坚战的积极举措，PPP将在规范中继续前行。但由于目前隐性债务的认定标准不够清晰，各地对PPP的实施还有不少困惑和疑虑。省财政厅将进一步加强与财政部的密切沟通，及时通报有关信息。各地要加强新上项目的审核把关，规避可能导致政府违约现象的因素，特别要加强跟预算债务管理方面的沟通，防止出现隐性债务。对已入库PPP项目要加强跟踪，确保项目规范实施，确保信息平台及时更新数据。对已经落地并完成建设的项目，要加强运营和绩效管理，按效付费，尽职履约。

（四）合理利用外债，积极开拓融资渠道。

省财政厅作为全省各级政府外债的统一归口管理部门，近年来在财政部的指导下，紧紧围绕省委、省政府的中心工作，积极争取国际金融组织和外国政府贷款，引进先进的技术和管理经验，推进全省经济社会发展。2000年以来，浙江省共争取各类国际金融组织和外国政府贷款、赠款资金10亿美元，项目17个，涵盖城镇基础设施、水资源保护、污水处理、城乡居民供水、垃圾处理、森林资源改善、面源污染治理、城镇医疗设施改善等，有效改善了地方基础设施、生态环境和生活条件。浙江省政府外债项目工作也得到了世行等国际金融组织的高度评价，为浙江省争取更多国际金融组织贷款创造了良好条件。在利用世行、亚行等原有国际金融组织和外国政府贷（赠）款外，浙江省还积极探索与全球环境基金、法国开发署、金砖国家新开发银行等国际金融组织和外国政府合作，拓宽融资渠道。全球环境基金赠款浙江绿色物流平台协作示范项目、法国开发署仙居县域生物多样性保护工程和发展利用示范项目均已进入实施阶段，新开发银行嵊州绿色小城镇项目已列入国家备选项目。

当前，中央和全省都明确要求加强政府债务管理，规范政府举债行为，各级政府除了允许为国际金融组织和外国政府贷款提供担保外，不得为任何单位和个人的债务提供担保。在防范化解地方政府债务风险的大背景下，各地利用国际金融组织和外国政府贷款的需求较为迫切，省财政厅将严格遵循"适度举债、讲求效益、加强管理、规避风险"的原则，在2018年征集各地拟利用政府外债项目的基础上，密切关注新开发银行、世界银行等国际金融组织、外国政府贷款有关信息以及国家发改委、财政部重点支持领域，结合浙江省的重大发展规划，综合评估各地债务风险，做好新项目的申报工作，支持全省乡村振兴、生态环保等领域的建设。有项目的市县要继续做好在建项目的提款报账等日常基础工作，加强与项目办等有关部门积极配合，按照国内及贷款方的有关政策要求，上下联动，全面谋划，从严把控，创新机制，提高项目执行质量，提升项目管理水平，力争继续做出更多的精品项目。

（五）完善救助基金管理，稳步推进全省救助基金管理工作。

近年来，浙江省积极推进道路交通事故社会救助基金管理制度创新、管理创新和机制创新，修改印发了浙江省道路交通事故社会救助基金管理办法，开发了救助基金管理系统，探索了通过政府购买服务方式开展救助基金管理的工作机制，加大对救助基金管理的培训、指导和督导力度，道路交通事故社会救助基金管理工作取得了明显成效。2018年前三季度，全省道路交通事故社会救助基金合计垫付与支出4178万元，同比增长170%，群众受益面大幅增加，基金使用效益明显提高。

财政部等五部委目前正在修订新的《道路交通事故社会救助基金管理办法》，据了解很可能在年内出台。从征求意见稿看，新的管理办法在救助情形、救助流程等方面有了较大改动，并明确了可以用于困难救助的条款。省财政厅将结合浙江省实际，会同省级有关部门完善管理办法和实施细则，提高政策的针对性和可操作性。各地要加强部门协调，创新工作机制，完善本地实施细则，加大宣传力度，提高工作效率，让救助基金发挥更大的社会效益。

三、加强干部队伍建设，全面提升财政金融工作水平

干部队伍是做好各项工作的基础，也是顺利推进财政金融改革管理的重要保障。当前财政金融形势复杂，任务艰巨，对财政金融工作水平提出了更高要求和更大挑战。面对"干在实处永无止境，走在前列要谋新篇，勇立潮头方显担当"的新期望，面对省委、省政府的新要求，面对财政高质量发展的新目标，各地要进一步加强干部队伍建设，全面提升财政金融工作水平。

（一）统一思想认识，提高政治站位。

财政、金融是调控宏观经济的两大政策工具。财政金融工作是财政和金融的结合点，是发挥财政职能，连接金融体系的纽带，在统筹推进稳增长、促改革、调结构、惠民生、防风险中发挥重要作用。党中央、国务院和省委、省政府高度重视财政金融工作，2018年出台的中央25号文件，习近平总书记亲自审阅，其中"集中统一管理"还是他亲自加上的，可见中央领导对这项工作的高度重视。省委、省政府领导也多次就财政金融工作作出重要批示，在2018年5月省财政厅报送的省属金融企业调研报告上，车俊书记给予了充分肯定，认为这份调研报告提出的分析和建议很有价值，建议省财经领导小组适时专题议一次，推进浙江省金融产业发展壮大。中央文件下发后，车俊书记、袁家军省长又作出重要批示，要求全面深入贯彻落实中央文件精神，聚焦"强实体、增活力、防风险"，加强全省国有金融资本管理，更好地服务全省经济社会发展和有效防范金融风险，并在省委财经委第一次会议上专题研究全省国有金融资本管理工作。必须深刻领会党中央、国务院和省委、省政府对财政金融工作的新要求，深刻理解财政金融工作的极端重要性，深刻认识金融服务实体经济、防控金融风险、深化金融改革的重要意义，切实增强做好财政金融工作的责任感和使命感，增强做好财政金融工作的自觉性和主动性，紧紧围绕省委、省政府决策部署，积极谋划财政金融工作，充分发挥财政职能作用，推进"'八八战略'再深化，改革开放再出发"。

（二）勇于担当尽责，积极主动有为。

浙江省财政金融干部队伍总体上是好的，工作认真负责、踏实勤勉、稳扎稳打，但也有一些地方的个别干部"躲避"责任，工作中"不愿为""不作为"，有的地方连最基本的金融企业财务数据都不能及时完整报送。这次会议通知下发后，就有一些地方表示国有金融资本不归财政部门管，不想参加会议，推诿工作，缺乏担当；有的干部宁愿花时间讲困难，也不愿花时间研究问题。当前改革进入深水区，经济金融领域既有困难又有机遇，从事财政金融管理工作的同志要多一点使命感、责任感和紧迫感，增强政治自觉、思想自觉和行动自觉；要大力弘扬"严谨、坚守、创新、奉献"的财政职业精神，敢于担当作为，敢于正视困难，敢于破解难题，不推不挡，迎难而上，主动作为。

(三)加强学习思考,提高工作能力。

当前中国经济已进入新常态,机遇和挑战并存。财政金融工作新事物多、创新要求高、综合性强,财政金融政策结合运用得好,事半功倍;处理不好,则可能事倍功半。这对财政金融干部的工作能力提出了很高要求。全省财政金融系统的同志要不断加强学习,提升专业素养,提高专业能力,争做财政金融领域的业务权威。要以"大学习大调研大抓落实"为契机,深入学习习近平新时代中国特色社会主义思想及省委、省政府重大决策部署,学习"八八战略"的丰富内涵和时代价值,更好地把握政策和文件精神,提高"财"为"政"服务的意识和能力;深入学习研究经济知识、市场知识、资本运作知识,特别是新金融新技术,提升运用财政金融手段促进经济社会发展的能力;加强调查研究,坚持问题导向和绩效导向,提高改革创新的能力,以更有效的措施做好财政金融工作。需要强调的是,能力再强,工作再好,如果纪律出问题,一切都归于零。财政金融系统的干部在做好各项工作的同时,要确保严格遵守纪律,依法行政,廉洁从政。要切实转变工作作风,增强服务意识,坚决杜绝"四风"问题,清清白白做人,干干净净做事。

(四)加强沟通协调,增强工作合力。

一是要加强横向沟通。财政是政府管理中的重要保障,也是各种矛盾的交织点。要深入开展"上门服务至少一次"活动,与相关部门主动加强沟通协调,积极宣传财政政策,争取理解支持,形成工作合力,促进各项工作顺利开展。特别是国有金融资本管理这项工作,财政部门要加强与人民银行、金融监管部门、国资、组织人事等部门的沟通协调,形成工作合力,稳妥推进管理体制机制改革。二是要加强上下协同。全省有较多县市尚未设立专门的金融处(科),各项工作散落在不同处(科)室,上下不对口导致工作效率大打折扣。希望各地借本轮机构改革东风,理顺整合相关处室职能,构建高效能运作的财政金融工作组织架构,打造高素质干部队伍。同时,积极利用现代科技手段,加强上下级之间的沟通协调和信息共享,及时反映问题,交流借鉴经验,共同推进全省财政金融工作。

(2018 年 11 月)

把好"三对关系" 抓好"六大举措" 建设现代预算制度浙江样本

浙江省财政厅副厅长 章启诚

党的十八大以来,浙江财政按照省委、省政府提出的"划清边界、厘清事权、做好'蛋糕'、集中财力办大事"理财新思路,不断深化财政预算改革,加快现代财政制度建设,财政预算管理绩效获得国务院表彰。

习近平总书记在党的十九大报告中指出,要"建立全面规范透明、标准科学、约束有力的预算制度,全面实施绩效管理"。这既为建设现代预算制度提供了根本纲领,也对深化预算制度改革提出了新的更高要求。

当前,根据中央和省委、省政府的决策部署以及预算法的要求,结合浙江实际,按照高水平构建具有浙江特色的现代财政制度的目标,浙江省财政要以问题为导向,把好"三对关系",抓好"六大举措",一件事情接着一件事情干,一张蓝图绘到底,到2020 年率先建成现代预算制度,更有力地促进浙江省"两个高水平"建设。

一、掌握"四个要点"全面认识现代预算制度

(一)全面规范透明。"全面"就是要求把所有的政府收支都要完整地纳入预算管理;"规范"就是要求所有的政府收支行为都要符合新预算法的规定;"透明"就是要求"公开为常态、不公开为例外",所有的政府收支信息都要依法向社会公开。

(二)标准科学。"标准科学",就是要求基于科学划分政府与市场边界、上下级政府之间财政事权的基础上,建立与地方经济社会发展水平、财力状况、民生保障和政府履职需要等方面相适应的科学标准体系及其运用机制。"标准科学"至少应该包括三层涵义:一是划分政府与市场的边界要有科学的标准;二是厘清政府之间的财政事权要有科学的标准;三是预算、开支和共同财政事权的分担比例要有科学的标准。

(三)约束有力。"约束有力",就是要明确现代预算制度建设主体责任,建立确保落地和执行的约束机制,强化预算刚性,对违法违规、"越位"和"缺位"的政府收支行为和地方政府性债务举借行为进行问责,推动依法理财、硬化预算约束。

(四)全面实施绩效管理。这是要求对所有使用政府财政性资金(包括四本预算、政府债务资金、政府投资基金,税式支出以及 PPP 等)的地区和部门(单位)都要开展全过程绩效管理,既要开展项目绩效管理、政策绩效管理,也要开展政府、部门整体绩效管理,具有广覆盖、全过程、多层次的特点。

二、把好"三对关系",推动现代预算制度建设

(一)把握好普遍性与特殊性的辩证关系。现代预算制度的一句话,体现的是共性要求,明确的是共同目标,具有普遍性的特征。我国地大、面广、层级多,各级、各部门的财政预算管理情况不尽相同,浙江也一样有其特殊性。唯物辩证法表明,推动事物发展,要把握好矛盾的普遍性与特殊性的关系。推进现代预算制度建设,就要将现代预算制度的普遍要求与本地财政预算管理的具体实践相结合,因地制宜,想办法、出新招。既要规范化地落实普遍性的要求,又要创造性地进行特殊性的探索,形成顶层设计与基层创造的良好互动,为建设现代预算制度提供更多更好的浙江经验、浙江样本,擘画"浙江新蓝图",发出"浙江好声音"。

(二)把握好主要矛盾和次要矛盾、矛盾主要方面和次要方面的辩证关系。现代预算制度的本质特征所表述的字数虽少,但体现了建设任务重、涉及面广、时间紧的新要求。唯物辩证法表明,推动事物的发展,要把握好主要矛盾和次要矛盾、矛盾主

要方面和次要方面的相互关系，坚持两点论和重点论的统一。推进现代预算制度建设，不能“眉毛胡子一把抓”，欲速则不达。既要全面把握和认识其本质特征和内在要求，更要善于抓住重点任务和主要工作，做到突出重点、兼顾一般，尽力而为、量力而行，有重点、有节奏、有强弱，唱响预算改革的主旋律。

（三）把握好内因与外因的辩证关系。现代预算制度建设的任务大多会落在财政预算龙头上，需要敢担当，更要善担当。唯物辩证法表明，内因是事物发展的根本原因，外因是事物发展的必要条件。浙江财政预算管理创新走在全国前列，因此遇到的困难和问题也具有先发性特点。克服困难和解决问题，一方面要发挥好内因的决定性作用，更充分调动主观能动性，创造地挑战困难和解决问题；另一方面，要协调发挥好外因的促进作用，既要“上接天线”争取财政部等中央部委的更多帮助和指导，也要“下接地气”争取各地各部门更多的理解和支持。

三、抓好“六大举措”，建设现代预算制度浙江样本

（一）早编预算。近年来，浙江持续推进“三个子”（收入一个“笼子”、预算一个“盘子”、支出一个“口子”）综合预算改革，财政预算的全面性、规范性、透明度、约束力和绩效有了明显提升，但还存在着审计报告所反映的预算不够完整、执行不够规范、公开不够到位、约束不够刚性和绩效不够明显等问题。究其原因，这与各级各部门的业务工作谋划不够早、思考不够全，以及预算编制时间不够充分有很大关系。同时，也与财政部门对业务部门预算编制指导不够、培训不够有关系。因此，要解决好这个问题，就要“早编预算”。一要深入开展“上门服务至少一次”活动，建立健全长效机制，早培训、多指导、及时听取和吸纳合理化建议，形成良性互动的关系，把预算编制工作做早、做细、做实。二要拉长预算编制周期，“一年预算、预算一年”，即花一年时间编制下一年度预算，确保全省财政部门按照新预算法规定，在人代会召开的一个月前提交预算安排初步方案。三是全面推进中期财政规划，推动部门年度工作计划、中期工作规划与五年发展规划的有效衔接，逐步实现年度预算安排初步方案主要从中期财政规划中产生。

（二）细编预算。近年来，浙江省省级财政实施“两个一般不”（省级部门财政专项资金一般不直接分配和拨付给企业、一般不直接分配给市县具体项目）改革，在划清政府与市场边界、厘清省与市县政府财政事权上迈出了积极的一步。省级财政全面推动省级部门预算支出标准体系建设，基本实现了“预算编制有标准”的目标。但是，从政府与市场关系上看，还存在边界不清、财政事权不明、共同财政事权的分担比例不够科学、基本公共服务均等化缺少标准支撑等问题；从预算支出标准体系建设和运用上看，存在着区域间推进不均衡的情况，市县财政在人员经费、公用经费和项目支出边界存在划分不清的问题。究其原因，这与各地在处理政府和市场、上下级政府之间的关系上认识不到位，以及对预算标准体系建设重视程度和推进力度不均衡有重要关系。没有基于科学的边界、科学的财政事权和预算标准编出来的预算，就不可能是“标准科学”的预算。因此，要解决这些问题，就要“细编预算”。一是推动财政事权和支出责任划分改革，划清政府与市场的边界，按照“全面实施市场准入负面清单制度，清理废除妨碍统一市场和公平竞争的各种规定和做法”的要求，建立财政产业政策负面清单；厘清省与市县政府的财政事权，建立省级财政事权清单和共同事权清单；加大跨部门清理整合力度，按照财政事权清单和支出责任分担机制，进一步深化财政专项资金管理改革。二是根据历年预算执行和决算情况，按照与本地财力状况、履职需要、科目要求等要素相匹配的原则，全面建立健全并形成动态调整的预算支出定额和标准体系。三是探索建立基于标准化、规范化的部门绩效预算模式，努力使浙江模式成为全国部门预算编制的通用样板，引领预算编制从“数量和规模”向“质量和效益”转变。

（三）确保执行。近年来，浙江在加快推进现代财政制度建设上，明确了理财机制、财政体制、预算制度等三大领域19大重点任务，取得了长足的进展。尤其是预算约束力明显增强，全面推进国库集中收付制度，横向到边、纵向到底，简化政府采购流程，部门预算执行率进一步提升。但是，预算编制与执行还存在“两张皮”的问题。在预算制度建设过程中，有的改革任务开展进度跟不上计划要求，执行不够到位；在预算管理上，还存在未严格按预算内容执行、预算执行进度不快的情况，有些项目预算执行率甚至低于20%。究其原因，这与各级各部门“重预算轻执行”的传统思维，缺少严格有效的问责、约束机制有较大关系。因此，要解决这些问题，就要“确保执行”。一是强化抓落实、抓执行的机制，尤其是要加强监督和约束机制，落实主体责任，一件一件抓落实，对违法违规、落实不力的要进行严肃问责。二是强化预算编制、执行和监督、绩效评价全过程监管体制机制，确保“先有预算后有执行”，没有预算不得支出。严格预算指标管控，强化部门主体责任，加快预算执行进度。三是以预算法为准绳，做到有法可依、违法必究，当前应以问责违法违规举债行为为突破口，建立“权责一致、党政同责、倒查责任、终身问责”的财政监督和约束新机制，切实增强财政监督的震慑力、约束力。

（四）强化绩效。近年来，浙江建立了“预算编制有目标、预算执行有监控、预算完成有评价、评价结果有应用”的全过程预算绩效管理机制，有力地促进了财政资金使用效益的提升。但是，目前还存在绩效目标体系不够健全、评价结果应用和全过程绩效管理信息的公开还不够充分等问题。究其原因，绩效管理主体责任发挥不够充分，绩效执行监管与督查问责不够严肃有力。没有绩效的预算，就不可能称之为“全面实施绩效管理”。因此，要解决这些问题，就要“强化绩效”。一是强化实施全过程绩效管理。加强项目和政策的前期管理，前期论证不到位、目标不科学、期限不明确、资金来源不清晰的项目不得纳入项目库、政策库，不得立项和预算安排。严格动态监控，全面推进绩效评价与结果应用。二是强化对所有财政性资金的绩效管理，建立健全分类的绩效指标体系建设，开展四本预算、税式支出、地方

政府债务资金、政府投资基金和 PPP 等的绩效评价与考核。三是强化整体绩效管理，建立健全分层的整体绩效指标体系，对省级主管部门、市县政府进行全面的绩效评价与考核。

（五）公开透明。近年来，浙江积极稳妥地推进预决算信息公开，预算透明度有较大的提升。但是，还存在稳妥有余、积极不足的问题，预决算公开排名与浙江经济社会发展不相适应。究其原因，各级各部门仍然不够重视，有的地方预算编制基础不够扎实、不够规范，不愿公开。因此，要解决这些问题，就要"公开透明"。一是全面建立和运用预决算公开透明的程序、内容、方式等业务规范。二是全面推进依法预决算信息公开，按项目细化上会审查的部门预算公开信息，建立省级部门和市县政府两个公开透明排行榜。三是及时反馈社会大众依法申请的预决算公开信息诉求，引导形成正确而积极的社会舆论氛围。

（六）优化服务。近年来，浙江财政创造性地建立了预算编制、执行和监督"三位一体"管理和组织体制，主动开展"上门服务至少一次"活动，有效促进了浙江财政预算管理质量的提升。但是，与浙江现代预算制度建设任务相比，存在人力流、服务流和业务流不相匹配的问题。因此，要解决这些问题，就要"优化服务"。一是按照新时期预算体系建设的要求，抓住主体责任这个"牛鼻子"，进一步简化、优化财政预算管理业务流程。二是按照组织架构、人力配置与工作流程、重大改革任务相匹配的原则，推进"三位一体"组织体制和人力资源配置的结构性改革，更好地发挥财政干部的能力、潜力和创造力。三是全省联动，深化完善"上门服务至少一次"活动长效机制，更好地发挥跨处室协作机制作用，取得省级部门、市县政府更多的支持和理解，拧成一股绳、力往一处使，合力推进现代预算制度浙江样本的建设。

（刊于《浙江财税与会计》2018 年第 1 期）

在全省政府会计准则制度视频培训班上的讲话（摘要）

浙江省财政厅副厅长 章启诚

一、深刻领会贯彻实施政府会计准则制度的重要意义

（一）贯彻实施政府会计准则制度是推动高质量发展的必然要求。

近日，中共中央、国务院正式公布《关于全面实施预算绩效管理的意见》，对全面实施预算绩效管理提出了新的要求、新的任务。预算绩效和政府绩效的高低直接影响着高质量发展的水平，而科学规范的政府会计准则制度有助于提升政府绩效管理水平。改革后的政府会计准则制度的核心，目前为止是"1+6+103+7"的基本架构，即 1 个基本准则、6 项专项准则、103 个科目、7 张财务会计报表。贯彻实施政府会计准则制度，在财务会计核算中引入权责发生制的基础上，全面反映政府资产负债、收入费用、运行成本、现金流量等信息，通过建立预算执行与财务结果的对应关系，既能全面反映政府"家底"，又能客观反映支出结果和政策目标的实现程度，为构建科学的政府预算绩效管理奠定基础，有利于进一步规范政府行政行为、提高政府决策能力、促进国家治理体系和治理能力的现代化，有利于提升政府高质量依法理财水平，从而推动高质量发展。

（二）贯彻实施政府会计准则制度，是加快建立现代财政制度的内在要求。

十八届三中全会首先提出要建立现代财政制度，十九大进一步明确要加快建立现代财政制度，其重要的核心内容是建立全面、规范、公开、透明的预算制度。政府会计准则制度确立了政府财务会计和预算会计适度分离又相互衔接的政府会计体系，要求政府会计主体同时提供决算报告和财务报告，能够全面、清晰反映政府财务信息和预算执行信息，为全面反映政府财务状况、加强政府资产负债管理、防范财政运行风险等提供了有力支持，特别是对防风险、促发展提供了基础性、制度性的支撑作用。

（三）贯彻实施政府会计准则制度是提高政府会计信息和综合财务报告质量的基本要求。

十八届三中全会以来，党中央要求建立权责发生制的政府综合财务发展报告。但长期以来实行的以收付实现制为核算基础的预算会计体系，难以满足新形势下全面加强政府资产负债管理、防范财政风险、促进政府财务管理水平提高和经济社会可持续发展的需要。当前政府会计核算制度种类繁多，不同制度间会计科目、报表结构和政策标准等都存在不少差异，会计信息之间的口径、概念难以衔接，综合财务报告试点质量也难以提升。政府会计准则制度的出台，有利于强化政府的财务会计功能，提高政府会计信息的准确性、全面性、相关性、可比性和及时性，从而全面提升政府会计信息和政府财务报告的质量。

二、加强宣传培训和基础支撑，扎实做好贯彻实施政府会计准则制度的知识储备

政府会计准则制度的实施工作涉及面广，技术性、政策性强，财政部门要提高政治站位，把政府会计准则制度的贯彻实施作为一件大事来抓，各相关部门要分工协作形成合力，共同推进政府会计准则制度的有效实施。同时，要充分借脑借力，发挥专家作用，并积极开展模拟运行试点，积累经验，为政府会计准则制度实施提供有力保障。

（一）要加强宣传，夯实制度实施的基础。要通过各种宣传方式、利用多种渠道对政府会计准则制度开展多方位宣传，重点介绍与现行会计制度的对比变化、与现行会计制度有关衔接处理等问题，宣传好的经验和做法，为新制度的贯彻实施营造良好的氛围。

（二）要加强培训与学习，提高财政财务管理水平。财政干部要提高思想认识，把学习掌握政府会计准则制度作为自身必备的一项业务技能，进一步增强学习的积极性和主动性，提高对

单位的业务指导能力。部门财务工作人员要及时、全面掌握政府会计准则制度的各项规定和具体要求，提高职业能力，并在2018年10月底之前完成所有的培训工作，为新旧制度转换做好准备。

（三）要加强信息化建设，强化技术支撑能力。为集中提升单位财务核算系统与财政业务报表系统的互联互通水平，降低因新政府会计准则制度实施带来的会计核算软件升级成本，省财政厅按照省政府数字化转型的要求，牵头构建了全省行政事业单位财务核算云服务平台。平台布设和核算软件的统一招标已于近日完成。除省级行政及参公单位从中标的5家商用软件中直接选择使用外，省级其他单位及各市、县（市、区）财政局也可以从统一招标入围的这5家会计核算软件选择使用，或者自行组织招标确定核算软件。省财政厅计划用3年左右时间，推动全省行政事业单位分步上线财务核算云服务平台，提升全省财务核算信息化水平。各市、县（市、区）财政局要提前谋划，及时做好相关工作。要重点关注未使用财政统一招标会计核算软件的事业单位，督促其及时升级核算软件，确保政府会计制度顺利实施。

三、强化模拟运行，扎实做好实施政府会计制度正式运行前的各项准备工作

一是各级财政部门要鼓励单位积极开展模拟运行。各市、县（市、区）财政局应积极组织和鼓励本地区行政事业单位开展模拟运行，及早发现问题，总结经验。加入行政事业单位财务核算云服务平台的试点地区应参照省本级方式，组织单位模拟试用，对试用中的问题进行研究并及时与省财政厅沟通。

二是各位专家要发挥智库作用，做好跟踪辅导和问题总结。省财政厅组织了15家积极性较高、会计基础较好、具有一定代表性的省级单位开展政府会计准则制度模拟运行，同时从高等院校、政府部门、中介机构、省会计领军人才库中选聘了25位专家组成会计准则制度咨询专家组，协助各级财政部门推进会计准则制度的贯彻实施。希望各位专家尽职尽责，充分发挥各自在理论研究、政策协调、实践经验等方面的特长和优势，在模拟运行、正式实施等各个阶段，积极建言献策、释疑解惑，贡献聪明才智，全力支持浙江省政府会计准则制度的贯彻实施。各位专家要加强与模拟运行单位、软件公司的沟通和联系，全程进行模拟运行跟踪辅导，必要时还可以去单位进行实地指导；积极参加相关研讨会议，认真对贯彻实施过程中发现的问题进行研究，提出切实有效的解决方案；及时总结归纳新旧制度衔接转换以及新制度实施中的相关问题，形成答疑指南。

三是模拟运行单位要按时间进度做好相关工作。无论是模拟运行，还是2019年1月1日起的正式实施，单位都是政府会计准则制度贯彻实施的主体，要切实负起主要责任。模拟运行不仅可为本单位制度正式转换奠定基础，更可为全省其他单位提供宝贵经验。各模拟运行单位应按时间进度要求做好模拟运行的相关工作，加强与专家、技术团队的沟通，尽快掌握、运行新制度和新系统，及时记录模拟运行中的重点和难点，为其他单位提供参考，并在全面实施后为其他单位答疑解惑，起到“传帮带”作用。

（2018年10月）

在全省财政税政工作座谈会上的讲话

浙江省财政厅副厅长　章启诚

一、充分肯定一年来的工作成绩，税政工作要增强信心

（一）认真落实一批企业享受增值税留抵退税政策。迅速落实退税政策，主动用财政收入的“减”，换来企业发展信心的“增”，让纳税人切实享受到退税政策红利。全省（不含宁波，下同）完成留抵退税66亿元，受益企业2491家，其中大部分为中小企业、民营企业和涉美出口贸易企业。全省留底退税工作得到财政部表扬。

（二）努力争取到两大行业税收支持政策。一是支持外向型经济，努力争取出口退税支持政策。针对“龙泉宝剑”和“荧光增白剂”产品出口退税政策问题，认真调研、积极争取，获财政部同意将两类产品的出口退税率由0提高到13%，获得冯飞常务副省长批示肯定。二是支持新业态发展，积极争取跨境电商税收支持政策。邀请财政部关税司有关同志来浙江省调研，并多次赴京汇报，成功争取财政部同意出台对跨境电商的税收政策支持力度，为浙江省实施“数字经济”一号工程、跨境贸易和开放强省建设争取良好的税收政策环境。

（三）积极推动三项减税新政落地生效。一是2018年5月1日起，将制造业等行业增值税税率从17%降至16%，将交通运输、建筑等行业及农产品等货物的增值税税率从11%降至10%。截至2018年10月底，全省减税107.7亿元，全年预计减税150亿元。二是扩大增值税小规模纳税人标准范围，将工商企业小规模纳税人的年销售额标准统一上调至500万元，并允许符合条件的一般纳税人企业转登记为小规模纳税人。截至2018年10月底，全省共有2.01万户纳税人申请转为小规模纳税人，享受低征收率的优惠和简易征税的便利。三是将研发费用加计扣除比例提高到75%的政策扩大至所有企业，全年预计增加税前加计扣除230亿元，减税约50亿元。

（四）认真做好四件税政调研统计工作。一是做好重点企业税源调查快报工作。税务管理体制改革后，地方财政税政部门克服重重困难，积极开展调查，确保工作不断、任务不减，很好完成了全年工作任务，受到财政部通报表彰。二是组织实施税式支出统计工作。2017年，全省因实施税式支出而放弃的税收收入共1472.75亿元，占当年全部税收收入的比重为20.39%，相当于当年财政支出的24.06%。税式支出统计分析表明，全省执行减免税政策工作落实到位，成效明显。三是积极开展税收立法调研专项工作。全省各级财政部门认真组织，周密安排，积极完

成各项工作任务，为国家推进税制改革和税收政策制定提供了重要支撑。四是积极建言献策。推荐人大代表参加个人所得税法征求意见座谈会，组织部分企业负责人参加中小企业减税政策座谈会，组织电商代表参加跨境电商税收政策调研座谈，客观真实反映问题，提出意见建议。

（五）用好五项地方税政赋权。一是扩大农产品增值税进项税额无票核定扣除的适用范围，促进农产品流通和农民增收。二是从低征收车船税。将浙江省货车、挂车和专用车辆的车船税按最低税额标准征收，降低物流和交通运输行业税负。三是合理制定环保税征收标准。按照“税费平移、范围不变”的原则，从低设计浙江省环保税实施方案，确保排污费制度向环保税制平稳过渡。四是改革公益性团体捐赠税前扣除资格认定程序，实行年初“早知道”。省财政厅联合省税务局、省民政厅发布《关于2018年度公益性捐赠税前扣除资格名单的公告》，改以往年末事后确认为事前确认、年初主动公布，使企业年初就能“早知道”捐款能否税前列支。五是改革优化非营利组织免税资格认定流程，深化“最多跑一次”改革。优化工作流程，推动网上办理，压缩办事期限，确保“最多跑一次”改革在税政工作中全面贯彻落实。

二、面对新机遇、新挑战，税政工作要主动作为

（一）面对稳中有变、变中有忧的经济形势，需要税收政策相机调节。当前及今后一个时期，中美经贸摩擦影响逐步显现，企业投资信心不足，防控金融风险压力加大，部分企业资金链紧张、融资难融资贵等问题突出。财政税政部门要直面问题，聚焦经济领域的难点、热点、痛点，深入调查研究，提出好的政策建议。

（二）面对优质财源培育的重大任务，需要税收政策积极支持。营改增后，地方主体税种缺失。要深入研究从增量上如何培育地方优质财源，特别是要围绕省委、省政府中心工作和长三角数字化建设、世界级港口集群、湾区智慧交通网、油气贸易中心、科技创新高地等工作，研究提出高质量的财政税收支持政策建议。

（三）面对财政收入划分改革“窗口期”，需要税政工作主动把握、精准出招。未来全国财政收入划分改革总体的改革目标，仍将坚持两个“五五”开格局。即，全国税收总额中，中央与地方分配大抵“五五”开；地方税收总收入中，共享税分成和地方税大抵“五五”开。各地要把握好这个关系，努力为地方赢得更有利的增长空间。到2022年，财政收入划分改革处于窗口期，要着力在大力支持和促进实体经济发展上做好财政税政工作。

（四）面对近在眼前的地方税体系建设，需要税政工作尽早谋划、积极应对。地方税体系改革与中央地方收入划分改革密不可分。在房地产税改革上，要整合现有房地产税收体系，适当降低建设环节（土地增值税）和交易环节（契税）税负，逐步增加保有环节税收份额（房地产税）；在地方附加税设立上，先改造城建税为地方附加税，再把两个教育费附加等并入；在消费税改革上，适时推动部分品目的消费税征收从生产环节向批发、零售环节转移，将部分消费税转为地方税。为此，各级财政税政部门要对地方税制改革密切关注，尽早谋划，为壮大地方可用财力留足空间、打好基础。

（五）面对国地税机构和体制改革，需要财政税政部门主动创新工作机制。国地税机构改革后，各地财政部门要更好发挥财政税政工作的作用，以财政内部流程再造、机构配置优化为契机，切实加强财政税政部门人员、机构和资源的配置。同时，要更好发挥财政税政部门在财政收入协调机制中的功能，深化细化具体化，确保财政收入与经济发展的协调性、可持续性。

三、期望再上新台阶，税政工作要强化担当

（一）敢担当。敢担当，最重要的就是在强谋划上下功夫。要增强敏锐性、全局性、前瞻性和操作性。一是在税收政策效益最大化上敢担当，一方面要因地制宜贯彻落实好政策，使产业、企业得实惠、谋发展；另一方面要利用好政策机制，促进培育发展好相关产业和企业。二是在税收结构优化上敢担当，认真研究分析税收内部结构，提出税收结构优化的政策建议。三是在支持税收收入预算管理上敢担当，强化税式支出管理，研判税收收入变化态势，为收入预算精准编制提供有效依据。四是在引导组织税收收入上敢担当，创新机制，加强与税务部门的对接协调。五是在财政税政管理数字化转型上敢担当，主动谋划财政税政数字化转型，为财政决策、管理和服务提供支持。

（二）善担当。不仅要敢于担当，更要善于担当，善作善成。一是对标大局善担当。要围绕中心、服务大局，凡事都要看看中心在哪里、大局是什么，努力提升税政工作“财为政服务”的水平和质量。二是创新思维善担当。面对新情况要有新思维，要学会运用车俊书记提出的“六变工作法”，学习使用“思维导图+”创新思维工具，强谋划、强执行。三是协同作战善担当。现在任何一项工作都不是一个人能办成的，都需要协同作用，税政部门要主动对接、协调、沟通，完善协同工作机制，切实提高工作效率和工作质量。四是过程管控善担当。一分计划九分落实，要健全清单式、全过程管控式的工作机制，以“钉钉子”精神把工作抓到位。五是强化学习善担当。学习是强谋划的法宝，要加强学习型组织建设。税政工作涉及面广、政策性强，要着力加强学习，沉下身去调研，不断提升担当作为的本领和能力。

（三）乐担当。要积极践行财政职业精神，全面推进财政税政事业的传承与创新，增强成就感、荣誉感。一是守住底线乐担当。坚守财政职业精神和廉政底线。底线是1，其他都是后面的0。二是强健身体乐担当。身体是革命的本钱，要加强身体锻炼，用健康的体魄为工作提供支撑。三是积极心态乐担当。以积极乐观的心态勇于面对新常态下的新挑战和新压力。四是营造团队乐担当。坚持党建引领，创建团结和谐团队，营造充满活力、积极向上的良好氛围。五是增强荣誉乐担当。要拿出过硬本领，积极担当起地方财政税政助力改革发展的重任，为浙江省“两个高水平”建设作出新的贡献。

（2019年1月）

市县领导议财政

深刻把握新时代新要求 服务保障名城名都建设

宁波市委副书记、市长 裘东耀

一、2017 年财税工作取得的成绩

2017 年,国内外经济形势错综复杂,稳增长、促改革、调结构、惠民生、防风险各项工作任务艰巨。全市各级财税部门坚持以习近平新时代中国特色社会主义思想为指导,认真学习贯彻党的十九大精神,坚定不移践行"八八战略",全力做好"生财、聚财、用财"三篇文章,统筹推进促发展、保民生、抓理财、强监管等各项工作,有力助推了全市经济社会平稳健康发展和"名城名都"建设。

一是组织收入"稳中有进"。2017 年,财政、国税、地税等部门积极配合、通力合作,把牢经济运行脉搏,切实抓好财税收入,圆满完成了"双底线"目标任务,体现出"稳中有进"的特点。"稳",体现在财政收入平稳增长。2017 年全市实现财政收入 2416 亿元,增长 12.4%;实现一般公共预算收入 1245 亿元,增长 10.9%。"进",体现在两个方面:一方面是结构更优;另一方面是后劲更足。

二是促进发展"积极有为"。各级政府及部门强化"当家""持家"的责任和意识,坚持统筹财力办大事,把有限的财政资金更多投向增效能、提效益的重点领域,投向发展新经济、培育新动能的重点领域。全力支持"中国制造 2025"试点示范城市建设,积极完善财政金融扶持政策,大力支持实体经济、创新驱动发展、小微企业创业创新、国家保险创新综合试验区和普惠金融综合示范区建设等重点领域,促进了新旧动能加快转换。同时,还加大了对轨道交通建设、城市主干道整治、棚户区改造、小城镇环境综合整治、美丽乡村建设等重点工程的投入力度,进一步提升了城乡融合发展水平。

三是改善民生"保障有力"。牢牢坚持以人民为中心的发展思想,通过完善公共服务供给、稳步增加群众收入来夯实"民本",通过支持社会事业发展来实现"民愿",通过保障民生基本需求来纾解"民困",努力让人民群众有更多的获得感、幸福感和安全感。大幅增加教育、医疗、卫生、就业等民生投入,民生支出占一般公共预算支出的比重提升到 70%以上,新增财力的 3/4 用于保障和改善民生,真正做到了让政府过上"紧日子",让百姓过上"好日子"。

四是推进改革"平稳有序"。围绕行政区划调整,积极做好市里与新三区的财政体制调整工作,确保各项工作平稳运行。围绕建立现代财政制度,实施支出标准化建设,强化预算执行管理,盘活结转结余资金,不断提升财政资金效益。围绕改进财政扶持方式,推进政府与社会资本合作,加快产业发展基金实质运作。围绕政府债务管理,完善制度建设,强化融资平台管理,做好债券发行工作,有效降低政府融资成本,守住了不发生区域性金融风险的底线。

二、深刻把握新时代财税工作的新要求新任务

党的十九大开启了新时代发展的新征程,也对理财治税工作提出了新要求新任务。各级政府及有关部门要始终把党的十九大精神作为理财治税的基本遵循,坚决把中央大政方针,省委、省政府和市委的决策部署落到实处。

一要坚持党的领导。党政军民学,东西南北中,党是领导一切的。财税部门掌握着政府的"钱袋子",承担着"为国聚财、为民收税"的重要使命,所有业务都是在党的领导下开展的,各项工作是贯彻落实党的路线方针政策的具体化。首先,要坚决拥护核心。牢固树立"四个意识",增强"四个自信",确保"财""税"自觉服从于"政"。大家一定要坚定政治方向,始终在思想上政治上行动上同以习近平同志为核心的党中央保持高度一致,带头加强党性锻炼和政治历练,切实当好政治上的引路人、指挥员。其次,要加强政治建设。牢固树立"抓好党建是最大政绩"的理念,按照"下抓两级、抓深一层"的原则,切实加强基层税务机关政治建设、思想建设、组织建设、作风建设和纪律建设。再次,要主动提升站位。财政部门要发挥好政府"理财管家"的重要作用,深度参与政府治理改革的各个方面,全面、科学、有效履行好职能作用。

二要高举习近平新时代中国特色社会主义思想伟大旗帜。

宁波市月湖金汇小镇

浙江是中国革命红船起航地、改革开放先行地、习近平新时代中国特色社会主义思想重要萌发地。习近平总书记在浙江工作期间，提出了集中财力办大事、每年办好十方面民生实事等系列要求。党的十八大以来，又提出系列理财治税重要思想。在深化财税体制改革方面，总书记指出要建立现代财政制度，建立权责清晰、财力协调、区域均衡的中央和地方财政关系，建立全面规范透明、标准科学、约束有力的预算制度。在防范化解财政金融风险方面，总书记多次就管控化解地方政府债务风险作出重要指示批示，提出要积极稳妥化解累积的地方政府债务风险，有效规范地方政府举债融资行为，坚决遏制隐性债务增量。在运用财税政策保障和改善民生方面，总书记强调要突出问题导向，尽力而为、量力而行，找准突出问题及其症结所在，周密谋划、用心操作。对此，各级政府及有关部门要自觉运用习近平总书记理财治税重要思想武装头脑、指导实践，并结合实际推进工作。

三是要把握新时代社会主要矛盾转化对财政资源配置提出的新要求。发挥财税政策的导向作用，深化供给侧结构性改革，促进生产要素合理配置，不断满足人民群众个性化、多样化、不断升级的新需求。要发挥好财税筹集收入、调节分配的职能作用，合理做大“蛋糕”、分好“蛋糕”，努力使政府收入、企业收入和居民收入“三个口袋”更加充实，构建投资有回报、产品有市场、企业有利润、当地有就业、政府有税收、工人有收入、环境有改善的良性局面。要找准政府职能和市场作用的平衡点，学会尊重市场规律，回归财政的公共属性，通过简政放权、有进有退，主动“补位”、及时“归位”，发挥市场对资源配置的决定性作用，同时更好、更有效地发挥政府的职能作用。

三、切实强化对经济社会发展和“名城名都”建设的服务保障

2018年全市经济社会发展和“名城名都”建设的目标任务已经明确。各级政府及有关部门要牢牢把握高质量发展这一根本要求，进一步发挥好财政对经济社会发展的基础性、支柱性和保障性作用，培育优质财源，优化财政资金使用绩效，防范化解地方政府性债务风险，提高理财治税能力水平，赶超发展、争先进位，共同为推进高质量发展和“名城名都”建设提供良好的服务和更有力的支撑。

（一）要突出发展实体实业，算好经济财源账。经济是源，财政是水。没有经济发展，财政收入就是无源之水、无本之木。要一以贯之把发展经济的着力点放在实体经济上，始终坚持实体这一发展之基，有力推动资源要素向实体经济集聚、政策措施向实体经济倾斜、工作力量向实体经济加强。

一要强化提质增效，维护好存量财源。重点要把制造业的基础巩固好、优势发挥好，进一步提升制造业税收的质量和效益。要全力创建“中国制造2025”国家级示范区，聚精会神抓实业，千方百计拓财源，做强做优汽车制造、绿色石化、时尚纺织服装等优势产业，培育壮大生物医药、海洋高技术、节能环保等新兴制造业，加快形成一批千亿级产业集群和新兴产业体系，涌现出更多税收超百亿元的制造行业。同时，要坚持先进制造业与现代服务业协同发展，培育发展金融保险、工业设计、文化创意、信息服务、科技中介、高端港航物流等优势特色产业，形成有特色、有实力、有竞争力的现代服务业体系，努力实现二产三产“双轮驱动”、税收协同增长。

二要强化精准招商，培育好增量财源。区域招商引资的竞争，要从“拼政策、比优惠”的低水平竞争，转向“拼环境、比服务”的高质量竞争，不去搞政策洼地和直接补贴，而要把重心放到加强市场监管、提供优质服务、营造良好营商环境等方面上来。要注重“亩均论英雄”，算好投入产出账，强化精准招商，引进优质企业，提高亩均产出水平，避免“只见开花、不见结果”，只要数字好看、不问实际效益等现象。

三要强化创新驱动，涵养好潜在财源。深入推进供给侧结构性改革，支持浙东南国家自主创新示范区建设，大力推进新材料科技城等创新平台建设，加快形成以创新为主要动力的经济体系和发展模式。要完善创新链，面向高新技术产业、城市综合交通、生态环保、新能源汽车等重点领域，加大对创新项目的有效投资力度。同时，要不折不扣落实高新技术、股权激励等税收优惠政策，加速科技成果产业化，在增强制造业关键环节和重点领域创新能力的同时，大力提高高科技企业的税收创造能力。

（二）要突出科学理财用财，算好“收支平衡账”。近年来，各级政府财政收支缺口不断扩张，始终处于“紧平衡”的局面。希望在保持抢抓机遇、干事创业的积极性的同时，进一步加强统筹谋划，充分考虑自身实际情况和财政承受能力，算好各自的“收支平衡账”“当前和长远账”。

一要集中财力办大事。一方面，要围绕“集中”凝聚财力。通过压减一般性支出、统筹盘活资金、优化支出结构等手段，把握好财政政策资金的方向、力度、节奏和时机，突出重点而不搞平均用力、精准滴灌而不搞大水漫灌，避免搞“天女散花”“撒胡椒面”式的用财方式。另一方面，要围绕“大事”精准用力。针对制约经济社会发展的关键领域和明显短板，结合不充分不平衡的重点环节，把有限的财政资金更多用于支持“中国制造2025”建设、实施创新驱动战略和乡村振兴战略、开展低收入人群精准帮扶、巩固扩大环境治理成果、打好“三大攻坚战”等方面，确保把钱用到点子上，最大限度提高财政资金使用绩效。

二要善作善为保民生。抓住人民最关心最直接最现实的利益问题，把握好力度和节奏，一件事情接着一件事情办，一年接着一年干。特别是上民生项目，调子不能太高、承诺不要太满，必须结合本地区本部门的实际情况和财政状况。一方面，要尽力而为，统筹抓好教育、医疗、社保、养老等民生事业发展，保持适度的财政投入规模，扎实办好垃圾分类、厕所革命、城市治堵等关键小事和民生实事；另一方面，要量力而行，多做雪中送炭的工作，保障好群众的基本生产生活，渐进式地提高保障水平，不盲目攀比、不拔苗助长、不为获取一时的“点赞”而大搞不切实际的“民心工程”。

三要深化改革解难事。通过实施“零基预算”等系列改革，彻底破除“基数概念”“盘子概念”和“地盘概念”，更加科学合理

地分配财政资金。财政部门要善于谋划、勇于改革,敢于打破原有的利益分配格局,除了保基本、保运转、保民生、保消债,以及保重点工作、重大项目、重大平台外,取消基数和盘子概念,扎实推进“零基预算”改革。同时,各部门要牢固树立大局意识,充分理解和主动支持财政改革,配合财政部门实施预算改革,整合清理专项资金,压缩部门专项数量。各地要着眼长远,实施中期财政规划管理,根据各自财力合理安排财政收支规模,使事业发展与地区财力更加匹配。

四要精打细算过日子。面对当前财政收支矛盾,必须发扬勤俭办事业的优良传统。一方面,要严格支出管理。牢固树立过“紧日子”的思想,进一步压减政府基本开支,控制人员福利支出,清理各类补贴政策,切实把有限的财政资金用在刀刃上。另一方面,要严肃财经纪律。全面实施绩效管理,杜绝标准过高、铺张浪费的现象,进一步提高资金使用效益。各地要进一步负起“当家”责任,凡是出新政策、开新口子,涉及财政开支的,各区县(市)长要“一盘棋”统筹。各部门要进一步负起“持家”责任,精打细算,讲究绩效,把财政资金用好。各级财政部门要进一步负起“管家”责任,摸实情、报实数,管好家、理好财,实现“一本账”算清。

(三)要突出可持续发展,算好“债务风险账”。从中央层面看,把防范化解重大风险列为“三大攻坚战”之首,国家财政部加大督查问责力度。从省级层面看,多次强调防范和化解债务风险的重要性、紧迫性和严峻性,并提出要坚持“党政同责”,通过三到五年时间消化地方政府存量隐性债务的目标。各级政府及部门要增强守土有责、守土负责、守土尽责的自觉思想,切实增强底线思维、红线意识和责任担当,千方百计控增量、消存量。

一要科学地编制债务消化计划。统筹考虑各自综合财力、风险状况、资金资产资源整合、融资平台转型、PPP 模式规范运用等情况,抓紧编制五年债务消化目标和分年度的消化计划,细化责任主体、分解落实到位、区分轻重缓急,确保制定更有针对性、计划更有科学性、执行更有可行性。

二要加强债务风险源头管控。严格基础设施项目审批,对目前在建和拟建项目进行全面梳理、评估,抓建设、上项目必须统筹考虑财政的可承受能力,决不允许新增隐性债务上新项目、铺新摊子。要编好年度投资项目预算,实行投资资金总量控制,对在建项目要统筹合理安排各类资金保障续建和收尾,对新建项目要从紧从严控制投资概算。

三要积极盘活资金资产资源。统筹整合资金,通过更有力的财政资金盘活和统筹机制,唤醒沉睡“趴窝”的财政资金,变“小钱”为“大钱”,集“零钱”为“整钱”。要整合各类政府资产资源,盘活政府部门、企事业单位沉淀的各类经营性债权、国有股权,采取多种形式、多种渠道盘活变现,以筹集资金偿还债务。要发挥国有企业、国有资本优势,鼓励国有企业加大对城市管理基础设施等公益性行业投入,发挥国有资本投资运营公司资本配置功能,合力化解债务风险。

四要积极发挥社会资本的作用。一方面,规范运用 PPP 模式。引导和鼓励社会资本与政府合作,共同参与城市基础设施、公共服务等具有特许经营性质的公益性事业投资和运营,严格将年度 PPP 项目支出占财政预算支出比例控制在 10%以内。另一方面,加快推进融资平台公司转型。在妥善处理存量债务的基础上,关闭空壳类公司,推动实体类公司转型为自我约束、自我发展的市场主体,依法开展市场化融资和经营,提高盈利能力和偿债水平,实现风险内部化。

五是要严格执行问责制度。各级政府和部门要坚决贯彻省政府对债务管理的“六必问”要求。各区县(市)长作为第一责任人,要时刻保持清醒头脑,强化责任意识、担当意识,坚持有所为、有所不为,牢牢守住不发生区域性财政金融风险的底线。

(刊于《浙江财政研究》2018 年第 3 期)

科技引领　融合发展
实现常山油茶产业的乡村振兴

常山县人民政府副县长 戴根林

油茶产业作为乡村振兴战略、精准扶贫和农民增收的重要抓手之一。近年来,常山县牢牢抓住农业供给侧结构性改革的重大机遇,把发展油茶产业作为践行“八八战略”、加快“两山”发展的重要抓手,谋势蓄势、借势顺势、造势成势,发展势头强劲。常山县栽植油茶已有 2000 多年历史,规模和产量均居全省首位。2016 年,荣获全国油茶交易中心、全国山茶油价格指导中心两个“国字号”牌子。2017 年,省油茶产业协会入驻常山,又荣获首批“全国木本油料特色区域示范县”称号。

一、构筑“三大体系”,夯“实”基础

提高站位,集中发力、精准施策。一是打造政策扶持体系。出台实施加快推动油茶产业发展的实施意见、三年行动计划和激励补助等一系列政策,推进油茶精品基地、企业深加工、品牌建设和营销。二是打造科技创新体系。坚持“政企校会四位一体、产学研用高度融合”的理念,建立了山茶油专家工作站、成立了油茶机械研发生产中心,推动油茶生产全过程科技化、标准化。同时加大与上海生物医药科技产业促进中心产品孵化服务平台、林科院亚林所等科研院所的合作,推广良种良法,成功繁育油茶良种苗木 500 多万株,研发出了化妆用油、茶皂素等“五大类 16 大系列”深加工产品。形成了以县林业局技术人员为骨干,以乡镇、村林技员为主力,以上海生物医药科技产业促进中心、亚林所等油茶科研院所专家为顾问,全县上下、内外联动的科技推广技术服务网络,有效地提高了林农的科技管理水平。三是打造行业标准体系。筹建国家级山茶油质检中心和山茶油标委会,从油茶良种来源入手,到油茶产品上市销售,形成一套山茶油的分类标准、质量要求、检验方法及规则、标签、包装、贮存和运输等要求的行业标准体系,努力实现“油茶标准看常山”,

确保常山山茶油就是“健康油、放心油”。

二、聚焦“三个激活”，做“高”站位

一是激活市场。常山油茶的面积、产量在全国来说不大。常山油茶要做大，不追求量的扩张，重点是要打造省级油茶产业集聚区、国家油茶公园、油茶产业园，建设全国油茶交易中心、山茶油价格指导中心、油茶集散中心、油茶文化中心，最终能够成为全国油茶交易的财务结算中心，抢占全国油茶制高点。2016年，常山县成功举办首届全国油茶文化节，2017年承办全国油茶产业发展现场会暨第二届全国油茶文化节，力争成为全国油茶文化节永久举办地。目前首个国家级油茶公园规划已通过专家论证，正在申报过程中。正积极引进有实力的大企业入驻集展示、交易、信息、研发、论坛于一体的全国油茶交易中心，努力构建“原料、市场在外地，交易、财务在常山”的油茶发展大格局。同时，正联合全国各地的油茶企业，组建销售联合体。建立山茶油价格收集、发布体系，掌握全国山茶油价格发布的话语权。二是激活主体。与联合睿康集团共同组建2亿元的“睿康常山山茶油”产业基金，用于高标准油茶基地建设和先进生产设备引进。成立常山两山联合社，由县财政和联合社共同注资2000万元，通过利率下浮、财政贴息、风险补偿，加强生产、供销、信用“三位一体”的协同运作。运行以来，已担保放款客户18家、金额1800万元，吸收合作社会员100余家，有效解决油茶主体“贷款难、贷款贵”的问题。三是激活品牌。大力度打响品牌，统一推广使用“常山山茶油”一标志双商标，打造色泽金黄、品质纯净、澄清透明、气味清香、味道纯正的“常山山茶油”品牌。同时全力争创中国驰名商标，提升常山山茶油的品牌知名度、美誉度。

三、加快“三产融合”，拉“长”链条

加快多功能开发、跨产业互融，一二三产业催生出“六产”乘数效益，打造现代林业经济新增长点。一是“油茶+旅游”。通过举办全国油茶文化节，创建森林小镇、森林人家、油茶小镇和油茶主题乐园，有力促进了“产文景游”、一二三产融合，实现了“卖油”转变为“卖游”，“环境优势”催生为“生态红利”的路径转换。新昌乡黄塘村借助万亩油茶林，以“资金+资源入股、全民分红”模式，把油茶从吃到看再到游做出了“一条龙”产业。二是“油茶+文化”。开展油茶文化梳理，挖掘文化元素，厚植产业文化优势，力争油茶这一历史经典产业续写辉煌。安排专项资金，重点扶持传统榨油技艺、民俗、民间艺术等非物质文化遗产的挖掘、保护和传承等项目。追根溯源，重点梳理常山油茶历史传承，特别是周恩来总理关心支持常山油茶历史翔实，做好常山古油茶林是中国油茶发源地等课题研究，全力争取油茶产业列入国家非物质文化遗产保护名录和建设油茶博物馆。三是“油茶+互联网”。建立全国油茶交易中心北京战略窗口，打造常山—北京线上线下同步联动的市场运营体系。借势“互联网+”，大力发展山茶油电子商务，山茶油产品进驻淘宝衢州馆，常山山茶油在浙江（舟山）大宗商品交易所上市交易，累计现货交割2000多万元。常发、斯帝等公司建立了微营销。同时，通过全国油茶文化节，农博会、森博会等农产品展销会，“常山三宝”推介会，进行多形式多平台的宣传，不断提高常山山茶油的知名度和美誉度。

（刊于《浙江财政研究》2018年第1期）

全国首个油茶公园落户常山县

财政工作大事记

zhejiang caizheng nianjian

浙江省

一月

1月1日　是日起，环境保护税在全省全面实施。

1月9日　根据浙政干〔2018〕3号文件，免去罗石林的省财政厅副厅长、巡视员职务，免去赵立妙的省财政厅总会计师职务，免去罗跃琴的省财政厅副巡视员职务。

是日　省财政厅印发《关于行政事业单位资产管理信息系统升级有关事项的通知》，国有资产管理云服务平台正式上线。

1月11日　省人民政府印发《关于推进省以下财政事权和支出责任划分改革的实施意见》。

1月12日　省财政厅会同省扶贫办、省农业厅印发《浙江省“两山（一类）”建设财政专项激励政策绩效考核办法》。

1月16日　省财政厅印发《关于进一步规范省级行政事业单位公款竞争性存放管理的通知》。

是日　全省财政地税工作会议在杭州召开，省财政厅厅长兼省地税局局长徐宇宁作工作报告。

1月22日　省财政厅会同省地税局、人行杭州中心支行印发《关于环境保护税收入归属问题的通知》。

是日　省财政厅印发《关于建立浙江省学前教育生均经费制度的指导意见》。

1月25日　根据浙编办函〔2018〕10号文件，批复同意从省级财政国库支付中心划转5名事业编制到省财政项目预算审核中心。调整后，省财政项目预算审核中心事业编制23名，省级财政国库支付中心事业编制40名。

1月31日　省十三届人大一次会议审议通过省人民政府提出的2018年省级政府预算，同意省财政厅受省人民政府委托所作的《关于2017年全省和省级预算执行情况及2018年全省和省级预算草案的报告》，赞成率99.0%。

二月

2月1日　在重庆召开的长江经济带生态保护修复暨推动流域横向生态补偿机制工作会议上，浙江省开化县和常山县率先签订了全国首个县级层面跨流域横向生态补偿协议。

2月9日　省财政厅召开处长会议。厅党组书记、厅长徐宇宁就抓落实、带队伍和党风廉政建设提出明确要求。

2月13日　省财政厅会同省委宣传部印发《浙江省文化产业发展专项资金管理办法》。

2月23日　省财政厅召开“上门服务至少一次”活动启动大会。厅长徐宇宁要求各级财政部门纵深推进“上门服务至少一次”活动，实现“推进改革、服务大局、提升形象”三个目标。

是日　省财政厅召开全省财政地税系统党风廉政建设工作视频会议，厅党组书记、厅长、省地税局局长徐宇宁作工作报告，驻厅纪检监察组组长徐首红就2018年党风廉政建设提出要求。

2月　省财政厅启动构建集中财力办大事财政政策体系专项工作，研究提出构建集中财力办大事财政政策体系的建议。9月6日，建议方案经第9次省政府常务会议审议通过。10月22日，建议方案经省委财经委员会第一次会议审议通过。

三月

3月7日　省财政厅印发《关于地方财政库款管理有关事项的通知》。

3月14日　中国共产党浙江省注册会计师资产评估行业联合委员会成立，省财政厅党组成员、副厅长沈磊任书记。同时，撤销中国共产党浙江省注册会计师行业委员会。

3月21日　根据浙委干〔2018〕66号文件，免去钱巨炎的浙江省金融控股有限责任公司党委书记、委员职务。

3月26日　根据《浙江省人民政府办公厅关于2017年度省政府直属单位目标责任制考核情况的通报》，省财政厅在2017年度省政府工作目标责任制考核中获优秀单位，连续15年获此殊荣。

3月28日　根据浙政干〔2018〕8号文件，免去王俭的浙江省财政厅副巡视员职务；免去钱巨炎的浙江省金融控股有限责任公司董事长、董事职务。

是日　省财政厅会同省扶贫办印发《浙江省财政专项扶贫资金绩效评价办法》。

四月

4月1日　全省首单环保税票在安吉产生。

4 月 2 日　省财政厅成立国有资产报告工作领导小组，厅长徐宇宁任组长。

4 月 8 日　省财政厅印发《关于印发 2018 年“上门服务至少一次”活动指导方案的通知》。

4 月 19 日　省委书记车俊在《我省 2017 年政府债券发行工作成效显著》上批示：“省财政厅这项工作做得很好。2018 年继续努力。”

4 月 28 日　国务院办公厅印发《关于对 2017 年落实有关重大政策措施真抓实干成效明显地方予以督查激励的通报》，浙江省财政预算执行、盘活财政存量资金、国库库款管理、推进财政资金统筹使用、预算公开等财政管理工作完成情况较好，连续两年获得督查激励。

是日　省财政厅会同省人力社保厅、省卫生计生委、省地税局印发《关于加强基本医疗保险基金预算管理发挥医疗保险基金控费作用的实施意见》。

五月

5 月 2 日　省长袁家军赴政采云公司调研，提出“‘政采云’平台要立足浙江、服务全国、放眼全球”的要求。

5 月 20 日　省财政厅印发《关于加强行政事业单位会计工作的意见》。

是日　省财政厅印发《关于印发浙江省财政管理绩效考核办法的通知》，首次开展省对市县财政部门的综合性考核。

5 月 22 日　省人大常委会副主任李学忠来省财政厅调研指导工作。厅长徐宇宁汇报了财政收支运行等情况以及国有资产报告等重点工作。

5 月 29—30 日　省财政厅厅长徐宇宁带队赴常山县、衢州市衢江区开展调研。

六月

6 月 5 日　省政府新闻办举行“浙江省创新生态文明建设财政政策及成效”新闻发布会，省财政厅厅长徐宇宁作为主发布人参加发布会。

6 月 6 日　省财政厅印发《关于深化驻省外及宁波省级预算单位财政国库集中支付改革的通知》。

6 月 7 日　省财政厅会同省发展改革委印发《浙江省山海协作产业园建设资金管理办法的通知》。

6 月 11 日　省政府办公厅印发《关于对 2017 年落实有关重大政策措施真抓实干成效明显地方和部门予以表扬的通报》，省财政厅获通报表扬。

6 月 13 日　省财政厅会同省国税局、省地税局、人行杭州中心支行印发《关于改革在杭金融企业财政管理体制的通知》。

6 月 25 日　省财政厅印发《关于持续深化全省财政系统内部控制建设的意见》。

6 月 27 日　历时 1 个多月，完成处级干部选拔调配工作。共选拔处级干部 13 名，其中，厅机关调研员 1 名、副处级领导 6 名，厅属单位正处级领导 2 名、副处级领导 1 名、管理五级职员 3 名。结合处级干部选拔，同步对在同一职位任职时间较长的 3 名厅机关副处长进行岗位交流。

七月

7 月 3 日　省财政厅厅长徐宇宁赴蚂蚁金服公司调研。

7 月 10 日　省长袁家军在省财政厅与省建设厅联合上报的《关于浙江省世界银行贷款钱塘江流域小城镇环境综合治理项目荣获世界银行“可持续发展领域副行长团队奖”有关情况的函》上作出批示：“可喜可贺，再接再厉。”

7 月 17 日　省财政厅成立扶贫资金管理工作领导小组，厅长徐宇宁任组长。

7 月 20 日　省财政厅会同省纪委机关印发《关于印发浙江省纪检监察专项资金管理办法的通知》。

7 月 24 日　省财政厅成立对口支援和东西部扶贫协作工作领导小组，厅长徐宇宁任组长。

是日　省财政厅厅长徐宇宁赴省农科院调研。

7 月 27 日　省财政厅会同浙江省税务局印发《关于做好 2018 年增值税期末留抵退税工作的通知》。截至 12 月底，当年全省（含宁波）完成留抵退税 84.28 亿元。

八月

8 月 1 日　省财政厅会同省农业厅、省海洋与渔业局印发《浙江省农业绿色生产发展资金管理实施细则》。

8月2日 省财政厅会同省农业厅、省海洋与渔业局印发《浙江省农业资源及生态保护补助资金管理实施细则》。

8月6日 省财政厅会同省水库移民安置办公室印发《浙江省水库移民后期扶持项目资金使用管理办法》。

8月9日 省财政厅会同省扶贫办印发《浙江省财政专项扶贫项目资金绩效管理办法》。

8月14日 省财政对省担保集团公司增资50亿元，组建注册资金50亿元的浙江省融资担保有限公司。

是日 全省财政系统局长培训班在杭州举行，省财政厅厅长徐宇宁作主题报告。

8月16日 省财政厅印发《关于加强会议经费控制的通知》。

8月21日 省财政厅印发《浙江省社会保障风险准备金管理办法》。

是日 省财政厅厅长徐宇宁赴缙云县开展专题调研。

8月23日 省财政厅会同省发展改革委印发《浙江省东西部扶贫协作资金管理办法的通知》。

九月

9月12日 省财政厅印发《浙江文化研究工程(第二期)专项资金管理办法》。

9月14日 根据浙组干通〔2018〕413号文件，金慧群为正厅级。根据浙组干任〔2018〕23号文件，章启诚任浙江省财政厅党组成员，免去金慧群的浙江省财政厅党组成员职务。

是日 省政府成立浙江省地方财税收入协调领导小组，研究谋划全省财税收入管理工作，由常务副省长担任组长，省政府办公厅、省财政厅、浙江省税务局主要负责人担任副组长，领导小组办公室设在省财政厅。

是日 省财政厅印发《关于印发省对下重点生态功能区转移支付办法的通知》。

9月17日 浙江省财政学会七届六次常务理事会审议通过省财政厅厅长徐宇宁任浙江省财政学会会长，杨慧芳任学会法定代表人。

9月18日 省财政厅会同省环保厅、省法院、省检察院印发《浙江省生态环境损害赔偿资金管理办法(试行)的通知》。

9月20日 省财政厅印发《浙江省省级国库集中支付动态监控管理工作基本规程(试行)》。

9月26日 省财政厅召开防范化解地方政府隐性债务风险专项督导工作部署会。

9月27—30日 11个督导组分赴11个设区市开展督查督导，推动各地防范化解地方政府性债务风险，完成年度化解计划。

9月28日 省财政厅会同省发展改革委印发《关于规范政府投资项目资金来源落实和风险评估工作的通知》。

9月30日 根据浙政干〔2018〕26号文件，章启诚任浙江省财政厅副厅长(试用期一年)；免去金慧群的浙江省财政厅副厅长职务。

是日 省财政厅印发《中共浙江省财政厅党组关于推进全省清廉财政建设的实施意见》。

十月

10月11日 省财政厅会同省经信委印发《浙江省工业与信息化发展财政专项资金使用管理办法》。

10月15日 根据浙组干任〔2018〕29号文件，免去王平、徐敏俊的省财政厅党组成员职务。

是日 根据浙组干任〔2018〕32号文件，免去王广兵的省财政厅党组成员职务。

10月16日 省财政厅会同浙江省税务局印发《关于财政地税人员转隶和划分划转工作的通知》。

10月18日 宁波全域上线“政采云”平台。至此，“政采云”平台实现全省覆盖。

是日 省财政厅厅长徐宇宁赴安吉开展工作思路调研。

10月19日 浙皖两省人民政府签署第三轮新安江流域上下游横向生态补偿协议，标志着第三轮试点正式实施。

10月21日 根据省深化机构改革协调小组办公室《关于省财政厅机构编制框架的函》，农业综合开发项目管理职责划转至省农业农村厅，预算执行情况和财政收支情况监督检查职责划转至省审计厅。省农业综合开发办公室行政编制6名、处级领导职数3名(1正2副)划转至省农业农村厅。因事业单位行政职能回归，增加厅机关统筹编制1名，减少省财政票据管理中心参公事业编制 1 名。

10 月 24 日　省财政厅召开机构改革动员大会，省财政厅党组书记、厅长徐宇宁传达了车俊书记在全省机构改革动员大会上的讲话精神，并对推进省财政厅机构改革作了动员和部署。

是日　省财政厅申报的钱塘江源头区域山水林田湖草生态保护修复工程，入围全国山水林田湖草生态保护修复工程试点，系长江三角洲三省一市中唯一一个入围省份，获得中央财政至少 10 亿元专项补助支持。

10 月 25 日　根据浙政干〔2018〕32 号文件，免去王广兵的省财政厅副厅长职务。

是日　省财政厅印发《关于做好省级党政机关机构改革部门预决算和财务管理相关事项调整工作的通知》。

10 月 29 日　省政府办公厅印发《关于印发浙江省基本公共服务领域省与市县共同财政事权和支出责任划分改革实施方案的通知》。

十一月

11 月 9 日　召开省委巡视组专项巡视浙江省财政厅党组工作动员会，省委巡视工作领导小组成员、办公室主任徐鸣华，省委第九巡视组全体人员，省财政厅党组领导班子成员，近 5 年来退休的原班子成员参加，省财政厅机关副处级及以上干部、厅属单位主要负责人以及离退休支部书记列席。

11 月 19 日　省财政厅印发《浙江省省级国有资本经营预算管理办法》。

11 月 26 日　省财政厅会同浙江省税务局印发《关于财政地税人员转隶的批复》。

11 月 29 日　省十三届人大常委会第七次会议审议通过《2017 年度全省国有资产管理情况综合报告》和《2017 年度全省企业国有资产管理情况专项报告》。省政府首次向省人大常委会报告国有资产管理情况，首次向社会公开浙江省全口径、全覆盖的国有资产“家底”。

11 月 30 日　省财政厅印发《关于全省财政系统贯彻重大行政决策程序规定的意见》。

十二月

12 月 3—5 日　金砖国家新开发银行副行长兼首席运营官祝宪一行赴浙江考察访问。省财政厅厅长徐宇宁看望祝宪副行长一行，副厅长邢自霞陪同考察及会谈。

12 月 6 日　省财政厅会同省民政厅印发《浙江省困难群众救助补助资金使用管理办法》。

12 月 10 日　省财政厅会同省委组织部印发《浙江省市、县（市、区）政府债务及政府隐性债务工作考核办法的通知》。

是日　省财政厅会同省卫生健康委印发《浙江省医疗收费电子票据管理办法》。

12 月 11 日　省财政厅印发《关于调整杭州市财政管理体制的通知》。

12 月 12—13 日　省财政厅召开处长会议，厅长徐宇宁就强谋划提出明确要求。

12 月 13 日　省财政厅印发《浙江省财政厅财政专项资金管理风险内部控制办法（试行）》。

12 月 17 日　省财政厅会同省商务厅印发《浙江省商务促进财政专项资金使用管理办法》。

12 月 19 日　省财政厅召开全体党员干部警示教育大会，厅党组书记、厅长徐宇宁作题为《以案示教　警钟长鸣》的专题廉政党课。

12 月 28 日　省委、省政府印发《中共浙江省委　浙江省人民政府关于全面落实预算绩效管理的实施意见》。

12 月 29 日　省财政厅会同省自然资源厅、省建设厅印发《关于开展土地储备出让预算管理制度改革试点扩面工作的通知》。

2018 年，全省各级财政部门共到部门（单位）上门服务 58793 次，到企业服务 13496 次，集中辅导 2098 次，服务人数达 34.71 万人次。

（浙江省财政厅供稿　俞　薇执笔）

杭州市

1 月 9 日　杭州市财政局召开 2018 年杭州财税工作务虚会，会议主题为“稳中求进、提质增效、防范风险、本领提升”。

1月17日 杭州市财政(地税)局被杭州市精神文明建设委员会评为杭州市2015—2017年市级文明机关,连续第五轮获文明机关称号。

1月29日 杭州市财政(地税)局分两期开展处级干部学习贯彻党的十九大精神春训冬训培训班。

2月5日 西湖大学(筹)校长施一公一行到市局商谈工作,局领导金翔、许杭、汪生祥及教科文处有关人员参加座谈。

2月7日 杭州市第十三届人大三次会议表决通过《关于杭州市及市本级2017年预算执行情况和2018年预算的决议(草案)》,赞成率98.8%。

2月9日 杭州市财政局召开中层干部会议,传达上级会议精神,部署重要工作,开展节前党风廉政教育。

2月24日 杭州市财政(地税)局召开全市财税系统干部大会暨全面从严治党工作部署会,回顾总结2017年工作,部署2018年任务,表彰先进单位和个人,并就从严治党进行专题部署。

3月13日 由杭州市委常委、常务副市长戴建平带队的调研组蹲点调研临安区昌化镇,深化“百千万”活动,局领导金翔、毛慧敏等参加。

3月19日 市财税系统党建和人教监察工作会议召开,学习贯彻习近平新时代中国特色社会主义思想和党的十九大、十九届三中全会精神,部署2018年党建人事监察等各项任务。

3月20日 浙江省委常委、杭州市委书记赵一德调研杭州市财政(地税)局,市委常委、常务副市长戴建平等陪同。

3月23日 杭州市财政局召开2018年政府采购工作会议,局党委委员、副局长朱党斐到会并讲话。

4月19日 省财政厅副厅长王广兵调研指导杭州市统一公共支付平台工作。

5月7—8日 杭州市财政局召开全市债务工作培训暨业务研讨会。

5月19日 杭州市会计专业技术初级资格考试结束,全市49334人报考。

5月24日 省财政厅在杭州组织现场会,副局长谢永介绍杭州“公共支付、按需取票”财政改革试点成果。

5月29日 杭州市2017年度综合考评总结大会召开,市财政(地税)局在62家市直综合考评单位中位列第二,连续10年荣获综合考评优胜(满意)单位,同时获“‘最多跑一次’改革”先进单位、“轨道交通和快速路网建设”先进单位及“政府服务质量奖”等3项单项奖。

是日 浙江省委常委、杭州市委书记周江勇到杭州市财政(地税)局调研指导工作。市委常委、秘书长许明,市委常委、常务副市长戴建平等陪同调研。

6月1日 杭州市财政局召开2017年度综合考评总结会议。局党委书记、局长金翔出席并讲话。

是日 杭州市财政(地税)局召开全市财政地税局长工作座谈会。市局班子成员,各区、县(市)财政局局长和部分地区分管地税副局长及市局相关处室(单位)主要负责人参加。

6月6日 杭州市下城区区委书记陈卫强带领市十三届人大下城代表团第一组,定向视察市财政(地税)局。

6月8日 杭州市财政局召开财政工作专题会议,深入学习贯彻落实周江勇书记调研时所提工作要求。

6月26日 杭州市人大常委会副主任许勤华到杭州市财政(地税)局调研指导国有资产管理工作。市人大常委会财政经济工作委员会主任骆寅、副主任毛文峰等陪同。

6月29日 杭州市财政局举行“守望初心再前行”——纪念建党97周年暨庆祝改革开放40周年主题活动。

7月12—13日 杭州市财政局召开2018年半年度财政工作会议。

7月17日 杭州市财政局召开全市政府产业基金风险防范专题会议,市有关部门、市政府产业基金运营机构及各区、县(市)财政局相关人员参加。

8月14日 杭州市财政局召开社会监督代表座谈会,主动接受社会监督。局领导龚萍、陈平、朱党斐、许杭、汪生祥、刘强等出席会议。

8月17日 杭州市召开2019年市级预算编制会议，布置2019年市级预算编制工作。各有关市级预算单位的分管领导和财务负责人参加会议。市政府副秘书长冯伟，局长金翔到会作动员和部署。

8月21日 经杭州市十三届人大常委会第十三次会议审议，全票通过《关于杭州市本级2017年决算草案和2018年上半年预算执行情况的报告》。

8月30日 杭州市政府会计制度培训班开班，全市500多家行政事业单位相关人员参加培训。

9月7日 局领导金翔、龚萍、毛慧敏等赴杭州财税会计学校慰问，与教师代表座谈。

9月12日 杭州市委第一巡察组召开巡察市财政局党委工作动员会。市委第一巡察组组长蒋杭平作巡察工作动员讲话，市委巡察办主任胡飞龙代表市委巡察工作领导小组对巡察工作提出要求，市财政局党委书记、局长金翔主持会议、表态发言，并作2013年以来工作情况汇报。局领导班子成员、机关副调研员以上干部、局属单位中层以上干部、2013年以来退休的干部代表等参加会议。

9月19日 杭州市委督查室到市局督察2018年市重大改革任务推进情况。

9月21日 杭州市财政局举办保密知识培训班。局副处以上领导干部，机关各处室、局属各单位保密相关工作人员参加培训。

是日 杭州市财政局召开全市财政预算执行工作会议，全市16个区、县(市)的预算执行局长(国库科长)参加会议。

是日 杭州市本级100余家部门在“中国杭州”政府网站和各部门门户网站全面公开2017年度部门决算情况，主动接受社会监督。

10月5—10日 杭州市财政局选派2名政府会计制度师资团成员赴那曲为当地行政事业单位进行义务培训，并援赠《政府会计制度操作指南》。

10月11日 杭州市财政局组织全体干部通过视频培训形式，参加省财政厅举办的浙江省会计准则制度培训班。

10月15—16日 省财政厅副厅长王广兵带队赴杭州城西科创大走廊，专题调研杭州市支持实施数字经济“一号工程”工作情况。副局长许杭等陪同。

10月26日 杭州市人大财经工委组织召开部门预算执行进度专题分析会。市财政局、部分市级单位的分管领导，市人大财经委员会委员、专家咨询委员等参加。市人大常委会党组副书记、副主任许勤华到会并讲话。

10月29日 省财政厅派员督查杭州市“政采云”推广运用工作并召开座谈会。副局长朱党斐等参加座谈。

11月3日 杭州市财政局开展2018年岗位技能大比武。各区(县、市、管委会)财政局，局属各相关单位、处室等选派的85名干部参加比武。

11月15日 杭州市财政局召开2018年市政协经农委建言监督工作座谈会，邀请市政协经农委主任周定炎等一行15人开展参政议政工作座谈。

11月16日 杭州市财政局召开廉政风险排查防控工作推进会。局党委副书记龚萍，党委委员、驻局纪检组组长陈平作动员部署。机关各处室主要负责人参加会议。

11月20日 局党委书记、局长金翔带队赴余杭区调研，局领导汪生祥、毛慧敏及相关处室负责人参加调研。

11月21日 杭州市财政局召开全市财政局长工作座谈会。局班子成员、各县(市、区)财政局局长及市局相关处室局主要负责人参加。

11月23日 杭州市财政局召开财政工作意见征求会，邀请市委统战部、市各民主党派、工商联和无党派人士专家代表为杭州财政工作建言献策。局领导龚萍、陈平、万强及相关职责处室负责人参加座谈。

12月1日 杭州市资本市场领域财会重点人才培养项目在上海国家会计学院顺利开班。市财政局党委委员万强出席开班仪式。

12月3日 杭州市财政局召开全局中层干部会议，统筹部署年终各项工作。

12月4—5日 杭州市财政局举办全市财政系统组工干部培训班。局党委副书记龚萍参会并讲话。

12月5日 杭州市财政局与建设银行杭州市分行举办“银政合

作,政采惠企”——“云采贷”产品发布会。

12月14日 杭州市委第一巡察组召开巡察市财政局党委情况反馈会。局党委书记、局长金翔主持会议并发言。

是日 杭州市财政局“创新构建政府采购‘一次也不跑’互联网监管服务体系”项目获2018年中国政府采购奖“年度创新奖”,实现连续第7年获此荣誉。

是日 杭州市财政局、物价局联合下发《关于涉企公安交警证照费和不动产登记费零收费的通知》,自2019年1月1日起在全市范围内实行涉企公安交警证照费和不动产登记费两个“零收费”,成为全国首个实现涉企证照类行政事业性收费全部“零收费”的城市。

12月28日 根据《关于建立中共杭州市财政局党组及谢建华等同志职务任免的通知》(市委干〔2018〕154号),杭州市财政局建立中共杭州市财政局党组,谢建华任党组书记,谢永、龚萍任党组副书记,朱党斐、许杭、汪生祥、刘强、寿学军、毛慧敏、龚巍任党组成员。撤销中共杭州市财政局委员会。原任的中共杭州市财政局委员会书记、副书记、委员职务同时免去。

12月29日 杭州市市长徐立毅及常务副市长戴建平等到市财政局看望慰问财政干部,听取工作汇报。

(杭州市财政局供稿 刘 淮执笔)

宁波市

1月3日 宁波市财政局召开全市企财工作会议。局党委委员、副局长竺培楠出席会议并讲话。

1月25日 宁波市财政局连续五轮蝉联市级文明机关标兵单位。

2月5—6日 宁波市财政局召开全市财政地税工作会议。市委副书记、市长裘东耀出席会议并讲话。市政协副主席,局党委书记、局长叶双猛在会上作工作报告。

3月2日 宁波市财政局召开全市财政地税系统党风廉政建设工作会议。

3月14日 宁波市财政局召开全市规费工作会议。局党委委员、副局长范国伟出席会议并讲话。

3月30日 宁波市管理会计应用试点成果获专家评审通过。

4月9日 第三期会计领军(后备)人才培训班开班。

4月12日 宁波市财政局召开全市政府采购工作会议。局党委委员、副局长王晓出席会议并讲话。

4月17—18日 宁波市财政局召开全市预算、债务管理业务培训暨债务专项工作会议。市政协副主席,局党委书记、局长叶双猛,局党委委员、副局长高国平到会讲话。

5月8日 宁波市财政局召开全市收入规划核算工作会议。局党委委员、总经济师李立峰同志到会并讲话。

6月1日 宁波市财政局完成2018年第一批政府投资项目竣工财务决算委托评审抽签工作。

6月22日 宁波市财政局召开全市财政系统PPP工作会议。局党委委员、副局长高国平出席会议并讲话。

7月10日 2018年首批宁波市政府债券成功发行。

8月6—8日 宁波市财政局举办全市政府会计制度培训班。

8月16日 宁波市财政局组织开展房产出租和处置政策培训。

8月21日 宁波市财政局召开2019年市级部门预算工作布置会议。局党委委员、副局长高国平作动员讲话。

8月30日 宁波市财政局举办党风廉政建设专题报告会暨第三十期“智慧财政”讲坛。市纪委副书记、市监委副主任杨晔为全局干部职工作党风廉政建设专题报告。市政协副主席、市财政局党委书记、局长叶双猛主持会议。

9月8日 2018年度宁波市会计专业技术资格中级无纸化考试完成。

9月13日 宁波市财政局召开全市规范公款存放管理工作会议。局党委委员、副局长苏丹旦到会并讲话。

9月17日 宁波市财政局发行地方债90亿元,认购倍数创上交所市场纪录。

9月28日 宁波市财政电子票据管理系统上线试运行。

9 月 30 日　宁波市财政局召开全体干部会议。叶双猛不再担任宁波市财政局党委书记;张文杰任宁波市财政局党委书记。市委常委、组织部部长钟关华出席会议并讲话。

是日　市财政局新版外网正式上线运行。

10 月 8 日　宁波市行政事业单位内部控制报告编报工作获财政部高度肯定。

10 月 9 日　宁波市预决算公开平台正式上线。

10 月 31 日至 11 月 1 日　宁波市财政局召开 2018 年农财政策培训会暨全市农财工作会议。局党委委员、副局长竺培楠出席会议并讲话。

11 月 1 日　宁波市首个县级国库集中支付电子化系统在奉化区上线运行。

11 月 7 日　宁波市财政局召开“深入一线优服务　凝聚合力保攻坚”服务争效专项行动布置会。局党委委员、副局长王晓出席会议并讲话。

11 月 15 日　宁波市财政局完成所属企事业单位公务用车改革。

11 月 20 日　宁波市财政局完成 2018 年地方债发行任务。

是日　宁波市财政局举办第三十一期“智慧财政”讲坛。局党委委员、副局长高国平作预算专题辅导报告。

11 月 21 日　宁波市财政局开展“中国制造 2025”政策兑现情况检查。局纪检组组长华平、副局长竺培楠带队,赴部分重点项目与相关企业,检查项目管理全过程程序执行情况。

12 月 11 日　宁波市财政局开展“三联三促”企业服务专项行动。局党委委员、副局长竺培楠带队赴慈溪横河镇实地走访。

12 月 25 日　宁波市财政局政府采购相关工作指引被评为 2018 年度中国政府采购“年度创新奖”。

12 月 27 日　宁波市财政局举办《中国共产党纪律处分条例》学习辅导会暨第三十二期“智慧财政”讲坛。局党委委员、纪检监察组组长华平主持会议。

(宁波市财政局供稿　翁公羽执笔)

温州市

3 月 6 日　温州市财政局召开全市财政地税系统“营商环境提升年”行动动员视频会议。局党组书记、局长余中平作报告。

3 月 12 日　财政部金融司副司长董德刚一行来温州市考察普惠金融工作及 PPP 项目。

3 月 14 日　温州市财政局召开全市财政地税工作会议。局党组书记、局长余中平在会上作题为《着眼新时代展现新作为　坚定扛起温州“探路者”的使命担当》的工作报告。会议总结 2017 年工作,并部署 2018 年工作任务。

3 月 28 日　温州市财政局党组书记、局长余中平受市人民政府委托,在市第十三届人民代表大会第三次会议上作《关于温州市 2017 年全市和市级预算执行情况及 2018 年全市和市级预算草案的报告》。该报告于 3 月 31 日通过审议。

3 月 29—30 日　全省财政文化工作座谈会在温州召开。省财政厅和各地市、县(市、区)财政局教科文处负责人、工作人员共 60 余人参加会议。

4 月 30 日　温州市财政局在全省率先引入并创新机制为堤防灾害风险防控“上保险”,全年为全市 1324 公里的 3~5 级堤防构筑了“三道防线”。

5 月 21 日　温州市委副书记、市长姚高员会见中国政府和社会资本合作融资支持基金(简称中国 PPP 基金)董事长周成跃一行,市财政局党组书记、局长余中平与相关单位领导陪同会见。会后,双方代表签署合作会谈纪要,温州市与中国 PPP 基金双方全面开展总体合作,重点推进首批大型项目落地,就杭温铁路等在温 PPP 项目深化合作。

6 月 7 日　温州市政协副主席鲍小瓯一行到市财政局开展“营商环境提升年”专项集体民主监督。市政协副秘书长吴文玲与市政协副秘书长、市工商联副主席杨雄文陪同督查。

7 月 5 日　温州市财政局挂牌。7 月 20 日,所辖县(市、区)财政局统一集中挂牌,标志着温州市财政和地税部门完成机构分设。

8 月 28 日　浙江省财政厅副厅长王广兵一行对温州市“政采云”平台推广运用情况开展实地督查。

10月15—18日 浙江省财政厅副厅长金慧群一行来到温州，对文成县、泰顺县财政基础教育投入情况进行调研，并到中小学校和幼儿园实地考察、走访慰问。

11月21日 温州市融资担保有限公司成立，注册资本金20.00亿元。

11月22—23日 全省财政金融工作会议在温州召开。

12月21日 财政部文化司副司长马骏一行到温州调研考察公共文化工作。

12月28日 在温州市十三届人大常委会第十六次会议上，市政府首次向市人大常委会报告国有资产管理情况，全市国有资产“家底”首次全方位公开，接受人民监督。

（温州市财政局供稿　李　侠执笔）

嘉兴市

1月11日 嘉兴市财政局召开财政工作务虚会，局党委书记、局长许农主持会议，局领导及处室负责人参加会议，研究2018年财政工作思路。

1月17日 中共嘉兴市委组织部、嘉兴市财政局、嘉兴市人力资源和社会保障局联合印发《嘉兴市人才发展专项资金管理办法》。

1月18日 上海市财政局副局长宋彬一行到嘉兴调研“政采云”工作。

2月6日 嘉兴市财政局召开全市财政地税工作暨党风廉政建设工作会议，学习贯彻全省财政地税工作会议精神，表彰2017年度先进集体和先进个人，总结和部署全市财政地税工作及党风廉政建设工作，局党委书记、局长许农作工作报告。

3月9日 嘉兴市财政局党委举行红船财税党校揭牌暨新时代论坛开讲仪式，局党委书记、局长许农为红船财税党校揭牌并作新时代论坛第一讲。

3月16日 嘉兴市政协主席高玲慧一行到市财政局调研，听取2018年财税重点工作汇报，征求市政协履职建议。

4月9日 嘉兴市财政局、嘉兴市农业和农村工作办公室、嘉兴市旅游委员会、嘉兴市妇女联合会联合印发《嘉兴市本级美丽乡村建设资金与项目管理办法》。

4月14日 嘉兴市第八届人民代表大会第三次会议通过《关于嘉兴市2017年全市和市本级预算执行情况及2018年全市和市本级预算的决议》。

4月19—20日 浙江省注册会计师和资产评估师联合党委（扩大）会议在嘉兴召开，省财政厅党组成员、副厅长、注册会计师、资产评估行业联合党委书记沈磊参加。

5月4日 嘉兴市财政局邀请民主监督员、特邀监察员召开座谈会。

5月16—17日 浙江省财政厅党组成员、副厅长王广兵一行到嘉兴调研浙江政务服务网统一公共支付平台实施应用推进工作。

6月6日 山东省财政厅调研组到嘉兴交流考察。

7月5日 嘉兴市财政局、中共嘉兴市委人才工作领导小组办公室联合印发《嘉兴市政府采购支持人才高新企业发展实施意见》。

7月9日 嘉兴市人大常委会副主任王马青一行到市财政局调研指导工作。

7月23—27日 财政部国际经济司调研组到嘉兴调研企业“走出去”情况。

7月24日 嘉兴市财政局召开全体干部大会，学习贯彻习近平总书记对浙江重要指示精神。局党委书记、局长许农作动员讲话。

8月16日 嘉兴市财政局党委召开中心组理论学习扩大会，传达市委关于“社情民意大走访、‘八八战略’大宣讲、思想观念大解放”活动精神，部署开展相关活动。

9月3日 浙江省审计厅对嘉兴市本级政府债务审计进点会在市财政局召开。

9月4日 嘉兴市财政局、嘉兴市民政局联合印发《嘉兴市本级社会养老服务体系建设专项资金管理暂行办法》。

9 月 7 日　嘉兴市财政局召开市委八届四次全会精神学习会暨“八八战略”辅导会，局领导班子及全体干部职工参加，局党委书记、局长许农讲话。

9 月 27 日　浙江省“政采云”推广应用督查嘉兴汇报会在嘉兴市财政局召开，局党委书记、局长许农，副局长姜东，局采监处、数字中心负责人，县(市、区)局分管领导及业务科室负责人参加。

9 月 30 日　中共嘉兴市财政局委员会印发《大力弘扬红船精神推进清廉财政建设实施意见》。

10 月 8 日　全省防范化解地方隐性债务风险专项行动进驻嘉兴部署会在市财政局召开，嘉兴市副市长张仁贵参加会议。

10 月 23—24 日　浙江省财政厅党组成员、副厅长沈磊一行到嘉兴开展工作思路调研。

11 月 1 日　在 2018“星耀南湖”精英峰会上，嘉兴市财政局举办领军人才企业产品政府采购对接会。

11 月 9 日　嘉兴市政府印发《关于建立全市重大政府投资项目资金保障机制的意见》。

11 月 13 日　浙江金控投资管理公司、嘉兴市财政局、嘉兴市秀洲区国家高新园区与复星创富、天津捷威动力公司共同签署《捷威动力(嘉兴)项目定向基金框架协议》。嘉兴市委书记张兵，浙江省财政厅党组成员、省金融控股公司总经理杜祖国，复星国际董事长及相关人员出席签约仪式。

11 月 15 日　嘉兴市财政局举办嘉兴市拟上市公司 IPO 专题培训讲座，全市 65 家拟上市企业董事长、总经理、财务总监等企业高管，会计师事务所人员，市局及各县(市、区)财政干部共 180 余人参加。

11 月 23 日　嘉兴市财政局成立乡村振兴战略推进工作领导小组。

12 月 10 日　嘉兴市人大常委会副主任王马青带队到市财政局调研，听取 2018 年预算执行情况、2019 年预算编制情况及绩效预算实施情况。

(嘉兴市财政局供稿　徐力超执笔)

湖州市

1 月 19 日　湖州市市级机关会计核算中心获得湖州市“最美窗口”称号。

1 月 23 日　中共湖州市委、湖州市人民政府出台《关于进一步做好防范化解政府性债务风险工作的实施意见》。

2 月 12 日　湖州市财政局召开 2018 年全市财政地税工作会议暨全面从严治党工作会议。局党组书记、局长周建明作工作报告，并与局领导班子成员、各县局局长签订党风廉政建设责任书。

2 月 23 日　湖州市委副书记、市长钱三雄到市财政局看望慰问干部职工。

3 月 6 日　湖州市财政局召开 2018 年全市财政监督工作座谈会。

3 月 28 日　湖州市八届人大三次会议听取《关于湖州市 2017 年全市和市本级预算执行情况及 2018 年全市和市本级预算草案的报告》，该报告于 3 月 31 日经大会审议通过。

4 月 18 日　浙江省财政厅副厅长王广兵一行到德清调研农村综合改革工作。

4 月 20 日　湖州市财政局召开全市预算执行工作会议。

是日　湖州市财政局被评为 2017 年度全省财政综合工作目标考核市级优秀单位，实现“六连优、四连冠”。

4 月 27 日　财政部副部长胡静林、财政部农业司副巡视员凡科军一行到德清县调研农村土地改革情况，浙江省财政厅副厅长王广兵、湖州市人大常委会副主任董立新等陪同调研。

4 月 28 日　湖州市财政局召开第一季度全市财政地税收入分析会。

6 月 25 日　湖州市财政局召开庆祝建党 97 周年暨党建工作表彰会。局党组书记、局长周建明讲话，市局机关全体干部参加会议。

7月5日 国家税务总局湖州市税务局挂牌成立，财政与税务机构实现分设。

7月13日 湖州市财政局出台《湖州市市级财政专户资金存放管理实施办法》。

7月18日 湖州市财政局召开市委第三巡察组巡察财政局党组工作动员会。

7月27日 湖州市财政局召开党组理论学习中心组(扩大)会议。

8月1日 湖州市人大常委会副主任董立新一行到市财政局调研财政工作。

8月8日 湖州市财政局召开2018年度局务会议暨落实全面从严治党主体责任推进会。

8月31日 湖州市财政局召开2019年市级部门预算布置会。

9月26—28日 中共湖州市委组织部、市委党校、市财政局联合举办全市地方政府债务风险防控专题研讨班。市委副书记、市长钱三雄作开班讲话，全市各区县及市级部门分管负责同志参加培训。

10月18日 浙江省财政厅党组书记、厅长徐宇宁赴安吉县鲁家村开展专题调研。

11月5日 湖州市人民政府办公室出台《湖州市市级政府性专项资金管理办法》。

11月8日 湖州市财政局被浙江省委、省政府评为全省“千万工程”和美丽浙江建设突出贡献集体。

12月6日 湖州市第一台公共支付自助机在市市民服务中心正式投入使用。

12月12日 全省财政税政处科长座谈会在德清县召开，省财政厅党组成员、副厅长章启诚出席并作重要讲话。

12月31日 湖州市人大常委会审议通过2017年度全市国有资产管理情况报告。

(湖州市财政局供稿　朱晨龙执笔)

绍兴市

1月26日 绍兴市财政局召开全市财政地税工作会议。

1月30日 绍兴市财政局召开领导班子和领导干部考核会议。

1月31日 绍兴市财政局召开“最多跑一次”改革第三次推进会。

2月5日 绍兴市委副书记、市长马卫光一行出席市财政局党委民主生活会，并听取落实全面从严治党主体责任和意识形态工作主体责任情况汇报。

2月23日 绍兴市委常委、常务副市长凌志峰到市财政局调研工作，专题听取市区社保统筹、市级财政性资金竞争性存放等相关工作汇报。

是日 绍兴市财政局获绍兴市2017年度工作目标责任制考核优秀单位称号。

3月5日 绍兴市财政局召开全市财政地税系统党建暨党风廉政建设工作会议。

4月11日 绍兴市财政局获2017年度平安综治工作先进单位称号。

5月14日 绍兴市财政局印发《绍兴市市级行政事业单位内部控制建设评价办法(试行)》。

5月25日 财政部党组成员、部长助理许宏才一行到绍兴市调研政府储备土地资产及相关债务管理工作。

5月25—26日 首届世界会计论坛暨第十三届CFO大会在绍兴市柯桥区召开。

6月7日 绍兴市人民政府办公室印发《关于推进市区社会保险统筹管理的实施意见》，明确于2018年7月1日起正式实施三区社保基金统筹管理。

6月29日 绍兴市政府印发《绍兴市政府投资项目建设资源封闭运行实施方案》。

7月4日　绍兴市财政局印发《财政扶贫领域腐败和作风问题专项治理实施方案》。

7月6日　全国预算与会计研究会常务副会长、原财政部国家农业综合开发办公室主任王光坤一行赴绍兴市调研现代蓝莓综合产业。

7月23日　绍兴市财政局召开半年度述责评议会议。

8月6日　中共绍兴市委组织部、市财政局印发《绍兴市市级机关干部教育培训经费开支管理规定》。

9月6日　绍兴市财政局召开全面实施绩效管理工作会议。

9月15日　嵊州市养老保险工作获省领导肯定，并获奖励性调节金3000万元。

9月19—20日　财政部预算司调研组一行来绍兴市调研并召开座谈会，听取绍兴市土地储备出让预算管理试点工作的开展情况，实地走访镜湖新区涉及专项债项目的地块及城市建设有关项目。

9月27日　绍兴市越城区财政局在2018年度“三个最佳”争创活动中获“最佳服务举措”“最佳制度创新”称号。

9月30日　绍兴市财政局召开2019年市级预算编制布置会暨业务培训会议。

10月8日　绍兴市财政局召开三季度财政工作点评会议。

10月11日　贵州省财政厅党组成员、副厅长石化清一行来绍兴市调研考察，召开座谈会听取政府债务管理、土地储备债务管理等相关情况。

10月25—26日　浙江省财政厅党组成员、副厅长邢自霞一行来新昌县开展调研。

10月29日　浙江省财政厅党组成员、副厅长章启诚带领局领导吕丙、邢玉清赴财政部汇报绍兴市土地储备出让预算管理试点工作。

11月5日　绍兴市委副秘书长、市直机关工委书记裘凯音一行来绍兴市财政局参观考察党建示范阵地。

11月19日　绍兴市财政局党委书记、局长吕丙，局党委委员、副局长邢玉清赴自然资源部汇报绍兴市土地储备出让预算管理试点工作。

11月21日　绍兴市财政局开展“走企连心”服务活动，提振企业信心。

11月26日　绍兴市财政局“一门通办”党员服务岗正式运行。

11月30日　全市机关基层党支部标准化建设现场会在市财政局召开。

12月3日　浙江省财政厅宣讲团在市财政局举办“严谨、坚守、创新、奉献”浙江财政职业精神宣讲会，激励广大财政干部新时代新担当。

12月11日　绍兴市财政局召开2018年度述责评议会。

12月12日　中国资产评估协会副秘书长韩立英一行来绍兴市考察调研，听取绍兴市土地储备预算管理相关工作的情况汇报。

12月16日　诸暨市财政局组织举办2018年(第二届)中国(诸暨)科技金融暨创业投资与产业数字化融合发展高峰论坛。

12月29日　全国首笔土地储备出让预算管理专项债券15.6亿元落地绍兴市。

(绍兴市财政局供稿　吴　滟执笔)

金华市

1月9日　金华市财政局印发《金华市农业综合开发项目评审工作实施细则》。

1月19日　金华市政府第18次常务会议听取市财政局关于2017年财政预算执行情况及2018年财政预算有关情况的汇报。

3月2日　金华市财政局印发《金华市财政局关于调整市本级机关会议费培训费有关规定的通知》。

3月5日　金华市财政局印发《金华市市本级机关干部教育培训经费开支管理规定》。

3月12日　永康市被浙江省政府评为全省财政管理工作先进典

型市县。

3 月 27 日　财政部会计司司长高一斌到义乌市调研会计实名登记、会计代理记账管理工作。

4 月 28 日　金华市政府第 24 次常务会议听取市财政局关于金华市区道路交通事故社会救助基金管理办法制订情况的汇报。

5 月 7 日　金华市财政局召开全市财政局长座谈会。

5 月 9 日　金华市财政局配合卫计部门出台《金华市免费产前筛查实施方案》及《金华市 0—3 岁儿童发育检测和筛查项目实施方案》。

5 月 14—15 日　浙江省财政厅党组成员、驻厅纪检监察组组长徐首红赴金华市、东阳市调研。

5 月 24 日　东阳市被省农村综合改革工作领导小组办公室列入省农村综合改革集成区试点范围。

5 月 31 日　浦江县在浙江省财政厅 2017 年度全省预决算公开专项检查中排名全省并列第一。

6 月 14—15 日　金绍衢丽片区政府采购投诉、信访、举报案件分析交流会在金华市召开。

6 月 19 日　金华市财政局联合市委老干部局下发《关于调整老年大学学员学费报销标准的通知》。

7 月 12 日　浙江省财政厅副厅长王广兵一行来东阳对一事一议助推美丽乡村建设、农村综合改革集成示范区建设等情况开展调研。

7 月 13 日　金华市财政局配合市民政局提请市政府出台《金华市人民政府办公室关于进一步健全完善特困人员救助供养制度的实施意见》。

7 月 20 日　金华市财政局印发《进一步规范因公临时出国因公短期出国培训有关经费管理规定的通知》。

7 月 24 日　浙江省财政厅副厅长王广兵一行来武义县开展财政扶持集体经济发展项目专项检查。

8 月 8 日　金华市政府第 29 次常务会议听取市财政局关于进一步加强政府性债务风险防范与化解的情况汇报。

8 月 9—10 日　全省乡镇财政管理工作会议在义乌市召开。

8 月 28 日　金华市财政局、市税务局建立金华市财政税务工作部门联席会议制度。

9 月 3—4 日　浙江省财政厅党组成员、浙江省金融控股有限责任公司总经理杜祖国一行来金华市督查“政采云”平台推广运用工作。

10 月 9 日　金华市财政局召开市本级财政税务人员划分方案工作会议。

10 月 11 日　金华市财政局召开各县市财政局关于相关划分工作会议，传达省财政厅、省税务局财政地税关于相关划分会议精神。

10 月 16—18 日　浙江省财政厅财政监督局局长楼梅芳带队在东阳市、义乌市开展全省财政工作思路调研。

10 月 26 日　金华市财政局印发《关于市级单位干部职工子女保教费报销规定的通知》。

11 月 22 日　金华市政府第 35 次常务会议通过了市金控公司实体化运作方案。

11 月 26 日　浙江省财政厅、国家税务总局浙江省税务局通过金华市财政局、税务局关于机构改革“三定”方案和人员转隶名单的请示。

11 月 27 日　金华市财政局印发《金华市本级预算单位政府采购操作规则(试行)》。

12 月 10 日　金华市财政局召开市区财政干部大会。

12 月 12 日　金华市财政局印发《财政资金事中监管工作制度(试行)》。

(金华市财政局供稿　蔡　昇执笔)

衢州市

1 月 9 日　衢州市财政局党委书记、局长吴宝骏赴江山市财政局开展2018年度工作思路调研。

1月25日　衢州市财政局、市国税局、市地税局联合召开衢州市会计人员执业信用档案管理系统上线会议。

2月7日　衢州市财政局被授予2017年度衢州市市直机关"最佳满意单位"称号。

2月8日　衢州市域内钱塘江流域地区两两完成补偿协议签订工作,率先在全省建立上下游生态保护补偿机制。

2月11日　衢州市财政局等七部门联合出台《衢州市科技创新大专项资金管理办法》。

2月28日　衢州市财政局召开全局干部职工大会,局党委书记、局长吴宝骏作工作报告。

3月7日　衢州市财政局召开深化"上门服务至少一次"活动动员会,局党委书记、局长吴宝骏对活动推进进行再动员、再部署。

3月27—28日　财政部会计司司长高一斌赴衢州市开展会计诚信体系建设工作专题调研,市财政局局长吴宝骏作专题汇报。

3月30日　衢州市七届人大三次会议审议通过《关于2017年全市和市本级预算执行情况及2018年全市和市级预算草案的报告》。

5月17—19日　浙江省财政厅副厅长金慧群赴衢州市开展"'八八战略'再深化、改革开放再出发"大调研活动,听取工作汇报,赴衢州市柯城区和常山县实地走访调研。

5月25日　衢州市财政局召开全市财政地税系统党风廉政建设工作会议,局党委书记、局长吴宝骏与局领导班子成员和各县(市)局主要负责人分别签订党风廉政建设责任书。

5月29—30日　浙江省财政厅党组书记、厅长徐宇宁赴衢州市衢江区、常山县等地开展大调研活动,了解财政运行和改革情况,听取基层意见建议。

6月24日　衢州市财政局召开大整风"十大行动"动员会,局党委书记、局长吴宝骏作工作部署。

7月17日　衢州市财政局党委书记、局长吴宝骏带队赴衢州市衢江区后溪镇下棠村开展组团联村服务。

8月27日　衢州市政府出台《衢州市财政"大统筹"工作机制实施意见》,推进财政管理体制改革。

9月30日　衢州市政府出台《构建以建设乡村大花园为导向的财政支农政策体系》,整合设立市级"大三农"专项资金。

10月31日　浙江省财政厅副厅长章启诚赴衢州市开展2019年财政工作思路调研,并实地走访江山市和龙游县。

11月7日　衢州市财政局出台《衢州市财政局重大行政决策程序暂行办法》。

12月18—19日　浙江省政府产业基金投资推进会暨衢州市政府产业基金资金资本与项目对接论坛在衢州市召开,市财政局在会上作经验交流。

(衢州市财政局供稿　毛怡青执笔)

舟山市

1月27日　舟山市财政局、中共舟山市委宣传部联合印发《舟山市文化产业发展专项资金管理暂行办法》。

2月9日　舟山市财政局召开全市财政地税工作会议暨党风廉政建设工作会议,回顾上年财政地税国资工作,部署2018年各项工作,表彰各类先进,签订党风廉政建设、效能作风建设责任书。

3月2日　舟山市七届人大三次会议批准2018年市本级预算。

3月29日　财政部条法司副司长赖永添赴舟山市开展《行政事业性国有资产管理条例》立法调研。

4月11日　舟山市财政局印发《舟山市"菜篮子"专项资金管理办法》。

是日　舟山市财政局、舟山市港航管理局联合印发《舟山市江海联运发展专项资金管理办法》。

4月23日　舟山市财政局核算中心服务窗口被浙江省总工会授予"浙江省工人先锋号"称号。

5月9—11日　浙江省财政厅党组成员、省金融控股公司总经理杜祖国一行就"'八八战略'再深化、改革开放再发展"赴舟山市财政局和岱山县财政局开展调研。

5月21日　舟山市财政局、舟山市住房和城乡建设局联合印发《舟山市省级城乡新型建筑工业化以奖代补资金管理办法》。

5月22—24日　财政部驻浙江专员办赴舟山市开展中央海岛及海域保护资金绩效评价工作。

5月29日　舟山市五水共治领导小组（河长办）办公室、舟山市财政局联合印发《舟山市治水治污专项资金管理办法(试行)》。

6月26日　舟山市财政局、舟山市水利水务围垦局联合印发《舟山市市级节约用水专项资金使用管理办法（试行）》。

7月4日　舟山市财政局、中共舟山市委宣传部联合印发《舟山市文化礼堂建设专项资金管理办法》。

8月3日　舟山市财政局、舟山市农林与渔农村委员会联合印发《舟山市低收入渔农户扶贫增收专项资金管理办法》。

8月18日　舟山市政府投资项目造价中心更名为舟山市政府投资项目审价中心，在原概算、预算审核基础上增加结算、决算审核职能。

8月23日　舟山市本级首个PPP项目——舟山市污水处理厂工程PPP项目，被正式纳入财政部综合信息管理平台，项目总投资13.51亿元。

8月29日　舟山市七届人大常委会第十五次会议审议并批准2017年市本级财政决算。

9月1日　“政采云”平台“舟山制造精品馆”建设上线。

9月20日　舟山市财政局、舟山市科学技术局联合印发《舟山现代海洋产业创新服务综合体建设财政专项资金管理办法(试行)》。

10月24—26日　浙江省财政厅党组成员、驻厅纪检监察组组长徐首红赴舟山市开展调研，了解舟山市2018年财政工作运行情况、谋划2019年财政工作思路，并与省人大代表、省政协委员以及基层财政部门、服务对象进行交流。

10月26日　舟山市财政局、舟山市教育局联合印发《舟山市本级民办教育发展专项资金管理办法》。

10月30日　舟山市七届人大常委会第十六次会议审议批准2018年市本级地方政府债务限额和预算调整方案，市本级按省财政厅核定数194.63亿元作为2018年地方政府债务限额。

11月15—16日　浙江省政府采购联合会会长赵立妙一行调研舟山市政府采购工作。

12月7日　舟山市财政局印发《舟山市财政局重大行政决策程序暂行办法》。

（舟山市财政局供稿　徐颖娜执笔）

台州市

1月4日　台州市人大常委会科教文卫工委主任张贤连带领考核组，来台州市财政局开展2017年度重点工作目标责任项目考核，并对单位领导班子和领导干部2017年度考核进行民主测评。市财政局副局长陶勇对2017年度各项重点工作完成情况作汇报。

1月30日　台州市财政局副局长陶勇、总会计师卢修贤分别实地走访了台州广田汽车零部件有限公司、吉利金刚路桥公司、埃飞灵卫浴科技有限公司等10多家重点规模以上企业、重点项目及工业园区。

2月12日　台州市财政局召开全局干部总结大会。副局长陶勇讲话。

3月13日　财政部金融司副司长董德刚一行8人赴温岭市就普惠金融发展情况走访台州市小微企业信用保证基金运行中心、温岭市联合村镇银行科技支行开展调研。台州市市长王宗明、常务副市长朱明连陪同调研并汇报全市金融事业发展基本情况。

3月15—16日　台州市财税系统工作会议在台州市椒江区召开，会议总结分析2017年全市财政地税工作，研究部署2018年各项重点工作。

4月10日　台州市财政局局长林定刚、总会计师卢修贤一行赴市金融投资有限责任公司开展座谈调研。

4月25日　台州市财政局专题召开党组会议对2018年党建工作进行研究部署。

5 月 14—16 日　浙江省财政厅党组成员、副厅长邢自霞一行来台州开展"'八八战略'再深化、改革开放再出发"调研活动。

5 月 23—25 日　财政部国际财金合作司副司长王忠晶、浙江省财政厅副厅长邢自霞一行到仙居县调研法国开发署贷款项目进展情况。县委书记林虹，县委副书记、县长颜海荣，县委常委、县人大常委会副主任朱志明，县财政局局长姚文浩参加并汇报项目进展情况。

6 月 19—23 日　台州市财税系统 2018 年科级以上领导干部培训班在厦门大学举行。全市共 70 余位领导干部参加培训。

6 月 26 日　台州市财政局副局长余延龄带领市财政局、市国税局、市地税局联合调研组赴台州市循环产业集聚区调研。

7 月 6 日　台州市委副书记、代市长张晓强给台州市财政局上党课。

7 月 9 日　台州市财政局副局长许天鸿带队到市残联开展上门服务活动。

7 月 18 日　台州市财政局召开处长会议，传达市全面从严治党主体责任会议相关精神。

7 月 25 日　台州市财政局副局长郑必灼一行赴台州市椒江区调研椒灵江流域上下游横向生态保护补偿机制。

8 月 8 日　台州市财政局召开 2018 年半年度全市财政局长会议，局党组书记、局长林定刚发言。

8 月 20 日　台州市委书记陈奕君带队来市财政局调研指导工作。市委常委、市政府常务副市长董贵波参加调研。市财政局党组书记、局长林定刚作工作汇报。

9 月 3 日　台州市财政局召开主要领导调整会议，市委常委、组织部部长吕志良到会讲话。

9 月 4 日　浙江省政府产业基金工作会议在临海市召开，省财政厅副厅长沈磊出席会议。

9 月 14 日　浙江省财政厅党组成员、省金控公司总经理杜祖国带队在台州市就"政采云"平台推广运用开展实地督查，并举行座谈。市财政局副局长许天鸿，市政府采购中心主任陈建忠及各县(市、区)财政局分管领导和采监科、数字中心负责人，集采机构负责人参加座谈会。

9 月 26 日　财政部预算司副司长王克冰一行赴台州市调研加强地方政府债务管理情况。

10 月 14—17 日　省财政厅预算执行局局长侯余兴一行来台州地区开展工作思路调研。实地走访台州黄岩、温岭、玉环等地的企业、乡镇并拜访当地省人大代表、政协委员，市财政局副局长郑必灼陪同调研。

10 月 26 日　戴国富被台州市人大常委会任命为台州市财政局局长。

10 月 30 日　财政部驻浙江省专员办处长马笑渊一行在台州市召开 2016—2017 年中央水污染防治资金和土壤污染防治资金绩效监管座谈会，并开展实地核查。市财政局副局长郑必灼，经建处、农业处、监督局负责人和市环保局相关处室负责人参加座谈会。

是日　台州市三季度财政系统局长会议召开。台州市财政局党组书记、局长戴国富讲话。

11 月 5 日　台州市财政局局长戴国富赴台州市高新技术开发区开展调研。开发区管委会主任王荣千作汇报。

11 月 9 日　台州市财政系统办公室主任会议在台州市黄岩区召开。

11 月 15 日　台州市财政局局长戴国富对全市财政电子票据改革工作作出批示。

11 月 16 日　台州市财政局总会计师卢修贤、副局长蒋天平、驻局纪检组组长王福伟、副局长郑必灼分别带队赴三门县、天台县、玉环市、台州市黄岩区开展"五问入企、五心服务"活动。

11 月 22 日　台州市财政局局长戴国富赴台州市路桥区、温岭市开展"五问入企、五心服务"活动。

是日　台州市财政局副局长许天鸿带队赴台州市椒江区开展"五问入企、五心服务"活动。

11 月 25 日　台州市公职律师和法制员工作培训交流会在台州市财政局召开，全市公职律师、法律人才及市局各处室法制员 30 余人参加，市财政局副局长郑必灼、蒋天平出席会议。

11 月 29 日　台州市财政局邀请浙江省担保集团有限公司两位专家来台州市开展融资担保业务培训。全市财政系统、国资系统及国企近 40 人参加会议，市财政局总会计师卢修贤出席会议。

12 月 4 日　台州市审计局副局长林永兴带队到市财政局开展审计整改落实督查，市财政局班子成员及相关处室人员参加。

12 月 13—15 日　财政部机关党校第 69 期处级党员干部进修班调研组到台州市调研。

12 月 23 日　台州市财政审核系统主任会议召开。台州市财政局副局长郑必灼参会并讲话。

12 月 24 日　台州市人大常委会委员、法制工委主任於艳华带领考核组，到台州市财政局开展 2018 年度市级单位重点工作目标责任项目考核。

12 月 25 日　台州市代市长张晓强对市财政局报送的专报《筑牢“安全网” 引入“活泉水” 我市新增地方政府债务限额创历史新高》作出批示：“市财政局主动作为，一手抓向上争取，新增地方债务创历史新高，有效服务经济社会发展；一手抓风险防范，不断优化债务结构，切实守住防风险底线，值得充分肯定，应予表扬！”

12 月 26 日　浙江省财政厅副厅长、浙江省注册会计师、资产评估行业联合党委书记沈磊一行走访台州中天会计师事务所。

（台州市财政局供稿　沈孔平执笔）

丽水市

1 月 2 日　丽水市财政局印发《丽水市财政专项扶贫资金管理办法（试行）的通知》，推进农村扶贫开发工作，支持低收入农户增收和扶贫重点村发展。

2 月 7 日　丽水市人大常委会党组副书记、副主任陈建波到丽水市财政局调研 2018 年市本级部门预算改革及编制工作。

2 月 24 日　丽水市财政局召开全市财政地税工作会议。局党组书记、局长张少荣作工作报告。龙泉市局、青田县局、遂昌县局、松阳县局作交流发言。

3 月 6 日　印发《关于局领导工作分工部分调整的通知》。

3 月 8 日　丽水市财政局召开全市财政地税系统反腐倡廉建设工作会议。局党组书记、局长张少荣作反腐倡廉建设工作报告，市纪委、监委派驻市人大机关纪检监察组组长叶云妹参会并讲话。

4 月 1 日　丽水市财政局联合市国土局、市征收办、市规划局印发《关于建立丽水市级土地出让收入分析联席会议制度的通知》，建立土地出让收入数据信息共享机制。

4 月 4 日　丽水市财政局印发《全市财政地税系统 2018 年度全面从严治党工作要点》，贯彻落实中央、省委、市委和省厅省局关于加强党建工作有关要求，推动全面从严治党各项工作向基层延伸。

5 月 7—11 日　丽水市财政局举办全市财政地税系统后备干部培训班，来自市局和各县（市）局 72 名干部参加培训。

7 月 11 日　丽水市召开区域子基金工作会议暨松阳庆元区域子基金签约仪式。市生态经济产业基金与松阳县、庆元县政府签订区域子基金合作协议，组建松阳县田园生态发展基金和庆元县生态经济产业基金。

7 月 28—30 日　财政部国际财金合作司副司长张政伟到丽水市调研指导工作，参加生态产品价值实现机制国际研讨会，赴景宁县开展实地考察。

8 月 21 日　浙江省财政厅党组书记、厅长徐宇宁赴缙云县开展专题调研，了解经济社会发展和财政收支运行情况。

8 月 31 日　丽水市财政局印发《丽水市本级社会保障风险准备金管理操作办法》，做好社会保障风险准备金管理工作。

9 月 4 日　浙江省委“政采云”督查工作组组长、省财政厅党组成员、省金控公司总经理杜祖国来丽水市督查“政采云”推广运用工作并召开督查座谈会。

10 月 8 日　丽水市财政局印发《丽水市直财政支出绩效评价结果应用管理暂行办法》，加强财政支出绩效评价结果应用。

11 月 20 日　中共丽水市财政局党组印发《关于推进“清廉财政”建设的实施方案》，部署推进“清廉财政”建设。

12 月 14 日　丽水市财政局召开市委第一巡察组巡察市财政局党组织工作动员会。市委第一巡察组组长雷春梅作动员讲话，市委巡察工作领导小组成员、办公室主任郑绍周提出巡察工作要求，市财政局党组书记、局长张少荣主持会议并作表态发言。

（丽水市财政局供稿　王苏连执笔）

财政机构人员

zhejiang caizheng nianjian

浙江省财政厅厅领导名单

（2018 年 12 月 31 日）

党组书记、厅长　　徐宇宁
党组成员，省金融控股有限公司党委委员、总经理　　杜祖国
党组成员、副厅长，省委两新工委委员　　沈　磊
党组成员、驻厅纪检监察组组长　　徐首红
党组成员、副厅长　　邢自霞
党组成员、副厅长，总预算局局长　　章启诚*
正厅级　　金慧群*

浙江省财政厅机构设置及处级干部名单

（2018 年 12 月 31 日）

一、厅机关

办公室

主任：叶光胜
副主任：杨慧芳（兼）
副主任：高　翔
副主任：陈亚谊
副主任：徐小俊
副主任：王　琛*
副主任：汤建新（援藏工作）*
调研员：林圣才
副调研员：吴晗英

人事处、直属机关党委

处长：章忠良
机关党委专职副书记：金洪根
副处长：费　萍
副处长：叶茂乐
机关纪委专职副书记：杨一斐
调研员：姜明路*
副调研员：李亚东

省纪委省监委驻省财政厅纪检监察组

副组长（正处长级）：杨维智
副组长（正处长级）：吕继进*
副组长（副处长级）：陈争红*
正处级纪检监察员：金国荣
副处级纪检监察员：王道献*

政策法规处

处长：陈建中
副处长：富德荣
调研员：朱炳仁
调研员：董强波*
副调研员：应海燕

总预算局、地方预算处、债务管理处

局长：章启诚（兼）
地方预算处处长：陈　孝
债务管理处处长：周爱明
地方预算处副处长：顾健耀*
副调研员：蒋旗江

税政处

处长：尹红平
副处长：费国炎*
副调研员：许　磊

预算执行局、国库支付处

局长：侯余兴（副厅级）
国库支付处处长：张胜凯
国库支付处副处长：包尧兴
国库支付处副处长：戴晔沸
副调研员：吴月宝
副调研员：陈　珍
副调研员：蒋小聪
副调研员：朱仰军

综合处

处长：姚龙飞
副处长：吴凤珍
副处长：肖艳菱
副处长：邬达贵
调研员：姚如华
副调研员：孙继霞

会计处

处长：江中亮
副处长：杨树圣
副处长：楼丽娜*
调研员：蒋振成
调研员：汤　淮
调研员：李雪萍
副调研员：郑肖亮
副调研员：程少春

行政政法处

处长：童黛铭
副处长：管海燕
副处长：陈　达
副处长：赵巧丽
副处长：李　杰
副调研员：苗林炯

科教处

处长：金　涛
副处长：傅彩莲
副处长：虞劲松
调研员：戴祥波

文化处（省文化企业国有资产监督管理办公室）

处长：董立国
副处长：童　盈
副调研员：袁艺侨
副调研员：胡　红

行政事业资产管理处

处长：陈百平
副处长：周克俭*
副处长：潘朝晖
调研员：陈丽君*

农业处

处长：徐来兴
副处长：王　静
副处长：赵　虹
副处长：王振权
副处长：康国梁
副调研员：徐　建*

基层财政管理处（省农村综合改革办公室）

处长：何新星
副处长：孙建苗
副处长：鲁　明*
副调研员：许建全

企业处

处长：叶光胜（兼）
副处长：王林尧
副处长：吴新芳
副处长：沈燕萍*
调研员：朱　玲
副调研员：冯　洁
副调研员：张　卉

金融处

处长：周　瀛
副处长：洪小然
副处长：罗亭林
副调研员：陈燕燕

社会保障处

处长：王雯琳
副处长：李　鸣
副处长：陈志远
副处长：吴益民
副处长：黄　青
副调研员：王柳霞
副调研员：全龙江

经济建设处

处长：倪学军
副处长：马　勇
副处长：楼慧芬
副处长：马建胜
副处长：何喜平
副调研员：丁万钧

财政监督局、绩效管理处

局长：楼梅芳（副厅级）
绩效管理处处长：赵利明
副局长：赵春伟
绩效管理处副处长：刘　虹
绩效管理处副处长：詹　飙*
副调研员：周学伟

政府采购监管处

处长：郭定方
副处长：邵　健*
副处长：张旭东
调研员：徐剑锋
调研员：梁妙其
副调研员：何一平

二、直属单位

省财务开发公司

省财政厅党组成员，省金融控股有限公司党委委员、总经理：杜祖国
省财务开发公司管理五级职员，省金融控股有限公司党委委员、董事：叶　忠*
省财务开发公司管理五级职员，省金融控股有限公司党委委员、副总经理：倪一冰
省财务开发公司管理五级职员，省金融控股有限公司党委委员、副总经理：盛　亮
省财务开发公司管理五级职员，浙江金控投资管理有限公司董事长、总经理，浙江金控投资有限公司董事长：杜金良*
省财务开发公司总经理办公室主任，省金融控股有限公司党委委员、金融管理部总经理，杭州金溪山庄董事长：黄志明*
省财务开发公司财务内审部经理，省金融控股有限公司财务部经理：柴会荣
省财务开发公司投资管理一部经理，省金融控股有限公司投资管理部总经理：汪一兵*
省财务开发公司投资管理三部经理，浙江金控投资管理有限公司副总经理：徐晓坚

省财务开发公司投资管理四部经理:张宝健
省财务开发公司对外联络部经理:贺贤文
省财务开发公司管理六级职员,省金融控股有限公司办公室主任:邵建协*
浙江金控投资管理有限公司副总经理:夏慧民
省财务开发公司管理五级职员:华山月
省财务开发公司管理五级职员:於亚雄*
省财务开发公司管理六级职员,省金融控股有限公司战略发展部总经理:侯兴钏*
省财务开发公司管理六级职员,杭州金溪山庄副总经理:程智灵*
省财务开发公司管理六级职员,浙江金控投资有限公司总经理,浙江金控投资管理有限公司副总经理:陈　栋*
省财务开发公司管理五级职员:姚　战*
省财务开发公司管理五级职员:朱　蕾*

省级财政国库支付中心

主任:郑　耀
副主任:宋万生
副主任:甘建辛(吉林挂职)
副主任:黄哲强
调研员:何玮富(援疆工作)*
副调研员:和繁荣
副调研员:周小燕

省财政项目预算审核中心

主任:沈　湧
副主任:沈应庚
副主任:俞富桥
副主任:魏成勇
副调研员:吴春桃
副调研员:徐孝土

省财政票据管理中心(非税收入服务中心)

副主任:叶时宝
副主任:杨仕聪
调研员:张亚平*
副调研员:刘　宁

省级部门预算编制中心

主任:张远东
副主任:陈志光
副主任:范　愿
副调研员:邵　奕

省财税政策研究室

主任:杨慧芳
副主任:王非文
副主任、《浙江财税与会计》主编:冯　健
副主任:陈优芳
副调研员:唐礼萍
副调研员:钱衍强

省数字财政管理中心

主任:李　军
副主任:金永勤
副主任:陈健东
副主任:金国兴*
管理五级职员:寿建钢*

省会计人员服务中心

主任:韩江南*
副主任:童联新

省农业综合开发项目审核中心

主任:陆龙泉
副主任:林金松
管理五级职员:许锡田*

省财政干部教育中心(省中华会计函授学校)

干教中心主任、专职副校长:余丽生
干教中心副主任、专职副校长:吴小明
干教中心副主任、专职副校长:沈幼华

省道路交通事故社会救助基金管理中心

主任:许智敏*

省社保基金管理中心

主任:赵雅玲

省注册会计师服务中心、省注册会计师协会(资产评估协会)

主任、秘书长:石琪琪
副主任、副秘书长:韩江南(兼)
副主任、副秘书长:张光敏

浙江财政后勤服务中心

主任:陈相艮

省农业信贷担保公司

董事长、总经理:李建斌
董事、副总经理:王新江

(注:有*标示者为当年职务有变动)

浙江省各市、县(市、区)财政局领导名单

(2018年12月31日)

杭州市财政局

党委书记、局长:金　翔
党委副书记、副局长:谢　永
党委副书记:龚　萍
党委委员、驻局纪检组组长:陈　平
党委委员、副局长:朱觉斐　许　杭
党委委员、预算执行局局长:万　强
党委委员,总预算局(税政处)局长、

处长(副局长级):汪生祥
党委委员、财政监督检查局书记、局长:刘　强
党委委员、杭州投资发展有限公司董事会董事、董事长:寿学军
党委委员、办公室主任:毛慧敏
副局级纪检员:王娟娟

上城区财政局

党委书记、局长:石荣祥
区派驻第四纪检组组长、党委委员:吕瑞泰
副局长:欧阳杰
党委委员、副局长:陈普照*
党委委员、副局长:卢晓琴
调研员:朱红卫
副调研员:王皆兵

下城区财政局

党组书记、局长:蔡延平
党组副书记、副局长:朱　捷
党组成员、副局长:娄　瑾
党组成员、纪检组长:叶　英
党组成员、副局长:林广瑶

江干区财政局

党委书记、局长:项伟荣
党委委员、第五纪检监察组组长:张松贵
党委委员、副局长:赵大慧　傅启贵　吴国荣*

拱墅区财政局

党委书记、局长:周利光*
党委委员、副局长:许　斌
党委委员、副局长:陈贤方*
党委委员、副局长:蔡海斌

西湖区财政局

党委书记、局长:楼　俊
党委副书记、副局长(正处级):阮劲松
党委委员、副局长、调研员:仰红英
党委委员、副局长:陈岳毅
党委委员、派驻纪检监察组长:翁　强
党委委员、副局长:赵水林
党委委员、副局长:沈丽芬
调研员:祝春霞
调研员:梁　进
副调研员:兰兆军

高新区(滨江)财政局

党组书记、局长:胡银根
党组成员、副局长:许　颖　张　军
党组成员、副调研员:张志新　王慎红

纪检组长:奚　舒

萧山区财政局

党委书记、局长:何兴良
党委副书记、副局长:金国升
党委委员、副局长:徐成梁
党委委员、副局长:钱建华
党委委员:应　鹏
党委委员、副局长:杨月万*

余杭区财政局

党委书记、局长:沈世杰
党委副书记:施成华
党委委员、副局长:姜根军
党委委员、副局长:楼志燕
党委委员、区纪委(监委)第六纪检组组长:阮建忠
党委委员、副局长:袁俊军

富阳区财政局

党委书记、局长:刘学军
党委副书记:潘国明
党委委员、区纪委派驻第十一纪检监察组组长:鲁秀利
党委委员、副局长:李向明　朱经国　金卫泉　俞　杲

临安区财政局

党委书记、局长:张发平
党委委员:马泽华
党委委员、副局长,杭州市青山湖科技城财政局局长:戚峥嵘
临安区纪委派驻第五纪检组组长:赵树春
党委委员、副局长:周　佳　胡　钧　周海鹏*

建德市财政局

党委书记、局长:金　革
党委副书记:封纪祥
党委委员、纪检组长:刘金文
党委委员、副局长:孟　洁

桐庐县财政局

党委书记、局长:孙叶华
党委副书记、副局长:毕文浩
副局长:徐　华
党委委员、副局长:申屠逸清　何庆娟　俞　斌
党委委员、预算局局长(副局级):吴俊华
调研员:项丽珠

淳安县财政局

党委书记、局长:陆建育
正局级组织员:叶建乐*
党委委员、纪检组长:王旭明
党委委员、副局长:万海卫

副局长:徐夏冰

宁波市财政局

党委书记、局长:张文杰
党委委员、副局长:王　晓　苏丹旦　高国平　张　颖
　　　　　　　　竺培楠
党委委员、纪检组长:华　平

鄞州区财政局

党组副书记、局长:李青萍
党组书记:涂更生
党组副书记、副局长:岑卢艳
党组成员、副局长:杨国定　叶良春　徐　奕
党组成员、国资办副主任:江　泳　郑少军
总会计师:虞文萍

海曙区财政局

党组书记、局长:曹　杰
党组成员、副局长:金群辉　童　霞(2018年3月始)
朱裕高(2018年3月始)　邱顺年　王　海　孙伟平
党组成员、总会计师:邱顺年

江北区财政局

党组书记、局长:余拥锋
党组副书记、副局长:邬文珍
党组成员、副局长:姚正胜
党组成员、总经济师:林　剑
党组成员、国资监管中心主任:金　晓

镇海区财政局

党组书记、局长:顾　舰
党组副书记、副局长:汤文东　陈　晓
党组成员、副局长:柴亚明
党组成员、调研员:王镇亮

北仑区财政局

党组书记、局长:何岳忠
党组成员、副局长:孙建荣　桂　桦

奉化区财政局

党委书记、局长:鲍飞海
党委委员、纪检组组长:奚际朗
党委委员、副局长:江洪平　杨盛波
党委委员、总经济师:陈玲萍

余姚市财政局

党委副书记、局长:王文辉
党委书记:成立海(2018年9月止)
党委副书记、副局长:鲁永飞
副局长:施钧旻　宋建忠　周益忠　郑　科(2018年7月止)
党委委员、纪检组长:杜浙霞
党委委员:韩士其
总经济师:周能君(2018年6月始)

慈溪市财政局

党委书记、局长:周爱国
党委副书记、副局长:范哲慰
党委委员、副局长:潘钊先
党委委员、纪检组组长:费　洁

宁海县财政局

党委书记、局长:庞建宏
党委委员、副局长:戴　晟　杨贻稳
党委委员、总会计师:冯岳定

象山县财政局

党组书记、局长:董连胜
党组成员、副局长:陈忠祥　郑世敏
党组成员、总经济师:胡　斌

温州市财政局

党组书记、局长:陈宣安*
党组副书记、副局长(调研员、保留正县实职待遇):朱定钧
党组成员、温州市纪委市监委派驻市财政局
纪检监察组组长:宋信友
党组成员、副局长:林江帆
党组成员、机关党委书记、调研员:陈胜利
党组成员、副局长:张国光
党组成员、总会计师:沈显克
党组成员、副局长:叶晓东

鹿城区财政局

区政协副主席、区财政局党组书记、局长:胡向阳
党组副书记、副局长:陈幼彦
党组成员、副局长:孙丽娟
党组成员、区纪委、区监委派驻第八纪检监察组
组长:何　军(2018年1月止)
　　　林　克(2018年2月始)
党组成员、副局长:陈　辉
党组成员、副局长:黄锦辉(挂职)*
党组成员、总会计师:徐　丹
党组成员、预算编制局局长:徐君远*

瓯海区财政局

党组书记、局长兼区国资办主任:李中方
党组副书记、副局长:陈小秋
党组成员、副局长兼区国资办副主任:徐　教
党组成员、副局长:欧胜武
党组成员、总会计师:吴建峰
党组成员、副局长:杨海慧

党组成员、预算编制局局长:吴丽佳
党组成员、预算执行局局长:黄玉坚

龙湾区财政局

党组书记、局长:周德望
党组副书记、副局长:张安畴*
党组成员、副局长:方崇敏　施寒毅
党组成员、总会计师:吴祖岭
党组成员、财政监督局局长:朱爱忠*

洞头区财政局

党组书记、局长、国资办主任:黄建敏
党组副书记、副局长:南海滨
党组成员、副局长:朱海斌
党组成员、国资办副主任:汪秀琪
党组成员、区纪委派驻第七纪检组组长:张海文
党组成员、总会计师:彭晓东

瑞安市财政局

党委书记、局长、国资办主任:吴功宜
党委副书记、副局长:张筱珍
党委委员、市纪委市监委派驻第八纪检监察组组长:陈捷亮
党委委员、副局长:林孝昭
党委委员、国资办副主任:薛中卫
党委委员、副局长:叶剑凯
党委委员、总会计师:陈大青

乐清市财政局

党组书记、局长、国资办主任:廖凯敏
党组副书记、副局长:董法朗
党组成员、副局长:钱乐洋
党组成员、副局长:卢正文
党组成员、市纪委监委派驻第八纪检监察组组长:李　华
党组成员、财政总会计师:郑清华
党组成员、雁荡山管委会财政局局长:杨宏辉
党组成员、国资办副主任:包建信

永嘉县财政局

党委书记、局长:冯学夫
党委委员、副局长:徐忠诚
党委委员、驻局纪检组组长:谢选年
党委委员、副局长:叶显勇
党委委员、副局长:吕金满
党委委员、副局长:潘来毅
党委委员、总会计师:叶强忠

平阳县财政局

党组书记、局长兼县国资办主任:陈先夏
党组成员、副局长:王　炼
党组成员、副局长:洪益平
党组成员、县监委纪委派驻财政局纪检组组长:林经舜
总会计师:林　毅
党组成员、预算执行局局长:谢秉煌
党组成员、人事教育科科长:张晓慧

苍南县财政局

党组书记、局长:杨　雷
党组副书记、副局长:池长辉
党组成员、副局长:许明稀*
党组成员、县纪委派驻纪检组组长:王雪琴

文成县局财政局

党组书记、局长:季建明*
党组副书记、副局长:金宪树
党组成员、副局长:叶信钏　王光远
党组成员、总会计师:胡国鑫
党组成员、中共文成县纪委监察委派驻第六纪检组组长:邢万方*

泰顺县财政局

党委书记、局长:周仕姜
党委委员、县纪委派驻纪检组组长:翁士松
党委委员、副局长:王官玉
党委委员、副局长:刘行忠
党委委员、副局长:毛旭升
党委委员:吴明双

嘉兴市财政局

党委书记、局长:许　农
党委副书记、副局长:吴贵敏
副局长:姜　东
党委委员、纪检组组长:周曙光
党委委员、副局长:王　亮
党委委员、副调研员:沈建忠

南湖区财政局

党组书记、局长:夏　峰
党组副书记:王嘉红
党组成员、纪检组组长:赵家红
党组成员、副局长:马立申　张　涛
副局长:饶志莲

秀洲区财政局

党委书记、局长:成海明
党委副书记:张　军
党委委员、副局长:姚颖娟　沈雪锋*

嘉善县财政局

党委书记、局长:沈　申
党委副书记、副局长:张红兵

党委委员、副局长：丁发根　章力耘　杨卫纲
党委委员、副科级领导干部：刘　春
党委委员、纪检组组长：连怀冬

平湖市财政局

局长：沈幼锋
党委书记、副局长：顾利鹤
党委副书记、副局长：全　骏
党委委员、副局长：丁根林
党委委员、纪检组组长：曹海平
党委委员、副局长：姚春元
副局长：王祥甫
党委委员、总会计师：宋丽梅

海盐县财政局

党组书记、局长：王晓军*
党组副书记：朱海洪
党组成员、副局长：陶照明　戴海华
党组成员、县委组织员：徐桂华

海宁市财政局

党委书记、局长：蒋雪标
党委委员、纪检组组长：朱建忠
党委委员、副局长：曹智慧
党委委员、副局长：高　迪
副局长：钱　薇
总会计师：孙雪峰

桐乡市财政局

党委书记、局长：陈　政*
党委副书记、副局长：房治芳
党委委员、纪检监察组组长：沈玉林
党委委员、副局长：沈培荣*　吴鉴伟
党委委员、总会计师：王晓丹

湖州市财政局

党组书记、局长：周建明
党组副书记、副局长（正局级）：屠培红
党组成员、纪检组组长：王红明
党组成员、副局长：张向阳
党组成员、副局长：黄长泉
总会计师：孙倩如

吴兴区财政局

党组书记、局长：杨卫华
党组成员、总会计师：施江红
党组成员、副局长：叶　青
党组成员、副局长：俞勤仕

南浔区财政局

党组书记、局长：何琪虎
党组副书记、副局长：崔正云
党组成员、副局长：孙　晖
党组成员、副局长：沈利明
党组成员、农业科科长：李卫英

德清县财政局

党组书记、局长：嵇金星
党组副书记、副局长：陈兴炎
党组成员、副局长：陈　强
党组成员、副局长：沈漪萍
党组成员、副局长：嵇月红
党组成员、总会计师：俞明耀

长兴县财政局

党工委书记、局长：葛铭松
正科级组织员：邵建峰
党工委员、副局长：顾群伟
党工委员、副局长：刘志新
总会计师：夏　骏

安吉县财政局

党组书记、局长：徐　勇
党组副书记、副局长：华新平
党组成员、纪检组组长：李成锋
党组成员、副局长：俞土良
党组成员、副局长：楼建成
党组成员、副局长：童升明
党组成员、总会计师：吴　蔚*

绍兴市财政局

党委书记、局长：吕　丙
党委委员、派驻局纪检监察组组长：陈雪军
党委委员、副局长：邢玉清
党委委员、副局长：许江军
党委委员、副局长：孙国新
党委委员、副调研员：詹　超
调研员：蔡文良
调研员：杨成林
副调研员：陈益君

越城区财政局

党组书记、局长：沈华清
党组成员、副局长：张国昌
党组成员、副局长：谢晓芳
党组成员、副局长：王　强
党组成员、副局长：林先明
党组成员、预算局局长：汤晓燕

柯桥区财政局

党工委书记、局长:余建林

党工委副书记、副局长:吕铁辉

党工委委员、副局长:徐利忠　方　荣

党工委委员、总会计师:周雪峰

党工委委员、副局长:孙勇军

党工委委员、区财政项目预算审核中心主任:来建祥

预算执行局局长(副局级):潘国海

财政监督局局长(副局级):华永伟

预算局局长(副局级):倪永亮

上虞区财政局

党委书记、局长:杜永刚*

党委委员、区纪委区监委派驻第九纪检监察组组长:张正理

党委委员、副局长:陈志坚　金惠君　朱政荣

党委委员、总会计师:俞　军

预算执行局局长(副局长级):徐度俊

预算局局长(副局长级):许永忠

预算监督局局长(副局长级):陈国华

诸暨市财政局

党组书记、局长:郭伟锋

副局长:戚俏新(民主党派)

党组成员、副局长:杨胜新

党组成员、副局长:周国新

党组成员、副局长:杨列伟

党组成员、党建室主任:骆洪涛

嵊州市财政局

党委书记、局长:史向俊

党委委员、副局长、国资办主任:叶　平

党委副书记、副局长:竹贵光

党委委员、副局长:王小燕

党委委员、总会计师:钱　莉

新昌县财政局

党委书记、局长:俞剑锋

党委委员、副局长:丁利平　求伟清　徐超青*　章　政

党委委员:娄小平　梁晓富

金华市财政局

党组书记、局长:李　俊

党组副书记、副局长:倪小波

党组成员、市纪委市监委派驻财政局纪检组组长:郭云龙

党组成员:胡金东

党组成员:雷康盛

婺城区财政局

党组书记、局长:傅得樟

党组成员、副局长、国资办主任:顾再进

党组成员、副局长:陈根成　俞叶青

党组成员、总会计师:胡　伟

金东区财政局

党组书记、局长:郭文洁

党组副书记、副局长、国资办主任:陈春华

党组成员、副局长:姜韶军　孙岳彪

总会计师:叶晓咏

兰溪市财政局

党组书记、局长:陈志良

党组副书记、副局长、国资办主任:张海湘

党组成员、副局长:周季容　邓培昌

党组成员、总会计师:严师东

党组成员、预算局局长:陈　浩

党组成员、预算执行局局长:盛时新

东阳市财政局

党组书记、局长:吕良勇

党组副书记、副局长:杜希庭

党组成员、副局长:吴正华

党组成员、副局长:韦向东

党组成员、财政总会计师:钟柏青

党组成员、国资办专职副主任:曹晓红

党组成员、财政监督局局长:严徽华

义乌市财政局

党委书记、局长:朱竣文

党委副书记、副局长:赵绍辉

党委委员、副局长:何愫洪　胡文德

总经济师:傅晓平

永康市财政局

党委书记、局长:朱彭年

副局长:吕美红

党委委员、副局长:胡高峰

党委委员、总会计师:程凤飞

党委委员、副局长:胡俊杰

浦江县财政局

党委书记、局长:张健纯

党委副书记、副局长:傅双庭

党委委员、国资办主任:王卫平

党委委员、副局长:许尔清

党委委员、副局长:郑康民

总会计师:黄小莲

党委委员:朱鑫尧

党委委员:于培东

武义县财政局

党委书记、局长：徐宏亮
党委副书记、副局长：王柏宜
党委委员：王献良
党委委员、副局长：徐飞云
党委委员、副局长：朱晓鹏
总会计师：张　波

磐安县财政局

党组书记、局长、国资办主任：卢志峰
党组成员、副局长：羊荣华　周国钱　林永平
财政总会计师：黄　强
国资办副主任：陈　山
县纪委派驻第六纪检组副组长：吕有根

衢州市财政局

党委书记、局长：吴宝骏
总会计师：方孝琳
党委委员、副局长：王德华　叶浙青
党委委员、副调研员：张　庆
党委委员、驻局纪检监察组组长：林祥庚
党委委员：徐国富　刘国璋

柯城区财政局

党组书记、局长：吴国清
党组成员、副局长：姚建峰
党组成员、副局长、国资办主任：吴　川
党组成员、纪检组组长：王　舟
党组成员：姜晓临

衢江区财政局

党组书记、局长：王　典
党组副书记、副局长：秦　勇
党组成员、副局长：袁康彬
副局长：孔万定
党组成员、纪检组组长：钱　江
党组成员：黄晓春　王利民

龙游县财政局

党委书记、局长：傅正军
党委委员、纪检组组长：王琼珷
党委委员、副局长：琚柏华　倪　斌
总会计师：钱　宇

江山市财政局

党委书记、局长：周立武
党委委员：张晓华
副局长：毛水芳
党委委员：毛培泉　赵立文
党委委员、纪检组组长：郑晓岗
党委委员、副局长：董志成　杨忠福*

常山县财政局

党委书记、局长：李德生
党委委员、纪检组组长：徐朝威
党委委员、国资办主任：蒋淑萍
党委委员、副局长：李和平
党委委员、农综办主任：廖伟明
党委委员、副局长：叶晓春
党委委员、总会计师：计华丁

开化县财政局

党委书记、局长：方忠明
党委副书记、副局长：廖继军
党委委员、副局长：廖建忠
党委委员、总会计师：余素琴
党委委员、副局长：傅满鹏*
党委委员、会计核算中心主任：詹炳法
党委委员：汪福海　程小汉　余红敏

舟山市财政局

党委书记、局长：顾央军
党委副书记、副局长（正县处级）：曹国英
党委委员、副局长：江立安　王海平
党委委员、总会计师：邵裕龙
党委委员、副局长：宁小军　王醒飞*

定海区财政局

党组书记、局长：何　红
党组成员、副局长：戴水婷　李汉定　杨英俊
党组成员、总会计师：蒋科卫
党组成员、区纪委区监委派驻局纪检监察组组长：钟国勇

普陀区财政局

党委书记、局长：史海祥
党委副书记、副局长、国资办主任：张友夫
驻局纪检监察组组长：张永迪
党委委员、副局长：陈宇宙　杨琪恒　刘科峰

岱山县财政局

党组书记、局长：张正道
党组成员、副局长：沈三五
党组成员、驻局纪检监察组组长：王二波
党组成员、副局长：王　挺
党组成员、财政总会计师：张群海

嵊泗县财政局

党组书记、局长：罗奇辉
党组副书记、副局长：张菊花
党组成员、经检组组长：郑海定

党组成员、副局长：刘白羽
党组成员、总会计师：李俊杰
党组成员：顾跃进

台州市财政局

党组书记、局长：林定刚（2018 年 8 月止）
党组书记、局长：戴国富（2018 年 8 月始）
党组成员、副局长：郑必灼（2018 年 12 月 28 日转任调研员）
蒋天平　许天鸿
党组成员：王以南（2018 年 8 月止）
党组成员、总会计师：卢修贤
驻局纪检组组长：王福伟
财政监督局局长：张贤鸣
预算执行局局长：段伟国
预算局局长：汪晶晶
调研员：张卫平（2018 年 6 月 8 日止）
副调研员：戴　峰

椒江区财政局

党组书记、局长：阮建明
党组副书记：陈忠贤（2018 年 7 月止）
党组副书记、副局长：陈忠贤（2018 年 8 月始）
党组副书记、副局长：谷建斌（2018 年 5 月止）
副局长：唐诗虎　章光辉
党组成员：沈　晔
预算局局长：郑　岚
预算执行局局长：王一亭
财政监督局局长：王亚萍

黄岩区财政局

党组书记、局长：苏忠阳
党组副书记、副局长：管志勇
党组成员、国资局常务副局长：卢向炜
派驻纪检监察组组长：符建平
党组成员、副局长：柯卫凌　韩　华
党组成员、总会计师、预算局局长：解卫敏

路桥区财政局

党组书记、局长：陈海鸿
党组副书记、副局长：蔡金虎
党组成员、副局长：牟晓燕
党组成员、区纪委派驻第八纪检组组长：沈　党
副局长：吴芳霞
党组成员：李　勇
预算局负责人：谢勇奇
预算执行局负责人：梁　虹
财政监督局负责人：卢秀志

临海市财政局

党组书记、局长：胡寿坚
党组成员、副局长：王礼福　方　虹　沈国材　蒋向阳
党组成员、市纪委派驻第八纪检组组长：尹富德
党组成员、总会计师：徐　震

温岭市财政局

党组书记、局长：顾雪荣
党组副书记、副局长：王爽剑
党组成员、市纪委派驻第八纪检组组长：梁　骏
党组成员、副局长：周崇友
党组成员、副局长：潘建华
总会计师：王贵平

玉环市财政局

党委书记、局长：林仁斌
党委副书记、副局长：曾子文
党委委员、副局长、国资办主任：张素燕
党委委员、副局长：姜仁武
党委委员、市纪委市监委派驻第八纪检监察组组长：方建波
副局长：张作民
国资办副主任：马彩定

天台县财政局

党组书记、局长：戴敏华
党组副书记：范永友（2018 年 10 月止）
党组副书记、副局长：范永友（2018 年 11 月始）
党组成员、纪检组组长：杨周吉
党组成员、副局长：丁伟生
党组成员、总会计师：朱丰强
党组成员：陈邦信
党组成员、副局长、预算局局长：叶士南（2018 年 2 月始）

仙居县财政局

党组书记、局长：姚文浩
党组成员、纪委派驻第八纪检组组长：崔翁勤
党组成员、副局长：李琦瑛
党组成员、副局长：吴丽萍
总会计师：应强华

三门县财政局

党组书记、局长：叶坚强
党组副书记、副局长：尤福跳
党组成员、副局长：陈小撑
党组成员、总会计师：章日胜
党组成员：朱立为
党组成员、驻局纪检组组长：方匡礼
预算执行局局长：奚圣伟

丽水市财政局

党组书记、局长:张少荣

副局长:陈肇平

党组成员、副局长:魏叶华

党组成员、总会计师:叶芳儿

党组成员、副局长:张　栋

党组成员、人教处处长:易远明

党组成员、办公室主任:阮美莲

莲都区财政局

党组书记、局长:徐屈霞

党组成员、副局长:黄于林

党组成员、副局长:林　伟

党组成员、总会计师:吕焕祺

龙泉市财政局

党组书记、局长:吴小波

党组副书记、副局长:商越敏

党组成员、副局长:邵仲昕

党组成员:王为武

党组成员、市纪委派驻第八纪检监察组组长:周丽丽

党组成员、副局长:陈正松

党组成员、总会计师:张云英

党组成员:姜苏民

党组成员:陈徐明

党组成员、农发办主任:叶惠君

党组成员、财政监督局局长:朱光泉

党组成员、办公室主任:叶春定

青田县财政局

党组书记、局长:周冠华

党组副书记、副局长:王伟伟

党组成员、副局长:张红兵

党组成员、副局长:季耀武

党组成员、总会计师:徐松娥

党组成员、派驻纪检组组长:单黎勇

党组成员、监督局局长:黄林凯

党组成员、会计核算中心主任:赵江庆

党组成员、预算局局长:叶选廉

党组成员:吴冠平

云和县财政局

党组书记、局长:柳成东

党组成员、副局长:王建平

党组成员、副局长:陈　东

派驻纪检组组长:方有德

党组成员、副局长:黄金娟

党组成员、总会计师:吴林娟

党组成员、农综办主任:彭石伟

党组成员:叶晓华

庆元县财政局

党组书记:吴秋标

局长:叶华成*

党组副书记、副局长:江旭奎

党组成员、副局长:叶　斌

党组成员、总会计师:姚善武

缙云县财政局

党组书记、局长:张爱明

党组副书记、副局长:叶伟民

党组成员、副局长:赵德灿

党组成员、副局长:王伟民

党组成员、总会计师:俞根文

党组成员、国资办副主任:潘少华

遂昌县财政局

党组书记、局长:方建雄

党组成员、纪委派驻第七纪检组组长:朱永平

党组成员、副局长:叶宏放

党组成员、副局长:方文初

党组成员、副局长:王金品

党组成员、农发办主任:谢法文

党组成员、预算执行局局长:叶樟土

松阳县财政局

党组书记、局长:李剑飞

县委正科级组织员、党组成员:王寿康

党组副书记、副局长:李一鹏

党组成员、副局长:冯汉饶

党组成员、总会计师:占　友

党组成员、纪委派驻第七纪检组组长:李枝伟

党组成员、副局长:刘青华

党组成员:叶智强

景宁畲族自治县财政局

党组书记、局长:叶　峰

党组副书记、副局长:陈华星

党组成员:蓝朝星

党组成员、副局长:李建伟(2018年11月止)

党组成员、县纪委派驻第六纪检组组长:赵慧聪

党组成员、总会计师:梅忠敏

副局长(省厅下派干部):叶时宝

(注:*标示者为当年职务有变动)

2018年浙江省财政系统职工基本情况统计表

单位：人

项目		总计	性别		民族		学位			学历					
			男	女	汉	其他	博士	硕士	学士	研究生	大学本科	大学专科	中专及以下学历		
													人数	其中35岁及以下	其中36—45岁
总计	合计	14575	7411	7164	14495	80	13	1175	4370	975	11173	1911	516	5	56
	厅(局)级	11	9	2	11		1	1	1	5	6				
	地市局(处)级	638	441	197	634	4	3	151	130	145	471	20	2		
	县局(科)级	4157	2375	1782	4142	15	6	519	770	379	3243	447	88		3
	一般干部	9246	4223	5023	9190	56	3	504	3447	446	7292	1253	255	3	12
	工勤人员	523	363	160	518	5			22		161	191	171	2	41
省(区、市)厅局	合计	1080	591	489	1070	10	9	370	295	307	731	33	9		3
	厅(局)级及以上	11	9	2	11		1	1	1	5	6				
	处(局)级	367	236	131	366	1	3	117	71	104	258	5			
	科级	435	206	229	430	5	4	176	130	123	306	6			
	一般干部	248	124	124	245	3	1	76	93	75	155	13	5		2
	工勤人员	19	16	3	18	1					6	9	4		1
市(地、州)局	合计	3199	1590	1609	3184	15	4	427	1097	347	2523	235	94		27
	局(处)级及以上	271	205	66	268	3		34	59	41	213	15	2		
	科级	1567	820	747	1560	7	2	263	402	194	1255	113	5		
	一般干部	1195	454	741	1190	5	2	130	636	112	1018	54	11		
	工勤人员	166	111	55	166						37	53	76		27
县(市、区)局	合计	7563	4059	3504	7527	36		363	2403	297	6121	861	284	3	25
	局(科)级及以上	2155	1349	806	2152	3		80	238	62	1682	328	83		3
	股级	2063	1288	775	2055	8		156	600	107	1765	158	33		5
	一般干部	3032	1196	1836	3011	21		127	1550	128	2574	253	77	1	4
	工勤人员	313	226	87	309	4			15		100	122	91	2	13
乡(镇)所	合计	2733	1171	1562	2714	19		15	575	24	1798	782	129	2	1
	所(股)级及以上	923	530	393	917	6		6	106	8	535	337	43		
	一般干部	1785	631	1154	1772	13		9	462	16	1245	438	86	2	1
	工勤人员	25	10	15	25				7		18	7			

（续表一） 单位：人

项目		总计	政治面貌				年龄								
			中共党员	共青团员	民主党派	其他	25岁及以下	26—30岁	31—35岁	36—40岁	41—45岁	46—50岁	51—54岁	55—59岁	60岁及以上
总计	合计	14575	9558	1097	245	3675	690	1970	1912	1779	2211	2411	2225	1376	1
	厅(局)级	11	11									2	1	7	1
	地市局(处)级	638	581		19	38			1	39	103	147	167	181	
	县局(科)级	4157	3136	16	101	904	1	72	263	489	754	951	1044	583	
	一般干部	9246	5623	1061	123	2439	678	1882	1615	1206	1249	1190	926	500	
	工勤人员	523	207	20	2	294	11	16	33	45	105	121	87	105	
省(区、市)厅局	合计	1080	871	26	24	159	22	86	139	174	187	182	155	134	1
	厅(局)级及以上	11	11									2	1	7	1
	处(局)级	367	330		8	29			1	29	64	84	94	95	
	科级	435	352	4	14	65	1	25	94	115	91	64	36	9	
	一般干部	248	166	22	2	58	21	61	44	28	29	28	19	18	
	工勤人员	19	12			7				2	3	4	5	5	
市(地、州)局	合计	3199	2171	215	90	723	118	357	412	471	588	578	420	255	
	局(处)级及以上	271	251		11	9				10	39	63	73	86	
	科级	1567	1197	8	56	306		44	136	273	362	381	265	106	
	一般干部	1195	661	207	23	304	118	313	275	179	138	90	56	26	
	工勤人员	166	62			104			1	9	49	44	26	37	
县(市、区)局	合计	7563	4736	605	119	2103	344	991	935	839	1141	1323	1256	734	
	局(科)级及以上	2155	1587	4	31	533		3	33	101	301	506	743	468	
	股级	2063	1553	31	55	424	3	90	277	332	495	498	272	96	
	一般干部	3032	1471	554	31	976	333	885	600	379	293	247	185	110	
	工勤人员	313	125	16	2	170	8	13	25	27	52	72	56	60	
乡(镇)所	合计	2733	1780	251	12	690	206	536	426	295	295	328	394	253	
	所(股)级及以上	923	761	7	7	148	6	49	89	91	119	188	234	147	
	一般干部	1785	1011	240	5	529	197	484	330	197	175	139	160	103	
	工勤人员	25	8	4		13	3	3	7	7	1	1		3	

（续表二） 单位：人

项　目		总计	参加工作时间						劳动模范（先进工作者）	
			1970年前	1971—1980年	1981—1990年	1991—2000年	2001—2010年	2011年以后	省(部)级	全国
总计	合计	14575		647	4151	3961	3057	2759	3	
	厅(局)级	11		2	7	2				
	地市局(处)级	638		78	330	190	40		2	
	县局(科)级	4157		307	1785	1338	627	100	1	
	一般干部	9246		190	1857	2248	2329	2622		
	工勤人员	523		70	172	183	61	37		
省(区、市)厅局	合计	1080		58	313	309	282	118	1	
	厅(局)级及以上	11		2	7	2				
	处(局)级	367		42	176	118	31		1	
	科级	435		3	77	135	193	27		
	一般干部	248		7	43	49	58	91		
	工勤人员	19		4	10	5				
市(地、州)局	合计	3199		137	829	999	723	511	1	
	局(处)级及以上	271		36	154	72	9		1	
	科级	1567		56	496	609	342	64		
	一般干部	1195		17	124	238	369	447		
	工勤人员	166		28	55	80	3			
县(市、区)局	合计	7563		381	2227	2056	1508	1391	1	
	局(科)级及以上	2155		248	1212	594	92	9	1	
	股级	2063		36	543	862	526	96		
	一般干部	3032		60	366	506	843	1257		
	工勤人员	313		37	106	94	47	29		
乡(镇)所	合计	2733		71	782	597	544	739		
	所(股)级及以上	923		36	482	228	131	46		
	一般干部	1785		34	299	365	402	685		
	工勤人员	25		1	1	4	11	8		

（续表三） 单位：人

项目		专业技术人员 总计	高级职务	其中：正高级职务	中级职务	初级职务	特贴专家
总计	合计	7944	1158	10	4098	2688	
	厅(局)级	9	6	1	1	2	
	地市局(处)级	459	226	7	186	47	
	县局(科)级	2623	492	1	1550	581	
	一般干部	4769	434	1	2300	2035	
	工勤人员	84			61	23	
省(区、市)厅局	合计	724	313	8	323	88	
	厅(局)级及以上	9	6	1	1	2	
	处(局)级	310	179	7	105	26	
	科级	277	90		154	33	
	一般干部	128	38		63	27	
	工勤人员						
市(地、州)局	合计	1793	312	1	1091	390	
	局(处)级及以上	149	47		81	21	
	科级	1038	203	1	660	175	
	一般干部	568	62		320	186	
	工勤人员	38			30	8	
县(市、区)局	合计	4064	519	1	2248	1297	
	局(科)级及以上	1308	199		736	373	
	股级	1385	233	1	839	313	
	一般干部	1328	87		643	598	
	工勤人员	43			30	13	
乡(镇)所	合计	1363	14		436	913	
	所(股)级及以上	552	11		196	345	
	一般干部	808	3		239	566	
	工勤人员	3			1	2	

附录

zhejiang caizheng nianjian

专题经验介绍

推进财政综合管理的杭州实践

杭州市财政局

在国务院办公厅印发关于对2018年落实有关重大政策措施真抓实干成效明显的地方予以督查激励的通报中，杭州市各级财政从预算执行管理、收入质量管理、盘活财政存量资金管理、国库库款管理、预算公开管理、推进财政资金统筹使用管理、其他财政管理工作等七个方面真抓实干，积极作为，成效突出，被通报表彰。这是杭州市第二次荣膺全国先进，也是2018年受该项表彰市、县中唯一的副省级城市，获得中央财政资金奖励。

一、在预算执行管理上真抓实干

坚持先预算后支出，严格执行人代会批准的预算，不断提高支出预算执行均衡性和规范性。细化预算编制，建立健全预算支出标准化体系。严格控制并逐步减少专项资金二次分配，提高年初预算到位率。优化执行流程，提前资金分解下达和拨付，加快政府采购进度，简化政府投资项目支出执行审核流程和预算调整流程。完善项目动态调整机制，提高财政资金支付效率，加快资金支付进度。

二、在收入质量管理上真抓实干

完善市级层面财政收入联席会议制度，深化财政税务协同合作机制，全市财政收入质量齐升。2018年，全市一般公共预算收入1825.1亿元，增长12.5%。其中税收收入1651.2亿元，增长12.6%；非税收入173.9亿元，增长12.4%。在省内继续保持“一高一领先”，一般公共预算收入规模保持第一，增幅高于全省平均1.4个百分点，收入规模占全省的27.7%，较上年提高0.7个百分点。全市一般公共预算收入占财政总收入的52.8%。税收收入占一般公共预算收入的90.5%，在全国副省级城市中保持首位。

三、在盘活存量资金上真抓实干

建立盘活资金长效机制，统筹用好各类财政预算、上级补助、政府债券和结余结转等所有政府性资金。加大四本预算有机衔接和统筹联动力度，全面清理沉淀资金，对部门结余资金及连续两年未用完的结转资金，一律收回统筹使用。积极争取地方政府债券额度，尽快发挥地方政府债券资金效益。健全政策资金定期清理评估、动态管理和退出机制，深化专项资金清理改革，整合取消部分到期低效重叠分散政策资金，统筹资金全力保障市委、市政府重点工作。深入开展“因素法”“竞争性”、产业基金和政府购买等资金分配方式改革，深入推进预算绩效管理，提高资金使用效益。

四、在国库库款管理上真抓实干

调整完善市区库款管理综合评分指标，按月对库款管理情况进行通报，约谈排名落后的区级财政，加强压力传导。将区县(市)库款管理工作纳入全市绩效考核指标，从库款余额水平、库款保障能力水平、一般公共预算收支比三个方面开展绩效考核。做好重大项目的库款拨付工作，加快土地出让资金和债券资金拨付，减少资金滞留国库时间和金额。

五、在推进预算公开上真抓实干

推进政府预决算、部门预决算、“三公”经费预决算和预算执行情况等公开，实现部门预决算公开全覆盖，推进项目绩效目标和绩效评价结果公开，不断提升“阳光财政”透明度。积极配合人大预算联网监督平台建设，将预算、执行、决算等信息实时共享。推进权责发生制政府综合财务报告和部门财务报告编制，试编区域合并综合财务报告。首次向市人大常委会报告国有资产管理情况，提升国有资产管理透明度。2018年，在清华大学发布的295个地级及以上城市政府财政透明度排行榜中，杭州蝉联第三。

六、在加强财政资金统筹上真抓实干

牢固树立“全市一盘棋”，强化制度供给和政策保障，科学配置财政资源，加强重点领域关键环节资金投入，完善民生事业资金保障，全市一般公共预算用于民生方面支出1333.15亿元，民生支出占比达75%以上，全市人民共享改革发展成果。建立市区县十件实事统筹联动资金保障机制，切实办好关乎群众切身利益的“关键小事”、民生实事。以项目库为平台提前储备重点项目，编制中期财政规划，加强规划内年度间的资金统筹平衡。统筹资金保障“三大攻坚战”“六大行动”等重点工作，为经济社会发展提供坚强财力支撑。

七、在防范化解重大风险上真抓实干

坚持标本兼治、疏堵结合、循序渐进，积极防范化解地方政府债务风险。制定地方政府性债务风险管控实施意见和地方政府性债务风险应急处置预案，健全全市政府性债务风险监测、预警、化解以及应急处置体系。实施防范化解地方政府性债务风险专项行动，扎实推进政府债务风险管控计划落实和隐性债务风险化解。加强社保基金预算管理，制定市本级社保风险准备金实施细则，推动一般公共预算、国有土地使用权出让收入、国有资本经营预算等按资金规定转入社保风险准备金，努力防范化解社保基金支付风险。

德清财政真抓实干 管理绩效再上台阶

德清县财政局

在国务院办公厅发布的关于对2018年落实有关重大政策措

施真抓实干成效明显的地方予以督查激励的通报中，德清县财政管理工作成效显著，被列入“财政预算执行、提高收入质量、盘活财政存量资金、国库库款管理、推进财政资金统筹使用、预算公开等财政管理工作完成情况好的地方”名单，获得中央财政资金奖励。

2018年，德清的经济社会呈现高质量发展的良好格局，财政总收入首次突破100亿元，一般公共预算收入59.15亿元，增长21.5%，增幅名列全省第六；一般公共预算支出67.2亿元，增长31.4%，增幅排名列全省第一。同时，全年实现税收收入48.83亿元，占一般公共预算收入的82.6%，实现了收入结构的持续优化，收入质量的不断提高，为县域社会经济事业的可持续发展夯实了基础。数字的背后，是德清贯彻落实中央和省市决策部署，上下协同、苦干实干，坚持质量第一、效益优先，把扶持实体经济作为主攻方向，把支持科技创新作为第一动力，把强化政府与市场统筹作为有力支撑，把深化预决算管理制度改革作为着力点，以高增幅高效益落实“财为政服务”的理念。

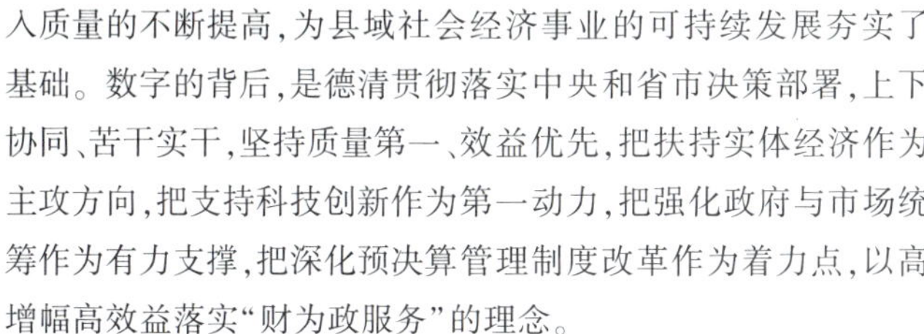

德清县环湖跑道夜景

一、预算执行管理取得新进展

通过信息化管理手段，大数据比对、分析、监测，对财政资金、业务、流程实行动态监控和管理。增设政府预算经济分类科目，进一步规范政府和部门的支出行为，建立部门预算基本支出标准体系，提升预算编制的科学化、精细化水平。紧紧围绕集中财力办大事的要求，在年初编制预算时，加大基本支出预算保障力度，进一步压缩一般性项目。设立部门预算项目库管理制度，实时滚动与清理，项目入库审核通过后再纳入预算安排，部门经常性项目经费原则上比上年下降10%。优先保障县委、县政府确定的重点民生工程，财政资金重点投向教育、科学技术、社保、医疗等基本公共服务领域，花大力气解决民生“关键小事”。同时，深入推进国库集中支付改革，将直接支付改为授权支付，支出进度稳步加快。

二、资金使用绩效取得新突破

全面整合、统筹、盘活财政资金，不断提高财政资金使用绩效，把有限的财力投入到改革、发展、建设的重点领域和关键环节。全面推进预算绩效管理，在部门预算编制“二上二下”流程中添加项目绩效审核环节，构建“全方位、全覆盖、全过程”的预算绩效管理体系。不断盘活财政存量资金。一方面加大结余结转资金清理力度，清理出结转两年以上的一般公共预算结余和超规模的政府性基金预算结转结余，用于补充预算稳定调节基金；另一方面，收回结转两年以上的部门预算结余和已分配到部门的专项转移支付结余、收回财政专户结余、扣减执行率不达标单位的预算安排，一律纳入财政统筹。2016年以来累计盘活并统筹存量资金3.2亿元。规范资金存放管理，开展公款竞争性存放工作。2018年全县以竞争方式存放的财政专户资金11亿元、行政事业单位公款12.47亿元。同时，德清还在全市率先全面实施村级集体资金竞争性存放工作，目前，12个镇（街道）中半数以上已完成或正在开展公开招标工作。据测算，将增加全县村集体经营性收入400万元，进一步提高了资金效益。

三、阳光财政建设迈向新台阶

建立日常监督和专项督查结合的管理机制，不断延伸监管范围，注重目标导向及考评结果的应用。积极推进预决算信息公开，2018年政府部门预算全部上会接受审议，所有使用财政拨款的部门均公开了本部门预决算和“三公”经费预决算，县本级一般公共预算支出细化到项级科目。整合优化政府专项资金，制定并公开2018年县级财政专项资金管理清单，涉及项目18个，资金6.39亿元，对纳入清单管理的专项资金分配政策和结果、绩效等进行全过程公开。严肃财经纪律，强化公务支出管理。2018年全县县级机关行政事业单位“三公”经费支出较上年下降0.3%，其中公务接待费下降10.6%。加大日常财政监督检查力度，重点对财务收支情况、专项资金使用情况、会计信息质量等三大类的10个财政监督项目实施监督检查，并对检查结果进行公示，对被检查单位行政处理决定的执行情况进行跟踪。

勇推财政改革　深抓绩效管理 龙泉市打造现代财政制度县级样板

龙泉市财政局

浙江省龙泉市以提高财政管理绩效为导向，以集中财力办大事为目标，在统筹整合财政资金、财政专项资金管理、财政预算执行、国库库款管理、政府债务风险化解等多方面先行先试，探索出系列改革落地举措，全力打造现代财政制度县级样板，成效显著。国务院办公厅发文对2018年落实有关重大政策措施真抓实干成效明显的地方予以督查激励，龙泉市财政管理工作榜上有名，获得中央财政资金奖励。

一、专项资金管理改革先行先试

（一）化“繁”为“简”，统筹整合专项资金项目。突出专项资金的导向和调控作用，实行清单式管理，全面清理整合现有专项资金和政策，整合部门之间重复交叉、目标接近、投入方向相似的项目。压缩本级安排的专项资金规模，从严控制新增专项资金项目。2017年，出台《龙泉市财政专项资金管理办法》，将原有的21个专项资金整合为7个。

（二）化“零”为“整”，统筹整合转移支付资金。转变主管部门资金管理理念，打破部门利益壁垒，健全资金统筹协调机制，形成全市“一盘棋”格局。以“投入+贡献”的绩效观，通过预算编制整合、预算执行整合、年终结转整合等手段，重点整合扶持领域相近、使用方向相同的各级各类专项资金。2018年，整合和盘活省级以上财政资金5.14亿元。

（三）化“资金等项目”为“项目等资金”，优化专项资金管理模式。改变原先“先确定专项总额再安排具体项目”的做法，以项目库为依据，确保专项支出更“集约、精准、有效”。以管理办法为准绳，做到专项资金设立、预算、分配、拨付有据可依。凡是没有入库的项目，或没有制定管理办法的专项，一律不予安排项目预算。

二、预算执行进度管理多点突破

（一）提高年初预算精准率。围绕市委、市政府重点工作，精编细编预算，不断压减代编、预留预算规模，减少年初预算待分配资金，将提前下达的上级转移支付资金编入年初预算。同时，严控预算追加，超过规定时限的不再办理。

（二）强化年中预算执行率。将预算执行率列入年度综合目标责任制考核，定期公布各节点的预算支出进度，对执行率低于序时进度且排名靠后的单位予以通报，并将考核结果作为下一年度预算安排的重要依据。将预算单位的关注重点向执行与绩效引导，既强化了主体责任意识，又维护了预算执行刚性。

（三）注重存量资金回收率。对结余结转二年以上的上级转移支付资金、本级安排的当年结余资金一律收回统筹使用。在编制部门预算时，充分考虑单位上一年度资金结余结转情况，对部分未达到整合年限的资金，也根据实际情况予以适度统筹安排。2018年底，存量资金规模同比下降20.4%。

三、国库库款管理工作全面发力

（一）收入上突出质量。重视一般公共预算收入结构优化，合理把握组织收入力度、进度和节奏，坚持质量第一。多年来，龙泉市税收收入占一般公共预算收入的比重均保持在80%以上，近五年的平均占比为86.2%，收入结构合理，可持续性不断增强。

（二）支出上注重效益。及时做好库款调度，优化预算执行流程，切实抓好支出执行进度，加快资金支付速度。规范国库资金管理，严控新增财政对外借款，杜绝将财政资金从国库转入财政专户支出。2018年，国库库款管理总体水平稳中提高，库款余额变动幅度、库款保障水平、一般公共预算支出收入比三项指标单项得分均在90分以上。

（三）存放上引进竞争。修订完善《龙泉市财政资金竞争性存放实施细则》，成立专家评委库，通过招投标平台切实规范财政资金存放行为，防止发生利益冲突和利益输送。截至2018年底，通过招投标平台以公开竞标方式竞争性存放财政资金7.38亿元。

四、债务风险化解工作走在前列

（一）高规格建立组织机构。2018年，龙泉市列入浙江省防范化解地方政府债务风险专项行动试点县（市），以“五年任务三年完成”为目标，率先在全省成立了由市委书记、市长为双组长的专项行动领导小组，建立健全了政府性债务限额管理、预算管理、风险预警、应急处置预案和监督考核问责机制，实行有风险的债务优先偿还、到期的债务优先偿还、利率高的债务优先偿还的“三个优先”。

（二）高标准落实化债责任。制定化债责任清单，分解债务消化任务，财政局做好财政资金统筹整合，盘活财政存量资金；自然资源和规划局组织土地性收入，挖掘土地性收入空间；国资办全面盘活闲置国有资产。2018年，化解政府隐性债务25.43亿元，一年化解政府隐性债务总额的58.5%。

（三）高要求实施源头管控。规范政府投资项目审批，严格执行《关于严控地方政府性债务的意见》中的“三不得立项”，严格项目建设条件审批，区分轻重缓急，对没有明确资金来源和制定融资平衡方案的项目一律不得审批，一律不得开工建设。2018年，争取新增债券14.5亿元，有力支持全市各重点项目建设。

龙泉市查田镇下堡村

调研报告精选

关于部门整体绩效预算改革的探索和研究

浙江省财政厅总预算局课题组

党的十九大报告明确提出“全面实施绩效管理”的目标，将预算绩效管理提升到前所未有的高度。2018 年 9 月 1 日，中共中央、国务院下发了《关于全面实施预算绩效管理的意见》，就全面实施预算绩效管理作出顶层设计，提出“全方位、全过程、全覆盖”的要求。部门整体绩效预算改革是全面实施预算绩效管理的重要内容，也是建立现代财政制度的客观要求。本文将立足浙江绩效管理改革实践，在理论研究、实证分析的基础上，提出全面推进部门整体绩效预算改革的思路和对策。

一、浙江省绩效预算管理现状分析

浙江省一直高度重视预算绩效管理工作。2003 年，浙江在全国率先开展财政支出绩效评价，预算绩效管理改革一直走在全国前列，绩效管理机制不断完善，绩效实践范围不断扩大，绩效结果运用不断强化，财政收支质量不断提高，专项资金绩效不断增强。2016 年、2017 年均被财政部评为预算绩效管理先进省份。

但对标党的十九大提出的建立现代财政制度的目标和全面实施绩效管理的要求，浙江省现行预算管理还存在一些突出问题，具体表现为“四个不”。

（一）对整体绩效重视不够

预算绩效工作以项目支出绩效评价为主，2017 年，浙江省纳入绩效目标管理的项目金额 3300.69 亿元，占全省财政支出的 54%，其中省本级一级预算单位项目层面的绩效目标全覆盖，涉及项目资金 354.15 亿元，占省本级财政支出的 72%；纳入省级转移支付绩效目标管理的项目 181 个，涉及金额 702.24 亿元。绩效评价没有在一个整体范围内展开，对部门单位的整体绩效和市县政府的整体绩效重视不够。

（二）绩效理念和主体责任意识不强

部分地方和部门重投入轻管理、重使用轻绩效，热衷于争项目、政策、资金，不重视资金的使用绩效，很多政策和资金达不到预期效果。如，2018 年对省级 30 个财政专项资金 2015—2017 年度绩效情况进行重点绩效评价时发现，省级相关部门基本未按要求系统地组织开展对市县专项资金管理和使用情况的绩效评价等工作，存在监管缺位。

（三）绩效管理发展不平衡

省级、市级和部分县级预算绩效管理基础相对较好，但多数县级及乡镇预算绩效管理基础相对薄弱，人员力量严重不足；政府性基金预算、国有资本经营预算、社会保险基金预算等大量财政资金还游离于绩效管理之外；预算绩效全过程管理机制中，因缺乏评估机制，在政策和项目立项前无法充分发挥绩效约束作用，容易造成因决策随意性引起的财政资金损失浪费现象。

（四）绩效激励约束作用不明显

由于预算绩效工作以项目支出绩效评价为主，绩效评价结果在预算安排和政策调整上作为参考因素的较多，发挥决定性作用的较少。如 2015—2016 年省级部门项目绩效抽评结果为“差”和“一般”的 7 个项目，大部分已经结束，无法在下年度安排预算时予以结果应用。同时，未将预算绩效管理列入干部政绩考核体系，不少市县甚至还未将预算绩效管理纳入政府绩效考核，“花钱必问效，无效必问责”尚未真正落到实处。

当前，浙江省正处于加快“两个高水平”建设的关键时期，全面实施预算绩效管理，有利于集中财力办大事，更好地服务保障“三大攻坚战”“四个强省”、富民强省十大行动计划等党中央、国务院和省委、省政府重大决策部署实施，有利于提高财政资源的投入产出比，提高公共服务供给质量和效益，更好地保障民生，促进经济社会高质量发展；有利于推进“最多跑一次”改革和“两强三提高”建设，全面提升机关行政效能，实现政府治理体系和治理能力现代化。

二、浙江省推进部门整体绩效预算改革的必要性与可行性

（一）必要性分析

1. 推进部门整体绩效预算改革是推动浙江省“两个高水平”建设和高质量发展的重要保障。当前，浙江省正处于“两个高水平”建设和高质量发展的关键时期，行政质量、效率非常关键。在这过程中，作为高质量发展的责任主体，各级党委、政府及其组成部门起着决定性作用，其整体绩效的高低直接影响发展质量的好坏。实施部门整体绩效预算改革，目的是推动行政绩效与资金绩效有效融合，通过采用整体绩效目标、绩效预算、绩效拨款和绩效评价等环节化管理，充分调动各部门干事创业的积极性，有力有序有效地做好履职工作，促进各项事业高质量发展，更好地服务“两个高水平”建设。

2. 推进部门整体绩效预算改革是高水平构建具有浙江特色的现代财政制度的必然要求。现代财政制度的基本特征之一是高绩效，强调以绩效为导向来配置财力资源。实施部门整体绩效预算改革，在预算管理链条中嵌入“目标—责任制”，赋予政府部门更多自主权，有利于强化部门主体责任，推动部门站在全局和长远发展的高度来统筹安排财力，变“要我干”为“我要干”，全面提升财政资金使用绩效。浙江省在这方面的探索和实践，不仅能加快浙江省现代财政制度建设进程，也能为全国推广铺石探路、积累经验。

3. 推进部门整体绩效预算改革是着力破解部门预算突出问题的有效手段。当前部门预算仍是投入型的管理模式，绩效和结果导向不明显，存在“重分配、轻绩效”的情况。具体表现为：

在目标上，行政绩效与资金绩效“两张皮”；在管理环节上，轻前置预算绩效目标审核，重执行后绩效评价；在评价对象上，重项目绩效，轻整体绩效。产生这些问题的根源是绩效管理理念不够深入、部门主体责任意识不强、激励约束机制不够健全等。实施部门整体绩效预算改革有利于从根本上破解这些问题，为全面实施绩效管理创造良好条件、打下坚实基础。

（二）可行性分析

1. 省委、省政府高度重视，为推进部门整体绩效预算改革提供了领导保障。省委、省政府主要领导多次就预算绩效管理工作作出重要指示和批示，提出明确要求。省委书记车俊强调，全面实施绩效管理，将有限财力用在发展的刀刃上，发挥最大效益；树立起过紧日子思想，厉行节约，反对铺张浪费，把节省出来的钱用到省委、省政府重大决策部署上来，用到补短板、打攻坚战和改善民生上来。省长袁家军要求，坚持质量第一、效益优先，全面实施绩效管理，集中财力办大事，使业务流与决策流、资金流、信息流相匹配、相协调。省领导的重要指示和批示，既为浙江省实施部门整体绩效预算改革指明了方向，也为做好该项工作提供了重要的思想保障和领导保障。

2. 新预算法等法律法规和政策制度的实施，为推进部门整体绩效预算改革提供了制度保障。2015 年实施的新预算法将绩效管理写入法律，凸显了绩效管理的重要性和法律刚性。近年来，党中央、国务院和财政部连续出台了一系列现代财政制度建设文件，浙江省也陆续出台了《浙江省预算审查监督条例》等财政法律法规和政策制度。这些法律法规和政策制度的出台，为实施部门整体绩效预算改革提供了制度保障。

3. 预算标准体系建设和项目绩效管理的成果，为推进部门整体绩效预算改革提供了基础支撑。经过多年努力，浙江省大部分市县已建成预算标准体系，特别是省本级建立了日常公用支出预算标准 26 类 53 项、项目支出预算标准 53 类 169 项，并对其中 132 项明确了财政支出标准，做到了“立项有依据、计算有标准”。同时，积极推进项目绩效管理，形成了“预算编制有目标、预算执行有监控、预算完成有评价、评价结果有反馈、反馈结果有应用”的全过程绩效管理模式，为实施部门整体绩效预算改革提供基础支撑。

4. 部门整体绩效预算改革试点，为推进部门整体绩效预算改革提供了实践经验。2018 年，浙江省省级选取省教育厅、省商务厅、省农科院、省文化馆、省疾控中心和省体育职业技术学院 6 个部门（单位）作为省级部门整体绩效预算试点。根据每个部门（单位）职责，按照“一个部门一套目标”的原则，分部门（单位）设置了 6 套绩效指标，并将整体绩效指标与部门预算总额相挂钩。走出浙江省部门整体绩效预算改革的关键一步，为全面推广打下了基础、积累了经验。

三、推进浙江省部门整体绩效预算改革的思路及建议

（一）基本原则

1. 强化部门理财的主体责任。强化“绩效论英雄”理念，用钱先问效，无效必问责，将绩效管理贯穿于部门本级运行和事业发展管理工作的全过程，以提供有效公共服务为衡量标准，提升财政资金配置和使用绩效，促进政府整体绩效提升。

2. 顶层设计、分步推进。科学设计部门整体绩效预算管理模式，建立目标管理、过程控制、系统集成、迭代深化、公众满意的绩效管理新机制。按照“试点先行、逐步扩面”的要求，力争到 2022 年全省全面实施部门整体绩效改革。

3. 集中财力办大事。绩效目标要聚焦聚力省委、省政府中心工作和重大任务，重点突出、导向鲜明、细化量化。在部门预算安排中优先重点落实，根据绩效评价结果建立奖惩机制，形成集中财力办大事的制度安排。

（二）主要措施

1. 建立部门整体绩效指标及绩效目标体系。建立部门整体绩效指标和绩效目标是部门整体预算编制的前提，是预算执行、绩效评价、财政监督的重要依据。绩效目标体系主要可分为以下两类。

第一类是绩效指标体系。绩效指标指用于测量预算绩效状态的指数，既是编制绩效目标，开展绩效评价的依据，也是建设责任政府的依据。在建设过程中，主要考虑四个方面。一是“一个部门，一套指标”，以更好地体现部门职能和专业性。二是预算绩效指标与行政绩效指标相融合。在设置部门整体绩效指标时，引入政府绩效管理考评指标，逐步将两大指标体系融为一体，最终使用同一套考评指标。在目前两大体系尚未使用同一套指标的情况下，将部门预算绩效指标按重要程度分为一类指标和二类指标，一类指标为同级党委政府确定的重点工作绩效指标，并提高一类指标分值比重，二类指标由部门本级运行绩效指标和事业发展绩效指标组成，两类指标设定一定的分值后综合为部门整体绩效目标指标。三是建设统一的绩效指标框架。根据试点经验，建议部门整体绩效指标分产出结果类和社会评价类。产出结果类指标根据各部门职能职责，反映本部门各项事业产出与结果，按照重要程度设置一类和二类指标；社会评价类指标包括廉政建设、公众满意率和投诉结案率等。绩效指标要可量化，尽量精简，优选可直接从统计部门取得数据的指标。四是确定绩效指标分值和赋分原则。在确定指标分值时，要适当考虑该项绩效指标与部门预算总额的关系。确定后，要进行近三年指标计分试算，避免出现分值设置不妥而出现指标计分大起大落现象。

同时，要梳理职责构建部门整体绩效指标体系。在实践过程中，各部门为简化工作，经常将重点项目支出绩效目标进行简单归集与汇总，最终形成部门整体支出绩效目标，容易带来一系列问题。如部分未申报项目资金的工作无法纳入部门整体支出绩效目标范围内，由此造成部门整体支出绩效目标与年度工作计划脱节，部门重点工作不突出；部门运转通过基本支出和项目支出共同保障，由基本支出保障的职能无法在部门整体支出绩效目标中体现；以项目支出为主体的部门整体支出绩效目标聚

焦于项目所实现的效益效果,未能站在部门发展目标上设定具有战略性、前瞻性的部门整体目标。通过试点工作,梳理出三条改革推进路径。第一,通过部门职责梳理绩效指标。对“三定”方案中规定的各项职能按照部门权责、职能事项进行分解,并结合政府和部门中长期战略发展规划设置。第二,通过工作活动梳理绩效指标。工作活动是部门结合发展趋势,为履行某项部门职责所采取的中长期工作举措,是部门职责的具体行为,在一定时期内具有稳定性,应结合部门职责及部门中长期战略发展规划设置工作活动指标。第三,通过预算项目梳理绩效指标。预算项目是支撑某项工作活动的具体行为,是对工作活动的分解,反映相关政策的具体内容,应结合工作活动目标及年度工作计划设置预算项目目标。

第二类是绩效目标体系。绩效目标是指部门根据绩效指标和上年业绩值编制的本年度主要绩效指标预期结果目标,而非工作目标。编制绩效目标的关键是确定目标值。部门单位要根据上年度评价结果、党委政府相关政策,提出新预算年度的绩效目标计划,同时要列出近几年绩效目标值以作比较。在预算执行过程中,原则上不调整部门整体绩效目标,确需调整的,需报财政部门审核,并相应调整年度预算安排。

2. 建立与部门整体绩效挂钩的预算总额包干机制。在确定部门整体绩效目标和指标的同时,建立部门整体绩效指标目标与部门预算总额挂钩机制,确定支撑部门整体绩效实现的部门预算总额。在部门预算总额内,由部门自主统筹安排部门本级和下属事业单位的具体预算,并按照“标准化、规范化、精细化”的要求编制部门预算。第一,明确绩效预算总额范围。部门绩效预算范围由部门基本支出、项目支出和专项转移支付支出组成,同时剔除房屋建筑物构建、大型修缮等特殊性一次性项目。第二,建立绩效预算挂钩机制。挂钩比例与部门事业发展目标及政府财政收支总幅度相匹配,避免过高过低。具体可采用三种方式:一是整体挂钩。为事前挂钩方式,根据部门整体绩效目标总体情况,预计确定预算编制年度绩效目标与上年度(或基期年)绩效目标增长情况,与绩效预算总额挂钩。二是产出指标挂钩。为事前挂钩方式,选取部门整体绩效指标中与部门事业发展关联度较大的指标为产出指标,根据产出绩效目标近几年情况,预计确定预算编制年度绩效目标与上年度(或基期年)绩效目标增长情况,与绩效预算总额挂钩。三是产出指标评价结果挂钩。为事后挂钩方式,选取部门整体绩效指标中与部门事业发展关联度较大的指标为产出指标,根据产出绩效目标年度目标完成情况,与绩效预算总额挂钩。对于在绩效评价中未达到绩效目标的部门,财政部门在年终结算时,应当予以挂钩机制清算,扣减下年度的绩效预算。

3. 建立部门整体绩效评价机制。一要厘清绩效评价目的。通过对部门和项目预算绩效目标的实现度进行评价,监督预算资金;通过对部门和项目的整体绩效进行测量,确定被评价人绩效状态,推动完善制度。二要建立绩效评价规则。部门整体绩效的评价,根据部门整体绩效分为一类指标和二类指标,一类指标由党委政府部门重点工作绩效考评牵头部门负责,财政部门直接取用党委政府的考评结果;二类指标由财政部门和职能部门共同负责评价,根据绩效指标数据来源和赋分原则打分,最后形成部门整体绩效评价结果,并反馈党委政府部门绩效考评牵头部门。对于指标体系中每个部门都具备的绩效指标,应确定统一的评价方式方法,若有条件,可确定一个责任部门负责或者借助 APP 等技术手段实现。

4. 建立部门整体绩效评价奖惩机制。一是部门整体绩效评价结果与下年度部门预算奖惩挂钩,可建立事后绩效预算总额挂钩方式,对评价结果优秀的部门予以奖励,对结果差的部门予以扣减。二是将行政绩效与资金绩效紧密结合,将部门整体绩效预算评价结果作为政府绩效考评的重要参考内容。三是积极探索部门整体绩效评价结果与干部收入分配、领导选拔任用挂钩的机制。

5. 建立推进部门整体绩效管理改革的工作机制。各级政府绩效考评部门负责重点工作绩效目标和评价工作,建立与财政部门的联动工作机制,确保部门整体绩效目标与部门预算安排有效统一;财政部门负责部门整体绩效预算制度设计,建立绩效指标体系和评价体系,建立整体绩效与部门预算挂钩机制,负责部门整体绩效评价;各部门负责部门整体绩效目标的编制,按要求编制预算和执行预算,提出部门整体绩效自评结果,负责内部绩效管理。政府绩效管理和预算绩效管理两大体系负责部门应该建立沟通协调工作机制。在绩效目标上,考虑到部门预算编制在前,政府部门绩效考评重点工作绩效目标报送时间在后,在确定部门年度绩效考评重点工作绩效目标时应及时联系财政部门,财政部门根据部门整体绩效目标和绩效预算安排情况提出建议,确保部门整体绩效目标一类指标与政府绩效考评工作相衔接。在绩效评价上,政府绩效管理负责部门应及时向财政部门提供重点工作绩效目标考评结果,财政部门将部门整体绩效考评结果及时反馈政府,对关系党委政府中心工作的关键指标,提出完善相关政府部门绩效考评指标建议。

课题组组长:徐宇宁

成员:章启诚　张远东　陈志光　任　芳(执笔)

浙江省高职教育财政保障机制研究

浙江省财政厅课题组

一、浙江省高职教育发展现状和存在问题

(一)高职教育发展现状

1. 办学规模大,毕业生规模占比高

截至 2017 年年底,浙江省共有高职院校 48 所、高等专科学

校 1 所,占浙江高校的 45%。高职(高专)在校生 38.61 万人,占浙江省在校大学生数的 38.5%。2017 年,浙江省高职(高专)毕业生 13.04 万人,占高校毕业生的 47.2%。从毕业生输送规模看,高职教育每年为全省输送了近一半的高等学历就业人才,高职教育占据了浙江高等教育的半壁江山。

2. 学校基础好,办学水平居全国前列

浙江省高职教育起步早、基础好。全省共有国家级示范性(骨干)高职院校 11 所,省级示范院校 22 所,省优质高职院校 20 所。2010—2017 年,全省高职院校共获得 73 个国家教学成果奖,6 个教学团队获"国家级优秀教学团队"称号,4 名教师入选国家"万人计划"教学名师,高职教育办学水平在全国处于第一方阵。

3. 产出质量高,毕业生市场需求旺盛

根据浙江省教育发展中心发布的《浙江省 2017 届普通高校毕业生就业质量年度报告》,截至 2017 年 12 月 15 日,浙江省 2017 届高职生就业率 98.0%,比高校毕业生总就业率高 0.8 个百分点,比本科生就业率高 1.5 个百分点,高职生就业率已多年保持高位且呈逐年增长态势。根据杭州人才网 2018 年 6 月发布的《2017 年度杭州市接收高校毕业生就业情况报告》,2017 年,用人单位在杭州人才市场和杭州人才网推出用人需求岗位 44.5 万余个,其中要求专科学历的占 52.6%。高职毕业生是当前浙江企业需求量最大的人才资源。

(二)高职教育管理存在问题

1. 主管部门多且分散

浙江 48 所高职院校中,公办院校 39 所,民办院校 9 所。公办 39 所院校中,省属院校 17 所,地方院校 20 所,中央直属单位院校 2 所。省属 17 所高职院校分属 10 个省级部门和 3 个企业集团,其中省建设厅、省交通厅、省教育厅等 9 个厅局各 1 所,省供销社、省机电集团、杭钢集团和省交通集团各 2 所。

2. 各项政策统筹性差

一是政策出台力度不够。比如,省教育厅仅归口管理 1 所高职院校,因此近年来很少出台专门针对高职院校相关管理政策,大部分政策参照本科院校执行,而事实上高职和本科在很多方面存在较大差异。二是财政管理弱化。省属高职院校属于二级预算单位,很多政策的落地执行都需要主管部门(企业集团)落实,除省教育厅外,其他省级部门和企业集团无论从财务还是业务上和院校完全不是一个体系,主观上欠缺管理动力,客观上不具备管理能力,导致主管部门管理职能弱化。

3. 资源供给与经济发展水平不符

根据《2018 中国高等职业教育质量年度报告》首次发布的院校教学资源 50 强排行榜,东部地区共有 31 所院校上榜。其中,山东和广东各 7 所、江苏 6 所,浙江仅金华职业技术学院 1 所上榜,浙江高职教育发展水平与沿海发达兄弟省市仍然存在较大差距。

根据《中国教育经费统计年鉴 2017》统计数据,浙江省 2016 年高职高专学校生均公共财政预算教育经费支出(简称"高职生均财政支出")及增幅的排名并不理想。从支出绝对额来看,浙江略低于广东、大幅落后于江苏;从支出增幅来看,江苏在支出绝对额已经达到较高水平的基础上继续保持较高幅度增长,浙江 1.9% 的增幅仅列全国第 20;上海则从绝对额和增幅上遥遥领先。

表 1:

地区	2015 年(元)	2016 年(元)	增幅(%)	增幅排名
上海	24990	35997	44.1	2
广东	13533	14742	8.9	10
江苏	14823	16131	8.8	11
浙江	14444	14716	1.9	20
全国平均	12751	13270	4.1	—

二、高职教育财政保障机制现状和问题分析

浙江高职教育财政投入根据院校隶属关系由省级财政和市县财政分级保障,主要采取生均定额财政拨款加专项经费保障的方式。本课题对 2013—2017 年(以下简称"分析期")高职院校财政保障情况进行了研究分析。数据来源于省内各高校财政决算,共选取 3 组样本,分别为省属高职院校(以下简称"高职组")、省属本科院校(以下简称"本科组")、地方高职院校(以下简称"地方高职组")。

(一)高职院校争取社会资源能力较弱

1. 总收入分析。对高职组和本科组院校分析期总收入进行排名比较(图 1),本科组所有样本院校总收入均高于高职组,本科院校争取社会总资源的能力明显优于高职院校。

2. 收入结构分析。分析期内,高职组院校财政拨款收入在全部收入中的占比为 58.8%,本科组院校财政拨款收入占比 48.5%。由于高职院校科研能力远低于本科院校,无法通过承接科研项目获得经费来源,其对财政拨款的依赖程度要高于本科院校。

3. 收入增长率分析。从增长率看,高职组院校在占比较大的财政拨款收入、事业收入增长率方面均不及本科组院校。

表 2：

组别	总收入年均增长率	财政拨款收入年均增长率	事业收入年均增长率	其他收入年均增长率
高职组	8.4%	11.7%	4.1%	14.2%
本科组	8.1%	14.9%	5.3%	10.0%

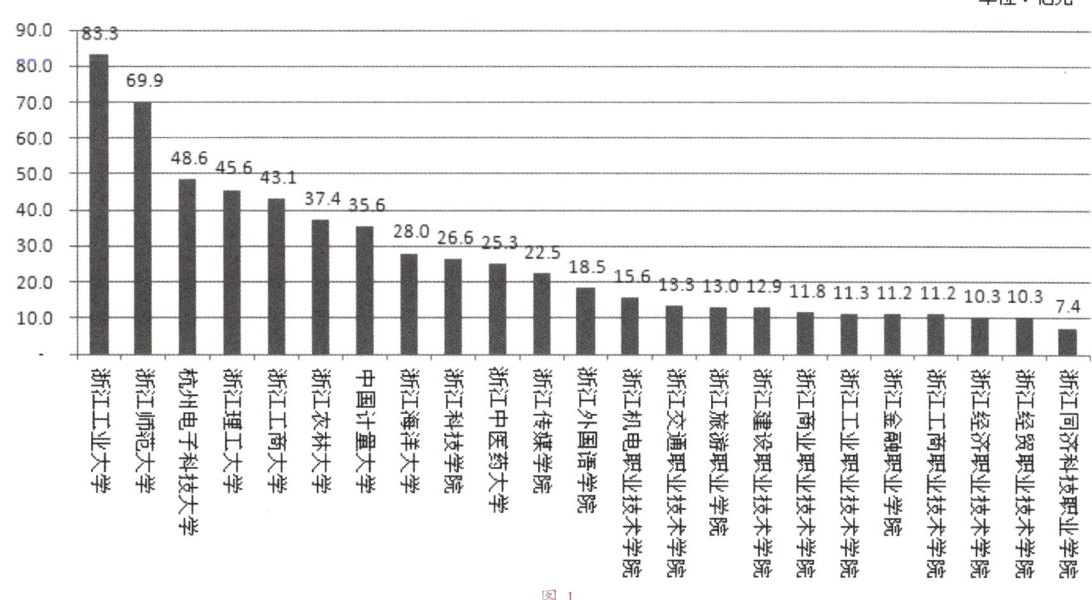

图 1

（二）生均财政拨款与本科院校间差距逐年扩大

从绝对数看，高职组和本科组生均财政拨款差距逐年拉大，从 2013 年高职组比本科组高 377 元/生，扩大到 2017 年高职组比本科组低 4882 元/生。与浙江省教育事业发展各项意见规划提出的“到 2017 年，全省高职高专院校生均财政经费水平不低于本科院校水平”的目标相背离。

从增长速度看，2013—2017 年，高职组生均财政拨款年均增长仅为 10.9%，本科组则达到 17.5%；到 2017 年，高职组财政保障水平仅为本科组的 78.0%。

进一步探究差距扩大的原因。其一是专项资金供给力度有失平衡。近年来财政对高等教育的增量投入大部分以专项资金的形式供给，以 2017 年教育厅所属高校为例，新增财政拨款 73.7% 用于专项，同时，专项资金主要针对本科教育，对于高职院校覆盖面小且额度不高，导致高职院校获得的高等职业教育增量投入严重不足。其二是按照学生层次系数、专业系数等因素调整的生均定额财政拨款政策亟需完善，在学生层次系数、学费、高职专项定额等不变的情况下，单纯提高生均定额，高职生 0.7 的学生层次系数会使高职院校的保障水平与本科院校差距继续扩大。

（三）实训基地建设投入相对不足

高职教育的特色在于培养操作性强的技能性人才，在课程设置上要求实训课时占比不低于 50%，需要大量的实训经费投入。（表 3）

表 3：

年份	总支出（万元）		实训基地支出（万元）		占比	
	高职组	本科组	高职组	本科组	高职组	本科组
2013	207364	783389	18452	64611	8.9%	8.3%
2014	218228	903682	19085	61591	8.8%	6.8%
2015	252184	986726	20228	80980	8.0%	8.2%
2016	267986	1068972	23112	66981	8.6%	6.3%
2017	280709	1167124	24120	112128	8.6%	9.6%
合计	1226471	4909893	104997	441360	8.6%	9.0%

尽管实训基地建设对高职教育有非常重要的意义,但受经费保障水平所限,高职院校各项刚性支出占比不断提高,最需要投入的实训基地建设支出反而成了可随意压缩的弹性支出,高职组实训基地建设支出不仅在绝对额上远远低于本科组,甚至在占比上也低于本科组。

三、完善高职教育财政保障机制的建议

(一)加强高职保障机制统筹规划

贯彻党中央"把发展现代职业教育摆在更加突出的位置"精神,区别高职教育和本科教育差异,做好高职教育发展规划研究,加强对高职保障机制统筹设计。首先,教育行政部门要从院校布局、专业设置等方面,结合产业发展统一谋划,推动高职院校错位发展、特色发展,形成各自的发展优势和竞争优势。其次,梳理完善浙江省高职教育政策支持体系,引导促进高职院校优化资源配置结构、优化学科专业结构、优化人才队伍结构、优化内部治理结构。最后,加大财政投入力度,逐步建立起与地区经济发展水平相适应的财政保障机制,进一步完善政府、企业和社会多元办学、多渠道筹资机制,鼓励社会力量以多种形式参与高职教育,拓宽办学资金来源,扩大高校收费自主权,建立高校学费随教育培养成本动态调整的联动机制。

(二)认真落实现有高职教育发展政策

一是进一步加强对高职教育的生均财政保障投入。通过调整高职生学生层次系数提高生均定额水平,或者建立高职专项定额与高等教育生均定额同步增长机制调增高职专项定额,使高职生均财政保障总水平与本专科基本持平。二是破除企业投资、捐赠高职教育壁垒,充分调动社会资源参与高职教育。在产业政策资金分配中,将企业与高职院校的合作程度作为一个分配因素,鼓励企业和高职院校互相利用资源共同发展;对于学校获得捐赠资金财政配比政策,进一步明确政策实施期限和财政配比资金比例,提高政策预期性和企业捐赠积极性;对于建立"校中厂、校中店"等模式的校企合作项目,明确院校场地的使用不作为国有资产出租项目向企业收取租金。三是继续探索集团化办学,推进职业教育资源整合。选择部分职教集团进行试点,给予人事管理、专业设置、教师评聘等方面更大的自主权,打破院校与院校之间、院校与企业之间藩篱,推进教育链与全产业链充分对接融合,促进专业设置与生产需求对接、课程标准与产业标准对接、教学过程所学与生产过程所用紧密对接。

(三)加强部门协同优化资源利用

针对当前高职院校归属多部门(集团)主管现状,积极加强部门协同合作,充分利用现有资源形成发展合力。一是建立部门协调机制。建议由省教育厅牵头,下属有职业院校的相关部门(集团)、省财政厅等参与作为成员单位,建立联席会议制度,定期交流高职院校发展情况,统一制定高职院校相关管理规定,共同推进高职院校发展。二是针对目前高职院校实训基地特别是工科实训基地建设投入分散、成本高、技术升级快等难点痛点,由联席会议成员单位对高职院校实训基地建设统一谋划,探索制定实训基地分类建设清单,统筹使用相关设施。三是有计划地推进院校间更深层次交流合作,共享师资力量、教学设备、教学成果等教育资源,创建更为开放、共享、合作、共赢的高职发展新局面。

(四)改进分配管理模式提升资金绩效

按照全面实施预算绩效管理的要求,建立高等院校整体绩效目标考评及与其挂钩的预算总额包干管理模式。一方面,重构生均定额和专项支出投入比例,缓解高职教育经费与本科教育经费投入水平差距扩大的趋势。另一方面,弱化财政安排资金中基本支出和项目支出界限,在预算总额包干额度内赋予院校更大的资金分配使用权限,解决高校不同程度存在的项目支出执行率不高、基本支出随着人员类支出大幅上涨存在缺口的矛盾。同时强化高等院校作为单位财政财务管理的主体责任,促进院校提高自身的财务管理水平和资金使用绩效。

课题组组长:沈　磊

成员:叶光胜　沈燕萍　陆　茵(执笔)

促进科技创新的税收政策研究(摘要)

浙江省财政厅税政处课题组

一、税收政策支持科技创新的浙江实例

当前,全国已初步形成全方位支持激励创新的税收政策体系,在政策面上普惠式与特惠式政策相结合,既在整体上营造开拓创新的社会氛围,又在重点行业和领域内有所突破。税收优惠政策降低了企业科研创新的税负,增强了现金流,给企业创新带来了实实在在的红包,提供了良好的外部动力。

以浙江省为例,根据税式支出统计,2017 年全省(不含宁波,下同)支持企业科技创新的税收优惠支出 515.8 亿元,有力推动了浙江数字经济、高新技术产业的迅猛发展。从税收优惠分布和规模可以看出,税收优惠政策扶持的领域与浙江经济增长和创新发展的亮点领域高度契合,成效明显。

1. 投入重点突出。软件产业和高新技术企业是税收优惠的主要方面。2017 年,全省对软件产业和集成电路产业的税收优惠(包括企业所得税优惠和产品、设备增值税退税)268.5 亿元,超过全部税式支出的一半。除软件和集成电路产业之外的高新技术企业所得税减免优惠 137 亿元,是支出金额第二大的项目。此外,还有一系列针对高新技术研发和技术成果转让的税收政策。

2. 税收优惠政策的引导、激励效应明显。软件和集成电路产业是浙江大力推进的"数字经济"一号工程的核心和基础。在税收政策的强力助推下,2017 年浙江数字经济规模达 19577 亿

元,占 GDP 的 37.8%,全省数字经济核心产业增加值 4853 亿元,软件和信息技术服务业综合发展指数居全国前列,云计算产业生态全国领先。电子信息行业新产品产值率连续 28 个月超过 50%,创新创业极为活跃。高新企业方面,2017 年全省高新企业研发经费投入 1339.4 亿元,相当于主营业务收入的比重约 5.6%,是全省规模以上工业企业的 3.1 倍;高新企业新产品产值率 60.9%,高于规模以上工业企业 25.5 个百分点;高新技术产业利税总额 4207.6 亿元,主营业务利税率 17.6%,高于规模以上工业 6 个百分点。

可以说,浙江省数字经济和高新技术产业发展呈现出规模增长强劲、发展质量提升、新动能不断发展壮大的良好态势,支持科技创新的税收政策在其中起到了至关重要的作用。与此同时,相关产业的发展壮大也培育涵养了新的税源和税收增长点。软件产业和高新企业所得税优惠金额的增加,也从另一个方面反映了企业效益和所得增加。支持科技创新的税收政策体系在浙江的总体效果明显,初步形成了税收激励、产业发展、税源增长的良性互动和循环。

二、税收优惠政策的效用比较及现行政策体系存在的问题

不同的税种和不同的税收政策,对科技创新有着不同的激励形式和激励效应。有的直接对应纳税款进行减免,有的调整计税依据,有的直接增加现金流,有的降低资金成本。对不同税收激励政策发生作用的方式、时间、环节、效应等方面进行比较分析和研究,对于进一步厘清各种税收激励政策的优势和不足、充分发挥税收激励创新的协同效应具有十分重要的作用。

(一)增值税和所得税的比较

从税种角度,增值税和所得税(包括企业所得税和个人所得税)是目前最大的两大税种,在税收制度体系中具有举足轻重的地位,在支持创新的税收激励政策中也发挥着不可替代的决定性作用。由于增值税和所得税征收对象、计税基础等不同,其政策效应也存在明显差异。

1. 从税负最终承担者来看。一般情况下,所得税最终承担者为纳税人,不能转嫁,纳税人即负税人。所得税的减免优惠直接降低纳税人税负,增加其可用资金;而增值税是流转税,属于价外税,可以转嫁,纳税人和负税人是分离的,但转嫁的程度取决于商品的供求弹性,增值税纳税人不必然承担其缴纳的全部增值税,增值税的部分甚至大部分往往由最终购买者承担。

从这个角度分析,所得税政策通过降低投资者、生产者的税负来促进投资、鼓励创新;增值税政策更多在于降低最终消费者税负,通过促进消费来促进增长。

2. 从税收优惠的税基来看。所得税减免的基础是根据纳税人最终收益依法计算的应纳税所得额,所得税优惠多数是针对所得收益进行减免奖励,若纳税人最终经营成果为亏损或没有应纳税所得额,则不具备政策效应。同样的所得税减免标准,由于企业盈利情况各不相同,税收减免效应差别很大。

增值税减免的对象则是经营活动中的增值部分,伴随着生产经营的全过程。纳税人无论最终经营结果是盈利还是亏损都须缴纳增值税,增值税优惠政策更为中性和公平。由于增值税在不同行业采取差别税率,并且对一般纳税人和小规模纳税人采取不同的征缴方式,增值税减免政策对不同行业、不同规模的企业所产生的效应也存在不同。

3. 从税收政策发生作用的时间点来看。所得税征管采取年度清缴的方式,减免发生在年度汇算清缴环节,减免税效应也只能等到减免后才有。而增值税产生在生产经营过程中,增值税减免的特点是当期发生、当期减免,发生在生产经营环节,减免效应能够及时体现,具有较好的时效性,有助于企业解决现金流问题。

4. 税种结构方面存在的主要问题。目前激励科技创新税收政策体系在税种结构方面的主要问题是:过多依靠所得税,政策结构不尽合理。

长期以来,中国都是以流转税为主的税制结构,增值税一直是第一大税种,2017 年国内增值税收入 53700 亿元,占全部税收收入的 39.6%。企业所得税是第二大税种,2017 年全国企业所得税收入 30235 亿元,占全部税收收入的 22.3%。增值税收入规模约是企业所得税收入的 1.78 倍。但目前在激励科技创新的税收政策使用上,是以企业所得税政策为绝对主导。以浙江省税式支出为例,2017 年全省对科技创新的税收优惠额度,企业所得税优惠为 443.68 亿元,增值税优惠为 68.21 亿元,增值税优惠金额仅为企业所得税优惠金额的 15.3%(不考虑增值税税率普降和出口退税因素,仅统计特定税收优惠政策)。

税种结构和税收贡献的不协调,在相当程度上降低了税收优惠政策的效用力度。由于增值税是以流转中的增值额为计税基础,当企业缴纳增值税较多而享受的优惠较少时,直接影响企业现金流,降低了企业对科技创新的投资意愿和能力。特别是对于初创期和投入期的企业,在没有获利的情况下享受不到所得税减免优惠,更需要增值税政策的支持。在增值税作为我国主体税种的情况下,增值税优惠力度的不足削弱了税收政策体系整体对科技创新的激励效果。

(二)前端优惠和后端优惠的比较

从税收优惠政策作用于企业创新行为的方式和时间点来看,主要可分为两大类:一类是通过改变经营成本或计税依据来降低税负的前端优惠(事前激励),包括加速折旧、研发费用加计扣除等方式;另一类是在应税行为完成后对应纳税款直接进行减免的后端优惠(事后奖励),包括优惠税率、定期减免等方式。此类政策由于二者生效环节不同,产生的效果有一定差异。前端优惠是目的引导型,体现了对创新投入行为的激励;而后端优惠是结果导向型,体现了对创新产出和结果的奖励。

1. 从对企业创新的激励效应来看。在“技术研发期→成果转化期→产品产业化”的纵向链条中,企业最需扶持的是前期研发阶段。前端优惠将税收激励的时点提前到获利环节之前,享受优惠与企业获利与否无关,直接针对研发行为本身,对企业创

新的激励更为直接有效。一般来说,税收激励时点越靠前,杠杆效应越大,驱动作用越明显。

2. 从对企业发展的支持效果来看。后端优惠,是对企业从事创新活动所得利益的事后让渡,只有企业有盈利才能切实享受到政策红利。大量微利、亏损或处于研发投入期的企业实际并无法享受优惠政策,这使得政策优惠叠加于那些处于成果产出期、获得市场认可的优质企业,帮助盈利多的企业进一步增强盈利能力,导致政策作用结果呈现出"马太效应"。从这个角度,前端优惠对企业创新"雪中送炭"的激励效果要强于后端优惠的"锦上添花"。

3. 存在的主要问题。从前端优惠和后端优惠的效应分析和实际使用情况,我国目前激励创新税收优惠政策在作用方式上主要存在以下两大问题。

(1)税收优惠时点上偏重于后端所得优惠,对科技创新前端环节激励不足。

科技创新具有高风险、高投入和周期长的特点,投入并不一定会产生直接收益。此外,科技创新效应还具有明显外部性特征,创新收益不一定为企业所独享。为弥补市场失灵、降低投资风险,对企业在研发前端投入阶段实施税收激励已成各国支持科技创新的普遍选择。然而中国目前税收激励政策中,偏重对创新成果和创新收益的奖励,对科研创新前端研发等环节激励明显不足。以浙江省为例,2017 年激励科技创新的税式支出中,后端对企业所得税的直接优惠减免约占全部金额的 80%,而对于科研行为的前端优惠(包括增值税激励政策和加计扣除、加速折旧等所得税政策)不足科技税收优惠总额的 20%。

对创新活动所得利益进行事后让渡的方式,忽视了创新活动前期的高风险和高投入,易引导企业投资于"短、平、快"项目,缺乏对长久研发创新的持续支持。并使那些没有盈利积累企业的创新活动无法享受政策优惠,无法起到政策的激励效果。因此,对科研创新前端税收激励的不足,降低了税收政策对科技创新的引导作用。

(2)税收优惠实施上偏重资质认定和行业优惠,对具体创新行为普惠性激励不足。

在浙江省 2017 年激励科技创新税式支出中,高新企业等需经资质认定和软件产业等行业性优惠政策的金额占到总数的 80%,而研发加计扣除、技术成果转让等针对具体创新行为的激励政策支出仅占 20%左右。这其实是税收政策作用方式问题的另一种表现,因为后端优惠政策往往针对特定行业和企业,一般需要经有关部门的资质认定。

资质认定在实践中存在一些问题,一是由于资质门槛导致对不同企业间同类行为的税负不公。获得资质的企业所有收入,即使不是来自创新技术和服务的收入,都能享受优惠;而未获资质的企业用于创新的投入也不能享受优惠。二是容易引发企业对于资质标准的投机甚至寻租行为。先资质认定、后享受政策的方式,常导致企业"盯住"政策门槛,"适度"创新的投机倾向。比如,目前高新技术企业资格一旦认定三年有效,在此期间,无论企业创新活动开展如何,均可享受税收优惠。部分企业在获得认定资格后的受惠期内陷入创新惰性,甚至少数企业把优惠资质作为避税工具,税收减免并未真正投入创新。三是在认定标准上,部分优惠政策的资质认定程序繁杂,有的优惠政策边界模糊,增加了企业的成本,造成税制复杂化。四是资质认定的指标体系仍有待进一步完善。比如,在高新技术企业认定中,企业科技人员占比、研发投入占比需达到一定标准。按照现行标准,某些行业的企业因为固定资产投资或销售收入基数太大,难以满足研发投入占比指标要求,虽然创新投入规模较大,仍无法享受政策(比如舟山绿色石化项目虽然技术先进,但因投资额和销售额巨大,按现行标准无法认定为高新技术企业)。

除资质认定外,目前税收优惠政策还多以产业优惠形式,这类行业导向的税收政策在一定时期内,对于资源配置发挥了引导作用,但这会使其他产业的创新活动被屏蔽于税收优惠体系之外,不符合税收中性普惠原则,不利于营造公平的市场竞争环境。从长远看,政策有效性会逐渐降低,可能导致资源配置扭曲,影响税收政策的公平和效率。

与资质认定和行业优惠相对应的,是作用于具体的创新环节和创新行为的税收激励政策。包括多数前端优惠政策(比如研发加计扣除、固定资产加速折旧等),以及支持创业投资和技术成果转让的税收政策。这类政策只要是企业进行了相应的创新行为就可享受,对于激励企业创新更有针对性、更具普惠性、也更加公平。

三、进一步完善促进科技创新税收政策体系的建议

现行的激励创新税收政策,对于促进企业创业创新无疑发挥了重要作用。但在新时代新形势下,如何进一步完善政策体系、充分发挥税收政策效应,对于转换增长动力,实施创新驱动发展战略,具有更为重要和深远的意义。

对于如何完善促进科技创新的税收政策体系,应该从两个方面去理解和思考。一方面,减税降负是当前财税改革的方向和目标。对科技创新的优惠政策短期内可能导致税收减收,但从长期看,设计合理、实施有效的税收优惠政策体系在激发企业创新活力,促进产业转型升级的同时,能起到涵养税源、扩大税基、夯实税收长期增长基础的良好效果,形成税收和经济的良性互动。另一方面,也要认识到税收政策不是万能的。税收政策兼具组织财政收入和引导资源配置等多重职能,首先要在满足公共财政收入基本需求的基础上,为经济社会发展营造公平有效的发展环境。从宏观意义上讲,一个公平高效的税制对促进科技创新更为重要,应避免税收优惠的滥用。基于上述认识和对现存问题的分析,结合浙江实际,提出进一步完善促进科技创新税收政策体系的粗浅思考。

(一)加大增值税支持力度,确立流转税和所得税优惠并重的税收激励体系。

"营改增"以来,增值税作为我国第一大税种的地位进一步强化,在今后相当长一段时期内,增值税仍将是我国第一大税种,在此情况下,应深化完善增值税改革,进一步发挥增值税政策的优势,加大增值税激励力度,建立与税制结构相协调,流转税和所得税并重的科技创新税收政策激励体系。科技产业附加值高、资本有机构成高、研发和生产性服务消耗高,用好增值税政策对促进科技产业的发展意义尤为重要。

1. 简并税率档次,适度降低税率。特别是降低科技企业和科技产品的增值税率,减轻企业创新研发资金压力和最终消费者税负。

2. 扩大进项税额抵扣范围。全面考虑形成企业生产经营成本的各项投入因素。由于科技创新和研发中无形资产、人工成本投入较大,将这些费用合理纳入增值税抵扣范围,将有利于降低税收,激励创新。

3. 扩大增值税即征即退优惠政策支持范围。将软件产业享受的增值税实际税负超过3%的部分即征即退等优惠政策,扩大推广到国家鼓励发展的各大战略新兴产业。完善部分现有优惠政策方式,如将抗癌药增值税按总额3%简易征收调整为超3%税负即征即退,在降低税负的同时,保全增值税抵扣链条,让下游企业仍按原税率获得进项抵扣,充分发挥增值税"中性"优势。

4. 加大增值税留抵退税力度。2018年,国家加大了增值税留抵退税力度,浙江省(不含宁波)对先进制造业等符合条件的企业期内留抵税83亿元,增加了相关企业的现金流,大大缓解其资金压力,取得了良好效果。建议进一步加强对科技企业增值税留抵退税支持力度,并形成制度规范,帮助企业提振创新的信心和能力。

(二)加大对创新前端环节和科研行为的激励,增强税收激励政策的针对性和实施效率。

在所得税激励政策上,将税收政策的激励重点由创新结果前置到研发和投入环节,有效缓解企业资金压力,充分调动企业创新的积极性。更加注重个人所得税政策,激发科研人员积极性。

1. 进一步加大研发费用扣除政策的力度,强化对研发行为的激励。研发费用加计扣除政策靶向针对企业研发行为,具有研发支出增多,加计扣除额乘数增多的杠杆效应,是目前针对企业创新行为最有效最普惠的激励政策,2018年9月,我国提高了企业研发费用税前加计扣除的比例,以激励企业加大研发投入。建议进一步加大力度,提高加计扣除比例,放大政策效应。同时,完善研发费用加计扣除的管理制度,研究更加灵活的政策。建议加计扣除事项范围可以参照商事改革中"负面清单"管理方式,除少数明确不允许的事项外,均允许适用政策,以扩大抵扣范围,提高政策实施效率。

2. 加强固定资产加速折旧和无形资产加速摊销等政策,促进技术升级换代。建议取消固定资产加速折旧的行业限制,将因技术和设备升级产生的固定资产投入均纳入受惠范围。

3. 加大科技投资抵免政策的力度,强化对投资投入的激励。科技创新具有高风险性,需要运用税收手段对科技投资予以激励。建议完善创业投资企业税收优惠体系,扩大激励范围,从仅限于创业投资公司扩大到法人投资者和个人投资者,并制定相应税收优惠政策。扩展投资对象,投资对象从中小型科技企业扩展到科技型企业和项目。根据科技创新投资回报期较长的特点,对投资科技企业的长期股权投资予以税收优惠,以吸引更多资金投入到科技创新活动中。

4. 更加注重用好个人所得税激励政策,完善适用于各类创新主体对科研人员股权、期权及科研成果奖励的个人所得税优惠政策,对"之江实验室""西湖大学"等创新平台引进顶级科研人才研究出台更灵活的政策,充分调动科研人员的创新积极性。

(三)淡化限制条件、优化评定标准、简化政策体系,推进普惠性政策体系构建。

普惠性税收激励政策让更多企业享受税收利益,有利于提升资源配置效率,营造公平的税收环境。针对目前政策体系中行业限制多、认定标准繁杂、政策间协调不够等问题,有必要加强政策绩效评估,减少行业和区域限制,归并简化政策体系,增强税收优惠政策的普惠性。

1. 打破产业限制,弱化企业所属行业与企业类别限制。逐步把目前仅限于软件、集成电路产业行之有效的政策推广至各科技创新产业。

2. 取消地域限制,避免"税收洼地"政策。将目前限于深圳前海、珠海横琴、福建平潭等试点地区的鼓励类产业企业所得税优惠政策复制推广到全国。

3. 调整优化享受税收优惠的资质评定标准,将支持重点转向企业创新行为和创新项目。淡化资产规模、经营时间等非核心指标和非关键要素的强制规定,区分产业不同情况,合理调整研发占比、技术人员占比等比例指标限制,尽可能使得各行各业开展创新活动都能享受相应的优惠。

4. 加强政策评估,简化归并优惠政策,简化税制,提高绩效。加强科技创新税收政策的跟踪和评估,完善专家评审机制。加强政策体系的顶层设计和梳理,在分析政策实效的基础上,清理归并现有优惠政策,统一规范同类政策,避免对市场主体过多的人为分割。比如,对小微企业、科技型中小企业、中小高新技术企业、初创科技型企业等类似概念,整合标准,统一政策。"简税"与"减税"并重,通过简化制度设计降低征纳双方成本,提高税收政策效益,以精、简、优的税收政策发挥有效调控作用,最大限度释放政策红利。

课题组组长:尹红平

成员:费国炎　张丽萍　章觉初(执笔)

嘉兴市全面实施预算绩效管理的现实基础与推进路径研究

嘉兴市财政局课题组

全面实施预算绩效管理是党中央、国务院作出的重大决策部署，是政府治理和预算管理的深刻变革。当前，我国经济正处于转型期，财政收入增速不断下降，刚性支出不断增加，财政支出矛盾凸显，构建以绩效为导向的公共预算管理体系、全面实施预算绩效管理显得尤为重要。近年来，嘉兴市各级财政部门转变思想观念，积极推进预算绩效管理，取得了一定成效。本文对全面实施预算绩效管理的要求进行了梳理，对全市推进绩效管理工作的实践进行了分析，并对今后如何做好绩效管理改革提出了政策建议。

一、嘉兴市预算绩效管理现状

自党的十六届三中全会提出建立预算绩效评价体系以来，嘉兴市结合实际情况积极探索建立以绩效为导向的预算管理体系。经过多年的工作实践，全市预算绩效管理工作取得了初步成效，并连续10余年获得全省预算绩效管理先进单位。

（一）逐步优化预算绩效管理的制度环境

1. 不断完善绩效管理机构设置。2006年，嘉兴市财政局设立绩效评价处，与财政监督局合署办公，专职开展绩效评价工作。2008年，由最初的绩效评价职能拓展为预算绩效管理，绩效评价处更名为绩效管理处。2018年，为加快推进全面预算绩效管理，实施了机构调整，绩效管理处改与预算局合署办公。在财政内部协调机制方面，市财政局于2006年建立绩效评价联席会议制度。2011年，出台内部预算绩效管理工作考核办法。2012年，市财政局成立以局长为组长的预算绩效目标管理工作领导小组。2014年，市委、市政府成立由市长任组长的嘉兴市预算绩效管理工作领导小组，成员包括市纪委（监察局）、市委办公室、市政府办公室、市委组织部、市人大财经委（预算工委）、市政协经科委、市财政局、市审计局等部门负责人。

2. 初步搭建预算绩效管理制度框架。自开展预算绩效管理工作以来，嘉兴市始终注重顶层设计，先后出台了10余项规章制度，其中包括以市政府名义出台的《嘉兴市预算绩效评价实施办法（试行）》《嘉兴市预算绩效目标管理实施办法（试行）》《嘉兴市预算绩效管理领导小组会议制度》等，旨在明确预算绩效管理路径、程序、规范和标准。2013年，嘉兴市在全省率先以市委、市政府名义出台了《嘉兴市预算绩效管理办法（试行）》，从制度层面摆脱了财政部门“单兵突进”的局面。

3. 充分借助各方力量合力推进。除了成立市预算绩效管理工作领导小组外，组建了由大专院校、行业主管部门、中介机构等单位200余位高级专业人才组成的专家库，并逐步引入会计师事务所、绩效管理专业咨询服务公司、绩效管理研究院等第三方评价机构，为绩效评价提供智力支持。

（二）绩效管理范围和规模不断扩大

1. 绩效目标编制全覆盖。2013年，嘉兴市将市直预算单位50万元以上项目纳入试点范围，2018年市直预算单位所有项目均编制了绩效目标，资金涵盖一般公共预算、政府性基金预算和单位自筹收入，占部门预算项目总支出100%，实现了绩效目标编制部门全覆盖、项目全覆盖。2015年，在全面开展项目支出绩效目标管理基础上，试编部门整体支出绩效目标。2018年，所有市直预算主管部门均编制了整体支出绩效目标，形成了一个部门一套整体支出绩效目标、所有项目一套支出绩效目标的“1+X”体系。

2. 绩效目标评价全覆盖。2018年，市直预算单位1907个项目已全部纳入绩效自评价，其中纳入市级重点评价计划的项目85个，占项目数量的4.5%。财政重点评价项目7个，评价重点为民生支出和重大项目建设领域，部门重点自评项目72个，政府专项资金绩效评价项目6个，共涉及财政资金25.26亿元，占市级项目总支出的18.6%。部门整体支出绩效评价项目4个，涉及财政资金2.14亿元。

3. 探索评价结果反馈应用机制。嘉兴市从组织领导、责任主体、制度制订、预期目标、评价实施、结果运用等方面进行量化考核，确保部门预算绩效考核工作客观、公正和有效，并将考核结果纳入市级机关部门、单位工作目标责任制。此外，及时将项目绩效评价结果反馈给相关部门单位，要求其根据评价结果，完善管理制度，改进管理措施，作为政府决策的参考依据。各县（市、区）也对绩效评价结果应用进行了积极探索。

二、当前预算绩效管理存在的问题

（一）绩效管理理念尚未达成共识。自2001年实行部门预算以来，传统的投入预算管理已形成思维定势。预算单位和财政部门对预算绩效的关注度不高，并且在相互博弈中达到了基本均衡状态，形成了路径依赖。预算绩效管理作为一种新型管理模式，必然带来理念、方式、权责等各方面的改变，对于绩效文化的理解和接受需要长期的过程。

（二）法律体系建设尚不完备。新《预算法》首次以法律形式明确了财政预算的绩效原则，但是尚未出台实施条例，具体操作规程尚不明确。目前，嘉兴市预算绩效管理工作主要以党委、政府文件形式推动，缺乏刚性的法律保障和制度规范，政策稳定性较弱，面对各方利益博弈和多种阻力，难以有效发挥职能作用。此外，由于缺乏明确的法律法规指引，使得财政部门、预算单位以及第三方等相关人员对改革定位、实施原则、技术标准等缺乏统一认识。

（三）绩效管理基础相对薄弱。一是缺乏必要的人力资源保障。目前全市各县（市）财政部门均已设有专职机构，与财政监督局合署办公，平均配备2名专职人员，现有人手明显不足，尤其是缺乏复合型专业人才，难以有效推动改革向纵深发展。二是绩效指标体系设计尚不健全。目前财政部、省财政厅尚未颁布统一的绩效指标，各地、各部门处于自行探索的状态。根据《嘉兴市预算绩效目标管理实施办法（试行）》，嘉兴市从财政层面建立了指导全市的绩效指标体系，分为产出指标、效益指标和满意度指标，具体指标由预算单位在此框架内自行制定，操作性不强，也尚未形成可复制的指标模板。三是信息化建设相对滞后。目前预算绩效管理仍处于起步阶段，尚未有效融入财政综合业务信息平台。目标管理已初步嵌入项目库，但是审核结果无法量化，具体指标申报和审核流程仍需优化。绩效评价模块功能不足，信息传递与收集仍采用体外操作方式，影响工作效率。财政系统尚未与部门系统贯通实现信息共享，无法获取足够信息实施有效的绩效跟踪。

（四）预算管理体制有待完善。预算绩效管理应以预算管理为核心，绩效管理为导向，实现两者的紧密结合。目前预算管理体制上的一些做法很大程度上制约了绩效管理工作的实施效果。一是代编预算形成了绩效管理盲区。目前，市级部门年初预算已实现绩效目标全覆盖，但是其他非部门预算资金尚未纳入绩效管理，主要包括基本建设项目、转移支付资金、政府专项资金、非预算单位补助等项目。二是项目库管理水平制约了预算绩效管理的效率。目前，市级部门预算项目支出没有建立标准化定额体系，项目库尚未实行分层级滚动化管理，项目分布扁平化，数量多，散乱庞杂，缺乏层级，分类不尽合理，没有与部门职责建立逻辑关联，预算编制基本依靠财政部门与预算单位展开拉锯式博弈达成。三是预算申报与行政计划之间存在时间性差异。一般在每年9—10月份开展部门预算“一上”编审工作，同步编制绩效目标，而部门刚启动来年工作计划调研；12月份，预算编制草案需提交人大审议，但是部门在次年1月份才基本确定当年工作计划；次年3月份，上级部门和市委、市政府下达工作任务和考核指标，而预算往往已先行下达执行。时间性差异导致绩效目标难以精确量化或者目标值设置过低。

（五）改革内生动力明显不足。从国际预算绩效管理实践来看，均注重以契约方式明确财政与部门的管理责任，建立有效的激励约束机制，赋予部门一定的预算自主权，调动其开展预算绩效管理的积极性。嘉兴市自推行预算绩效管理以来，部门预算管理模式依然强调“零基预算”的控制功能，对项目确立、科目调剂、结余结转资金使用等控制较严，预算灵活性不够。同时，由于预算绩效管理在绩效目标管理、绩效运行监控和绩效评价等环节的有效性不足，绩效目标审核及后评价结果并没有与预算决策形成关联，预算管理和项目管理模式没有发生实质性变化，财政部门和预算单位并没有从改革中得到好处，反而增加工作量，使得预算单位缺乏推动预算绩效管理工作的动力。

三、全面预算绩效管理的实施路径

（一）继续加强顶层设计。一是由成员单位共同参与年度预算绩效管理工作计划的确定、工作布置和动员、调查研究等。二是建立联合评价机制和委托评价机制，在重点项目的绩效目标评审、开展部门自评抽查、重点项目实地抽评、部门年度工作考核中邀请成员单位专家参与，接受人大、政协委托对重点项目开展绩效评价。三是将预算绩效管理纳入日常监管工作，各级人大应将预算绩效纳入预算审查结果报告；监察部门应将预算绩效管理工作作为惩防体系建设和廉政风险防控的重要内容；组织部门将预算绩效管理工作情况纳入对预算部门领导班子和领导干部日常考察内容；审计部门将预算资金使用绩效作为预算执行审计重点，关注财政资金分配和使用效益。

（二）理顺部门权责关系。绩效管理涉及管理权、组织权、实施权，理想的架构应为三者相互分离、相互制衡。财政部门和预算单位是预算绩效管理的重要主体，预算单位是具体实施主体，财政部门理应更多以统筹、督促为中心。应依据《预算法》，结合现实基础，进一步明确管理主体，由更加具有权威性和公信力的机构来主导，并逐步探索构建由人大主导、政府部门协同、第三方实施的全面预算绩效管理模式。

（三）改革预算管理体制。尝试在财政部门和预算单位之间，逐步推行“自上而下”与“自下而上”相结合，以“自下而上”为主的总额控制预算管理模式，从政府层面提高宏观分配效率。财政部门的主要任务是设计制度，在财政中期规划框架内下达预算单位年度支出预算控制额度，保证计划、政策和预算的一致性，对预算的审查集中于政策改变，不再决定明细分散的支出项目；同时赋予预算单位管理限额之内的预算权力，增强部门编制、执行预算的灵活性，让最熟悉情况的管理者自己决定资源配置，发挥其在绩效方面的能动性。

（四）完善项目管理机制。一是建立以“事权清单”为核心的项目编制体系，提高项目与部门职责的匹配度，提升预算绩效目标编审质量。二是完善公共支出标准体系。对现有项目库进行清理，调整完善项目分类。合理界定项目边界，将实质上属于基本运转类的项目支出调整为基本支出。在此基础上重新测算并修订基本支出定额标准，逐步建立项目支出标准，形成与部门履职相适应的支出标准体系。三是强化待分配项目预算管理，提高年初预算编制到位率。减少年初预算待分配项目数量，压缩待分配资金规模，严格限定待分配项目。

（五）有效使用绩效信息。一是继续将预算绩效管理工作纳入各级党委、政府以及预算部门目标责任制考核，并提高考核结果的权重，将其作为衡量行政部门绩效的重要参考。二是加快绩效信息公开步伐，将绩效目标和绩效评价结果向社会公众公开，赋予公众对预算管理全过程的知情权、发言权和监督权。三是将评价结果传送到相关部门，加大市委、市政府预算绩效管理工作领导小组成员单位对预算绩效管理结果的应用，并逐步建立绩效问责机制，将其作为预算编制的参考依据，促进部门改善管理措施、提高管理效益。

（六）建立分级指标体系。首先在“事权清单”框架内，探索“部门职责—工作活动—预算项目”的三级绩效预算管理结构，实施目录制管理。其次在三个层级分别设立项目绩效目标、绩效指标和评价标准，并将其作为预算项目审核入库、预算编制和监督评价的重要依据。具体可由部门自主拟定绩效指标并予以公开，接受专家、非盈利机构和立法部门的审查。

（七）完善信息支持系统。加快推进一体化预算绩效管理信息系统建设，为实现绩效管理制度的改革创新、提升管理效率提供良好的操作环境。以项目库为主要载体，将绩效管理有机融入到预算管理系统，建立指标库、案例库、监控及评价基础数据库（包括项目监控及评价、部门整体支出监控及评价、行政绩效评价、部门预算绩效综合考核）、专家库、机构库等，构成绩效管理一体化信息系统，为实施绩效目标、绩效监控、绩效评价全过程管理提供高效便利的信息手段。

课题组组长：许　农

成员：陈海明　朱少白（执笔）

杭州市养老服务财政政策与资金使用效率研究

杭州市财政局课题组

人口加速进入老龄化阶段是当前我国的基本国情，有效应对人口老龄化将是国家必需长期面对的一项重要战略任务。1987 年，杭州市开始迈入老龄化社会，先于全国 11 年，老龄化社会进入早、发展快，提前遭遇老龄化发展中的各个社会问题。一直以来，杭州市委、市政府高度重视养老工作，以全国、省级养老服务综合改革试点、全国居家和社区养老服务改革试点为抓手，创新财政扶持机制，建立健全财政保障机制，积极发挥政府在养老服务业发展中的主导作用，切实履行政府兜底线、保基本职责，发挥财政资金的引导和撬动作用。

一、杭州市养老服务财政支持政策

（一）市级养老服务业政策规划

自“十二五”起，杭州市就把养老服务从社会福利中单列出来，先后制发了《杭州市社会养老服务体系发展“十二五”规划》和《杭州市养老服务业发展“十三五”规划》；2010 年在《关于加快推进养老服务事业发展的意见》中首次提出“9064”的养老服务发展格局，明确机构服务和居家养老发展目标；2014 年《关于加快养老服务业改革与发展的意见》和 2016 年《杭州市养老服务业综合改革试点方案》两个综合性指导意见对新时期养老服务业发展进行了全面布局。联动部门制定 30 余个配套细则，出台 9 个地方养老服务设施及服务规范和标准，从设施建设、服务资金保障、照护服务和为老项目、医养护融合发展、智慧养老、发展机制、社会力量扶持和发展、服务标准及城乡统筹发展等方面着力，形成养老服务体系建设和发展的政策长效保障机制。

（二）市区两级养老服务财政补助政策体系

养老服务主要为属地管理，市级资金主要起到撬动作用，主要的政策范围是主城区，部分项目对四区三县市也有一定补助。市级财政对养老服务的补助政策主要包括对养老机构的建设、运营及其他补贴，智慧养老项目、养老服务人才队伍建设补贴、社区居家养老服务照料中心建设、运营补助、星级奖优，助餐服务体系、养老服务补贴、社区专职助老员及困难家庭住宅适老化改造等项目。在财政补助机制上，实行项目预算补助和重点工作因素分析法补助两种方式，突出年度重点工作，又增强地方统筹使用财政资金的灵活性和针对性。杭州市下属县市区根据市养老服务政策精神，结合地区经济发展水平和养老服务实际需求，出台各县市区具体补助政策。

二、财政扶持养老服务的使用情况分析

（一）财政投入情况

1. 财政投入总况。

在财政总投入上，2015—2018 年，杭州市市区、县市区和镇街三级财政投入养老服务业资金共计 18.06 亿元，其中市级财政补助 4.90 亿元，区级财政补助 10.84 亿元，镇街级财政补助 2.32 亿元。4 年间，财政投入呈逐年递增趋势，且递增幅度逐年提高，财政补助额总递增幅度近 70%，其中 2016 年同比增加 11.6%，2017 年增加 16.5%，2018 年预计增加 30.3%。

表 1　2015—2018 年三级养老服务财政投入

单位：万元

年份	财政总投入	市级财政	区级财政	街道财政
2015	35334	10167	20600	4567
2016	39418	11512	22616	5290
2017	45936	12642	26499	6795
2018（预算）	59849	14640	38680	6529
合计	180537	48961	108395	23181

在三级财政投入结构上，县市区级财政投入是主体，占到 4 年总财政投入的 60.0%；其次为市级财政投入，占到 27.1%；镇街级财政投入占到 12.8%。

2. 财政投入项目补助结构分析。

从表 2 各项目财政补助（各级总补助）金额占比看，排位第一的是养老服务补贴，第二是社区居家养老服务照料中心建设，第三是社区居家养老服务照料中心运营，第四是公办养老机构新改扩项目，第五是社会办养老机构建设与运营。

表 2　2015—2018 年各级财政补助排位前五项目补助总额占比

单位:万元、%

序号	项　　目	补助金额	占比
1	养老服务补贴	14403	39. 8
2	社区居家养老服务照料中心建设	5476	15. 1
3	社区居家养老服务照料中心运营	5002	13. 8
4	公办福利机构新改扩建项目	4078	11. 3
5	社会办养老机构建设和运营	2402	6. 6
合计		31361	86. 6

从增速看,重点养老项目财政补助逐年快速增加。一是智慧养老。以市级财政投入为例,4 年间市级财政投入快速上升,2018 年相比 2015 年财政投入增加了 1651 万元,增长幅度为 254. 4%。二是社区居家养老服务。2018 年预算相比 2015 年增长 22. 4%,其中尤以社区居家养老服务照料中心运营和老年助餐服务 2 个项目财政补助增加明显。三是养老机构运营补助。与 2015 年相比,2018 年预算增长 64. 7%。

另外,部分项目财政补助金额相对稳定。一是养老服务补贴。2015 年财政总投入是 1. 44 亿元,2018 年预算为 1. 55 亿元。因为补贴对象范围和标准是既定的,变化因子是老年人口状况及经济社会状况,这些因子变化都是缓慢的。二是养老机构运营补贴。2015 年为 243 万元,2016 年 300 万元,2017 年 384 万元。三是公益创投。按照杭州市有关政策规定,每年福利彩票用于为老服务公益创投项目的资金为 500 万元。

(二)取得的成效

1. 地区分类补贴政策不断完善,财政分级共担机制得到健全。

通过努力,杭州市有效建立了市、县市区、镇街分级财政共担机制,切实发挥县市区级财政的主体作用。坚持事权和财权统一原则,根据区、县市不同财政机制,对主城区和下属县市区实行差异性财政补贴政策。

表 3　主城区和下属县市区差异性市级补贴政策

序号	补贴项目	主城区	下属县市区
1	养老机构建设补助	√	约为主城区的 50%—60%
2	养老机构运营补助	√	无
3	公办福利机构新改扩建	√	约为主城区的 67%
4	养老机构综合责任保险	√	同等
5	智慧养老	√	无
6	人才培养	√	无
7	公益创投	√	无
7	农村基层老年协会	√	同等,以县市区为主
8	重点工作—因素分析法	√	约为主城区的 25%,引导鼓励性的

2. 财政保障作用不断加强,基本保障体系逐步建立。

(1)养老服务基本设施实现全覆盖。政府为主导,承担基本养老服务设施提供、配建职责,实现了市、县市区和镇街三级公办养老机构全覆盖,社区居家养老服务照料中心、老年活动中心全覆盖,智慧养老服务平台市、县市区二级全覆盖。

(2)基本服务设施功能得到提升。在实现养老服务基本设施覆盖的同时,通过改造提供,不断提高设施的综合服务能力。目前,全市有三星级以上的照料中心 989 家,占到 34. 6%,400 平方米以上、涵盖援助日托、康复护理、餐饮配送等 6 大功能的镇街级照料中心 99 家,实现 52%街镇覆盖;50 张床位以下的社区嵌入式养老机构有 33 家,其中城市社区 16 家,农村 17 家,总涉及床位近 800 张。

(3)养老服务基本项目不断拓展。市级财政主要统筹推进养老服务补贴(综合保障居家上门和机构护理服务)、智慧紧急呼叫和日常服务呼叫,社区日间照料和老年助餐等老年人最为基本和亟需的项目;县市区在失智干预和日托喘息、家电统保、节日慰问等精神慰藉等个性化服务做了很多服务项目和内涵的有效拓展。逐步形成市级财政统筹基本性服务、区县市探索个性化服务的两级服务供给保障体系。

(4)基本服务对象应保尽保并适度普惠。“三无”“五保”及低保中的失能失智老人实现应保尽保,适时适度拓面,把低收入失能老人、独居寡居空巢、高龄和社会优待等老人纳入到政府购买服务对象,逐步建立分类分层的保障制度。

3. 有效发挥财政引导作用,多元主体参与机制构建。

深化市场机制改革,转变政府职能,充分发挥市场在养老服务资源配置、多元服务提供和服务品质提升中的决定作用。按照政府引导、社会参与、市场化运作的原则调动多方资源参与养老服务,社会力量服务供给的主体作用逐步体现。

(1)转变职能,让渡市场。明确政府在兜底型和保基本的公办养老机构、社区居家养老服务设施及社区老年活动设施等基本公共设施配建和无偿提供的职责,明确政府在基本服务和基本对象资金保障职责,通过公建民营、委托管理、政府购买服务等方式,让专业组织运营设施、提供服务,参与需求评估、行业培训和服务监管。截至 2017 年年底,全市实施公建民营机构 57 家,占到公办养老机构总数的 37.5%;公建民营机构合计床位 10287 张,占到公办养老机构总床位的 15.5%;已有 420 家社区居家养老服务照料中心由社会组织整体管理运营,其中街道(乡镇)级照料中心全部实现社会化运营,主城区范围内老年食堂(助餐服务点)社会化运营率达 60%,其中上城区和西湖区社会化率高达 90%。市、区县市两级智慧养老服务平台全部实现社会化运营。

(2)政策扶持,培育市场。通过设施一次性建设补贴、运营补贴、评优奖优以及税费减免等方式,积极鼓励社会资本参与养老服务设施投资和服务提供。截至 2017 年年底,全市有民办养老机构 150 家,占到养老机构总数的 50%,民办养老机构床位 38650 张,占到养老机构总床位的 58.3%。

(3)培植孵化,助力发展。每年拿出 500 万元专项资金培植孵化为老服务创新项目,已资助 420 余家社会组织参与养老公益服务。截至 2017 年年底,全市涉及养老服务行业的社会组织共有 593 家,合计注册资本约 222 万元。培育形成了万科养老、绿城养老、金色年华、绿康、康久、巾帼西丽、夕阳红、元墅、在水一方、绿城颐德、百穗堂、润万家和小乐胃等一大批养老服务品牌组织。

三、财政扶持养老服务存在的问题

(一)财政补助针对性不够,资金有效性有待提高

1. 照护服务聚焦力度不够。养老服务概念使用过于宽泛,作为核心的长期照护聚焦不够,尤其在居家服务方面,年度财政补贴高达 1.5 亿元的养老服务补贴(2017 年),实际服务提供却以家政为主,社会迫切、对家庭具有替代和支持性的人身照护、专业照护等依然没有解决。

2. 养老服务设施有效运营率低。与全市 4.2 张百位老人拥有床位数相比,养老机构床位入住率仅为 36.4%,其中江干区、萧山区、余杭区、桐庐县和淳安县等入住率均在 30%以下,机构床位有效利用率低。

3. 结构性问题日益突出。养老机构类型单一,护理型、特殊护理型机构缺失,政策没有体现对于护理型机构建设的鼓励引导。重设施轻服务内涵及品质等,入住机构老年人仍以健康自理老人为主,养老机构应承担重度、中度失能失智老人的综合性照护服务职责未能充分发挥。

(二)财政资金使用精准性不够,保基本目标未能得到有效贯彻

政府投资建设的设施高大上,单纯追求服务人群的覆盖面,"撒胡椒面",人群针对性不强。以创新导向,简单追求服务内容拓展、补助补贴名目增设和提标,未充分考虑这些项目的合理性。福利堆积、福利不足、福利断层和福利反导向等并存,既存在基本保障对象基本服务、亟需服务的保障不足,也存在政策堆积在所谓的政府保障对象中,没有形成福利梯度,造成老年群体间不公平,出现福利断层。

(三)财政资金补助重供方,老年人获得感不强

财政补助政策大多针对提供服务的社会力量各类养老服务设施建设和运营补助、服务流量补助、机构人员补助、星级创优补助和保险补助等,缺乏对老年人的直补项目。直补老年人的项目,市级只有养老服务补贴项目。老年人照护服务项目资金只占财政资金总投入的 25.7%,仅为 1/4,老年人获得感不强。

四、进一步提高财政资金使用效率建议

(一)加快建立基本养老服务制度

基本养老服务保障,是政府履行保基本、兜底线的基本职责。加快建立基本养老服务,明确基本对象、基本服务和基本标准。一是明确基本养老服务保障对象,以身体失能需要照护为基本条件,按社会身份和经济条件将基本保障对象渐次分为"三无""五保"对象、经济困难对象、优待对象和计划生育困境家庭对象及普通老人等不同层级和类别。二是明确基本养老服务设施类型和服务标准,梳理现有各种类别、各式名称的养老服务设施,明确基本养老服务设施类型和名称,明确不同类型基本养老服务设施的功能定位、配建标准、投资(或设施提供)责任主体、运营方式以及收住的服务对象。三是建立基本养老项目服务清单和供应商制度,梳理已有各类养老服务项目,明确基本养老服务项目,建立基本养老服务清单,明确基本服务成本核算和定价机制。

(二)建立权责清晰的两级财政分担机制

进一步完善事权和支出责任相适应的制度,明确市、区县市两级财政在养老服务业发展和养老服务保障中的各自职责,明晰两级财政在不同服务项目和对象保障职工的职责,实行职责共担。从促进保基本和推进公共服务均等化出发,市级财政更多聚焦于基本养老服务设施和基本服务项目补助,进一步明确区县市财政职责,建立区县市养老服务项目投入年度统计制度,并加强对区县市财政投入的考核。

(三)实现财政资金补助结构性调整

一是从补设施逐步转向补运营。财政补助更加注重对养老机构实际入住率、社区居家养老服务设施实际运营及服务项目提供挂钩,而不再"一刀切"地在补机构床位或在建设补助上简单提标;要盘活现有存量资源,提高现有设施利用率和实现结构性功能提升。

二是从补供方逐步转向直补需方。以养老服务补贴为核心梳理好基本养老服务清单,养老服务补贴要以照护为核心。逐步将老人居家无障碍设施改建和辅具租赁、喘息服务、助餐服务

等项目独立出来,为不同服务对象提供有针对性的服务。明确市、区县市两级财政在不同服务项目上的职责,市级财政应以基本服务项目和基本保障对象为主,做好全市统筹,着力基本服务均等化;县市区在项目个性化和服务拓面上做好补充。

三是向护理型服务资源倾斜。突出对护理型养老机构、护理型服务项目的补助。增设对养老机构护理型床位的补助,医养结合型养老机构的补助,逐步取消对入住机构健康老人的运营补助。助餐服务真正体现对居家高龄、独居寡居行动不便老人的服务支持。养老服务补贴对象评估要以身体失能失智需要照护为基本准入条件,着力提供照护类服务项目。

四是向社区居家养老服务倾斜。从居家失能失智老人全人全生命周期服务需求出发,鼓励创新社区居家养老服务设施类型和服务项目,大力引导发展融居社区照顾、居家养老和机构住养于一体的社区小规模多机能机构,以及具有集辖区养老服务事务性管理、资源整合和转接、服务提供于一体的社区居家养老服务综合体。引导医疗资源下沉,开设社区护理、康复站以及提供居家护理、康复。鼓励养老机构开放运营积极支持和辐射社区和居家照护。

(四)加强对服务能力建设的支持力度

一是继续夯实基层服务队伍和组织。继续实施农村老年协会培优补助,进一步完善和强化对补助资金落实和监管,切实解决实际中存在的补助资金大量沉淀现象。继续做好社区助老员配置补助,进一步明确社区助老员在社区老年人基本信息动态掌握、服务需求了解和及时反馈、服务资源链接和服务监管等方面职责。

二是培植多元养老服务组织。进一步梳理公益创投项目的宗旨,回归其培育发展具有创新性的优秀社会组织或项目的初衷。进一步完善公益创投项目筛选和考核机制,通过公益创投,真正培育一批具有原创性、成长性、自我生存性的社会组织和项目。

三是加强专业护理队伍建设。适当增加政策弹性和拓宽补助对象,对专业只做大类规定而非具体专业名称的规定。将成人高校相关专业全部纳入补助范围,而非仅仅杭师大成人教育,通过增设对养老服务机构配置社工、护士、康复师等专业照护人才的补助,或通过对机构运营补助及星级评定与专业人员配置挂钩的方式,引导养老服务机构加强专业化服务队伍建设。

课题组组长:马 斌

成员:傅浩盛 陆霄霄(执笔)

建立与县域经济转型发展相适应的财政保障机制研究(摘要)

桐乡市财政局课题组

县级政府是发展经济、保障民生、维护稳定、保障长治久安的重要基础,在我国行政管理体制中起到承上启下的重要作用。近年来,浙江省县域经济快速发展,根据最新的中国百强县排名榜单,浙江省居全国前列。桐乡市作为全国百强县之一,具有得天独厚的区位优势。本文立足桐乡市县域财政经济现状,分析现有财政体制运行的瓶颈与机遇,并提出对策建议。

一、桐乡市财政保障能力运行情况

(一)1996—2017年桐乡市财政体制运行情况

1996—2017年,桐乡市财政总收入从3.81亿元增至108.31亿元,增长27.4倍;一般公共预算收入从1.59亿元增至61.69亿元,增长37.6倍;上缴中央财政税收收入从2.21亿元增至46.62亿元,仅增长20.1倍,上缴中央收入占比逐年减少,下降了15.0个百分点;上级转移支付资金从1.78亿元增至18.35亿元,增长9.3倍;上缴省市资金从1.64亿元增至16.15亿元,增长8.8倍;一般公共预算支出增长较快,从1.6亿元增至66.50亿元,增长39.4倍。财政收支矛盾长期存在,地方政府财力缺口将持续扩大。

(二)当前桐乡市财政收支矛盾突出

2017年财政可用财力为68亿元,实际需要安排支出94亿元,收支缺口大。为平衡收支,推动公共服务项目落地,调整财政投入方式,26亿元政府投资项目由市国有融资平台运作实施,体制内财力仅仅解决吃饭问题,发展面临较大的收支矛盾问题。

1. 财政收入承受巨大压力。一是经济进入新常态,GDP增速放缓,经济下行压力加大,企业利润率下降,财政增收难度增大。二是清费减负力度加大。营改增结构性减税、房地产新政、地方水利建设基金减征停征、小微企业所得税减半扩面、固定资产加速折旧扩面、研发费加计扣除新政、新增高新技术企业税收优惠、资源综合利用企业新政等政策的实施给财政收入带来巨大压力。2017年,仅水利建设基金停征与小微企业起征点提高,就使财政减收1.3亿元左右。三是营改增对收入影响较大。营改增全面扩围后,增值税、营业税占税收的比重变化明显,分别为33.6%和11.4%,同比分别提高13.5个百分点和减少13.7个百分点。一般公共预算收入按同口径计算,增幅从5.2%下降为2.4%,下降了2.8个百分点。四是地方政府债务防控,房地产市场调控,各资源要素制约影响不断加大。五是税源结构老化,新增税源匮乏。支柱税源仍停留在以化纤业、非金属矿物制品业和纺织业为代表的制造业和房地产业等行业,这些行业税收产出率低。

2. 财政支出刚性有增无减。一是因上级政府出台增支改革举措使本级政府收支缺口加大,使得财政收支矛盾加剧。二是支出结构僵化、财政资金统筹使用能力弱。上级考核及"政出多门",使得各部门考核应付多,政策绩效差,财政资金统筹能力与精准性受到制约。三是政府投资推动公共服务项目资金缺口大,资金到位难。

据统计,2017年大口径地方可用财力(含土地出让收入)为237.85亿元,约是1996年(1.73亿元)的137倍;2017年税收收

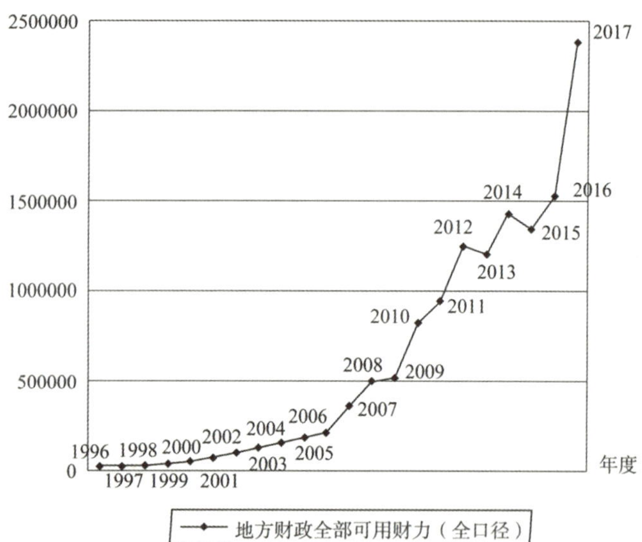

图1　1996—2017年地方财政(全口径)可用财力情况图(单位:万元)

入为57.5亿元,约是1996年(1.94亿元)的30倍;2017年非税收入为117.12亿元,约是2004年(1.15亿元)的102倍;2017年政府性基金约112.90亿元,约是2004年(1.15亿元)的98倍;2017年社会保障基金收入为56.77亿元,约是2001年(2290万元)的248倍;2017年转移性收入为18.35亿元,约是1996年(1.78亿元)的10倍。政府性基金收入增速远远超过税收收入增速,土地财政现象明显,才得以保障财政收支运转顺畅。

二、县域经济发展碰到的瓶颈

（一）特色小镇的梯度培育扶持力度不够

目前,桐乡市特色小镇有桐乡市县级小镇,如河山镇的光伏发电示范小镇、大麻镇的家纺布艺小镇等;嘉兴市级小镇,如崇福镇的崇福时尚皮草小镇、高桥镇的健康智慧小镇;浙江省级小镇,如乌镇镇的互联网小镇;国家级小镇,如濮院镇的时尚毛衫小镇。特色小镇县级、市级、省级、国家级梯度培育还需要进一步加大扶持力度,实现进一步升级。

（二）上级财政只出政策不出资金

上级部门部分政策"一刀切",要求县级财政配套资金,但政策未必适合县级。如制定人才政策时,嘉兴市级设置的人才奖励额度为500万元起、人才公寓每年不低于2000万元或不低于财政收入一定比例的投入力度,但上级并没有下达相应的配套资金,这给县级财政带来一定的压力。

（三）基础设施建设配套不足

一方面,桐乡市公共服务体系、基础设施建设还无法完全满足需求。如濮院毛衫电商中心、浙江省(嘉兴)毛衫产业科技创新公共服务平台还处于初级发展阶段,在工业化与信息化融合过程中发挥的作用有限。另一方面,随着区域经济的进一步融合发展,在交通对接、水域治理、民生项目共建等领域,都需要更大的统筹平台。如"五水共治"跨越行政区划界限,提出上下游水域联合治理,才能得到预期效果。桐乡市作为杭州都市经济圈中的节点县市,在县域发展与大都市融合的过程中,基础设施对接、产业融合、民生共享、环境治理、文化旅游,都需要都市圈的整体统筹。

三、县域经济发展的机遇

（一）县级经济发展的重要性不断增强

2014年,习近平总书记亲自为县委书记研修班"授课",认为县一级处在承上启下的关键环节,是发展经济、保障民生、维护稳定、促进国家长治久安的重要基础。胡锦涛在中共中央政治局第十八次集体学习时强调,积极建立县级基本财力保障机制,增强基层政府提供公共服务的能力。经济决定财政,财政以经济为基础。只有把县级经济搞上去,财政把应收的钱收上来,县级财政实力增强了,改革才算成功。

（二）"省直管县"改革为县域经济发展提供了最优环境

国家行政学院经济学教研部主任张占斌教授认为,城市群是国家和地区的经济中枢,城市群建设将是新一轮城镇化的重要走向,而"省直管县"改革注重发挥县域节点作用,有助于培育中小城市,有利于形成城市群。"省直管县"改革使财政层级趋于扁平化,提高了政府行政效率,提高了政府之间信息传递的质量。浙江省结合本省实际,早在20世纪90年代初就开始实施"省直管县"改革。通过改革减小了地级市的缓冲作用,调动了县市财政增收的积极性,增强了县域经济活力,进一步促进了区域经济的发展。

1. 县域经济活力增强。一是增强了县级财力。省管县财政体制取消了市级财政对县级财政统筹财力的权限,县级财政留存财力相对较多。二是提高了结算效率。无论是税收上缴结算还是中央和省对县级的补助资金拨付,都减少了中间环节,缩短了流程时间,提高了县级财政资金运转效率,增强了县级财政理财能力。三是增强了发展动力。部分审批事项的省级直管和权力下放,提高了政府行政效率,降低了行政成本,实现了"项目申报快、指标下达快、资金调度快",使县级政府能更及时地了解和享受省级下达的政策信息、文件精神和培训资源,更好地承接省级资金、技术等要素资源的下沉转移,进一步激发县域经济的发展活力和发展冲劲。

2. 区域经济发展加快。一是增强了省级直接调控能力。省管县财政体制下,省级财政直接与县级财政结算,加快了资金结算速度,避免了市级财政的截留,使政策资金落实更加快速高效。二是符合市场配置资源的竞争性。比较长三角地区和京津冀发展速度,专家学者更赞同竞争促发展,鼓励多个主体。因此,"省直管县"体制更能调动县级的积极性,提升区域竞争的多样性和有效性。三是有利于推进城乡统筹和新型城镇化发展。县级财力充裕带来的县域发展,使发展中小城市的国家新型城镇化道路定位更加精准,对实现公共服务均等化、城乡区域协调发展发挥了较强的促进作用。

四、建立与县域经济转型发展相适应的财政保障机制的对策

（一）融入城市圈发展,优化产业政策体系

1. 优化特大中心城市与周边区域合作的财政分担机制，实现利益共享。桐乡市具有接沪连杭的区位优势，地处上海"一体两翼、一带多射线"中"一体"核心地带，位于上海都市圈、杭州都市圈、宁波都市圈等多个都市圈的交集中，是区域一体化发展和上海都市圈的重要成员、长三角城市群协同发展的有机组成部分，接轨上海是桐乡市的重要战略之一。随着城市群的发展，特大中心城市原有的城市规划、产业结构、资源要素已无法满足发展的需求，而周边城市则需要进一步发展。两者区域相近，文化相同，交通便捷，优势互补，借助特大城市强大的经济引领和辐射作用，使合作有了坚实的社会和经济基础。

财政应积极作为。一是中央财政建立新型区域合作转移支付制度，以有效解决区域合作中公共产品投入的正外部性问题。二是特大中心城市根据合作项目提出投入产出意见，设立产业基金，通过 PPP 模式等方式明确权利、义务和责任，有效整合投入各方的利益。根据项目成本和最后受益范围来确定各方在合作期间的投入，通过"谁受益、谁投入"的原则有效解决合作效率问题。三是中央出台相关开发资金补助政策，通过开发周边区域土地资源，为特大中心城市提供未来发展空间。

2. 优化产业政策体系，提质增效。按照"注重实际、差别扶持、突出重点"的要求，以"产业政策""产业引导基金"为抓手，为县级产业政策沉疴注入一剂猛药，在推动县级产业发展上打出组合拳。发挥"小杠杆撬动大发展"的作用，用财政政策助推经济高质量发展。引导县市梳理整合产业政策，为产业发展厘清"思路"。整合清理财政专项资金，突出产业发展导向，统筹产业布局，实现资源要素保障一本账。一是围绕产业转型升级，用足用好省级财政振兴实体经济(传统产业改造)专项激励资金，支持提质增效。二是淘汰落后产能，对完成淘汰落后产能计划任务的，给予一定比例的财政奖励。三是梳理政策，按照优化资源要素配置的要求，围绕经济要素，调整经济存量，在原有的政策基础上，不断做"加减法"，出台加快盘活利用闲置低效工业用地的政策意见。四是减税降费，落实结构性减税政策，实行普遍性降费，优化"亩均论英雄"改革，增强企业活力。五是发挥产业基金作用，通过细化资本嫁接，优化基金生态链；精化资本招引，吸引优质基金落地；优化合作平台，充分发挥杠杆效应，用政策"再升级"助推实体经济"再加速"。

3. 鼓励县市优化投融资渠道。通过设立政府应急转贷资金、实施中小微企业贷款支持计划和中小微企业优助计划等政策，加大对中小微企业，特别是实体经济的扶持力度。建立多元化资金投入体系，积极构建以企业自主投入为主体，政府财政资助为引导，市场运作模式为主导，金融机构和社会资金自愿参与的多元化、市场化的科技投融资体系。建立健全科技金融风险分担和补偿机制，建立科技创业风险投资引导基金，进一步发挥政府产业基金的引导作用，积极引进优秀的投资机构，合作设立风险投资基金、天使投资基金，重点投资科技型中小微企业。

(二)优化省管县财政体制，强县扩权

1. 厘清事权和支出责任，建立事权和支出责任相适应的制度，处理好省与县之间的关系。提升决策层次，明确"谁来划分"，提高事权划分改革的组织和决策层级，按照事权和支出责任划分的基本原则，推进分行业分领域的事权和支出责任划分工作。在当前由行政主导政府间事权和支出责任划分格局的背景下，容易出现"财力逐级集中、支出责任逐级下放"的局面，省管县财政体制在桐乡实际运作中利大于弊，建议省级财政继续在政府间收支划分、转移支付、资金往来、预决算、年终结算等方面向桐乡倾斜，多方面综合考虑，合理划分两级政府职能，这样有利于桐乡市进一步完善县级对镇(街道)基本公共服务的保障机制。

2. 依据"三原则""八考虑"合理划分两级政府职能事权，落实县级支出责任。"三原则"即外部性、信息处理的复杂性、激励相容三大原则。"八考虑"：一是考虑两级政府的财政支出能力差异，重点支持县级经济发展；二是考虑民生政策出台应兼顾基层财政的承受能力，并适当提高支出责任的共同负担率，实施"托底"式保障；三是考虑公共服务本身具有的层次性，督促县级政府完善本级层次的公共服务保障机制；四是考虑公共服务本身可能产生的外部性，仅桐乡得益的事项应由桐乡市级政府管理；五是考虑受益范围较小的公共产品由层级低、规模小的政府提供；六是考虑交易费用的节约，低一级别的政府机构，因其贴近居民，其交易费用更省、效率更高；七是考虑规模经济下的各级财政联合支出；八是考虑激励相容机制的设计，要充分发挥作用，实现整体利益最大化。

3. 理顺政府间收入分配关系，适当调整省级与县级收入划分。事权划分只规定公共产品应由哪一级政府提供和管理，并未要求支出责任由哪一级政府全部承担。在事权、财力既定而支出责任划分不合理的现状下，县级政府支出压力较大成为必然结果。从收支平衡角度看，县级政府财力相对薄弱，但事权较多，县级政府各项支出占比均高于省级政府，承担了大部分支出责任，"事多钱少"导致县级财政支出压力大。在现有分税制的财政体制下，应根据县级政府的支出责任合理确定各级财政收入的比重。一是合理划分政府间的税收收入归属，适当提高县级财政收入增量的分成比例。二是规范政府间非税收入，分类甄别非税收入性质，有针对性地实行不同的管理方式，做好非税收入管理"加法"和"减法"。

4. 合理界定基本公共服务标准，力促社会公平。首先，由中央政府合理确定全国性基本标准，该标准下的支出责任由中央政府承担。其实施责任，有行政机构的由中央政府直接承担，没有行政机构的委托地方政府承担。中央政府对地方政府履行情况进行考核监督。其次，省级政府可根据全省经济发展水平与自身财力情况，在不低于中央标准的基础上，自主确定全省范围内教育、医疗、社保、公共文化、体育设施等公共服务标准，超过中央标准的支出责任由省级财政承担，并对下级政府履行情况进行考核监督。再次，县级政府根据自身财力情况，在不低于省级标准的基础上，自主确定县级公共服务标准，超过省级标准的支出责任由县级财政承担，并对下级政府履行情况进行考核监督。如此，合理划分层次，明确支出责任，形成全国性的基本公共服务标准体系，这样既保证了公平，又避免了完全平均主义。

5. 加强规范化建设，明晰政府间公共事务权责。遵循“划清边界、厘清事权、做好蛋糕、集中财力办大事”的理财思路，坚持市场化、法治化、规范化导向，以深化财政专项资金管理改革为切入口，积极稳妥地统筹推进浙江省财政事权和支出责任划分改革，实施财政事权清单管理，提高省以下各级政府工作的积极性和主动性，落实基本公共服务责任，提高基本公共服务供给效率。在中央统一制度框架内，根据中央授权，省以下财政事权划分由省委、省政府统一确定；厘清省与市县政府事权，建立省级财政事权、省与市县共同财政事权两张清单，以清单的方式管理财政事权，其他未编制清单的均为市县财政事权。将直接面向基层、量大面广、与当地居民密切相关、由县市提供更方便有效的基本公共服务确定为市县财政事权，在中央和省的政策和支出标准的基础上，赋予市县政府自主权，依法保障市县财政事权，更好地满足市县基本公共服务的需求。合理界定基本公共服务标准，力促社会公平，加强法治建设，规范和稳定政府间公共事务权责关系，明晰政府间公共事务权责。

6. 创新省以下财政体制管理方式，简化管理层级。一是进一步完善转移支付体系，将一般性转移支付比重提高到60%以上，建立一般性转移支付稳定增长机制。对一般性转移支付进行分类处理，如分成均衡性、激励性、其他类。在确定转移支付分类分档及系数时，提高“财力状况”因素权重，鼓励县级财政将资金用在刀刃上。二是规范整合专项转移支付，加强监管，提高使用效益。对规模小、使用方向雷同、支持对象相近的专项进行合并，按大类设置安排。加大因素法分配比重，下放审批权限，除重大基本公共服务保障、跨区域重大项目建设有配套资金要求外，其他项目不再要求配套资金。三是完善转移支付“最后一公里”管理制度体系，建立科学合理的绩效评价与考核体系，确保专项转移支付能产出最大的社会效益。建立转移支付分配、使用公告制度，提高透明度，确保各级政府和人民群众的知情权，杜绝因“暗箱操作”而导致的种种弊端。

（三）优化服务，营造良好的营商环境

1. 优化公共服务供给质量，提升公共服务满意度。政府在公共服务提供的过程中，要牢牢抓住群众的实际需求，以此开展工作，切实有效地提高服务水平。一是以群众需求为导向，加快改变政府职能，提升公共服务的满意度。二是进一步补短板、强弱项、提能力，做到提标准、增设施、扩渠道，增强公共服务的供给能力。这样既能满足人民群众在义务教育、基础医疗、基本养老等方面的“生存型”公共服务需求，又能满足人民群众在教育、文化、体育等方面的“发展型”公共服务需求。三是提升公共服务的供给质量，提高规划、建设和管理水准，优布局、优品质、优结构，促进公共服务与互联网、大数据等现代信息技术加速融合，推动公共服务标准化、优质化和品牌化，满足人民群众对优质公共服务产品的更高需求。四是强化公共服务对经济社会发展的保障、支撑和带动功能，加强学科建设和人才培养，鼓励更多高校毕业生留在县级机构创业创新，推动县级城市科研成果转化“第一战场”，加快教育、文化、体育等公共事业建设，不断增强公共服务的经济效应、民生效应和社会效应，持续提升区域公共服务的影响力和公认度。

2. 优化审批权限的设置，细化“放管服”要求。县域发展中涉及的项目审批，按照事项影响和分权控制的要求，进一步深化简政放权，细化“放管服”要求，厘清各级审批权限和任务。一是减少审批层级。省管重大项目由县直接报省，省直接批复给县，减少地级市转达环节，简化流程，提高效率，真正实现省管县。二是优化审批流程。通过流程再造，优化审批事项和流程，减少部门之间、条块之间的相互牵制情况，将权力装进制度的笼子，以制度管理和监督机制取代层层审批的烦琐流程，避免基层审批“政出多门”等现象，增强基层发展自主权和自我监督的责任意识。

3. 创新人力保障机制，留住人才。一是树立人才工作为经济新常态建设服务的指导思想，加强人才载体建设，进一步创新人才工作机制，充分发挥人才在人力资源配置中的重要作用。“顺木之天，以致其性”，按照人才成长规律，改进人才培养机制。根据“不求所有，但求所用”的原则，采取科技合作、高薪聘请、短期租赁等柔性引才方式，引进重点产业的领军人才和科技顾问。二是通过共建科技创新平台、开展合作教育、共同实施重大项目等方式，培养高层次人才和创新团队。依托重大人才计划、重大科研攻关、国际科技合作等项目，充分发挥企业作用，在实践中培养和集聚创新人才。进一步完善人才载体建设，建成企业院士工作站、国家级博士科研工作站、博士后创新实践基地、区域性博士后创新实践基地、青年人才创新创业基地等平台。加快推进“千人计划”产业园、“500 精英计划”创业创新园、众创空间等平台建设，为不同层次和不同成长阶段的创业人才打造全覆盖的成长平台。适当减少在专利申请环节的补助，增加在专利授权、持有、产业化等环节的补助。完善知识产权维权援助体系，支持专利维权保护。三是帮助企业人才解困。加快人才公寓建设，实施住房补贴优惠政策，提供人才安家补助，营造人尽其才的良好环境。针对高层次人才初创企业存在的困难，提供办公场地、土地保障、销售额奖励、知识产权保护、创业培训、配备创业服务专员等方面的一条龙扶持和服务，打通全周期服务链。为企业人才补充养老保险，在企业工作满 5 年的高层次人才，财政为其缴纳商业养老保险。保险 5 年一轮，退休后方可领取。四是探索企业人才工作积分制，将企业人才总量、人才绩效贡献、人才投入等指标量化折算，人才工作先进企业可享受人才公寓分配、员工子女入学等优惠政策，充分调动企业的积极性。

（四）防范债务风险，明确目标考核体系

1. 科学评估偿债能力，确定债券转贷和还本支出。甄别清理政府存量债务,研究债务单位预征地、可供划拨出让土地、已办证地产等未来预期的或有收入,分析未来土地出让收入支出情况,精准、及时判断偿债能力,确定化解管控方案。根据清理甄别的结果,未清偿完毕的政府存量债务,分类纳入预算管理。新增债务作为政府债务收入,全部纳入预算管理。申请发行地方政府债券,置换政府存量债务,降低利息负担,减少融资成本,确定对债务支付的总量限额。

2. 优化目标考核体系,对症下药。一是建立科学的目标考核体系。以目标成果、绩效考核为导向,优化资源配置,根据经济社会发展的实际需求进一步科学设置目标考核体系。避免部分领域因管理层级设置导致的"层层加码""一刀切"、上级考核及政策"政出多门"等情况,防止财政统筹力度及精准性受制约。二是建立完善的绩效管理系统。决策者和执行者全程参与,加强各级领导与群众的沟通,明确各部门单位的工作职责、管理方式、绩效目标等内容。通过反复持续沟通,各部门之间、上下级政府之间相互协调,相互促进,共同完成考核目标。三是深化"省直管县"改革,优化考核指挥棒,加强考核的针对性,"对症下药",以达到最优效果。牢固树立正确的政绩观,积极推进预算管理一体化,全面实施预算绩效管理,提高财政资源配置效率和使用效益。

课题组组长:陈　政

成员:陈伟达　章国敏(执笔)

衢州市建立全市域上下游生态补偿机制的实践与思考

衢州市财政局课题组

生态是衢州最大的比较优势和最具含金量的品牌。为擦亮这块金字招牌,更好地践行"绿水青山就是金山银山"的绿色发展理念,衢州市以"活力新衢州、美丽大花园"为统领思路,坚持走资源整合之路,致力于衢州生态建设,其中上下游生态补偿机制的建立为衢州大花园的建设拓宽了思路,提供了样本。本文从实践角度出发,深入剖析了上下游补偿机制的优化路径,为进一步发挥衢州生态优势提供了决策参考。

一、衢州市建立上下游生态补偿机制的重要意义

按照浙江省委、省政府对衢州发展的科学定位,衢州市委、市政府提出,打造"活水丰源、清水贯衢、净水兴业、美水惠民"的浙江最具魅力的新水乡,形成具有衢州特色的水生态文明建设模式。近年来,全市上下坚持在保护中发展、在发展中保护,在全省率先建立上下游生态补偿机制,这成为衢州在绿色发展领域的重要实践。

(一)践行"两山"理念的重要举措

衢州是浙江绿源,生态是衢州最具竞争力的优势之一。衢州经济发展必须走可持续发展道路,发展不能以破坏环境为代价。建立上下游生态补偿机制,有利于衢州妥善处理好经济社会发展和环境保护、资源节约的关系,为牢固树立并践行"两山"理念、建设环境友好型社会提供机制保障。

(二)建设浙江省生态屏障的必然需要

衢州地处浙江省母亲河——钱塘江的上游,干流流经市域内开化县、常山县、市本级和龙游县四地,是浙江省重要的生态屏障,其环境质量的好坏直接影响钱塘江流域的生态安全,对下游地区经济的协调有序发展意义重大。加快建立上下游生态补偿机制,是衢州护好"绿水青山"的重要前提。

(三)创建全域"大花园"的有力抓手

建设"大花园"是浙江省第十四次党代会作出的战略部署。衢州市作为"大花园"的核心地区,生态环境是根本。通过建立上下游生态补偿机制,能进一步有力提升生态保护能力、生态修复能力和生态治理能力。

(四)实现区域协调发展的有效途径

衢州市作为重要的生态功能区,在资源开发、产业发展等方面均受到限制,这在一定程度上制约了经济社会的发展。建立上下游生态补偿机制,可以为流域地区提供有力的政策支持和稳定的补偿渠道,有益于区域统筹协调发展,从而缓解因生态系统功能定位不同导致的发展不平衡问题。

二、衢州市生态发展和生态保护的财政举措

衢州市生态资源较为丰富,拥有4条省级河道、14座大中型水库、1004.5万亩林业用地。近年来,为落实浙江省委、省政府加大生态环境保护力度、构建生态补偿机制的有关要求,衢州市委相继出台《关于加快推进生态市建设的意见》《关于加快推进生态文明建设的实施意见》等,从产业政策、资金投入等方面不断加大环境保护和生态补偿的力度。衢州各级财政部门将环境保护和生态建设作为公共财政支出的重点。2014—2017年,全市一般公共预算生态环保支出达34.04亿元,实施多元化的激励奖惩机制。2014年起,在全市实行与污染物排放总量相挂钩的财政收费制度,对各地每年排放的主要污染物实行定额收缴,强化各级政府环境保护责任,加大治污减排力度。2014—2018年5月,全市累计实现各类排污权有偿使用费收入1.28亿元,进一步强化了各级政府保护环境的责任。建立区域统筹发展财政奖励机制,从2012年起,市财政通过区域统筹累计奖补县(市)14.14亿元,专项用于各县(市)"五水共治"生态家园建设,进一步支持县(市)生态发展、环境提升。

三、衢州市推进全市域上下游生态补偿机制建设的主要做法与成效

为推进生态文明体制建设,强化节水减污理念,衢州市以流域水资源保护和水质改善为目标,构建起覆盖全市域的流域上下游生态补偿机制,推动衢州生态环境保护工作高质量发展。

（一）主要做法

1. 建立横向生态补偿指数。将水质、水量、水效同步纳入生态补偿机制考评指标体系，根据上下游地区上一年行政区域交接断面地表水环境自动监测站的监测结果，测算水质补偿指数，同时根据上游地区的上一年用水总量和用水效率指标，测算水量、水效补偿指数，然后再根据综合水质、水量、水效补偿指数，形成年度横向生态补偿指数。

2. 建立上下游成本共担机制。2018—2020 年，衢州市内上下游政府每年各出资 800 万元，共同设立钱塘江流域上下游横向生态补偿资金。若年度横向生态补偿指数≤1，则下游地区将拨付 800 万元补偿资金给上游地区，若补偿指数>1 或上游地区出现重大水污染事故，则上游地区补偿下游地区。补偿资金专项用于钱塘江流域产业结构调整和产业布局优化、节水型社会建设、流域综合治理、水污染防治、水土流失治理、生态环境保护等。

3. 建立共建共享联动机制。充分考虑上下游地区经济社会发展和资源节约、环境保护之间的关系，通过建立和实施横向生态补偿机制，使下游地区享有水质改善、水量保障带来的利益，同时也享有上游地区水质恶化、过度用水后受到补偿的权利；上游地区在为保护水生态环境质量和提升水资源利用效率而不懈努力的同时，也得到了下游地区的充分尊重和合理的资金补偿，但同样也会为水质恶化和过度用水付出补偿资金。

4. 建立联防联动联席制度。衢州市内上下游地区通过签订生态补偿协议，明确各自工作职责和分工任务，在原有上下游河长协调制度的基础上，健全联席会议制度，进一步落实联防联控、联合执法、合力治污机制，实行重大工程项目共同协商，联合查处跨界违法行为，开展补偿资金使用综合绩效评估等，共同推进钱塘江流域水环境保护和水资源节约工作。

（二）主要成效

1. 生态指标持续改善。依据衢州市环保局监测的数据显示，自该机制建立以来，衢州市域内钱塘江流域总体水质为优，断面水质达到地表水环境质量Ⅱ类标准；地表水水质达标率、饮用水源地水质达标率始终保持 100%，空气质量优良天数达 90% 以上（表 1）。

表 1　2018 年 3—8 月衢州市地表水环境质量状况

月份	总体水质	Ⅰ—Ⅲ类水质断面占比(%)	Ⅰ类占比(%)	Ⅱ类占比(%)	Ⅲ类占比(%)
3 月	优	100.0	21.0	63.2	15.8
4 月	良	93.8	25.0	56.3	12.5
5 月	良	100.0	21.0	73.7	5.3
6 月	优	100.0	31.3	62.5	6.2
7 月	优	100.0	21.1	57.9	21.0
8 月	优	100.0	31.2	43.8	25.0

2. 引导效应发挥明显。过去的流域生态补偿是以纵向为主，由省直接对部分流域的上游地区进行资金补偿，针对性强、涉及面小，排除了下游地区的责任共担义务。上下游生态补偿机制，由上下游地区互相进行生态补偿，通过成本共担、利益共享的机制，使上游地区为获得补偿而更为积极地保护水生态环境质量和提升水资源利用效率，也使下游地区自觉为受益作出一定的补偿。截至 2018 年 8 月，衢州市一般公共预算中生态环境保护方面的支出达 7.73 亿元，较上年同期增长 129.9%。

3. 统筹意识更加牢固。2017 年，浙江省政府下发《关于建立健全绿色发展财政奖补机制的若干意见》，对出境水质财政奖惩制度进行了调整，将考核范围由开化一县扩展到衢州全市。由表 2 可知：上下游生态保护补偿机制的建立，使衢州市域各有关县市更加牢固树立起全市"一盘棋"的思想，通过加大力度开展整治、切实承担起相应的责任和义务，共同推动出境水质的提升。

表 2　2018 年 1—8 月衢州市分地区一般公共预算中生态环境保护支出情况

地区	2018 年 1—8 月累计支出(万元)	增幅(%)
开化县	41540	1620.8
常山县	5114	93.0
市本级	24247	58.2
龙游县	2582	-75.7

四、衢州市建立上下游生态补偿机制面临的问题

作为政策创新，衢州市上下游生态补偿机制在调动流域上下游地区生态保护积极性、促进流域生态环境质量改善方面发挥了积极作用。但是，该项机制尚处于探索和起步阶段，在具体实施的过程中，暴露出了诸多问题，需要加以改进和完善。

（一）跨市域生态补偿难度较大

上下游生态补偿机制的实施，解决了市域范围内的不均衡问题，但涉及跨市域的一些问题，则会有一定的困难。如龙游县

和兰溪市的协议签订工作进展较缓慢，主要有两个方面原因：一是两地归属不同的地级市，缺乏统一的协调牵头部门；二是没有一套详细可行的基础标准来明确哪些生态保护工作是为上游本该做的、哪些工作是为下游和流域整体而做的，因而在指标设置、补偿标准等方面较难达成一致。由于整个钱塘江流域地区推进上下游生态补偿机制的进程不一，在一定程度上影响了上游地区治理流域的积极性。

（二）补偿标准与生态投入不对等

为确保完成国家和省下达的水环境质量改善和水污染总量排放任务，衢州市每年投入大量财政资金，足额保障生态基础设施建设和各类治污治水专项工作。以2017年为例，衢州市一般公共预算生态环境保护投入为9.98亿元，如图1所示，相关县均投入远高于800万元的补偿资金。2018年在上下游生态补偿机制等新制度的约束下，对各地的生态环境保护要求更高、任务更重，需加快建设的基础设施将更多，需投入的财政资金也将更多，因而下游的补偿资金显得杯水车薪。

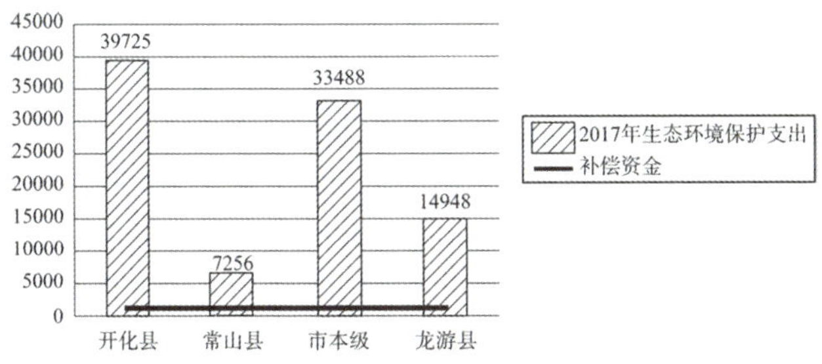

图1　2017年衢州市分地区一般公共预算生态环境保护支出情况（单位：万元）

（三）机制运作模式比较单一

目前建立的上下游生态补偿机制及其他生态转移支付机制，行为主体均为地方政府，补偿方式主要依靠财政转移支付等，市场机制的作用没有得到充分发挥，对于财力规模较小的衢州，压力较大。同时，按照前期扶贫结对、山海协作等要求，下游地区对上游地区有一些实物或项目补偿，但市场、政策及技术等方面的补偿较少，由于省级层面没有对上下游地区产业布局进行明确的规划和指导，也未出台相关的指导意见和操作细则，真正实施起来缺乏可操作性、持续性和稳定性。

（四）财力规模影响支出效果

虽然近年来衢州市的经济发展较快，GDP保持稳健增长，但GDP总量在全省所占的比重不大，2017年在全省所占比重仅为2.7%。由于地方财力相对不足，而近年来各项民生支出刚性较强，农业、科技、教育等都有法定增长的要求，全市可用财力与各项社会事业的投入需求之间存在较大的差距，财政支持生态建设和环境保护的投入规模受到较大制约。2017年，衢州市财政预算内民生支出140.97亿元，其中节能环保支出达9.94亿元，仅占全省此类支出的5.2%。随着污水处理厂、垃圾填埋场、地表水自动监测站等设施不断建成落地，其运行费用的支出也将是一笔长期的负担，地方财政保障压力不断增大。

（五）生态与经济的融合还不够紧密

为优化环境，近年来衢州市花大力气推进产业转型和结构调整，关闭了一大批造纸、化工、钙产业等地方支柱性企业，关停了大量生猪养殖场，大刀阔斧淘汰落后产能，对全市经济的发展产生了一定影响，财政增收后劲明显不足。同时，受地理、资源、人才等方面的制约，以及国家或省级层面缺少对上下游地区间在产业转移、人才培训等方面的顶层设计，衢州产业结构调整、发展循环经济的难度大、任务重。完成经济发展目标和维护社会稳定的任务会在一定程度上抑制上游地区投入生态环境保护工作的积极性，减缓对部分经济效益好、地方贡献度高但环境污染重、资源消耗大的产业的整顿淘汰力度。

五、健全上下游生态补偿机制的对策建议

健全上下游生态补偿机制，需要部门合作、上下游之间相互配合，通过完善机制框架设计和实施路径以实现合作共赢。建立和完善生态补偿机制，推动生态环境保护事业良性发展，必须认真贯彻落实科学发展观，以统筹区域协调发展为主线，完善政府对生态补偿的调控手段，充分发挥市场机制作用，动员全社会积极参与。

（一）注重凝聚区域协调发展合力

把环境财政作为公共财政的重要组成部分，加大财政转移支付中生态补偿的力度。进一步调整优化财政支出结构，资金的安排使用着重向加快发展地区、重要生态功能区、水系源头地区和自然保护区等倾斜，优先支持生态环境保护作用明显的区域性、流域性重点环境保护项目，加大对区域性、流域性污染的防治以及污染防治新技术、新工艺开发和应用的资金支持力度。加快制定出台上下游生态补偿机制省级层面引导支持政策，通过“奖早建、奖协作、奖成效”的方式，对建立机制较早，建立流域保护治理联席会议制度，形成协作会商、联防共治机制的地区给予一次性奖励；对上下游地区有效合作推进环境质量持续改善的，在安排转移支付时给予倾斜。推动流域上下游地方政府尽快达成横向生态补偿协议，持续完善生态补偿方式，着力构建上下协同、有效治理、可持续的流域生态保护机制，打造绿色可持续发展的“命运共同体”。

（二）构建生态环境保护多元投入体系

建立健全政府引导、市场推进、社会参与的生态补偿和生态建设投融资机制，发挥财政资金“种子”效应，按照“谁投资、谁受益”的原则，充分利用浙江民间资本雄厚的优势，引导、鼓励和支持社会资金投向生态环境保护和建设领域，拓宽生态补偿市场化、社会化运作的路子，多方并举，合力推进。利用好衢州建设国家绿色金融改革创新试验区的优势，探索引进和培育生态银行、基金公司等绿色金融主体，综合运用绿色债券、财政奖励、贴息补助、风险分担、购买服务等举措，推动建立财税政策、产业政策与金融政策的统筹联动机制。积极探索生态环境保护建设、环境污染整治与城乡土地开发相结合的有效途径，在土地开发中积累生态环境保护资金，努力形成多元的资金

格局。

(三)丰富上下游合作补偿方式

进一步增强补偿应由“输血”变“造血”的意识，支持重要生态功能区加快转变经济增长方式、调整优化经济结构、发展替代产业和特色产业，积极构建与生态环境保护要求相适应的生产力布局。推动区域间产业梯度转移和要素合理流动，充分考虑和重视上游地区的发展权，对在对口协作、产业转移、人才培训、共建园区等方面已积累的经验做法予以专题研究，组织力量解决存在的技术或制度问题，夯实保护地区与受益地区共同发展的基础。积极探索完善水资源合理配置和有偿使用制度，加快建立水资源取用权出让、转让和租赁的交易机制，探索建立区域内污染物排放指标有偿分配机制，逐步推行政府管制下的排污权交易，运用市场机制降低治污成本、提高治污效率。鼓励上下游间共同设立绿色生态环保产业基金、建立生态资源交易市场等，通过市场调节和政府引导使生态资源以有价的形态得到更加合理的配置和更加有效的保护，引导生态环境保护者和受益者之间通过自愿协商实现合理的生态补偿。

(四)建立统一的生态流域管理机制

以流域为单位，对全流域发展、水资源保护等进行统筹规划，建立流域上下游地区间的环境协商机制，进一步完善水资源生态补偿责任分解清单、矛盾纠纷化解机制等配套制度措施，通过联席会议制度，加强对补偿资金使用、项目落实、治理成效的定期反馈和长效追踪。进一步理顺和完善管理体制，着力克服多部门分头管理、各自为政的现象，加强部门、地区之间的配合，促进生态补偿资金和资源的整合，共同推进生态补偿机制的不断完善。对于市域范围内的上下游地区，应从市级层面明确各个部门在上下游生态补偿机制中应承担的主体责任，充分发挥统筹协调的作用，因地制宜确定补偿责任和治理要求，强化相关专项资金的统筹使用，适时拓展生态补偿范围，在实践中不断适应生态环境保护的相关要求。

(五)加大对发展生态经济的支持力度

从衢州市域发展角度而言，应以提高资源利用效率、降低消耗、保护生态环境为核心，建立企业进入和退出机制，用好招商引资政策，优先鼓励符合国家产业政策、技术含量较高、市场前景较好、环境污染较低的项目入户和投产。在加快工业发展的同时，加强工业园区环境基础设施建设，加大对第三产业发展的支持力度。大力倡导发展循环经济，充分利用财政扶持、补助、贴息等办法，对以废水、废气、废渣等废弃物为主要原料生产的企业，给予一定的财政补助。积极鼓励发展无公害、绿色、有机农产品，依托衢州市特有的生态资源，加快建设生态高效特色农产品生产基地和生态农业示范场(园)。

课题组组长：吴宝骏

成员：许建华　方建平　王燕萍(执笔)　毛怡青(执笔)

普陀区打造美丽海岛田园综合体财政政策研究

舟山市普陀区财政局课题组

田园综合体是集现代农业、休闲旅游、田园社区为一体的综合发展模式。田园综合体符合一二三产业相互渗透、产村融合的时代发展趋势，是顺应农村供给侧结构改革，实现乡村现代化，推动经济社会全面发展的一种可持续模式。近年来，普陀区加大财政支出力度，聚焦美丽海岛田园综合体建设，通过打造养生田园、乡村旅居田园小镇和生态小镇，最终形成了特色小镇和美丽乡村融合发展的“共融、共享、共赢”局面，有力推动了农村经济社会全面发展。

一、浙江省美丽乡村(田园综合体)建设财政扶持政策

(一)出台补助资金政策

2017年，浙江省财政厅出台《关于做好美丽乡村田园综合体试点示范申报工作的通知》，决定由省财政厅通过竞争性立项办法选择部分县(市、区)进入省乡村田园综合体示范项目库，在专家评审的基础上，每年从项目库中择优选择若干市县列入试点范围。每个县(市、区)选择1个片区进行试点，每个片区不少于3个行政村，试点期限不超过3年。试点期间，中央或省级财政给予5000万元至1亿元的补助资金，主要用于田园综合体基础设施建设、环境风貌建设、提升公共服务能力、营造产业发展环境、引导社会资本投入共同建设。试点工作一年一考核，考核不合格的，省以上不再给予资金支持。

(二)专项资金与绩效挂钩

2015年，出台《浙江省美丽乡村建设专项资金管理办法(试行)的通知》，对农村生活污水村、农村生活垃圾减量化资源化处理试点村、历史文化村落保护利用重点村、省级农家乐集聚村(精品村、四、五星级农家乐经营户)等进行扶持。资金分配因素包括任务因素、补助标准、进度因素、经济社会发展水平系数和绩效系数。在资金扶持方面，对农村生活污水治理，由省财政对两类留档县区分别按照总投资的40%、36%、32%、24%、16%、8%给予补助；对历史文化村落，按一类、二类县区，每村分别补助700万元、500万元；对农村生活垃圾减量化资源化处理试点村，每村补助30万元。在绩效系数确定方面，由省农办组织年度工作检查，根据检查结果评价等次，对应绩效系数为1、0.9、0.8，不合格的，绩效系数为0。

(三)设立投资基金

为发挥财政资金的引导和杠杆作用，2017年，省财政厅建立农业综合开发投资基金，引导金融资本和社会资本投入，促进农村一二三产业融合发展和农民持续增收。省农发基金初期规模为5亿元，分2—3年到位。基金委托省金融控股有限公司作为

运行机构,以直接投资为主,可以与市县政府或机构合作设立子基金。基金投资领域为与现代农业发展关联度较高的农业产业化项目、高标准农田建设以及相关产业园区配套设施建设项目,投资领域向一二三产业融合发展项目倾斜。

二、普陀美丽海岛田园综合体建设情况

(一)基本情况

普陀美丽海岛田园综合体项目以北向疏港公路为主轴,四至范围为:北临临螺线与平地水库,西以舟山本岛最高峰黄杨尖为界,规划区域面积4200亩,其中农田3000亩,涉及路下徐村、上潘孙村、柴家村、干施岙村四个行政村,规划区内总人口5188人。项目建设期为3年,即2017—2019年。

在产业定位上,项目采取农旅融合的方式;在功能定位上,建立起农业大观园、生态会客厅、家庭游乐场、乡村康养区四大功能区;在空间布局上,按照农田景观园、产村融合园、城乡一体化的发展路径,打造"一轴一中心两区"。

(二)建设目标

1. 建设美丽海岛田园综合体土地利用新机制。盘活田园综合体范围内农村空闲和低效用地,用于发展农产品加工、商贸、旅游观光等产业,壮大集体经济,促进农民增收。对田园综合体内的空闲农房,通过入股、联营等方式,支持乡村休闲旅游养生等产业和农村三产融合的发展。

2. 完善美丽海岛田园综合体建设多元投入机制。创新财政投入方式,财政资金主要投入公益性基础设施、完善公共服务、搭建产业发展平台、支持发展壮大村级集体经济,营造有利于田园综合体建设的外部环境。设立普陀区新农村投资开发有限公司,为美丽乡村建设发展提供投融资平台。

3. 建立美丽海岛田园综合体产业支柱。做精做强稻米、林地鸡、茶叶、兰花等特色优势产业,推进农业产业与旅游、教育、文化、康养等产业深度融合;推进农村电商、物流服务业发展,构建支撑田园综合体发展的产业体系。坚持一二三产业互动,大力推进"产村相融"。

4. 探索美丽海岛田园综合体治理新机制。探索田园综合体治理体系建设,妥善处理好"政府、经营主体、村两委、村民"之间关系,探索各方利益分配机制,实现合作共赢。鼓励村民以土地形式入股发展股份合作制、合作制、股份制等组织形式,让村民参与田园综合体发展全过程,既促进田园综合体发展,又让农民利益最大化。

(三)工程推进情况以及取得的成效

截至2018年年底,美丽海岛田园综合体项目已累计完成投资约7559万元,完成年度计划任务的99.6%。

1. 主体项目顺利实施。依托稻田、果园、花园、菜园等农业资源,重点打造普陀睡莲观光园、稻米文化园、绿色果蔬精品园等"八大农旅融合主题园"。稻米全产业链提升项目加工厂已投入建设,完成投资额的100%;七巧庄园项目已基本完成全年投资计划任务;干施岙旅游提升项目已完成全部工程量;黄杨尖水系修复工程已提前完成计划任务。同时,综合体农田环境整治工作已于5月份全面启动,共完成农田管理房改造30套、整治散乱大棚40只;完成电力设施线路布局以及电线杆清除方案,计划投入500万元,到2018年年底已交付使用;长度1.5公里机耕路改造工程已全面完成;顺利完成2座海洋卡通主题风格主体改造。

2. 合作项目稳步推进。与浙江森禾控股集团、东方田园、中国供销海南实业集团、中农富通集团和东港投资发展集团对接洽谈,邀请参与农旅融合项目建设。与浙江森禾控股集团初步达成玫瑰园项目投资协议,计划总投资1.5亿元,建设玫瑰花园观赏基地、玫瑰精油生产基地、开心农场等项目,占地900亩,注册资金1亿元。与浙江冠素堂食品有限公司、丰晟粮食合作社建立稻米产业联合体,2018年投入530万元共同经营品牌稻米。通过省农科院牵线与浙江菇尔康有限公司合作共同投入650万元建设灵芝鸡和菌菇项目,带动本地农民走产业化、规模化、合作化之路。在农业专家指导下,田园综合体内杨浩家庭农场采用先进的薄膜技术栽种荷花,2017年产出1万斤白桃藕,收入5万元。2018年,农场改造50亩荷塘,建设水上栈道观光平台,新增观赏莲花品种,打造湿地休闲观光园项目。

3. 组建多方投入平台。按照"国企+村社+专业合作社(家庭农场)"模式,组建展茅乡村振兴投资发展有限公司,注册资金3000万元,共同打造"美丽田园利益共同体"。其中,区新农投公司出资1200万元,占股40%,展兴公司出资330万元,占股11%,相关各村占股49%。与普陀农村商业银行签订金融合作协议授信金额1亿元,贷款利率下浮15%左右。

三、存在的问题

(一)现有土地政策制约项目建设进度

当前,路下徐村和上潘孙村共有近100亩村级建设用地,但在不征收为国有土地的情况下,集体性质土地的使用权不能出让、转让或者抵押,只能由村集体或村全资企业投资建设,外来工商资本或国有公司不能直接投资,导致村集体建设土地资源无法盘活,进而无法折现入股享受升值分红,阻碍了村集体资产保值增值的发展目标。同时,宅基地及设施农用地的审批门槛依然很高,限制了田园综合体远期项目落地与建设,以及对交通、道路、停车场等配套设施的选址造成影响。

(二)村集体项目实施难度大

一是由于各村开发程度不同以及资源禀赋差异,导致集体经济发展不平衡。二是随着新农村建设的全面推进,村集体对村民社会保障等集体福利刚性支出增大,如医疗教育、绿化养护、卫生保洁、老年协会等支出,导致村集体经济在社会公益、福利上支出比重加大。2015—2017年普陀区集体经济支出分别为:11734.08万元、13291.48万元、13393.4万元。其中,2017年全区渔农村集体总福利性支出8950.48万元,占总收入的54%。三是由于市、区、街道三级发展规划对村级规划考虑较少,局部